유교의 시대를 가로지른
불교적 사유의 지형

조선 불교사상사

유교의 시대를 가로지른 불교적 사유의 지형

김용태 지음

성균관대학교 출판부

차 례

제3부 조선 불교를 빛낸 사상과 실천의 계보

제4부 유교사회의 종교적 지형과 시대성

프롤로그

'조선 불교사상사'라고 하면, 과연 그것이 연구 주제로 성립될지, 또 개설서로 낼 만큼 연구 성과가 있는지 의문을 가질 수도 있다. 이는 조선시대 불교 하면 쉽게 떠오르는 이미지가 숭유억불, 억압과 쇠퇴, 여성과 서민 위주의 신앙 정도이기 때문이다. 조선왕조 500년은 유교를 숭상하였고 유교국가 나아가 유교사회를 지향하여 동아시아 안에서도 독특한 색채를 띠는 시대였다. 그렇기에 불교는 주류가 아닌 아웃사이더, 주체가 아닌 타자, 사상보다는 종교에 치우친 전통으로 치부되어온 것이 사실이다. 하지만 조선시대에도 불교는 생명력을 유지하였을 뿐 아니라 선과 교의 사상을 계승하고 시대에 맞게 종교적 활로를 넓혀가면서 나름의 사회적·문화적 역할을 담당하였다.

이 책은 유교의 시대를 가로지른 불교적 사유의 지형을 탐색한 것으로, 사상사의 외연을 역사의 콘텍스트 위에 펼쳐진 시대적 지향, 의례와 신앙까지 포괄해 넓게 적용하였다. 또한 사상사의 전개를 사회적 배경 속에서 이해하기 위해 제도적 기제 변화까지 고려하였다. 4부로 나누어 먼저 지난 100년 동안 이루어진 조선시대 불교 연구의 성과와 구체적 내용을 검토하였고, 다음으로 불교사상을 선과 교의 융합과 계승의 관점에서 접근해보았다. 이어 조선 불교를 빛낸 이들의 사상과 실천을 다루었고, 마지막으로 유교사회의 종교적 지형과 시대성에 대해 살펴보았다. 조선시대 불교사상사의 지형을 책 한 권에 담아내기에는 무리가 있지만,

현재 수준에서 가능한 만큼의 지형도를 펼쳐보고자 했다.

조선시대 불교의 전체상을 학술적으로 처음 조형한 것은 일제강점기 때의 일본인 학자 다카하시 도루(高橋亨)가 쓴 『이조불교(李朝佛敎)』(1929)였다. 『이조불교』는 이후 연구의 지남석이 되었고 지금까지도 그 공과 과가 여파를 미치고 있다. 비록 타율성과 정체성을 앞세운 식민사관으로 한국사와 한국불교를 바라본 저자의 편향성이 문제가 되었지만, 많은 자료를 섭렵하여 다양한 주제를 다루었고 선구적 입론을 제시했다는 점에서 연구사적 위상과 학문적 기여도를 쉽게 부정할 수 없다. 필자는 박사논문을 토대로 『조선후기 불교사 연구: 임제법통과 교학전통』(2010)을 펴낸 바 있다. 당시 책을 낼 때의 구상은 80년 전에 나온 『이조불교』의 틀에서 벗어나 조선 불교의 역사상을 새롭게 그려보는 것이었지만, 여러 면에서 부족한 점이 많았다. 그로부터 다시 10년이 지나 이제 '조선 불교 사상사'를 제목으로 책을 내지만, 아직도 『이조불교』의 이해 수준을 뛰어넘었다고 자부하기는 어렵다.

필자는 대학에 들어와 동아시아의 사상과 문화, 한국의 전통과 근대로의 이행에 관심을 갖고 공부하다가 한국불교사를 전공으로 택하였다. 이는 불교가 2,000년 전에 중국에 들어온 이래 1,500년이 넘는 오랜 시간을 동아시아와 함께해왔고, 또 오늘날에도 여전히 살아 숨 쉬는 전통이기 때문이다. 한국과 중국, 일본의 동아시아 세계를 한데 묶는 개념어로 한자문화권 외에 유교문화권이 흔히 쓰이지만, 필자는 유교보다는 불교문화권이 실제 역사상에 훨씬 더 잘 맞는다고 여겼다. 불교는 사유와 관념, 신앙과 의례, 문화 등을 포괄하는 지적 전통이었고, 과거는 물론 현재까지 동아시아인들의 심성 깊숙이 스며들어 있다.

이 책은 『조선후기 불교사 연구』 이후 10년 동안 공부한 내용을 사상사를 중심으로 재편한 것이다. 그간의 연구를 주제별로 분류하면, 학문 계보와 연구사, 선과 교의 사상과 문헌, 인물, 승군과 승역, 의례와 종교, 근대불교 등으로 나눌 수 있다. 그 가운데 넓은 의미에서 사상사 범주에 넣을 수 있는 연구 성과들을 모아서 총 4부 11장 23절로 구성하였다. 필자는 조선 불교사상사의 외연을 넓히고 다양한 각도에서 접근하기 위해 나름대로 노력해왔다. 하지만 아직도 다루어야 할 주제와 영역, 인물과 문헌이 산적해 있다. 이는 다시 다음 10년을 기약해볼 수밖에 없다.

필자는 앞으로도 조선시대에 불교가 과연 무엇이었고, 불교의 존재와 역할에서 어떤 역사적 의미를 찾을 수 있을지 탐색해보려 한다. 또한 시야를 밖으로 돌려 동아시아 근세의 지형 속에서 조선 불교의 특성을 조망할 필요가 있다. 한국의 고유성과 불교의 보편성은 동아시아의 지역성을 모태로 하여 교차·융합되어왔다. 이는 조선시대 불교를 바라볼 때도 적용할 수 있으며, 동아시아 근세에서 조선 불교의 특징과 새로운 해석의 가능성을 모색하는 것이 중요하다.

지금까지 한국불교사 연구의 길을 걸어오게 된 데는 은사 최병헌 선생님의 가르침이 있었기 때문이다. 또한 여러 선생님들과 선배·동학의 훈도와 질정, 조언과 격려가 있었기에 감사한 마음으로 공부할 수 있었다. 2016년 한국연구재단 저술출판지원사업에 선정된 이 책의 계획서를 눈여겨보고 '知의회랑' 총서로 출간을 제안하고 끝까지 책임을 다해주신 성균관대학교출판부 현상철 선생님의 노고에 거듭 감사드린다. 끝으로 공부하는 남편과 아버지를 성원해준 아내 최민영, 딸 태린에게도 고마움을 전한다. 10년 후에 더 알찬 학문적 결실을 얻을 수 있기를 서원하면서 남산 아래서 글을 마친다.

2021년 2월

김용태

제 1 부

조선시대 불교 연구 100년의 재조명

제 1 장

식민지기: 한국불교 전통의 조형과 굴절

조선시대 불교 연구 100년의 재조명

1. 근대불교학의 성립과 동아시아적 수용

근대불교학의 탄생과 동양학적 특성

서구 근대학문은 인간 이성의 중시와 과학적 탐구에 의해 출발하였고, 신의 섭리나 전근대적 인습의 굴레에서 탈피하여 합리와 객관의 길을 개척하였다. 역사, 철학, 종교학 등의 인문학 분야 또한 성서 해석학의 오랜 전통에서 축적된 엄밀한 문헌학적 토대에 기반을 두고 이성적 가치와 과학적 분석을 기치로 걸고서 시작하였다. 19세기에 들어 서구에서 탄생한 근대불교학도 문헌학에 기초한 합리적·과학적 접근을 그 특징으로 하며, 타자인 아시아 불교 전통에 대한 새로운 이해를 도모하였다. 하지만 서양에서 동양을 바라보는 시각에는 기본적으로 '오리엔탈리즘'[1]이 개재되어 있었는데, 서구 제국주의의 확대에 따라 '동양학'이라는 학문 기제를 통해 지적 권력을 획득해나갔다. 동양학의 대상 범위는 지역적으로 서아시아, 인도, 동남아시아, 동아시아, 중앙아시아 등 전 아시아를 포괄하게 되었고, 오리엔탈리즘에 입각한 동양학의 스펙트럼을 통해 아시아적 전통은 타자의 시각으로 철저히 해부되기에 이르렀다.

동아시아에서 문헌연구와 과학적 접근이라는 근대학문의 연구방법론을 가장 먼저 수용한 것은 일본이었다. 아시아적 전통의 안에 위치한

일본은 근대화=서구화의 목표 달성을 위해 아시아를 벗어난 '탈아'의 길을 추구하였고 자신이 속한 전통을 서양 근대의 관점에서 바라보게 되었다. 즉 오리엔탈리즘의 원형적 대상이자 오리엔탈리즘의 투영자라는 '이중적 타자'로서, 동양의 일원인 일본이 동양을 타자화시키게 된 것이다. 일본의 동양학은 제국주의의 주요 침탈 대상이었던 한국과 중국을 출발점으로 하여 인도와 중앙·서아시아를 포괄하는 아시아 전역으로 시야를 확대해나갔고 동양에 대한 일본의 우월성을 입증하는 데 목표를 두었다. 그 결과 한국의 경우 근대적 학문연구 방법론에 의해 전통의 실체가 드러나기 시작했지만, 내재적·연속적 역사전통이 단절되고 전통에 대한 왜곡과 편견이 개재된 것도 사실이다.

먼저 근대불교학의 성립 문제를 살펴보자. 근대불교학은 아이러니하게도 전통적 불교세계의 밖에 위치한 서구에서 성립되었다. 다시 말해 1820년대에 'Buddhism'이라는 용어가 조어되면서 서구세계에서 불교가 존재화된 것이다. 이는 불교학이라는 학문체계의 형성을 통해 서구에서 불교세계가 인정되었음(buddhology)을 의미한다.[2] 근대학문으로서 불교학은 원전자료의 수집과 범주화, 문헌학에 토대를 둔 실증적·객관적 연구, 역사학적 접근 등을 특징으로 한다. 서구 근대불교학은 텍스트를 통해 '인간 붓다'의 사상을 해명하는 데 초점이 두어졌고 이를 위해 여러 곳에 산재하는 산스크리트 문헌의 수집과 더불어 비교적 완전한 형태로 전승된 팔리어 불전, 한문과 티베트어 불전의 정리, 출간이 이루어졌다. 서구에서 불교연구가 본격적으로 시작된 것은 외젠 뷔르누프(Eugene Burnouf)의 『인도불교사 입문』(1844)과 『법화경역주』(1852) 출간을 기점으로 하며, 이는 영국의 인도지배와 인도학의 열풍이라는 시대배경 속에서 태동한 것이었다. 이후 리스 데이비즈(Rhys Davids)는 팔리어 불전 연구를 통해 초기불교를 재구성하였고 산스크리트 문헌이 갖는 편향성을 극복하였다.[3]

아시아의 전통인 불교가 서구의 근대적 시각과 학문방법론에 의해 연구되고 해부됨에 따라 그 안에는 필연적으로 오리엔탈리즘이 개재될 수밖에 없었다.[4] 근대불교학은 제국주의의 아시아 진출과 기독교 문명의 전파를 통해 비유럽 세계를 서구화하는 근대화 과정에서 창출된 것이었다. 아시아에 대한 서구의 인식은 헤겔의 역사철학에서 제기한 서양 대 동양, 종교(기독교) 대 비종교(반기독교), 문명 대 비문명(야만)이라는 이원적이고 대립적인 구도를 기본 축으로 하였고, 동양은 정체된 세계, 문명화시켜야 할 대상이었다.[5] 특히 동양의 종교적 전통을 대표하는 불교는 서구의 시각에서 철저히 타자화되었다. 19세기 서양의 철학자들 대다수는 불교에 대해 염세주의·허무주의적인 '무(無)의 숭배'로 오인하였다. 그런데 이것은 기독교와 비견되는 철학적 종교가 동양에 존재한다는 사실에 대한 강한 위기의식과 경계감의 표출이기도 하였다.[6]

서구에서 불교는 오리엔트(동양)로 대상화된 하나의 타자로서 텍스트 안에 존재하였고, 불교전통의 내재적 맥락을 벗어난 초월적이고 초역사적인 정체성이 추구되기도 하였다. 서구 근대불교학은 고대어로 쓰인 원전자료의 수집과 문헌학적 텍스트 이해를 특징으로 하며, 텍스트를 벗어난 역사적 콘텍스트나 전통에 대한 내재적 이해는 주된 관심사가 아니었다. 즉 역사성이나 현재성과 단절된 텍스트 위주의 인식론적 접근이라는 점에서 근대불교학은 오리엔탈리즘의 속성을 태생적으로 가지고 있었다. 따라서 아시아의 오랜 전통이자 현재진행형으로 유지되고 있던 불교는 현실과 괴리된 채 '타자에 대한 상상'이라는 유럽의 시각에 맞추어 변형될 수밖에 없었다. 그 결과 환상과 극단적 부정이 교차되면서 불교는 역사적 전통과는 다른 동양학적 대상의 타자로서 새롭게 규정되었다. 역사적 인물로서의 붓다와 초기불교의 가르침은 불교의 원형으로서 텍스트가 말하는 방식으로 이해되었지만, 동아시아에 전래된 대승불교의 경우 철학에서 신앙으로 변질된 역사적 전개과정으로 인식되었다.[7]

특히 막스 베버(Max Weber)는 대승불교와 선불교를 합리성이나 세속윤리와 단절된 신비주의 및 주술의 전형으로 보았고,[8] 이는 동양에 대한 부정적 이미지와 결부되어 서구학계의 통념으로 굳어졌다.

아시아에서 서구적 근대화를 가장 먼저 추진한 일본은 동양이면서도 동양과 격절된 이중적 정체성을 추구하였고 이는 자기부정과 자기긍정의 두 가지 상반된 결과를 낳았다. '탈아입구'로 상징되는 근대일본의 자기 정체성 모색은 대만, 조선의 식민화와 일본 제국주의의 확대를 거치면서 더욱 정체되고 열등한 타자로서 동양을 바라보게 되었다. 즉 '구태의연한 아시아로부터 일본을 구별하려는 자의식'이 근대 일본인의 의식 저변에 깔려 있었던 것이다. 하지만 그럼에도 일본은 역사적으로나 지정학적으로 '아시아라는 장(topos)'에서 벗어날 수 없었기 때문에 '이중적 타자'라고 하는 이율배반성을 띨 수밖에 없었다.[9] 이처럼 서양에 대한 선망과 동경의 옥시덴탈리즘, 동양에 대한 비하와 무시의 오리엔탈리즘이라고 하는 '이중적 타자화'는 근대 일본의 시대의식이었고 그로부터 파생된 일본 동양학의 태생적 특징이었다.

"동양의 연구는 동양인이 맡아야 한다."는 일본 동양학자들의 언설에서 지칭하는 '동양인'이란 스스로를 표상할 수 없는 동양인을 대신한 '동양인'으로서의 일본인을 말한다. 다시 말하면 동양의 타자인 서양에 대해 '동양인'으로서 그들(동양인)을 대표하겠다는 굴절된 오리엔탈리즘의 구도에서 일본 동양학의 존재 이유를 찾을 수 있다.[10] 이는 또 다른 타자인 그들(동양인)의 침묵을 전제로 한 '동양인'의 입장이었고 '동양인' 자신인 일본인은 동양인이지만 동양인과는 다른 모순된 정체성을 가지고 있었다. 따라서 일본 동양학에서의 타자화된 동양은 제국주의에 의해 형성된 지역질서였고 서구 오리엔탈리즘과 마찬가지로 상상의 시공간으로서 존재하는 것이었다.

일본의 동양학은 동양사학의 개창자 나카 미치요(那珂通世)에 의해 체계화된 것으로 알려져 있다. 나카 미치요는 친구인 미야케 요네키치(三宅米吉)가 서양에서 입수해온 아시아 관계 문헌과 저작들을 보고 중국사와 한국사는 물론 서역, 몽골, 만주 등을 포함하는 동양사 연구의 필요성을 인식하였고 자신이 재직하던 고등사범학교의 지리역사전수과 규정에 국사와 함께 서양사, 동양사의 범주를 체계화하였다.[11] 이후 일본의 동양학은 역사학뿐 아니라 언어와 문학, 철학과 종교, 사회와 문화 등 여러 분과학문의 다양한 주제를 포괄하게 되었고 불교학과 고고학 등도 특화하여 발전하였다. 대상 지역 또한 식민주의의 현실화에 따라 한국, 중국은 물론 몽골, 인도, 중앙·서아시아 등 아시아 전역으로 확대되었다.[12] 일본 동양학에서 동양을 바라보는 시선에 오리엔탈리즘이 투영되어 있었음은 물론이다.

19세기 후반 서구 근대불교학을 일찍이 수용한 일본의 불교연구 또한 동양학의 주요 범주 중 하나였다. 동양의 구성원으로서 불교 전통의 안에 위치했던 일본은 서구 근대학문의 연구방법론과 동양학적 관점을 받아들여 불교를 해부하기 시작하였다. 일본의 불교학자들은 원전 텍스트를 토대로 하여 붓다의 원래 가르침과 불교의 역사적 전개과정을 객관적으로 규명하려 하였다. 즉 역사적 인물인 붓다가 설한 초기불교의 가르침은 무엇이며 또 불교가 중앙아시아를 거쳐 동아시아에 정착되기까지의 경전 유통과 문헌의 성립순서, 시대 및 지역별 변용과정에 대해 밝히는 것이 주된 목표였다. 하지만 이는 서구의 불교학과 마찬가지로 동양의 불교세계를 타자화하여 학문적 대상으로 이해하는 것이었고, 현지의 역사적 맥락과 살아 있는 내재적 전통은 간과되었다. 이는 아시아 각지의 구체적 현실로서의 불교세계가 도외시되고 하나의 타자적 대상으로 불교를 인식하는 것이었고, 근대의 시각에서 불교의 원형인 초기불교와 근대지향의 일본불교 또는 근대불교학을 잇는 상상의 지적 전통이 만들어진 것이었다.

수월관음도
영조 대 의겸이 그린 것으로, 보물 제1204호다(국립중앙박물관 소장)

현지의 역사성과 현실은 도외시되고 텍스트 안에 불교가 존재한다는 점, 그리고 자국 중심의 인식이 과도하게 개재된 점에서 일본의 근대 불교연구 또한 동양학적 특성을 그대로 반영한 것이었다. 그리고 이는 일본(주체/특수)→동양(자기정체성)→서양(타자/보편)으로 향하는 안으로부터의 보편화 과정이 아니라, 서양(주체/보편)→일본(이중의 타자)→동양(타자/특수)이라고 하는 밖으로부터의 타자화, 특수화의 '역방향'으로 전개되었다. 그 결과 일본불교의 전통에 대한 연구는 일본이라는 격절된 시공간적 특수성을 극복하는 보편의 가능성을 획득하지 못하였고, 불교 연구는 일본불교의 역사적 전통과 괴리된 채 학문세계에서만 존재하는 것으로 작동하였다.[13] 이 점에서 일본의 근대불교학이 갖는 모순된 이중성의 한계를 지적할 수 있으며, 오리엔탈리즘의 마력이 불교 연구에 깊이 스며들어 있음을 볼 수 있다.

일본과 중국 근대 불교연구의 특징

동아시아 근대 불교연구는 출발시점에서 볼 때 일본, 중국, 한국의 순으로 전개되었다. 먼저 일본의 경우를 살펴보면, 19세기 후반부터 각 종파의 주도하에 서구유학이 적극 추진되었고 근대불교학의 연구방법론이 가장 빨리 도입되었다. 1872년 1월 정토진종 서본원사파의 후원으로 시마지 모쿠라이(島地默雷) 등이 유럽에 파견된 이래 각 종파에서 연이어 유럽 각지에 유학생을 보냈다. 1876년에는 정토진종 동본원사 출신인 난조 분유(南條文雄) 등이 영국에 가서 산스크리트를 배우고 막스 뮐러(Max Müller)에게 수학하였다. 이어 같은 막스 뮐러에게 유학한 다카쿠스 준지로(高楠順次郎)가 도쿄대에 범어학 강좌를 처음 개설하면서 근대불교학의 방법론이 제도적으로 수용되었다.[14]

이처럼 일본의 근대 불교연구는 서구 근대불교학의 도입에 의해 성립되었고, 연구의 대상과 목적도 서구에서의 그것과 크게 다르지 않았다. 즉 원전 텍스트를 통해 붓다의 가르침, 그리고 불교의 원형으로서 초기불교의 본질이 무엇이었는지를 밝히는 것이 최대의 관심사였다. 우이 하쿠주(宇井伯壽), 와츠지 테츠로(和辻哲郎), 나카무라 하지메(中村元) 등 일본의 근대 불교연구를 대표하는 인도학·불교학자들은 붓다의 깨달음과 초기불교의 교설을 해명하기 위해 전력을 기울였다. 이는 일본불교 전통의 연장선에서 자기화된 불교를 이해하는 것이 아닌, 근대의 시각에서 전통적 불교를 대상화하여 타자의 시각으로 바라보는 방식이었다. 불교는 일본 전근대의 사상이면서 또한 전통과 분리된 근대적인 것으로 이념화되었고,[15] '초기불교로 돌아가라'는 슬로건은 당시의 불교연구와 그것이 추구한 시대성의 함의를 단적으로 보여주었다.

이와 함께 불교의 성립과 유통 및 전파 과정, 경전의 성립 순서를 역사적으로 규명하는 것 또한 일본 근대 불교연구의 중요한 과제였다. 이는 인도불교를 타자화하고 문헌을 통해 그 객관적 실체를 해명하는 근대적 연구방법론에서 기인한 것이지만, 일본불교의 근원인 '불교의 원형'에 대한 관심도 작용하였다. 근대 불교사학의 토대를 닦은 무라카미 센쇼(村上專精)는 『대승불설론비판(大乘佛說論批判)』(1903)에서 '대승비불설(大乘非佛說)'은 단순한 교리의 문제가 아닌 역사의 문제라고 선언하였는데,[16] 이는 불교의 원형과 일본불교의 전통이 만나는 접점인 대승불교를 역사적 시각에서 고찰하려는 문제의식에서 나온 것이었다.

반면 일본의 불교전통 그 자체는 근대의 시각으로 볼 때 긍정적으로 해석될 수 있는 것이 아니었다. 오히려 타파해야 할 구습, 부정적 타자로서 인식되는 경향이 지배적이었다. 특히 근세기의 불교전통은 근대성·합리성과 대비되는 전근대성·비합리성의 상징으로 여겨졌고 부정적인 모습으로 형상화되었다. 일본불교사 연구의 길을 개척한 츠지 젠노스케(辻善之助)에 의해 '근세불교 타락론'이 제기된 이래 근세불교는 타성

막스 뮐러

에 젖어 마비상태가 된 형식화된 불교, 세속화에 물든 불교로 낙인찍혔다.[17] 불교의 형식화 사례로는 장제(葬祭) 중심의 사단(寺檀)제도에 의한 신앙의 형해화가 거론되었고, 에도시대 불교는 장식(葬式)불교일 뿐이라고 폄훼되었다. 또한 불교와 신도의 신불습합(神佛習合)과 기도 사원에서의 기복적 신앙행태는 주술적·미신적 전통으로 치부되었다.[18] 일본불교의 가장 가까운 전통인 근세불교는 근대와 합리의 시선 앞에서 극복하고 타파해야 할 주술적 타자이자 전근대적 유산으로 전락해버린 것이다. 이는 이후 한국불교 연구에도 그대로 적용되는데, 타자인 한국, 더욱이 근세인 조선시대의 불교는 타파되고 부정되어야 할 전형적인 대상으로 처음부터 '어둡고 구태의연한 이미지'를 덮어쓰게 되었다.

이처럼 전통과의 단절을 선언한 불교연구의 지향점은 근대국가를 구축하고 일본적 근대를 모색하는 방향과 합일되었다. 앞에서 언급한 것처럼 근대의 시각에서 불교를 객관화하고 그 원형인 초기불교의 실체를 밝히려는 학문적 노력과 함께, 국가주의와 결탁된 일본불교의 근대적 정체성 찾기 시도가 펼쳐졌다. 이는 메이지시대 초기에 천황제국가의 수립 과정에서 추진된 '신불분리(神佛分離)'와 '폐불훼석(廢佛毁釋)'에 의해 불교계가 큰 피해를 입었고, 불교의 존립과 세력 확대를 위해서는 천황제 이데올로기와 국가주의 강화에 불교계가 적극 협력하지 않을 수 없었던 시대상황과 관련이 있다. 일본불교의 각 종파는 경쟁적으로 '호국(護國)'의 논리를 강조하였고 반기독교 정서를 배경으로 한 '호법(護法)' 논의를 확산시켰다. 즉 반기독교적 옥시덴탈리즘에 입각해 일본불교의 전통을 '신국(神國)적 가족국가'로 형상화하거나, 기독교로 대표되는 서구 정신과 종교에 대한 대중들의 반감에 기대어 천황제 국가주의 이데올로기를 정립하는 데 불교가 활용된 것이다.[19]

다음으로 중국의 근대 불교연구를 살펴본다. 중국에서도 19세기 후반부터 불교문헌 수집과 전통의 집성작업이 활발히 펼쳐졌는데, 이를 주도한 이는 양원후이(楊文會)였다. 그는 1866년에 금릉각경처(金陵刻經處)를 설립하여 대규모 불서간행을 추진하였고 1878년 막스 뮐러에게 유학 중이던 난조 분유와 만나면서 중국에 전해지지 않았던 규기(窺基)의 『성유식론술기(成唯識論述記)』, 법장(法藏)의 『대승기신론의기(大乘起信論義記)』 등 중국불교의 대표적 전적들을 입수하였다. 양원후이는 1907년 금릉각경처 내에 근대적 불교교육기관인 기원정사(祇洹精舍)를 세워 불교연구를 주도할 차세대 주역들을 키워냈고 1910년에는 불학연구회(佛學硏究會)를 조직하여 문헌을 통한 불교이해의 심화와 강학전통의 계승을 도모하였다.[20]

한편 기원정사 출신인 어우양징우(歐陽竟無)는 양원후이에 이어 금릉각경처를 주관하였고 1923년 지나내학원(支那內學院)을 인가받아 유식학(唯識學)을 중심으로 하는 전문적 교육과 연구를 수행하여 많은 학자들을 배출하였다. 타이쉬(太虛) 또한 1922년 무창불학원(武昌佛學院)을 세웠고 1933년 한장교리원(漢藏敎理院)을 설립하여 중국불교뿐 아니라 티베트불교의 전적과 교리를 교육, 연구하였다.[21] 금릉각경처에서의 방대한 계보학적 문헌집성, 그리고 지나내학원 등에서 행한 문헌 교감방식은 산스크리트·티베트어 등 다양한 언어로 된 판본 대조, 그리고 중국불교에 한정하지 않고 인도의 초기불교와 부파·대승불교로 관심을 확대했다는 점에서 근대불교학의 연구방법론을 수용한 것이었다.

문헌의 수집과 정리, 교육과 연구가 축적되면서 1920년대부터는 근대적 불교연구가 본격적 궤도에 올랐고 불교사 분야에서 우수한 성과가 나오기 시작했다. 먼저 저명한 근대사상가인 량치차오(梁啓超)는 1920년부터 자료적 근거에 기반하여 중국불교의 성립과 전개과정을 학술적으로 규명하였고 그 성과로 『불학연구십팔편(佛學硏究十八篇)』을 펴냈다. 1923년에는 일본의 사카이노 고요(境野黃洋)가 쓴 『지나불교사강(支那佛敎史綱)』이 스이루(史一如)에 의해 『중화불교사(中華佛敎史)』라는 책으로 번역되어 나왔다. 이어 1929년에는 중국인이 쓴 최초의 중국불교사로 장웨

이차오(蔣維喬)의 『중국불교사(中國佛教史)』가 출간되었다. 중국 근대학술사에서 큰 비중을 차지하는 후스(胡適) 또한 불교연구에 동참하였는데 둔황 문헌 등을 검증하여 전통 선종사 이해의 통설적 오류를 바로잡기도 하였다.

하지만 근대적 연구방법론의 도입과 성과라는 측면 외에도 중국 전통 학술의 저력 또한 무시할 수 없는 것이었다. 불교연구는 직간접적으로 근대적 연구방법론을 수용하여 전개되었지만, 문헌고증과 비평을 중시하는 전통적 경학과 사학 중심의 청대 학술사조와도 일정 부분 맥이 닿아 있었다.[22] 일례로 탕융퉁(湯用彤)의 『한위양진남북조불교사(漢魏兩晉南北朝佛教史)』(1938)는 서양철학사의 서술방식과 전통 고증학이 접목된 획기적 성과로 알려져 있다. 같은 시기에 나온 천위안(陳垣)의 『석씨의년록(釋氏疑年錄)』(1938), 『명계전검불교고(明季滇黔佛教考)』(1940), 『중국불교사적개론(中國佛教史籍概論)』(1942)도 고증을 거쳐 사실을 철저히 규명한 연구로 유명하다.[23]

중국 근대 불교연구는 전통의 집성과 불교사 인식에 그치지 않고 불교와 서양철학의 대비, 그리고 자기 전통에 대한 철학논쟁으로도 이어졌다. 근대의 격변기를 맞아 중국 사상계에서 대두한 여러 사상조류 중 눈에 띄는 것은, 서양철학 및 종교에 가장 잘 부합하는 전통사상으로 불교에 주목한 점이었다. 대표적 예로 량치차오는 종교와 철학을 겸비하였음을 들어 불교의 근대성에 착목하였고 탄스퉁(譚嗣同)과 장빙린(章炳麟) 등도 근대적 이념인 자유와 평등의 개념을 붓다의 교설과 불교전통에서 추출하여 불교와 근대의 접목을 시도하였다.[24] 또한 불교 유식학의 인식론과 논리를 활용하여 서양의 관념철학을 분석하고 양자를 대비시키는 학술연구도 진행되었다. 1901년 『성유식론술기』의 간행을 계기로 어우양징우, 량치차오, 탄스퉁, 그리고 『신유식론(新唯識論)』을 펴낸 숑스리(熊十力) 등 당대 최고의 학자들이 유식불교 연구에 뛰어들었고 유식을 통해

서양철학을 이해하는 한편 유식학의 입장에서 칸트 관념론에 대한 비판을 제기하기도 하였다.[25]

나아가 중국불교 전통의 정체성을 둘러싸고 불교연구의 방법론 및 입장 차이에 기인한 논쟁이 펼쳐졌는데 『대승기신론(大乘起信論)』에 대한 비판과 재반박이 그것이다. 일심(一心)의 진여(본원)와 생멸(현상) 두 측면을 구조화한 『기신론』은 누구나 불성을 가진, 깨달을 수 있는 존재임을 긍정하며 발전한 중국불교의 특성을 가장 잘 대변하는 논서이다. 어우양징우와 지나내학원 측은 『기신론』이 인도에서 찬술되었다는 전통설에 의문을 제기하면서, 『기신론』으로 대표되는 중국불교적 사유방식에 대해 비판을 가하였다. 이들은 인도에서 발전한 유식학의 문헌과 논리에 의거하여 전통의 권위에 정면으로 맞선 것이다. 이에 대한 타이쉬와 무창불학원 측의 반론은 『기신론』이야말로 '체용불이(體用不二)'와 '원융무애(圓融無碍)'를 요체로 하는 대승불교의 대표작이라고 평가하는 등 중국불교 전통을 옹호, 선양하는 입장에 서 있었다.[26] 이처럼 근대적 학문방법론의 적용 정도와 학문적 경향의 차이에 의해 전통에 대한 상반된 이해가 표출된 것이다. 하지만 중국의 경우에도 전통과 근대는 이분법적으로 나눌 수 있는 문제가 아니었고 스스로를 타자화할 수 없는 상황에서 자기정체성 모색과 주체의 탈각이 혼재된 형태로 나타났다.

서구에서 성립한 근대불교학은 문헌학적 텍스트 이해를 중심으로 하며 불교는 오리엔트(동양)로 대상화된 타자로서 텍스트 안에서 존재하였다. 불교전통의 내재적 맥락을 벗어난 초월적이고 초역사적인 정체성의 추구라고 하는 오리엔탈리즘의 속성을 태생적으로 내포한 것이다. 서구와 동양에 대한 '이중적 타자화'를 특징으로 하는 일본의 동양학 또한 오리엔탈리즘의 전형이었다. 전통적 불교세계의 역사성과 현실은 간과되고 대신 문헌을 통해 타자적 대상으로 인지되었다. 또 불교의 원형인 초기불교와 근대를 바로 잇는 상상의 지적 전통이 만들어졌다. 전통의 연장선에서 자기화된 불교가 아닌 근대의 시선에서 타자의 시각으로 불교를 바라보았고, 불교전통 또한 부정하고 타파해야 할 전근대의 유산으로 인식되었다. 중국도 문헌의 수집과 정리, 여러 언어의 판본대조, 인도불교로 관심 확대 등 여러 측면에서 근대불교학의 연구방법론을 수용하였다. 더욱이 전통의 집성과 불교사 서술에만 머물지 않고 불교와 서양철학의 대비, 중국불교 전통의 정체성을 둘러싼 논쟁이 펼쳐지기도 하였다. 하지만 근대불교학과 동양학에 내재된 오리엔탈리즘의 속성은 견고하였고 주체의 타자화와 부정, 전통의 왜곡과 단절 또한 피할 수 없는 한계로 나타났다.

2. 한국불교 연구의 시작과 토대 구축

근대적 연구의 서막이 열리다

조선시대 불교가 학술적으로 조명되기 시작한 것은 한국불교에 대한 근대적 연구가 개시된 식민지 시기였다. 정확히는 식민지 지배를 위한 학술조사사업의 일환으로 문헌의 대규모 집성과 간행이 이루어지고 근대학문의 연구방법론이 도입되면서부터였다. 이보다 앞서 서구에서 시작된 동양학의 방법론이 일본에 먼저 수용되었고, 외부의 시각에 의해 오리엔탈리즘이 개재된 굴절된 스펙트럼을 통해 한국의 역사와 전통이 '타자'로 형상화되었다. 식민지 시대의 일본인 학자들은 한국사를 중국에 지나치게 의존해온 타율적 역사로 바라보았고 유럽의 동양학자들이 아시아를 폄훼한 것과 마찬가지로 발전보다는 정체의 시각에서 역사상을 그려내려 하였다.

부정적인 왜곡된 인식은 한국불교, 더 좁혀서 조선시대 불교에 대한 이해에서도 마찬가지로 나타났다. 당시에는 식민지로 전락한 상태에서 상실감과 자괴감이 널리 퍼져 있었는데, 불교계의 주류세력은 기독교와의 경쟁에서 근대 종교로 살아남기 위해 노력하는 한편 체제와의 타협을 통해 불교 부활을 꾀하는 것을 시대적 과제로 인식하였다. 유교사회였던 조선시대를 거치면서 전통에서 큰 지분을 갖지 못했던 불교계는 국체나 조선적 전통의 사수보다는 근대적 문명개화와 불교의 종교적 생존이 더 중요하고 절박한 일이었다. 그래서인지 20세기 초의 불교계나 학자들은 조선시대 불교에 대한 학문적 관심이 거의 없었고, 불교가 쇠퇴하고 억압당했다는 피해의식 속에서 오히려 폐기처분해야 할 구태의 대상, 부정해야 할 과거의 유산으로 낙인을 찍었다.

근대학문의 방법론에 의한 한국불교 연구는 문헌자료의 집성 및 분류와 함께 그 출발을 알렸다. 해인사의 고려대장경과 사간본은 일찍부터 일본 학자들의 관심을 끌었고, 1910년부터는 조선총독부에 의해 한국의 역사와 문화, 민속과 종교 등에 대한 문헌 및 유물 조사사업이 전략적으로 추진되었다. 이는 식민통치를 위한 학술종교 조사사업의 일환이었지만 한국불교의 역사와 전통에 대한 근대학문 연구방법론에 의한 접근이 비로소 가능해진 것이다. 그 가시적 성과로 나온 것이 1911년에 나온 『조선사찰사료(朝鮮寺剎史料)』와 「조선불교관계서적해제(朝鮮佛教關係書籍解題)」였다.[27] 마침 이때 일본인 학자들에 의해 조선시대 불교에 관한 선구적 연구가 시도되었는데, 대상은 서산 휴정(西山休靜)과 사명 유정(四溟惟政)이었다.[28] 휴정과 유정은 조선시대 불교를 대표하는 명승이었을 뿐 아니라 임진왜란 때 의승군을 일으켜 일본군과 맞서 싸운 일로 일본 학자들의 주목을 끈 것이다.

다른 일본인 학자에 의해 조선시대 불교에 대한 기본 시각이 학술적으로 정립된 것도 이 무렵이었다. 후루타니 기요시(古谷清)의 「조선이조불교사개설(朝鮮李朝佛教史概說)」(1911-1912)에서는 조선시대의 숭유억불 정

해인사 고려대장경

책을 부각시키면서 부녀자 및 산촌벽읍 서민의 불교신앙을 조선시대 불교의 특징이라고 보았다.[29] 여기에서 '한 편의 불교 쇠망사'로 정의한 이후 조선시대 불교에 대한 부정적 인식은 하나의 전형으로 굳어졌다. 조선시대 불교를 억불과 쇠퇴로 묘사하고 비주류 신앙의 잔존으로 특징지은 것은 아오야나기 난메이(青柳南冥)의 『조선종교사(朝鮮宗教史)』(1911), 그리고 뒤에 나온 요시가와 분타로(吉川文太郎)의 『조선의 종교(朝鮮の宗教)』(1921)에서도 마찬가지였다.[30]

한편 1912년에 창간된 불교잡지 『조선불교월보(朝鮮佛教月報)』에는 인도에서 중국, 한국과 일본의 불교사가 간략히 정리되었고, '주석, 비평, 역사, 비교'로 요약되는 근대역사학의 연구방법론을 소개한 글이 수록되었다. 일본 근대불교사학의 문을 연 무라카미 센쇼(村上專精)의 『불교통일론(佛教統一論)』 일부를 승려학자 권상로(權相老)가 번역해 실은 것이다.[31] 이처럼 근대불교학의 연구방법론을 일찍이 접했던 권상로는 기본 자료를 집성하여 최초의 한국불교 통사인 『조선불교약사(朝鮮佛教略史)』(1917)를 펴냈다. 그는 승려교육을 위해 책을 집필했지만 자료의 제한과 독자의 수준을 고려해 계통적·주제별이 아닌 편년체로 엮었다고 밝혔다. 국한문 혼용체로 된 이 책에서는 삼국·고려·조선의 총 3편, 108항목에 걸쳐 사건과 인물 중심으로 자료를 소개하고 설명을 붙여놓았다. 조선시대는 제3편으로 35개 항목에서 수륙재 등 불교의례와 사찰 중창, 승려의 행적과 제도 변화 등 다양한 주제를 다루었다. 부록의 〈제종종요(諸宗宗要)〉에서는 동아시아 불교 각 종파의 연혁과 교리, 한국에서의 전개과정을 정리해놓았다. 이는 일본 학계의 당시까지의 종파불교 이해를 토대로 하여 한국불교의 종파 및 교단사를 추가하여 서술한 것이다. 또 부록의 〈불조약계(佛祖略系)〉에서는 조선후기의 공식 전법 계보서인 『서역중화해동불조원류(西域中華海東佛祖源流)』(1764)에 의거해 인도에서 중국, 조선으로 이어진 선종의 전등 법맥을 도표로 나타냈다.[32]

이어 나온 이능화(李能和)의 『조선불교통사(朝鮮佛教通史)』(1918)는 당시 수집 가능한 자료를 망라해놓은 방대한 자료집의 성격이 강하지만 저자의 해설과 평가를 덧붙여 한국불교사의 기본 골격을 그려놓았다. 그는 한국불교의 역사에 대한 계통적 이해의 필요성을 제기하면서 참고자료 제공을 위한 자료정리, 불교사의 유통과 불교의 유포를 위해 이 책을 펴낸다고 밝혔다.[33] 한문으로 집필된 『통사』는 상·중편과 하편의 2책으로 이루어져 있는데, 상편 「불화시처(佛化時處)」에서 한국불교사를 통시적으로 개관하였고 중편 「삼보원류(三寶源流)」에서 부처의 일대기와 삼장(三藏)의 결집, 중국의 역경과 찬술 논소, 신라와 고려의 각 종파, 임제종(臨濟宗)과 한국 선종의 법맥에 대해 기술하였다. 하편 「이백품제(二百品題)」에서는 200여 개의 주제를 선정하여 인물, 사상, 신앙, 제도, 문화 등 다양한 측면의 역사적 사실들을 정리하였다.[34]

이 시기에는 전통적 학술 방식이 여전히 이어지고 있었는데, 송광사의 학승 금명 보정(錦溟寶鼎)의 경우 자신이 속한 부휴계(浮休系)의 정통성과 보조 지눌(普照知訥)의 유풍 계승을 선언하며 『조계고승전(曹溪高僧傳)』과 『불조록찬송(佛祖錄贊頌)』 등을 남겼다.[35] 보정은 19세기 말까지 고승들의 전기를 집성해놓은 『동사열전(東師列傳)』의 편자 범해 각안(梵海覺岸)에게 영향을 받아 불교사 서술과 전통의 집성에 매진하였다. 같은 시기에 송광사 지방학림에서는 김해은(金海隱)의 『조선불교사대강(朝鮮佛教史大綱): 조선불교종파변천사론(朝鮮佛教宗派變遷史論)』(1920)이 등사되었다. 이 책에서는 선종과 교종의 두 축으로 한국불교사를 이해하였고 이능화와 마찬가지로 조선후기 불교를 임제 선종과 화엄 교종의 공존이라는 입장에서 바라보았다.[36]

1920년대에는 문헌조사 및 집성의 성과에 힘입어 주제별 불서 목록인 『조선불교총서(朝鮮佛教總書)』, 전국 사찰의 위치와 연혁 등을 자세히 기술한 권상로의 『한국사찰전서(韓國寺刹全書)』가 만들어졌다.[37] 이처럼 연구의 기본 토대가 축적됨에 따라 조선시대 불교를 입체적으로 정리한 다카하시 도루(高橋亨)의 『이조불교(李朝佛教)』(1929)가 나올 수 있었다. 『이조불교』에서는 방대한 자료를 바탕으로 왕대별로 승정(僧政), 명승(名僧), 사법(嗣法) 등을 다루었고 정책과 사건, 인물과 사상, 법맥과 문파, 사회경제와 문화 등 다양한 방면의 주제들이 포괄되었다. 이 책에서 제시된 문제의식과 입론은 이후 연구의 향방을 결정지을 정도였고, 계통별 분류와 체계적 서술방식, 엄밀한 자료 구사와 해석 등 여러 면에서 근대의 역사실증주의 방법론을 제대로 적용한 연구서라고 할 수 있다.[38] 하지만 대표적 관변학자였던 다카하시는 식민사관에 입각하여 타율성과 정체성의 관점에서 한국불교를 이해하였고, 더욱이 조선시대를 억압과 쇠퇴로 인해 발전이 멈춘 시기로 규정하면서 여성과 서민 신앙을 제외하고는 독자적 특성이 전혀 없다고 폄하하였다.

곧이어 중국 선종 연구자인 누카리야 가이텐(忽滑谷快天)의 『조선선교사(朝鮮禪教史)』(1930)가 나왔다. 이 책은 한국불교사 전체를 대상으로 선과 교의 기풍과 교학을 시기별로 검토한 사상사 개설서이다. 이 또한 이전에 나온 연구 성과에 토대를 두고 한국인 학자 및 승려의 도움을 받아 집필되었는데, 꼼꼼한 사료비판과 해석, 문제의식과 통찰 면에서 저자의 학문적 능력이 잘 발휘되어 있다. 『조선선교사』는 1편 교학전래의 시대, 2편 선도홍륭의 시대, 3편 선교병립의 시대, 4편 선교쇠퇴의 시대로 구성되어 있고, 이 중 조선시대에 해당하는 4편에서 여러 고승들의 행적과 사상을 17장에 걸쳐 개관하였다. 하지만 누카리야도 한국불교를 중국불교의 아류로 취급하고 독자성을 인정하지 않는다는 점에서는 당시 일본인 학자들과 크게 다르지 않았다. 일본 조동종(曹洞宗) 승려 출신인 그는 조선시대를 현세이익적 기복신앙이 중심이 된 선교의 쇠퇴기로 평하였고 임제종과 간화선(看話禪) 위주의 한국 선종 전통에 대해서도 매우 비판적이었다.[39]

1930년대에는 그동안의 자료 집성 및 연구의 기반 위에서 좀 더 다양한 주제로 연구의 지평이 넓혀졌다. 주목할 만한 성과를 몇 가지 소개하면, 중앙불교전문학교의 교수였던 에다 도시오(江田俊雄)에 의해 간경도감(刊經都監)의 불전 편찬과 언해불서를 중심으로 한 조선시대 불서의 간행 및 유통에 관한 일련의 연구가 나왔다.[40] 그는 『조선왕조실록』의 불교관련 기사를 발췌한 『이조실록불교초존(李朝實錄佛教鈔存)』(1934)을 권상로와 함께 펴내기도 했다. 또 조선시대 진언집(眞言集)에서 어문학 및 문화사적 의의를 찾고 밀교 전통에 주목한 선구적 연구도 나왔다.[41]

김영수

1930년대 말에는 김영수(金映遂)가 『조선불교사고(朝鮮佛教史稿)』(1939)를 펴냈다. 김영수는 중앙불교전문학교의 교수와 학장을 지낸 당시의 대표적 한국불교사학자였다. 그는 고려시대의 오교구산(五教九山)과 오교양종(五教兩宗), 조선전기 선교양종(禪教兩宗)으로 이어지는 교단사의 체계를 구축한 학자로 평가된다.[42] 『조선불교사고』는 총 3편 35장에 걸쳐 삼국부터 근대까지의 불교사를 저자 나름의 관점으로 정리한 책이다. 조선시대는 유불교체와 억불정책, 국왕의 숭불과 폐불, 임진왜란의 의승군, 태고(太古)법통의 정립과 강학 성행, 정토신앙 등을 주제로 삼았으며, 대한제국의 사사관리서(寺社管理署), 원종(圓宗)과 임제종의 창설, 총독부의 사찰령(寺刹令) 체제까지 다루었다. 이 책에서 김영수는 조선시대 불교와 관련하여 이전에 없던 매우 흥미로운

운 주장을 펼쳤다. 첫째 조선은 배불의 시대이지만 일부 예외를 제외하면 국왕들은 대개 숭불 행위를 용인하고 친불교적 정서를 가졌다고 보았다. 둘째 태고법통은 여말선초의 실제 역사상과는 무관하게 후대에 정합적으로 조작된 것으로 고려 말의 선승은 대개 조계종에 속했지만 법통이 정립된 조선후기에는 임제법통을 표방하였다고 주장하였다. 셋째 제도적으로 교단 규정이 있던 고려시대에는 소속 종파의 수계사(授戒師)를 스승으로 삼았지만 종파가 없어진 조선중기 이후는 전법사(傳法師)의 법맥을 계승하였음을 강조하였다.[43]

같은 무렵 권상로도 『조선불교약사』를 전면 개정한 『조선불교사개설(朝鮮佛教史概說)』(1939)을 선보였다. 그는 불교 수용 후 통일신라까지를 〈불교향상시대〉, 고려시대를 〈불교평행시대〉, 조선시대를 〈불교쇠퇴시대〉, 근대를 〈갱생과도시대〉로 명명하였고, 특히 조선시대는 '압박절정-중간명멸-유지잔천'으로 시기를 구분하였다. 실제 내용에서도 조선은 역사상 유례가 없는 억불정책을 펼쳐서 15세기까지 교단은 겨우 명맥을 유지하였고, 이후에도 국가와 민중 사이에서 불교가 정당한 관계 및 대우를 얻지 못하고 강도 높은 배척을 받았다고 보았다. 다만 그러한 외부의 압박에도 불교계가 자생적으로 참선, 강경, 염불 등을 전수하며 전통을 이어간 사실을 부정하지는 않았다.[44]

한편 문헌서지학 분야에서도 주목할 만한 성과가 나왔는데, 경성제대 교수였던 구로다 료(黑田亮)의 『조선구서고(朝鮮舊書考)』(1940)가 그것이다. 이 책에서는 조선시대 간행 불서에 대해 주제별·시기별·지역별 경향과 간행상의 특징을 추출하여 구체적 현황과 특성을 정리하였다. 구로다는 조선시대 불서의 간행 빈도와 양·질적 수준이 불교의 전성기라고 할만한 고려시대에 비해 결코 떨어지지 않으며 교학연구와 대중교화의 측면에서 모두 활성화된 시기였다고 보아, 조선시대 불교문화의 저력을 높이 평가하였다.[45] 이처럼 식민지기에는 기초 자료의 축적과 한국인, 일본인 학자들의 노력에 의해 한국불교 연구의 초석이 놓여졌다. 그 방향은 근대불교학에서 강조하는 문헌학과 역사학을 겸비한 가치중립적 서술이었고, 이를 통해 한국불교사의 얼개와 줄거리가 대략 엮어질 수 있었다. 그럼에도 이 시기에 만들어진 역사상은 사실성과 구체성이 결여된 부분이 많았고, 더 광범위한 자료의 발굴과 객관적 평가를 필요로 했다. 몰가치적 근대 지향이나 타자적 관점에서 바라본 '전통'의 상은 잿빛이기 일쑤였고 조선시대의 경우는 두말할 나위가 없었다.

전통의 자화상: 부정과 긍정의 이중주

식민지로 전락한 1910년대 초에는 불교 개혁과 근대화를 위한 논의가 봇물처럼 쏟아져 나왔다. 먼저 한용운(韓龍雲)은 강점 직후인 1910년 12월에 『조선불교유신론(朝鮮佛敎維新論)』을 집필하였고 1913년에 출판하였다. 그는 이 책에서 문명개화론과 사회진화론의 관점에서 불교가 근대의 종교경쟁에서 살아남아 미래 도덕 문명의 원천이 될 것으로 전망하였다. 그 이유로는 불교가 동서의 철학을 아우르는 수준 높은 사유체계이고 지혜의 종교임을 들었고 무엇보다 평등주의와 이타적 구세주의야말로 불교의 장점이라고 내세웠다.[46] 그렇지만 불교와 한국불교의 전통은 별도로 구분하여, '불교'에서는 근대성이나 근대적 원형을 찾으려 한 반면 '전통불교'는 유신을 해야 하는 구습이자 타파의 대상으로 낙인찍었다. 한용운이 펴낸 불교 교리서 『불교대전(佛敎大典)』(1914)에는 박애, 평화, 계급, 국가 등의 항목이 들어 있는데, 여기서도 그가 추구했던 근대적 지향의 단면을 엿볼 수 있다.[47]

불교학자였던 권상로도 종교 간의 경쟁이 격화되고 세계정세가 급변함을 들어, 깊은 잠에 빠져 있는 한국불교의 현재와 미래를 우려하며 위기의식 속에서 「조선불교개혁론(朝鮮佛敎改革論)」(1912-1913)을 썼다. 그는 진화론이 득세한 시대에 폐쇄, 은둔에 젖어 발전이 없는 한국불교의 구태를 혁파하고 의타적·순종적 태도를 뿌리 뽑아야 한다고 역설하였다.[48] 조선시대 불교와 승려에 대해서도 "국가 정책의 압박과 재갈물림, 세속의 배척을 받고 바위 동굴을 그나마 위안처로 삼아 도를 껴안고 숨어 살면서 세상을 잊고 소요하였다."고 혹평하였다[49] 그 또한 불교의 미래는 낙관하면서도 한국불교의 전통은 철저히 부정적으로 인식하였다.

불교가 근대성과 철학을 겸비한 세계종교라는 인식은 근대기의 화두로 널리 퍼져갔다. 승려 작가이자 언론인이기도 했던 유엽(柳葉)은 1930년대 초에 종교는 철학적 진리를 추구하고 현실을 윤리적으로 융화시켜야 하는데 세계종교사에서 이 같은 보편적 방향으로 진화해온 것은 불교와 기독교뿐이라고 보았다. 그는 이타·금욕 등의 실천방식과 윤리, 이상적 목적, 교주의 생애 등에서 양자는 유사점이 많다고 강조하였다. 다만 기독교는 철학적 측면의 존재론에서 우주의 실재를 유일신으로 보는 데 비해 불교는 일원론이면서 다원론이고 자력을 중시하는 무신교라는 점에서 차이가 있다고 설명한다. 나아가 불교는 고도의 철학사상과 이지주의 종교를 결합한 종합종교로서 이상적·창조적 전통을 계승해왔다고 치켜세웠다.[50]

앞서 이능화의 『조선불교통사』(1918)를 교열하고 신문관(新文館)에서 책을 펴내준 이는 최남선(崔南善)이었다. 그는 출간을 기념하는 글에서 일본 학자뿐 아니라 한국 승려들도 한국불교에 대한 지식이 없이 무조건 경시한다고 비판하면서, 자료 조사와 근대적 연구방법론에 의한 학술연구가 시급하다고 촉구하였다. 그는 한국불교가 불교 유통에서 중요한 계통이며 결론적 불교로서 교(교리)보다 학(연구)을 중시하는 특징이 있다고 보았다. 일본 학자들의 평가와는 달리 한국불교가 중국과는 다른 특수하고 독자적인 가치를 가진다고 인정한 것이다. 한국사의 흐름 속에서도 불교는 떼려야 뗄 수 없는 관계이며 서민의 정신생활과 사회의 심령적 발전 면에서 유교보다 불교가 큰 역할을 했고 사회적 세력과 문화적 영향력 또한 심대했다고 단언하였다.[51]

식민지기의 대표적 문학가인 이광수(李光洙)도 최남선과 비슷한 인식을 가졌는데, 불교가 오랜 역사 속에서 한민족의 정신에 깊이 스며들었고 생활에서도 불교 정신이 이어져왔다고 보았다. 그는 비록 표면적으로는 유교가 지배해온 것처럼 보이지만 그것은 상류계급에 국한된 일이고 기독교와 서양사상이 들어오기 전까지 한국의 종교와 정신문화에서 불교의 비중이 가장 컸다고 진단하였다. 정신과 생활의 반영인 문학 분야에서도 불교사상의 영향은 매우 커서 사찰, 승려는 물론 제행무상(諸行無常), 인연(因緣), 해탈(解脫) 등의 개념과 수행론이 문학작품의 소재 및 주제가 되었음을 예로 들었다.[52]

최남선은 1930년 7월 하와이에서 개최된 범태평양 불교청년대회의 발표문을 작성하였다. 비록 그가 직접 가지는 않았고 다른 사람이 영문 요약본을 배포했지만, 동아시아에서 한국불교가 갖는 위상과 특성을 일목요연하게 정리해 알렸다는 점에서 큰 의의를 갖는다. 이 글은 동방문화사에서의 한국불교의 지위를 주제로 한 것으로 불교의 동아시아 전파 및 교리의 발전과 한국, 통불교의 건설자 원효(元曉), 불교예술사와 불교경전의 유통과 한국, 일본불교와의 비교와 동방문화에서의 한국불교 순으로 구성되었다. 그는 동서 문명교류에서 동방 교통의 종착지인 한반도는 문화의 최후 정류지라는 지위를 가졌지만 정당한 평가를 받지 못해왔다고 포문을 열었다. 특히 통불교, 전(全)불교의 건설자로서 원효의 역할과 위상이 대단했음을 들어, 불교가 인도에서 중국까지 원심적 분화의 경향을 띠며 전개된 데 비해 한국불교는 구심적 귀합을 특징으로 하며, 원효 단계에서 교학의 이론적 종합, 일승사상의 완성, 이론과 실천의 융화와 불교의 대중화가 이루어졌다고 보았다. 나아가 한국불교가 인도 및 서역의 서론적 불교, 중국의 각론적 불교에 대비되는 최후의 결론

적 불교이며 한국이 동방문화의 교차점 역할을 했다고 의미를 부여하였다.[53]

그런데 최남선이 주창한 결론적 불교, 종합적 통불교론에는 식민지 현실에서 한국불교가 일본과 차별적이고, 독자성의 측면에서 좀 더 우위에 있다는 목적론적 인식이 깔려 있다. 가마쿠라 시대의 학승 교넨(凝然)으로부터 시작하여 근대기까지 이어진 인도-중국-일본의 삼국불법전통사관(三國佛法傳通史觀)에 대응하여 불교 유통에서 일본의 자리를 한국으로 바꾸고,[54] 또 일본불교의 종파적 특성과는 달리 여러 종파를 통섭하는 통불교라는 점에 주목한 것이다. 최남선의 통불교론은 당시 큰 반향을 불러일으켰다. 문화적 교차의 지역적 특성 때문에 원효를 대표로 하는 통일적·결론적 불교가 완성되었다는 글이 바로 나왔고, 신라 원효의 화쟁, 고려 의천과 지눌의 선교융섭, 조선의 참선·강경·염불을 겸하는 삼문수업을 근거로 통불교를 한국불교의 통시대적 특성으로 위치시킨 연구가 이어졌다.[55] 1930년대는 민족문화와 전통의 가치에 주목한 조선학 운동이 일어났던 시기로 이러한 불교전통의 재발견 노력도 시의성을 갖는 일이었다.

그럼에도 당시 학계의 일반적 정서는 한국불교 전통, 특히 조선시대 불교에 대해서는 호의적이지 않았다. 일본 유학승 출신인 강유문(姜裕文)은 1830년대부터 1930년대 초까지 약 100년간의 한국불교사를 정리하면서 19세기는 배불정책의 연장선에 있는 '타성적 수난시대'라고 정의하였다. 승려의 도성출입 금지 조치, 승려 인권의 문제와 잡역과 공납의 폐해 등을 들며 사찰이 산간에서 겨우 명맥을 유지해온 어두운 과거임을 들추어낸 것이다. 식민지기에 한국불교 전통에 대한 부정적 편견을 갖게 된 데는 여러 이유가 있겠지만, 19세기 불교에 대한 암울한 기억의 전승도 큰 몫을 차지하고 있다. 다만 강유문도 일부 승려의 노력에 의해 수행전통이 이어졌고 선 논쟁이 펼쳐진 사실을 특기하며 일말의 애착을 드러내고는 있다.[56]

한국적 전통에 대한 폄하의 분위기는 불교계의 현실 인식에서도 나타났다. 몽정생(夢庭生)이라는 필명을 쓴 승려 출신의 진보적 지식인이자 도쿄 의학전문학교를 나온 이용조(李龍祚)는 "한국의 역사는 조선 유교의 정치적·종교적 파쟁에서 보듯 파쟁독으로 일관해왔고 어떤 민족이나 국가보다 파쟁이 많은 나라였다."고 전제한 후, 그 유전적 소인 때문인지 일본에 예속된 후에도 어느 단체를 막론하고 파쟁으로 시종하고 있다고 통탄하였다. 그는 한국불교가 일대 위기를 맞은 이유로 경제란, 사상란, 법령란의 '외인 3란'과 파쟁독, 주지독, 대처독의 '내인 3독'을 지목하였고 불교계의 파쟁과 주지의 전횡에 대해 맹렬히 비판하였다.[57]

그런데 한국불교 전통에 대한 한국인 학자와 일본인 학자의 인식에는 근대성의 지향 등 상당 부분 공통점이 있지만 서로 상이한 시각도 발견된다. 전통성의 원형을 이룬 조선시대 불교를 예로 들어 이능화와 다카하시 도루의 평가를 비교해보자. 먼저 이능화는 『조선불교통사』, 그리고 한국사 강의용으로 조선시대 불교 부분을 축약해서 잡지에 게재한 「이조불교사(李朝佛敎史)」[58]에서 조선시대를 한국불교의 정체성이 형성된 중요한 시기로 보았다. 그 또한 조선시대에 불교가 이전보다 쇠퇴했음은 인정했지만 선과 교가 통일되고 법맥의 전수와 신앙 활동을 통해 불교의 생명력이 유지된 점은 높이 샀다. 일례로 19세기에 백파 긍선(白坡亘璇)과 초의 의순(草衣意恂)에 의해 촉발되어 약 100년간 펼쳐진 선(禪) 논쟁을 소개하면서, "유가에 호락(湖洛)·이기(理氣) 논쟁이 있다면 선문에는 임제(臨濟) 3구(句)의 논변이 있다."고 하여 그 의미를 부각시켰다. 비록 주석과 훈고에 머물고 문자 의리의 지해(知解)를 면치 못한다고 한계를 지적했지만 선 논쟁의 역사적 의의를 강조한 것은 분명하다.[59]

이에 비해 다카하시는 『이조불교』에서 조선 사상의 일반 특성과 관련지어 선 논쟁의 의미를 깎아내렸다. 그는 "3종 선의 논의는 사상의 일관성이 없고 혼돈스럽고 불철저하여 조선 유파(流派)의 오류에 빠진 것이다. 이는 조선 학인의 공통 특성인 형식논리에 얽매인 편벽성에서 기인한다."고 폄훼하였다. 또 "선 우위의 사고나 선을 교 이상의 고매한 것으로 올리려는 노력은 중국에서 당나라 이후에 생겼는데 조선은 사상적 고착성이 현저한 국민성으로 인해 신라에서 조선에 이르기까지 이를 감히 의심하고 비판하는 자가 없었다."고 호도하였고, 한국불교는 임제종 순혈주의여서 선종의 다른 유파를 차별적으로 보는 오류를 범했다고 비판하였다.[60]

다카하시의 이러한 인식은 그의 한국불교사관에서 더욱 뚜렷하게 드러난다. 그는 한국불교가 교리 면에서 중국불교의 이식일 뿐이어서 교리발달사로서 내용이 소략하고 제한적이라고 보았고 한국불교의 역사적 특징이 의타성과 정체성이라고 매도하였다.[61] 더욱이 조선시대 불교는 종교로서의 사회성을 잃고 단지 소외된 계층의 신앙으로 전해졌을 뿐이며,[62] 국가로부터 교권을 빼앗기고 모욕과 압박을 받은 기괴한 역사라고 평가절하하였다.[63] 여기서 타율성론·정체성론을 앞세운 식민사관이 불교사 인식에 투영된 전형적인 모습을 볼 수 있다. 다카하시가 설정한 조선시대 시기구분론에서도 발전보다 정체를 앞세운 '조선후기 부정론'이 개재되었다. 그는 교법의 성쇠를 기준으로 하여 1기는 불교가 억압을 받았지만 국가로부터 공인된 성종대까지, 2기는 법제적 폐불 상황이 되었지만 아직 교법이 쇠퇴하지 않고 명승도 다수 배출된 인조대까지, 3기인 효종대 이후는 교세가 완전히 몰락하고 승려가 경멸을 받아 불법이 없어진 시기로 나누었다.[64] 이는 조선후기 불교의 존재 자체를 부정한 것인데 실제의 역사상과는 동떨어진 해석이다.

전통 인식에서 나타난 한국인 학자와 일본인 학자의 긍정과 부정의 시각차는 여러 지점에서 충돌하였다. 조선시대 승려의 신분과 사회적 지위에 대한 입장 차이에서도 그 점을 확인할 수 있다. 이능화는 조선시대에 승려가 칠반천인(七般賤人)과 같았다고 하는 이들이 많지만 이는 역사에 몰상식한 근거 없는 주장이라고 반박하였다. 『대전회통(大典會通)』 같은 조선후기 법전 어디에도 승려를 천인으로 규정한 사례가 없으며 학문과 계행(戒行)이 부족하고 양식을 구걸하는 '걸량승(乞糧僧)' 때문에 저급하고 열등한 승려 이미지가 퍼진 것이지 법제적으로 승려가 천인은 아니었다는 것이다. 또 불교를 적대시하고 억압하면서 사찰에 과중한 고역을 부과하기는 했지만 이를 승려의 낮은 지위 때문이라고 하거나 그 결과로 인해 승려의 위상이 천인으로 추락했다고 보기는 어렵다고 설명하였다.[65] 이에 대해 다카하시는 조선시대 승려의 신분은 천인과 다름없었고 조선후기에는 승려가 8천(賤)의 하나로서 천류와 동격이어서 도성 출입조차 금지되었다고 주장하였다.[66] 다카하시의 주장은 노승과 나이든 양반의 말에 의거한 것으로 사회적 통념을 일부 받아들인 것이겠지만, 공식 사료 어디에도 8천 개념이나 승려 천인설의 근거는 찾아볼 수 없다.[67]

『이조불교』를 쓴 다카하시의 조선불교 쇠퇴론과 부정론을 의식해서인지 김영수는 조선시대를 다른 각도에서 바라보려 했다. 그는 조선이 비록 배불을 내세웠지만 태종과 연산군 같은 일부 예외적인 경우를 제외하면 국왕들 대부분이 왕실과 민간의 숭불행위를 용인하였고 태조, 세조 등 몇몇 왕들은 숭불군주였음을 강조하였다. 이어 임제태고법통을 기준으로 한 전법의 면면한 계승이나 강학과 주석서의 편찬, 불서의 대량 간행과 정토신앙의 성행 등에 주목하여 조선후기 불교의 다양한 양상을 기술하는 데 『조선불교사고』의 많은 분량을 할애하였다. 이처럼 식민지기에 만들어진 전통의 자화상에는 부정과 긍정의 이중주가 흐르고 있었고 양자 사이의 간극은 쉽게 넘어서기 어려운 것이었다.

3. 조선시대 불교사의 개척자: 이능화와 다카하시 도루

이능화와 『조선불교통사』

이능화(李能和: 1869-1943)는 근대기 한국학의 토대 구축에 앞장선 학자이다. 그는 어릴 때부터 불교를 좋아하였고 20세 때인 1889년 고향 충청도 괴산에서 서울로 올라와 영어, 프랑스어, 중국어, 일본어 등 외국어를 배우면서 서양의 문물과 종교, 풍속 등에 관심을 가졌다. 이처럼 타고난 어학적 소질과 능력 덕분에 한성외국어학교의 교관을 하였고 1906년에는 프랑스어를 가르치는 한성법어학교의 교장이 되었다. 이능화는 불교를 비롯한 종교와 교육 방면에서도 두각을 나타냈는데, 1907년 최초의 근대식 불교학교인 명진학교의 교장이 되어 어학과 종교사를 강의하였고, 1912년에는 불교 계통의 능인보통학교를 설립하였다. 또한 불교를 근본에 두면서 도교, 유교, 기독교, 이슬람교, 대종교 등 동서양의 주요 종교들을 비교, 정리한 『백교회통(百教會通)』(1912)을 저술하였다. 그는 일제의 강제병합이 있던 1910년 무렵부터는 불교에 완전히 귀의하였고 불교 대중화와 학술연구에만 전념하였다.[68]

1910년대 중반부터는 불교잡지인 《불교진흥회월보(佛教振興會月報)》와 《조선불교총보(朝鮮佛教總報)》의 편집 및 발행을 맡았고 1918년에는 대표 저서인 『조선불교통사(朝鮮佛教通史)』를 간행하였다. 1920년에는 조선불교회를 조직하였고 1922년부터 약 15년간 조선사편수회에서 총 35권에 달하는 『조선사(朝鮮史)』의 편찬위원으로 활동하였다. 이후 1930년부터는 중앙불교전문학교에서 조선종교사를 강의하는 등 문헌자료 수집과 불교를 비롯한 종교학, 한국학 연구에 평생을 매진하였다. 저술 목록에서도 『조선불교통사』 외에 『조선종교사(朝鮮宗教史)』, 『조선무속고(朝鮮

巫俗考)』, 『조선기독교급외교사(朝鮮基督教及外交史)』, 『조선여속고(朝鮮女俗考)』, 『조선해어화사(朝鮮解語花史)』 등 한국의 종교와 민속에 큰 관심을 가졌음을 볼 수 있다.[69]

이능화

이능화의 『조선불교통사』는 경성(서울)의 신문관(新文館)에서 1918년에 출간된 상중·하 2책, 총 1,268쪽에 달하는 거질의 한국불교 통사이다. 신문관은 1907년에 최남선(崔南善: 1890-1957)이 세운 출판사로서 우리나라 최초의 근대 잡지인 《소년(少年)》, 대중계몽을 위한 《청춘(青春)》 등을 발간하였고, 교양서와 전문서, 국문소설 등 다양한 주제 및 분야의 책들을 간행한 곳이다. 또한 최남선이 만든 조선광문회(朝鮮光文會)에서 편찬한 수많은 고전과 고서, 역사서들도 신문관에서 간행, 유통되었다. 조선광문회와 신문관은 근대 조선학(한국학)의 탄생에 산파 역할을 했으며, 한국불교의 역사를 집성한 『조선불교통사』의 교열과 출판도 최남선이 직접 담당하였다.

『조선불교통사』는 고대부터 근대기까지 한국불교사의 흐름을 시기별·주제별로 나누어 전체적으로 정리한 책이지만, 기본적으로는 방대한 자료집의 성격을 갖는다. 이능화는 책의 출간을 앞두고 쓴 글에서 계통적 역사 서술이 없음을 들면서 "조선의 승려조차도 조선 불교의 역사를 알지 못한다."고 개탄하며 이는 족보와 계보를 몰라 상놈이 되는 것과 같다고 자조하였다. 그는 이 책에서 한국불교사에 대한 계통적 이해를 도모하고 참고

할 자료를 제공하기 위해 많은 노력을 기울였음을 밝히고 이를 통해 불교사의 유통과 불교의 유포가 이루어지기를 희망한다고 밝혔다.[70] 그런데 이 책에서는 인용한 기록의 한문 원문을 그대로 가져와 썼고 서술도 국한문 혼용이 아닌 한문전용을 고수하고 있어, 지식의 대중적 전파가 아닌 학승이나 지식층의 불교 이해가 우선 목표였음을 볼 수 있다.

『조선불교통사』에는 모두 3편의 서문이 실려 있다. 첫 번째는 1917년 3월 조선총독부 내무부장관 우사미 가쓰오(宇佐美勝夫)가 출간을 축하하며 쓴 짧은 서문이다. 두 번째는 예운산인(猊雲散人)이라는 필명을 가진 최동식(崔東植)이 쓴 서문으로 불교의 경(經: 경전 및 교리)과 사(史: 역사와 문화)의 전통을 강조하며 책 출간의 의의를 높이 평가한 내용이다. 세 번째는 이능화의 자서로서 불(佛)은 깨달음이고 교(敎)는 부처가 중생을 깨우치는 것임을 말하고 한국사와 불교의 오랜 인연을 강조하였다. 그러면서 그간 한국불교의 12종파와 900개 사찰의 역사가 방치되고 잊혀져왔기에 이를 안타깝게 여겨 고증과 학습의 공을 들인 끝에 이 책을 낼 수 있었다고 토로하였다. 이 책의 말미에 붙은 발문은 1905년 을사조약의 강제 체결을 비판하는 논설인 〈시일야방성대곡(是日也放聲大哭)〉을 《황성신문(皇城新聞)》에 실은 애국계몽운동가 장지연(張志淵: 1864-1921)이 썼다. 그는 저자인 이능화가 유학자이면서도 불교를 좋아하여 연구에 전념해왔다고 평가하면서 한국에서 불교는 유교와 함께 오랜 역사와 전통을 자랑하지만 전하는 기록이 적어 저자가 늘 안타깝게 여기던 차에 이 책을 짓게 되었다고 소개하였다.

책의 범례에서는 구성과 집필 및 편찬 원칙에 대해 구체적으로 규정하고 있다. 범례와 책의 내용에서 가장 특징적인 것은 저자가 엄밀한 사료적 근거에 입각해 객관적 접근을 추구하며 책을 서술하고자 했다는 점이다. 이는 근대학문의 가장 중요한 연구방법론인 문헌학과 역사실증주의, 범주의 유형화와 계통 정리, 객관적인 분석과 합리적 평가 등에 부합한다는 점에서 주목된다. 이에 맞게 본서에서 근거자료로 활용한 기록물은 역사서와 불교서, 문집과 기문, 비문 등의 금석문, 행장과 사적기 등 다양한 형태를 망라하고 있다. 역사서로는 『삼국사기(三國史記)』와 『삼국유사(三國遺事)』, 『고려사(高麗史)』, 『조선왕조실록(朝鮮王朝實錄)』을 비롯하여 『동국통감(東國通鑑)』 등의 정사, 『용재총화(慵齋叢話)』, 『대동야승(大東野乘)』과 같은 야사 및 잡록을 포괄하고 있다. 또 각종 고승전과 전등서, 어록은 물론 지리지, 사찰 사료 등이 대거 인용되었다. 일본 측 자료만 해도 『일본서기(日本書紀)』 등의 역사서, 『원형석서(元亨釋書)』와 같은 고승전류를 인용하여 고대 삼국의 승려들과 일본과의 관계를 구체적으로 언급하였다.

『조선불교통사』는 상·중, 하 3편 2책으로 구성되어 있다. 상편의 제목 「불화시처(佛化時處)」는 불교의 교화가 미친 시간과 공간이라는 의미로 불교가 전래된 삼국시대부터 근대기인 20세기 초까지의 사료를 시기별로 편년체로 배열하여 서술한 것이다. 다음 중편의 제목은 불법승 삼보의 원류라는 의미의 「삼보원류(三寶源流)」로서 부처의 일대기와 경율론 삼장(三藏)의 결집, 부파불교의 전개와 대승불교의 태동, 중국 전래 이후 경전의 한역, 논소의 찬술과 종파의 성립 등 인도에서 중국까지 불교의 역사적 전개 과정을 개관하였다. 한국은 신라와 고려시대 각 종파의 연원과 특징을 개설하고 한국불교 전통의 주류를 임제종(臨濟宗) 중심의 선종으로 파악하였다. 제2책의 하편 「이백품제(二百品題)」에서는 한국불교사에서 특기할만한 인물과 사상, 사건과 제도, 신앙과 영험, 사적과 지리, 문화예술과 출판, 기타 종교와 배불론 등 다양한 주제와 분야를 폭넓게 다루었다. 한국불교사 전체를 200여 개가 넘는 주제별 항목을 두어 집중 조명한 것으로 항목별로 '상현(尙玄) 왈(曰)'이라고 하여 저자 자신의 의견과 평가를 담은 부분이 약 120회 정도 나오고 있다.

「이백품제」의 제일 처음 항목인 〈1〉「삼국여선국사고거(三國麗鮮國史考

據)」에서는 저자가 불교와 인연을 맺고 연구를 시작하게 된 이유를 언급하면서 삼국시대부터 조선시대까지 어떤 책들을 주요 참고문헌으로 활용하여 서술했는지를 밝혔다. 〈2〉「출서역삼천년역사(出西域三千年歷史)」는 3천 년 전 인도불교의 탄생과 부처의 일대기, 불교가 중국과 한국에 전해진 사실 등을 간략히 언급하고 부처의 탄생과 성불한 연도에 대한 여러 이설을 소개하였다. 〈3〉「입동방이백구품제(入東方二百句品題)」는 불교가 한국에 전해진 후 일어난 사건과 사실, 뛰어난 인물들을 200여 개의 항목으로 요약하고 그에 대해 비평을 가한다는 「이백품제」의 집필 방침을 밝힌 것으로 저자 나름의 한국불교사 시기구분론도 제시하였다.

「이백품제」의 주제 가운데 조선시대 불교와 관련하여 자료적 가치가 있거나 이후 연구에서 많이 활용된 주요 항목을 들자면 다음과 같다. 조선전기의 경우 먼저 〈111〉「언문자법원출범천(諺文字法源出梵天)」에서는 한글의 조자(造字) 원리가 같은 표음문자인 인도의 산스크리트에 연원을 두고 있다고 주장하였다. 〈114〉「일본사래구고려장(日本使來求高麗藏)」에서는 조선초기 일본에서 고려대장경 인출본을 거듭 청구한 사실을 들었고, 〈117〉「간경도감용한언문(刊經都監用漢諺文)」은 간경도감에서 한문 불전뿐 아니라 언해 불서를 다수 간행한 일을 한글의 보급과 대중화의 측면에서 평가한 내용이다. 〈125〉「율곡실시출가탐석(栗谷失恃出家耽釋)」은 조선시대를 대표하는 유학자 중 하나인 율곡(栗谷) 이이(李珥)가 모친 신사임당(申師任堂)의 삼년상을 치르고 출가하여 불교에 잠시 귀의한 일을 소개하였다. 〈133〉「경국대전승니조례(經國大典僧尼條例)」는 조선의 대표 법전인 『경국대전』에 규정된 승려 및 불교 관련 조항을 정리하였고, 〈135〉「명종복선과명심종(明宗復禪科明心宗)」과 〈136〉「보우흥불교보법우(普雨興佛教普法雨)」에서는 명종대 문정왕후(文定王后)의 선교양종 재건 문제를 집중적으로 조명하였다. 그리고 〈140〉「함허청허부종수교(涵虛清虛扶宗樹教)」에서는 조선 초의 학승 함허 기화(涵虛己和)의 사상과 조선시대 불교의 중흥을 이끈 청허 휴정(清虛休靜)

의 활약상을 다루었다.

조선후기로 넘어가면, 〈145〉「남한산사수성치영(南漢山寺守城緇營)」에서 남한산성 축성과 승군(僧軍)의 성내 사찰 주둔 및 산성 방어 문제를 제도적 측면에서 접근하였다. 〈153〉「신미백암유통불서(信眉栢庵流通佛書)」에서는 세조대 불서의 언해와 간행을 주도한 신미(信眉)와 함께, 17세기 말 표착해온 중국 불서를 대대적으로 간행, 유통한 백암 성총(栢巖性聰)의 업적과 불교사적 의미를 평가하였다. 〈154〉「인악연담훈고사기(仁岳蓮潭訓詁私記)」는 18세기의 학승 인악 의첨(仁岳義沾)과 연담 유일(蓮潭有一)의 주석서 저술과 영남과 호남 강학에 미친 영향을 소개하였고, 〈157〉「백파수경배대삼구(白坡手鏡配對三句)」와 〈158〉「의순저술사변만어(意恂著述四辯漫語)」에서는 19세기 백파 긍선(白坡亘璇)과 초의 의순(草衣意恂) 사이의 선 논쟁 과정과 그 내용을 상세하게 서술하였다. 또 〈166〉「건봉만일미타법회(乾鳳萬日彌陀法會)」에서는 19세기 건봉사 만일염불회의 설행과 확산을 비중 있게 다루었다.

이능화는 이 책에서 한국불교의 특성을 시대별로 나누었는데, 삼국과 통일신라는 불교가 수용되고 교학이 발흥한 '경교창흥(經教創興)' 시대, 나말여초는 선종이 도입되고 번창한 '선종울흥(禪宗蔚興)' 시대, 고려는 선과 교가 함께 융성하여 오교양종이 성립된 '선교병륭(禪教并隆)' 시대, 조선은 비록 쇠퇴의 길을 걸었지만 선과 교가 통일된 '선교통일(禪教統一)' 시대, 근대는 제도나 교육의 측면에서 선과 교가 유지된 '선교보수(禪教保守)'의 시대로 구분하였다.[71] 이는 오늘날의 관점에서는 별다른 특색 없는 일반적 시기구분일지 모르지만 한국불교사의 흐름을 시대별로 구분하려는 초창기의 시도로서 나름의 의미를 갖는다.

이어 몇 가지 주제에 걸쳐 『조선불교통사』에 나오는 불교사 인식을 살펴본다. 우선 조선시대 선종의 정체성과 직결된 법통 문제는, 〈93〉「태고나옹임제적손(太古懶翁臨濟嫡孫)」에서 고려 말의 태고 보우(太古普愚)와 나옹 혜근(懶翁惠勤)이 중국 임제종 법맥의 적손이며 조선시대는 그 법통을 이은 청허 휴정이 선을 중심으로 교까지 포섭하였다고 보았다. 나아가 임제종은 여러 전등사서(傳燈史書)를 냈고 화엄종은 다양한 경전을 겸수하는데 한국은 이를 겸비하여 선교양종을 포섭했다고 평하였다. 〈110〉「양종선교종취화해(兩宗禪教宗趣和會)」에서도 임제종의 후예인 휴정에 의해 선교양종의 통합이 확정되었음을 강조하였다.[72] 이능화는 "태고와 나옹은 모두 임제파였지만 당시에는 별도로 종명을 세우지 않았고 조계종사(曹溪宗師)로 법칭을 삼았다. 조선시대에는 나라에서 선교양종을 지정하였고 청허 휴정과 부휴 선수(浮休善修) 모두 선과 교를 겸수하였으며 이후 모두 임제를 귀의처로 하여 종지의 정신을 지켜왔다. 따라서 오늘날 조선 승려들은 모두 임제의 후손이며 태고의 법손이고 또 청허의 문파를 잇거나 부휴의 계맥을 잇고 있다."고 하여 임제태고법통을 천명한 조선후기 법맥 및 계파의 역사적 정통성을 인정하였다.[73]

조선후기의 법통 계승인식과 선교겸수 전통에 대한 내용을 더 소개하면, 〈155〉「채영씨간불조원류(采永氏刊佛祖源流)」에서는 완주 송광사(松廣寺) 승려들이 자신들의 부휴계 법맥이 휴정의 청허계에 비해 작은 비중으로 서술된 것에 불만을 품고 『불조원류』의 판목을 불태운 사건을 소개하였다. 그런데 현재 유통되는 『불조원류』는 이때의 판본 소실 직후 재차 간행된 것으로 보이는데, 여기에는 보조 지눌이 산성(散聖)으로 들어가고 지눌과 같은 산문인 나옹계 주류의 계보도 수록되어 있다. 이는 임제태고법통의 공식 권위를 수용하면서도 보조유풍을 선양하려 했던 부휴계의 전통 인식이 반영된 결과일 것이다. 한편 〈174〉「범어일방임제종지(梵魚一方臨濟宗旨)」에서는 1911년 자주적 종단건설 운동인 임제종 건립 문제를 다루었는데, 이능화는 당시 대개의 고승들이 교학승려이며 선승은 경허(鏡虛), 만공(滿空), 한암(漢岩) 등 소수에 지나지 않음을 들면서 이를 통해 볼 때 조선후기 불교가 표면적으로는 선종이지만 실제로는 선교겸수의 기조 속에서 교학 전통을 면면히 계승하였다고 평가하였다.[74]

이처럼 『조선불교통사』에서는 조선시대 불교의 비중이 적지 않게 다루어지고 있다. 그 이유는 간행되어 현존하는 불서의 수가 가장 많고 인물, 사건 등에 대한 정보가 많이 축적된 시기가 조선시대이기 때문일 것이다. 이 책의 상편 「불화시처」는 불교가 삼국에 전해진 4세기 후반부터 집필이 끝난 1916년까지 약 1,600년간의 불교사를 통시적으로 다루었는데 이 중 조선시대가 40% 이상의 비중을 차지한다. 또한 전체 등장인물 266명 가운데 조선시대에 속한 인물이 93명으로 가장 많으며 불상과 탑 등의 유물도 213건 중 90건이 조선시대에 해당한다. 이러한 높은 비중은 하편 「이백품제」에서도 동일하여 조선시대 관련 항목과 분량이 전체의 약 40% 정도 차지한다.

이능화의 평가에서도 조선시대는 한국불교의 정체성을 형성한 중요한 시기로서 의미를 부여하고 있다. 그는 조선시대 불교를 이전 시대보다는 쇠퇴했지만 선과 교가 통일되고 불교의 생명력이 유지된 시기로 보면서 임제법통, 선과 교의 공존, 선 논쟁 등을 강조하였다. 이능화가 한국불교 전통의 원형으로 조선시대 불교를 바라본 것은 많은 시대적 함의를 가진다. 당시 일본인 학자들은 조선시대를 부정적으로 보려는 경향이 강했는데, 이에 비해 한국적 전통에서 나름의 장점과 의미를 찾으려 한 그의 노력은 인정받아야 할 것이다. 한국불교의 역사와 전통에 대한 조형이 시작된 것은 식민지로 전락했던 1910년대부터였고, 그 단초를 연 것은 바로 한국불교 연구의 초석을 쌓은 기념비적 저작인 이능화의 『조선불교통사』였다. 이 책은 체계적인 자료 조사와 수집이 시작된지 얼마 안 된 시점에서 놀라울 정도로 많은 자료를 모아 활용하였고, 이후에 나온 대다수의 연구들도 이 책에서 제공한 자료의 범위를 크게 벗어나지 못했다. 또한 한국불교사 전체를 통시적으로 개설하고 여러 종파의 연원을 밝혔으며 무엇보다도 주요 사건과 인물, 정책과 제도, 사찰과 서책 등을 두루 망라하여 후속 연구의 지침서가 될 수 있었다.

다카하시 도루와 『이조불교』

다카하시 도루(高橋亨: 1878-1967)는 조선총독부의 종교·도서 조사촉탁을 거쳐 경성제대의 조선어학문학 교수를 지냈고 해방 후에는 일본 덴리(天理)대학에 재직하면서 조선학회 창설을 주도한 대표적인 식민지 관학자이다. 그는 평생 조선학에 매진했고 특히 조선의 유교와 불교사상사의 대계를 구축하고자 했다. 저술로 간행된 학술적 성과는 『이조불교(李朝佛教)』(1929) 정도지만 그가 남긴 많은 논문과 글에서 다카하시가 그리려 한 유불을 아우르는 조선사상사의 대강을 짐작해볼 수 있다. 다카하시에게 배운 조윤제, 이희승, 이숭녕 등 경성제대 출신 한국인 학자들은 국어국문학계에서 일찍부터 두각을 드러냈고, 또 주리(主理)·주기(主氣)로 상징되는 그의 조선유교사관은 현상윤, 경성제대 철학과를 졸업한 배종호 등 많은 학자들에게 영향을 미쳤다.[75] 그럼에도 다카하시와 그의 학문에 대해서는 식민사관이라는 낙인 때문인지 그 위상에 비해 관심이나 연구가 별로 없는 실정이다. 조선시대 불교만 해도 『이조불교』의 가치는 90년이 지난 지금까지도 그 빛이 전혀 바래지 않지만 다카하시나 『이조불교』에 대한 단편적 평가 외에는 본격적 연구가 이루어지지 않았다.[76] 다행히 최근 다카하시의 경성제대 강의노트(사상사, 문학) 110권의 존재가 알려졌고 이 중 사상사 강의안은 현재 『조선사상사개설(朝鮮思想史概說)』(상·하)이라는 제목으로 공개된 상태이다.[77] 이는 고대부터 조선까지 한국사상사의 흐름을 불교와 유교의 두 축으로 개관하고 풍수지리, 도교, 동학까지 포함시킨 것이다. 따라서 미완으로 남겨진 유교사상사는 물론 고려 이전의 불교까지 망라한, 다카하시가 구상한 한국사상사의 전모를 살펴볼 수 있다.

다카하시 도루는 1878년 일본 혼슈의 중북부 지역인 니가타에서 한학자 다카하시 모이치로(高橋茂一郎)[78]의 장남으로 태어났다. 부친은 유명한 니쇼(二松)학사에서 한학을 배운 교육자로서, 이러한 가학의 영향 때문인지 그는 1898년 제4 고등학교 한학과를 졸업하고 도쿄제국대학 문과대학에 입학하였다. 다카하시가 재학한 도쿄제대 한학과는 고증학에 입각한 고전학, 문헌비판 위주의 근대 실증사학이라는 두 축이 주된 학풍이었고, 중국 갑골문 연구의 선구자이자 『조선사(朝鮮史)』(1892)의 저자이기도 한 하야시 다이스케(林泰輔)가 학계의 이름난 선배였다. 한편 도쿄제대 문학부 제1회 졸업생으로 『일본양명학파지철학(日本陽明學派之哲學)』, 『일본고학파지철학(日本古學派之哲學)』, 『일본주자학파지철학(日本朱子學派之哲學)』의 3부작과 『칙어연의(勅語衍義)』를 쓴 저명한 이노우에 테츠지로(井上哲次郎)가 1882년부터 동양철학 강의를 담당하였다. 또 고등사범학교에서 처음으로 국사, 동양사, 서양사로 과목을 나누어 개설한 일본 동양사의 창시자 나카 미치요도 다카하시 재학 시절에 중국사 강의를 맡고 있었다.[79]

나카 미치요

도쿄제대 한학과에서 다카하시는 엄밀한 문헌학적 연구방법론을 배울 수 있었지만 타자에 대한 동양학적 시각과 진화론에 입각한 사회유기체설, 조선사회 정체론 등도 그에게 영향을 미쳤던 것으로 보인다.[80] 이는 그가 가학인 한학에서 시작하여 제국대학의 수학과정에서 동양학에 눈을 떴음을 의미하며 이제 동양학의 적용대상을 찾는 일이 그의 선택을 기다리고 있었다. 1902년 학부를 졸업하고 규슈일보의 주필을 잠시 했던 다카하시는 대한제국 정부의 초청을 받아 다음 해인 1903년 시데하라 다이라(幣原坦)의 후임으로 관립중학교 교사로 부임해 한국에 왔다.[81] 이후 40여 년의 세월을 한국에서 보내게 된 그는 오자마자 한국어를 배웠고 얼마 후 의사소통에 문제가 없게 되었으며 1909년에는 『한어문전(韓語文典)』을 간행하였다. 1910년에는 민간의 설화와 속담을 모은 『조선의 물어집(朝鮮の物語集)』을 펴냈는데, 이러한 작업은 식민지 경영을 위해 일본인들이 기본적인 한국어를 배우고 한국의 사정을 잘 알아야 했기 때문이다. 효율적인 식민지 지배의 전제는 상대를 철저히 아는 것이었고 타자의 발견과 타자에 대한 이해는 제국 학문인 동양학의 기본 속성이었다.

다카하시는 데라우치 마사타케(寺内正毅) 초대 조선총독에게 한국의 민속 조사를 위한 문헌 수집의 필요성을 역설했고, 1911년 조선총독부의 종교조사촉탁 및 도서조사촉탁이 되어 먼저 규장각 도서를 조사하기 시작했다. 그의 조선학으로의 행보는 이때부터 본격화되었다고 할 수 있다. 1912년에는 왕실 귀중도서 등이 보관된 사고의 조사를 위해 오대산에 갔는데 월정사(月精寺)에서 수행에 전념하는 승려들의 모습을 보고 조선 승려와 불교에 대한 기존의 부정적 선입견을 버리고 불교 연구를 시작하기로 결심한다. 1916년에는 대구고등보통학교장이 되어 영남지역 고문헌을 집중적으로 조사, 수집하였다. 앞서 다카하시는 의병장의 책상 위에 『퇴계집(退溪集)』이 있는 것을 보고 놀랐다고 하며 조선유학 연구에 뜻을 품게 되었다고 회고한다. 1919년에는 조선의 신앙과 사상에 관한 3천여 매 분량의 「조선의 교화와 교정(朝鮮の教化と教政)」 논문으로 도쿄제대에서 문학박사학위를 취득했으며, 정만조(鄭萬朝) 등과 『조선도서해제』를 펴내기도 했다.

3.1운동을 기화로 1920년대부터는 일명 문화통치가 시작되었고 한국사 분야에서는 총독부가 주관하는 관제 역사서 편찬사업이 대대적으로 펼쳐졌다. 1922년 조선사편찬사업위원회가 만들어졌고 1925년 관제 공포를 거

쳐 사업이 가시화되면서 1938년까지 『조선사료총간(朝鮮史料叢刊)』 20종, 『조선사료집진(朝鮮史料集眞)』 3질, 『조선사(朝鮮史)』 35책이 나왔다. 한편 총독부 학무국 편집과장이자 조선사편찬위원이었던 오다 쇼고(小田省吾)가 주도하여 만든 조선사학회에서는 1923-1924년에 조선사 강의를 실시하여 『조선사강좌(朝鮮史講座)』 1-15호와 주제별 책들을 펴냈고 1925년에는 한국통사라 할 수 있는 『조선사대계(朝鮮史大系)』 5책이 출간되었다. 이어 1926년에는 조선사학 동고회에서 『조선사학(朝鮮史學)』을 7호까지 발행하였다. 다카하시도 당시 총독부의 시학관으로서 조선사학회에 참여하였고 이 무렵 「조선유학대관(朝鮮儒學大觀)」을 집필하였다.

다카하시가 고등관 3등에 해당하는 총독부 시학관이 된 것은 1921년으로 그해 1월부터 다음 해 9월까지 그는 유럽과 미국의 여러 대학을 시찰하고 런던에서만 1년 가량 체류하였다. 돌아온 후 1923년에는 경성제국대학창립위원회의 간사가 되었고, 1926년 대학에서 소장할 한문전적의 구입을 위해 중국에 다녀온 후 신설된 경성제대 법문학부 교수가 되어 조선어학문학 제1강좌를 맡았다. 경성제대는 1924년 관제 공포 후 먼저 예과가 문을 열었고 2년 후 대학이 정식 개교하였다. 다카하시는 경성제대에서 교편을 잡으면서 조선 문학사와 사상사 강의를 주로 맡았는데, 조선어학문학 제2강좌의 담당교수는 오쿠라 신페이(小倉進平)였고 조선사학 강좌는 처음에 적임자를 구하기가 쉽지 않아 교토제대 교수 이마니시 류(今西龍)가 겸임하게 되었다.[82] 다카하시가 교수가 된 후 첫 학문적 성과로 간행한 것이 바로 대표저작인 『이조불교』(1929)였다.

한편 다카하시는 1930년부터 유교를 가르치는 경학원 명륜학원의 강사를 겸했고 1931년에 고등관 1등에 서용되었다. 1930년대에 다카하시의 관심은 기존의 사상사 분야에서 문학 쪽으로 기울어졌다. 그의 경성제대 강의안을 보면 1930년까지는 주로 사상사 관련 내용을 가르쳤지만 1931년부터는 본격적으로 문학 강의를 시작하였고 이 시기에 조선

의 민요에도 관심을 보였다.[83] 실제로 『이조불교』 이후 다카하시가 쓴 새로운 내용의 학술적 글은 「조선 분묘의 재궁과 천지팔양경(朝鮮墳墓の齋宮と天地八陽經)」(1933), 「대각국사 의천과 고려불교(大覺國師義天と高麗佛教)」(1938) 정도만 눈에 띌 뿐이다. 이처럼 다카하시가 추구한 조선학의 대상은 유교, 불교로 대표되는 사상사의 틀을 넘어 문학과 민중으로 그 영역이 확대되었다.

1939년에는 경성제대를 정년퇴임하고 명예교수가 되었으며 다음 해인 1940년 6월 19일 중앙불교전문학교에서 개칭한 혜화전문학교의 초대 교장이 되었다. 이보다 앞서 5월 30일에 열린 조선불교중앙교무원 임시이사회에서는 중앙불전 교장 추천과 교명 변경 및 학과 증설에 관한 건을 논의한 결과 교장에 다카하시를 추천하고, 교명은 혜화전문학교, 증설학과는 흥아과(興亞科)로 하기로 결의하였다.[84] 다카하시는 교장이 되자마자 권상로, 김영수 등 한국인 교수와 강사 상당수를 파면하고 경성제대 출신 및 일본인 교수들로 보충하였다.[85] 그런데 다카하시는 1941년 4월에 혜화전문학교 교장을 그만두었고, 넷째 며느리의 향리인 야마구치의 하기에 가서 은거하였다. 1944년에는 경학원 제학 및 명륜연성소장, 조선유도연합회 부회장직을 수락하고 한국에 다시 왔다가 1945년 패전으로 10월에 귀국하여 하기로 되돌아갔다. 이처럼 조선의 유일한 대학인 경성제대는 물론 유교 교육기관인 경학원 명륜학원과 근대식 불교교육 학교인 혜화전문학교를 두루 거친 그의 이력은 대표적 식민지 관학자이자 조선학으로서 유교와 불교를 통섭한 그의 학문여정을 잘 보여준다.

다카하시는 1949년 후쿠오카상과대학에 취직했다가 1950년 덴리대학 조선학과의 교수가 되었고 조선학회의 창립을 주도하여 부회장으로 취임했다.[86] 그는 덴리대 재직 시설 16세기의 고승 허응 보우(虛應普雨)의 문집인 『허응당집(虛應堂集)』을 발견하여 「허응당집급보우대사(虛應堂集

及普雨大師)」라는 논문을 썼다. 다카하시는 보우가 고승이지만 말년에 실각하여 비명횡사한 관계로 문집이 간행되었음에도 널리 유통되지 않았다고 일찍부터 아쉬워했는데 한국에 있을 때도 법주사 승려가 비장하고 있다는 소식을 듣고 책을 빌렸지만 『나암잡저』뿐이었다고 회고하였다. 그런데 하버드대의 와그너(Wagner) 군이 연구를 위해 서울대학에 가 있어서 편지로 『허응당집』의 존재를 찾게 했지만 구하지 못했고, 자신도 일본의 여러 기관을 뒤졌음에도 고마자와(駒澤)대학의 선서(禪書)목록에서 서명만 확인했을 뿐이었는데, 결국 나고야 호사(蓬左)문고에서 실물을 구했다고 하며 조선 500년 교정상의 대사건의 진상을 연구하는 데 필요한 귀중한 자료를 얻었다고 소회를 밝히고 있다.[87] 이처럼 생의 끝까지 조선학 연구에 매진했던 다카하시는 1964년 덴리대에서 퇴임하고 1호 명예교수가 된 후 1967년에 세상을 떠났다.

다카하시 도루

한국불교에 관한 다카하시 도루의 첫 연구는 총독부의 종교 및 도서 조사촉탁을 담당하고 나서인 1912년부터 시작되었다. 그가 한국불교를 연구하기로 결심한 것은 실록이 있는 오대산 사고[88]의 조사를 위해 1912년 여름 월정사를 방문한 것이 발단이 되었다. 다카하시는 사고가 있는 영감암(靈鑑庵)에서 반달 동안 머물며 월정사와 상원사(上院寺)를 찾아가 승려들의 정진하는 모습과 일상을 목격하였다. 그는 서울 인근의 속승들과는 달리 선과 강학에 전념하는 수십 명의 승려들을 보고, "조선

불교는 척불로 인해 사회적으로 종교로서의 기능을 박탈당하고 산속에 유폐되어 형기가 완전히 죽은 것 같지만, 이런 깊은 산의 거찰에 오면 아직도 그 정신을 잇고 있고 탈속의 분위기가 충만하다. 조선 불교를 단지 과거의 종교로만 볼 것이 아니라 그 시작과 전개과정을 해명해야겠다고 생각하고 돌아와 조선 불교사 연구에 착수하였다."고 회고하였다.[89]

이때부터 『이조불교』가 간행된 1929년까지 해인사 고려대장경판, 종파 변천사, 사찰 현황, 종교사의 관점에서 본 신앙, 승직과 승병 등 다양한 주제에 걸쳐 불교 연구를 진척시켰다.[90] 오대산을 다녀온 직후에 쓴 한국불교 관련 첫 글(1912)에서는 조선 왕실이 불교를 믿지 않았다고 생각했는데 이는 잘못이라고 하면서, "조선 불교는 순수한 종교의 입장에서 결코 사라진 것이 아니라 최근까지 살아 있다. 나는 여러 문제에 대해 충분히 연구를 해나가려고 한다."고 하여 연구 의지를 불태웠다.[91] 이어 사찰에 대한 글(1916)에서는 조선의 절들이 대부분 심산유곡에 있고 일본과 같은 단가(檀家)가 전혀 없는 대신 사찰 소유 재산의 수입으로 유지되며 유명 사찰에는 소속된 승려가 매우 많다고 기술하였다.[92] 또한 1923년 여름 금강산 장안사(長安寺) 승려들을 대상으로 한 강연문이 잡지에 한글로 실렸는데, 여기서는 승병으로 상징되는 호국불교의 전통을 내세우며 총독부의 사찰령에 의해 승려의 지위가 법으로 정해진 후 이전에 비천한 대우를 받던 승려의 지위가 향상되고 조선 불교가 부활하게 되었다고 하여 정책에 적극 호응할 것을 강조하였다.[93]

1910년대부터 줄곧 자료 조사와 수집에 전념하던 다카하시는 그간의 어려움에 대해 "어느 고승의 사적을 탐색하기 위해 삼복더위, 줄기차게 내리는 비와 눈을 무릅쓰고 말 등 위에서 10리 길을 왕복한 적도 적지 않았다."고 토로하였다.[94] 이러한 문헌자료의 집성을 위한 노고와 이능화의 『조선불교통사』 같은 선구적 업적에 힘입은 위에 자신의 시각과 입론을 더한 다양한 연구를 축적한 결과 드디어 『이조불교』라는 역작이 탄생하게 된 것이다. 이 책은 조선 초부터 역대 국왕 재위시의 승정과 사건, 고승의 활동과 사상, 법맥과 문파, 사회경제와 문화의례 등을 망라하며 수많은 자료를 발굴, 인용하였고 저자의 해석과 평가를 덧붙였다. 비록 조선시대 불교만을 연구대상으로 삼았지만 삼국 이래 불교사의 전개나 한국의 유학 및 역사상에 대한 저자 나름의 이해가 곳곳에서 표출되고 있다. 이 책에서 시도한 계통별 분류와 방대한 자료 구사 및 해석은 근대학문의 문헌실증주의와 역사학적 방법론이 적용된 것이었고 여기서 제기된 주제와 문제의식, 입론의 틀은 향후 연구의 방향과 성격을 결정지었다.

『이조불교』가 나오자 중앙불전의 교수이자 한국불교 전공자인 에다 도시오(江田俊雄)는 "조선학계나 불교사학계에 매우 경이롭고 환희로운 일이 아닐 수 없다. 조선 불교 전반에 대한 연구가 거의 없는 실정에서 우리 눈앞에 이 책이 펼쳐지면서 종래 가졌던 의문점들이 밝혀진 부분이 매우 많다."고 극찬하였다. 그는 이 책의 의의에 대해 종래에 연구가 진전된 인도·중국·일본 불교 외에 조선의 불교 연구를 선구적으로 시도하여 불교사의 신지식을 제공하였고, 교리사와 교회사로 이루어진 종교사가 아닌 교리와 사찰을 함께 다룬 문화사라는 점에서 제대로 된 불교사 연구방법론을 시사한다고 평했다. 더욱이 조선 불교의 쇠퇴함을 개탄하고 승려의 무기력을 한탄하는 작금의 상황에서 새로운 불교 부흥의 기운을 맞아 조선 불교도를 계몽하고 고무 격려하는 사회적 의미도 있음을 부언하였다.[95]

『이조불교』의 서문에서는 이 책이 유학, 불교, 특유한 종교의 3부로 구상 중인 조선사상사대계의 제1권으로 추후 삼국·신라·고려 불교를 출간할 것이고, 유학의 경우는 신라와 고려의 유학, 조선시대는 퇴계 이황까지와 그 이후로 나누어 총 3편으로 낼 예정이라고 밝혔다. 이어서 다카하시는 조선 불교가 중국불교의 한 분파에서 대체로 벗어나지 못하며 이는 조선의 유학과 중국 유학의 관계와 같은 것이라고 하여 한국 사상이 중국과 다른 독자성을 가지지 못한다고 미리 못 박아두었다. 그러면서 조선의 불교는 교리발달사로서는 내용이 비어 있고 소략함을 면치 못하지만 구체적 종교사로 볼 때는 그 유례를 찾기 힘든 독특한 특징을 지닌다고 보았다. 여기서의 독특함은 신라, 고려에서 불교가 800년간 국교의 지위를 가지고 민의 사상과 신앙을 통제했지만 조선조 500년 동안은 국가로부터 교화의 권리를 완전히 빼앗기고 국가의 교정 방침에 좌우되어 종교의 본래 기능을 잃었음을 말하며 이를 조선의 특징으로 본 것이다.[96]

이어 『이조불교』「서설」에서는 국가의 교정, 종지 및 전등, 교법의 성쇠를 기준으로 조선시대 불교사의 시기구분을 시도하였다. 먼저 교정의 측면에서는 국가 승정체제의 존재 및 공인 여부를 기준으로 하여 성종 이전, 연산군 이후의 2기로 구분했다. 다음 종지 및 전등 면에서는 선과 교가 병립한 선조 이전, 선주교종(禪主敎從)의 주창 및 서산(西山: 청허 휴정)과 부휴(浮休: 부휴 선수) 법계로 전승된 선조대 이후를 획기하여 정리하였다. 끝으로 교법(敎法)의 성쇠를 기준으로 한 3시기 구분론을 주창했는데, 여기서 교법은 승정(僧政)체제나 교정(敎政)을 의미한다. 그에 의하면 제1기는 불교가 국가로부터 억압을 받기는 했지만 정식으로 공인되었던 성종대까지, 제2기는 승정체제가 폐지되었지만 아직 교법이 쇠퇴하지 않고 명승도 배출된 인조대까지, 제3기는 효종대 이후로서 교세가 완전히 몰락하고 승려의 지위가 급락하여 사찰이 겨우 명맥을 잇고 불법이 거의 사라진 시기로 규정하였다.[97]

조선시대를 교법의 성쇠를 기준으로 바라본 이 3시기 구분론은 「서설」에서 "제1기부터 순차적으로 시대를 따라 교법이 점차 쇠퇴한 흔적을 서술하려 한다."고 밝혔듯이, 『이조불교』의 구성과 서술방향에 그대로 적용되었다. 정치권력의 '교법'을 매개로 한 것은 조선사회의 제반 분야가 정치에 종속되어왔다는 다카하시의 조선사관을 투영한 것이었고, 특히 조선후기에 해당하는 제3기를 쇠퇴의 전형이자 겨우 명맥을 유지한 몰락의 시기로 본 것은 식민지기에 통용되던 '조선후기 부정론'과 그에 대비되는 일본에 의한 근대화론의 논리를 불교에 대입시킨 것이었다. 더욱이 불교는 조선 정치사상의 주류였던 유교 측의 탄압으로 비주류로 몰리고 생존을 걱정해야 할 만큼 열악한 처지로 전락하고 말았다는 쇠퇴의 이미지를 극적으로 형상화하였다. 『이조불교』의 편명 및 장별 제목은 1편 국초의 불교는 제1기(태조-성종), 2편은 제2기(연산군-인조), 3편이 제3기(효종-고종)에 해당하며, 4편은 여설로서 토지, 승직, 수계, 사찰에 대한 다카하시의 기존 연구를 수록하였다.

식민지기의 대표적 관변학자였던 다카하시는 식민사관의 전형인 타율성과 정체성의 시각에서 한국불교를 바라보았다. 앞서 언급했듯이 다카하시는 특히 조선시대를 억압과 쇠퇴로 인해 발전이 정체된 시기로 규정하고 여성과 서민 신앙을 제외하고는 독자적 특성을 전혀 찾아볼 수 없다고 단언하였다. 그는 조선시대에 대해 "국초부터 배척방침에 의해 점차 쇠퇴하였고 특히 연산군의 폭정 때문에 신라와 고려 2대에 걸쳐 쌓아놓은 세력의 바탕이 전복되었다. 마침내 조선 중엽 이후가 되면 승려는 8천(賤)이라 불리며 서울 안의 통행이 금지되었다. 당시 불교의 가르침은 궁녀 및 교육받지 않은 여자들 외에는 거의 믿는 자가 없었고 불교는 종교의 사회성을 완전히 상실한 채 다만 풍속과 인심에 그 흔적이 남아 전할 뿐이다. 불교는 국가의 명령에 의해 금지된 반면 유교는 대항하는 종교나 철학 없이 단독으로 인심을 지배하게 되었다. 이는 동양에 그 유례가 없는 역사이다."라고 평가하였다.[98]

이러한 부정적 인식은 『이조불교』의 연구 기조와 구체적 서술 내용에도 반영되었다. 다카하시가 거론한 조선시대 불교의 특징은 교화권의 국가탈취, 쇠퇴 및 명맥의 유지, 무종파와 산중불교, 부녀자 및 서민의 신앙, 승려 천인신분 등이었고 그가 한국사상의 전반적 특징으로 든 고착성과 비독자성은 조선시대 불교를 설명할 때도 예외 없이 적용되었다.[99] 그럼에도 『이조불교』가 당시 한국불교에 관한 최고의 노작이었음은 분명하며 여기서 다룬 주제와 인용한 사료, 해석과 입론은 이후 연구에 지대한 영향을 미쳤다. 더욱이 조선시대 불교사를 개척한 이 책의 학술적 가치는 오늘날까지도 그 빛이 바래지 않은 채 이어지고 있다. 몇 개 분야별로 『이조불교』에서 정리된 주요 주제와 그 연구사적 의미를 간략히 언급해둔다.

첫째, 불교정책 면에서 태종대 억불정책[100]과 성종대의 억불 기조 강화, 연산군·중종대의 폐불적 상황, 명종대의 선교양종 복립, 선조대 이후의 방임과 조선후기의 승역 활용 등 불교시책의 전개과정과 변화양상을 시기별로 구분하였다. 조선 초 정도전의 불교비판과 함허 기화(涵虛己和)의 『현정론(顯正論)』 등 불교 측의 반론, 현종대 국왕에게 올린 상소문인 백곡 처능(白谷處能)의 「간폐석교소(諫廢釋敎疏)」 등도 정책상의 변화와 그에 대한 대응으로 부각시켰다. 둘째, 신앙 면에서 사십구재, 수륙재, 천도재와 같은 각종 재회와 염불 등 다양한 형태의 불교신앙이 지속되었음을 확인했고, 최소한 조선전기에는 왕실과 일반민은 물론 일부 사대부 층에서도 관습의 차원에서 불교가 깊이 영향을 미쳤다고 보았다. 그는 국왕과 왕실의 숭불에 특히 주목하여 태조, 세종, 세조, 정조 등의 불교 후원과 왕실의 불교신앙을 자세히 다루었으며, 왕실불교의 연장선에서 간경도감의 불서 간행과 언해에도 주목하였다.

셋째, 인물 면에서는 조선전기의 학승으로 함허 기화, 허응 보우 등을 들었고 청허 휴정을 조선시대 불교를 대표하는 고승으로 보아 중점적으로 다루었다. 조선후기에는 서산계(청허계)의 주요 문파와 부휴계를 중심으로 하여 법맥상의 적전과 유명 종장들의 활동 및 사상을 많은 지면을 할애하여 상세히 정리하였다. 『이조불교』에는 이들 승려뿐 아니라 김시습, 이이, 노수신, 이수광, 허균, 이정구, 장유, 이식 등 저명한 유학자들이 종종 등장하며 이들의 불교관이나 유불교류의 양상 등이 상세히 서술되어 있다. 넷째, 사상 및 수행전통에서 다카하시는 휴정이 간화선을 궁극적 수행방안으로 하는 선교겸수를 내세웠음을 들어 조선 불교가 보조 지눌의 영향을 크게 받았다고 보았다. 또 선, 교, 염불, 진언다라니 등 여러 전통이 후기에도 지속되었음을 밝혔고 승려 이력과정의 정비와 삼문의 성립, 화엄을 필두로 한 교학의 성행, 18세기 연담 유일과 묵암 최눌(默庵最訥)의 심성 논쟁, 19세기 백파 긍선과 초의 의순에서 시작된 3종선 논쟁 등도 특기하여 이후 연구의 초석을 놓았다. 다섯째, 사회경제 측면에서는 승려 개인소유지의 문파 내 상속, 갑계 및 염불계와 같은 사찰계의 성행, 승역과 잡역, 사원경제의 실상과 승려의 생활 문제 등을 구체적으로 다루었다. 여기서도 유생과 지방관에 의한 사찰 침학 사례를 시기별·지역별 검토 없이 전면적 수탈로 일반화시켜 이해한다거나 승려를 천인신분으로 보는 등 재고해야 할 통설적 이해가 존재한다.[101]

다카하시 도루는 도쿄제대에서 동양학의 연구방법론을 체득한 후 식민지 관학자로 활동하면서 조선학에 평생 매진하였다. 또한 그의 대표작인 『이조불교』는 조선시대 불교전통의 전체상을 구체적으로 형상화한 역작임에 틀림없다. 다만 식민사관에 의한 의타성(타율성)과 고착성(정체성)의 강조는 그의 태생적 한계였다. 조선시대 불교를 넘어 한국학의 관점에서 평가할 때도 다카하시의 업적은 결코 폄하할 수 없다. 하지만 그가 한국의 전통에 대해 정치적 종속(정치성)과 종교문화의 이중성을 거론한 것도 마찬가지로 그의 편향과 시대 분위기의 산물이었다. 이처럼 다카하시가 추구한 조선학은 식민사관의 투영이라는 점에서 분명 문제가 있지만 그렇다고 그의 학문적 업적을 송두리째 무시할 수는 없다. 따라서 그에 대한 평가와 연구는 동양학으로서 시작된 조선학의 모순과 한국학의 토대를 닦은 점을 동시에 고려하면서 이루어져야 할 것이다.

제 2 장

해방 이후: 연구의 재개와 새로운 모색

1. 20세기 후반의 주제별 연구와 성과

한국불교사 개설서에 나타난 인식

1945년 8월 15일 해방 이후 조선시대 불교는 역사학이나 불교학계의 주된 관심 대상이 아니었다. 그렇기에 앞서 식민지기에 형성된 부정적 전통 인식의 편향성에서 벗어나는 데 오랜 시간이 걸릴 수밖에 없었다. 그렇게 된 이유는 여러 가지가 있겠지만 조선시대에 불교의 위상이나 비중이 이전 시대에 비해 크게 작아졌고 사상 면에서의 발전이나 시대사조로서의 역할을 기대하기 어렵다는 선입견에서 그 일차적 원인을 찾을 수 있다. 하지만 조선시대에도 불교는 생명력을 이어가며 주요 종교로서 사회적 기능을 수행하였고, 현재 한국불교의 원형이 조선시대에 형성된 것 또한 사실이다. 이 점에서 전통과 근대의 접점을 찾고 한국불교의 정체성을 탐색할 때 조선시대 불교에 대한 객관적 이해가 반드시 필요함은 물론이다.

구체적인 분야별·주제별 연구의 정리에 앞서, 해방 이후 나온 대표적 한국불교사 개설서들을 소개하고 그 안에서 조선시대 불교가 어떻게 다루어졌는지를 살펴본다. 먼저 우정상·김영태 공저 『한국불교사』(1969)의 서설에서는 "흔히 불교의 폐해만 말하고 그 이로움은 잊으려 한다. 불교는 민족의 자주와 긍지를 불러일으키며, 한국의 문화이자 민족의 생활이다. 한국불교사 연구는 우리 역사를 올바로 알기 위한 것"이라고 밝히면서, 불교는 호국신앙과 현세이익사상을 형성하고 서민의 생활불교를 완성하여 민족문화를 창조했다고 평가하였다.[1] 다만 조선시대를 불교 억압과 수난의 시대로 규정하고 종파도 종지도 없이 선의 법맥만 전하며 겨우 명맥을 유지하였다는 시각은 식민지기의 연구에서 크게 달라지지 않았다.

이 책의 내용을 시대별로 요약하면, 삼국시대는 불교 전래와 고유신앙의 접목, 삼국과 가야 불교, 원광(圓光)이나 자장(慈藏) 같은 중국 유학 교학승, 불교 대중화 등에 주목하였고, 통일신라시대는 삼국통일과 불교, 교학 성행과 대중교화, 교단제도와 불교문화, 선종 전래 등에 관해 개관하였다. 고려시대는 고려 불교의 특성과 왕실의 숭불, 제도와 종파 변천, 대장경과 각종 법회, 교단의 문란과 병폐 등을 서술하였는데, 특히 화엄종과 법상종의 교종, 선종의 조계종과 천태종을 비중 있게 다루었다. 또 고려시대에는 진호국가(鎭護國家), 비보산천(裨補山川), 신불(神佛)사상 등 기복양재(祈福禳災)의 속성에 빠져 불교가 저속화되었다고 보았다. 조선시대는 배불정책과 교단 변천, 왕실의 숭불, 조선후기 문파와 교계의 동향 등을 소개하였다. 끝으로 대한제국과 식민지기는 국가의 관리와 교단 동향, 통합종단 건설운동, 교육 및 문화사업 등을 설명하였고 해방 이후에 대해서는 전망과 과제만 간략히 언급하였다.

이어 안계현의 유작 『한국불교사연구』(1982)는 그의 『한국불교사상사연구』(1983)에서도 볼 수 있듯이, 불교학과 역사학, 교리와 교단사를 접목시킨 연구라는 점에서 장점이 있다. 총론에서는 한국사에서 불교의 위치, 불교의 특질 등을 언급하였는데, 삼국시대에 불교를 정치에 적극 활용한 바 있고 고려 말 이후에는 유불교체로 인해 배척당하기는 했지만 그럼에도 불교는 한국 정신문화의 주류라고 보았다. 또 주체적 수용과 신앙의 접목, 통일적 이념을 한국불교의 특색이라고 규정하였다. 안계현은 동아시아 불교의 특징을 국가, 효(孝)와 결합, 기복과 습합이라고 정의하고 한국불교는 국가불교, 주술(呪術)불교, 장례(葬禮)불교의 특색이 강하며 호국신앙과 호국불교, 토착신앙과 습합이 현저했다고 평가하였다. 덧붙여 조선시대 불교사에 대해서는 자료 수집과 연구의 활성화가 필요하다는 점을 강조하였다.[2]

이 책에서 신라불교는 교학사상, 국가관과 사회윤리, 불교신앙 등을 중점적으로 다루었다. 신라의 대표적 사상으로는 삼국통일 이념으로서의 법화사상, 원효의 화쟁사상, 의상의 화엄사상, 원측과 유식사상, 계율과 정토사상을 거론하였다. 또 원광의 세속오계와 같은 사회윤리, 자장의 호국이념, 정토신앙의 대중화와 밀교 등을 언급하였다. 고려 불교는 호국신앙, 토속신앙과 습합, 사원경제에 주목하면서 "사회경제사 내지 문화사적 배경하에서 불교사를 역사학으로 끌어올리고 사상사적 방향에 초점을 맞추어야 한다."고 제언하였다. 고려의 불교교단, 신앙과 의례, 불교사서, 유불교류 등을 주제로 지눌과 조계종, 법화신앙과 천태종, 호국신앙과 대장경, 『삼국유사』와 『해동고승전』 등의 사서, 유불공존과 유학자의 불교관 등을 기술하였다. 조선시대는 숭유억불을 전제로 한 억불정책과 교계 동향, 왕실불교와 승려의 경제활동, 불교신앙의 대중화 등을 다루었고 근대는 불교계의 상황과 함께 한용운, 이능화에 대해 소개하였다.

한편 일본의 저명한 동아시아 불교학자인 가마다 시게오(鎌田茂雄)는 『조선불교사』(1987)를 펴냈는데, 앞서 식민지기 일본인 학자들의 부정적 시각과는 다른 각도에서 한국불교를 조망하였다. 그는 맺음말에서 한국불교를 경시해온 일본학계의 그릇된 경향을 바로잡기 위해 이 책을 집필하였다고 밝혔는데, 서설에서 "한국불교는 한역대장경에 의존하면서도 일본불교와는 완전히 다른 불교를 만들었고 중국불교와도 다른 독자적

연등회

불교를 한국인의 주체성에 의해 창조하였다."고 평가하고 있다. 가마다는 한국불교의 특성으로 호국불교의 역할을 지적하고 교리적 특질로서 종합불교를 내세웠다. 또 한국은 다양한 경로의 불교를 수용하였으며 무속신앙과의 결합에서 한국불교의 복합성을 볼 수 있다고 하였고, 고려시대는 독자적 불교의 창조기로 보아 가치를 인정하였다.[3]

고대 삼국 불교에서는 육로와 해로를 통한 불교의 전래 루트, 중국의 북방과 남방 불교의 동시 수용, 일본과 불교 교류를 강조하였다. 통일신라 불교는 국가불교, 귀족불교뿐 아니라 샤머니즘과 습합된 신앙이나 민중불교가 나타났음에 주목하였고, 고구려를 이은 발해 불교도 한국불교사에서 기술하였다. 사상 면에서는 교학과 실천의 양면을 동시에 고찰하였고 점찰신앙, 밀교와 아울러 정토교의 독자적 전개를 부각시켰다. 고려 불교에서는 풍수지리설, 승과(僧科), 승록사(僧錄司) 등의 제도와 사원경제, 팔관회(八關會)나 연등회(燃燈會) 같은 국가적 불교행사, 고려대장경 등을 다루면서 고려의 독자성을 강조하는 논거로 들었다. 선종의 하나로 세워진 고려 천태종을 일본불교의 입장에서 교종 항목에서 다룬 점도 특이하다. 한편 조선시대는 15세기 이전의 불교 공인기와 16세기 이후의 폐불기로 나누어 후자를 국가와 무관한 비공식적 불교로 보았고, 교단 상황과 고승의 활동, 사찰계(寺刹契)와 불서 간행 등을 다루었다. 현대 한국불교에서는 식민지기의 일본불교 영향을 탈피하여 새로운 불교를 부흥시키고 주체적 교단을 세웠다고 평하였다.

다음으로 김영태의 『한국불교사』(1997) 내용을 시대별로 요약하면, 고대 불교는 국가불교, 중국불교의 수용과 정착이라는 관점에서 특성을 이해하였고, 통일신라는 민족통일과 불교, 교학연구와 통불교, 불교 대중화와 해외 활동, 교단기구와 불교문화 등에 대해 서술하였다. 고려시대 불교는 기복과 양재가 특징이라고 보았고 진호국가, 대장경 등의 문화 사업을 그 근거로 들었다. 조선시대는 산중 승단의 산승(山僧)시대 불교로 규정하고 16세기 중반 이전의 선교양종 존립기, 17세기 전반까지의 산승 가풍 확립기, 조선후기의 삼문수업(三門修業) 존속기의 세 시기로 구분하였다. 근대는 대한제국에서 해방까지로서 개화 격동기로 정의하였고 일본불교의 침투와 동화를 막고 한국불교를 유지하려고 노력한 사실을 강조하였다.[4]

이처럼 한국불교 개설서들이 연이어 나옴에 따라 한국불교의 정체성에 관한 통설이 학계에 유포되었다. 그중 세 가지 쟁점을 들어 기존에 상식화된 통설에 대해 재고해본다. 첫째, 흔히 한국불교의 특성으로 거론되는 '통(通)불교' 인식이다. 통불교론은 식민지기에 최남선에 의해 본격적으로 제기된 후 한국불교 고유의 사상적 특질로 거론되며 회통과 원융의 특성이 강조되었다. 통불교 전통은 원효의 화쟁사상에서 비롯되었고 중생구제뿐 아니라 이론과 실천의 융화에서 그 독창성을 찾을 수 있다는 논리였다. 최남선은 인도불교는 서론, 중국불교는 각론임에 비해 한국불교는 마지막 결론에 해당하며, 원효야말로 이러한 통불교, 전(全)불교, 종합 및 통일 불교를 구현하였다고 높이 평가하였다.[5] 당시는 식민지 상황에서 한민족의 역사와 문화, 사상 등의 독자적 가치를 발굴하고 새롭게 조명하려는 '조선학' 운동의 차원에서 민족주의적 각성과 전통에 대한 긍정적 해석이 시도된 때였다. 불교학계에서도 문화가 교차하는 한국의 지역성으로 인해 원효로 대표되는 통일적, 결론적 불교가 완성되었다는 주장이 나왔고,[6] 신라의 원효와 화쟁, 고려의 의천과 선교융섭, 조선시대 선, 교, 염불의 종합을 근거로 통불교 전통이 강조되었다.[7]

한국불교의 특성으로 통불교가 주목된 데에는 일본불교의 특징인 종파불교와 대비되면서도, 좀 더 포괄적이고 우월하게 보이는 원융과 통합의 긍정적 이미지에서 그 원인을 찾을 수 있다. 일본의 식민지라는 시대 상황에서 현실적으로 우월한 타자인 일본을 뛰어넘을 수 있는 한국사의 독자성과 문화전통의 우수성을 선양하고자 하는 자의식의 산물이었던 셈이다. 그런데 과연 통불교라는 개념이 한국불교사의 정체성을 나타내는 데 적합한 용어인지, 그리고 그것이 역사적 사실을 제대로 반영한 것인지에 대한 구체적 논거와 검증이 뒤따라야 한다.[8] 회통이나 통합이 한국불교만의 전유물이 아니라는 점에서, 또 신라의 원효, 고려의 의천과 지눌, 조선의 시대상황과 사상적 과제, 또 각각의 문제의식과 지향점이 같지 않다는 점에서 재고가 필요하다고 본다.

둘째, 한국불교의 독특한 전통으로 알려진 '호국(護國)불교' 관련 논의는 전시체제 시기인 1930년대 후반과 1940년대 전반에 등장한 이후 민족주의와 국가주의가 고양된 1960-70년대에 통설로 자리를 잡았다. 이는 19세기 후반 일본 메이지시기 이후 전개된 체제불교 및 국가불교화, 1930-40년대 전쟁 기간에 황도(皇道)불교 노선을 답습해야 했던 식민지 한국의 상황에서 국가와 불교의 우호적 관계, 불교의 주도적 역할 등을 강조하면서 나온 것이었다.[9] 이후 한국사에서 호국불교의 전통을 확인하고 그 역사적 의의를 강조하는 연구가 진행되면서 호국불교는 한국불교의 전통을 상징하는 용어로 승화되었다. 그럼으로써 불교는 한국사의 한 축을 담당해온 전통문화이자 국가와 민족을 위해 기여한 민족 고유의 종교라는 점이 크게 부각되었음은 물론이다.

한국불교사에서 고대부터 근대까지 불교가 국왕의 안녕을 빌거나 국가안정에 기여한 사례는 수없이 많으며 승려들이 전쟁에 직접 참여하여 국가를 위기에서 구한 경우도 적지 않다. 하지만 호국불교 논의가 근대의 국가주의 체제에서 시작되어 민족주의에 의해 고양된 사실은 그 자체가 체제 내적 속성을 태생적으로 내포함을 의미한다. 무엇보다도 종교와 국가권력의 관계, 승려의 전쟁 참여 등은 불교적 관점에서 근본적으로 성찰해보아야 할 문제이다. 또 시대별 호국의 사례들은 각각의 시대성이 발현되면서 다양한 양상으로 전개되었으므로 호국불교의 역사적 실상과 시대별 특성은 구체적 근거에 입각하여 재검토할 필요가 있다.[10]

셋째, 한국불교사 개설서에서는 선과 교의 비중을 시기별 변화에 따라 동등하게 다루려 하였지만, 일반적으로는 한국불교의 역사전통을 선종 중심으로 파악하려는 시각이 확산되었다. 하지만 역사적 실상을 시기별로 따라가보면 삼국과 통일신라에서는 교학이 성행하였고 선종은 통일신라 후기에 들어 유입되었다. 고려시대에는 선과 교가 병립하는 가운데 전기에는 교종이 선종보다 오히려 큰 세력을 이루었다. 선종은 고려후기 무신집권기 이후 교계의 주류가 되면서 교종을 압도하기 시작하였지만 조선전기에도 선종과 교종은 양종체제를 이루어 공존하였다. 16세기에는 제도적인 종단과 종파가 없어지고 조선후기에는 임제종 선종 법맥의 계승을 표방하였지만, 지눌 이후의 선교겸수 풍토는 여전히 존속하였다. 더욱이 17세기 전반의 승려교육과정 정비로 인해 선과 교, 염불의 삼문을 함께 수학하였고 18세기에는 화엄교학을 위주로 한 강경과 강학이 활성화되면서 주석서인 사기(私記) 저술이 유행하였다. 19세기에 펼쳐진 선(禪) 논쟁도 선종 우위론과 양자를 대등하게 보는 선교일치론 사이의 입장 차이에서 비롯된 것인 만큼, 선과 교의 두 흐름은 한국불교사 전체를 관통하여 계승되어왔다.

이처럼 한국불교사의 전체상을 그려낸 몇몇 개설서가 나오기는 했지만 수십 년 전의 책들이라서 근래 20여 년간의 축적된 성과를 반영한 통사의 출현이 매우 아쉬웠다. 『조계종사—고중세편·근현대편』(2004·2001), 『신앙과 사상으로 본 불교 전통의 흐름』(2007) 등이 있지만,[11] 이 또한 이미 10여 년 이상 경과했고 여러 연구자들이 공저로 펴낸 것이어서 일관된 불교사 인식을 담아내기에는 한계가 있었다. 이런 상황에서 최근에 정병삼의 『한국 불교사』(2020)가 가뭄 끝의 단비처럼 등장해 오랜 갈증을 해소해주었다. 저자는 이 책의 「책을 내며」에서 "한국 불교사는 한국 역사와 한국 문화를 이해하는 데 큰 몫을 차지한다. 한국 불교는 기본적인 내용에서 세계 불교와 같은 면모를 보이는 부분이 많다. 그러나 동시에 한국 문화와 오랜 기간 어우러져 지내오는 동안 특유의 독자적인 면모도 적지 않게 만들어왔다."라고 하며, 한국인의 심성과 조화를 이루는 한국 불교의 면면을 전체적으로 조망한 것이라고 밝혔다.[12]

이 책은 한국불교의 고유성과 보편성을 함께 고려하면서도 한국적 역사 전통에 좀 더 깊이 착목하여 한국불교의 내적 흐름을 종합적·입체적으로 그려낸 것이다. 저자는 「서설」에서, "불교는 1,600여 년간 지속적으로 한국 사회와 문화에 일정한 역할을 담당해왔다. 내적으로는 불교의 전통 역량을 바탕으로 하면서 외적으로는 시대적 상황과 다른 사상과의 관계, 그리고 중국 불교 등에서 적절한 대응점을 찾아 새로운 사상을 모색하여 각 시대의 과제에 부응하는 사상적 성과를 냈다."라고 하여, 불교가 시대적 과제를 해결하고 사상적 진전을 이뤄냈다는 긍정적 평가를 하고 있다. 조금 구체적으로 들여다보면, 불교가 도입되고 토착신앙과 만나 변용과 조화를 이루었고, 이후 유교가 국가이념으로서 체제 운영과 인적 자원 교육에 기여했다면 불교는 사회사상으로서 문화와 종교의 구심점이 되었다고 보았다. 또 개방적 분위기가 강한 고려시대에 불교는 도교, 토착신앙과 공존하였고, 조선은 유교의 영향력이 절대적이었지만 불교가 종교적 역할을 지속했으며 산사는 신앙의 공간이자 전통문화유산의 집약처였다고 각각의 특징을 뽑아내었다.

이 책의 목차는 삼국시대부터 현대까지의 시대별 순서로 모두 8부로 구성되어 있다. 삼국은 불교의 수용, 통일신라는 불교사상과 신앙의 성립, 고려전기는 사상의 다양성과 불교, 고려후기는 사회변동과 불교, 조선전기는 성리학 사회와 불교, 조선후기는 산사 불교의 독자성이라는 부제가 붙었다. 그리고 근대는 '일제의 국권 침탈과 불교 근대화', 현대는 '현대 한국불교—산업사회 시대 불교의 지향'이라는 제목으로 되어 있다. 목차의 내용을 시대별로 정리하면, 고대는 불교의 수용과 사상 및 신앙의 성립, 고려는 사상의 다양성과 사회변동, 조선은 성리학 사회와 산사 불교, 근현대는 근대화와 산업사회로 요약할 수 있다. 또한 한국사와 중국불교사, 한국불교사의 주요 사건을 집약한 연표와 세밀한 지도도 책의 내용 이해를 돕는다.

조선시대의 서술 내용과 그 특징을 살펴보면, 대개 조선전기 불교사는 억불책의 단행이라는 정형화된 틀로 굳어졌지만 이 책에서는 사원의 축소 외에 양종체제의 존속, 불교신앙의 지속처럼 당시의 역사상을 전향적으로 바라보고 있다. 이와 함께 불교와 한글, 경국대전 체제, 사족 사암, 불서 간행 경향 등을 특기한 것도 근래의 연구 경향을 받아들인 결과로 볼 수 있다. 조선후기는 기존에 '산중 불교'라고 불리던 것을 '산사 불교'로 용어를 대체하여 썼다. 계파·문파, 삼문 수학과 승려교육과정인 이력, 승군과 승역, 사원경제, 선교관과 조사선, 강경, 불교 사서, 선 논쟁 등의 항목에서도 최근 가장 활발하게 성과가 나오고 있는 이 시기 연구를 집약해놓았다. 특히 영·정조대의 불교, 승려와 사족의 교류, 왕실과 세도가의 불교신앙, 승려 문집, 그리고 사원의 중창과 구조의 변화, 불전의 구조와 불단의 변화, 불화와 괘불, 불교 예술 등의 서술은 저자의 역량과 혜안이 잘 드러나는 대목이다.

분야 및 주제 연구의 시기별 경향과 전개

본격적으로 20세기 후반에 조선시대 불교 연구가 어떻게 진척되어왔는지를 시기별로 살펴보자. 1945년 해방 이후 1950년대까지는 학문적 기반의 확장과 연구의 진전을 기대하기 어려운 상황이었다. 특히 조선시대 불교는 '전통과 근대' 어느 쪽에서도 거의 지분을 갖지 못한 분야였고 한국불교사의 흐름 속에서도 위상과 비중이 가장 낮은 시기로 치부되었다. 따라서 그에 대한 학계의 관심이 거의 없었고 연구도 답보 상태를 면치 못하였다. 1959년에야 조선시대 승군과 호국사상, 추사(秋史) 김정희

(金正喜)의 불교관, 다산(茶山) 정약용(丁若鏞)의 유불교류 등을 다룬 논문들이 나왔다.[13] 하지만 선정 주제나 활용된 자료 및 내용은 『이조불교』의 틀에서 크게 탈피하지 못하였다. 이어 1960년대 전반에 승역(僧役)과 승려의 신분 및 경제활동을 다룬 연구가 나왔는데, 사찰에 대한 침탈과 승역 부담, 남·북한산성 승군 방번제(防番制), 호패(號牌) 지급과 군역(軍役)의 관계 등이 다루어졌다.[14] 이는 조선시대 승려와 사찰의 사회경제적 실상을 파헤친 성과이지만 이 또한 식민지 시대에 축적된 연구 성과에 의지하고 있음은 물론이다.

조선시대 불교 연구가 궤도에 오르기 시작한 것은 1970년대부터이다. 특히 19세기의 선 논쟁이 중요한 주제로 부상하였는데,[15] 이는 당시 한국 학계의 조선후기 실학 연구 붐과 관련이 있다. 그 연장선에서 고증학의 대가 김정희가 승려와 친밀히 교류하면서 선 논쟁에 적극 가담한 사실만으로도 주목되었고,[16] 조선시대 불교에도 사상사적 의의를 갖는 일대 논쟁이 있었음을 학계에 알리는 계기가 되었다. 또 당시의 시대 분위기를 반영하여 호국불교와 관련된 인물들이 주목을 받았는데, 임진왜란 때의 승장인 사명 유정과 스승 청허 휴정이 구국항쟁의 상징으로 각광받으면서 호국사상이 다시 부상하였다.[17] 이와 함께 휴정과 동문 부휴 선수의 문도를 계파로 구분하여 계보와 활동, 사상을 다룬 연구, 조선후기 불교의 간화선 위주 선풍과 삼문수업의 회통적 성격에 주목한 논문도 나왔다.[18] 또한 승군에 관한 연구도 계속되었고 현종대의 억불시책을 비판한 백곡 처능(白谷處能)의 「간폐석교소(諫廢釋敎疏)」도 분석되었으며, 조선시대 불교의례에 대한 논문도 이 시기의 성과로 꼽을 수 있다.[19]

1980년대에는 좀 더 다양한 주제의 연구가 이루어졌다. 특히 사회경제사 분야의 성과에 주목할 필요가 있는데, 먼저 승역(僧役) 문제를 살펴보자. 조선후기 국가 부역체제 운영에서 승역의 효율성이 인정됨에 따라 승군의 군사적 기능이 완화되는 대신 부역에 활용하는 것으로 정책의 방향이 바뀌었고, 일반 양역(良役)은 감소되는 추세인데도 승역은 오히려 강화되었음이 밝혀졌다.[20] 이는 수취체제 등 국가 정책의 기조와 승려의 사회적 기능을 결부시켜 조선후기 불교의 실상을 구조적으로 밝히려 했다는 점에서 큰 의미가 있다. 다만 승역을 천역(賤役)과 동등하게 취급하는 것은 조선시대 승려의 신분적 범주를 천인(賤人)과 동일시한 『이조불교』의 시각을 답습했다는 오해를 살 수 있다.

다음으로 승군을 통솔하는 총섭(總攝)에 대한 연구도 주목되는데, 총섭제의 연원이 원나라의 영향을 받은 고려 말로 소급되며 조선후기에는 국가 관할하의 군사적 성격을 띠면서 승도를 통제하고 승풍(僧風)을 규정하는 역할을 하였음이 밝혀졌다.[21] 또한 조선후기 사원경제의 기반으로 계(契)와 보사청(補寺廳)을 다룬 연구가 나와 갑계(甲契) 등의 다양한 계와 보사청의 구성과 활동, 경제적 기능이 규명되었다.[22] 나아가 사원전(寺院田)과 양안(量案) 등의 구체적 사례를 통해 조선후기에 승려 개인의 전답 소유와 상속이 이루어진 사실이 더 분명히 드러났다.[23] 이와 함께 사찰에서 자본의 이식과 상업·수공업 활동을 펼친 일도 사찰 재정 유지의 중요한 요인으로 거론되었다.

한편 1980년대 중반부터는 조선후기에 성립한 법통(法統)에 대한 학계의 관심이 증폭되었다.[24] 선종의 법통은 조선시대뿐 아니라 근대에 들어서도 중요한 위상과 권위를 갖는 것이었고, 조계종 등 불교계의 역사인식만이 아니라 한국불교의 전통인식 및 정체성 문제와 직결되는 주제였다. 논란의 초점은 조선후기의 공식 법통이었던 태고(太古)법통의 진위에 관한 것으로, 태고 보우(太古普愚)에서 청허 휴정으로 이어지는 임제(臨濟) 법맥이 과연 역사적 사실이었는지부터가 문제가 되었다. 이러한 논의의 연장선에서 태고법통설 직전에 제기된 허균(許筠)의 법통설을 함께 주목하면서 유학의 도통론(道統論)이나 사림의 역사인식이 17세기 전반 법통설의 내용에 영향을 미쳤다는 연구가 나왔다.[25]

조선시대 불교사상의 경우도 1980년대 이후 연구가 축적되었다. 다만 조선전기는 자료의 한계로 인해 함허 기화(涵虛己和), 설잠(雪岑) 김시습(金時習), 허응 보우(虛應普雨) 등 몇몇 인물로 연구의 대상이 국한되었다.[26] 한편 조선후기는 간화선 위주의 선풍과 19세기 선 논쟁, 그리고 선교겸수의 전통에 대체로 관심이 모아졌다.[27] 특히 조선후기 불교는 사상 면에서 보조 지눌(普照知訥)의 영향을 받았고 법계 면에서는 임제의 법맥을 중시한 이중구조였다는 주장이 나와 이후 연구에 많은 시사점을 주었다.[28] 또한 조선시대의 시대상을 반영하여 유학자의 불교인식,[29] 유불일치 및 삼교회통론에 대한 연구도 지속되었다.[30]

1990년대에는 불교정책, 염불신앙, 사찰 수의 변천, 불교사서 등 연구의 폭이 더 확대되고 다양해졌다. 먼저 『조선왕조실록』을 활용하여 조선 초의 불교정책을 배불의 관점에서 다룬 박사논문과 여말선초의 불교정책을 종합적으로 정리한 책이 나왔다.[31] 또 조선 초의 대표적 학승인 함허 기화에 대한 종합적 연구가 이루어졌고, 조선전기 왕실 관련 사찰의 사원전 문제를 조명한 논문도 나왔다.[32] 휴정의 선풍과 선사상을 다룬 연구도 계속되었고,[33] 이전에는 거의 주목되지 않았던 18세기 후반 정조대의 친불교적 정책이나 19세기 정치세력의 주류였던 노론(老論)의 불교관을 다룬 논문도 관심을 끌었다.[34] 한편 조선후기 불교신앙에서 가장 비중이 컸던 염불신앙 문제와 만일염불결사, 조선시대 사찰 수의 변동과 시기적 변화를 추적한 논문도 나왔다.[35] 또 송광사(松廣寺)와 부휴계의 관계를 법통과 연계하여 추구한 연구, 19세기 불교사서인 『산사약초(山史略抄)』의 내용을 분석한 논문, 조선후기 『석씨원류(釋氏源流)』의 수용과 영향을 다룬 글도 불교사 인식과 관련해 주목을 끌었다.[36] 불교문학 분야의 성과로는, 한국불교문학의 특징과 조선시대 불교문학에 나타난 불교사상, 유불교섭, 시대성 등을 폭넓게 다룬 연구서를 주목할 수 있다.[37]

이처럼 1970년대 이후 1990년대까지 조선시대 불교와 관련된 다양한 주제의 선구적 업적들이 나오면서 이후 연구에 영향을 미쳤고, 다른 한편 문헌자료의 집성과 편찬이 연구의 저변 확대에 큰 기여를 하였다. 먼저 『한국찬술불서전관목록(韓國撰述佛書展觀目錄)』(1966)이 출판된 후 『한국불교찬술문헌총록(韓國佛教撰述文獻總錄)』(1976)이 출간되었고, 1979년부터 2004년까지 약 25년 동안 현존하는 문헌자료 대다수가 『한국불교전서(韓國佛教全書)』 14책에 수록되어 한국불교 연구의 활성화를 촉진시켰다.[38]

한편 해방 이후에도 비록 그 수는 적지만 일본인 학자의 한국불교 연구가 이어졌다. 특히 다카하시 도루와 에다 도시오는 귀국 후에도 조선시대 불교에 대한 성과를 계속 내놓았다. 먼저 다카하시는 명종대 양종 복립의 주역인 허응 보우에 대해 주목하였다. 그는 앞서 『이조불교』에서 보우를 유불조화론의 선구이며 화엄종의 인물로 추정한 바 있는데, 보우가 종합적 불교 판석을 계승해 그것이 휴정 등으로 이어졌다는 논문을 발표하였다.[39] 에다 도시오 또한 불서 간행에 대한 기왕의 연구를 지속하여 조선시대 불서의 간행을 시기별·지역별로 나누고 관판(官版) 및 사판(寺版) 불서를 한문과 언문으로 나누어 분석하였다. 특히 논소가 많다는 점을 들어 교학의 성행 사실을 강조하였고 언문 불서의 간행은 민간신앙으로 불교가 가진 위상을 보여준다고 평가하였다.[40]

이와 함께 사원경제와 승군 문제에 주목한 논문도 나왔는데, 세종 말과 세조대에 불교가 왕권에 의해 보호되면서 승도가 경제권을 가지게 된 사례를 분석한 글, 조선후기에 군역의 일환인 승군의 산성 수비로 인해 승려 감소 및 사찰의 황폐화가 초래되었고 이것이 불교쇠퇴의 원인이 되었다고 본 논문, 수조지(收租地)로서 사사전(寺社田)의 성격과 기능을 시기별로 논구한 연구가 주목된다.[41] 또한 조선 초기 일본의 대장경 청구 문제는 일본학계의 지속적인 관심사였는데 다만 불교사보다는 정치외교사의 관점에서 주로 다루어졌다. 이 밖에 가와무라 도키(河村道器)의 유고 『조선불교사(朝鮮佛教史): 자료편(資料編)』은 그가 평생 모으고 연구한 자료를 수록한 책으로 2권 23편 총 1,687쪽에 달하는 방대한 자료집이다. 제23편에서는 『동사열전(東師列傳)』 등에 의거하여 많은 고승의 전기를 소개하고 있는데 향후 이 책에 대한 심층적 조사 연구가 필요하다.[42]

2. 21세기 최근 연구동향과 과제 및 전망

2000년 이후의 연구사 정리

2000년 이후 최근까지의 조선시대 불교 연구는 다양한 주제 및 자료의 발굴과 새로운 시각의 도입으로 지평이 확대되었고 본격적인 도약기를 맞이하였다. 특히 조선후기 불교의 성격과 역사상에 대한 새로운 해석 및 평가가 시도되어 기존의 통설을 재고하게 하는 단계에 접어들었다. 국가 정책기조와 연계된 불교시책의 변화, 교단의 조직화와 인적 계승, 사원경제의 회복과 유지, 강학 및 교학의 성행, 사회 및 시대와의 교감 등 통념으로 되어 있는 억압과 쇠퇴라는 부정 일변도의 도식에서 벗어나 실상에 대한 구체적 해명과 다각도의 분석이 이루어지고 있다. 최근의 주요 연구 성과를 주제별로 나누어 소개해본다.

첫째, 인물 및 사상을 다룬 연구로는 함허 기화의 『현정론(顯正論)』, 『유석질의론(儒釋質疑論)』 등 조선 초기의 호불 논서에 나타난 유불 및 삼교 회통론에 주목한 논문,[43] 조선전기 불교와 유교의 교섭과 시공 및 생사관, 김시습의 선법과 교학 등을 다룬 책이 나왔다.[44] 또 여말선초 불교사의 동향 속에서 고승들의 생애와 활동, 사상과 법맥을 구체적으로 검토한 연구서에서는 고려 말 나옹 혜근(懶翁惠勤)의 법맥을 이은 무학 자초

(無學自超), 세종대와 세조대의 신미(信眉), 학열(學悅), 학조(學祖) 등이 집중적으로 조명되었다.[45] 선사상과 관련해서는 휴정과 그 문도들의 선사상을 정리한 박사논문,[46] 19세기 선 논쟁을 임제선의 위상을 둘러싼 논쟁으로 평가하며 시대적 배경과 각 논자의 입장을 다룬 박사논문이 주목된다.[47] 19세기와 관련해서는 당시 불교의 사상과 문화를 종합적으로 정리한 글이 나왔다.[48] 또한 조선후기 임제법통과 교학전통을 다룬 박사논문과 경절문(徑截門), 원돈문(圓頓門), 염불문(念佛門)의 삼문수학을 중심으로 조선후기의 수행체계를 체계적으로 정리한 박사논문이 특기할만하다.[49] 또한 17세기 운봉 대지(雲峰大智)의 『심성론(心性論)』을 분석한 논문, 불교 심성인식과 논쟁을 분석하고 사상적 의미를 부각시킨 연구가 나왔으며 유불관계를 통해 조선시대 불교의 시대성 추구와 구체적 인식을 다룬 논문도 있다.[50]

둘째, 신앙과 관련해서는 조선시대 왕실 불교신앙의 중추적 기능을 담당한 원당(願堂)에 관한 연구가 주목되는데, 조선후기에 79개 사찰에 103개의 왕실 관련 원당이 내수사나 예조의 주관하에 설립되었고 원당의 유형은 능침, 축원, 호국을 위한 것으로 구분되지만 기본적으로는 효행을 위한 기복 불사의 성격을 가진다고 보았다.[51] 또 조선 초기의 사액사사(賜額寺社)와 왕실의 지원, 불사의 설행을 정리한 박사논문과 능침사를 포함해 약 250개에 달하는 조선시대 왕실 원당의 존립 기반과 사회경제적 특징을 분석한 박사논문도 있다.[52] 이와 함께 왕실 비구니원인 정업원(淨業院), 자수원(慈壽院), 인수원(仁壽院) 등의 역사적 변천을 고찰한 논문이 나왔고,[53] 최근에는 조선시대 고승과 비구니 도량 및 왕실 관련 비구니에 대해 종합적으로 정리한 연구서도 출간되었다.[54]

셋째, 불서의 간행과 불교사서의 편찬 문제도 집중적으로 다루어졌는데, 먼저 조선후기의 위경인 『상법멸의경(像法滅義經)』의 성립배경과 의의를 다룬 논문에서는, 이상기후와 시대적 상황을 반영하여 18세기 전반

창녕 관룡사(觀龍寺)에서 설송 연초(雪松演初)가 만든 위경으로 추정하면서 미륵하생신앙을 계승한 이상사회론이 투영되었다고 보았다.[55] 이와 함께 조선후기의 승전(僧傳)과 사지(寺誌) 편찬을 다룬 박사논문이 나와 『대둔사지(大芚寺志)』, 『동사열전(東師列傳)』 등 불교사서를 분석하고 불교사 인식과 그 의의를 구체적으로 검토하였다.[56] 또한 다라니경(陀羅尼經), 진언집(眞言集), 의식집(儀式集) 등 조선후기의 불서 간행 분석을 통해 시대적 배경과의 연계 속에서 불교의 대중적·서민적 기반이 확대되었음을 입증한 박사논문도 나왔다.[57]

이어 1681년 중국 가흥대장경(嘉興大藏經) 불서의 우연한 전래를 계기로 백암 성총(栢庵性聰)에 의해 대규모의 판각과 유통이 이루어졌고 그것이 징관(澄觀) 화엄에 대한 연구와 18세기 강학의 활성화로 이어졌음을 밝힌 성과가 나왔다.[58] 또한 관찬사서, 법전, 호적, 불교저술, 간행불전, 승려문집, 고승비 등 폭넓은 자료 분석을 통해 16-17세기 불교정책과 불교계의 동향을 다룬 박사논문이 주목된다. 여기서는 성리학 이념에 따른 불교방임정책의 시행과 불서 및 문집 간행의 급증 현상, 국가 정책상의 승역 활용과 승려 자격의 용인, 불교계 내의 변화상 등을 검토하여 16세기에 형성된 불교전통이 17세기에 지속되었고 고위 승려의 경우 사족 중심의 질서에서 일정한 위상을 확보하였음을 밝혔다.[59]

넷째, 문학을 통해 유불관계의 시대상을 규명한 연구로 김창흡(金昌翕) 등 조선후기 경화사족의 불교관과 시문을 통한 불교사상의 발현을 구체적으로 다룬 성과가 있다.[60] 문학 분야에서는 또한 조선후기 불교가사를 계보학적으로 분석하여 선과 교가 겸비된 이력과정, 염불신앙을 포함한 삼문수업, 불서간행 등 당시 불교계의 실상이 불교가사에 구체적으로 반영되었음이 밝혀졌다.[61] 최근에는 자국어 글쓰기와 불교의 관련 양상을 '글로컬리티의 문화사'라는 관점에서 통시적으로 살펴본 『불교와 한글』이 주목된다. 이 책은 '자국어 글쓰기와 불교적 사유', '불교경전과 한

글의 만남', '한글시대의 불교 대중화'로 구성되었는데, 한반도에서 불교가 자국어로 번역되는 과정에서 산출된 자국어 문학에 대해 고찰한 성과이다. 또 『한국고전문학과 불교』는 '불교경전과 시가문학', '고전문학과 불교적 상상력', '불교어문학과 불교사의 관계'를 다루어 불교에 대한 문학적 심층 이해를 도모하였다.[62]

다섯째, 사원경제 분야에서도 많은 성과가 나왔다. 먼저 조선전기 불교정책과 사원경제에 대한 연구로 승정(僧政)의 시행과 연계하여 사원의 실태 및 운영 양상이 재조명되었다.[63] 또 일본인 연구자에 의해 조선 초의 승도(僧徒) 동원 문제가 다루어졌고, 조선전기 도첩(度牒)의 발급과 폐지를 둘러싼 사적 추이가 검토되었다. 이를 통해 성종대의 도첩 발급 중단 이후 매년 10명 정도의 적은 수이지만 폐불 시기로 알려진 연산군대에도 도첩이 발급된 사실이 밝혀졌다.[64] 이 밖에도 조선전기 억불정책의 추이와 고려의 유제인 자복사(資福寺)의 명찰(名刹)로의 대체, 사전(寺田)과 사노(寺奴)의 존재 양상과 사례, 성격을 분석한 논문도 나왔다.[65] 한편 고려후기의 관단(官壇)체제 붕괴 이후 면역 대상자인 승려 수의 급증과 이를 제한하기 위해 시행된 조선전기 도첩제의 성격을 규명한 논문이 나와 주목된다. 여기서는 조선전기 승려의 범주를 면역 혜택을 받는 일반 도첩 승려와 부역의 대상이 되는 하급 승려로 구분하였다.[66]

조선전기 승정체제의 성격, 도승(度僧)과 승과(僧科) 규정을 다룬 최근의 연구에서는 조선 초 태종대와 세종대의 242사와 36사의 지정 사찰 외의 사찰이 '혁거(革去)'되었다는 기록은 사찰의 철훼나 망폐가 아닌 승정체제로부터의 지정 해제였다고 보았다. 즉 당시 승정체제의 통합은 사찰과 승도를 지원하고 관리, 통제하는 국가적 시스템을 축소 재편한 것이지 그에 들지 못한 나머지 대부분의 사찰들을 철폐한 조치가 아니라는 것이다.[67] 또 『경제육전(經濟六典)』 등의 법제를 복원, 추적하여 조선 초의 도승 대상과 절차, 도승 금지 및 위반자 처벌 등의 규정을 재검토한 논문도 나왔다. 여기서는 조선 초에 '제도적 출세간'을 용인하는 도첩이 면역의 법적 증빙을 의미했고 그렇기에 국가는 도첩승의 제한에 정책 목표를 두었다고 보았다.[68] 이와 함께 15세기 선시(選試: 승과) 규정을 실록과 법전에서 추출하여 선발 규모와 운영 양상을 추적한 연구에서는 승과가 3년에 한 번씩 시행되었고 15세기 말 연산군 때까지 계속되었음을 재차 확인하면서, 선종과 교종 각각 2단계의 시험을 거쳤고 최종 합격자는 승직과 승계를 얻어 교단을 이끌었음을 밝혔다.[69]

조선후기의 경우는 불교 신앙 및 보사활동의 성격으로 조성된 사찰계(寺刹契)에 관한 연구가 눈길을 먼저 끈다. 여기에서는 200여 건에 달하는 조선후기 사찰계를 염불계(念佛契), 칠성계(七星契), 갑계(甲契), 불량계(佛糧契) 등 유형별로 분석하여 고찰하였다.[70] 또한 국역체계에 승역이 들어감에 따라 17세기 후반부터 본향의 호적에 승려 호를 등재하여 승려를 직역의 하나로 관리했음을 밝힌 연구가 나오면서 큰 반향을 일으켰다.[71] 승군과 승역 문제에 대해서도 지속적으로 연구 성과가 이어졌다.[72] 먼저 조선후기 승역은 전란과 자연재해로 인한 국가재정의 부족분을 메우기 위한 조치였고 대동법(大同法), 균역법(均役法) 시행 등 국가정책과 연계되어 전개되었음을 구체적 사례를 통해 살핀 논문을 들 수 있다.[73] 또 승군 활동을 '충의와 계율의 충돌'이라는 관점에서 바라보고 승군 전통의 지속과 승역의 관행화 문제를 다룬 논문이 나왔다. 여기서는 국가의 국역체계 안에서 승려 노동력이 활용되고 그 대가로 승려 자격과 활동이 인정되었지만, 과도한 부담과 국가권력으로의 종속이라는 부정적 유산을 남겼다고 주장하였다.[74] 이 밖에 17세기 중반 국가에서 승려를 권면과 경계의 대상으로 나누어 계층별로 관리한 양상을 담은 관부문서를 발굴하여 구체적으로 분석한 논문이 관심을 끌었다.[75]

이처럼 다양한 주제에 걸친 많은 연구 성과가 나온 것과 궤를 같이하여 조선후기 불교사에 관한 개설적 연구서가 간행되었다. 『조선후기 불

교사 연구: 임제법통과 교학전통』은 조선후기 불교정책의 전개, 불교 신앙의 유형, 청허계와 부휴계의 계파 및 문파의 형성, 법통의 성립과 전개, 선교겸수 및 화엄교학을 축으로 한 사상과 심성론 및 선 논쟁, 유불관계와 시대성을 종합적으로 정리하였다. 이를 통해 선과 화엄, 임제법통과 교학전통의 이중 구조가 조선후기 불교의 정체성임이 밝혀졌다.[76] 이후 『조선후기 불교동향사 연구』와 『조선후기 불교사학사』는 불교정책과 승역, 그리고 사찰사적기와 『대둔사지(大芚寺志)』 등의 사지, 『대동선교고(大東禪敎攷)』·『동사열전(東師列傳)』 같은 불교사서 및 승전을 구체적으로 분석한 성과물이다.[77]

조선시대 불교 연구의 과제와 전망

20세기에 들어 근대학문의 연구방법론이 적용되면서 한국불교 전통의 상이 조형되었다. 서양에서 성립해 일본을 거쳐 수용된 근대학문으로서의 불교학은 보편적인 지적 권력을 가졌고, 그로부터 학문적 특권을 획득한 식민지기 일본인 학자들은 한국불교사의 근대적 연구에 기여했다. 하지만 동양학적 접근, 그에 따른 폄하와 부정의 '타자화' 또한 동시에 이루어졌다. 문헌학과 역사학을 근간으로 하는 근대학문의 방법론 적용과 근대성의 지향은 기본이었지만 그 근저에는 타자에 대한 오리엔탈리즘의 시각이 짙게 깔려 있었다. 이는 시대를 풍미했던 근대지상주의와 식민지라는 현실 상황에서 배태된 것이었다.

조선시대 불교 연구도 근대학문의 문헌학적·역사학적 연구방법론의 도입과 자료 집성에 의해 시작된 후 지난 100여 년간 많은 성과를 축적해왔다. 식민지시기에 조선시대 불교 전체를 개괄하는 단행본이 나올 정도로 다양한 주제에 걸친 선구적 연구가 시도된 반면, 전통의 부정과 타자화에 의해 '억압과 쇠퇴'의 도식이 상식처럼 굳어졌다. 20세기 후반에는 연구 저변의 확대와 한국의 역사전통을 바라보는 주체적 시각의 형성으로 분야와 주제의 발굴, 성과의 확산이 차츰 이루어졌다. 특히 2000년 이후에는 조선시대 불교를 새로운 관점에서 바라보려는 시도들이 연이어 나오면서 연구 논저의 양과 질 모두에서 괄목할 만한 성과를 내고 있다. 특히 다행인 것은 최근의 연구에서 기존의 잘못된 상식과 통설에 대한 재고와 새로운 시도가 이루어지고 있다는 점이다.

한편 근래에는 각종 문헌자료 및 번역 성과의 검색시스템 구축과 인터넷 서비스가 활발히 추진되고 있다. 이는 한국불교 연구의 활성화는 물론이고 불교전통의 대중화, 문화콘텐츠의 양산까지 기대할 수 있는 물적 토대가 갖추어지고 있음을 의미한다. 이러한 분위기에서 양적으로 가장 많은 불서가 간행된 조선시대 불교는 새로운 차원에서 주목받고 있다. 지속적으로 많은 자료가 발굴되고 원전의 번역이 꾸준히 이루어지고 있어 그 활용 가치는 계속 늘어날 것이다. 또한 동아시아 각국에서 제공하고 있는 대장경 검색시스템, 각종 사전 및 학술정보의 연계와 공유를 통해 확장성을 기할 수 있는 점도 연구의 활성화에 기여하고 있다.

지난 100여 년간의 오랜 학문적 토대 구축과 연구 성과에도 조선시대 불교의 전체상을 밝히기 위해서는 여전히 해결해야 할 과제가 산더미처럼 쌓여 있다. 국가정책과 연동된 승려의 사회적 지위와 역할, 승단 내의 계층적 분화와 사원경제, 유교와의 대비 속에서 불교가 담당한 종교적 기능, 천주교 등 다른 종교에 대한 대응방식 및 상호인식, 주석서와 각종 저술에 나타난 불교사상의 특징과 성리학과의 관계, 문학과 예술문화에 미친 불교의 영향 등 다양한 영역의 주제들이 진행 중이거나 아직 답보 상태이다. 이러한 문제들은 결국 조선이라고 하는 유교사회에서 불교가 과연 무엇이었고, 그것이 어떤 의미를 지니는가라는 본질적 의문과 맞닿아 있다. 불교 안에서도 선과 교, 염불과 의례 등 다양한 전통이 언제 어떻게 형성되고 전개되었으며 그 구체적 내용과 시대적 지향성은 무엇이었는지에 대한 분명하고 설득력 있는 설명이 요구된다.

이는 조선시대 불교사가 전 시기에 걸쳐 억압과 쇠퇴로 점철되었다거나 승려가 천인에 가까웠다는 식의 상식화된 '통설'에서 벗어나, 역사적 실상을 있는 그대로 바라보아야 한다는 당연한 문제제기이기도 하다. 한국불교의 정체성을 찾고 미래의 방향을 모색하기 위해서는, 오늘날의 불교전통이 만들어진 시기인 조선시대에 대해 제대로 알아야만 한다. 그렇기에 조선시대 불교사 연구는 단지 학술의 영역에 국한되는 문제만은 아닐 것이다. 하지만 한국사학계가 식민사관이 얽어놓은 타자적·부정적 전통인식을 극복하는 데 수십 년의 시간이 걸린 것처럼, 한국불교 연구 또한 굴절되거나 축소된 역사인식을 타파하고 한국적 전통의 주류로서 정당한 지분을 되찾는 데 많은 시간과 노력이 필요할 것이다. 특히 그동안 학계의 주목을 거의 받지 못하였던 조선시대 불교는 태생적으로 각인된 부정적 선입견을 해소하고 '시대성'에 대한 새로운 해석과 담론을 이끌어내는 일이 결코 만만치 않다.

그럼에도 전통과 근대의 가교에 해당하는 조선시대 불교의 역사상이 제대로 밝혀진다면 한국불교의 정체성 모색과 미래를 향한 도정은 또 하나의 전환점을 맞을 수 있을 것이다. 이뿐 아니라 조선시대 불교 연구의 장점이자 가능성은 시야를 밖으로 돌릴 수 있다는 점이다. 한국불교는 물론 고유성도 가지고 있지만 기본적으로는 동아시아 세계 안에서 공통의 보편성을 찾을 수 있다. '한자문명권'인 동아시아는 1,500년 이상 동질적인 '불교문화권'을 형성해왔고 이는 현재까지도 적용시킬 수 있다. 유교, 도교, 기독교 등 경쟁상대는 늘 있었지만 불교를 연결고리로 한 인적 교류와 사상 및 문화의 확산, 공통된 정체성의 형성은 엄연한 역사적 사실이었다. 따라서 동아시아의 틀 속에서 한국불교를 조명하고 한국불교의 시각을 통해 동아시아를 바라보려는 인식의 전환이 필수적이다. 이를 통해 한국불교에 대한 소통 가능하고 상대적인 이해를 가질 수 있

고 한국불교의 외연을 확장하고 다각화하여 동아시아 불교의 공통 담론을 만들어내는 결과를 기대할 수 있다.

조선시대 불교는 중국과 일본의 근세불교, 즉 명대와 청대, 또는 무로마치나 에도시대와의 비교를 통해 보편사적 관점에서 서로의 차이를 이해하고 공통점을 추출해낼 수 있다. 근세불교는 동아시아에서 모두 주류사상이나 타종교와의 각축, 주석과 실증 위주의 문헌서지학적 풍토, 전통과 근대의 연결고리, 서구문명과의 조우와 갈등이라는 크게 다르지 않은 특징으로 요약할 수 있다. 또한 한국, 중국, 일본에서 근세불교에 대한 연구는 고대나 중세에 비해 여전히 미진한 상황이다. 이는 각국에서 현존 자료가 가장 많은 시대임에도 동아시아 불교사나 사상사의 흐름에서 이전에 비해 중요하지 않거나 특별히 의미 없는 시기로 인식되어왔기 때문일 것이다. 이 점에서 조선시대 불교 연구는 동아시아 근세불교를 새로운 시각에서 읽어내고 공통의 시대담론을 구상하는 데 기여할 수 있으며 또 현재의 시점에서는 국제 학계를 선도할 수 있는 분야이다. 따라서 동아시아 불교의 역사성과 지역성을 시야에 두고 연구의 심화와 정보의 공유, 전망에 대한 공감대를 확산시켜 간다면 조선시대 불교 연구의 확장 가능성을 타진할 수 있을 것이다.

제 2 부

불교사상의 계승과 선과 교의 융합

제 1 장

불교와 유교의 교체와 전통의 유산

불교사상의 계승과 선과 교의 융합

1. 숭유억불의 개념과 배불·호불의 교차

패러다임 전환과 숭유억불의 도식

불교는 삼국시대에 전래된 이래 통일신라와 고려를 지나 1,000년의 오랜 세월 동안 사유와 가치, 종교와 문화 등 다방면에 걸쳐 한국적 전통의 뼈대를 이루어왔다. 하지만 고려 말에 성리학이 도입되고 1392년 유교를 국가이념으로 내세운 조선이 건국되면서 불교의 영향력과 위상은 그 이전과는 달라질 수밖에 없었다. 고려 말에서 조선 초의 여말선초기는 유불교체, 다시 말해 불교에서 유교로 패러다임 전환이 이루어진 시기였다. 유불교체는 상부구조의 변화를 상징적으로 압축한 개념이지만, 실제로 조선사회와 조선시대 사람들의 삶에는 거대한 지각변동이 예고되고 있었다.

따라서 삼국시대 이후 고려까지 불교가 융성하면서 사상과 문화의 꽃을 피웠지만 유교를 숭상한 조선시대에 들어와 급격히 내리막길을 걸었다는 것이 일반적 상식으로 자리를 잡았다. 불교가 주류에서 비주류로 전락하였다는 점에서 이는 실제 역사상과 전혀 배치되는 인식은 아니다. 다만 고려시대에도 정치이념은 불교가 아닌 유교였고, 종교문화 면에서도 무속과 풍수지리 등이 불교와 함께 깊이 뿌리내려 있었다. 그런데 1392년에 조선이 개국하자마자 이러한 다양성이 일거에 사라지고 성리학 일변도의 사회로 순식간에 탈바꿈하였을까? 그렇지 않았기에 '조선 500년=유교사회'의 등식은 지나친 도식화로 보인다. 16세기를 거쳐서 17세기 이후는 유교사회의 모습이 확실히 갖추어졌을지 모르지만, 15세기까지는 고려의 유습이 여전히 짙게 깔려 있었다.

여말선초, 넓게 보면 14-15세기는 불교에서 유교로의 패러다임 전환기였음에 분명하다. 14세기는 동아시아 세계의 변환기로서 중국에서는 원에서 명, 한국에서는 고려에서 조선으로의 왕조 교체가 일어났고, 일본에서는 가마쿠라에서 무로마치 막부로의 이행이 이루어졌다. 몽골족이 세운 원은 오랑캐와 중화가 다르지 않다는 논리로 양자의 통일과 다민족 공생을 추구했음에 비해, 중국 한족이 세운 명은 우월한 중화문명으로 오랑캐의 비루한 문화와 습속을 배격하고 변화시킨다는 화이(華夷)론적 관념에 투철했다. 이러한 격변기를 살았던 고려 말의 지식인들은 화이론의 성리학적 세계관으로 무장한 후 중화의 도를 상징하는 유교를 앞세워 오랑캐 종교이자 이단인 불교를 거세게 몰아붙였다. 이는 숭유억불의 지향과 이념적인 유불교체라는 결과로 나타났다. 그러나 잊어서는 안 될 점은 바로 전통의 지속성 문제이다. 단절과 변화가 어느 시기에나 있는 것처럼, 시간의 흐름 속에 내재된 연속성 또한 역사의 기본 속성이다. 조선왕조 개창은 유불교체의 상징적·선언적 사건이지만, 14세기 고려와 15세기 조선의 시공간을 아우르는 여말선초의 장에서 변동과 연속은 동시에 일어났다.

사상사의 관점에서 여말선초는 불교국가 고려에서 유교국가 조선으로, 불교에서 유교로 교체가 이루어진 시기이고, 조선은 줄곧 숭유억불의 기치를 높이 들었다는 것이 일반적 통념이다. 이는 한국사 시기구분론에서 고려에서 조선, 중세에서 근세로의 이행을 설명할 때 상부구조의 전환을 뒷받침하는 중요한 논거로 활용되었다. 그러나 유불교체의 조짐은 조선 건국 훨씬 이전부터 이미 싹을 틔우기 시작했다. 성리학의 수용과 그에 따른 배불론의 점화는 유불교체를 불러일으켰다. 중국에서 성리학이 관학으로 자리를 잡은 것은, 유교 경서인 『논어(論語)』, 『맹자(孟子)』, 『대학(大學)』, 『중용(中庸)』에 대한 주자(朱子)의 주석서 『사서집주(四書集註)』가 원대에 과거시험의 필독서가 되면서부터였다. 원에서 성리학을 받아들인 고려도 1340년대에 과거의 정식 과목으로 사서를 채택하였다.[1] 이제 과거시험에 붙어서 관료가 되려는 모든 이들은 『사서집주』를 읽어야 했고 그 과정에서 성리학자의 기본 소양을 갖출 수 있었다. 또 당시에는 과거시험 문제의 출제자와 해당 과시에 합격한 이들이 좌주(座主)와 문생(門生)이라는 스승과 제자의 관계를 맺게 되었는데, 이를 통해 정체성을 공유하면서 성리학 이해를 심화시킬 수 있었다. 그리고 이들이 고위 관료로서 정국운영을 담당하고 정치적 영향력을 가짐에 따라 배불의 목소리가 공론의 장에서 분출되기 시작했다.

그런데 고려에서 조선으로의 패러다임 전환과 관련하여 조선시대 불교를 말할 때 늘 수식어로 따라붙는 용어가 있다. 바로 '숭유억불(崇儒抑佛)'인데, 여기서 그 태생 문제를 한번 짚고 넘어가보자. 『조선왕조실록』을 비롯한 문헌사료에서는 정작 숭유억불이나 배불숭유와 같은 용어가 보이지 않는다. 유학을 높이고 도를 중시한다는 '숭유중도(崇儒重道)'는 쉽게 찾아볼 수 있지만, 유교와 불교를 극명히 대비시킨 정치·이념적 선전 문구처럼 보이는 '숭유억불'은 사실 후대의 인식이 반영되어 탄생한 일종의 조어이다. 현재 확인되는 바로 숭유억불이 최초로 등장하는 것은 1906년 10월 16일자 『대한매일신보』 논설에서이다. "한국은 조선 500년에 숭유억불하여 불교가 크게 쇠퇴하였고 일본은 불교를 숭배하여 집집마다 불상을 두고 사람마다 불음을 암송하여 그 나라의 종교가 되었다. (…) 얼마 전 일본 승려가 한국에 와서 정토종 교회를 경성 안에 처음 설립하니 (…) 이토 통감은 정치상의 통감이고 개교총감은 종교상의 총감이다."라고 하여,[2] 일본의 숭불 전통과 비교하여 조선조의 숭유억불을 언급하고 있다.

일본인 학자가 쓴 1911년의 글에서도 숭유억불과 같은 의미의 '배불숭유'가 나온다. 필자인 후루타니 기요시(古谷清)는 적극적인 배불숭유 정책으로 인해 조선시대는 '한 편의 불교 쇠망사'라 할 수 있다고 단언하였다. 그는 고려 말부터 승려의 타락과 악폐가 발생하고 정치적 혼란이 가중되면서 유불 충돌이 일어났고, 유생의 끊임없는 압박을 받은 결과 불교가 쇠퇴하게 되었다고 평가하였다. 다만 조선시대에도 왕실 여성을 포함한 부녀자와 산촌벽읍 서민의 신앙으로 불교가 명맥을 이어갔는데, 그나마 이 점 때문에 조선시대사를 연구할 때 유교와 함께 불교가 중요한 대상이 된다고 하여 의미를 종교사의 영역에 국한시켰다.[3]

숭유억불이나 유불교체, 그로 인한 불교의 침체라고 하는 조선시대 불교에 대한 전형적 인식은 1910년대 이후 고착화되었다. 다카하시 도루(高橋亨)는 그의 주저 『이조불교』(1929)에서 조선시대 불교는 억압과 쇠퇴로 인해 발전이 정체되고 여성과 서민의 신앙을 제외하면 독자적 특성이 전혀 없다고 하여, 후루타니의 평가를 답습하면서 쇠퇴와 정체의 이미지를 덧칠하였다. 나아가 그는 한국불교 자체가 교리 면에서 중국불교의 이식일 뿐이어서 교리발달사로서 내용이 소략하고 제한적이며 구체적 종교사로서만 독특한 성질을 가진다고 보았다.[4] 다카하시는 총독부의 종교조사 및 도서조사 촉탁으로 일하다가 1926년부터 경성제대 교수로 재직했는데, 의타성과 발전 부재의 관점에서 한국사를 바라본 식민지기의 대표적 관변학자였다. 그런 그가 타율성과 정체성으로 대변되는 식민사관을 적용하기에 안성맞춤의 대상으로 조선시대 불교를 낙인찍은 것이다.

한국 및 조선시대 불교에 대한 다카하시의 인식을 좀 더 상세히 살펴보자. 그는 한국의 종교 신앙의 특색은 과거 역사뿐 아니라 한국인의 특성으로서 사상의 고착성이 매우 현저하여 일단 받아들이면 끝까지 변하지 않는 성질을 가진다고 보았다. 그러면서 조선시대 불교는 종교로서의 사회성을 잃어버린 소외된 계층의 신앙이었을 뿐이라고 진단하고,[5] 국가에 교권을 빼앗기고 모욕과 압박을 받은 기괴한 역사에 불과하다고 평가 절하하였다.[6] 다카하시는 『이조불교』에서 교법의 성쇠를 기준으로 조선시대를 3시기로 구분하였다. 먼저 제1기는 불교가 억압을 받으면서도 국가의 공인을 받은 성종대까지이고, 제2기는 중종 초반에 법제적 폐불 상황을 맞았지만 아직 교법이 쇠퇴하지 않고 청허 휴정(淸虛休靜), 사명 유정(四溟惟政) 등의 명승이 배출된 인조대까지이다. 제3기 효종대 이후는 교세가 완전히 몰락하고 승려가 경멸을 받아 불법이 없어진 시기로 규정하였다.[7] 여기서 제1기가 15세기에 해당하는데 '국가의 공인'이라는 측면에서 그나마 긍정적인 평가를 내리고 있다. 반면 제3기인 조선후기에 대해서는 경멸, 몰락이라는 단어에서 볼 수 있듯이 매우 부정적인 시선으로 바라보았다. 이는 일제에 의한 조선의 근대화 추진을 합리화하기 위해 당시 통용되던 '조선후기 부정론'과도 맥락이 닿아 있다.[8]

한국 불교, 특히 조선시대 불교에 대한 폄하는 정도의 차이는 있지만 식민지기의 다른 일본인 학자들에게서도 똑같이 나타난다. 중국 선종 전공자인 누카리야 가이텐(忽滑谷快天)은 한국불교를 중국불교의 아류라고 보고 그 사상적 독자성을 전혀 인정하지 않았다. 또한 그는 『조선선교사』(1930)에서 교학전래의 시대, 선도홍륭의 시대, 선교병립의 시대에 이어 조선시대를 선교쇠퇴의 시대로 명명했으며,[9] 현세이익적 기복신앙이 중심이었다고 강조했다. 경성의 중앙불교(혜화)전문학교 교수였던 에다 도시오도 다카하시의 3시기 구분론을 그대로 옮겨와 조선시대를 불교 공인기, 점쇠기, 쇠퇴기로 나누었고, 뒤로 갈수록 하향곡선을 그린다고 보았다.[10]

숭유억불에 따른 조선시대 불교쇠퇴론은 한국인 학자들도 대체로 공감하는 바였다. 김영수는 『조선불교사고』(1939)에서 조선전기를 유불교체와 억불정책, 그에 대비되는 왕실불교와 신앙을 키워드로 서술하였다. 비록 국왕과 왕실의 친불교적 정서에 주목하기는 했지만 이전 시기에 비해 불교가 크게 쇠락한 시기로 조선시대를 이해한 점에서는 동일하였다.[11] 권상로도 『조선불교사개설』(1939)에서 삼국 및 통일신라를 불교향상시대, 고려를 불교평행시대, 조선을 불교쇠퇴시대, 근대를 갱생과도시대로 명명하고, 조선시대는 다시 압박절정-중간명멸-유지잔천으로 세분하였다. 그는 역사상 유례없는 정책적 억압의 결과 조선시대에는 교단이 겨우 명맥만 이어갔고, 더욱이 후기에는 국가와 민중 사이에서 불교가 정당한 관계를 맺지 못하고 배척이 절정에 달하였다고 하여 다카하시의 입장에 동조하였다.[12]

해방 후에도 숭유억불과 쇠퇴론으로 점철된 조선시대 불교의 어두운 이미지는 크게 달라지지 않았다. 1960년대 이후 한국사 연구의 화두였던 민족주의 역사학과 내재적 발전론의 시각도 조선시대 불교에는 적용되지 않았고, 불교사는 고대와 고려의 화려한 영광을 복원하는 데 초점이 맞춰졌다. 우정상·김영태 공저 『한국불교사』(1969)의 서설에서는 "불교는 민족의 자주와 긍지를 불러일으키며 한국의 문화이자 민족의 생활이다. 한국불교사 연구는 우리 역사를 올바로 알기 위한 것"이라고 천명하고, "불교가 호국신앙과 현세이익 사상을 형성하고 서민의 생활불교를 완성하여 민족문화를 창조했다."고 하여 민족사에 기여한 불교의 저력을 높이 평가하였다. 다만 조선은 고려 말 교단의 문란과 병폐, 기복양재의 저속화된 불교의 유산을 이어 억압과 수난을 당한 시대였고, 종파도 종지도 없이 선의 법맥만 전해졌다고 하여 역사적 가치를 별로 인정하지 않았다.[13]

안계현의 유작 『한국불교사연구』(1982)에서도 고려 말 이후 유불교체가 일어나 배척을 당하기는 했지만 불교야말로 한국 정신문화의 주류라고 자부하였다. 그는 한국불교의 전통이 국가불교, 주술불교, 장례불교의 특색이 강하고 호국신앙과 호국불교, 토착신앙과 습합이 현저했다고 보았다. 고려 불교에 대해서는 "사회경제사 내지 문화사적 배경하에서 불교사를 역사학으로 끌어올리고 사상사적 방향에도 초점을 맞추어야 한다."고 제안한 반면, 조선과 관련해서는 억불정책 아래 교계의 동향과 왕실불교, 승려의 경제활동과 불교신앙의 대중화 등을 다루었지만 큰 비중을 두지는 않았다.[14]

이후 김영태는 『한국불교사』(1986)에서 고려 불교의 특징을 기복양재로 보고 조선은 산중 승단의 산승시대 불교로 규정하였다. 숭유척불·배불억승 등의 표현도 쓰고 있는데, 조선시대를 16세기 중반 이전의 양종승과 존립기, 17세기 전반까지의 산승 가풍 확립기, 이후 삼문수업 존속기의 3기로 구분하였다. 여기서 시기구분의 주제어를 존립과 가풍 확립, 수행전통의 존속으로 뽑은 것에서 알 수 있듯이, 조선시대 불교의 의미를 재고해보려는 의도가 보여 주목된다.[15] 한편 한우근의 『유교정치와 불교—여말선초 대불교시책』(1993)은 저자의 표현대로 유불교체기인 여말선초의 불교시책을 다룬 책으로, 고려 말 척불론과 성종대까지의 억불책을 개관하였다. 그는 조선 초의 불교정책이 재정기반의 확보라는 국가의 현실적 필요에서 불교를 억제하려는 것이었지 배척 말살하려는 것은 아니었다고 주장하고, 종교적 성격으로 인해 불교의 존속이 가능했다고 보았다. 이념적 배불론이나 극단적 혁파론을 억불시책의 근본 계기로 보는 관점이나 성리학 자체가 주도적 역할을 했다고 보는 기존의 통설은 '숭유억불이라는 관념적 선입견'에서 말미암은 해석이라고 비판한 대목이 눈에 띈다.[16]

황인규의 『고려 후기·조선 초 불교사 연구』(2003)는 신유학이 수용된 후 성리학이 지닌 배타성으로 말미암아 전통문화가 중국 유교문화와 사대주의적 분위기로 바뀌었다고 전제하였다. 그는 여말선초 불교사의 전개를 유불교체의 측면보다 불교계의 주체적 입장에서 살펴보는 것이 연구의 목적임을 밝히고, 성리학 수용 후 불교계가 보수화되거나 퇴조를 거듭했지만 일각에서 자정 및 개혁운동이 있었음을 강조하였다.[17] 근래에 나온 이봉춘의 『조선시대 불교사 연구』(2015)는 불유 교대, 배불이라고 하는 기존의 틀 속에서 조선전기의 정책적 흐름을 개관하면서도 군주의 숭불과 왕실불교, 사원경제와 불교신앙의 다양한 측면을 '흥불정책과 교단의 자립활동'이라는 독립된 장으로 다루어 최근 학계의 변화된 시각을 반영하고 있다.[18]

이처럼 근대기 이후 조선시대 불교에 대한 연구는 유불교체와 숭유억불에 따른 쇠퇴론의 관점이 주된 경향이었고 고려와 조선을 구분 짓는 단절론적 인식이 강하였다. 따라서 여말선초 불교사는 연속보다는 변동의 측면에 무게가 두어졌다. 하지만 이는 정치이념, 주류사상, 시대의식이라는 관점에서 볼 때는 이해가 가지만, 가치관과 심성, 종교와 문화 등을 포괄하는 전통의 장기지속성은 설명할 수 없다는 점에서 재고의 여지가 있다. 그렇기에 최근에는 조선시대 불교의 역사상을 기존과 다른 각도에서 바라보아야 한다는 인식이 확산되고 있다.

배불론의 부상과 호불론의 대응논리

여말선초의 시대사조였던 배불론의 등장 배경과 내용, 그에 대한 불교계의 대응논리는 무엇이었는지를 살펴보자. 성리학 수용 이후 고려의 불교전통은 이념 공세의 표적이 되었고, 이는 사원경제의 비대화라는 현실적 폐단과 맞물려 규제와 축소라는 정책적 전환으로 나타났다. 사찰의 재산을 최소화시키려는 억불의 기도는 고려 말부터 나오기 시작했는데, 그것이 실제로 가시화된 것은 조선 태종대부터였다. 여말선초 시기에는 배불론이 시대의 화두로서 들불처럼 타올랐고, 이는 정치·경제의 당면한 문제뿐 아니라 인륜, 내세관처럼 유교와 불교가 상충하는 지점에 대한 정면공격으로 비화되었다. 당시의 유학자들은 신유학의 세례를 받았고 조선 개국 후에는 성리학의 기치를 높이 들고 유교국가 조선을 건설하고자 했다. 이런 상황에서 고려의 유습을 상징하는 대표적 이단이었던 불교는 그들에게 타파하고 극복해야 할 가장 강력한 주적이었던 셈이다.

배불론은 고려 말인 14세기 후반부터 적극적으로 제기되었다. 그 방향은 두 가지였는데, 첫 번째는 불교가 가지고 있던 막대한 사회경제적 기득권을 내려놓게 하여 그 폐해를 근절시키려는 현실적 억불론이었다. 당시 사원은 엄청난 양의 사사전과 사사노비를 보유하고 있었고, 따라서 이를 환수하는 것은 국가에서 필요한 재원과 노동력 확보를 위해 필수불가결한 조치였다. 하지만 권문세가에 몰렸던 부의 집중을 과전법 등의 토지정책 시행을 통해 해소한 것과는 달리, 지지기반이 강했던 사원을 대놓고 손보기란 쉽지 않았다. 조선 태종대에 가서야 사사전과 사사노비가 대대적으로 속공된 것도 그 때문이다. 배불론의 두 번째 유형은 유교와 배치되는 불교의 윤리적 문제와 심성론 및 내세관에 대한 벽이단(闢異端)적 척불론이었다. 불교는 부모와 군주를 저버리고 인륜을 도외시하는 오랑캐의 가르침이며, 천리(天理)를 상정하지 않아 도덕의 소이연(所以然)을 설명하지 못하고 인과응보와 윤회 등의 허황된 설로 혹세무민한다는 것이 비판의 기본 골자였다.[19]

먼저 현실적 억불론의 내용을 살펴보면, 국가의 정상적 재정운영에 지장을 줄 만큼 불교계의 부의 독점과 그 폐해가 선을 넘어섰다는 인식이 14세기 중반에 이미 퍼지고 있었다. 당시 신유학의 대표자로서 학계와 정계에서 큰 권위를 갖고 있던 이색(李穡)은 불교 자체에 대해서는 그나마 호의적이었다.[20] 하지만 그가 1351년(공민왕 즉위년) 원나라에서 들어와 올린 상서에서 "불교의 오교양종(五教兩宗)이 이익을 위한 소굴이 되

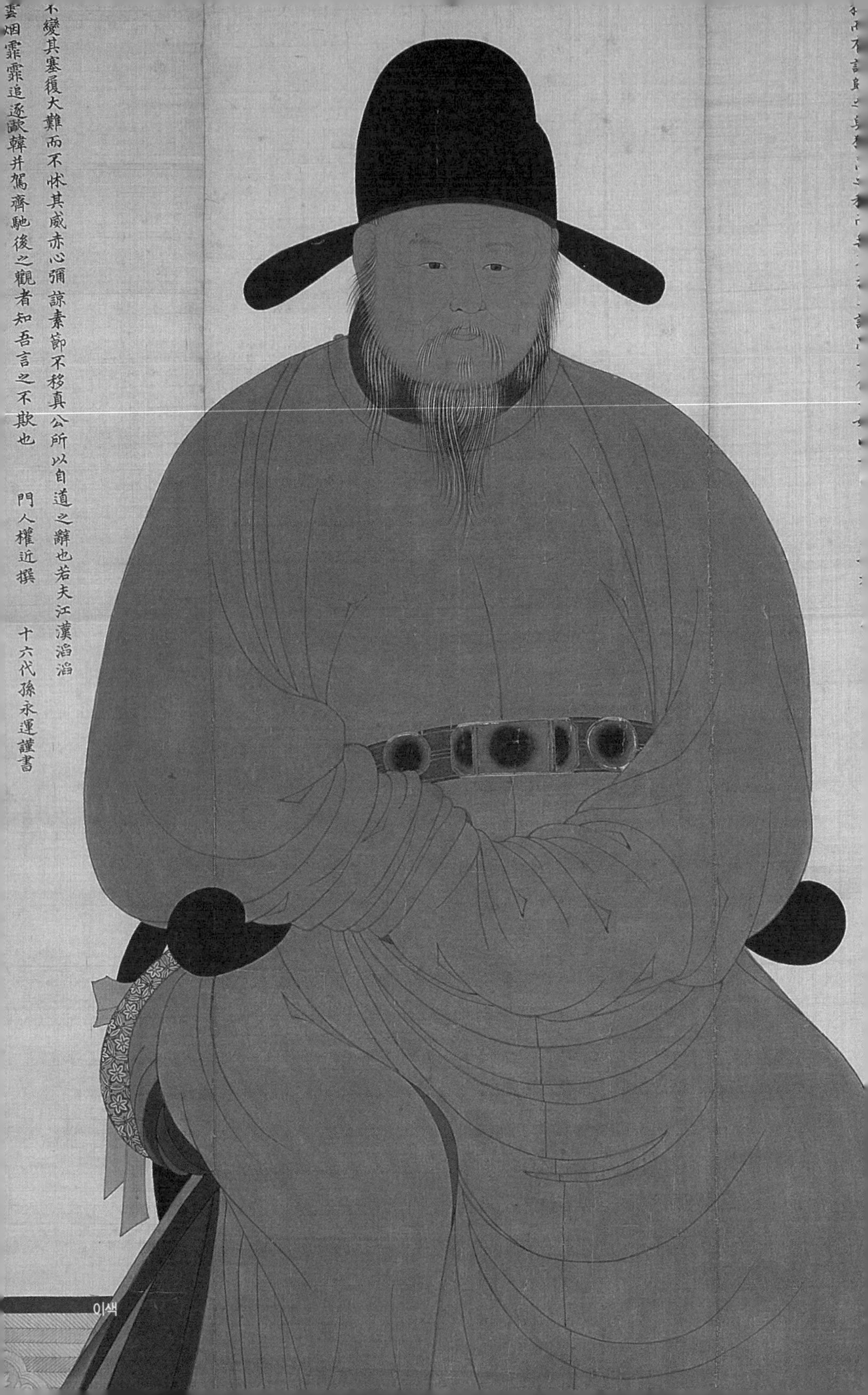

不變其塞履大難而不怵其威赤心彌諒素節不移真公所以自道之辭也若夫江漢滔滔
雲烟霏霏追逐歐韓并駕齊馳後之觀者知吾言之不欺也
門人權近撰
十六代孫永運謹書
이색

고 놀고먹는 이들이 많습니다. 도첩(度牒)이 없는 승려는 군오(軍伍)에 충당하고 새로 창건한 사찰은 철거하여 양민이 함부로 승려가 되지 않게 하소서."라고 하여,[21] 국역체계의 근간을 흔드는 불교의 폐단에 대해 심각한 우려를 표명하였다.

이후 공양왕대에 성균박사를 지낸 김초(金貂)는 "탑을 세우는 부역 일이 농민을 피곤하게 하고 선승에 대한 공양으로 전곡이 허비됩니다. (…) 위에서 좋아하는 일은 아래에서 반드시 더 심하게 좋아하는 법이니 백성들이 석씨(釋氏)에 들어가서 항산(恒産)을 버리고 군부(君父)를 배반하게 될까 두렵습니다."라고 상언하였다. 그는 여기서 그치지 않고 승도의 본업 귀속, 오교양종 혁파, 전국 사찰의 소재 관사 소속, 노비와 재용의 관사 분속과 같은 폐불 실행을 주장하고 새로 삭발하는 자는 죽여야 한다는 극론까지 펼쳤다. 이에 공양왕이 크게 노하여 참형에 처하려 했으나 정몽주(鄭夢周)가 "불씨(佛氏)를 배척하는 것은 유자(儒者)가 늘 하는 일로서 예로부터 군왕은 이를 내버려두고 논하지 않았습니다."라고 하며 용서를 구하여 극형은 면하였다.[22]

그래도 고려 말까지는 승도 수의 급증과 사원에 몰린 토지와 노비의 수가 막대하였음에도 불교가 고려 태조의 삼한(三韓) 기업(起業)의 근본이며 국가를 복되고 이롭게 한다는 전통적 시각이 우세하여,[23] 억불시책이 본격적으로 단행되지는 않았다. 하지만 조선이 개창된 후에는 분위기가 일변하여, 불교가 국가에 해독이 되는 악법이며 창업의 기반을 닦는 데 저해된다는 논조가 대세가 되었고 배불론이 공공연히 불거져 나왔다. '생식과 생산을 하지 않고 빌어먹는 것'에 대한 비난이나 승려의 사치와 방종, 사원의 재산 축적이 도를 넘어섰다는 비판, 오랑캐의 법인 불교가 국가와 백성을 좀먹고 병들게 한다는 주장 등을 당시 기록에서 어렵지 않게 찾아볼 수 있다.[24] 조선 태조는 즉위 직후 양광도와 경상도의 지방관이 상복 입은 백성들이 절에 가서 부처에게 공양하는 것을 금지했다는 말을 전해 듣고, "당대의 대유학자인 이색 또한 부처를 숭상하는데 이 무리들은 무슨 글을 읽었기에 이처럼 부처를 싫어한단 말인가?"라고 꾸짖었는데,[25] 이 또한 배불론이 주장에 그치지 않고 서서히 실천으로 옮겨지던 상황이었음을 잘 보여준다.

이제 억불론과 벽이론이 현실의 장에서 결합되면서 유교와 불교가 더는 공생할 수 없다는 인식이 유학자 관료층에 확산되었고, 하나의 시대의식으로 떠올랐다. 이러한 분위기는 크게 보면 원(元)·명(明) 교체라는 국제정세의 변동과 그에 따른 세계관 및 주류 사조의 변화와도 관련이 있다. 중화(中華)의 도인 성리학과 오랑캐의 교인 불교를 이분법적으로 나누고, 전자에 절대적 우위를 두는 '용하변이(用夏變夷)'의 화이론적 시각이 압도하는 시대가 된 것이다.[26] 고려적 전통인 불교[토풍(土風)]는 중화의 보편인 성리학[화풍(華風)]에 주류 사상의 지위를 넘겨줘야 했고, 구습을 혁파하려는 유학자들의 집중포화를 받게 되었다.

벽이론적 척불론은 시간이 갈수록 그 강도를 더해갔다. 14세기 중반까지는 사상계에서 유불일치를 전제로 한 공조론이 일반적이었다. 공민왕대에 문하시중을 역임한 이제현(李齊賢)은 "불도는 자비(慈悲)와 희사(喜捨)를 근본으로 삼는다. 자비는 인(仁)을 섬기는 것이고 희사는 의(義)를 섬기는 것이다."라고 하여 유불의 핵심 개념을 들어 서로 같은 것이라고 주장하였다. 그의 제자인 이곡(李穀)도 "성인(聖人)의 호생(好生)의 덕(德)과 부처의 불살생(不殺生)의 계(戒)는 인애(仁愛)와 같고 자비와 동일하다."고 하며 스승의 뒤를 이었다. 또한 유학자는 '수신제가치국평천하(修身齊家治國平天下)', 불자는 '수행과 견성성불(見性成佛)'을 도로 삼는다고 하여 양자를 대비시켰다.[27] 고려 말까지도 유교와 불교를 대등하게 바라보면서 양자의 역할분담과 공존을 내세우는 분위기가 강하였다.

그러나 불교는 정치와 윤리에 해가 되는 대표적 이단이므로 불교 자체를 타파해야 한다는 인식론적 공격으로 점차 옮겨갔다. 당시 성리학

이제현

자들은 불교가 부모와 군주를 저버리고 인륜을 도외시하는 오랑캐의 가르침이고, 인과응보와 윤회와 같은 허황된 설로 혹세무민한다고 보았다. 여기에는 불교가 세속을 벗어난 가르침으로 관념적 허무주의에 빠져서 국가운영에 저해되며 유교의 강상윤리를 부정하는 이단이므로 반드시 척결해야 한다는 근본주의적 시각이 담겨 있다. 조선왕조 개창의 주역인 정도전(鄭道傳)도 불교가 인륜 도덕을 저버리고 국가에 해독이 되는 악법이라고 선언했다.

조선 초의 대표적 배불서라 할 수 있는 정도전의 『불씨잡변(佛氏雜辨)』을 보면, 유교 우월주의와 척불의 논조가 강화되고 공세의 수위 또한 훨씬 높아졌다. 정도전은 주자의 불교비판론을 충실히 계승하여 불교 배척을 통해 유교국가의 지향점을 널리 알리려 하였다. 그는 만물의 생성과 소멸은 기(氣)가 모이고 흩어지는 것뿐인데 불교에서는 혼령을 인정하여 인과응보(因果應報)와 화복(禍福)의 설을 가지고 세상을 속인다고 공격하였다.[28] 또한 불교는 '관심견성(觀心見性)'처럼 주객의 구분 없이 마음과 본성을 동일시하여, 마음의 작용을 본성으로 긍정함으로써 악행의 근본 원인을 설명하지 못한다고 주장하였다. 이처럼 본성에 내재된 리(理)의 절대성을 인정하지 않기 때문에 결국 불교는 허무공적(虛無空寂)한 가르침에 불과하다고 본 것이다.[29] 결론적으로 정도전은 불교가 도학을 해치는 것이 양주(楊朱)와 묵적(墨翟)에 비할 바가 아닌 이단(異端) 중의 이단이라고 몰아붙였다. 이에 대해 권근(權近)은 『불씨잡변』 서문에서 "맹자(孟子)를 계승하여 이단을 배척하고 도학을 드높였다."고 하여 벽이단의 책무를 자임한 그의 기상을 높이 평가하였다. 하지만 정도전도 당시의 현실을 목도하며, "불교가 성행해왔고 그 뿌리가 매우 깊어서 장차 우리 도가 사라질지 모른다."는 우려감을 토로하기도 하였다.[30]

고려 말부터 목소리를 높인 배불론과 조선 초의 억불 기조 강화에 대한 당시 불교계의 정면대응 양상은 기록에서 찾아보기 어렵다. 태종대에 억불정책이 단행되었을 때 조계종 승려 성민(省敏) 등이 사찰의 전지와 노비를 줄이는 것에 반대하여 신문고를 친 사실 등 일부 사례가 전해질 뿐이다.[31] 다만 조선 초부터 배불론에 대한 대응논리를 담은 호불 논서가 저술되기 시작했다. 그런데 이 책들이 본격적으로 유포된 것은 1세기가 지난 16세기 전반의 일이었다. 현전하는 호불 논서로는 함허 기화(涵虛己和: 1376-1433)의 『현정론(顯正論)』과 저자 미상의 『유석질의론(儒釋質疑論)』 등이 있는데, 이 책들은 1520년대에서 1540년대 사이에 집중적으로 간행, 유통되었다. 이 시기는 공교롭게도 조광조(趙光祖)와 같은 기묘사림(己卯士林)이 정국을 주도하던 중종 초에 선교양종(禪教兩宗)이 혁파되고 1516년 『경국대전(經國大典)』의 도승조가 사문화되는 등, 국가에 의한 승정(僧政)체제가 종식된 직후여서 그 배경이 관심을 끈다.[32]

이들 호불 논서에 나오는 불교 옹호의 논리를 간단히 소개해본다. 기화는 『현정론』에서 불교는 인과응보를 설함으로써 마음으로 따르게 하여 인심 교화의 근본적 방안이 되며, 효나 충 같은 인륜도리에 어긋나지 않는다고 주장하였다. 그는 불교가 애욕을 끊고 윤회를 면하기 위해 세속에서 벗어나 있지만, '입신(立身)하여 도를 행하고 후세에 이름을 떨치는 것'이 유교의 가장 큰 효이고 군주의 안녕과 나라의 번영을 기원하고 백성을 교화하는 것이 충이라면 그러한 역할을 충실히 수행해왔다고 보았다. 이어 유교의 오상(五常)은 불교의 오계(五戒)에 대응되며, 불살생이 바로 인(仁)임을 강조하였다.[33] 화이론적 관점의 불교 비판에 대해서도 '도가 있는 곳에 귀의하는 법이며 동방(중국)과 서방(인도)은 상대적 개념'이라고 비껴갔다. 또 국가의 존망은 시세 운수의 성쇠에 따른 것이지 나라가 망한 책임을 숭불 행위 때문이라고 떠넘기는 것은 비약이라고 보았다. 나아가 승려가 법을 펴고 중생을 이롭게 하면 공양을 받는 것이 당연하며, 문제가 있다 해도 승려 개인의 잘못을 따질 일이지 불도를 폐함은 부당하다고 역설하였다. 또한 유교와 불교가 이치와 교화의 자취에서

서로 다르지 않다고 하며 불교 존립의 당위성을 찾으려 했다.[34]

『유석질의론』은 유불도(儒佛道) 3교가 마음에 근본을 둔다는 점에서는 같다고 전제하고, 음양오행설(陰陽五行說) 등을 적용하여 불교의 개념과 역사를 설명하였다. 주목되는 것은 유교보다 불교를 우위에 두어 논지를 전개한 점인데, 유교는 마음을 닦고 다스리는 자취를 전공하지만 불교는 본성을 밝히고 깨우쳐서 진리에 계합한다고 보았다.[35] 또 부처의 체는 태극(太極)이고 용은 건곤(乾坤)이며, 법신(法身)·보신(報身)·화신(化身)의 3신은 각각 무극(無極)·태극·팔괘(八卦)의 변화에 대응한다고 서술하였다. 또 역(易)과 연기(緣起)가 같다고 하면서 역의 도는 태극에서 근원하고 태극은 무극(=법신)에 근본을 두며, 음양은 보신, 24기(氣)의 조화작용은 화신에 해당한다고 보았다. 한편 사람이 죽으면 정신(영혼)도 없어진다고 보는 유교의 이해를 음양의 변화에 어둡기 때문이라고 비판하면서, 과거-현세-미래로 이어지는 윤회와 인과응보야말로 천도와 자연의 이치임을 강조하였다. 마지막으로 불교를 버리면 국토의 강령함을 보존하지 못하므로 선왕의 법도를 폐지하지 말고 유신의 천명을 성취해야 한다고 역설하였다.[36]

불교가 국가운영이나 사회질서 유지, 공동체적 가치에 해롭지 않다는 주장은 이들 호불 논서에만 나오는 것은 아니다. 고려 말까지는 불교가 국가에 복과 이로움을 준다고 공개적으로 옹호하는 유학자 관료도 적지 않았는데,[37] 수양과 교화에서 불교가 도움이 된다는 인식은 조선에 와서도 이어졌다. 15세기에 활동한 서거정(徐居正)은 "불교의 청정 담박함과 욕심을 줄이고 마음을 닦는 가르침은 유교와 비슷하므로 불교에 미혹되지도 않지만 심하게 배척하지도 않는다."고 밝힌 바 있다.[38] 율곡(栗谷) 이이(李珥)도 19세 때 금강산에 입산하여 1년간 불전을 읽고 선을 수행했는데, 당시는 1550년에 재건된 선교양종 체제에서 도승(度僧)과 승과(僧科)가 공식적으로 행해지던 때였다. 훗날 이이는 이때의 일을 비판적으로 성찰하면서 불교의 허탄함을 알게 되었다고 술회했다. 하지만 "불교의 묘처가 유교에서 벗어나 있지 않으므로, 유교를 버리고 따로 불교에서 구할 것이 없다."라고 한 것이나, 『성학집요(聖學輯要)』에서 윤회와 보응에 대한 불교의 설은 조잡하지만 돈오점수(頓悟漸修), 일심(一心) 등은 선학(禪學)의 요체로서 불교의 심성론은 정교하고 치밀하다고 평가한 것을 보면,[39] 불교적 사유와 수행론에 대한 유학자들의 이해가 부정 일변도로 점철된 것은 아니었다.

14세기 중반 이후 현실적인 억불의 필요성과 함께 배불의 목소리가 높아졌고, 조선 개국 후에는 벽이론적 척불론이 더욱 득세하며 그 결과가 태종대의 억불시책으로 나타났다. 이는 숭유억불, 유불교체, 단절론이라고 하는 조선시대 불교에 대한 기존 통설이 크게 틀리지 않았음을 말해준다. 하지만 정치와 시대사조의 측면에서는 그럴지 모르지만 불교는 여말선초기에 사회 내에서 견고한 기반을 가지고 있던 주류 전통이었다. 1910년대 초에 후루타니는 16세기 후반 선조대 이전까지는 유교와 불교의 2대 사조가 영향을 미쳐서 유생과 관료는 유교, 왕실에서 서민까지 여성과 지방민은 불교에 의해 지배되었다고 보았다.[40] 불교가 유교와 함께 조선적 전통의 중요한 축을 이루었음은 최남선이 "한국사와 불교는 떼려야 뗄 수 없는 관계이며, 서민의 정신생활과 사회의 심령적 발전 면에서 불교가 유교보다 큰 역할을 했고, 사회적 세력과 문화적 영향력 또한 심대했다."고 평한 언급에서도 엿볼 수 있다.[41]

여말선초 불교계의 동향을 사상과 관념의 측면에서 바라보면, 고려와 조선의 불교가 과연 단절인가 연속인가라는 질문에 대해 연속성에 좀 더 무게를 두어야 한다는 결론을 내릴 수 있다. 여말선초기에 정치이념과 시대사조는 분명 유교였지만, 불교의 사상 전통은 이어졌고 무엇보다 종교와 관습의 영역에서 불교가 가진 지분은 결코 무시할 수 없다. 그렇기에 조선시대 불교사 전체의 특성을 대변해온 '숭유억불'이라는 상징적 기제가 여전히 유효함에도, 시기별로 각각의 성격을 달리 이해할 수 있다. 14-15세기의 여말선초기는 공식 기록상 배불의 공론화, 억불의 가시화가 주된 흐름인 것처럼 보이지만, 사상과 신앙을 두 축으로 하는 불교전통의 내적 지속 또한 시대상을 반영하는 중요한 특성이었다. 이어 16세기는 선교양종 체제가 해체되고 공인에서 방임으로의 정책 전환을 통해 제도의 단절과 변화가 일어났으며, 불교계는 그에 맞추어 자립의 길을 모색하였다. 한편 임진왜란을 거치고 17세기 이후가 되면 유교사회에서의 공존과 시대상황에 맞는 새로운 불교전통의 창출로 이어지게 된다. 임제법통(臨濟法統)의 표방, 승려 교육과정 및 선, 교, 염불을 포괄하는 수행체계의 정비, 정토신앙의 확산과 의례 내용의 변화 등에서 조선후기 불교가 그 이전과 다른 양상으로 전개되었음을 볼 수 있다. 이처럼 여말선초기에 불교는 격동의 풍파를 겪으면서도 유불교체의 파고를 넘어 순항하였다. 따라서 왕조 교체를 단절과 전환의 기점으로 확정하기보다는 이 시기를 변동과 연속의 두 측면에서 바라보고 좀 더 긴 호흡으로 역사의 흐름을 조망하려는 노력이 필요하다.

2. 불교전통의 지속과 억불의 실상

불교전통의 연속과 변화: 사상과 신앙의 궤적

지금까지 학계에서는 고려=불교, 조선=유교의 등식 아래 여말선초 불교를 단절론적 시각에서 보는 경향이 강하였다. 하지만 사상(관념)과 신앙(문화)의 두 축으로 이어진 유구한 불교전통이 조선 개창과 함께 하루아침에 뒤바뀌거나 사라질 리는 없었다. 특히 삶에 위안을 주고 죽음의 두려움을 해소해주는 불교 신앙이 갖는 종교적 구원의 역할은 불교 존립의 가장 중요한 요인이었다. 물론 불교는 유학자들의 정치·이념적 공세와 신생 왕조국가의 확고한 억불의 기조에 의해 큰 위기를 맞았고, 또 이전 왕조의 유제로서 타파의 대상으로 떠오른 것이 사실이다. 세종이 세자를 봉하면서 성균관 대성전에서 공자(孔子) 위패에 절하는 입학례를 처음으로 행한 것은,[42] 고려의 국왕이 승려인 왕사(王師)와 국사(國師)에게 제자의 예를 올린 것과 비교해볼 때 불교에서 유교로의 전환을 상징적으로 보여주는 장면이다. 여기서는 여말선초 불교사상과 신앙의 궤적을 그려보고, 그 안에서 관행의 지속성과 변화의 조짐을 동시에 살펴보려 한다.

13세기 중반부터 14세기 중반까지 약 100년간 이어진 이른바 원(元) 간섭기는 정치적으로 독특한 성격을 가진 시기였다. 고려의 국왕은 원 황제의 사위로서 황제가 직접 임명한 반면, 국왕의 자치와 풍속유지 등 고려의 자율성이 용인되는 이중적 양상을 보였다.[43] 그럼에도 고려는 세계제국 원의 구심력 아래에 놓여 있었고 원의 세계체제의 일원임에 분명하였다. 불교계에도 그 여파가 미쳐서 원 황실의 티베트불교가 전래되고 중국 임제종(臨濟宗)풍이 큰 영향을 미치는 등 많은 변화가 일어났다. 수선사(修禪社) 등 고려의 유력 사원들은 정치적 보호와 후원을 위해 원 황실과 귀족의 원찰 지정을 청하였고, 이들의 만수무강과 안녕을 기원하는 법회를 열었다.[44] 또한 이전에 국가적 차원에서 행해지던 법회와 의례가 축소·중단되거나 성격이 달라졌다. 연등회(燃燈會)와 팔관회(八關會), 국난극복을 기원하는 담선법회(談禪法會) 등이 국가의례로서 그 의미가 퇴색되거나 심한 경우 원의 압력으로 열리지 않게 되었다.[45] 국사 칭호도 고려의 국제가 제후국에 맞춰 격하되면서 국존(國尊)이나 국통(國統)으로 바뀌었다.

한편 중국 강남 지방에는 선종, 정토신앙과 같은 한족 중심의 불교전통이 계승되고 있었다. 당시 선종은 임제종이 주류였는데, 화두(話頭)를 참구하는 임제종 간화선(看話禪)의 기풍은 스승으로부터 깨달음을 인가

태고 보우

받는 것이 중요한 관건이었다. 따라서 강남 지역 임제종 승려로부터 직접 인가를 받고 법을 전해오는 풍조가 고려에 유행처럼 번졌다. 13세기 후반에는 무자(無字) 화두로 유명한 몽산 덕이(夢山德異: 1231-1308)의 선풍이 고려에 전해지고 그의 저작이 유통되었다. 이어 14세기 중반 무렵에는 임제종 법맥 전수와 간화선풍 습득이 고려 불교계의 트렌드로 자리를 잡았다. 이와 함께 선종 규범서가 전해져 사찰의례와 일상의 준칙이 되었는데, 이때 들어온 것은 원 황제의 칙명에 의해 새로 편찬된 『칙수백장청규(勅修百丈淸規)』였다. 여기에는 국가 제도에 의한 사찰 운영, 황제와 황실의 번영을 기원하는 축원이 담기는 등 국가불교적인 색채가 짙었다.[46]

이 시기에 원에 유학 가서 임제종 선승의 인가를 받고 간화선풍을 습득하여 돌아온 대표적 인물로는 14세기에 활동했던 조계종 선승인 태고 보우(太古普愚), 나옹 혜근(懶翁惠勤), 백운 경한(白雲 景閑)의 여말 3사를 들 수 있다.[47] 태고 보우(1301-1382)는 1346년에 원의 대도(大都)에 머물며 원 황실에서 『반야경(般若經)』을 강설하였고, 강남의 임제종 선승 석옥 청공(石屋淸珙: 1272-1352)에게 인가를 받은 후 황태자 축원법회를 주관하였다. 귀국 후 공민왕의 왕사로 책봉되자 원융부(圓融府)를 설치해 '9산의 원융과 5교의 홍통'을 내세워 9산 선문의 통합을 추진하였다. 그는 신돈(辛旽: ?-1371)에게 배척되어 잠시 밀려났다가 신돈 몰락 후 다시 국사로 임명되

었다.[48]

나옹 혜근(1320-1376)은 지공(指空)-나옹-무학(無學)의 3화상으로 존숭된 고승으로, 1347년 원에 가서 인도 출신 승려 지공(?-1363)을 스승으로 모셨고 임제종의 평산 처림(平山處林: 1279-1361)에게 인가를 받았다. 원의 순제(順帝)에 의해 대도 광제선사(廣濟禪寺)의 주지로 임명되어 개당법회를 주관하고 1358년에 귀국하였다. 그 또한 공민왕대에 승과라 할 수 있는 공부선(功夫選)을 주관하고 왕사로 봉해졌다. 혜근의 제자로는 환암 혼수(幻庵混修: 1320-1392) 등 다수가 있었지만, 무학 자초(無學自超: 1327-1405)-함허 기화(涵虛己和: 1376-1433)로 이어지는 계보가 조선 초에도 불교계를 주도하였다.[49] 세계 최고 금속활자본인 『불조직지심체요절(佛祖直指心體要節)』 2권을 편집한 백운 경한(白雲景閑: 1299-1374) 또한 1351년 중국에 가서 석옥 청공의 인가를 받았고 지공에게 법을 묻기도 했다. 귀국 후 공부선을 주관했는데 그의 선풍은 화두를 참구하면서도 무심(無心)의 경지를 강조한 점이 특징이다.[50]

이러한 임제종 간화선풍의 성행과 중국식 의례의 도입은 14세기 고려 불교계에 지각변동을 일으켰다. 하지만 그에 대한 비판도 제기되었는데, 조선 초 서울의 조계종(曹溪宗) 흥천사(興天寺) 감주 상총(尙聰)이 태조에게 올린 상소문에는, 당시 불교계의 중국화 경향에 대한 우려와 함께 보조 지눌(普照知訥: 1158-1210)의 수선사 전통을 회복해야 한다는 제언이 담겨 있다. 상총은 명리(名利)를 다투는 폐단이 남아 승려들이 선수행과 교학 연찬을 하지 않는다고 탄식하면서 선과 교를 겸수할 것과 특히 선종은 보조 지눌의 유제를 따라야 함을 강조하였다. 그는 중국풍의 불교를 높이 받드는 모화승(慕華僧)들이 의례작법에서 전통을 잇지 않는다고 지적하며 지눌의 수선사 작법을 따라야 한다고 상언하였다.[51]

고려 구제의 개혁을 추진한 공민왕은 여말 3사 등 중국 간화선사의 인가를 받고 돌아온 승려들을 최고위 승직에 임명하였다. 당시까지 유

지공

력 고승들은 대개 명문가 출신으로 수선사 역대 사주의 후계자이거나 주요 산문을 주도한 이들이었다. 여말 3사의 경우처럼 이들과 배경을 달리하는 승려들이 중국 유학과 법맥 전수를 통해 교계의 주류로 부상한 것은, 권문세족 출신을 배제하고 신진 인사를 기용하려 했던 공민왕대의 분위기와 맞물려 있다.[52] 화엄종 승려 설산 천희(雪山千熙: 1307-1382)가 58세의 늦은 나이에 원에 가서 몽산 덕이의 영당에 참배하고 강남의 대표적 선승인 만봉 시울(萬峰時蔚: 1303-1381)의 가사를 전해 받고 귀국한 후 화엄종 출신 신돈의 지원으로 국사가 된 것에서도,[53] 당시 간화선의 인가와 전법이 고승으로서의 권위를 부여하는 기제였음을 알 수 있다.

원간섭기 이후 고려 불교계는 선종인 조계종이 주도했지만 천태종(天台宗), 자은종(慈恩宗: 법상종(法相宗)), 화엄종(華嚴宗)도 여전히 주요 종파였다. 천태종은 충렬왕비 제국대장공주의 원찰인 개경 묘련사(妙蓮寺)의 무외 정오(無畏丁午), 백련사(白蓮社) 계통으로 『석가여래행적송(釋迦如來行蹟頌)』을 쓴 부암 운묵(浮庵雲默)이 유명하다. 천태종은 교학과 관행을 함께 닦는 데 특징이 있으며, 천태의 지관(止觀) 수행법과 참선이 근원부터 같음을 강조하였다.[54] 태조대에 조선의 처음이자 마지막 왕사와 국사로 임명된 이가 조계종의 무학 자초와 천태종의 조구(祖丘)였음을 보면,[55] 조계종과 함께 천태종의 위상도 높았음을 알 수 있다. 조선 초에 활동한 천태종 승려로는 백련사 계통으로 위화도 회군에 참가하여 개국공신이 된 신조(神照), 세종 초에 판천태종사를 맡고 선교양종으로 통합 후 선종 본사 흥천사 주지를 지낸 행호(行乎)가 대표적이다.[56]

교종에서는 자은종이 주축이 되어 원에 사경(寫經)을 위한 승려를 파견하였고, 이로 인해 국존이 된 혜영(惠永)이 개경 중흥사(重興寺)를 중심으로 활동하며 교세를 만회하였다. 자정 미수(慈淨 彌授: 1240-1327) 또한 국존이 되어 충숙왕대에 참회부(懺悔府)를 운영하기도 했다.[57] 화엄종은 이제현(李齊賢)의 형이자 『백화도량발원문(白花道場發願文)』의 해설서를 쓴 체원(體元) 이후 신돈이 권세를 잡아 정국을 주도하였고, 원에 다녀온 천희가 국사의 지위에 올랐다.[58] 조선에 들어서도 화엄종은 교종의 대표 종파였고 조선전기 승과 시험에서도 교종은 『화엄경(華嚴經)』과 『십지론(十地論)』을 시험 보았다. 생육신으로 유명한 설잠(雪岑) 김시습(金時習: 1435-1493)은 선과 천태뿐 아니라 화엄에도 조예가 깊어 『화엄일승법계도주병서(華嚴一乘法界圖註幷序)』와 같은 주석서를 썼다. 화엄종과 자은종은 각각 교세를 유지하다가 세종대에 선교양종의 교종으로 통합되었다.

고려시대에는 불교가 사상뿐 아니라 신앙, 의례와 같은 종교적 영역에서 큰 지분을 차지하고 있었다. 국왕에서 천인까지 전 계층에 불교가 깊숙이 뿌리내리고 있었다 해도 지나친 말이 아니다. 국왕의 즉위 기념 의례였던 보살계(菩薩戒) 수지와 관정(灌頂)도량, 연등회와 팔관회 같은 국가의례를 포함하여 호국적 성격의 인왕(仁王)도량이나 나한(羅漢)도량, 신중(神衆)도량, 재앙을 없애고 복을 비는 소재(消災)도량 등이 왕실과 국가 차원에서 설행되었다. 또 개경(開京)과 지방 각지에서 다양한 법회와 재회, 반승(飯僧)행사와 불사가 이루어졌다. 극락정토로 이끄는 아미타불, 망자를 천도하고 지옥의 나락에서 구원해주는 지장보살, 현생의 업보를 판정하는 시왕, 현세의 고통을 구제하고 이익을 베풀어주는 관음보살 등 신앙의 대상이 다양하였고, 지역공동체 조직인 향도(香徒)도 염불·매향(埋香) 등을 행하며 지역민의 행복과 안녕을 기원하였다. 승려는 물론 왕족과 관인층에서도 화장을 한 후 절에 안치했다가 재매장하는 방식이 유행하는 등 불교와 유교를 혼용한 상장례 방식이 관례화되었다.[59]

국가의례를 제외한 고려의 불교 신앙이나 재회의 상당수는 조선에 들어와서도 단절 없이 이어졌다. 그중 우란분재(盂蘭盆齋)와 수륙재(水陸齋)를 대표적 사례로 들어보자. 우란분재는 7월 15일 백중(百中)에 행하며 『우란분경(盂蘭盆經)』에 의거해 죽은 이의 영가를 추도하고 천도(薦度)하는 의식이다. 원래는 하안거(夏安居) 후 수행 및 공덕을 쌓은 승려를 공양하는 법회로 시작되었는데, 중국에서는 지옥에 떨어진 어머니를 구하기 위해 노력한 『우란분경』의 목련존자(木連尊者) 이야기를 부각시켜 효의 측면이 강조되었고 부모와 조상의 명복을 빌고 왕생을 기원하는 천도의식이 되었다. 조선 태조는 홍천사에서 우란분재를 크게 열었고,[60] 『세종실록』에도 "나라 풍속이 7월 15일은 절에 가서 망자의 혼을 불러 제사하는데, 이날 승도들이 도성 거리에서 깃발을 세우고 쟁과 북을 치며 탁자 위에 찬구를 늘어놓고 망자의 이름을 불렀다. 이에 사녀들이 수없이 모여들어 곡식과 베를 보시했는데 남에게 뒤질까 염려하였고 일부 공경과 사대부 집에서도 이를 행하였다."고 하여,[61] 민간에서 세시풍속으로 전해지던 우란분재의 모습을 그려볼 수 있다. 물과 뭍의 모든 중생의 혼령을 위로하는 수륙재는 고려 말에 왕실의 상장례에 포함되었고 조선 태조에 의해 국행(國行)수륙재로 설행되었다. 세종대에 국가의례를 정비할 때도 왕실의 기신재(忌晨齋)가 수륙재와 통합되어 행해졌고 수륙재 관련 내용은 불교의례 가운데 유일하게 『경국대전(經國大典)』에 수록되었다.[62]

15세기 말까지의 풍속이나 문물제도 등을 망라한 문화사의 보고인 『용재총화(慵齋叢話)』에는 "4월 8일의 연등회와 7월 보름의 우란분, 12월 8일의 욕불(浴佛: 관불) 때는 다투어 다과와 떡 같은 것을 시주하여 부처에게 공양하고 승려를 대접하였는데, 승려들은 범패를 부르고 곱게 차려입은 부녀자들이 산골짜기에 모여들었다."고 기록하고 있어 연등회, 우란분재 등의 불교의례가 조선에 들어와서도 성행하였음을 볼 수 있다. 선왕과 선후의 명복을 비는 왕실 기신재가 공식적으로 혁파된 것은 중종대에 조광조(趙光祖) 등 기묘사림이 활동하던 1516년이었다. 하지만 앞서 15세기까지는 왕실이나 민간의 사적인 불교의례 설행에 대한 국가 차원의 금지조치는 보이지 않는다. 『용재총화』의 다음 기록은 15세기의 유불관계와 시대 분위기를 생생하게 전해준다.

태종 때에 12종을 개혁하고 사사전(寺社田)을 모두 혁파했으나, 그래도 불교의 유풍이 끊이지 않았다. 사대부들이 친속을 위하여 재를 올리고 빈당에서 법회를 설하기도 하며, 기제를 행할 때 승려를 맞이하여 음식을 공양하였다. 승려와 관리들이 시를 화답하는 일도 많았고 유생들은 대개 절에 올라가 독서하였다. 유학자와 승려가 서로 의뢰하는 이들이 적지 않았는데 이는 세조 때에 극에 달하였다. 당시 승려들이 촌락에서 제멋대로 행해도 조관이나 수령들조차 항의하지 못하였다. 성균관 유생 가운데 부처의 사리에 은총을 구하는 이가 있었는데도 사림들이 괴이하게 여기지 않았다.[63]

비록 성종대부터 유교주의가 더욱 강화되기는 했지만, 적어도 15세기까지는 왕실과 일반민은 물론 일부 사대부 층에서도 불교가 중요한 관습이자 오랜 전통으로 받아들여졌다. 왕실의 경우는 숭불과 후원의 양상이 조선 말까지 계속되었고 국왕은 태종 등 특수한 예외를 제외하고는 왕실과 유학자 관료 사이에서 양자의 간극을 해소하는 중재자 역할을 담당하였다. 왕실불교의 지속은 불교가 국왕과 왕족의 무병장수와 평안을 기원하고 사후의 명복을 빌고 추숭하는 기능을 했기 때문이다. 국왕 입장에서도 사원과 왕실재정의 유착관계는 물론, 국태민안의 기원, 민심무마와 왕권강화를 위한 전략적 선택지로서 불교는 충분한 활용가치를 지닌 매력적 대상이었다. 노골적으로 숭불을 행한 군주는 태조와 세조만이 아니었다. 세종도 태조가 세운 흥천사의 사리각을 화려하게 중수한 후 열린 낙성경찬회 때 '보살계제자 조선국왕'을 표명하는 등[64] 이전 시대부터 이어진 전통의 관행을 따르고 있었다.

왕실불교의 실상을 조금 더 살펴보면, 능침사(陵寢寺)나 원당(願堂)에서 선왕 선후의 명복을 빌고 '조종(祖宗)의 유훈'을 내세워 불교 신앙과 의례를 공공연히 행했다. 세종은 소헌왕후의 상을 당하자 "세상 사람들이 집안에서는 부처를 받들고 귀신을 섬기지 않음이 없는데도 남에게는 귀신과 부처가 그르다고 한다. 지금 중궁이 세상을 떠났는데 자식들이 돈을 내어 불경을 펴낸다 하므로 허락한다. 그대들은 이를 잘못이라 여기지만 어버이를 위해 불사를 하지 않는 사람이 누구인가?"라고 반문하고는, "전에 내가 모후의 상을 당하여 세 번 법회를 베풀었고 태종께서도 나에게 대자암(大慈庵)에 가라고 했으나 마침 일이 있어 가지 못했는데 실은 간 것이나 마찬가지이다."라고 술회하였다.[65] 이때 소헌왕후의 초재는 장의사(藏義寺)에서 치렀고 이후 대상재(大祥齋)까지 진관사(津寬寺), 회암사(檜巖寺) 등에서 설했으며 재회 때마다 대군, 승지와 예조 당상 각 1인이 참석하고 8천에서 1만 명의 승려에게 반승행사를 베풀었다.[66]

이러한 왕실불교의 대척점에는 유교국가로서의 공적 영역이 존재했던 것이 사실이다. 사전(祀典) 체제를 정비하면서 불교식 재회는 국가의례에서 거의 배제되었고 사대부 관료층의 불교에 대한 적대감도 어제오늘의 일이 아니었다. 그렇지만 화장이 금지되고 유교식 상장례가 적극 권장되었음에도, 부모의 왕생과 내세의 복락을 기원하는 불교의 사후관념과 의례는 사적 영역에서 여전히 파급력을 지니고 있었다. 왕실은 국상 중의 칠칠재(七七齋: 사십구재)를 중종대까지 국행의례 수준에서 행하였고 이후에도 내행(內行)의례로 계속하였다. 사족 또한 유교적 효의 명분에 의거하여 영당이 부속된 사찰이나 분암에 해당하는 사암(寺庵)을 제사를 받드는 보완시설로 활용하면서 유교와 불교의례를 함께 설한 사례들이 많이 나온다.[67]

성종대에 예조판서를 지낸 성현(成俔: 1439-1504)은 "신라와 고려에서는 불교를 숭상하여 장례 때 오로지 부처를 공양하고 반승을 행하는 것을 상규로 하였다. 본조에 와서도 아직 그 풍습이 남아 공경(公卿)과 유사(儒士)의 집에서도 빈당에 승려를 불러 경전을 설하는 법석을 예사로 한다. 또 산사에서 칠일재를 베푸는데 돈 있는 집은 다투어 사치스럽게 꾸미고

가난한 이들도 이를 좇아 구차히 마련하니 소모되는 비용과 재화가 매우 커서 이를 식재(食齋)라 한다. 기일에는 승려를 맞아 먼저 공양한 뒤에 혼을 부르고 제사를 행하므로 이를 승재(僧齋)라 한다."고 기록하였다.[68] 이는 15세기까지 불교식 상장례가 조선사회에 만연해 있었음을 여실히 보여주고 있다.

다카하시 도루는 한국의 종교 전통에 대해 "조선시대에는 종교문화의 이중성이 성립되어 유식계급의 남자는 유교의 사상과 신앙을 받드는 풍속을 만들었고 여자와 무식한 촌민들은 불교 및 무격을 믿었다. 이처럼 한 가정 내에서도 이중성의 습속을 형성하게 되었다. 유자의 저술에 나오는 불교 및 무속에 대한 공격과 타도의 논의는 주자학을 종교적으로 신봉하여 나온 것이지만, 1천 년 된 불사와 무속의 제사는 조선의 가정과 사회에서 공공연히 행해졌고 그 범위의 광대함은 유교 신앙문화의 몇 배에 달하였다."[69]고 보았다. 이렇듯 조선시대 내내 이어진 불교의 종교적 전통은 타자의 시각에서도 그 지속성을 인정할 만한 것이었다. 그렇다면 조선 개창 후 100년, 즉 15세기까지는 어떻게 보아야 할 것인가? 숭유억불의 단절론적 지향과 시대적 변화가 있었음에도 불교사상과 신앙의 영역에서는 연속의 측면에 방점을 찍는 것이 좀 더 설득력 있다고 판단된다.

조선전기 불교정책의 흐름과 승정체제

유교이념을 전면에 내건 조선왕조는 불교정책을 시행할 때 축소와 통제를 기본 방향으로 삼았다. 다만 그 강도와 조치의 실효성은 시기에 따라 달랐다. 불교정책의 변화를 시간순으로 살펴보면, 먼저 태종대에 억불의 깃발을 높이 든 이후 세종 후반과 세조대에 유화적 분위기가 있었음에도 성종대까지 억불의 기조가 엄격히 유지되었다. 그 흐름을 이어서 연산군의 우발적 폐불 행위와 중종대 전반의 승정(僧政)체제 혁파가 이루어지면서 불교는 이제 제도권 밖에 놓이게 되었다. 이후 국가는 불교를 방임한 상태에서 간혹 대규모의 공역에 승려 노동력을 활용하고 대신 승려로서의 활동을 묵인하는 임시방편적 조치를 취하였다.

그런데 16세기 중반 명종이 즉위하고 모후인 문정왕후가 수렴청정을 하면서 일시적으로 선과 교의 양종이 재건되었다. 이는 『경국대전』 도승조에 규정되어 있던 법제를 다시 부활시킨 것으로, 승려 자격증이라 할 수 있는 도첩을 다시 지급하고 승과를 통해 고위급 승려를 국가에서 정식으로 선발하였다. 비록 16년의 짧은 기간이었지만 선교양종의 재건은 공식적으로는 끊어질 뻔했던 불교 교단의 인적 계승을 가능케 했다. 또 이때 승려 자격을 인정받고 승과에 합격한 이들이 임진왜란 의승군의 주축이 되면서 불교 존립의 중요한 토대가 되었다. 선교양종이 다시 문을 닫은 이후 승정체제가 복구되거나 법제상의 부활이 더는 이루어지지 않았다. 하지만 조선후기에는 현실적 필요에 의해 국가에서 승려의 노동력과 사찰의 자원을 활용하는 방식이 관례화되었다.

조선전기의 억불정책과 사찰, 승도를 둘러싼 역사적 실상을 불교와 국가의 길항관계라는 측면에서 살펴보자. 기존에는 조선 개국 후 척불론에 따른 유불교체, 강력한 억불정책에 따른 경제적 타격으로 불교계가 급격히 쇠퇴했다고 보는 것이 일반적이었다. 또한 불교국가 고려에서 유교국가 조선으로의 패러다임 전환을 전제로 한 단절론적 인식이 지배적이었다. 실제로 원에서 성리학이 수용된 이후 고려 말부터 불교전통은 이념 공세의 표적이 되었고, 사원경제의 비대화라는 현실적 폐단, 불교계의 자정능력 상실과 맞물려 조선 초에 규제와 축소라는 정책기조의 전환으로 나타난 것이 사실이다.

14세기 중반 이후 현실적 억불의 필요성과 함께 배불을 요구하는 유학자 관료들의 목소리가 높아졌고, 조선 개국 후에는 벽이론적 척불론이 득세하며 그 결과가 태종대의 억불시책으로 나타났다. 하지만 불교는 당시에도 조선사회 안에 견고한 기반을 가진 주류 전통이었고 승려의 환속이나 사찰의 폐지와 같은 극단적 폐불 조치가 추진되지는 않았다. 비록 토지와 노비 같은 사원경제의 기반을 크게 위축시키는 결과로 이어졌지만, 강제적 폐불보다는 불교 교단을 국가에서 통제하면서 승려나 사찰, 토지의 수를 억제하는 방향으로 정책이 시행된 것이다. 또한 오랜 기간 사회 전 계층의 지지를 받으면서 이어져온 불교사상과 관념, 종교와 문화의 영역은 국가정책에 의해 쉽게 바꿀 수 있는 것이 아니었다.

조선에서 억불정책이 본격화된 것은 극심한 내부 정변을 거친 후 정치적 안정을 이룬 태종대의 일이었다. 먼저 1402년(태종 2)에 선종과 교종에 해당하는 여러 종단을 조계종(曹溪宗)과 화엄종(華嚴宗)으로 합치고 고려시대부터 국가가 관리해오던 사찰 명부인 밀기(密記)에 수록된 서울과 지방의 70개 사사(寺社)를 두 종에 분속시킬 것, 그리고 그 외에 비보사(裨補寺)로 등재된 사사 가운데 상주승(常住僧) 100명 미만인 곳의 수조(收租)를 군자(軍資)에 영속시키고 노비는 각사(各司)와 주군(州郡)에 분속시키자는 논의가 나왔다.[70] 하지만 이는 태상왕이었던 태조의 반대로 시행되지 못하다가, 결국 1406년에 11개 종단 242개 사사를 국가에서 공식 지정하였다. 이때 신도(한양)와 구도(개성)는 오교양종(五敎兩宗) 각 1사(寺), 지방의 목(牧)·부(府)는 선종과 교종 각 1사, 군(郡)·현(縣)은 선종·교종 중 1사가 포함되었다. 종단별로는 242사 가운데 조계종과 총지종(摠持宗)을 합쳐 70사, 천태소자종(天台疏字宗)과 천태법사종(天台法事宗)은 43사, 화엄종과 도문종(道門宗)이 43사, 자은종(慈恩宗) 36사, 중도종(中道宗)과 신인종(神印宗) 30사, 남산종(南山宗) 10사, 시흥종(始興宗) 10사였다.

그런데 242사 중에 한양과 개성의 선종과 교종 각 1사에는 속전(屬田) 200결(結), 노비 100구, 상양승(常養僧) 100명, 그 밖의 사사는 속전 100결, 노비 50구, 상양승 50명이 용인되었고, 각도에는 선종과 교종 중 1

사에 속전 100결, 노비 50구, 읍내의 자복사(資福寺)에는 급전 20결, 노비 10구, 상양 10명, 읍외의 사사에는 급전 60결, 노비 30구, 상양 30명이 인정되었다. 그리고 이들 242사의 사사전(寺社田) 1만 1,000여 결을 제외한 나머지 전국 사원에서 사사전 3-4만 결이 환수되고 사사노비도 8만 명이 속공되었다. 다만 지정된 242사 외의 사사도 최소한의 유지를 위해 시지(柴地) 1-2결을 지급하였다. 예외적 사례도 있었는데 태조와 왕사인 무학 자초의 연고 사찰이었던 양주 회암사(檜巖寺)의 경우는 속공에서 예외로 하고 오히려 전지 100결, 노비 50명을 추가로 주었다.[71]

이처럼 242사 이외의 사원에서 사전과 사노, 즉 전민(田民)을 속공함으로써 국가 지정 사찰은 기록에 따라 1/2에서 1/10로, 수조지(收租地)로서의 사사전은 1/10 정도로 이전에 비해 크게 줄었다. 이는 사원경제에 큰 타격을 주었음은 물론이다.[72] 그러나 이때의 조치가 지정 사사 외의 모든 사찰을 철거하거나 승려를 강제로 환속시킨 말 그대로의 폐불을 의미하는 것은 아니었다.[73] 한편 상양승, 항거승의 인원이 정해졌는데 기존에는 국가에서 인정한 도첩을 가진 정식 승려 수를 제한한 것으로 이해하여왔지만, 인원의 단위가 '원(員)'으로 되어 있고 1명당 사사전 2결이 지급된 것으로 보아 승과(僧科)에 급제하여 승계(僧階)를 수여받은 승직자층을 중심으로 승정체제의 운영과 기능을 담당하는 정원을 규정한 것으로 추정할 수 있다. [74]

그런데 바로 다음 해인 1407년에는 오래된 대가람이 242사 안에 들지 못하거나 또 이미 망폐된 사찰이 지정되어 주지를 내려보내는 일이 있다는 이유로, '산수승처(山水勝處)'의 대가람을 택해 망폐된 사찰을 대신하자는 논의가 있었다. 이에 88개의 명찰(名刹)을 새로 선정해 전해의 242사 가운데 여러 읍치(邑治)의 자복사 88개를 대체하게 하였다. 그리고 이때의 실록 기사에는 기존의 11개 종단을 합쳐 조계종, 천태종, 화엄종, 자은종, 중신종, 총남종, 시흥종의 7개만 거론되었다.[75] 그런데 242

사를 지정한 후 불과 1년 만에 왜 다시 88개의 읍치 자복사를 명산의 사찰로 대체한 것일까?

우선 지방질서 재편과 자복사의 성격에 대해 살펴볼 필요가 있다. 고려시대에는 읍치의 지배를 향리(鄕吏)가 주도하였는데 조선에서는 점차 모든 지역에 지방관이 파견되었고 그 권한이 커지면서 새로운 지배질서가 마련되었다. 『세종실록지리지』에는 주부군현(州府郡縣)의 총수가 330개로 나오는데 그중 수령(守令)이 파견된 현은 당시까지 245개 정도일 것으로 추산된다. 이는 242개 지정 사사의 수와 거의 차이가 나지 않는데, 읍치에 있던 자복사의 망폐 추세는 새로운 지역질서 개편과 무관하지 않은 것이다. 242사의 선정은 고려의 밀기에 수록된 주현 단위 비보사사와 지방의 답산기(踏山記)가 기본자료로 활용되었다.[76] 그런데 지방 수령이 주도하는 방식으로 지역 지배질서가 바뀌면서 고려로부터 이어진 읍내 자복사의 존재가 더 이상 중요하지 않게 되면서 점차 철폐되거나 비워지는 현상이 나타났다. 그 결과 1424년(세종 6)에는 유명무실하게 된 각지의 자복사를 모두 혁거하라는 조치가 내려졌고,[77] 기존의 군현 단위 자복사는 더 이상 국가 지정 사찰에 들지 못하게 되었다.

태종대는 지방 단위의 유교적 예제 구현이 처음 시도된 시기였다. 242개 사사의 지정과 비슷한 무렵에 지방의 주현 단위에 사직(社稷)이 건립되고 문묘(文廟)의 석전(釋奠)이나 여제(厲祭) 등도 지방 차원에서 제사의식을 통일하여 주현 단위로 거행하려는 움직임이 일어났다.[78] 여제를 지내는 여단(厲壇)과 지방 사직단(社稷壇)은 1424년과 1426년에 각 군현에 설치되었고 1433년에는 지방 군현에 성황단(城隍壇) 설립과 명(明)의 홍무예제(洪武禮制)에 의한 성황제(城隍祭) 거행이 처음 시도되었다. 이는 고려의 전통을 부정하고 중국식 예제에 의한 사전(祀典) 정비가 본격화되었음을 의미한다.[79] 지방행정의 중심지인 읍치에 있던 자복사는 고려 비보사사의 유산이었고 이제 새로운 유교 예제의 정착을 위해서는 혁파되어야

회암사 약사여래삼존도

할 대상이었다. 불교계 입장에서도 읍내 자복사에는 토지 20결, 노비 10구가 지급되고 상양승 10명이 허용되었음에 비해 읍외의 사사에는 토지 60결, 노비 30구, 상양승 30명으로 무려 3배 규모가 허용되었고, 이는 충분한 유인효과를 가질 수 있었다. 그렇기에 유명무실하게 된 읍내 자복사를 산속에 있는 명찰로 바꾸는 것이 현실적 대안이 되었던 것이다.

뒤를 이어 세종대에도 축소와 규제의 기조는 그대로 이어졌다. 1424년(세종 6) 기존의 종파들을 선종과 교종의 양종(兩宗)으로 통합하였고 승려 인사 문제 등 승정을 담당하는 중앙관서인 승록사(僧錄司)를 폐지하는 대신 선교양종의 도회소(都會所)를 서울의 흥천사(興天寺)와 흥덕사(興德寺)에 두었다. 또 선종과 교종에는 각각 18개씩 모두 36개의 사원만 국가 지정 사찰로 인정하였다. 이때 양종에는 선종 1,950명, 교종 1,800명의 총 3,750명으로 승려 수가 제한되었다. 보유가 인정된 사사전은 태종대에 1만 1,000여 결에서 세종대에는 선종 4,250결, 교종 3,700결을 합쳐 총 7,950결로 30% 정도 축소되었다.[80] 이는 사사별로 150-500결의 토지를 차등적으로 지급한 것이었고 태종대와 마찬가지로 2결당 1명의 항거승 수가 배정되었다.[81] 수치상으로 불교교단의 경제는 더욱 위축되었고 그렇기에 기존 연구에서도 태종대에 이어 국가에 의한 억불정책의 전형으로 이해되었다.

선교양종 36개 사사는 도 단위 이상에서 지정된 것으로, 앞서 언급하였듯이 이때 선교양종 통합 직전에 군현 단위 자복사는 모두 혁거한 사실에 유의할 필요가 있다. 36사에는 경기도 지역 17개 사사를 포함하여 20개 이상의 왕실 관련 사찰이 그 안에 속해 있었고 그 비중은 점차 커졌다.[82] 36사가 정해진 1424년만 해도 전주 경복사(景福寺)가 수륙사(水陸社)인 강원도 상원사(上院寺)로 대체되었고 전라도 화엄사(華嚴寺), 황해도 정곡사(亭谷寺)는 정종의 수륙사였던 순천 송광사(松廣寺), 정종의 재궁(齋宮)인 개성 흥교사(興敎寺)로 교체되었다. 다음 해에도 전라도 흥룡사(興龍

寺)와 서봉사(瑞峯寺)가 산수(山水)가 좋지 않다는 이유로 왕실과 관계가 깊은 금강산 장안사(長安寺)와 정양사(正陽寺)로 바뀌었다.[83] 이처럼 36개 사사가 지정되고 1년이 지나지 않아 왕실 관련 사찰의 수는 더욱 늘어났다.[84] 이는 당시 왕실 관련 사사의 사사전이 불사 비용 마련을 위한 왕실 재정운용의 한 방편으로 운영된 것과도 관련이 있다.[85] 그렇기에 사사전은 성종대에 더욱 늘어나 1471년(성종 2)에 사사 가운데 전지를 받은 곳이 43개, 전지는 8,300여 결에 이르며 민으로부터 취하는 것 또한 적지 않다는 기사가 나오며, 1478년에는 43사의 전지가 9,910여 결로 늘어났다.[86] 이후 수조지로서의 사사전은 1517년(중종 12)에 능침사를 제외하면 일단 혁파되었다.[87] 그런데 명종대에 선교양종이 재건되었을 때 왕실 관련 내원당(內願堂)이 79개소에서 395사가 되었고 양종에서 주지를 선발하여 보냈으며 이들 사찰의 사위전(寺位田)에서는 세금을 거두지 못하게 했다. 그만큼 왕실과 관련 사원의 경제적 유착 정도는 매우 깊었다.[88]

세종대에 정립된 선교양종 체제는 비록 승정 담당 관서인 승록사가 폐지되고 교단에서 운영하는 양종 도회소가 가동되었지만 도첩 발급과 승과는 국가의 관리하에서 실시되었다. 세조대에는 일부 사원에 전지 급여 등의 많은 특혜가 주어졌고 정식 도첩을 받지 않은 비인가 승려 수가 급증하기도 하였다. 그러다 성리학 이념으로 무장한 사림 세력이 중앙정계에 진출하기 시작한 성종대에는 양인(良人)이 국가에서 요구하는 역을 피해 도망한 '피역(避役)' 문제가 정치쟁점이 되면서 불교계에 대한 규제가 강화되었다. 1472년(성종 3)에는 승려 수가 지나치게 많다고 하여 도첩의 신규 발급이 일시 중단되었고 도첩이 없는 피역 승려를 환속시켜 군역(軍役)에 충당하자는 논의가 나왔다.[89] 그렇지만 이때에도 "이단은 그냥 놔두고 믿지 않으면 된다. 승려 또한 백성이므로 모두 없앨 수 없고 선왕이 창건한 절도 일시에 철거할 수 없다."는 성종의 판단으로 전면적 조치는 시행되지 않았다.[90] 오히려 성종 초에 『경국대전』이 반포되면서 앞서 입안된 도승법과 양종의 승과 규정이 법제화되어 제도적으로 안착된 시기이기도 했다.

그러나 연산군 재위 말년인 1504년(연산군 10)에 갑자사화가 일어나면서 우발적으로 서울의 양종 도회소가 철폐되어 경기도 청계사(淸溪寺)로 옮겨졌고 승과도 중지되었다. 그리고 다음 해에는 전국의 승려를 환속시키고 사사전을 몰수하라는 말 그대로의 폐불 조치가 내려졌다. 하지만 중종반정이 일어나면서 왕실과 관련된 수륙사(水陸寺)와 능침사(陵寢寺)의 전답을 환원시키는 등 제대로 실시되지는 않았다.[91] 대신 당시 공론을 주도한 조광조 등 기묘사림의 계속되는 건의로 1507년(중종 2) 이후 승과는 혁파되었고 5년 후에는 선교양종과 도회소가 폐지되었다. 이어 1516년에는 『경국대전』의 「도승조」가 사문화되면서 법제적으로 기존의 승정체제는 종식되었다.[92]

선교양종과 승과는 그렇다 치고 도승제(度僧制)가 사라진 것은 국가에서 더 이상 승려의 자격을 인정하지 않겠다는 것으로, 이는 국가 통치체제 안에서 승도가 설 자리가 없어졌음을 의미한다. 이제 출가하여 승려가 되는 일은 법제상의 규정이 없는 것이었고 국가의 완전한 방임하에 승도는 사적 행위자로서 존재할 수밖에 없었다. 비록 중종 후반기에 척신이 정권을 잡으면서 무도첩 승도를 일시적 역사에 활용하여 그 자격을 인정하는 임시책이 추진되기도 하였고, 또 16세기 중반인 명종대에 문정왕후에 의해 16년간 선교양종이 재건되면서 도첩과 승과가 한시적이나마 재개되었지만 국가와 불교의 오랜 밀착관계는 16세기에 들어 일단 종지부를 찍은 셈이다.

불교 존립에는 사찰과 경제적 기반도 필요하지만 가장 필수적인 요소는 승려일 것이다. 조선 초에 승정체제가 가동될 때 정식 승려로 인정받기 위해서는 도첩이 있어야 했다. 사회적 신분에 따라 양반은 포(布) 100

필(疋), 서인은 150필, 천인은 200필을 내야 했는데, 이는 승려가 되면 해당자의 경우 양역(良役)이나 천역(賤役)을 지지 않기 때문에 그에 대한 면역의 대가를 요구한 것이었고 승도 수를 최소화하기 위한 방안이기도 했다. 1408년(태종 8)에는 양반부터 공사(公私)의 천인까지 누구나 승려가 될 수 있는 풍조가 비판되면서 역을 지는 대상자와 독자(獨子) 등의 출가를 금지하자는 방안도 제기되었다.[93]

1485년(성종 16)에 반포된 『경국대전』 도승조에서는 선교양종에 신고하고 삼경(三經)[94]을 암송한 후 정포(正布) 30필을 내면 양천(良賤)의 신분을 불문하고 도첩을 발급하게 하였다.[95] 그런데 1491년(성종 22)에는 피역승의 증가로 금승(禁僧)의 방안이 다시 논의되었고, 1492년 2월에는 군역(軍役)을 피해 불법으로 승려가 되는 것을 엄금하는 '금승절목(禁僧節目)'이 제정되면서 도첩 발급도 일시 정지되었다. 하지만 1497년(연산군 3) 도첩 지급이 재개되면서 연산군대에도 매우 적은 수이지만 도첩이 발급되었다.[96] 그러다가 1516년(중종 11)에 『경국대전』의 도승조가 더 이상 시행되지 않게 된 것이다. 이처럼 조선 초부터 국가는 축소와 규제의 방향으로 불교를 관리하고 제어하다가 16세기에는 승정을 국가 운영체제에서 제외하고 방임하게 되었다. 다만 1550년(명종 5) 선교양종이 복립되고 승과가 다시 열렸으며 1566년까지 도승이 시행되면서 불교계의 인적 재생산과 존립의 중요한 연결고리가 되었다. 그리고 이들이 임진왜란 때의 승군 활동을 이끌면서 불교 재기의 발판이 마련되었다.

제 2 장

선과 법통: 청허 휴정의 기풍과 임제법통의 선양

불교사상의 계승과 선과 교의 융합

1. 청허 휴정의 수행관과 『선가귀감』의 유통

휴정의 선법 계보와 선과 교의 계승

청허 휴정(淸虛休靜: 1520-1604)은 서산(西山)대사라는 이름으로 더 친숙한 조선시대를 대표하는 고승이다. 그는 『선가귀감(禪家龜鑑)』, 『심법요초(心法要抄)』, 「선교석(禪敎釋)」 등의 저작과 글을 통해 선(禪)과 교(敎)를 함께 연마하면서도 최종적으로는 간화선(看話禪)을 닦는 단계적 수행방안을 제시하였다. 또 선과 교는 물론 염불까지도 넣은 포괄적인 삼문(三門) 수행체계를 세웠다. 휴정은 16세기 중반에 약 15년간 재개된 선교양종(禪敎兩宗)의 판사(判事)를 역임하였고 1592년에 발발한 임진왜란 때는 팔도도총섭(八道都摠攝)으로 제수되어 의승군을 이끌며 충의의 공적을 쌓았다. 이뿐 아니라 수많은 제자들을 양성하여 불교가 중흥하는 기반을 닦았다. 그의 법맥을 이은 청허계(淸虛系)에서는 편양파(鞭羊派), 사명파(四溟派), 소요파(逍遙派) 등 다수의 문파를 배출하여 불교계를 주도하였다.

이러한 휴정의 높은 위상을 반영하여 일찍부터 그의 삶과 선사상이 주목되었다. 최초의 한국불교사인 권상로의 『조선불교약사』(1917), 통사이자 방대한 자료집의 성격을 갖는 이능화의 『조선불교통사』(1918)에서 조선시대 불교를 되살린 휴정의 역할과 임제종 법맥 계승을 강조하며 그의 사상적 특성으로 선과 교의 포섭을 들었다.[1] 이후 김영수의 『조선불교사고』(1939)에서도 임진왜란 때의 승군 활동과 임제법통에 주목하였다.[2] 권상로는 『조선불교사개설』(1939)에서 휴정에서 비롯된 선·교·염불의 겸수가 조선시대 불교의 특징이라고 보았다.[3] 휴정의 수행과 사상 등에 대한 연구는 이후에도 많이 쌓여져 왔다.[4] 휴정뿐 아니라 그의 문도와 청허계의 선 수행과 사상을 다루거나, 그에 연원을 두고 있는 간화선 우위의 수행방식, 선교겸수와 삼문수업의 회통적 성격 등에 주목한 논문들도 나왔다.[5] 또 조선후기 불교는 사상의 측면에서 고려후기 보조 지눌의 영향을 크게 받았고 법계는 임제법맥을 중시한 이중구조였다는 주장이 제기되어 이후 연구에 많은 영향을 주었다.[6]

승려로서는 특이한 경력인 승장(僧將) 활동 때문인지 일본인 학자들도 휴정에 대해 일찍부터 관심을 나타냈다. 거슬러 올라가면 1910년 초에 도쿄제대 출신의 저명한 불교사학자 도키와 다이조(常盤大定)가 그에 대한 논문을 발표한 바 있다.[7] 그리고 경성제대 교수 다카하시 도루의 『이조불교』(1929), 중국 선종 연구자인 누카리야 가이텐의 『조선선교사』(1930)에서도 조선시대 불교를 대표하는 고승으로 휴정을 집중 조명하였다.[8] 누카리야는 앞서 1911년에 휴정의 주저 『선가귀감』을 일본어로 번역 출판하기도 하였다.[9] 그 배경을 살펴보면, 『선가귀감』은 일본에서 1630년대와 1670년대에 5번이나 간행되었고, 17세기 말에는 이 책의 선종 5가 부분에 대해 코린 젠이(虎林全威)가 주석을 붙인 『선가귀감오가변(禪家龜鑑五家辯)』이 나왔을 정도로 에도시대부터 중시되었다.

청허 휴정의 전등 계보는 그의 입적 후에 정립된 임제태고법통(臨濟太古法統)에 의해 이해되었다. 하지만 휴정 당시에는 고려 말의 태고 보우로부터 휴정까지 이어진 법통에 대한 인식이 등장하지 않는다. 다만 휴정은 『삼로행적(三老行蹟)』에서 조사 벽송 지엄(碧松智嚴: 1464-1534)의 법맥이 부용 영관(芙蓉靈觀)과 경성 일선(敬聖一禪)을 거쳐 자신에게 전해졌다고 밝

휴정

혔다. 『삼로행적』은 이러한 사승 관계를 널리 알리기 위해 휴정이 직접 이들의 행장을 쓴 것이다. 휴정은 지리산 지역에서 활동한 벽송 지엄과 부용 영관[전법사: 부]의 법을 이었고, 묘향산을 근거지로 한 경성 일선[수계사: 숙부]도 스승으로 모셨는데 만년에는 묘향산 보현사(普賢寺)에 머물다가 입적하였다.[10] 따라서 이들 세 고승에 대한 계승의식을 분명히 가졌는데, 그는 자신의 조사와 스승, 그리고 그들의 선풍에 대해 다음과 같이 정리하였다.

> 휴정의 조사인 벽송 지엄은 "연희(衍熙)교사(敎師)로부터 원돈(圓頓)의 교의를, 정심(正心)선사(禪師)로부터 서쪽에서 온 밀지(密旨)를 배우고 깨쳤다."는 기록에서처럼 선과 교를 겸학하였다. 또한 지엄은 간화선을 주창한 송대의 대혜 종고(大慧宗杲)와 원의 임제종 선승 고봉 원묘(高峰原妙)의 선풍을 이었다고 하는데, 휴정은 이에 대해 "대사가 해외의 사람으로서 500년 전의 종파를 비밀히 이었으니 이는 정·주(程朱)의 무리가 천 년 뒤에 나와서 멀리 공자(孔子)와 맹자(孟子)의 계통을 이은 것과 같다. 유교나 불교나 도를 전하는 데 있어서는 마찬가지이다."라고 평가하였다.[11]

실제로 지엄은 『대혜어록(大慧語錄)』을 보고 의심을 깨뜨리고 고봉 원묘의 책을 통해 지해(知解)를 떨쳐내었다. 구체적으로는 『대혜어록』에 나오는 '구자무불성화(狗子無佛性話)'와 『고봉선요(高峰禪要)』에 소개된 '양재타방(颺在他方)' 구절에서 깨우침을 얻었다고 한다.[12] 지엄은 원돈(圓頓)의 교학도 학습하였는데, "도를 배우려면 먼저 성경(聖經: 교)을 궁구해야 하지만 경전은 오직 내 마음속에 있다."고 하여 교학을 연찬한 후 조사선(祖師禪)의 경절문(徑截門)으로 들어가야 한다고 강조하였다.[13] 또한 이 두 선서(禪書)와 함께 종밀(宗密)의 『선원제전집도서(禪源諸詮集都序)』, 종밀의 책을 지눌이 요약하여 주석을 붙인 『법집별행록절요병입사기(法集別行錄節要幷入私記)』를 가지고 제자들을 가르쳤다. 이들 책은 조선후기 승려 교육과정의 기본교과인 사집과(四集科) 교재로 채택되었다. 즉 선과 교를 겸수하는 한편 간화선풍을 선양한 지엄의 수행 기풍이 승려 교육체계에도 들어간 것이다.

지엄의 법은 부용 영관(1485-1571)에게 이어졌는데, 영관은 처음에 신총(信聰)법사에게 교학을 탐구한 후 참선 수행에 전념하여 지엄으로부터 인가를 받았다. 영관 또한 교를 배우고 나서 공안(公案)을 참구하며 깨달음을 추구한 것이다. 그는 유교 경서인 『중용(中庸)』과 노·장(老莊), 천문과 의술에도 뛰어나서 당시 많은 유생(儒生)들이 배우러 왔다. 이에 대해 휴정은 "호남과 영남에서 유불도 3교에 통달한 속인들이 대사의 교화를 받았다."고 평할 정도였다.[14] 영관의 동문인 경성 일선(1488-1568)도 지엄에게 활구(活句)를 익히고 경절문 참구에 전념하였으며, 평상이 부러질 정도로 많은 석덕고사(碩德高士)들이 그에게 몰려들었다 하여 해동(海東)의 '절상회(折床會)'로 불렀다고 한다.[15]

청허 휴정은 평양(平壤) 지역의 향관(鄕官)을 지낸 최세창(崔世昌)의 아들로 태어났다. 어릴 때 부모를 여의고 지방관의 도움으로 성균관(成均館)에 들어갔다. 지리산에 유람을 갔다가 지엄의 제자인 숭인(崇仁)을 만나서 과거시험 준비를 그만두고 출가를 결심하여 숭인을 양육사(養育師), 영관을 전법사(傳法師)로 모셨다. 1550년 선교양종이 복립된 후 1552년에 재개된 승과에 합격하였고 1555년에는 선종과 교종의 판사를 겸임하였다.[16] 최고위 승직을 지낸 휴정은 교단 내에서 확고한 위상을 가지게 되었고 사회적으로도 명성을 떨치면서 이황(李滉), 기대승(奇大升), 조식(曺植) 등의 명유들과도 교류하였다.[17] 그는 1566년 양종이 혁파되고 제도적인 승정체제가 다시 종식된 뒤에도 선과 교로 분열되어 있던 교단의 통합을 추구하였다. 그렇기에 간화선 수행을 중시하면서도 선과 교를 함께 닦는 방식으로 수행체계를 정비한 것이다.

간화선은 고려후기 보조 지눌(普照知訥: 1158-1210) 당시에 이미 들어왔지만, 13세기 후반 원의 임제종 법맥과 간화선풍이 고려에 본격적으로 수용되면서 크게 유행하였다. 이후 간화선은 선종을 대표하는 수행방식으로 자리를 잡았다. 이에 비해 교학의 주류는 역시 화엄이었다. 조선 초까지 조계종(曹溪宗)과 화엄종(華嚴宗)은 선종과 교종의 대표주자였고 세종대에는 여러 종파들이 선종과 교종의 양종으로 통합되었다. 그런데 16세기 초인 중종대에 공식적인 승정체제가 폐지되면서 교종 세력은 더 큰 타격을 입은 것으로 보인다. 16세기 중반 명종대에 선교양종이 일시 재건되었을 때도 교종 출신 승려들의 활동은 거의 두드러지지 않는다.[18] 그럼에도 이 시기까지 교종의 명맥을 잇는 승려들이 없지는 않았고 휴정 당시에도 선과 교의 갈등 상황은 계속 불거졌다. 1579년 휴정의 『선가귀감』을 간행하기 위해 제자 사명 유정이 쓴 발문에서도 그러한 정황을 엿볼 수 있다.[19]

> 200년간 법이 쇠퇴하여 선과 교의 무리가 각각 다른 견해를 내게 되었다. 교는 5교의 위에 바로 마음을 가리켜 깨우침이 있음을 모르고 선에서는 돈오(頓悟)한 후에 발심 수행하는 것을 몰라서 선과 교가 뒤섞이고 옥석이 구별되지 못한다.

이는 당시 교단의 실태에 대해 선종과 교종에 뿌리를 둔 승려들이 선과 교의 요체를 제대로 알지 못하면서 상대를 비난하고 갈등을 증폭시켰다고 비판하는 내용이다. 휴정 또한 『심법요초』에서 교학자와 선승의 병폐를 각각 지적하면서, 일찍이 종밀이 주장한 것처럼 "교는 부처의 말씀이고 선은 부처의 마음이므로 양자의 근원은 다르지 않다."고 하여 전통적인 선교일치론을 내세웠다.[20] 또한 「선교결(禪敎訣)」에서는 선과 교의 차이점을 언급하면서도 법의 관점에서는 양자가 동일하다는 점을 거듭 강조하였다.[21] 수행 기풍과 교학 연구가 침체되고 선과 교가 서로 대립하고 있던 현실 상황을 극복하기 위해 휴정은 선과 교의 전통을 모두 잇고 선양하려 한 것이다.

부용 영관

이처럼 휴정은 선교일치의 대의와 선교겸수의 필요성에 공감하였다. 하지만 그가 선승으로서 선을 교보다 우위에 둔 것은 분명한 사실이다. 『심법요초』에서는 "선과 교는 일념(一念)에서 나왔지만 인식작용인 심의식(心意識)이 미치는 곳, 즉 생각하고 헤아리는 사량(思量)에 속한 것이 교이고 심의식이 미치지 않고 참구(參究)에 속한 것이 선"이라고 하였고, 또 "조사가 제시한 것이 모두 이 일구(一句)인데, 8만 4천의 법문을 본래부터 갖추고 있어 원래부터 일시(一時)이고 전후가 없는 것이 선이다. 이에 비해 사사무애(事事無碍)의 법문을 모두 충족하지만 수증(修證)이 있고 계급, 차례, 선후가 있는 것이 교이다."라고 하여 선과 교 사이의 차등은 인정하였다.[22] 다시 말해 그가 선택한 수행방안은 '간화선 우위의 선교겸수'였다.

그런데 휴정이 제기한 선교겸수와 간화선의 선양이라는 수행방향은 그만의 독창적 방식은 아니었다. 위로는 고려후기의 보조 지눌에까지 그 연원이 올라가는데, 지눌은 종밀(宗密)이 주창한 선교일치론의 영향을 받아 돈오점수(頓悟漸修), 그리고 선과 교를 병행하는 정혜쌍수(定慧雙修)를 행하였다. 또한 이통현(李通玄)의 화엄교학을 수용해 실천적 성격이 강한 교학관을 피력하였다. 그는 「정혜결사문(定慧結社文)」에서 종밀과 법안종(法眼宗) 영명 연수(永明延壽)의 선교일치론에 토대를 둔 선교겸수를 지향하였고, 『원돈성불론(圓頓成佛論)』에서는 화엄교학에 입각해 선교겸수의 이론적 체계를 세웠다. 나아가 말년의 『간화결의론(看話決疑論)』에서는 교외별전(教外別傳)의 선종 입장에서 간화선을 궁극적 수행방식으로 내세웠다.[23] 그의 수행방식을 체계화한 것이 바로 '성적등지문(惺寂等持門), 원돈신해문(圓頓信解門), 간화경절문(看話徑截門)'의 삼문으로서 교를 입문으로 삼아 선교겸수를 용인하고 마지막에는 간화선을 선양한 것이었다.

고려 말에는 원나라에서 유입된 임제종 간화선풍이 유행하였고, 몽산 덕이(蒙山德異)나 고봉 원묘(高峯原妙) 등 원의 임제종 승려의 간화선풍이 큰 영향을 미쳤다. 지눌이 인정한 간화선과 이때의 간화선풍은 시대의 차이만큼이나 기풍이나 강조점이 다를 수밖에 없었다.[24] 특히 원의 간화선풍은 깨달음과 법의 전수에서 스승으로부터의 인가가 절대적 요건이 되었고, '대신근(大信根), 대분지(大憤志), 대의정(大疑情)'의 삼요(三要)를 중시하고 의심(疑心)을 강조하는 특징을 지녔다. 휴정도 『선가귀감』에서 삼구(三句) 등을 설명할 때 덕이나 원묘의 책을 인용하였다.[25] 그렇기에 휴정의 간화선 수행 기풍 또한 지눌과 내용상 차이가 있을 수 있다. 하지만 선교겸수와 간화선 고양이라는 큰 틀에서 지눌의 수행체계가 영향을 미친 것은 분명하다. 휴정이 활동하던 16세기에 유통된 불서의 면면에서도 지눌의 사상적 유풍이 확인되며,[26] 휴정의 『선가귀감』에 인용된 책들에서도 선교겸수와 간화선을 기조로 하는 보조유풍의 자취가 보인다.

휴정이 제시한 간화선 우위의 선교겸수 방안은 그의 제자들에게 계승되어 수행체계로 정립되었다. 제자인 제월 경헌(霽月敬軒: 1544-1633)은 가르칠 때 "지견(知見)을 분별하여 토대를 쌓게 하고, 지해(知解)의 병을 타파한 후 6개의 법어로 참구의 요절을 삼았다."고 한다.[27] 이는 휴정과 조사 지엄이 강조한 선교겸수와 간화선 참구의 수행방식을 계승한 지도법이었다. 물론 휴정이 간화선을 최고의 수행법으로 인정하고 선양했음은 분명하다. 그는 사명 유정(四溟惟政: 1544-1610)에게 법을 전하면서 "지금 그대가 팔방의 승려들을 대함에 있어 직접 본분사인 경절문 활구로 스스로 깨우쳐 얻게 함이 종사로서 모범이 되는 것이다. 정맥을 택하고 종안을 분명히 하여 부처와 조사의 은혜를 저버리지 말라."고 당부한 바 있다.[28]

그런데 당시 불교계의 상황은 공식 종파는 없어졌지만 선과 교의 오랜 전통은 모두 이어가야 했다. 그러한 시대상황에서 간화선 우위의 수행방안을 비판하는 목소리도 나왔다. 휴정의 제자이자 이력과정의 체계를 글로 처음 제시한 영월 청학(詠月淸學: 1570-1654)은 교학의 언어나 문자 이해보다 간화선 참구를 무엇보다 중시해야 한다는 주장에 대해 다음과 같이 답하였다. 그는 "멀고 높은 것은 가깝고 낮은 것에서 시작해야 하며 물고기를 잡으려면 통발이 없이는 할 수 없다. 마음을 밝히는 데 교를 버리면 어디에 근거할 것인가? 옛사람의 일언반구(一言半句)조차도 성불의 바른 길이 아닌 것이 없다. 리(理)는 사(事)를 통해 드러나므로 교화에 방편이 있는 것은 성인(聖人)의 상규이다. 하지만 수행에 취하고 버리는 것이 있는 것은 학자의 큰 병이다."라고 하였다.[29] 이는 간화선의 우월성을 강조하며 교를 도외시하는 것이 문제임을 지적하며, 교학을 입문으로 한 선교겸수의 단계적 방안이 더 효율적이고 타당하다고 본 것이다.

이처럼 간화선 우위와 선교겸수의 복합적 지향은 공존 가능하면서도 상충될 소지가 있는 애매한 문제이기도 했다. 휴정의 수행체계를 계승·정립한 것으로 평가되는 편양 언기(鞭羊彥機: 1581-1644)는 "선문에서는 최하근자를 위해 교학을 빌려 종(宗)을 밝혔으니 이른바 성상공(性相空)의 3종이다. 이로(理路) 어로(語路)와 문해(聞解) 사상(思想)이 있기에 원돈문(圓頓門)의 사구(死句)가 되니 이는 격외선(格外禪)이 아닌 의리선(義理禪)이다."

라고 하여 교(원돈문)를 포함한 의리선이 격외의 조사선보다 낮은 단계임을 분명히 했다. 하지만 그러면서도 "격외선과 의리선은 정해진 뜻이 없고 오직 사람의 근기에 따라 다른 것이다."라고 하여 근원적인 법의 동일성과 사람의 근기에 따른 현실적 구분이 공존 가능함을 인정했다.[30]

한편 휴정이 선과 교가 다르지 않다는 선교일치를 전제로 포괄적 수행 기풍을 제시한 데 대해, 신라 원효(元曉)에서 시작하여 고려의 의천(義天)과 지눌 등을 거쳐 이어져온 선과 교의 통합적 전개가 완성되었다는 평가가 일찍부터 나왔다.[31] 이것이 합당한 평가인지는 따져보아야 하겠지만, 휴정이 제시한 간화선 우위의 선교겸수 방식은 조선후기 불교계가 전통을 종합적으로 계승해갈 수 있는 사상적 토대가 되었다. 휴정에 의해 간화선 우위의 선교겸수 방안이 제기된 이래, 승려 교육과정인 이력과정에서 볼 수 있듯이 교학을 선과 병행하여 배우는 것이 하나의 관행으로 굳어졌다. 휴정 당시에도 그랬지만 조선후기 불교계는 선과 교의 전통을 함께 이어가야 했고, 이는 많은 사례에서 확인된다. 휴정의 동문이자 부휴계의 조사인 부휴 선수의 손제자 백곡 처능(白谷處能: 1619-1660)은 선과 교에 대해 다음과 같이 설명하면서 양자의 대립을 해소하고자 하였다.

> 법이 동쪽으로 전해진 이래 선과 교가 병행하여 선은 마음으로 전해지고 교는 언설로 홍포되면서 불도가 성행하였다. 그런데 유파를 달리하고 선과 교에서 문을 나누면서 선은 돈(頓)과 점(漸)에서 다르게 되고 교는 성(性)과 상(相)으로 구분되었다. 성과 상의 무리는 공(空)과 유(有)에 각기 집착하고 돈과 점의 무리는 리(理)와 사(事)를 분별하기 어려워 법에 모순이 되고 스스로 오류가 많았다. 각기 전문분야에 빠져서 서로 다투고 비방하여 자신뿐 아니라 남을 오인함이 많았다. 선과 교의 이치는 다르면서도 다르지 않은데

지눌

선은 도를 전하고 교는 이치를 펴는 것이다. 선은 마음으로 말없이 교설의 근원을 깨닫는 것이고 교는 말을 빌려 말 없는 이치를 설명한 것이다. 비록 근기의 우열에 따라 선과 교의 차이는 있지만 선은 마음을 전하고 교는 언설로 표명한 것이니 근원에서는 같다. 대장경이 모두 선의 종지이며 교와 선이 별도로 있는 것이 아니다.[32]

이는 선승 출신으로 화엄종의 5조가 된 당나라 종밀(宗密) 이래의 선교일치론을 재차 확인한 것으로 선과 교의 근원이 같고 방편에서 나뉠 뿐이라는 요지이다. 종밀은 『도서(都序)』에서 "경전은 부처의 말씀[어(語)]이고 선은 부처의 뜻[의(意)]이다."라고 전제한 후, "마음을 닦는 이들[선]은 경론을 별종(別宗)이라 하고 강설하는 이들[교]은 선문을 별법(別法)이라고 한다. 인과(因果)와 수증(修證)을 논하는 것은 교가에 속하는데 수증이 바로 선문의 본분사임을 알지 못하고, 교설이 바로 마음이고 부처인 것은 선문에 속하는데 마음과 부처가 바로 경론의 본뜻임을 알지 못한다."라고 설한 바 있다.[33] 그런데 종밀 또한 "지금의 선승은 뜻을 알지 못하면서 오직 마음을 선이라 부르고 교학자는 법을 알지 못하면서 언어를 가지고 뜻만 설하며 집착하니 서로 회통하기 어렵다."고 진단하였다.[34] 이처럼 선과 교로 나뉘어 각자의 주장만을 펼치며 서로를 비판하던 상황은 조선도 크게 다르지 않았다.

『선가귀감』의 간행과 '사교입선'

청허 휴정은 문집인 『청허당집』과 함께 『선가귀감』, 『심법요초』, 「선교결」, 「선교석」 등의 글을 통해 선교겸수를 인정하는 한편으로 간화선을 궁극적 수행방안으로 제시하였다. 이 중에서 휴정의 주저인 『선가귀감』은 간화선 수행법, 선종 5가의 선풍과 임제종의 종지, 선교겸수의 지향,

염불과 계율, 진언다라니 문제 등을 다루었고 지해(知解)를 타파하는 것이 선 수행의 요체임을 강조한 책이다. 휴정은 이 책에서 유불도 삼교의 근원인 심(心)을 내세워 부처가 마음을 전한 것이 선이고 이를 말로 나타낸 것이 교라고 정의하였다. 선에 대해서는 하나의 화두(話頭)를 의심하고 참구하는 간화선 수행법을 제시하였고, 임제종(臨濟宗), 조동종(曹洞宗), 운문종(雲門宗), 위앙종(潙仰宗), 법안종(法眼宗)의 선종 5가 가운데 임제종의 우월함을 강조하였다. 또 교는 인천교(人天敎), 소승교(小乘敎), 대승교(大乘敎), 돈교(頓敎), 원교(圓敎)로 구분하였다.[35]

여기에는 승려 교육과정의 사집과(四集科)에 들어간 종밀(宗密)의 『도서(都序)』, 지눌(知訥)의 『절요(節要)』, 고봉 원묘(高峰原妙)의 『선요(禪要)』를 비롯하여, 여말선초 간화선 수행법에 큰 영향을 미친 몽산 덕이(蒙山德異)의 『어록(語錄)』, 그리고 고려후기 진각 혜심(眞覺慧諶)의 『선문염송(禪門拈頌)』과 천책(天頙)의 찬으로 알려진 『선문보장록(禪門寶藏錄)』, 선종 5가 선풍의 요체를 담은 송대 지소(智昭)의 『인천안목(人天眼目)』 등 선 관련 불서들이 다수 인용되었다.[36] 이들 인용서의 내역에서 간화선풍을 중시하면서 선교겸수의 방향을 용인한 휴정의 선교관을 엿볼 수 있다.

『선가귀감』은 1564년에 저술되었고 1579년에 한문본이 신흥사(新興寺)에서 출간되었다. 그런데 그보다 10년이나 앞선 1569년에 보현사(普賢寺)에서 언해본의 판각이 이루어졌다. 휴정의 제자 금화도인(金華道人) 의천(義天)[37]이 언해하고 휴정의 동문 부휴 선수(浮休善修)가 교정을 보았는데, 한문본은 이를 간추려낸 것이었다. 세조대 간경도감의 불서 언해 전통을 감안하면, 이때의 언해본 간행이 특별한 일이 아닐지도 모른다. 하지만 휴정이 선에 대한 요체를 집약해놓은 이 책이 한문본이 아닌 한글본으로 먼저 나왔다는 점, 그리고 율곡(栗谷) 이이(李珥)가 선조의 명으로 『논어』, 『맹자』, 『대학』, 『중용』의 사서를 언해한 1576년(선조 9)보다 앞서서 불교 측의 언해서가 출간된 것이어서 주목된다. 『선가귀감』은 이후 여러 차례 판각되었는데,[38] 빈번한 간행과 한글본의 보급에서 조선 후기 불교에 미친 휴정의 영향력과 위상을 확인할 수 있다.

한편 『선가귀감』은 조선뿐 아니라 일본에서도 간행, 유통되었다. 에도시대인 1630년대와 1670년대에 모두 5차례나 간행되었고, 이 중 최초 간행본인 1635년판은 휴정의 수제자 사명 유정(四溟惟政: 1544-1610)의 발문이 들어 있는 1579년 신흥사 초간본을 저본으로 하였다. 17세기 말에는 이 책의 선종 5가 부분에 대해 임제종 승려 코린 젠이가 주석을 붙인 『선가귀감오가변』이 저술되었고, 저자 및 연대 미상의 주석서 『선가귀감고(禪家龜鑑考)』도 필사본으로 전하고 있다. 『선가귀감』은 1909년 『만속장경(卍續藏經)』에도 수록되었고, 승려 출신 선종 연구자인 누카리야 가이텐(忽滑谷快天)이 일본어로 번역한 『선가귀감강화(禪家龜鑑講話)』(1911)가 나오기도 했다.[39]

휴정 연구의 선구자인 우정상은 『선가귀감』의 일본 전래에 대해 임진왜란 때 종군한 쓰시마의 겐소(玄蘇)의 제자 기하쿠 겐포(規伯玄方)가 1622년, 1629년 조선에 사신으로 왔을 때 가지고 갔을 것으로 추정하였다.[40] 우정상은 1941년부터 1945년까지 일본 임제종 종립대학인 교토의 임제대학, 현재의 하나조노(花園)대학에서 공부하였는데 당시 강의 교재로 『선가귀감』이 쓰이는 것을 보고 자극을 받아서 휴정 연구를 시작하였다고 한다.[41] 최근 오가와 히로카즈(小河寬和)도 기본적으로 겐포 전래설을 수용하면서 종래의 사명 유정 전래설에 대한 몇 가지 가능성을 검토하였다. 오가와는 에도시대에 『선가귀감』이 관심을 끈 것은 '삼처전심(三處傳心)'이라고 하는 조선의 독특한 전법인식, 그리고 임제종 정통주의에 대한 소개의 필요성 때문으로 보았다.[42] 삼처전심은 부처가 가섭(迦葉)에게 이심전심(以心傳心)의 선을 세 곳에서 전했다는 내용으로 '다자탑전분반좌(多子塔前分半座), 영산회상거염화(靈山會上擧拈花), 사라쌍수곽시쌍부(沙羅雙樹槨示雙趺)'를 통칭하는 말이다. 이 중 염화미소는 남송의 무문 혜개(無門 慧

開)가 지은 『무문관(無門關)』 등에 나오는 유명한 용어이지만 다른 두 개는 조선에서 중시된 특유한 선종 전법인식이었다.

오가와에 의하면 에도시대에는 각 불교 종파 사이의 세력 분쟁이 있었고 명에서 온 임제종 선승으로 황벽종(黃檗宗)을 개창한 인겐 류키(隱元隆紀)의 권위를 인정할지 여부를 둘러싼 논쟁이 있었다고 한다. 일본에서는 선종 가운데 조동종(曹洞宗)의 세력이 가장 컸고 그에 비해 임제종은 약세였기 때문에 이러한 배경에서 선종 5가 가운데 임제종의 우위를 내세운 『선가귀감』이 주목받고 주석서인 『선가귀감오가변』까지 나오게 되었다는 것이다. 『오가변』에서는 『선가귀감』을 근거로 하여 중국에서 임제종 중심주의를 확립하기 위해 만들어진 천왕도오(天王 道悟)설을 채택하였다. 이는 조동종, 운문종, 법안종을 낳은 석두 희천(石頭 希遷)의 제자 천황 도오(天皇 道悟)와는 별개로 임제종 마조 도일(馬祖 道一)의 제자로 천왕 도오를 가탁해 넣어 이를 통해 선종 5가의 법맥을 모두 임제종에 귀속시킨 것이다. 또한 『선가귀감』과 마찬가지로 『인천안목』을 주로 인용하여 삼구(三句), 삼요(三要), 삼현(三玄)과 같은 임제의 핵심 개념에 대해 자세히 설명하였다.[43]

앞에서 언급한 삼처전심도 그렇지만 부처가 선을 진귀조사(眞歸祖師)로부터 전해 받았다는 진귀조사설도 선법 전승과 관련된 한국만의 고유한 불교사 인식이다. 고려 말인 1293년 천책이 지었다는 『선문보장록』에는 『해동칠대록(海東七代錄)』을 전거로 하여 9세기 통일신라의 선승 범일(梵日)이 이를 언급한 내용이 나온다. 즉 "진귀조사가 설산에 있을 때 석가에게 조사의 심인을 전지하게 하였다."는 달마(達磨)의 게송을 인용하고 있다.[44] 휴정도 「선교석」에서 "세존이 설산에 6년간 있으면서 도를 깨닫고 이 법이 궁극적인 것임을 알았지만 이후 특별히 진귀조사를 찾아가서 처음으로 현미하고 궁극적인 뜻을 전해 얻었다. 이것이 바로 교외별전의 근원이다."라고 기술하였다.[45]

일찍이 누카리야는 『조선선교사』(1930)에서 19세기 선 논쟁에서도 자주 언급된 진귀조사설에 대해 경전의 근거를 전혀 찾을 수 없는 가설이라고 비판하였다. 또한 선 논쟁에서 중점적으로 다루어진 삼처전심설도 위경에 근거한 후대의 조작이며 망설이라고 폄하하였다.[46] 그는 일본 조동종 승려 출신으로 자신의 종파적 입장에서 임제종과 간화선 위주의 한국 선종 전통에 대해 기본적으로 부정적인 입장을 취하였다. 최근의 연구에서는 삼처전심을 교로부터 선의 독립과 우월성을 주장하는 정체성 인식의 문제로 보고, 세 일화가 중국에서 만들어진 것이지만 이를 합성한 삼처전심이라는 용어는 한국의 선 문헌에 처음 보인다는 사실이 밝혀졌다. 또 백파 긍선(白坡亘璇)의 경우 삼처전심에 대한 위계적 해석을 통해 임제종 우위의 선종 판석을 정당화하려 했다고 보았다.[47]

다시 『선가귀감』으로 돌아와 이 책의 핵심 내용이 무엇인지를 살펴보자. 휴정의 수행 및 선교관은 『선가귀감』에 나오는 '방하교의(放下教義) 참상선지(參詳禪旨)'라는 말에 집약되어 있다. 휴정은 "먼저 진실된 가르침에 의해 불변(不變)과 수연(隨緣)의 두 뜻이 곧 마음의 성상(性相)이고 돈오(頓悟)와 점수(漸修)의 두 문이 수행의 처음과 끝임을 판별한 후에 교의 뜻을 내려놓고[방하교의] 오로지 마음에 드러난 한 생각으로 선의 요지를 참구[참상선지]하면 반드시 얻는 바가 있다. 이것이 이른바 출신활로(出身活路)이다."라고 설명하였다.[48] 이는 입문으로서 교학의 필요성을 인정하는 한편 일정한 단계가 되면 알음알이[지해(知解)]에 얽매이지 말고 간화선의 화두 참구로 나아가야 한다는 취지로, 선과 교를 아우르는 단계적 수행 방안을 제시한 것이다.

여기서 '방하교의'는 개념과 언어적 의미에 계속 얽매이고 천착하여 지해의 병에 빠지는 것을 경계한 것이지, 교를 전혀 필요가 없다고 팽개치고 선만 추구하라는 뜻은 아니다. 휴정은 선이 교보다 우위임을 분명히 인정했고 수행에서도 선이 주가 되어야 한다고 보았지만, 선과 교의 근원적 일치를 부정하지 않았고 심법의 체득을 위한 교학의 올바른 이해와 수증을 강조했다. 그동안 휴정의 이러한 선교관을 압축한 용어로 '사교입선(捨敎入禪)'이 일반적으로 쓰여왔다. 해방 후에 나온 우정상의 선구적인 연구에서는 휴정이 선과 교가 다르지 않다는 선교관을 확립하여 선과 교를 통일하고 후대에 서산종(西山宗)이라 할 정도로 교단을 단일화시켜 불교사의 한 획을 그었다고 평가하였다. 그는 교를 수행법의 중요한 과정으로 먼저 배운 뒤에 선을 연마하는 것이 '사교입선'이라고 보았다.[49]

이후 휴정 관련 연구나 한국불교사 개설에서 이 사교입선이라는 용어가 애용되어왔는데, 대체로 선을 우위에 두면서도 교학의 필요성을 부정하지 않는 '선주교종'의 선교겸수론으로 파악하였다.[50] 이처럼 학계에서는 문자 그대로 '교를 버리라'는 데 방점을 찍어서 사교입선을 잘못 이해하거나 곡해하는 경우는 거의 없었다. 그런데 문제는 휴정이 『선가귀감』이나 다른 저술에서 사교입선을 직접 언급한 적이 없으며, 또 중국이나 한국의 불교전적에서 사교입선이라는 용어가 거의 보이지 않는다는 점이다.

다만 조선의 19세기 자료에 몇 건 나올 뿐인데, 해붕 전령(海鵬展翎)의 『해붕집(海鵬集)』, 그리고 범해 각안(梵海覺岸)의 『동사열전(東師列傳)』(1894)에 권4 「대은선백전(大隱禪伯傳)」을 포함해 모두 5개의 사례가 나온다.[51] 이들은 대개 선, 교, 염불의 삼문수업 체계에서 교학을 연마하다가 선에 매진한다는 의미에서 사교입선을 쓴 것이지, 교학 자체가 처음부터 불필요하다는 맥락에서 나온 것은 아니다. 한편 백파 긍선의 『수선결사문과석(修禪結社文科釋)』에도 사교입선이 나오고, 그의 문손 설두 봉기(雪竇奉琪)의 『산사약초(山史略抄)』에서는 사교입선을 옷을 갈아입는 갱의(更衣)에 비유하고 있다. 긍선은 40대 이후 교학 공부를 그만두고 선 수행에 전념한 전형적 선승이었기에, 교에서 선으로의 전향에 큰 의미를 둔 것이었다.

2. 임제법통의 표방과 계승, 그 불교사적 의미

조선 불교의 정체성 법통을 세우다

서울의 동북쪽에 위치한 도봉산에는 중종대에 활동했던 성리학적 명분론자 조광조(趙光祖: 1482-1519)의 위패를 모시고 제사를 지내는 도봉서원(道峯書院)[52]이 있었다. 2017년부터 도봉서원 복원을 위한 발굴조사가 시작되었는데, 도봉서원의 터는 원래 영국사(寧國寺)라는 사찰이 있던 곳이다. 조사 결과 『법화경』 석경과 석각 천자문, 청동 의례 기물 등 중요한 유물이 발굴되었다. 그런데 무엇보다 큰 뜻밖의 수확은 〈혜거국사비(慧炬國師碑)〉 조각의 발견이었다. 이는 원래 비석의 상단 우측 부분에 해당하는데, 35행에 걸쳐 총 360여 개의 글자가 새겨져 있다. 이우(李俁: 1637-1693)의 『대동금석서(大東金石書)』(1668년)에 수록된 8행 88자의 탁본 내용도 그 안에 들어 있지만, 그에 비해 4배나 많은 분량이어서 새로운 사실들을 많이 알 수 있게 되었다.[53]

혜거국사는 고려 초에 활동한 인물인데, 당시 국사까지 오른 혜거는 2명이 있다. 이 두 승려의 한자명은 '惠居'와 '慧炬'로 다르지만 한국어 발음은 같은 '혜거'이다. 먼저 앞의 혜거(惠居)는 947년(고려 정종 2)에 왕사가 되고 968년(고려 광종 19)에 국사에 올랐다고 알려져 있지만 그에 대한 비문이 후대에 만들어졌고 내용 또한 믿기 어려운 부분이 적지 않다.[54] 특히 그가 국사에 책봉되었다는 968년은 다른 혜거(慧炬)가 국사가 된 해로서, 훗날 그에 가탁하여 연도를 썼거나 어떤 착오가 있었음이 분명하다. 이 점에서 비록 비석의 일부이기는 하지만 전해지지 않던 내용이 세상에 알려지면서, 그동안의 몇 가지 오해가 풀렸을 뿐 아니라 거의 잊힌 존재였던 혜거(慧炬)를 새롭게 주목하게 되는 계기가 되었다.

새로 발견된 비문에 의하면 혜거(慧炬: 900?-974)의 자(字)는 홍소(弘炤)이고, 도봉산 신정(神靖) 선사(禪師)의 문하에 들어가 배웠다. 신정의 계보는 신라 때의 선승 도윤(道允: 798-868)을 개산조로 하는 사자산문(獅子山門)에 속한다. 도윤은 중국 남종선(南宗禪)의 홍주종(洪州宗)을 일으킨 마조 도일(馬祖道一: 709-788)의 제자 남전 보원(南泉普願: 748-834)에게 직접 배워 온 유학승이었다. 혜거 또한 얼마 뒤에 중국으로 가서 선종 5가의 하나인 법안종(法眼宗)의 개조 법안 문익(法眼文益: 885-958)에게 수학하였다.[55] 이어 5가 중 운문종(雲門宗)을 일으킨 운문 문언(雲門文偃: ?-949)에게도 찾아갔다. 그런데 혜거의 비문에는 법안 문익의 조사인 현사 사비(玄沙師備: 835-908)의 가르침을 계승한다고 명시하고 있어, 혜거는 선과 교를 함께 익히는 법안종의 정수를 이은 것으로 볼 수 있다. 귀국 후에는 혜거의 명성이 널리 알려져 많은 승려들이 배우러 왔고, 또 국왕인 광종의 귀의와 신임을 받아 968년에 국사에 올랐다.[56] 얼마 후 혜거는 도봉산 영국사에서 입적하였고 이곳에 세워진 탑비의 일부가 최근에 다시 세상에 나와 빛을 본 것이다.

도봉산 영국사는 혜거가 창건하였고, 그의 위상 덕분에 영구히 이어져야 하는 3대 부동(不動)사원의 하나로 광종이 지정했을 정도로 높은 사격을 부여받았다. 이후 영국사의 변화와 실상은 알 수 없지만 조선 초에 다시 기록에 등장한다. 『조선왕조실록(朝鮮王朝實錄)』에는 1448년(세종 30)부터 영국사가 확인되는데 이 무렵에 절이 중창된 것으로 보인다. 1449년 4월에는 북한산 진관사(津寬寺)의 수륙재(水陸齋)를 영국사로 옮겨서 행하려는 시도가 있었다. 또 1457년(세조 3)에는 나라에 공을 세운 공신을 위한 관서인 충익부(忠翊府)에서 세조의 탄생일을 기념하는 축수재(祝壽齋)를 영국사에서 지냈다.[57] 최근 발굴조사에서 나온 기와에는 조선 초 영국사의 불사에 참여한 명단이 새겨져 있는데, 세종의 친형으로 승려가 된 효령대군(孝寧大君)이 대시주로 이름을 올리고 있다.[58] 이처럼 영국사

國師諱慧炬字弘炤俗姓盧
太祖神聖大王膺期撫運野
腥暨入覺大宋高麗國衆謂
經曠野見黑象伏地而喘氣
玄砂如赤水手採珠而滿掬
安遠旅樞衣而捧袂親入室
錦幡光動搖通照寰宇者禪
綸於煙言賀鳳儀命馹騎以

도봉서원, 혜거국사비(조각)와 탁본

는 조선 초에 서울 인근 왕실 관련 거점 사찰로서 중요한 역할을 하였다. 『신증동국여지승람(新增東國輿地勝覽)』(1530)에도 도봉산에 영국사가 있다고 나오는데, 다만 함께 실린 서거정(徐居正: 1420-1488)의 시에서 혜거의 비로 보이는 비석이 이미 부서진 상태였음을 알 수 있다.[59] 이후 1573년(선조 6)에는 영국사 자리에 도봉서원이 들어섰다.

이처럼 부침을 겪으면서 영국사와 창건주인 혜거국사는 세간의 관심에서 멀어져갔고, 최근 도봉서원의 발굴조사 때까지 역사의 기억 속에 묻힌 존재였다. 그런데 도봉산 혜거국사는 사실 17세기 초에 조선 선종의 법통을 내세운 기록의 첫머리에 등장한다. 다만 그가 누구인지 알 수 없었고 그렇기에 거의 주목되지 않았을 뿐이다. 임진왜란 당시 청허 휴정을 이어 전국의 승군을 이끈 사명 유정은 입적하면서 스승의 비석을 세우고 문집을 간행하라는 유훈을 남겼다. 이에 유정의 문도들은 1612년(광해군 4)에 휴정의 문집 『청허당집』의 서문을 허균(許筠: 1569-1618)에게 의뢰하였고, 휴정과 유정의 비문 작성도 부탁하였다. 유정과 친분이 깊었던 허균은 사대부이자 고위 관료였지만 당시로서는 드물게 대놓고 숭불 행위를 한 이였다. 그런데 그가 쓴 「청허당집서(淸虛堂集序)」(1612)에서는 조선 선종의 법통에 대해 다음과 같이 기술하고 있다.[60]

> 도봉 영소(道峯靈炤) 국사가 중국에 가서 (법안종의) 법안 문익(法眼文益)과 영명 연수(永明延壽)의 법을 전수받고, 송 건륭연간(960-963)에 귀국하여 선의 기풍을 크게 떨쳤다. 그리하여 동토(고려)의 승려들이 임제종과 조동종의 가풍을 이을 수 있게 되었으니 (국사가) 선종에 공을 세운 것이 매우 크다. 국사의 법맥은 도장 신범(道藏神範)-청량 도국(淸凉道國)-용문 천은(龍門天隱)-평산 숭신(平山崇信)-묘향 회해(妙香懷瀣)-현감 각조(玄鑑覺照)-두류 신수(頭流信修)의 7대를 거쳐 나옹 혜근(懶翁惠勤)으로 이어졌다. 나옹은 오랫동안 중국에 있

으면서 여러 고승들을 찾아다니며 선(禪)의 종지(宗旨)를 두루 통하여 선림(禪林)의 사표(師表)가 되었다. 그의 법은 남봉 수능(南峰修能)-정심 등계(正心登階)-벽송 지엄(碧松智嚴)-부용 영관(芙蓉靈觀)을 거쳐 청허 휴정(淸虛休靜)에게 전해졌으니, 청허에 와서 도봉과 나옹의 가르침이 더욱 널리 밝혀졌다.

여기서 조선 선종 법통의 조사로 제일 처음에 나오는 도봉 영소는 막연하게 혜거가 아닐까 추정은 되었지만 구체적 근거가 불명확했고, 그의 법을 이어받았다는 7명의 인물은 다른 사료에는 전혀 보이지 않는 이름이다. 따라서 이들이 누구이고 또 이 계보가 역사적 사실을 반영한 것인지조차 알 수 없었다. 또 허균이 제시한 이 법통설 자체가 얼마 지나지 않아 불교계의 공론에서 배제되었기 때문에, 그동안 학계에서 그다지 주목하지 않았고 논란의 대상이 되지 못했다.

그런데 도봉산 영국사의 비석 일부가 새로 발견됨에 따라 이 법통설의 주인공인 도봉 영소의 정체가 드디어 밝혀지게 되었다. 결론부터 말하면 도봉 영소는 바로 도봉산 영국사의 혜거(慧炬)국사였다. 도봉 영소에서 법호에 해당하는 도봉은 도봉산에서 따온 것이며, 법명으로 나오는 영소(靈炤)는 혜거의 자인 홍소(弘炤)의 홍(弘)이 영(靈: 약자는 영(灵))으로 잘못 전해진 것으로 보인다. 무엇보다 고려 초에 법안종 계통의 이름난 승려로서 도봉산과 관련이 있는 이는 이 혜거국사밖에 없다. 새로 발견된 영국사의 비문 내용은 이를 뒷받침해주는 결정적 자료로서, 허균의 법통설에 등장하는 도봉 영소를 400여 년 만에 되살려내는 계기가 되었다.

문제는 고려 초의 법안종 계통 선승인 혜거국사가 왜 조선시대에 갑자기 주목되었고, 그것도 17세기에 들어 처음 제기된 법통설의 제일 첫머리에 등장하는 것일까? 이는 앞의 「청허당집서」에 나오는 법안종, 임제종, 조동종, 그리고 도봉과 나옹의 가르침이라는 표현에서 그 답을 찾을 수 있다. 허균, 그리고 그에게 관련 정보를 제공한 유정의 문도들은 선종의 여러 가풍을 아우르는 고려시대의 포괄적 전통에서 조선 불교의 법통을 찾으려 한 것이다. 도봉 영소는 선과 교의 겸수를 특징으로 하는 법안종의 가르침을 전수한 인물로서 법통의 조사로 추대되었다. 하지만 그의 계보는 고려시대 선종의 주류가 아니었고 더욱이 조선시대까지 법맥을 연결시키기에는 무리가 있었다.

따라서 고려와 조선 사이의 연결고리 역할을 중국 임제종 법맥을 전수해온 나옹 혜근(懶翁惠勤: 1320-1376)에게 넘긴 것이었다. 또한 고려시대를 대표하는 선승인 보조 지눌(普照知訥: 1158-1210)을 법통에서 아예 배제할 수는 없었기에, 다른 기록에서 지눌을 혜근과 함께 특별히 언급하였다. 허균이 쓴 유정의 비문에는 "오직 보조와 나옹이 선종의 종지를 얻어 선문의 으뜸이 되었고 나옹의 도맥을 이은 청허는 실로 근대의 임제·조동이라 할 만하다."[61]라고 하였다. 즉 도봉 영소에서 보조 지눌, 나옹 혜근을 거쳐 청허 휴정까지 이어지는 복합적 계보와 법안종, 조동종, 임제종 등을 망라하는 포괄적 선종 전통을 두루 포섭하여 내세운 것이다.

도봉 영소가 배워온 법안종은 선과 교의 겸수를 가풍으로 하였고, 그 대표자인 영명 연수(904-975)는 『종경록(宗鏡錄)』에서 화엄, 천태 등의 교학을 선종의 입장에서 정리하며 각각의 장점을 절충했고 『만선동귀집(萬善同歸集)』에서는 선과 정토의 융합을 추구했다.[62] 또 보조 지눌은 간화선을 수용하면서도 선교겸수의 방향과 화엄학 이론을 중시하는 융합적 수행체계를 제시했다. 이는 선과 교 등 다양한 불교전통을 함께 계승해야 했던 조선시대의 상황이나 시대적 과제에 부합하는 것이었다. 따라서 선종 법통에 포괄적 불교사 인식이 투영되어 나타난 것으로 볼 수 있다. 이와 함께 나옹 혜근이 원대의 임제종 선승 평산 처림(平山處林: 1279-1361)에게 전해온 법맥이 청허 휴정까지 이어졌음이 강조되었다. 이는 고려 말에 중국 임제종 승려로부터 인가를 받아오는 것이 시대적 풍조였고, 이후 간화선이 주된 수행방식으로 자리 잡은 역사적 실상과 관련이 있다.

허균의 법통설은 청허 휴정의 적전 제자인 사명 유정과 그 문도들의 의견이 반영된 조선 불교계의 첫 법통이었다. 앞서 휴정은 자신이 이은 선의 법맥에 대해 등계 정심-벽송 지엄-부용 영관만을 언급했을 뿐이다. 그만큼 이 법통설이 갖는 불교사적 의미는 큰 것이었다. 그런데 중국 임제종의 법맥 전수를 언급하면서도 고려의 다양한 선종 전통을 포괄한 이 법통설은 제기되고 나서 불과 10여 년 만에 새로운 법통설의 도전에 직면하게 된다. 그 이면에는 허균이 1618년에 반역죄로 사형을 당한 것도 하나의 원인이 되었을 것이다. 허균의 이름 자체가 정치적으로 금기시되던 상황에서 그가 쓴 법통설을 불교계에서 공론화시켜 밀고 나가기에는 부담이 컸을 것이다.

허균의 법통설에 이어 새로 제기된 법통설은 조선 선종이 중국 임제종의 정통 법맥을 잇는다는 자의식을 분명히 드러내었다. 이 법통설은 청허 휴정이 만년에 받은 제자 편양 언기(鞭羊彦機: 1581-1644)가 1625년부터 1640년까지 적극적으로 주창하여 공식화시켰다. 언기 또한 앞서 사명 문파에서 했던 것처럼 휴정의 비를 새로 세우고 문집을 보완 확충하여 재간행하면서 당대의 문장가로 명성을 떨쳤던 유학자 관료에게 비문과 서문을 의뢰하였다.[63] 그 안에 조선 불교계의 정체성과 계보 인식을 상징하는 법통설을 표방하여 대내외에 널리 알린 것이다.

새 법통설의 요지는 고려 말 공민왕 때에 왕사와 국사를 역임한 태고 보우(太古普愚: 1301-1382)가 원의 석옥 청공(石屋清珙: 1272-1352)에게 전해온 임제종 법맥을 정통으로 내세운 것이다. 허균의 법통설에 보이는 고려시대 선종의 계보와 역사에 대한 인식이나 언급은 전혀 없고, 오로지 중국 임제종의 정통 법맥을 조선 불교가 이었다는 자의식으로 일관하고 있다.[64] 나옹 혜근도 원의 임제종 선승의 인가를 받기는 했지만 그가 실제로 스승으로 모신 것은 인도 출신의 지공(指空)이었다. 그에 비해 태고 보우는 임제종 순혈주의와 정통주의를 내세우기에 적합한 인물이었다. 편양 언기가 1630년에 휴정의 『청허당집』을 7권으로 확대 간행하면서, 당시 한문 4대가의 하나로 꼽혔던 이식(李植)에게 서문을 의뢰하였다. 그 서문에는 석옥 청공의 법을 전한 태고 보우 이후 환암 혼수(幻庵混修)-구곡 각운(龜谷覺雲)-벽계 정심(碧溪淨心)-벽송 지엄(碧松智儼)-부용 영관(芙蓉靈觀)-청허 휴정으로 이어지는 적전들의 계보가 명시되어 있다.[65] 여기서 환암 혼수와 구곡 각운은 고려 말에 활동한 선승으로 허균의 법통설에는 이들 대신 남봉 수능(南峰修能)이라는 미상의 인물이 들어가 있었고, 정심 이후 휴정까지의 직계 법맥은 두 법통설이 동일하다.

이처럼 중국 임제종 법맥을 정통으로 보는 법통설이 나오게 된 17세기 전반의 조선 상황과 국제정세는 어떠했을까? 이 시기에 중국은 한족 왕조인 명(明)나라에서 만주의 여진족(女眞族)이 세운 청(淸)으로의 교체가 있었고, 일본에서는 도쿠가와 이에야스(德川家康)가 에도(江戶)막부를 열었다. 앞서 16세기 후반부터 동아시아 세계는 균열의 조짐을 보였고 명나라를 중심으로 하는 중화(中華)질서가 크게 동요하는 패러다임의 전환기를 맞았다. 1592년에 일본군이 조선을 침략하며 시작된 7년간의 임진왜란은 명군도 참전한 동아시아 국제전쟁이었다. 온 국토가 폐허가 된 오랜 전쟁 끝에 종묘와 사직을 지켜낸 조선은 명나라가 나라를 다시 세워준 은혜[재조지은(再造之恩)]에 감사해했고 상국인 명에 대한 의리(義理)를 더욱 강조하게 되었다. 이러한 상황에서 국왕인 광해군이 명과 여진족이 세운 후금(後金) 사이의 등거리 외교를 하여 '재조지은'을 어겼고 또 윤리를 저버렸음을 명분으로 하여 1623년에 인조반정이 일어났다.[66] 이는 유교국가를 지향한 조선이 얼마나 명분론적 중화 정통주의를 중시했는지를 잘 보여준다.

또한 1636년 후금이 황제국을 표방하며 청으로 국호를 바꾸고, 청의 태종이 직접 군대를 끌고 조선에 와서 인조의 항복을 받아내고 군신(君

臣)관계를 맺었다. 이 병자호란으로 조선의 국왕과 지식층은 자괴감과 함께 큰 정신적 상처를 입었지만, 현실에서는 오히려 중화 정통주의에 입각한 대의명분론(大義名分論)의 강화로 나타났다. 더욱이 1644년에 명이 망하고 오랑캐 국가인 청이 중원을 차지하면서, 이제 중화의 도는 명을 대신하여 조선이 이어야 한다는 논리가 힘을 얻게 되었다. 중국 선종의 주류인 임제종의 정통 법맥을 조선 불교계가 계승했다는 법통 인식은 이러한 시대적 배경에서 태동한 것이었다.[67]

그런데 불교 측에서 법통설을 제기한 17세기 초반에는 대의명분과 절의(節義)에 입각한 유교의 도통론(道統論)이 이미 확립된 상태였다. 유교의 도통론은 조선을 대표하는 유학자였던 이황(李滉: 1501-1570) 등에 의해 16세기 중반에 기본 틀이 마련되었다. 그리고 이후 조선의 유교 명현에 대한 문묘(文廟) 종사(從祀) 논의가 일었고, 1610년(광해군 2)에는 공자의 위패를 모신 문묘에 5명의 조선 유학자가 함께 제사되었다.[68] 이러한 시기에 유교의 도통론과 마찬가지로 중화 정통주의를 내세운 불교의 법통설이 표명된 것은 유불이 함께하는 시대적 공감대가 형성되어 있었음을 의미한다.

그런데 서로 다른 불교사 인식을 담은 17세기 전반의 두 법통설에서 법통의 계승자로 공통으로 지목된 청허 휴정은 자신의 법맥 계보에 대해 어떤 언급을 하였을까? 휴정은 자신의 법통에 대해 "조사인 벽송 지엄이 송의 대혜 종고(大慧宗杲)와 원의 고봉 원묘(高峰原妙)를 멀리 이었다."고 밝혔다. 여기서 대혜 종고는 화두를 들고 의심을 깨치는 간화선 수행법을 주창한 이였고, 고봉 원묘는 그를 계승한 임제종 선승이었다. 나아가 휴정은 "(벽송)대사가 해외의 사람으로서 500년 전의 종파를 비밀히 이었으니 이는 송의 정주(程朱: 정호(程顥)와 정이(程頤) 형제, 주희(朱熹))가 1천 년 뒤에 나와서 멀리 공자와 맹자를 이은 것과 같다. 유학자나 승려나 도를 전하는 데 있어서는 같다."고 보았다.[69] 즉 송의 신유학자들이 공자에서 맹자로 이어진 유학의 도통을 계승한 것처럼 조사인 벽송 지엄이 중국 임제종 법통을 멀리 이었다는 자부심을 분명히 드러낸 것이다.

이처럼 휴정 자신의 법맥 인식과 이후 두 법통설에서 내세운 지엄 이전의 법맥은 구체적 내용에서는 같지 않다.[70] 다만 중국 임제종의 정통성을 조선 불교계가 잇고 있다는 자의식만큼은 다르지 않았다. 휴정은 조사 지엄이 중국 임제종의 대표적 선승과 간화선풍을 계승한다고 하면서 이는 중국 유교의 정통주의적 도통 인식과 같다는 논리를 폈다. 이후 사명파에 의한 허균의 법통설은 고려의 포괄적 선종 전통을 중시하면서도 중국 임제종의 선법이 나옹 혜근을 통해 휴정까지 이어진다는 사실을 간과하지 않았다. 그리고 그 뒤에 나온 편양 언기의 법통설은 오직 중국 임제종의 법맥 계승에 초점을 맞추어 중화 정통주의를 전면에 내세운 것이었다. 그리고 이 법통설은 언기의 높은 위상과 함께, 시대의식에 부합하는 내용이어서인지 불교계의 공식 법통으로 자리를 잡았다.[71] 사명파도 기존의 허균 법통설이 종(宗)의 근원과 유파(流派)가 잘못되어 후세에 전할 수 없으므로 다시 바로잡는다고 하면서, "영명 연수는 법안종이고 보조 지눌은 별종(別宗)이며 나옹 혜근은 임제종이지만 평산 처림에서 나뉘었다."고 하여 임제종 25세 적전인 휴정의 법맥을 제대로 밝히지 못했음을 스스로 인정하였다.[72]

이처럼 계보를 달리하는 이질적 불교사 인식이 충돌하였지만,[73] 사실 그 안에는 동시대의 공통분모가 놓여 있었다. 그것은 중국의 임제법통을 중심에 두고 그 계승을 표명하는 중화 정통주의에 입각한 의식이었다. 고려의 다양한 선종 전통을 배제하고 오로지 중국 임제종 순혈주의를 내세운 법통설이 최종적으로 승리를 거둔 것은 대의명분론이 급속도로 퍼지던 시대의 흐름을 좇은 것이다. 그런데 법통의 내용을 자세히 들여다보면 유교의 도통과 매우 흡사한 구조를 가진다는 점을 알 수 있다. 도통은 성리학이 원대에 고려로 전해져 그 정수가 조선으로 이어

정몽주

진다는 정통론적 역사 인식인데, 원의 임제종 선승의 법맥 전수를 내세운 법통도 그와 맥을 같이한다. 또 도통에서는 고려의 신하였지만 조선 개창에 적극적으로 참여한 이들 대신 고려에 대한 절의를 지키고 도학을 전수한 정몽주(鄭夢周: 1337-1392)와 그 학맥을 정통으로 보았다.[74] 이와 마찬가지로 법통에서도 조선 초에 왕실이나 정치권과 인연을 맺고 중앙무대에서 활동한 무학 자초(無學自超: 1327-1405) 등 나옹계 주류가 배제되어 있다.

결론적으로 동아시아 세계의 지형을 바꾼 전쟁과 국제질서의 급변을 겪은 17세기 전반에 조선 불교의 정체성과 지향을 담아낸 법통이 형성되었다. 법통이 확정되기까지 고려의 다양한 선종 전통과 중국 임제종의 정통 법맥 사이에 불교사 인식을 둘러싼 경합과 혼재가 있었지만, 결국 시대성을 반영한 중화 정통주의의 승리로 귀결되었고, 유교의 도통에 필적하는 불교의 법통이 만들어지기에 이르렀다. 임제태고법통은 조선 후기 내내 공식적 권위를 가졌고, 『해동불조원류(海東佛祖源流)』(1764)에서 보듯이 청허계와 부휴계 모두 이 법통에 연원을 두고 자파의 계보를 그로부터 연결시켰다. 조선후기에는 계파와 문파별로 주된 근거지가 확보되고 사제간의 법맥 계승과 경제적 상속이 중요해졌는데 그 구심점이 바로 법통과 그로부터 이어진 계보였다.

근현대 종조 논의와 불교사 인식

근대에 들어 원종(圓宗), 임제종, 조계종 등의 종명이 부침하고 종조(宗祖)에 대한 여러 주장이 제기되면서 역사적 정통성을 둘러싼 논란이 일었다. 종조 논의는 전통적 태고법통의 권위를 내세우거나 보조 지눌의 역사적 위상에 주목하는 두 가지로 크게 집약할 수 있다. 근대기의 한국불교 연구를 이끈 학자인 이능화, 권상로, 김영수 등은 조선후기 임제태고

법통의 정통성을 인정하였다. 반면 보조 유풍(遺風)의 계승을 주창한 송광사의 금명 보정(錦溟寶鼎)과 이종익(李鍾益), 이재열(李在烈) 등은 조계종을 대표하는 역사적 인물로서 보조 지눌을 종조로 추대하였다.

먼저 이능화는 『조선불교통사』(1918)에서 "태고(太古)와 나옹(懶翁)은 모두 임제파(臨濟派)였지만 당시에는 별도로 종명을 세우지 않았고 조계종사(曹溪宗師)로 불렸다. 조선시대에는 나라에서 선교양종(禪敎兩宗)을 지정하였고 청허(淸虛)와 부휴(浮休) 모두 선과 교를 겸수하였으며 이후 모두 임제를 귀의처로 하여 종지의 정신을 지켜왔다. 따라서 오늘날 조선 승려들은 모두 임제의 후손이며 태고의 법손이고 또 청허의 문파를 잇거나 부휴의 계맥을 잇고 있다."고 하여, 임제태고법통과 그에 연유한 조선 후기 계파의 역사성을 인정하였다.[75] 권상로 또한 1910년대부터 임제종 정통주의를 표명하였다. 다만 그는 고려의 조계종이 태고 보우 때에 와서 임제종으로 바뀌었고 그 안에 선과 교의 두 전통이 모두 포함된다고 하여,[76] 역사적 사실과 맞지 않는 주장을 하였다. 이에 대해 김영수는 임제태고법통을 받아들이면서도 여말선초에 선종은 임제종이 아닌 조계종의 법맥을 이었음을 분명히 하였다. 그는 고려시대에는 교종과 선종을 통칭하여 오교구산(五敎九山), 이어서 오교양종(五敎兩宗)이라 하였고 조선전기에는 선교양종(禪敎兩宗)으로 바뀌었으며 이후 (임제)태고법통이 주류가 되었다고 밝혔다.[77] 이처럼 근대기에 들어와서도 조선적 전통으로 창출된 임제태고법통과 태고 보우의 굳건한 위상은 크게 흔들리지 않았다.

그런데 1910년대 초에 원종에 반대하는 임제종 건립 운동이 좌절되고, 총독부에 의해 선교양종을 종명으로 삼은 사찰령 체제가 시작되면서 조선 불교의 종명과 종조를 둘러싼 새로운 인식이 대두하였다. 그것은 바로 고려와 조선 초에 선종을 대표하는 종파였던 조계종과 그 구심적 인물인 보조 지눌에 대한 재인식이었다. 조계종의 종조로 지눌을 내세운 이는 송광사의 주지를 역임한 금명 보정(錦溟寶鼎: 1861-1930)이었다. 조선후기에 청허계와 양대 계파를 이룬 부휴계는 17세기 초 중창을 계기로 송광사를 주요 근거지로 삼아 활동하였고, 17세기 후반에는 보조 유풍을 선양하면서 자파의 정체성을 확고히 다졌다.[78] 송광사의 부휴계 전통을 계승한 보정은 조계종 정통론과 보조 종조론을 적극 주창하였는데, 보조 지눌과 수선사(修禪社) 계통, 부휴계 승려들의 승전을 모은 『조계고승전(曹溪高僧傳)』의 서문(1920)에서 "종주인 지눌이 선종 9산과 교종까지 아우르는 선교 통합의 종으로 조계종을 개창하였다."고 서술하였다.[79] 그는 지눌이 송광사 조계산의 조사이며 조선후기 삼문(三門)의 종주라고 평가하고,[80] 지눌의 '선교겸전(禪教兼傳) 정혜균수(定慧均修)'의 유풍을 부휴종(浮休宗), 즉 부휴계가 계승하였음을 강조하였다.[81]

이처럼 보정의 조계종 정통론과 보조 종조론은 비록 계파적 입장에서 비롯된 것이기는 하지만, 그 상징성과 대표성 때문에 이후 종명과 종조 논의에 중요한 시사점을 주었다고 볼 수 있다. 보정은 1910년 조선 불교를 대표하는 원종과 일본 조동종과의 연합조약이 체결되자 이를 종파를 팔아넘기고 조사를 바꾸는 '매종역조'의 행위라고 격렬히 비난하였다. 반면 송광사에서 시작된 자주적인 임제종 건립 운동에는 호의를 표명하며 동참하였다.[82] 하지만 임제종 건립이 무산되고 선교양종을 내건 사찰령 체제가 출범하자 조선 불교의 역사적 정통성을 담은 종명과 종조로 조계종과 보조 지눌을 내세우게 된 것이다. 보정이 『조계고승전』의 서문을 탈고한 1920년은 조선 불교를 일본 임제종에 통합시키려는 전 원종 종정 이회광(李晦光: 1862-1932)의 또 다른 기도가 발각된 시점이어서 조계종의 주창은 시의적절한 것이었다.

보정의 주장이 당시 어떤 파장을 불러일으켰고 또 어떤 영향을 미쳤는지 구체적으로는 확인되지 않지만, 1920년대 이후 조계종과 지눌에 대해 이전과는 다른 평가와 논의가 등장하고 있어 주목된다. 먼저 김영수는 근대에 들어 원종, 임제종, 선교양종 등 다양한 종명이 제기되었지만 일본의 선종과 구별하기 위해서는 반드시 조계종 명칭을 써야 한다고 주장하였고,[83] 권상로도 1920년대 후반에 이르면 조계종이 지금까지 이어지고 있고 조선 불교는 법계상 조계종파라고 하여 이전과 다른 주장을 펼치고 있다.[84] 이는 조계종명에 대한 역사적 인식이 학계에서 점차 세를 얻고 있었음을 보여준다.

1930년에 방한암(方漢岩: 1876-1951)은 「해동(海東) 초조(初祖)에 대하여」에서, 해동 선종의 초조는 신라의 도의(道義)이며 이후 선종 9산의 조계종 전통이 지눌과 수선사로 이어졌다고 보았다. 법통에 의해 태고 보우를 해동 초조로 봐야 한다는 시각에 대해서는 보우는 중흥조가 될 수 있지만 초조는 아님을 분명히 하였다. 또 보우를 비롯해 여말선초의 선종 법맥은 임제종이 아닌 조계종에 속하였고 그렇기에 조선 불교의 연원과 계통을 보우에서 비롯된 것으로 볼 수 없음을 강조하였다.[85] 이는 조계종 종명이 역사적으로 선종을 대표하는 정통성을 가짐을 확고히 한 것이었다. 그리고 이때 제기된 도의-보조-태고의 계보는 이후 큰 영향을 미쳐서 종조론 논의의 기본구도를 형성하였다.

1941년에는 종명이 조선 불교 선교양종에서 조계종으로 바뀌고, 총본사로 태고사(太古寺)가 건립되었다. 이러한 이중체제의 성립은 초대 종정이 된 방한암을 비롯해 그간 불교계와 학계에서 주장되고 논의되어온 종명, 종조론의 산물이었다. 종명은 조계종으로 바뀌었지만 총본사 태고사의 명칭에서 알 수 있듯이 종조 문제에서는 태고 보우의 기득권이 그대로 유지되었다. 이전부터 조계종과 태고법통의 결합을 주장해온 김영수와 권상로 등이 총본산 건립 운동에 일찍부터 관여하였다.[86] 또 송광사 주지 임석진(林錫珍)과 송만암(宋曼庵)이 각각 총본산건설위원회 상임위원과 건설위원회 고문을 맡았다.[87] 조계종 명칭이 종명으로 확정되기까지는 이들의 역할이 컸을 것으로 보인다.

다만 당시에도 조계종과 태고 보우의 조합에 대한 비판이 제기되었는데, 종조는 선종을 처음 도입해온 신라의 도의, 또는 지눌이 속한 사굴산문의 개조 범일(梵日)이 되어야 한다는 주장이 나왔다.[88] 그러나 누구보다도 조계종의 역사성을 상징하는 이는 보조 지눌이었고 이재열과 이종익 등에 의해 보조 종조론이 적극 주창되었다. 이재열은 태고법통의 사실관계에 대해 일일이 논증하며 오류를 밝히려 했는데, 그가 쓴 책은 1942년 치안방해의 이유로 출판허가가 취소되었고 해방 직후인 1946년에야 간행되었다.[89] 조계종 보조 정통주의를 주장하는 대표적 인사인 이종익은 조계종이야말로 역사상의 공인 종명이며 조선시대에도 그 법맥과 선교회통의 보조 유풍이 지속되었다고 보았다.[90] 그는 권상로와 김영수 등이 조계종의 종명을 찾아서 세우는 데는 공헌했지만 태고 보우를 올린 종조 인식은 오류라고 비판하고 태고법통은 사대주의의 연장선에서 나온 날조된 허구로서 파종(破宗)의 풍토를 조장한다고 격렬히 비난하였다.[91]

하지만 1941년에 성립된 조계종과 태고 보우의 조합은 식민지 체제에서는 변동이 없었다. 그러다가 1945년 8월 15일 해방을 맞이하고 그 직후에 나온 조선 불교 「교헌」에는 "(제2조) 조선 불교는 원효(元曉)성사의 동체대비(同體大悲)의 대승행원(大乘行願)을 닦으며 보조(普照)국사의 정혜겸수(定慧兼修)에 의하여 직지인심(直指人心) 견성성불(見性成佛)을 위주로 한다."고 하였다. 또 소의경전을 특정 경전에 한정하지 않았고 전등 계승에 대해서는 "(제4조) 신라·고려시대에 오교구산의 종파적 분별을 가졌으나 근고 이래는 종파를 초탈한 종합불교의 교지를 가진 태고 보우국사 이하 청허 휴정선사와 부휴 선수선사의 법맥을 수수하는 예에 따름"이라고 규정하였다.[92] 이는 교와 선을 아울러 한국불교 전체를 대표하는 원효와 지눌을 앞세우고 태고법통과 조선후기 법맥을 결합하여 종파를 초월한 종합적 불교를 추구한 것이었다.

이후 1954년부터 정화운동이 추진되면서 비구와 대처의 대립이 격화되는 상황에서 선학원(禪學院)을 중심으로 한 비구 측에서 9월에 비구승대회를 열어 태고 보우가 아닌 보조 지눌을 종조로 삼는다는 종헌 개정안을 수립하였다. 이에 대해 당시 종정이었던 송만암은 '환부역조(換父易祖)'라고 강하게 비판하고 종정을 사퇴하였다.[93] 그는 앞서 1947년에 백양사(白羊寺) 고불총림(古佛叢林) 청규(清規)에서 "우리 종(宗)의 종맥은 임제의 문손으로 태고 보우 조사의 전통을 계승하며 즉심즉불(卽心卽佛)의 철리(哲理)를 철저히 깨달아 얻고 선양한다."고 밝힌 바 있고 「태고문손보종회취지(太古門孫保宗會趣旨)」를 직접 쓰기도 했다.[94] 또 백양사에 도의의 영각을 건립하는 등[95] 종조로서 도의와 태고의 정통성에 대한 확고한 입장을 가지고 있었다.

그는 만암은 1956년에 쓴 글에서 "유시(정화) 이후 비구가 궐기하여 대처승은 물론 태고를 종조로 삼는 독신승을 배척하고 종조 태고선사를 말살하여 보조국사로 바꾸니 이에 전국 승려가 분규를 일으키게 되었다. 보조파 비구를 정부에서 비합법적으로 후원하면서 종래의 합법적인 종단 영도권과 재산을 강압적으로 인계하고 200여 비구가 종단의 운영을 장악하고 주도권을 다투니 종단 및 1,700개 사찰 운영이 어려워지고 불미한 일이 발생하였다."고 주장하였다.[96] 이는 종조에 대한 인식이 비구와 대처의 주도권 다툼, 종단의 정체성 문제와 직결되어 있다고 본 것이다. 또한 일제에 빼앗긴 승규(僧規)를 해방 후에도 답습함은 한심하고 통분할 일이라고 분개하였지만,[97] 한편으로는 "법의 대중은 사부대중이 철칙이지만 근래에 근기가 불순하여 비구 중을 정법(正法)과 호법(護法)으로 나눌 필요가 있다."고 하여 현실적이고 화합적인 정화방안을 제기하기도 하였다.[98]

종조 문제는 이러한 우여곡절 끝에 결국 초조 도의, 중흥조 태고에 중천조 보조를 덧붙이는 형태로 귀결되었다.[99] 1962년 3월에 공포된 통합종단 대한불교조계종의 「종헌」에는 "(제1조) 도의국사에서 기원하여 보조국사의 중천을 거쳐 태고 보우국사의 제종포섭(諸宗包攝)으로서 조계종이라 공칭함."이라고 명시하였다.[100] 또 "(제6조) 조계 혜능(慧能)의 법을 전수받은 도의국사를 종조로 하고 태고국사를 중흥조로 하며 청허와 부휴의 법맥을 계승한다."고 하였다.[101] 이는 그간의 종조 논의를 종합하여 개조 도의, 중천조 보조, 중흥조 태고의 종조관을 확립하고 태고법통의 법맥에 정통성을 부여한 것이었다. 조계종과 태고법통의 결합은 앞서 1941년에 정초된 이래 선종-도의, 조계종-보조, 임제법통-태고를 종합하는 상징적 조합으로서 현실적 권위를 확보해갔다. 즉 신라·고려·조선 불교 각각의 시대적 차이나 단절, 역사적 간극을 뛰어넘어 한국불교의 선종 전통을 모두 조계종으로 귀결시켰고 태고법통은 그 법맥 상승의 정당성을 입증해주는 기제였다.

조계종은 고려후기 이후 선종의 대표 종명으로서 한국불교의 역사적 정통성을 담보하는 명칭이다. 하지만 고려와 현재의 조계종 사이에는 법맥상의 단절과 정체성의 차이가 존재한다. 또 현재 조계종의 종조는 신라 선종의 도의, 고려 조계종의 보조, 조선 임제법통의 태고가 통시적으로 조합된 것이다. 하지만 종명이 조계종임에도 보조 지눌보다 태고 보우의 위상에 더 무게가 실려 있고, 무엇보다 선종 중심의 불교사 인식만 있지 교종 및 교학은 배제되어 있는 점이 문제이다. 신라나 고려는 물론 조선에서도 선종과 교종의 병립, 선교겸수의 종합적 수행방안은 한국불교의 중요한 특성 가운데 하나였다. 따라서 선뿐 아니라 교학과 염불, 의례 등 사상, 신앙, 문화의 다양한 전통을 포괄하는 방향의 정체성 모색이 필요하다.

제 3 장

교와 강학: 이력과정 불서와 화엄의 전성시대

불교사상의 계승과 선과 교의 융합

1. 교육과정 성립과 불서 유통의 양상

이력과정, 선과 교 전통의 종합적 전승

17세기 전반에는 시대성에 부합하는 정통주의적 법통이 확립되어 조선 불교의 선종으로서의 정체성을 내세울 수 있었다. 또한 임진왜란 승군 활동으로 조직화된 교단은 이 시기에 청허 휴정과 부휴 선수의 법맥을 잇는 청허계와 부휴계의 양대 계파를 형성하였다. 계파 안에는 여러 문파들이 있었는데, 이들은 모두 법통에 근거하여 같은 계보의 법맥을 잇는다는 자의식을 가졌다.[1] 그런데 이 시기의 가장 중요한 시대적 과제는 '전통'의 계승과 새로운 창출이었다. 그리고 불교의 수행과 사상 전통은 당연히 선과 교를 포괄하는 것이었고, 따라서 이를 반영한 교육과정이 만들어지게 되었다.

승려 교육과정인 이력과정(履歷課程)의 구성을 체계적으로 처음 설명한 것은 17세기 중반에 편찬된 영월 청학(詠月清學: 1570-1654)의 문집에 실린 기문에서이다. 그에 따르면 이력과정은 사집과(四集科), 사교과(四教科), 대교과(大教科)의 순차적 구성으로 되어 있다. 청학은 휴정의 제자였는데 그가 각 과정의 지향점을 정리한 내용을 요약하면, "사집과는 점수(漸修)와 참구(參句)를 통해 마음의 깨우침을 제시한 것이고, 사교과는 경전을 통해 이치를 깨닫는 것이며, 교의 『화엄경(華嚴經)』과 함께 대교과에 들어간 선의 『경덕전등록(景德傳燈錄)』 및 『선문염송(禪門拈頌)』은 조사의 가풍을 배워 올바른 수행 방향을 알게 하는 것"이었다.[2] 이는 선교겸수와 간화선의 두 축 위에서 경론과 선의 기풍을 함께 배워야 함을 의미한다.

사집과는 중국 화엄종의 제5조로 추앙되는 종밀(宗密: 780-840)이 선종의 단계를 분류한 『선원제전집도서(禪源諸詮集都序)』(도서), 고려의 보조 지눌이 종밀의 저술을 요약해 주석을 붙인 『법집별행록절요병입사기(法集別行錄節要幷入私記)』(절요), 간화선을 주창한 송의 대혜 종고(大慧宗杲: 1089-1163)가 유학자 등과 교류한 편지를 모은 『서장(書狀)』, 원의 고봉 원묘(高峯原妙: 1238-1295)의 간화선풍이 담긴 『선요(禪要)』이다. 앞의 『도서』와 『절요』는 선교일치를 주창한 종밀의 저술과 그에 대한 지눌의 주석서로서 돈오점수(頓悟漸修), 정혜쌍수(定慧雙修)에 의한 선교겸수의 방향을 담고 있다. 또 뒤의 『서장』과 『선요』는 중국 임제종 선승의 편지글과 어록으로 화두(話頭)를 참구하는 간화선풍의 체득과 수행을 위한 교재였다.

이 중 종밀의 『도서』에서는 "지금의 선가(禪家)는 뜻을 모르기에 다만 마음을 선(禪)이라고 할 뿐이고, 강학자들은 법을 모르기에 단지 이름에 얽매여 뜻을 설할 뿐이다. 서로 근원을 알지 못하기에 회통하기 어렵다."고 하며, 선과 교가 근본적으로 같음을 주장하였다.[3] 한편 『절요』를 펴낸 지눌은 선과 교를 함께 닦는 정혜쌍수를 주장하였고, 당의 이통현(李通玄: 635-730)의 화엄학을 수용하여 실천적 성격이 강한 교학관을 선보였다. 지눌은 교학을 입문으로 삼는 선교겸수를 인정하였고 간화선을 궁극적 수행방안으로 제시하였는데,[4] 이력과정의 구성에서 그의 사상적 영향이 이 시기까지 이어지고 있음을 볼 수 있다.

다음 사교과는 『금강경(金剛經)』, 『능엄경(楞嚴經)』, 『원각경(圓覺經)』, 『법화경(法華經)』이었다. 『금강경』, 『능엄경』, 『원각경』은 마음의 문제를 다루어 선종과 교종 모두에서 중시되었고, 송대 이후에는 선교일치를 추구하는 승려는 물론 지식층 사이에서 널리 읽혔다.[5] 『법화경』은 천태(天台)교학의 소의경전으로 동아시아에 큰 영향을 미쳤는데, 수륙재(水陸齋) 등의 의례에서 『법화경』 독송이 이루어지는 등 조선시대에 가장 많이 간행된 경전 중 하나였다.[6] 다만 사교과의 구성은 후대에 일부 변동이 생겼는데, 백암 성총(栢庵性聰: 1631-1700)이 『대승기신론소필삭기(大乘起信論疏筆削記)』를 회편하여 간행한 후 18세기에는 『법화경』을 대신해 『대승기신론(大乘起信論)』이 들어갔다.[7] 『대승기신론』은 여래장(如來藏)과 유식(唯識) 사상을 종합하여 심(心)의 구조를 본체와 작용의 두 측면에서 이해한 책으로, 동아시아 세계에 막대한 영향을 미친 논서 가운데 하나였다.

대교과에는 『화엄경』과 『경덕전등록』, 『선문염송』이 들어갔다. 『화엄경』과 화엄학은 중국 화엄종의 2조 지엄(智儼: 602-668)에게 배워온 의상(義湘: 625-702) 이후 한국의 교학 전통을 대표하는 최고의 경전이자 사상으로 받아들여졌다. 『전등록』은 1004년에 나온 선종의 역사 계보서로서 부처로부터 이어진 인도의 조사, 그리고 달마(達磨) 이후 법안종의 법안 문익까지 중국 선종 계보를 망라한 책이다.[8] 법안 문익은 허균의 법통설에서 도봉 영소가 중국에 가서 법을 전해 받은 인물이다. 따라서 『전등록』의 이심전심(以心傳心)의 선종 전등(傳燈)이 문익에서 영소로 전해져 고려 선종의 법통을 형성한 것이 된다. 더욱이 영소는 선종이면서도 교학을 중시한 법안종의 기풍을 이었기에 선교겸수의 시대적 요청에 부합하는 인물이었다. 끝으로 『선문염송』은 지눌의 제자 진각 혜심(眞覺慧諶: 1178-1234)이 선종의 수많은 조사들의 공안(公案)과 법어(法語), 게송(偈頌) 등을 모아 펴낸 책이다. 혜심은 간화선의 화두 참구 방안을 탐구하고 이론적 체계화를 시도한 이였다. 이처럼 대교과의 구성에서도 화엄을 정점으로 하는 교학과 선을 함께 배우는 선교겸수의 방향성을 엿볼 수 있다.

이력과정 불서의 보급에 앞장선 것은 임제태고법통을 정립한 편양 언

〈표 1〉 이력과정의 체계와 구성

과정	서명	저자	사상적 특징
사집과	선원제전집도서	(당) 규봉 종밀	선교겸수
	법집별행록절요사기	(당) 규봉 종밀 (고려) 보조 지눌 주석	〃
	대혜서장	(송) 대혜 종고	간화선
	고봉선요	(원) 고봉 원묘	〃
사교과	금강경		심(선종 중시)
	능엄경		심(선·교종 모두 중시)
	원각경		원각(종밀 등 중시)
	법화경 → 대승기신론	(18세기부터 대체)	일심(기신론)
대교과	화엄경		화엄교학
	경덕전등록	(송) 도원	선종 전등계보서
	선문염송	(고려) 진각 혜심	간화선

기였다. 그는 휴정의 말년제자로서 선을 우위에 두면서도 선교겸수의 방향을 제시하여 선과 교를 합일하였다는 평가를 받았다.[9] 언기는 1630년 경기도 용복사(龍腹寺)에서 스승 휴정의 문집인 『청허당집』을 새로 간행하였다. 이때 30여 명의 인쇄 장인들을 모아 5-6년에 걸쳐 사집과, 사교과, 대교과의 이력과정 서책들을 대규모로 판각하여 전국에 배포하였다.[10] 이처럼 이력과정 체계는 1630년 무렵에는 완비되었고 청허계의 대표 문파인 편양파가 체계 정비와 보급에 앞장섰다. 한편 휴정의 조사 벽송 지엄이 교육에 활용했던 사집과의 4종의 불서는 16세기 전반 지엄의 문도가 주석했던 지리산 신흥사(新興寺)에서 모두 간행되었고 그 판본 계통이 17세기까지 이어졌다. 이는 17세기 이후 지엄의 법맥을 잇는 청허계와 부휴계를 중심으로 불교계가 재편된 것과도 관련이 있다.[11]

이력과정은 청허계는 물론 부휴계에서도 적극적으로 수용하였다. 이력과정의 구성과 취지에 대해 구체적으로 설명한 영월 청학은 청허 휴정의 제자였지만 처음에는 부휴 선수에게 배웠고 부휴계와 친밀한 관계를 유지하였다.[12] 청학은 보조 지눌을 추숭하고 현창하였으며 교학을 입문으로 한 선교겸수를 강조하였는데,[13] 지눌이 창건한 송광사를 본사로 삼은 부휴계의 입장과 다르지 않았다. 이력과정에 지눌과 그 제자 혜심의 책이 들어가고 선교겸수의 방향성이 강조된 것도 이력과정 성립에 청허계는 물론 부휴계도 동조하였을 가능성을 보여준다.

이력과정은 선교겸수의 지향, 그리고 선에서는 간화선, 교학에서는 화엄의 중시를 그 특징으로 한다. 이는 멀리는 보조 지눌의 사상과 수행체계에서 그 연원을 찾을 수 있으며, 가까이는 청허 휴정의 가풍과 맞닿아 있다. 휴정은 간화선의 우위를 인정하면서도 교학을 입문으로 삼는 선교겸수의 방식을 제시하였다.[14] 그는 『선가귀감』에서 입문으로서 교학의 필요성을 인정하는 한편 일정한 단계가 되면 지해(知解)에 얽매이지 말고 간화선의 화두를 참구해야 한다고 주장하고, 선과 교를 아우르는 단계적 수행방안을 세운 바 있다.[15] 비록 교에 대한 선의 우위는 분명히 했지만, 선과 교의 근원적 일치를 부정하지 않았고 깨달음을 위한 교학의 올바른 이해와 수증(修證)을 강조했다. 휴정 당시에는 교단이 선과 교로 나뉘어 갈등과 반목을 거듭하였고 상호 이해 또한 부족한 상황에서 '간화선 우위의 선교겸수'를 택할 수밖에 없었고,[16] 이력과정도 그러한 추세를 반영해 구성되었다.

이력과정의 체계가 언제 처음 갖추어졌는지 정확한 시기는 알 수 없다. 다만 빠르면 16세기 초에 사집과를 위주로 한 기본 구도가 마련된 것으로 보인다. 휴정의 조사 벽송 지엄은 "연희교사에게 원돈의 교의를 배웠고 정심선사에게 서래의 밀지를 깨쳤으며, 대혜의 『어록』을 보고 의심을 깨뜨리고 고봉의 『어록』을 통해 지해를 떨쳐냈다."고 한다.[17] 그런 그였기에 중국의 임제종 선승 대혜 종고와 고봉 원묘의 간화선풍을 멀리 이었다는 평가를 받은 것이다. 지엄은 자신의 경험을 살려 처음 배우는 이들을 이끌 때 먼저 『도서』와 『절요』를 읽게 한 후 종고와 원묘의 『어록』으로 가르쳤다. 그는 또 "도를 배우려면 먼저 경전을 궁구해야 하지만 경전은 다만 내 마음 끝에 있다."고 하며, 교학을 공부해 지해를 얻은 뒤에 바로 조사의 경절문(徑截門)으로 들어가야 함을 강조하였다.[18] 여기에서 선교겸수와 간화선의 기풍을 익히는 사집과의 원형을 발견할 수 있다.

이력과정의 사집과에는 고려 말부터 16세기까지 크게 유행한 원의 임제종 승려 몽산 덕이(蒙山德異: 1231-1308)의 『어록』이나 『육도보설(六道普說)』[19]은 들어 있지 않고, 대신 고봉 원묘의 『선요』가 포함되었다. 이는 고봉 원묘의 『어록』을 중시한 지엄의 영향이었고, 그 계보를 이은 휴정과 그 문도들이 불교계의 주류가 되면서 나타난 결과로 보인다. 휴정의 제자 제월 경헌(霽月敬軒: 1542-1633)도 가르칠 때 "『도서』와 『절요』로 지견(知見)을 분별하여 토대를 쌓게 하고 『선요』와 『서장』으로 지해의 병을 타파한 후 6개의 법어로 참구의 요절을 삼았다."고 한다.[20] 편양 언기의 적전인 풍담 의심(楓潭義諶: 1592-1665)도 "나이 14세에 출가할 뜻을 품었고 몇 년 뒤에 원철(圓澈)대사로부터 사집을 배웠다."고 하여,[21] 고봉 원묘의 『선요』가 포함되고 대혜 종고의 『어록』 대신 『서장』이 들어간 사집과가 지엄 이후 청허계에 정착되어 일반화되었음을 볼 수 있다.

사집과와 마찬가지로 사교과나 대교과의 체계도 17세기 이전에 기본구도가 갖추어졌을 가능성이 높다. 16세기 중반 청허 휴정이 학습한 경서 중 『능엄경』, 『원각경』, 『법화경』, 그리고 『화엄경』, 『선문염송』, 『전등록』이 바로 사교과와 대교과에 해당한다.[22] 사교과의 책들은 선과 교에서 모두 중시된 경전이었고, 앞서 15세기 중반 세조대의 간경도감에서도 『금강경』, 『능엄경』, 『원각경』, 『법화경』이 간행되고 한글로 언해될 정도로 그 수요가 적지 않았다.[23] 대교과의 경우는 그 연원이 15세기 초까지 확실히 올라간다. 조선 초에는 국가에서 제도적으로 인정한 승려에게 도첩(度牒)을 주었고 승과(僧科)를 시행하여 합격자는 승계(僧階)를 얻고 국가 지정 사찰의 주지 등 승직(僧職)을 맡을 수 있었다. 승과는 일반 과거시험과 마찬가지로 3년에 한 번씩 실시하였고 15세기 말까지 약 100년간 끊임없이 시행되었다. 선종과 교종에서 2단계의 시험을 보아 각각 최대 30명씩을 최종 합격시켰다. 그런데 조선의 공식 법전인 『경국대전』에 의하면, 승과에서 선종은 『전등록』과 『선문염송』, 교종은 『화엄경』과 『십지경론(十地經論)』[24]을 시험 보았다.[25]

중종대인 16세기 초에 『경국대전』의 도승(度僧) 조항이 사문화되고 선교양종과 승과 또한 폐지되면서, 불교는 국가의 통제와 관리로부터 벗어나 자유방임 상태에 놓이게 되었다.[26] 다만 명종대인 1550년부터 1565년까지 비록 짧은 기간이지만 선교양종이 다시 세워지고 도승과 승과도 재개되었다. 승과의 시험과목도 전과 마찬가지로 선종은 『전등록』과 『선문염송』, 교종은 『화엄경』과 『십지경론』이었다. 고위 승려가 되는 관문인 승과의 시험 교재였던 이 책들은 그만큼 큰 권위를 부여받았고, 그러한 위상을 반영하여 『십지경론』을 제외하고 이력과정의 대교과에 그대로 편입된 것이다.

이처럼 이력과정에는 고려 말부터 조선전기를 거쳐 형성된 통시적 전통이 그대로 투영되어 있다. 또 공시적 관점에서 보면 선과 교를 함께 계승해야 하는 시대적 필요성이 반영되어 있다. 이와 함께 불교와 유교의 교육과정에서 유사성을 찾을 수 있어 시대의 지향성이 담긴 공시적 특징을 읽을 수 있다. 이황(李滉)과 함께 조선을 대표하는 유학자로 손꼽히는 이이(李珥: 1536-1584)는 유학의 핵심 서적인 『논어(論語)』, 『맹자(孟子)』, 『대학(大學)』, 『중용(中庸)』의 사서(四書)를 한글로 번역하고 해석하였다. 나아가 그는 올바른 성리학 학습을 위한 공부의 순서를 다음과 같이 제시하였다. 먼저 『소학(小學)』을 읽고 이어 사서와 『시경(詩經)』, 『서경(書經)』, 『예기(禮記)』, 『역경(易經)』, 『춘추(春秋)』의 오경(五經)을 배운 다음 『근사록(近思錄)』, 『심경(心經)』, 『주자대전(朱子大全)』 등 성리학 서적을 이해한 후 역사 서적을 접하는 방식이었다.[27]

이이는 학문을 처음 시작하는 초학자들을 위해 입문서인 『격몽요결(擊蒙要訣)』을 지었는데, 그 안의 「독서장(讀書章)」에서 "오서(五書), 오경(五經)은 이치를 깨달아 알고 의리[理]를 드러내는 것이다. 성리학 서적은 의리가 마음[心]에 젖어 들게 하고, 역사서는 고금의 사건과 변화[事變/史]에 통달하여 식견을 기르게 하는 것이다."라고 하여,[28] 독서의 순서와 취지를 설명하였다. 앞서 언급한 영월 청학의 이력과정 해석을 다시 살펴보면, 중간의 사교과는 '경전을 통해 이치[理]를 깨닫는 것', 앞의 사집과는 '점수(漸修)와 선의 참구(參句)를 통해 마음[心]의 깨우침을 제시한 것', 화엄을 제외한 마지막 대교과는 '조사의 가풍[史]을 배워 올바른 수행 방향을 알게 한 것"이라고 하였다.[29] 이는 이치[理]-마음[心]-조사의 기풍[史] 이해를 골자로 하며, 이이가 제시한 리[理]-심[心]-사[事/史]의 독서 방향과 정확히 일치한다.

그런데 이이는 모친 신사임당(申師任堂)의 삼년상을 치르고 1554년에 금강산에 들어가서 불교를 공부한 경험이 있다.[30] 그가 실제로 출가하여 승려가 된 것인지 확언할 수 없지만, 불교경전을 읽고 불법의 진수를 접한 것은 사실이다. 마침 이때는 1550년에 선교양종이 재건되고 1552년 승과도 다시 실시되는 등 승정체제가 재가동된 직후였다. 따라서 그가 마음만 먹으면 정식 승려로서 승과에 합격하여 청허 휴정이나 사명 유정 같은 고승으로 활동할 수 있었을 것이다. 하지만 이이는 1년 만에 산에서 내려와 스스로 경계하는 내용의 「자경문(自警文)」을 짓고 다시 유학 공부에 전념하였다. 그는 1558년부터 1564년까지 실시된 세 번의 과거시험에서 모두 1등을 했으며 이후 고위 관직을 역임하고 경세론(經世論) 및 이기론(理氣論)을 펼치며 명성을 떨쳤다. 그런 그가 제시한 리와 심, 사를 아우르는 종합적 교육방안은 유교와 불교를 모두 접한 경력과도 관련이 있을 것이다. 이이와 청학이 제시한 교육과정의 구조와 방향이 크게 다르지 않다는 점에서 이학(理學: 유교)과 심학(心學: 불교)이 공존하는 시대성을 엿볼 수 있다.

17세기 전반에는 시대정신에 부합하는 정통주의적 법통이 확립되어 조선 불교의 선종으로서의 정체성을 찾을 수 있었다. 이와 함께 '전통'의 계승과 창출이라는 시대적 과제를 담은 이력과정이 확립되었다. 불교의 수행과 사상 전통은 당연히 선과 교를 포괄하는 것이었고, 따라서 선과 교를 포괄하는 교육과정이 만들어지게 된 것이다. 이력과정을 위주로 한 강학 교육은 조선후기를 거쳐 오늘날까지 이어져왔다. 18세기의 대표적 사례를 들자면 월파 태율(月波兌律: 1695-1775)은 사집과에 이어 『원각경』, 『능엄경』, 『기신론』 등 사교과를 수료하였고 대교과의 『화엄경』과 화엄교학, 『선문염송』을 여러 스승에게 배웠다.[31] 또 전라도 대둔사(大芚寺)의 12대 종사인 연담 유일(蓮潭有一: 1720-1799)은 20세 때부터 당대의 10대 법사로 손꼽힌 이들에게 사집, 사교, 대교 과정의 경서를 순차적으로 배웠다.[32] 나아가 최근까지도 전통 강원에서는 승려 교육에서 이력과정 교과목을 그대로 써왔다. 이처럼 선과 교를 겸수하는 승려 교육과정은 조선 불교의 전통이 형성된 17세기 전반부터 400년이나 이어져왔다.

불서의 간행과 주석서의 찬술

조선시대 불서의 간행은 15세기까지는 국가와 왕실이 주도하였고 16세기 이후는 사찰판 목판본이 주종을 이루었다. 15세기에 왕실 및 관판 목판과 활자본이 84종임에 비해 사찰판 목판은 64종이었는데 이후 사찰판은 16세기에 301종, 17세기에 319종으로 크게 증가하였다는 연구에서 그러한 경향을 읽을 수 있다.[33] 조선후기에는 정조의 명으로 만들어진 사찰 자료인 『범우고(梵宇攷)』 등 필사본 서책도 있지만 왕실의 후원하에 만들어진 불서도 대부분 사찰에서 판각되었다. 17세기에 가장 많은 불서가 간행된 것은 임진왜란 등 전란으로 인해 사찰의 판목 및 판본이 많이 소실되었고, 반면 법맥을 중심으로 한 문파의 형성과 경제적 기반의 재구축, 승려 교육체계의 정비 등을 통해 그 수요가 늘었고 불서의 대대적 판각이 필요해진 것에서 그 원인을 찾을 수 있다. 또한 17세기 이후에는 승려의 문집 간행이 앞 시기에 비해 현저하게 늘어나는데 이는 유학자의 문집 간행이 일반화된 시대적 상황과 관련이 있다.

한편 16세기 불교는 중종 전반기의 승정체제 혁파와 명종대의 양종 복립, 선조대의 존립 모색기로 시기별로 이해되어왔다. 불서의 간행 경향에서는 중종 후반기인 1530년대 이후 사찰판 불서 간행이 급증하는 양상을 보인다. 이 시기에 간행된 불서로는 『법화경』, 『금강경』, 『부모은중경(父母恩重經)』 등의 경전, 수륙재 관련 의식집, 몽산 덕이(蒙山德異)의 저술, 승려 이력과정에 해당하는 책들을 들 수 있다. 이는 대중적 수요가 컸던 불경과 불교 의식집, 당시의 수행 기풍을 반영한 선 서적과 승려 교육을 위한 서책들이었다. 16세기 후반은 성리학의 보급에 따라 성리서와 입문서의 편찬과 유통이 확대된 시기였고 이러한 출판 증가의 시대적 조류가 불서 간행 경향에서도 그대로 나타나고 있다.[34] 대상을 좁혀서 16세기부터 17세기에 걸쳐 간행된 불서 가운데 이력과정 관련 서책(경전 제외)을 중심으로 유형화해 정리하면 〈표 2〉와 같다.[35]

16-17세기의 불서 간행에서는 승려 교육과정인 이력과정의 정비와 함께 해당 교재의 간행이 빈번해졌다. 이력과정의 정비는 청허 휴정과 그 문도들에 의해 주도되었고 청허계는 물론 부휴 선수의 부휴계 모두에서 수용되었다. 이력과정의 완성을 보여주는 첫 기록인 영월 청학의 「사집사교전등염송화엄」에는 사집과, 사교과, 대교과의 구성과 내용이 체계적으로 설명되어 있다.[36] 그런데 이력과정의 책들은 이전부터 중시된 것들이었고 특히 사집과는 16세기 전반에 이미 그 체계를 갖춘 것으로 추정된다. 한편 이력과정의 입문단계에 해당하는 사미과(沙彌科)의 서책들도 16세기부터 빈번히 간행되어 교육과정에서 활용되었을 가능성이 크다. 즉 16세기 후반에 『계초심학인문(誡初心學人門)』, 『발심수행장(發

心修行章)』, 『자경문(自警文)』이 합편되어 간행되었다.[37] 한참 후인 19세기 우담 우행(優曇禹行)의 행장에서 지눌의 『초심장(初心章)』, 원효의 『발심장(發心章)』, 야운(野雲)의 『자경장(自警章)』을 읽은 후 사교과를 배웠다고 한 것에서 보듯이[38] 사미과 교육도 조선후기 내내 이어져왔다.

〈표 2〉 16-17세기 간행 이력과정 관련 서책

과정	서명	간행년(간행지)
사집과	선원제전집도서	1576(속리산 관음사), 1579(지리산 신흥사), 1606(계룡산 율사), 1608(조계산 송광사), 1579(지리산 신흥사), 1635(태인 용장사), 1647(청송 보현사), 1680(묘향산 보현사), 1681(울산 운흥사), 1701(문경 봉암사)
	법집별행록절요사기	1570(해주 신광사), 1588(청도 운문사), 1608(송광사), 1628(삭녕 용복사), 1633(안변 석왕사), 1635(태인 용장사), 1647(청송 보현사), 1681(울산 운흥사), 1686(낙안 징광사)
	대혜서장	1568(장흥 천관사), 1604(능인암→쌍계사), 1630(성천 영천사→묘향산), 1635(태인 용장사), 1647(청송 보현사), 1681(울산 운흥사)
	고봉선요	1501(가야산 봉서사), 1525(문경 심원암), 1565(은진 쌍계사), 1604(하동 쌍계사), 1609(조계산 송광사), 1628(삭녕 용복사), 1633(안변 석왕사), 1634(천관사), 1635(태인 용장사), 1681(울산 운흥사), 1686(낙안 징광사)
사교과	금강경오가해	1525(황주 심원사), 1537(금산 신안사), 1634(안변 석왕사), 1679(울산 운흥사)
	금강경간정기회편	1686(낙안 징광사)
	법화경요해	1572(무위사), 1660(은진 쌍계사)
	대승기신론	1636(대흥사)
	대승기신론소	1680(울산 운흥사), 1681(곡성 태안사)
	대승기신론필삭기회편	1695(쌍계사)
대교과	십지경론	1635(송광사)
	화엄경소	1661(경상도 영각사)
	화엄현담회현기	1695(지리산 쌍계사)
	경덕전등록	1568(순안 법흥사), 1573(순안 법흥사), 1614(은진 쌍계사)
	선문염송집	1568(순안 법흥사), 1636(보성 대원사)
	선문염송설화	1685(안주 고묘불당)

조선후기 이력과정의 체계적 시행은 많은 자료에서 확인된다. 시기별로 대표적 사례를 간추려보면, 먼저 17세기에 활동한 월봉 책헌(月峯策憲)의 경우 지눌이 징관의 『화엄소(華嚴疏)』를 인용한 의도 등을 설명하면서 선과 교의 일치를 주장하고 사집과와 사교과를 함께 언급하였다.[39] 18세기에는 월파 태율(月波兌律)이 사집과에 이어 『원각경』, 『능엄경』, 『기신론』 등 사교과를 수료하고 『화엄경』과 현의(玄義: 현담), 『선문염송』을 여러 스승에게 두루 배웠다고 하며,[40] 대둔사의 12대 종사인 연담 유일도 당대의 10대 법사에게 사집, 사교, 대교의 경서를 순차적으로 학습하였다.[41] 또한 1778년(정조 2) 왕명에 의해 조사된 『누판고(鏤板考)』의 석가류(釋家類) 책판에 묘향산 보현사에 소장된 『대혜서』, 『고봉선요』, 『금강경』, 『원각경』, 『능엄경』, 『기신론』, 『화엄경』, 『전등록』 등의 책명이 확인된다.[42] 이는 18세기 후반에도 이력과정 서책의 수요가 컸고 널리 유통되고 있었음을 보여준다.

다음으로는 조선후기 간행 불서 가운데 17세기에 판각된 중국 불교사서의 유통에 대해 살펴본다. 먼저 『석씨원류(釋氏源流)』는 1673년(현종 14) 양주 불암사(佛巖寺)에서 간행된 4권 8책의 책으로 서문에는 중국의 보성(寶成) 찬술로 되어 있다. 부처의 일대기와 교화, 중국으로의 불교 전래와 전개 과정을 400항목에 걸쳐 삽화와 해설로 엮은 책이다. 처음에는 1486년 명나라 헌종의 서문이 나오고 이어 당의 왕발(王勃)이 쓴 『석가여래성도응화사적기(釋迦如來成道應化事蹟記)』가 수록되었다. 본문은 석가수적(釋迦垂迹), 석가인지(釋迦因地) 순으로 시작되는데 중국불교의 경우 임제종과 같은 특정 종파에 치우치지 않은 비교적 객관적인 불교사 인식이 드러나 있다.[43] 권3-4에는 신라의 자장(慈藏)과 의상(義湘), 고려 의통(義通) 등의 사적이 실려 있다. 이 불암사본에는 1672년 이해(李瀣)의 서문과 1673년 백곡 처능(白谷處能)의 발문이 붙어 있다. 여기에서는 1631년(인조 9) 정두원(鄭斗源)이 명에 사신으로 갔다가 승려 대겸(大謙)에게 책을 얻어와 금강산 백운암(白雲庵)에 두었고 이를 사명 유정(四溟惟政)의 법손 춘파 쌍언(春坡雙彦)의 유촉에 의해 유점사(楡岾寺) 출신 승려가 간행하였다고 밝히고 있다. 한편 선운사(禪雲寺)본 『석씨원류응화사적(釋氏源流應化事蹟)』도 현존하는데 이는 사명 유정이 일본에 사행을 갔다가 가져온 중국 초간본 계통 복각본으로 1648년(인조 26)에 재차 간행되었다.

비슷한 시기인 1655년에는 왕발의 『석가여래성도응화사적기』에 대해 당의 도성(道誠)이 주석한 『석가여래성도기주(釋迦如來成道記註)』가 지리산 연곡사(燕谷寺)에서 간행되었다. 또 고려시대 운묵(雲默)이 찬술한 『석가여래행적송(釋迦如來行蹟頌)』도 1643년 삭녕 용복사(龍腹寺)에서 판각되는 등 당시 불교사에 대한 관심이 매우 높았음을 볼 수 있다.[44] 17세기 전반은 조선 불교의 정체성을 표명한 법통설이 제기되어 공론화된 시기로서 17세기 중반 무렵 이와 같은 불교사 관련 책들이 다수 간행된 점은 주목되는 현상이다.

편양 언기의 문손 월저 도안(月渚道安)은 1688년 묘향산 보현사에서 「불조종파지도(佛祖宗派之圖)」를 작성하였는데, 이는 원래 나옹 혜근의 제자 무학 자초(無學自超)가 편찬한 「불조종파지도」에 기초한 것이지만 법통설의 변화상을 반영해 혜근 대신 태고 보우를 넣고 그 법맥을 청허 휴정까지 연결시킨 것이다. 즉 임제태고법통에 의해 계보를 새로 짜넣은 것으로 과거 6불과 부처, 인도의 28조사, 중국의 6조사에 이어 선종의 5종 가운데 임제종을 정통으로 보고 이를 태고 보우가 전하였다는 내용이다. 임제태고법통은 이후 『해동불조원류(海東佛祖源流)』(1764)를 비롯한 다수의 불교사서에 계승되었고 조선후기 불교의 공식 법통으로 권위를 획득하였다. 이처럼 17세기는 불교계가 선종, 특히 임제종의 정체성을 대내외에 표명하는 법통의 정립을 위해 매진한 시기로서, 사명문파에 의한 『석씨원류』의 간행은 편양파 등 문파간의 경쟁의식과 불교사에 대한 당시의 높은 관심을 보여주는 사례로 볼 수 있다.

겸재 정선이 그린 낙산사
의상이 창건한 사찰이다

한편 중국에서 판각된 불서의 우연한 전래로 인해 18세기에는 강학이 활성화되고 교학 연구가 진전되면서 이력과정 교재를 중심으로 하여 주석서인 사기(私記)의 저술이 빈번해졌다. 중국 불서의 전래는 우연한 사건으로 이루어졌는데, 1681년 6월 전라도 임자도에 풍랑으로 좌초한 중국 상선이 표착하였고 그 안에 다량의 불서가 실려 있었다. 표류해온 중국 선박은 일본의 황벽판일체경(黃檗版一切經: 철안판(鉄眼版)) 판각을 위해 가흥대장경(嘉興大藏經)의 간인본을 싣고 일본으로 가던 무역선이었다. 가흥장은 1589년부터 약 100년간에 걸쳐 인각된 대장경으로, 기존의 대장경이 국가에서 주도한 두루마리 형식의 권자본이나 절첩장 형식이었던 것과 달리 민간 차원에서 10행 20자 책자 형태의 방책본으로 만들어져, 읽고 보관하기 쉽게 되어 있다. 판각 비용의 마련을 위해 간인된 인쇄본을 판매하였는데, 일본으로 수출되던 한 질의 가흥대장경이 태풍에 의해 조선에 예기치않게 유입된 것이다.[45]

표류선에 있던 불서 중 1천여 권은 나주 관아에서 수습하여 일차로 조정에 보내졌고 숙종의 명에 의해 남한산성(南漢山城) 개원사(開元寺)에 보관되었다. 그 외의 불서들은 인근 사찰에서 수습하여 보관하였는데,[46] 이를 부휴계의 적전인 송광사(松廣寺)의 백암 성총(栢庵性聰: 1631-1700)이 수집, 정리하여 낙안 징광사(澄光寺)와 하동 쌍계사(雙溪寺) 등에서 197권 5천여 판을 판각하여 배포하였다. 성총은 그 간행 경위에 대해, 배에 실려온 불서의 태반이 조정에 유입되었고 능가사(楞伽寺), 소요사(逍遙寺), 선운사(禪雲寺) 등 여러 사찰에서 책을 구해 보관하였는데 자신이 400여권을 얻었다고 밝혔다.[47] 한편 "청나라의 태학사(太學士) 명주실각라(明珠室覺羅)가 1679년 중국 천불사(千佛寺)에서 대장경을 인출하였는데 1681년에 불서가 도래한 것은 그의 법시(法施)의 여력"이라는 18세기 후반의 기록에서,[48] 유입된 대장경에 대해 당시에도 가흥장 계통으로 인식하였음을 알 수 있다. 성총이 간행한 불서는 〈표 3〉과 같이 모두 12종이었

〈표 3〉 백암 성총의 간행 불서

불서명	간행년	간행지	가흥장	비고
정토보서(淨土寶書)	1686		없음	속장의 정토서적을 성총이 편집 간행
금강경간정기회편(金剛經刊定記會編)	1686		續藏	사교과
사경지험기(四經持驗紀)	1686		속장	사교과
대혜보각선사서(大慧普覺禪師書)	1686	징광사	正藏	사집과
법집별행록절요(法集別行錄節要)	1686		없음	사집과
선원제전집도서(禪源諸詮集都序)	1686		없음	사집과 가흥장 체제와 차이
고봉화상선요(高峰和尙禪要)	1686		없음	사집과
대명삼장법수(大明三藏法數)	1690	운흥사, 정혜사, 영은사	속장	
화엄경소초(華嚴經疏鈔)	1690 1700	징광사 대원암, 범어사	정장	대교과
화엄현담회현기(華嚴玄談會玄記)	1695		정장	대교과
치문경훈(緇門警訓)	1695	쌍계사	정장	성총의 주석
기신론필삭기회편(起信論筆削記會編)	1695		정장	사교과

는데 이 가운데 9종이 이력과정의 사집, 사교, 대교와 관련된 서책이었다.[49]

성총이 간행한 불서는 이력과정, 그리고 선과 교, 염불의 삼문과 관련된 것으로 이는 당시의 승려교육 및 수행체계, 나아가 서책의 수요를 반영한 것이다. 이력과정의 책들 중 사집과의 『도서』는 성총 외에도 1694년 은우(隱遇)가 창평 용흥사(龍興寺)에서, 1701년 상봉 정원(霜峯淨源)이 문경 봉암사(鳳巖寺)에서 가흥장본을 간행하였을 정도로 큰 주목을 받았다.[50] 중국의 최신 교감성과를 담은 이들 서책의 간행으로 교학 이해의 심화와 강학의 활성화가 이루어졌고 주석서이자 강의안인 사기 저술의 성행을 가져왔다. 특히 주목할 점은 화엄 이해의 비약적 진전과 다수의 사기(私記) 찬술이었다. 17세기 말 성총의 화엄 관련 주석서 간행 이전에는 화엄에 대한 정밀한 사기가 나오지 않았고 따라서 화엄교학 이해의 구체적 수준 또한 알려져 있지 않다. 그러나 가흥장에 들어 있던 징관(澄觀)의 『화엄경소초(華嚴經疏鈔)』와 원대의 화엄 현담(玄談) 주석서 『화엄현담회현기(華嚴玄談會玄記)』가 간행되면서, 새로운 국면으로 접어들었고 이는 18세기 화엄교학의 중흥을 낳았다. 18세기는 화엄을 필두로 한 이력과정 서책에 대한 사기가 다수 찬술되는 등 교학의 전성시대가 열렸다. 다음의 〈표 4〉는 조선후기 찬술 사기를 저자의 생년 순으로 정리한 것인데,[51] 사기는 대체로 18세기에 집중되었고 주로 이력과정의 교재를 대상으로 하였으며 특히 성총의 『화엄소초』 간행을 계기로 화엄 사기의 비중이 컸음을 볼 수 있다.

18세기 강학의 활성화와 교학연구의 진전을 배경으로 19세기에는 선의 분류를 둘러싼 이론적 논쟁이 펼쳐졌다. 이는 백파 긍선(白坡亘璇)과 초의 의순(草衣意恂) 간의 선 전통에 대한 입장 차이에서 비롯되었다. 앞서 긍선은 『선문수경(禪文手鏡)』에서 선을 조사선(祖師禪), 여래선(如來禪),

〈표 4〉 조선후기 찬술 사기

〈계파〉저자	주석 대상	서명 (권수)	현존	비고
〈부〉벽암 각성 1575-1660	간화결의론 도서	『간화결의(看話決疑)』 『선원집도중결의(禪源集圖中決疑)』	× ×	私記
〈부〉모운 진언 1622-1703	화엄	『화엄품목문목관절도(華嚴品目問目貫節圖)』1	○	科圖
〈편〉상봉 정원 1627-1709	도서 절요 화엄	『도서분과(都序分科)』2 「절요과문(節要科文)」 『화엄일과(華嚴逸科)』	○ △ ×	科文

〈계파〉저자	주석 대상	서명 (권수)	현존	비고
〈부〉백암 성총 1631-1700	사교과 치문경훈 정토보서	『기신론필삭기회편(起信論筆削記會編)』4 『사경지험기(四經持驗記)』4 『치문경훈주(緇門警訓註)』3 『정토보서(淨土寶書)』1	○ ○ ○ ○	會編
〈편〉월저 도안 1638-1715	화엄	『화엄경음석(華嚴經音釋)』	×	音釋
〈부〉석실 명안 1646-1710	반야심경	『반야심경약소연주기회편(般若心經略疏連珠記會編)』2	○	회편
〈편〉설암 추붕 1651-1706	도서 절요	『도서과평(都序科評)』2 『절요사기(節要私記)』	○ ×	科評
〈편〉환성 지안 1664-1729		『선문오종강요(禪門五宗綱要)』1	○	著作
〈부〉회암 정혜 1685-1741	도서 절요 사교과 화엄	『선원집도서착병(禪源集都序著柄: 都序科記)』2 『별행록사기화족(別行錄私記畵足: 節要私記解)』1 『제경론소구절(諸經論疏句節)』 『화엄경소은과(華嚴經疏隱科)』	○ ○ × ×	사기 과문
〈편〉함월 해원 1691-1770	절요	『법집별행록사기증정(法集別行錄私記證正)』	×	
〈편〉설파 상언 1707-1791	화엄	『화엄십지품사기(華嚴十地品私記: 雜貨腐)』9 『화엄청량소은과(華嚴淸凉疏隱科)』 『구현기(鉤玄記)』	○ × ×	사기 과문 사기
〈부〉묵암 최눌 1717-1790	사교과 화엄	『제경문답반착회요(諸經問答盤錯會要)』1 『화엄품목과도(華嚴品目科圖)』1	○ ×	사기 과도
〈편〉연담 유일 1720-1799	사집과 사교과 대교과	『도서사기(都序私記)』1, 『절요사기(節要私記)』1 『원각사기(圓覺私記)』2 『서장사기(書狀私記)』, 『선요사기(禪要私記)』 『기신사족(起信蛇足)』, 『금강하목(金剛蝦目)』 『능엄사기(楞嚴私記)』, 『제경회요(諸經會要)』 『대교유망기(大敎遺忘記)』, 『현담사기(玄談私記)』 『염송착병(念頌着柄)』	○ ○ △ △ △ △ △	△ 필사본 유통 가능성
〈편〉인악 의첨 1746-1796	사집과 사교과 대교과	『화엄십지품사기(華嚴十地品私記: 雜貨記)』16 『서장사기(書狀私記)』, 『능엄사기(楞嚴私記)』, 『기신사기(起信私記)』, 『금강사기(金剛私記)』 『원각사기(圓覺私記)』 『화엄사기(華嚴私記)』, 『염송기(拈頌記)』	○ ▲ ▲ ▲ ▲	▲ 필사본 존재
〈편〉도봉 유문	법성게	『법성게과주(法性偈科註)』1	○	과주 (科註)

*〈편〉편양파, 〈부〉부휴계

의리선(義理禪)의 3종으로 분류하고 앞의 조사선과 여래선은 격외선(格外禪), 뒤의 의리선에 대해서는 교학과 문자의 습기를 벗어나지 못한 낮은 단계로 규정하였다.[52] 이에 대해 의순은 『선문사변만어(禪門四辨漫語)』에서 근기의 우열에 따라 선을 차등화하는 것은 잘못이라고 비판하고 사람을 기준으로 조사선과 여래선, 법을 기준으로 격외선과 의리선으로 방편상 구분하는 것이 전통적 통설이라고 주장하였다.[53] 이후 의순의 설을 지지한 우담 홍기(優潭洪基)의 『선문증정록(禪門證正錄)』, 긍선의 문손으로 그를 옹호한 설두 봉기(雪竇奉琪)의 『선원소류(禪源溯流)』, 축원 진하(竺源震河)의 『선문재정록(禪門再正錄)』이 연이어 나오면서 논쟁이 확산되었다.[54] 19세기 선 논쟁에서는 이력과정 교재에 대한 강학과 주석의 성과를 바탕으로 임제삼구(臨濟三句)와 선의 분류, 선(간화선)과 교(화엄)의 관계 등에 대한 심도 있는 논의가 이루어졌다. 특히 18세기 화엄교학의 성행을 배경으로 조사선과 화엄의 위상을 어떻게 정립할 것인지가 문제가 되었고 이는 조선후기 불교의 정체성과 직결된 주제였다.

이 시기에 이러한 논쟁이 가능했던 이유로 이력과정에 포함된 선종 서적의 학습과 연구가 선행된 점을 간과할 수 없다. 당시 선 논쟁에서는 고려 말에 나온 『선문보장록(禪門寶藏錄)』, 『선문강요집(禪門綱要集)』, 환성지안(喚醒志安)의 『선문오종강요(禪門五宗綱要)』 등 전통적인 선종 주석서가 주로 인용되고 있다. 이와 함께 이력과정의 사집과 교재도 중시되었는데 그중 『서장』에 대한 사기를 통해 당시 선 이해의 경향과 수준을 엿볼 수 있다. 『서장』에 대한 사기는 연담 유일과 인악 의첨의 것이 유명한데, 그간 알려지지 않았던 영남지역의 필사본 『서장사기』의 예를 들어본다.[55] 이 『서장사기』의 설주(說主)는 경운(景雲)대화상이며 삼현회(三賢會), 원각회(圓覺會), 반야회(般若會), 능엄회(楞嚴會) 등 이력과정과 관련 있는 강회의 명칭과 소속 승려의 이름이 기재되어 있다. 경기도 양주, 경상도 팔공산 지역 사찰의 승려들이 중심이며 안성 청룡사(靑龍寺), 순천 선암사(仙

岩寺), 동래 범어사(梵魚寺)의 승려도 들어 있다. 정확한 필사 시기는 알 수 없으며 무오년 대승화엄정사(大乘華嚴精舍: 문경 대승사)와 정사년 문경 김룡사(金龍寺) 대성암(大成庵)에서 필사되었다.[56] 본서에서는 사집과의 『고봉선요』가 '현중현(玄中玄) 구중현(句中玄)'을 갖추었고 『대혜서장』은 '체중현(体中玄) 구중현(句中玄)'을 잘 드러내었으며 고봉이 다정(多定)함에 비해 대혜는 다혜(多慧)하다고 평가하였다. 또한 보조 지눌이 대혜의 글에서 깨우침을 얻어 『간화론(看話論)』과 『(법집별행록)절요기(節要記)』를 찬술하였고 임제 선의 요체를 얻었다고 보았다.[57]

한편 선 논쟁이 진행 중이던 19세기 중반에는 그동안 많이 주목되지 않았던 천태(天台) 관련 서적이 선학 입문서의 이름으로 나왔다. 거사인 월창(月窓) 김대현(金大鉉: ?-1870)이 1855년(철종 6)에 편술한 『선학입문(禪學入門)』은 천태의 지관(止觀) 수행법을 설명한 천태 지의(天台智顗)의 『석선바라밀차제법문(釋禪波羅蜜次第法門)』 10권을 3분의 1로 요약하여 발췌한 것으로 2권 1책으로 간행되었다. 조선후기 불교의 선교겸수적 특성을 고려할 때 교학과 관행을 겸비한 천태의 수행방식이 다시 주목된 것은 큰 의미가 있다. 김대현은 또 수신(修身)과 수행법, 불교 개념 등을 88개 항목으로 정리한 『술몽쇄언(述夢瑣言)』을 지었는데 이는 꿈과 깨달음을 이원적으로 대비시켜 설명한 불교입문서이다.[58] 이 책들은 천태학의 재발견을 통한 실천수행의 모색, 불교입문과 교양수신서의 필요성이라는 점에서 시대적 함의를 가진다. 이전 시기에 보이지 않던 이러한 새로운 경향의 불서 출현은 19세기 조선의 시대 상황을 반영한 것이다.

이뿐 아니라 19세기 후반 이후 불교 전적이 국제적으로 유통되면서 다량의 중국 불서가 국내에 유입되었다. 이는 당시 중국에서 불교 문헌의 대규모 편찬사업이 일어난 것과 관련이 있다. 중국에서는 근대 거사불교의 대표자인 양원후이(楊文會: 1837-1911)가 1866년 난징(南京)에 설립한 금릉각경처(金陵刻經處)를 중심으로 불서의 대대적 간행이 이루어졌다.[59]

그 여파는 조선에도 미쳐서 19세기 후반과 20세기 초에 중국에서 새로 간행된 불서들이 다수 들어왔다. 현재 국립중앙도서관 소장 중국 고서 중 경부(經部)와 사부(史部)의 경우 청나라 말기인 1875년부터 1911년까지 간행된 책이 206종이고 1912년 민국(民國) 이후 시기가 241종으로 간년 미상의 321종을 포함한 전체 1,030종 가운데 1875년 이후 것이 447종이나 된다. 이는 16세기 이후 약 400년의 기간 동안 19세기 말과 20세기 초 고서의 비중이 약 43%에 달하는 것으로 근대기에 중국에서 나온 서책의 유입이 매우 활성화되었음을 볼 수 있다. 자부(子部)의 석가류(釋家類)에 들어 있는 불서의 수도 74종에 이른다.[60] 이 중 역관이자 개화사상가, 금석학자인 오경석(吳慶錫: 1831-1879)의 아들이자 3.1운동의 민족지도자로 참여한 오세창(吳世昌: 1864-1953)이 소장했던 국립중앙도서관 위창(葦滄)문고의 서책 몇 종을 대상으로 근대기 중국 불서의 유입 실태와 특징을 살펴본다.

19세기 후반 이후 새로 간행된 다양한 종류의 중국 불서가 조선에 유입되었는데, 당시 들어온 책들이 조선의 불서 간행에 어떤 영향을 미쳤는지는 많은 조사와 분석이 필요하지만, 영향을 미쳤을 개연성은 충분하

〈표 5〉 국립중앙도서관 위창문고의 중국 불서 사례

서명	편저자	발행년, 발행지	소장기호	비고
불경유통소유판경목(佛經流通所有板經目)		20세기 초 江蘇 天甯寺佛經流通處	위창古027-3	불전 목록
석가보(釋迦譜)	승우(僧祐)	1908, 武昌	위창古173-7	부처 일대기
대장경(大藏經)		1909-1913, 上海 頻伽精舍	위창古1741-2	선종부
불학소사전(佛學小辭典)	손조열(孫祖烈)	1919, 上海 醫學書局	위창古1703-5	불교개념사전
종감지요(宗鑑指要)	가릉음(迦陵音)	1919, 長沙上林寺刻經處	위창古1711-1	선종서적
양인산거사별전(楊仁山居士別傳)		1911 이후	위창古1725-5	양문회 전기

다. 1883년 해인사(海印寺)에서 간행된『명승집설(名僧集說)』은 지눌의『계초심학인문』, 원효의『발심수행장』, 야운의「자경서(自警序)」, 그리고 조선시대에 만들어진 위경『불설상법멸의경(佛說像法滅義經)』을 합편한 것으로 승려교육의 입문과정인 사미과의 서책이 주종을 이룬다.[61] 이에 비해 같은 해에 감로사(甘露社)에서 간행된『법해보벌(法海寶筏)』에는 다수의 중국 불서가 수록되어 있다.[62] 여기에는 달마(達磨)의 관심론(觀心論)과 혈맥론(血脈論), 승찬(僧璨)의 신심명(信心銘), 홍인(弘忍)의 최상승론(最上乘論), 황벽 희운(黃檗希運)의 전심법요(傳心法要)와 완릉록(宛陵錄)에 이어 지눌의 저술로 진심직설(眞心直說)과 수심결(修心訣)을 담았고 끝에 박산 무이(博山無異)의 선경어(禪警語)가 붙어 있다. 김대현의 제자이자 앞에서 언급한『술몽쇄언』의 발문을 쓴 보광거사(葆光居士) 유운(劉雲)이 이 책의 서문을 썼는데, 연방도인(蓮舫道人)이 선교일치의 관점에서 불조(佛祖)의 마음에 계합하기 위해 이를 간행한다고 밝히고 있다.

이『법해보벌』의 구성에서 몇 가지 흥미로운 점을 찾을 수 있다. 첫째, 1799년 송광사에서『수심결(修心訣)』과 함께 간행된『진심직설(眞心直說)』이 여기에 수록되면서 지눌의 저술로 공식적으로 알려지게 되었다는 점이다.『진심직설』은 20세기 초에 나온『선문촬요(禪門撮要)』에도 지눌의 책으로 편입되었고 최근까지도 지눌의 저술로 오인되어 왔다.[63] 둘째, 본서는 한국 근대선의 중흥조 경허 성우(鏡虛惺牛)가 펴낸『선문촬요』의 구성에 영향을 미친 선구적 편성이라는 점에서 가치가 있다. 셋째, 본서에 수록된 황벽 희운의『전심법요』와『완릉록』은 앞에서 살펴본 빈가정사 교간본 대장경 선종부에 포함되어 있어 양자의 계통 및 관계가 주목된다. 또 박산 무이『선경어』는 가흥대장경의『박산무이대사어록집요(博山無異大師語錄集要)』와 근대 중국에서 간행되어 조선에 유입된『박산무이대사어록』이 함께 전하고 있어 비교검토가 필요하다.[64]

이어서『선문촬요』가 1907과 1908년에 운문사, 범어사에서 2권본으로 편찬, 간행되었다. 상권은 혈맥론(血脈論), 관심론(觀心論), 사행론(四行論), 최상승론(最上乘論), 완릉록(宛陵錄), 몽산법어(蒙山法語), 선경어(禪警語)로 되어 있다. 또 하권은 수심결(修心訣), 진심직설(眞心直說), 정혜결사문(定慧結社文), 간화결의(看話決疑), 선문보장록(禪門寶藏錄), 선문강요집(禪門綱要集), 선교석(禪敎釋)이 수록되어 있다. 구성을 보면 상권은 1조 달마, 5조 홍인, 그리고 황벽 희운, 몽산 덕이 등 중국 선승의 저술을 수록하였고 하권은 지눌, 천책(天頙), 환성 지안, 청허 휴정 등 한국 선사들의 저술을 모아놓았다.[65] 특히 상권의 중국 찬술 불서의 경우 성총이 모아 간행한 가흥대장경판 불서에는 들어 있지 않아, 근대에 중국에서 간행되어 유입된 불서 판본일 가능성이 높다.

한국에 현존하는 불서의 판각 시기를 보면 대부분 조선 중후기에 이루어졌고, 승려 문집 등 조선 승려의 저술과 함께 중국에서 찬술, 판각된 불서도 지속적으로 간행되었다. 조선후기에는 선과 교, 염불이 모두 수행방안으로 인정되면서 다양한 주제를 포괄하는 많은 저술들이 나왔다. 또 신앙 수요와 교단의 조직화 정도를 반영하여 다라니 진언, 의례 작법 관련 서책도 대거 편찬되었다. 강학의 활성화를 배경으로 승려 교육과정의 교재가 빈번히 간행되고 화엄을 필두로 한 사기의 저술이 성행하였다. 특히 17세기 말 가흥대장경의 복각과 19세기 후반 이후 중국 불서의 유입은 조선 불교계에 큰 영향을 미쳤다. 이처럼 근세에도 동아시아 차원에서 새로운 지식정보와 사상 사조, 서책의 유통이 끊임없이 이루어졌고 이를 통해 불교문화권의 공통 정체성이 형성되었다.

2. 교학 전통의 새로운 조명: 화엄과 『기신론』

화엄 강학과 사기(私記) 저술

조선후기 불교의 방향성을 제시한 청허 휴정은 간화선 우위의 선교겸수를 수행방안으로 제시하였다. 그는 불설(佛說) 3구(句)의 1구를 선을 비밀리에 전수한 삼처전심(三處傳心)으로 보고, 2구를 화엄방편(華嚴方便), 3구를 일대소설(一代所說)이라고 하였는데,[66] 화엄을 특별히 중시하는 모습을 보이지는 않는다. 그렇지만 조선전기 교종 승과시험의 과목이었던 『화엄경』은 당시에도 가장 중요한 경전으로 높은 위상을 가졌고 이력과정의 최고 단계인 대교과에 들어갔다. 휴정의 적전제자라 할 수 있는 사명 유정은 「화엄경발(華嚴經跋)」을 썼고 그 후손 허곡 나백(虛谷懶白)은 화엄일승(一乘)의 법문을 설하여 후학을 양성하였다.[67] 또 휴정의 말년 제자 편양 언기는 휴정과 유정을 징관(澄觀), 종밀(宗密), 영명 연수(永明延壽)에 견주어 높이 평했는데, 이들은 중국 화엄종의 조사이거나 선교겸수를 주창한 이였다.[68]

편양 언기는 『화엄경』을 직접 간행하였는데, 『화엄경』 등 경전의 주석서가 기준이 없고 산만할 뿐 아니라 판본에 결락이 많고 온전하지 못함을 평소 아쉽게 여겨서 제자 풍담 의심(楓潭義諶: 1592-1665)에게 교정을 부탁하였다.[69] 의심은 스승의 뜻을 이어 화엄 등의 오류를 바로잡아 살피고 종지를 드러내 밝혔다고 하는데, 실제 『화엄경』에 대한 음석(音釋)이 이루어진 것은 그의 제자이자 화엄종사(華嚴宗師)로 불린 월저 도안(月渚道安: 1638-1715) 때였다.[70] 휴정의 동문이었던 부휴 선수 계통인 부휴계에서도 일찍이 화엄교학에 대한 관심이 높아서, 고한 희언(孤閑熙彥)은 선수에게 직접 법성원융(法性圓融)의 뜻을 들었고,[71] 선수의 적전인 벽암 각성(碧巖覺性: 1575-1660)은 봉림대군(鳳林大君: 효종)과 '화엄종요(華嚴宗要)'를 문답하기도 하였다.

그러나 17세기 중반까지 『화엄경』에 대한 본격적인 주석서가 나오지 않았고 강학을 통해 화엄교학이 전수되기는 했지만 그 이해 수준을 알 수 있는 구체적 자료는 남아 있지 않다. 그런데 18세기 이후가 되면 화엄 강학이 각지에서 성행하였고 주석서인 사기(私記)의 저술도 급증하여 '화엄의 중흥'이라고 할 만한 상황이 도래하였다. 이러한 변화는 아주 우연한 사건에서 비롯되었는데, 1681년 전라도 임자도에 사람은 없고 수많은 불서만 실린 중국 상선이 표착한 것이 계기가 되었다. 이때 상태가 좋은 책들은 서울로 옮겨져 남한산성의 개원사(開元寺)에 보관되었고 숙종이 승지 임상원(任相元)에게 『유마경(維摩經)』에 대해 묻는 등 불서의 표착은 당시 큰 화제가 되었다.[72] 불교계에서는 부휴계의 백암 성총이 배에 실려온 나머지 서책들을 입수하여 1695년까지 전라도 징광사(澄光寺)와 쌍계사(雙溪寺)에서 197권 5천여 판을 대대적으로 간행하여 유포시켰다.[73]

백암 성총은 당시 여러 사찰에서 책을 구해 보관하고 있었는데 자신이 400여 권을 얻어서 간행하게 되었음을 밝혔다.[74] 이 책들은 1679년 중국 천불사(千佛寺)에서 인각된 대장경으로 1589년부터 1677년까지 조성된 경산장(徑山藏: 가흥장(嘉興藏))본이다.[75]

조선에 전래된 불서에는 명의 평림(平林) 섭기윤(葉棋胤)이 교정, 간행한 징관의 『화엄경소(華嚴經疏)』와 『연의초(演義鈔)』 합본이 포함되어 있었다. 그런데 1625년에 쓰인 「화엄경소초이합범례(華嚴經疏鈔釐合凡例)」에는 명 가정(嘉靖) 연간(1522-1566)에 『화엄경소』와 『연의초』를 80권 『화엄경』에 합본하고 『화엄현담(華嚴玄談)』 9권을 별도로 간행하였다고 한다. 또 그 판본이 소경사(昭慶寺)에 보관되었는데 섭기윤이 이를 저본으로 삼아 대장경을 비교 검토, 교정한 후 판각하였다고 기록하고 있다.[76] 이 중 『현담』 9권은 명의 동선사(東禪寺) 명득(明得)이 교정하여 1558년에서 1563년 사이에 판각하였고 섭기윤이 이를 8권으로 줄여서 경·소·초 합

화엄경 변상도
고려시대 작품으로, '변상도'는 경전 첫머리에 경문의 핵심을 상징적으로 표현한 그림이다

본 80책으로 간행한 것이었다.[77] 이 평림본은 명의 가홍장 11·12책에 수록되어 있어 결국 이 가홍장본이 조선에 들어왔음을 알 수 있다.[78] 이에 대해 당시 표류해온 중국 배는 일본으로 가던 상선이며 그 안의 불서는 일본 황벽판일체경(黃檗版一切經: 철안판(鐵眼版)) 판각을 위해 보내진 가홍장 및 가홍속장 계열의 경서임이 밝혀졌다.[79]

성총이 간행한 불서는 『대명법수(大明法數)』, 『정토보서(淨土寶書)』, 『금강기(金剛記)』, 『기신론기(起信論記)』, 『사대사소록(四大師所錄)』, 『인천안목(人天眼目)』 등 다양한 종류인데 그중 가장 큰 의미를 갖는 것은 평림본 『화엄경회편소초(華嚴經會編疏鈔)』 80권의 유통이었다. 성총은 『소초』의 간행에 즈음하여 1692년 대화엄회를 성황리에 개최하였고,[80] 불서 간행에서 그가 가장 심혈을 기울인 것도 바로 『화엄소초』였다. 성총은 표착해온 『소초』 등을 1682년 불갑사(佛甲寺)에서 보고 1689년 징광사에서 각판을 시작하였다.[81] 처음에 『소초』는 80권 완질이 아니었고 반 이상만 온전한 상태였는데 보현사(普賢寺)에 있던 1갑 8권을 가지고 부족한 것을 보충하였고 산재된 책들을 모아서 간행하였다.[82] 그럼에도 결락이 있는 부분은 송광사의 호월(湖月)이 명의 영락남장(永樂南藏)에서 별도로 입수한 『연의초』를 참고하여 80자호(字號) 중 누락된 제7 홍(洪)자호를 추가하였고 1700년에 이르러 『소초』의 합본 80자호가 완성되었다.[83] 『소초』의 유전 경로와 성총의 간행 경위에 대해 18세기 후반 연담 유일(蓮潭有一)은 다음과 같이 서술하였다.[84]

> 『화엄경』 80권과 『청량(징관)소』 20권, 『연의초』 40권이 각각 별도로 유통되다가 송의 진수 정원이 소를 경에 합쳐 120권으로 펴냈고 명의 가정 연간에 누군가 초를 소 밑에 기록하고 경에 합쳤다. 이에 경·소·초 3부를 1부로 합쳐 판각하고 무림(武林) 소경사(昭慶寺)에 두었는데 내용이 번쇄하여 천계(天啓: 1621-1627) 초에 평림(平林) 섭

기윤(葉棋胤)이 이를 저본으로 중편하였으니 『현담(玄談)』 8권은 천자문의 천(天)에서 황(黃)까지 4자, 『정경(正經)』 80권은 일(日)에서 관(官)까지 70자로 70권이 되었으며, 『별행행원품(別行行願品)』 1권은 인자(人字)권, 『이합범례(釐合凡例)』 1권은 황자(皇字)권이니 모두 합치면 80자 80권이 된다. 우리 동방에 청량의 『소초』가 이미 유전되었지만 언제부터인가 『초』는 인멸되어 전하지 않고 정원이 편찬한 『소화엄(疏華嚴)』만이 있어서 근고(近古)의 화엄강사가 이를 지남으로 삼았다. 지난 신유년(1681)에 중국에서 불경을 유통시켜 사고팔다가 상선이 풍랑에 표류하였고 이를 연해의 여러 사찰에서 거두었는데 조계(曹溪)의 백암(栢庵)이 섭거사(葉居士)의 『화엄경(소초)』 합본 80권을 얻어 징광사(澄光寺)에서 판각하여 제방(諸方)에 유포시킨 이후로 동방의 학자가 『연의초』의 무애법문(無碍法門)과 명상식수(名相識數)를 알 수 있었다.

18세기 말에 대대적으로 간행된 징관의 『화엄소초』는 통일신라시대에 전해진 후 고려시대까지도 큰 영향을 미친 책이었다. 하지만 이 글에서 17세기 무렵에는 『연의초』가 거의 유통되지 않았음을 알 수 있다. 조선 초에도 『화엄경소』 판목을 구하기 어렵다는 기록이 있지만,[85] 『연의초』는 당시 거의 찾아보기 힘든 상황이었던 것 같다.[86] 『연의초』는 징관이 자신의 『화엄경소』 내용을 더욱 상세하게 풀어서 해설한 책으로 징관 화엄의 집대성작이면서 후대의 화엄교학 이해에 지침서 역할을 하였다. 따라서 이를 대대적으로 간행, 유통시킨 일은 화엄 강학과 주석이 촉발되는 결정적 계기가 되었다. 또한 성총이 간행한 것은 송에서 명대까지의 『소초』 주석과 교정 성과를 반영한 최신판이었고, 더욱이 원나라의 보서(普瑞)가 『현담』에 대해 풀어쓴 방대한 주석서 『회현기(會玄記)』[87]가 함께 들어와 간행된 점도 큰 의미를 지닌다.

성총의 『소초』 간행은 이후 화엄교학 성행의 일대 전기가 되었다. 후대에 "100년이 지나지 않아 온 나라의 법보(法寶)를 인쇄하고 열람하는 이들이 옛것을 버리고 성총의 새 판본을 좇았다."[88]고 평가할 정도로 그 영향력은 매우 컸다. 성총은 부휴계 후손 묵암 최눌(默庵最訥: 1717-1790)에 의해 "상고(上古)의 진풍(眞風)을 행하고 화장(華藏)의 불사(佛事)를 넓혔으며 지난 성인(聖人)을 계승하였다. 화엄의 도는 단단하여 떨어지지 않고 백암(성총)의 공은 커서 오래 남는다."고 칭송되었고, 『화엄소초』 간행과 유통의 공적은 징관과 섭기윤의 업적에 비견되었다.[89] 1766년에 지어진 「송광사백암비」에도 성총의 법명 앞에 '해동중흥불일(海東中興佛日) 홍양화엄(弘揚華嚴)'이라고 하여 『소초』를 유통시켜 화엄학을 크게 일으킨 업적이 강조되었다.

부휴계 백암 성총의 『소초』 간행 이후 18세기는 화엄이 교학의 중심이 된 '화엄의 전성시대'였다. 다카하시 도루는 『이조불교(李朝佛敎)』에서 "부휴계 벽암파(碧巖派)가 교학을 전수하였고 각성의 제자 모운 진언(暮雲眞言) 이후에는 화엄종사가 배출되어 그 법계를 통해 '화엄의 법유(法乳)'가 전해졌다."고 하여 부휴계의 교학적 특색을 화엄과 연관시켜 서술한 바 있다.[90] 『화엄경칠처구회품목지도(華嚴經七處九會品目之圖)』를 저술한 모운 진언(1622-1703)은 만년에 특히 화엄을 중시하여 팔공산(八公山)에서 화엄법회를 열었고 "그 법의 교화가 영남과 호남에 퍼지고 호서에까지 넘쳤다."는 평가를 받았는데,[91] 그의 만년은 같은 부휴계의 성총에 의해 소초가 간행된 직후였다. 진언의 손제자 회암 정혜(晦庵定慧: 1685-1741) 또한 『화엄경소은과(華嚴經疏隱科)』를 지었고 중국 화엄종 5조 종밀의 후신으로 추앙되면서 '화엄종 회암장로'로 불렸다.[92] 부휴계 묵암 최눌의 「불조종파도(佛祖宗派圖)」에서도 법맥의 적전 계보와는 별도로 회암 정혜 등의 교학 법계를 강조하였는데 이를 통해 '화엄의 법유'가 전해진 것이다.

부휴계의 화엄 중시 경향은 성총의 『소초』 간행 이후 더욱 심화되었다. 성총의 전법제자 무용 수연(無用秀演: 1651-1719)은 1688년 송광사로 성총을 찾아가 『화엄소초』를 전해 받고 그 정수를 얻었으며, 청허계 소요파(逍遙派)의 침굉 현변(枕肱懸辯)에게도 "원돈(圓頓)의 법이 모두 너에게 있다."는 인정을 받았다.[93] 성총에게 화엄 원융의 뜻을 직접 전해 받았다는 석실 명안(石室明眼) 또한 「화엄법계품(華嚴法界品)」을 판각하였고 그의 「사교행위도(四教行位圖)」에도 소승(小乘), 통교(通教), 별교(別教), 원교(圓教)의 4교 중 화엄 대승원교가 최고 단계에 위치하고 있다.[94] 18세기 후반에 활동한 부휴계 적전 묵암 최눌도 화엄의 대의를 총괄하여 「품목(品目)」을 만들고 「화엄과도(華嚴科圖)」를 그렸으며 사교(四教)의 행상(行相)을 채록하여 『제경회요(諸經會要)』를 저술하였다. 최눌은 화엄교학에 정통하였고 화엄대회를 열어 후대에 대화엄종주로 현창되었다.[95] 김정희(金正喜)가 쓴 「비명」에도 '화엄종'으로 기재되었고, '오종선풍(五宗禪風)과 (화엄) 칠조교강(七祖教綱), 임제삼구(臨濟三句)의 일로향상(一路向上)과 일승(一乘)의 공가중(空假中)'을 배대시켜 '선과 교를 겸전'하였다는 평을 얻었다.[96] 최눌의 제자 환해 법린(幻海法璘)도 선과 교의 양종을 융합한 화엄대종사로 추숭되었고,[97] 그 문손 침명 한성(枕溟翰惺)도 교학에 정통하여 이들 계보는 '묵암과 침명의 교장부리(教場部理)'라고 하여 최눌의 동문 '벽담(碧潭)과 우담(優曇)의 선구투현(禪句透玄)'과 대비되는 교학계통으로 후대에 인식되었다.[98]

화엄교학은 청허계에서도 매우 중시되었는데 특히 주류 문파 편양파에서 17세기 후반 이후 다수의 교학 종장이 배출되었다. 이들의 강학 및 교학의 중심에는 화엄이 있었는데 묵암 최눌의 「불조종파도」에 소개된 '편양 언기-풍담 의심-월저 도안에서 호암 체정(虎巖體淨)'에 이르는 편양파 주류 계보는 모두 교학의 대가였고 특히 화엄강학으로 유명하였다. 편양 언기의 유훈인 『화엄경』 음석 작업을 완수한 월저 도안의 비문에는 "화엄 원교(圓教)는 끝없이 넓고 경계가 없는데 도안이 『화엄경소연의초』와 『회현기』에 의거하여 한글로 장과 구절을 나누고 정각최상승문(正覺最上乘門)을 열어 대화엄종주가 되었다."고 평하고 있다.[99] 즉 성총에 의해 『소초』와 현담 주석서 『회현기』가 간행된 직후 도안이 『화엄경』 해석을 완료하여 선사의 유훈을 지킬 수 있었던 것이다. 도안은 스승 의심에 대해 "동방의 대각사(大覺師)로서 편양을 종(宗)으로 하여 서산(西山)의 법을 이었고 교학을 연찬하였으며 뜻을 둔 것은 오직 원돈상승(圓頓上乘)이었다."고 평하였다.[100] 도안은 묘향산에서 화엄대의를 강구하고 원교의 진수를 강설하였는데 늘 화엄의 법계(法界)에 뜻을 두었고 또 비로장해(毘盧藏海)에 노닐고자 승속(僧俗)의 동지 1,000여 명을 모아 화엄을 비롯한 원돈시종교(圓頓始終教)의 경론 1,100여 권을 간인하였다.[101]

이처럼 편양파는 17세기 후반부터 화엄교학을 중시하면서 이를 매개로 학파로서 성장하고 세력을 키울 수 있었다. 도안은 묘향산에 주석하였지만 해남 대둔사의 화엄강회에 참여하여 법석을 넘겨받았고 이에 "남방의 총림은 평소 스스로를 불교의 기북(驥北: 좋은 말의 생산지. 인재의 요람)이라고 과신하는 풍조가 있었는데 도처에서 도안의 가르침을 청하러 서쪽으로 왔다."고 평가되었다.[102] 이후 편양파 주류는 남방으로 진출하여 강학 전수와 활발한 교화활동을 펼치게 된다. 도안의 동문 상봉 정원(霜峰淨源)도 스승 의심의 가풍을 이어 『화엄경』 과문(科文) 4과 중 일실된 3과를 궁구하여 누락된 부분을 교정하고 『화엄일과(華嚴逸科)』를 지었는데, 성총이 간행한 『소초』의 내용과 비교해 큰 차이가 없었을 정도로 정확히 요체를 파악했다고 한다.[103] 그는 또 해동 화엄의 조사로서 원효(元曉)와 의상(義湘)을 들면서 이들을 형제로 표현하였고 화엄에서는 중국 화엄종의 3조인 법장의 현수종중(賢首宗中), 선은 6조 혜능(惠能)의 조계문하(曹溪門下)가 큰 공헌을 했다고 하여,[104] 선과 함께 화엄의 역사전통에 대한 계승의식을 가졌다.

18세기에는 대규모 화엄대회가 열리는 등 화엄교학이 크게 성행하였는데, 도안의 동문 월담 설제(月潭雪霽)의 전법제자 환성 지안(喚惺志安: 1664-1729)은 선과 교의 대장(大匠)으로서 남북에 교화를 두루 펼쳤다. 지안은 당대 화엄의 일인자로 평가받던 모운 진언의 직지사(直指寺) 화엄법회에서 인정받고 법석을 물려받았는데 그의 강설 내용은 성총이 간행한 『화엄소초』에 모두 부합하였다고 한다. 지안은 1725년(영조 1) 금산사(金山寺)에서 1,400여 명이 운집한 화엄대법회를 주관하기도 하였다. 한편 도안의 수제자였던 설암 추붕(雪巖秋鵬: 1651-1706)은 대둔사의 강회를 주관하였고 그가 남긴 『화엄강회록(華嚴講會錄)』이 대둔사에 전해지다가 『대둔사지(大芚寺志)』에 일부 수록되었다. 18세기 전반에 활동한 주요 교학자로는 지안의 문도인 호암 체정, 함월 해원(涵月海源),[105] 설암 추붕의 제자인 상월 새봉(霜月璽篈)을 들 수 있다. 환성 지안 이후 제일인자

양해가 그린 혜능

로 명성을 떨친 새봉은 '강의로 진해(眞解)를 밝히고 마음으로 지증(智證)을 실천함'을 법문으로 삼았고, 1734년과 1754년에 선암사(仙巖寺)에서 대규모 화엄강회를 열었는데 1,200여 명이 참석하는 등 성황을 이루었다.[106]

18세기 중후반에는 화엄 관련 사기(私記)로 유명한 설파 상언(雪坡尙彦), 연담 유일(蓮潭有一), 인악 의첨(仁嶽義沾)이 나와 화엄교학의 수준이 절정에 달하였다. 먼저 설파 상언(1701-1769)은 호암 체정이 강석을 전수하여 그의 전법제자가 되었고 부휴계 교학종장 회암 정혜의 가르침도 받았다. 상언은 『화엄경』을 무려 25회나 강설하면서 징관 『화엄경소』의 뜻이 불분명한 곳을 해인사 대장경본과 일일이 대조하여 살피고 『소』와 『연의초』의 잘못 인용된 부분 등을 정정하여 『구현기(鉤玄記)』 1권과 『화엄은과(華嚴隱科)』를 저술하였다. 그는 또 화엄 「십지품(十地品)」에 대한 사기도 남겼는데, 그 발문에서는 "『화엄경』은 근기에 따른 수기(隨機)의 설이 아니며 본성에 부합하는 칭성(稱性)의 지극한 설로서 실로 여러 경전 중에서 가장 뛰어난 근본 경전이다. 「십지품」은 더욱 깊이가 있는데 이 사기를 쓴 설파 장로는 당금의 화엄종주로서 해인사의 여러 경론에서 『소초』의 인용처를 찾아 근원을 밝히고 의심나는 부분을 풀어주었으니 교해(敎海)의 지남이다."[107]라고 높이 평가되었다. 1770년(영조 46) 낙안 징광사에 화재가 나서 성총이 간행한 『화엄소초』 판목이 불타자 상언은 1775년에 이를 중간하고 지리산 영각사(靈覺寺)에 경판각을 세워 보관하였다.[108] 당대의 화엄 대종장이던 그의 위상은 후대에도 높은 평가를 받았는데, 정조대의 남인(南人) 영수 채제공(蔡濟恭)이 쓴 비문에도 '화엄의 충신(忠臣)'이라는 표현이 나오며 19세기 설두 봉기(雪竇奉琪)의 행장에서도 "화엄 교간(校刊) 『연의초(演義鈔)』를 상세히 분과[細科]하여 업적이 남달리 크므로 화엄보살로 칭해졌다."고 하여 상언의 공적을 칭송하였다.[109]

설파 상언에게 수학한 후 30여 년간 화엄의 강석을 이끌던 연담 유일(1720-1799)은 상언에 대해 '화엄의 무너진 강령을 정비하여 십현(十玄)의 법문을 폈으니 이는 청량 징관(清凉澄觀)이 다시 온 것'이라고 하면서 그의 『소초』 주석이야말로 당시 '조선 화엄과(華嚴科)의 금과옥조(金科玉條)'라고 평하였다.[110] 징관과 함께 종밀, 지눌을 중시했던[111] 유일은 화엄의 「현담」, 「십지품」 등에 대한 사기를 지었는데 유일 계통 필사본 사기는 『유망기(遺忘記)』라는 명칭으로 전해진다.[112] 한편 영남의 인악 의첨(1746-1796)도 설파 상언이 당대 화엄의 대종장이라 하여 그 회하에서 수학하였는데 유일과 마찬가지로 상언의 『화엄은과』에 준거하여 『화엄소초』에 대한 사기를 썼다.[113] 이후 화엄에 대한 이해는 유일과 의첨의 사기에 준거하였고 이들의 사기는 19세기 이후 각각 호남과 영남에서 중시되면서 강원 교육을 통해 계승되었다.[114] 유일은 당시의 화엄강석과 교학 전통에 대해 다음과 같이 평하면서 자신이 쓴 사기에 대한 자부심을 드러냈다.[115]

> 이전의 우리 동방 교가(教家)는 『연의초』를 보지 못하여 성상(性相)의 법문에 막혔는데 지금은 크게 달라졌다. 이전의 강사들은 상세히 연구하지 못하였지만 설파(상언)대사에 이르러 회암(정혜)화상에게 수학한 후 명성을 떨쳤고 강좌에 올라 오직 『화엄경』을 널리 펴서 15번이나 강하니 지금의 강사들은 모두 그를 종으로 삼고 나 또한 그에게 전적으로 의지하였다. 사기는 중국에서 이미 만들어졌는데 현담에 대한 보서의 『회현기』가 함께 전래되었다. 지금에 이르러 감히 사기를 내어 과문(科文)을 짓고 해석하고 고증하여 보충설명과 첨삭을 하였다. 설파와 다른 점이 많은 것은 참월한 짓이지만 징관도 법장에 의지하면서도 개역한 것이 많았고 선진(先進)의 미발처(未發處)를 발하는 것은 후학이 마땅히 해야 할 일이다. 대경

〈화엄경〉은 현미하고 소초는 방대하여 강의할 때마다 이해처가 다른데 나이 60이 넘어 사기를 냈으니 젊을 때 쓴 것보다는 나을 것이다. 지금의 사기를 지침서로 삼기 바란다.

조선후기 화엄 성행의 양상은 유일이 주석한 대둔사의 강학 전통에서 그 일면을 엿볼 수 있다. 편양파가 주축이 되어 소요파와 함께 일군 18세기 대둔사의 강학은 12대 종사의 확정과 종원(宗院) 표명으로 귀결되는데, 12대 종사와 강사의 성립에서 가장 중요한 기준이 된 것은 바로 화엄강학의 전수였다. 대둔사에는 18세기 초부터 "항시 화엄의 책판이 걸려 있고 원교(圓敎)가 대대로 흥하였다."고 전하며,[116] 19세기 초에 나온 『대둔사지』에는 "편양과 소요의 후손들이 화엄대회를 서로 전수하여 전국의 치림(緇林)이 귀의하고 으뜸으로 삼았다."고 하여 화엄강회의 계승을 통해 종원의 위상을 가지게 되었다고 자부하였다.[117] 대둔사의 강학은 유명한 교학 종장들을 강사로 초빙하여 전통을 축적하였고 이들이 종사나 강사의 계보를 이었는데,[118] 12대 종사의 구성은 전법 계보뿐 아니라 화엄강회의 계승이 중요한 척도가 되었다. 화엄강학의 전승에 초점을 맞춘 이러한 전통의 성립은 화엄교학의 성행이라는 시대상을 반영한 것으로 임제법통의 정통성과 화엄종풍의 시대성이 결합된 상징적 조형이라고 할 수 있다.

화엄교학은 고려전기까지는 중국의 지엄(智嚴)과 법장(法藏), 그리고 신라 의상계(義湘系)의 화엄을 중심으로 전개되었고 균여(均如)가 그 계승자였지만, 의천(義天) 이후에는 징관 화엄의 영향이 커졌다. 또한 지눌은 당의 종밀과 함께 이통현(李通玄)의 실천적 화엄론을 중시하면서 선교겸수를 추구하였다. 조선전기에는 선교양종 체제 아래 화엄이 교종을 대표하였지만 교학은 점차 침체되었다. 하지만 후기에는 선, 교, 염불의 삼문체계가 갖추어졌고 선교겸수로 특징되는 이력과정의 토대 위에서 간화선과 화엄이 양립하는 구조가 정립되었다. 그리고 『화엄소초』가 유통되면서 18세기에는 '화엄의 시대'가 열렸고 징관 화엄이 그 중심이 되었다. 징관은 『소초』에서 '화엄경제(華嚴經題)의 의취(義趣)'를 일심(一心)에 귀섭시켰고 교와 선의 나눔을 편중된 것으로 경계하였는데,[119] 일심을 매개로 화엄과 선을 연결시킨 징관의 화엄교학은 화엄교학과 간화선의 이중구조로 특징지어지는 조선후기 불교의 사상적 맥락과 일치하는 것이었다.

『대승기신론』에 다시 주목하다

중국 상선의 표착에 의한 백암 성총의 가흥대장경본 불서 간행은 화엄 강학의 성행만을 낳은 것은 아니었다. 18세기부터 『법화경』 대신 이력과정 사교과에 들어간 『대승기신론(大乘起信論)』도 조선후기 불교 교학의 다양한 층위를 이해하고자 할 때 반드시 살펴보아야 할 중요한 텍스트이다. 『대승기신론』은 인도 조사 마명(馬鳴)의 저술로서 주로 유통된 진제(眞諦)의 한역본과 실차난타(實叉難陀)의 역본이 있다. 하지만 이 책의 저자와 관련해서는 근대에 들어 인도 찬술설과 중국 찬술설로 나뉘어 끊임없이 논란이 일었다. 최근 그 성립과 관련한 연구경향은 중국 지론(地論)학파와의 관계가 주목되고 있고, 6세기 중반 무렵 인도 출신 보리류지(菩提流支)의 강의를 중국 지론학파 승려가 펴낸 것이라는 주장까지 제기되었다. 지금으로서는 이 책이 중국에서 성립된 논서일 가능성이 크며, 여래장(如來藏) 불성(佛性) 사상에 기초하여 일심(一心)의 구조를 체계화한 동아시아 불교를 관통하는 핵심 저작임은 분명하다.[120]

여러 경론 및 학파의 다양한 입장을 종합하는 이론체계를 제시한 논서로서 『기신론』을 주목하게 된 것은 원효(元曉: 617-686)의 이해가 촉발점이 되었다. 『기신론소(起信論疏)』와 『별기(別記)』 등에 보이는 원효의 해석은 중국 화엄종의 3조 법장(法藏: 643-712)의 『의기(義記)』에 영향을 미쳤고,

법장의 『의기』는 이후 『기신론』 이해의 지남이 되었다. 이후에 나온 종밀(宗密: 780-841)의 『소』는 법장의 『의기』를 요약하고 원효, 징관(澄觀) 등의 설을 일부 인용하면서 자신의 의견을 붙인 주석서였다.[121]

『대승기신론』은 여래장과 유식의 알라야식의 개념을 불변(不變)의 진여문(眞如門)과 수연(隨緣)의 생멸문(生滅門) 2문으로 나누어 양자를 일심의 구조 내에서 화합시켰다. 여래의 씨앗이라는 의미의 여래장은 모든 중생의 마음에 깨달음의 가능성이 이미 내포되어 있음을 말한다. 알라야식 사상에서는 과거 숙세의 모든 업(業)이 알라야식에 포함되어 있기에 마음은 본질적으로 미혹된 상태인 망(妄)이라고 본다. 『기신론』은 또한 마음속에 본래 내재한 깨달음으로서의 본각(本覺)과 수행의 과정을 통해 새롭게 얻어지는 깨달음인 시각(始覺)을 구분하고 시각이 완성될 때 그것이 바로 본각임이 드러난다고 본다.[122] 『기신론』은 선종이 주류가 된 송대 이후에도 『능엄경』, 『원각경』 등과 함께 매우 중시되었는데, 종밀과 『종경록(宗鏡錄)』의 저자 영명 연수(永明延壽: 904-975)로 이어지는 선교일치의 흐름이 그 배경에 자리 잡고 있다.

한국에서도 통일신라시대에 원효는 물론 유식학의 경흥(憬興)과 태현(太賢), 당에서 활동한 법상종 승려 승장(勝藏), 화엄학의 연기(緣起) 등이 『기신론』 관련 주석서를 지었다. 『기신론』의 사상적 영향을 받은 『석마하연론(釋摩訶衍論)』은 찬술지와 찬술자에 대한 논란이 있지만 8세기 신라 승려 월충(月忠)의 찬으로 전해지기도 한다. 고려시대에도 『기신론』은 중시되었지만 그에 대한 찬술 주석서는 남아 있지 않은데, 당시 법장과 종밀의 주석서를 주로 참고하여 『기신론』을 이해하였을 것으로 보인다. 고려시대 의천(義天)의 『신편제종교장총록(新編諸宗教藏總錄)』에는 『기신론』의 여러 주석서 서명을 기재하고 있는데, 원효의 『소』 2권, 종밀의 『소』 4권이 나오며 법장은 『소』 3권으로 되어 있다.[123] 1251년에 판각된 고려 재조대장경에는 인도에서 나온 논서로 알려졌던 『대승기신론』

원효

의 두 역본과 『석마하연론』이 수록되었고, 동아시아 찬술 논서를 싣지 않는 원칙에 의해 원효나 법장, 종밀의 주석서는 들어 있지 않다. 원효의 『소』, 『별기』는 일찍이 일본으로 전래되어 다수의 사본 등이 전하고 있지만 정작 고려시대에 미친 원효의 『기신론』 이해의 영향은 알 수 없는 상황이다.

조선시대에도 신라 찬술 『기신론』 주석서가 전해진 흔적은 보이지 않으며, 대표적 주석서로 종밀의 『소』가 주로 유통되었다. 조선 세조 때 간경도감에서 언해불서를 포함한 많은 불전을 간행할 때도 종밀의 『소』에 기반한 『필삭기(筆削記)』를 1462년 전주분사에서 판각하였다.[124] 『필삭기』는 종밀의 소에 대해 그 후학인 송의 화엄학승 장수 자선(長水子璿: 965-1038)이 20권으로 해설하여 펴낸 것으로, 종밀의 문도인 석벽 전오(石壁傳奧)의 『수소기(隨疏記)』 6권에 대한 비판적 이해를 담고 있다. 『필삭기』 외에 종밀의 『소』 자체도 계속 간행되었는데 현재 한국학중앙연구원 장서각, 서울대 규장각, 동국대 도서관, 국립중앙도서관 등에 16세기와 17세기 판본들이 전해지고 있다.[125]

한편 백암 성총이 1695년에 『대승기신론소필삭기회편』을 간행하면서 조선에서의 『기신론』 이해가 한층 심화되었다. 이는 우연한 사건을 계기로 일어난 일이었는데, 1681년 전라도 임자도에 불서를 실은 중국 상선이 표착한 것이 역시 발단이 되었다. 이때 들어온 책들은 1589년부터 시작해 1677년에 완성된 중국의 가흥장(嘉興藏)의 인출본으로서 철안판(鐵眼版)으로 알려진 황벽판일체경(黃檗版一切經) 판각을 위해 일본 측에서 주문한 가흥장 및 가흥속장 계열의 불서가 풍랑을 만나 흘러들어온 것이었다.[126] 성총은 수집할 수 있는 책들을 최대한 모아 1695년까지 이를 대대적으로 간행하였다. 이로 인해 징관의 『화엄경소초』와 화엄 현담 주석서 『회현기』, 『필삭기』 등 다양한 종류의 불서 197권 5천여 판이 복각되어 유통되었다.[127]

현재 서울대 규장각에는 4권 4책의 『대승기신론소필삭기회편(大乘起信論疏筆削記會編)』(古1730-6) 목판본이 소장되어 있는데, 이는 성총의 서문이 붙은 1695년 지리산 쌍계사 개간본이다. 각 권수에는 '중천축(中天竺) 보살(菩薩) 마명(馬鳴) 조론(造論), 양(梁) 삼장법사(三藏法師) 진제(眞諦) 역론(譯論), 당(唐) 서태원사(西太原寺) 사문(沙門) 법장(法藏) 술소(述疏), 당(唐) 초당(草堂) 종밀(宗密) 녹소주론(錄疏注論), 송(宋) 장수법사(長水法師) 자선(子璿) 녹기(錄記), 해동국(海東國) 후학(後學) 성총(性聰) 회편(會編)'이라고 하여 『기신론』의 저술과 한역, 『소』와 『필삭기』, 회편과 관련한 인적 사항을 적고 있다.[128] 이는 성총이 가흥대장경본을 토대로 『기신론』과 『소』, 『필삭기』를 모아 회편하여 간행하였음을 말해준다. 성총은 서문에서 책의 성격과 간행의 의미를 다음과 같이 서술하였다.[129]

> 마명이 『백본요의경(百本了義經)』을 근본으로 하여 『기신론』을 지었고 중국에서는 당의 법장이 『소』를 지어 해석하였다. 그 뒤를 이어 석벽이 『광기(廣記)』를 지어 풀이하였지만 실제에 어긋나고 번잡하여 송의 자선이 이를 가감해 『필삭기』를 저술하였으니 『기신론』의 핵심을 뚫고 『소』에 통함이 가장 적절하다. 우리 해동에는 있다는 말을 들어보지 못했는데 지난 신유년에 다행히 이를 구했으니 강학하는 이들에게는 보배를 얻은 것과 같다. 다만 『소』와 『필삭기』가 별도로 유통되어 이해하기 어려우므로 이를 하나로 편성해 요의를 쉽게 알 수 있게 하였다.

여기서 법장의 『소』만 거론하고 종밀을 언급하지 않은 것은 종밀이 법장의 "소(『의기』)를 기록하고 논을 붙였다."는 권수의 표현대로 종밀은 법장의 주석을 채록하면서 해석을 붙인 것에 불과하고 지적재산권의 원천은 법장에게 있다고 생각했기 때문일 것이다. 그리고 뒷부분에는 자신이 이를 회편하여 간행한 의미를 강조하고 있는데, 성총의 자부심대로 이 『기신론소필삭기회편』의 간행은 이후 강학의 전개에 큰 영향을 미쳤다.[130] 18세기 이후에는 이력과정의 사교과에 『법화경』 대신 『기신론』이 자리를 잡았고 그에 따라 강원 교육과 연구도 진작되었다. 따라서 그 수요가 늘어나서 1769년에 안동 봉정사(鳳停寺)에서 함월 해원(涵月海源)의 주도로 『기신론소필삭기』가 재차 판각된 사실도 확인된다. 호은 유기(好隱有璣)가 쓴 그 중각 서문에는 『기신론』이야말로 불가 심학의 골자인데 당시 초학자들이 『기신론』을 다 보았다고 과시하지만 그릇되게 해설하는 경우가 많음을 비판하고 『기신론소필삭기』를 통해 깊은 이해를 추구해야 한다고 촉구하고 있다.[131]

앞서 침굉 현변(枕肱懸辯: 1616-1684)의 「태평곡(太平曲)」에는 사집과와 사교과의 『능엄경』, 『금강경』, 『원각경』, 『법화경』, 그리고 대교과의 『화엄경』과 함께 『기신론』, 제자백가를 공부하는 모습을 그리고 있다.[132] 여기서 사교과에 편입되기 직전인 17세기 후반에도 『기신론』이 강학에서 중시되고 있었음을 볼 수 있다. 그러다가 성총의 『기신론소필삭기』 회편 간행 이후 18세기로 넘어가면 『기신론』이 이력과정에서 확고히 자리를 잡게 된다. 일례로 월파 태율(月波兌律)은 사집과에 이어 『원각경』, 『능엄경』, 『기신론』 등 사교를 수료하였고 『화엄경』과 현담, 『선문염송』을 유력하며 수학하였다고 한다.[133] 18세기 대둔사의 교학종장 연담 유일도 20세부터 당대의 10대 법사로 알려진 이들에게 사집, 『기신론』이 포함된 사교, 대교를 순차적으로 배웠다.[134] 또한 정조가 명하여 1778년 규장각 서적 정리사업의 일환으로 전국에서 조사된 『누판고(鏤板考)』에는 석가류 책판도 수록되었는데 묘향산 보현사 소장 판목에 『기신론』을 비롯한 이력과정 불서가 망라되어 있다.[135]

가홍대장경본 『필삭기』의 유입과 회편의 간행은 당시부터 불교 교학 이해의 심화에 영향을 미쳤다. 『심성론(心性論)』을 쓴 운봉 대지(雲峯大智)

의 「자서(自序)」(1686)에는 "일체의 중생신(衆生身) 안에 여래의 덕상(德相)이 구족되어 있어 나와 다르지 않다."는 종밀의 여래장 해석을 인용하면서, 종밀이 여래장과 『기신론』의 일심을 같은 것으로 보았다고 강조하였다.[136] 정관과 무경 자수(無竟子秀: 1664-1737) 또한 『기신론』의 진여문은 법의 측면에서 본 것이고 생멸문은 방편으로 시간과 공간을 구분한 것이라고 설명하고 여래선의 불조(佛祖)는 두루 통하여 비추고 조사선의 조의(祖意)는 서로 고요히 비춘다고 하여 양자의 불일불이(不一不二)를 논하였다.[137]

강학과 연구의 심화는 『기신론』에 대한 주석서인 사기의 저술로 이어졌다. 대체로 성총의 『기신론소필삭기회편』을 참고하여 쓴 사기로서, 『기신론』 사기는 비록 같은 책이 중복되기는 하지만 동국대 도서관에 6책, 담양 용화사에 4책, 담양 용흥사에 6책이 소장되어 있다.[138] 호남의 연담 유일이 쓴 『기신사족(起信蛇足)』 1권, 연노(蓮老: 연담 유일) 계통의 『기신론소기축난(起信論疏記逐難)』 1권, 영남의 인악 의첨이 지은 『기신론사기(起信論私記)』 1권이 그중 대표적 사기이다. 부휴계의 교학 종장 묵암 최눌은 『기신론』 사기를 남기지는 않았지만 그의 『제경회요(諸經會要)』에는 『기신론』의 요체와 알라야식과 같은 유식설이 소개되어 있다.[139]

한편 중국에서도 1680년 무렵 속법(續法: 1641-1728)이 『기신론소』와 『필삭기』를 모은 『회열(會閱)』 10권을 내고 있어 『필삭기』에 의거한 회편 작업이 한국과 중국에서 비슷한 시기에 나왔음을 볼 수 있다. 1738년에 판각된 청의 건륭장(乾隆藏: 용장(龍藏))에도 종밀의 『소』가 수록되었다. 일본에서는 회본 형식이 아닌 『필삭기』 6권본과 20권본이 각각 유통되었는데 소쿠츄(卽中)의 『기신론소기이변초(起信論疏記易辨抄)』(1674) 3권과 『기신의(起信義)』(1675) 1권 등 『필삭기』에 대한 주석서가 17세기 후반에 집중적으로 저술되었다.[140] 한편 에도시대의 대표적 화엄학자인 호탄(鳳潭: 1659-1738)은 법장의 『의기』 고사본을 발견하여 『대승기신론의기회본(大乘起信論義記會本)』 5권을 펴내고 주석서 『의기환호록(義記幻虎錄)』을 지었다. 그는 기존의 종밀 『소』와 『필삭기』 대신 법장의 『의기』로 돌아가 『기신론』을 이해하고자 했던 것이다.[141] 근대에 들어서는 종밀의 『소』가 메이지시대 축쇄대장경(1885)에 들어갔고 이후 1905년의 만속장경에는 속법의 『회열』 또한 입장되었다.[142] 이처럼 『기신론』이 펼쳐놓은 동아시아 불교사상사의 구도와 지형은 근세를 거쳐 근대까지 한·중·일 삼국에서 연속적 전통으로 이어졌다.

한국불교의 사상적 특징으로는 선과 교가 공존하는 융합적 전통을 떠올릴 수 있다. 선은 남종선을 도입한 9산 선문에서 시작하여 고려시대에 선종 5가의 선풍이 모두 영향을 미쳤고 보조 지눌의 정혜쌍수와 돈오점수를 거쳐 간화선의 풍미와 조선시대 임제법통의 성립으로 귀결되었다. 청허 휴정 이후 임제법통이 정립되고 수행체계, 교육과정이 정비되면서 선교겸수의 토대 위에 간화선과 화엄을 정점으로 하는 교학이 양립하는 구조가 성립되었다. 특히 17세기 말 중국의 가흥대장경이 전래되면서 징관 『화엄소초』와 원대의 현담 주석서 『회현기』, 『기신론소필삭기회편』이 간행, 유포되어 강학이 활성화되었고 주석서 저술이 성행하였다. 이로써 18세기는 교학의 전성시대가 활짝 펼쳐졌다. 이처럼 조선 후기 불교는 사상적으로 선종으로서의 정체성을 표방한 임제법통과 간화선풍, 그리고 선교겸수의 방향에서 결실을 맺은 강학의 성행을 특징으로 한다. 이제 화엄을 필두로 한 교학 전통은 간화선 및 임제법통과 대등한 위상을 확보하게 된 것이다.

제 3 부

조선 불교를 빛낸 사상과 실천의 계보

제 1 장

불교의 선양과 종통의 확립

조선 불교를 빛낸 사상과 실천의 계보

1. 사명 유정 : 구국의 깃발로 불교를 구하다

불교계의 현창 노력과 유학자 관료의 인식

조선시대에는 많은 고승이 나와 사상, 수행, 신앙, 문화 등 불교의 다양한 전통을 이어갔지만, 그중 가장 널리 알려진 이는 서산대사 청허 휴정(淸虛休靜)과 사명 유정(四溟惟政)일 것이다. 이들은 한국뿐 아니라 일본에서도 20세기 초부터 관심을 끌었다. 그 이유는 임진왜란 당시 승군을 이끌고 일본군과 맞서 싸웠고 또 전란 후 국교 재개 과정에서 유정이 큰 역할을 맡으며 그 존재가 일본에 일찍부터 알려졌기 때문이다. 일본에서는 사명보다는 송운(松雲)이라는 별호로 알려졌는데, 그에 대한 일본인 학자의 최초의 글(1908년)에서는 임진왜란의 승장 활동과 에도(江戶)막부를 연 도쿠가와 이에야스(德川家康)와의 외교적 교섭 문제를 높이 평가하였다.[1] 이어 나온 논문(1910)에서는 유교 측의 억압으로 크게 쇠퇴하고 민중의 신앙으로 겨우 산사를 지켜온 조선시대 불교사에서 그나마 두각을 드러낸 이로 그를 지목하였다. 『어우야담(於于野談)』 등을 인용해 금강산 유점사(楡岾寺)에 온 일본군의 횡포를 막고 절과 승려를 무사히 지켜낸 일화를 소개하고 가토 기요마사(加藤淸正)와의 회담과 관련 기록의 사실 여부를 사료에 입각해 구체적으로 밝혔다.[2]

한국에서도 사명 유정은 조선시대의 명승이자 의승장으로 이른 시기부터 주목받았다. 이능화의 『조선불교통사』(1918)에는 『분충서난록(奮忠紓難錄)』에 있는 취혜(就惠)의 글을 인용하여, 유정이 일본에 갔을 때 병풍에 쓰인 글을 암송하고 구덩이 안의 독사나 불을 지핀 철마로 시험당했지만 결국 신승이자 생불로 받들어졌고 포로 3,000명과 함께 돌아왔다고 소개하였다.[3] 비록 일본에서의 무용담을 액면 그대로 신뢰한 것은 아니지만 나라를 풍전등화의 위기에서 구한 고승으로 그를 높이 평가하였다. 해방 후에도 임진왜란 때의 구국 항쟁을 이끈 대표적 승장인 그의 충의의 공적을 호국불교의 관점에서 조명한 연구들이 계속 나왔다.[4]

사명 유정(1544-1610)은 청허 휴정의 적전 제자였고, 임진왜란의 구국 활동은 그의 명성을 대내외에 널리 알리며 누구도 넘을 수 없는 교단 최고의 권위를 부여하였다. 유정은 처음에 직지사(直指寺)의 신묵(信默)에게 출가, 득도한 후 1561년 승과에 합격하고 직지사의 주지가 되었다.[5] 이후 묘향산의 청허 휴정에게 수학하였는데, 휴정은 유정에게 "지금 그대가 팔방의 승려들을 대함에 본분사인 경절문의 활구로 스스로 깨우침을 얻게 하는 것이 종사로서 모범이 되는 것이다. 정맥을 택하고 종안을 분명하게 하여 부처와 조사의 은혜를 저버리지 말라."고 당부하고 정법을 전수하였다.[6] 유정 또한 이후 스승의 탑을 금강산에 세우고 문집 간행을 유명으로 남기는 등 전법 제자로서 자신의 소임을 다하였다.[7]

사명 유정의 의승장 활동에 대해 동문인 청매 인오(青梅印悟: 1548-1623)는 제문(祭文)에서 "우리 대사께서는 피비린내와 연기가 사방에서 일어나고 백성이 어육이 되는 것을 슬피 여기고 나라가 붉은 땅으로 변하는 것을 가슴 아파했습니다. 이를 차마 좌시할 수 없어 가사를 벗고 갚기 어려운 나라의 은혜를 위해 칼에 의지하였습니다. (…) 인(仁)으로써 중생을 사랑함은 바른 선비가 한 시대를 구하는 지략과 같고 의(義)로써 임금에 충성함은 공신이 사직을 안정시키는 정성에 부끄럽지 않습니다."고 높

유정

이 평했다.[8]

이처럼 당대 불교계를 대표하는 유정의 위상으로 인해 사명파는 17세기까지 주류 문파의 권위를 이어갈 수 있었다. 그의 문하에서 3파가 나뉘었는데 적전은 송월 응상(松月應祥: 1572-1645)이었다. 그는 선과 교를 겸비했으며 1624년 초대 남한산성 팔도도총섭(八道都摠攝)직의 제의를 거부하고 교화에 매진하였다.[9] 응상의 법을 전수한 허백 명조(虛白明照: 1593-1661)는 정묘호란 때 팔도 승병대장으로 평안도 안주에서 4천의 승군을 이끌었고 병자호란 때는 군량 보급을 담당하는 등 유정의 승군 활동을 계승하였다.[10] 한편 그의 동문 춘파 쌍언(春坡雙彥: 1591-1658)은 유정이 주석했던 금강산 일대를 근거지로 했고 문도 허곡 나백(虛谷懶白: 1604-1681) 이후 이 계통은 금강산 지역 사찰에 연고를 두었다.[11]

사명파는 18세기 이후 금강산과 영남 지역을 중심으로 법맥을 이어갔다. 영남 사명파의 존재 양상은 계보도인 『사명당승손세계도(四溟堂僧孫世系圖)』(1739)에서 찾아볼 수 있다.[12] 유정의 8대손인 총섭 니암 쾌인(尼巖快仁)이 쓴 서문에는 "사명의 계파가 낙동강 좌우에 두루 퍼져 있다."고 하면서 1717년 이후 당시까지 밀양 표충사(表忠祠)의 향사 과정을 소개하였다. 다만 합천 해인사(海印寺)와 대구 용연사(龍淵寺)에 사명 유정의 의발과 진영, 유품이 전하고 있음을 강조하며 표충사와는 일정한 거리를 두었다. 특히 1603년 유정이 제자들을 시켜 중창한 용연사에 대해서는, "본사는 송운(유정)의 도량이며 승손(승려 문손)이 지금까지 제사를 지내고 있다."고 하여, 연고권을 강하게 주장하였다.[13] 이 책에서 한 가지 주목되는 점은 사명 유정의 스승으로 전법사 청허 휴정이 아닌 출가 사찰 직지사의 득도사 신묵을 내세운 사실이다.[14] 1세 신묵, 2세 유정에 이어 11세까지 영남 사명파의 계보를 그려 자파의 정체성을 표출한 것이다.

조선후기 불교계의 최대 문파는 편양 언기(鞭羊彦機: 1581-1644)의 편양파였고 이들은 18세기 이후 전국적 범위에서 영향력을 미쳤다. 청허계의 4대 문파 가운데 정관파나 소요파는 호남 일대, 사명파는 영남을 중심으로 활동했지만 세력은 편양파에 미치지 못했다. 1768년 사명파의 후손 혜심(譓諶)이 찬한 『사명당근원록(四溟堂根源錄)』에는 "세력이 있는 각 산문의 종사들은 쇠잔한 이 산문의 후예를 비웃지 말라."고 하여 문파의 쇠락 사실을 인정하고 있다.[15] 또한 18세기 중반까지 조선후기 법맥 계보를 망라한 『해동불조원류(海東佛祖源流)』(1764)에도 사명파는 편양파에 비해 매우 소략하게 기술되어 있다.

여기서 사명 유정을 제향하는 밀양 표충사의 향사와 사액 과정을 잠깐 살펴보자. 1738년(영조 14) 태허 남붕(太虛南鵬)의 청원에 의해 유정의 출생지인 밀양에 표충사가 정식 사액되었다. 이때 표충사의 초대 원장은 남붕의 스승 설송 연초(雪松演初: 1676-1750)가 맡았고 남붕은 표충사의 도총섭으로 임명되었다.[16] 태허 남붕은 사명의 5세 법손임을 표방하며 표충사 사액과 연계하여 관련 기문을 모은 『분충서난록(奮忠紓難錄)』(1739)을 간행하였다. 그런데 그의 스승 설송 연초는 사명파가 아닌 편양파 환성 지안(喚醒志安: 1664-1729)의 법맥을 이었다. 이러한 법맥상의 혼선을 해결하기 위해 남붕은 스승이 편양파의 선과 사명파의 교를 모두 통합했다는 법맥 인식을 표명했다.

그런데 태허 남붕이 사명 유정을 주향하는 표충사의 사액 과정에서 스스로 사명파임을 주장하면서도 스승 설송 연초의 편양파 법맥을 함께 고려하여 연결시킨 것은 당시 편양파가 교계를 주도하던 현실을 반영한 것이었다. 또한 밀양 표충사가 사액된 직후인 1739년에 유정의 입적지인 해인사 측에서 연고를 내세우며 사당인 홍제당(弘濟堂)을 세우고 밀양 표충사의 사액 청원을 주도한 남붕을 고발하였다.[17] 40여 년이 지난 1783년에도 해인사 측을 두둔한 승려들이 밀양 표충사에 모신 휴정, 유정, 영규(靈圭)의 영정을 탈취하는 사건이 일어났다.[18] 이는 영남 지역 사명파의 권위 약화와 분열을 보여주는 사례일 것이다. 얼마 후 1789년(정조 13)에는 해남 대둔사(大芚寺)에 휴정을 주향으로 유정과 호남의 의승장 뇌묵 처영(雷默處英)을 배향한 표충사가 정조에 의해 사액되었고,[19] 1794년에는 휴정의 입적지인 묘향산 보현사(普賢寺)에 수충사(酬忠祠)가 사액되었다.[20] 이어서 금강산 지역 사명파는 표훈사(表訓寺)를 휴정이 가르침을 베푼 곳, 건봉사(乾鳳寺)를 유정이 대의를 드높인 땅이라고 하여 건봉사의 유적에 의거해 유정의 연고를 내세우고 국가 지정 사액 사우 청원운동을 벌였다.[21] 비록 청원이 받아들여지지 않았지만 1800년에 건봉사에는 수충각이 세워지고 강원도 순찰사 남공철(南公轍)이 쓴 「사명대사기적비(四溟大師紀蹟碑)」가 세워졌다.

한편 사명 유정에 대한 유학자들의 인식은 승병을 이끈 공적, 적진 왕래와 적정 탐지, 일본에서의 외교 활동과 포로 쇄환, 산성 수축과 종묘 및 궁궐 수리 등 여러 항목에 걸친 높은 평가로 나타났다.[22] 유정이 임진왜란 와중에 울산의 가토 기요마사 진영을 다녀온 후 일본군의 상황과 토벌의 당위성을 설파하며 올린 상소에 대해, 실록의 사관은 "적을 물리쳐야 하는 의리를 개진한 것은 적의 실상을 자세히 파악했기 때문이다. 난리를 겪은 이래 조정의 신하들이 모두 위축되어 강화(講和)의 의논을 빌어 관계를 이어가며 견제하는 기미책을 꾀하고 훈련을 핑계하여 훗날에 도모하자는 등 구차히 6년을 보내면서 어느 한 사람도 의리에 의거해 나아가는 계획을 낸 자가 없었다. 유정의 상소는 말에 조리가 있고 의리가 발라서 병통을 적중시켰으니 고기를 먹는 이들이 어찌 부끄러움이 없겠는가?"라고 평하였다.[23]

1739년에 판각된 『분충서난록』에는 그에 대한 유학자들의 인식과 충의에 대한 평가가 담겨 있다. 어유구(魚有龜)가 쓴 「소서(小序)」에는 "송운대사는 임진란을 당해 국가의 위기에 의병을 일으켜 온 힘을 다했으니 충의와 장렬함이 조헌(趙憲), 김천일(金千鎰) 등과 함께 우뚝 솟았고 성취한 바는 더욱 뛰어나 국가에서 극진히 포상하고 보답하였다. 한 시대의

거장인 학사 문인들이 시를 읊고 찬술하여 그 공을 빠짐없이 자세히 드러냈다."고 적혀 있다.[24] 우의정 송인명(宋寅明)이 쓴 발문에도 "이 책을 읽어보고 새삼 감격하였다. 어찌 이렇게 사람을 경모하게 할 수 있단 말인가? 송운이 배운 것은 유가에서 배척하듯 임금과 부모를 저버리고 강상윤리를 등지는 것이 아니었던가? 그럼에도 창졸간에 의승을 일으켜 위태로운 난리에 칼날을 무릅쓰고 절의를 온전히 하였다. 임금께 충성하고 인륜을 돈독히 한 것이 이와 같으니 이는 천성에서 나온 것이며 스스로 기약하지 않아도 그렇게 된 것이다. 불교에서 말하는 진심(眞心)과 진성(眞性)은 광채가 빛나는 곳에 있지 않고 바로 여기에 있음을 알 수 있다. 송운 같은 이는 진정한 여래라고 해야 옳을 것이며 또 우리 유도라 해도 좋을 것이다."라고 극찬하였다.[25]

이조참판 윤봉조(尹鳳朝)는 『분충서난록』 발문에서 "세상에서 말하기를 불교에 두 교파가 있는데 좌선을 주로 하는 이들이 혹 대사를 불교에 순수하지 못하다 하여 약간의 논란이 있다. (…) 이는 우리 유도에 가깝기 때문이다. 만약 그렇지 않다면 향화를 올려 대사를 제사하는 이가 총림에만 있지 않고 조정의 사대부 사이에도 있음은 무엇 때문일까?"라고 기술하였다.[26] 승려로서 전란에 참전하여 계율을 어긴 일이 불교계에서 논란을 불러일으켰음을 언급하였지만 이 글의 논지는 그의 충의의 공적은 유교의 입장에서 현창해야 할 일이며 그렇기에 사대부들이 제향에 참여한다는 것이다. 실제로 유정의 고향이자 선영이 있는 밀양에 영당을 만들게 된 계기는 1714년 밀양의 재지 사족들이 상서를 올리면서부터였다. 1721년에는 국가로부터 봄가을 제향의 비용을 지급받는 표충사 건립으로 이어졌고 1738년에 설송 연초와 태허 남붕의 중창 불사를 거쳐 사액사우로 지정되었다.[27]

『분충서난록』은 이때 태허 남붕이 주도하여 간행한 책으로 유정의 충의의 공적은 유교와 불교의 구분 없이 누구에게나 인정되었음을 볼 수 있다. 유정의 글과 사적을 모아 편찬한 『분충서난록』의 부록에는 그가 일본으로 사행을 떠날 때 조정의 고관 및 명사들이 보낸 송별시 19편, 입적 후에 쓰여진 만사와 진찬 4편이 수록되어 있다. 송별시를 쓴 이들 가운데 이항복(李恒福), 이덕형(李德馨), 이정구(李廷求), 이산해(李山海), 이수광(李睟光), 이안눌(李安訥), 이식(李植), 정두경(鄭斗卿), 권율(權慄) 등은 당시는 물론 오늘날에도 꽤 알려진 인물들이고 진찬을 쓴 조현명(趙顯命)도 영조대에 영의정을 지낸 경세가였다.

이산해는 "30년 전 옛 벗이 구중궁궐의 명 받는 영예를 입었네. 솔은 여전히 홀로 빼어나 절개가 온전하고 구름은 저절로 한가로이 정을 머금고 있네. 출가한 중은 할 일이 없다고 말하지 말라. 나라를 위해 힘쓴 것도 공명을 위함이 아니라네."라고 읊었다. 또 이수광은 "성세에 명장이 많다 하지만 기이한 공은 오직 노사(老師)뿐이다. (…) 허리에 찬 한 자루 장검이여. 오늘날 남아라는 사실이 부끄럽구나."라며 자신의 소회를 적었다. 이안눌도 "국난을 구하러 지금 바다를 건너는 노스님, 예전에 은혜를 갚으러 산을 내려오셨네. 외로운 구름 아득해라 삼천리 먼 길에서 한 치 혀가 10만 군대보다 낫구나. 육식 하는 이들 못난 꾀에 부끄러워하며 어렵고 위태한 이 길 그대를 전송하노라."고 해서 일본으로 떠나는 유정을 기렸다. 조현명이 쓴 진찬에도 "하루아침에 칼 들고 일어나서 왜적을 삼대 베듯 베었으니 어찌 그토록 용감할 수 있는가? 불가는 체(體)만 있고 용(用)은 없다는 말을 내 믿지 못하겠다."고 평하였다.[28]

이러한 유학자들의 높은 평가를 반영하여 18세기에는 휴정과 유정 등을 향사하는 사당이 국가 공인 사액사로 지정되었다. 1738년 밀양의 표충사를 시작으로 1789년 해남 대둔사의 표충사, 1794년 묘향산 보현사의 수충사가 사액되었고 공식 향사가 이루어졌다. 대둔사와 보현사에서의 공식 향사를 명한 정조는 "불교는 자비가 중요한데 휴정은 그에 부끄럽지 않아 인천(人天)의 안목이 되었다. 종풍을 발현하고 국난을 널리 구제하니 근왕(勤王)의 원훈이며 상승(上乘)의 교주이다. 속세를 구제하고 은혜를 베푸는 것이야말로 진정한 불교의 자비이다."라고 하여,[29] 나라를 구한 의승장의 공적을 치하하고 이를 불교의 바른 모습이라고 치켜세웠다.

1800년 건봉사의 「사명대사기적비」를 쓴 당대 제일의 문장가이자 영의정까지 지낸 남공철은 "서산과 사명이 한 일을 보면 군신과 부자의 의리를 지켰다. 유학자의 관을 쓰고 옷을 입고서 성리학을 궁리하고 인의를 높이 말하면서도 실제가 없는 것과는 다르다. 불교의 이름으로 유교를 행하는 것은 우리의 도이고 유교의 이름으로 불교를 행하는 것은 이단일 뿐이다. 일본은 불교를 숭상하여 믿으며 또 대사의 충성과 신의가 행해졌기에 오랑캐 나라 사람들의 마음을 감복하게 했다. 서산은 물러나 도를 지켰고 사명은 뜻을 굽혀 만물을 구제하였으니 각자의 뜻이 있지만 나라를 위한 충성에서는 동일하다."고 하여 휴정과 유정의 충의와 역할 분담을 높이 평가했다.

저자 미상의 『동국승니록(東國僧尼錄)』은 신라, 고려의 고승들과 조선 중기 휴정, 유정 등의 행장을 수록하고 그 활동 내용을 소개한 고승전의 일종이다. 여기에는 1794년에 건립된 보현사 수충사가 기재되어 있어 그 이후에 만들어진 책으로 보인다. 항목 구성은 「명승(名僧)」, 「니고(尼枯)」, 「시승(詩僧)」, 「역승(逆僧)」, 「간승(奸僧)」의 순서로 되어 있는데, 「역승」은 고려 공민왕대의 신돈(辛旽), 「간승」으로는 조선 명종대에 양종복립을 주도한 허응 보우(虛應普雨)를 들어 비판적으로 기재하였다. 이러한 인식이나 『서애집(西厓集)』 등 인용서적을 보면 승려가 아닌 유학자가 편술하였을 것으로 추정된다. 이 책에서도 휴정과 유정에 대해서는 「명승」 항목에서 자세히 소개했는데 휴정의 행적과 함께 묘향산 수충사와 밀양 표충사의 향사 사실을 밝혔고 『분충서난록』 등에 의거해 금세의 승인으로 유정의 행장을 길게 서술하였다.[30]

이처럼 국난을 맞아 충의를 발현한 의승군과 의승장의 공적은 불교의 사회적 역할에 대한 기존의 부정적 인식을 불식시키는 데 크게 기여했고 조선후기에 불교가 존립할 수 있었던 중요한 요인이 되었다. 특히 전란 당시의 전공과 이후 외교 사절로서의 눈부신 활동으로 인해 사명 유정에 대한 평가는 당대는 물론 후대에도 매우 높았고 유학자의 인식뿐 아니라 민간의 전승에서도 그의 이미지는 긍정을 넘어 영웅적 서사의 확대 재생산으로 나타났다.

민간에 확산된 구국 영웅의 이미지

조선후기의 야담과 소설류에는 사명 유정의 영웅적 면모를 부각시킨 영험담들이 실렸고 민중 사이에서 국난을 구제한 불세출의 위인으로 형상화되었다. 여기서는 실제의 역사상과 이후 설화의 탄생에 의해 조영된 이미지의 대중적 확산과정을 구분하여 살펴보도록 한다. 먼저 유정이 입적한 1612년에 쓰인 허균의 「사명송운대사석장비명병서(四溟松雲大師石藏碑銘幷序)」에는 "1592년 여름 왜적이 금강산 유점사에 왔을 때 대사가 왜장을 만났는데 대사의 비범함을 알고 예로 대하며 결박한 문도들을 풀어주었다. 글로 문답을 하자 왜적이 공경하여 마음으로 복종하고는 대사를 산속으로 보내주었다. 대사는 여래가 세상에 나온 것은 중생을 구호하기 위함인데 왜적이 기세가 등등하여 함부로 인명을 해칠까 봐 두렵다고 하며 이들을 타이른 후 자비의 가르침을 저버리지 않기 위해 적진이 있는 고성으로 갔다. 적장 3명이 모두 예우하였는데 살생을 좋아하지 말라고 글로 타이르니 대사를 3일간 대접하고 전송하였다."고 하여 임진왜란 초기 금강산 지역에서 유정과 왜적의 만남과 그들을 감화시킨 사건을 소개하였다. 이어 왜장 가토 기요마사에게 '당신의 머리가 조선의 보배'라고 했다는 유명한 일화와 일본에서의 존숭 사실을 다음과 같이 적고 있다.[31]

> 1594년에 왜군의 진영을 세 차례 왕복하였는데 왜장인 가등청정(加籐淸正)이 "조선에 보배가 있는가?"라고 묻자 대사는 "없다. 보배는 일본에 있다."고 했고 그것이 무슨 말인지 되묻자 "지금 우리나라에서는 당신의 머리를 보배로 여기고 있다. 그러니 보배가 일본에 있는 것이다."라고 답변하였다. 이에 청정이 놀라며 탄복하였다. 1604년에는 국서를 받들고 일본에 갔는데 왜인들이 보배를 말했다는 화상이냐며 물었고 승려들이 가르침을 받으러 모여들자 하나하나 가르쳐서 미혹을 깨우쳐주었다. 모두가 머리를 땅에 대고 예배하며 부처님이라고 일컬었다. 덕천가강(德川家康)을 만나서는 "양국의 생령이 오래도록 도탄에 빠졌으므로 내가 널리 구제하러 왔다."고 했는데 그도 불교에 귀의한 자여서 신심을 내어 공경하였다. 귀국할 때 포로 1,500명을 데려왔다.

이는 당대에 쓰인 비문에 담긴 내용이기에 신빙성 있는 기록으로 볼 수 있다. 그런데 100여 년이 지난 1738년에 김재로(金在魯)가 쓴 『분충서난록』 서문에는 "송운의 사적을 야사(野史)와 소기(小記)에서 뽑은 것이 있지만 모두 소략하고 완비되지 못하여 대사의 충의의 큰 절개를 드러내 밝힐 수가 없어 늘 병통으로 여겼다. 남붕이 대사가 손수 기록한 일기를 가져와 '골계도(滑稽圖)'라고 했는데 맞지 않아서 '분충서난록(奮忠紓難錄)'이라고 제목을 고치고 신유한(申維翰)에게 교정과 산삭을 부탁했다. 가등청정에게 장군의 머리를 보배로 여긴다고 한 것과 왜왕을 권유하여 수천의 포로가 된 백성들을 구해낸 일, 그리고 병란으로 어지러운 때에 의병을 일으키고 위태하고 어려운 날에 힘써 노력한 것 등 대사의 충성과 공정은 너무나 위대하다. 이러한 활동은 불가의 자비 적멸의 법문과 어긋난 것처럼 보일 수 있지만 부처가 세상에 출현하여 널리 생령을 제도할 때 어디를 가도 도가 아닌 것이 없었으니 진여(眞如)의 정법에 무슨 해가 되겠는가?"

라고 하였다. 이는 앞의 허균의 비문에 실린 내용과 크게 다르지 않지만, 당시 전해지던 야사와 소기 등이 소략하고 완비되지 못하여 이 책을 내게 되었음을 밝히고 있다.

『분충서난록』에 수록된 야담 등 민간전승에 나오는 일화의 내용을 구체적으로 살펴보자. 이수광은 『지봉유설(芝峯類說)』(1614)에서 왜장의 머리를 보배라 했다는 일화를 소개하면서, "조선에서 그대의 머리를 황금 일천 근과 읍 일만 호에 사려 하니 보배가 아니고 무엇인가?"라는 설명을 추가하고 있다.[32] 유몽인(柳夢寅)이 1622년 무렵 완성한 『어우야담』에도 이 보배설이 인용되어 있고 유점사에서 왜적을 만난 일을 자세히 서술했다. 다만 "조선은 금은을 보배로 삼지 않고 단지 쌀과 베를 쓸 뿐인데 하물며 채식과 초의로 살아가는 산속의 중들이겠는가?"라는 유정의 말을 부연하였고, 왜장이 "이 절에 도를 아는 고승이 있으니 다시 들어가지 말라."고 널빤지에 글을 써서 절의 문간에 걸어놓은 일도 기재하였다. 그런데 홍만종(洪萬鍾)이 1678년에 보름 만에 지었다고 하는 『순오지(旬五志)』에는 앞선 기록과는 달리 일본에 사행을 갔을 때의 기이한 행적을 적고 있다. 즉 숯불을 피워 불 속으로 뛰어들게 했는데 하늘에서 비가 내려 불이 꺼졌다거나 왜인들이 생불로 모시며 금으로 만든 가마로 모신 일, 영험하기로 유명한 조선의 불화(대구 동화사(桐華寺)에서 가져감)를 되돌려 줄 것을 일본의 집권자인 관백(關白)에게 청한 일 등을 서술하였다.

『분충서난록』에서는 오대산 승려 취혜의 문고에서 사명당 사적을 인용하여 일본에서의 신이한 무용담을 더욱 상세히 기록하였다. "일본의 도성에서 비단으로 수놓은 대나무 장막을 펼치고 왜인이 쓴 시와 글이 적힌 금은으로 장식된 병풍을 좌우로 늘어놓았다. 사명대사가 걸으면서 잠깐씩 보고 지나쳤는데 시를 모두 암송하여 조금도 틀리지 않았다. (…) 왜왕이 도술을 시험하려고 10여 길이나 되는 구덩이를 파고 코끼리와 독사를 집어넣은 후 위에 유리를 깔아서 안이 보이게 했다. 대사는 염주를 던져 그것이 물이 아니라 유리임을 알고는 들어가 앉았다. (…) 왜왕이 철로 만든 말을 세워 통로로 삼고 사방으로 불을 지핀 다음 철마 아래로 들어오게 하였다. 대사가 서쪽을 향해 기도를 드리자 맑은 날에 갑자기 조각구름이 조선에서 와서 큰비를 내려 불길이 모두 꺼졌다. 그러자 왜국의 신하들이 경악하며 이 분은 신이한 승려요 살아 있는 부처라고 하고 금수레에 태워 들어갔다. 왜국의 왕과 신하들이 대사가 돌아갈 때 재물과 보화를 주었지만 모두 받지 않고 두 나라의 화해와 평안을 위해 가등청정의 머리를 요구하고 포로로 잡혀 온 조선인들을 귀환시키라고 말했다. 그 결과 포로 3,000명이 함께 돌아왔다."고 되어 있다.

이에 대해 『분충서난록』의 교정자인 신유한은 "취혜가 어떤 승려인지는 알 수 없다. 호남의 여러 사찰에서 들은 송운의 사적은 모두 이 기록을 베껴서 전하는 것인데 남붕의 요청에 의해 수록하였다. 하지만 두세 가지 부회하는 말들이 비록 산림이나 민간에서 나왔다고 해도 대부분 와전되고 잘못되어 믿을 수 없으니 탄식만 나올 뿐 어찌할 수 없다. 이 기록은 길가에서 얻어들은 이야기에서 나온 것으로 황당하다. 왜인이 사람을 시험하는 짓이 본래 요망하고 환술적인 측면이 많으니 이런 일이 있었다 해야 송운의 지혜가 끝이 없음을 증명할 수 있기 때문에 이렇게 말한 것에 불과하다. 덕천가강의 본의가 화친에 있었지 협박에 있지 않았는데 어찌 이웃나라에 화친을 청하면서 사신으로 온 자를 모욕할 수 있었겠는가? 보는 자들은 이를 참작하여 시비를 따지지 말 것이다."라고 하여, 취혜의 문고 내용에 대해 액면 그대로 믿기는 어렵다고 보았다.

사명 유정의 도일 관련 영험담이 처음 기록물에 실린 것은 1678년의 『순오지』였다. 앞서 살펴보았듯이 숯불로 시험한 후 생불이라 존숭하고 금으로 된 가마에 태웠다는 등의 내용이다.[33] 그리고 『분충서난록』이 간행된 1739년 이전에 취합된 취혜의 문고에는 병풍 글의 암송, 코끼리와 독사 구덩이, 철마 등이 등장하고 있다. 이는 17세기 전반의 『지봉유설』이나 『어우야담』에는 전혀 보이지 않는 내용이다. 『순오지』나 취혜문고에는 민간에서 만들어지거나 전승된 사명 설화가 새로 반영된 것이다. 구국의 영웅 '사명대사'는 민간에서 큰 인기를 끌었고 따라서 그의 활약상을 모티브로 한 이야기들이 많이 만들어졌다. 이는 앞에서 소개한 야담이나 잡기류에 실리기도 했지만 그의 신이한 영험담이 모두 망라되어 집결된 곳은 소설 『임진록(壬辰錄)』이었다.

저자 미상의 『임진록』은 임진왜란을 소재로 한 역사소설로서 17세기 전반에서 19세기 말까지 다양한 이들이 참여해 만들어졌고 한글본과 한문본을 포함해 현재 59종 이상의 이본이 전한다.[34] 이처럼 여러 계통의 『임진록』이 다수 나오게 된 것은 그만큼 사명대사가 민간에서 폭발적 인기를 끌었던 데서 기인한다. 『한국구비문학대계』에 실린 전승설화 가운데서도 가장 많이 나오는 역사적 인물은 사명대사이며 총 45편이나 된다. 임진왜란 때의 의병장 김덕령(金德齡)과 곽재우(郭再祐)가 각각 31편과 23편, 서산대사가 18편, 이순신(李舜臣) 장군이 13편인 점을 고려하면 그의 높은 인지도와 인기를 실감할 수 있다.[35]

그런데 소설 『임진록』에 나오는 사명대사의 모습은 유학자들의 인식이나 일반 역사기록에서 그려지는 이미지와는 차이가 있다. 사명 유정은 유교적 충의의 행위자로서 국가에 기여한 승려로서 공식적으로 기억되었지만, 『임진록』의 사명대사는 왜왕을 굴복시키고 위정자를 징계하는 민중의 영웅으로 묘사되고 있다.[36] 『임진록』에 보이는 사명대사 관련 설화는 출가 전에는 평범한 범부, 전란기에는 생불이나 신승, 입적 후에는 수호신으로 시기별로 다르게 형상화되었다. 이는 세속에서 겪는 속인의 고뇌와 인생의 무상함, 전쟁에서의 영웅적 면모, 사후 구원의 존재로서 사명대사의 이미지가 각기 다르게 나타난 것으로 설화 담당층의 인식이 반영되어 있다.[37]

역사 계열의 『임진록』 이본에 포함된 '휴정과 청정과의 대결'은 사명대사가 왜장 가토 기요마사와 회담한 사실을 스승 청허 휴정의 일처럼 꾸며낸 이야기이다. 또 '사명대사의 왜왕 항복'은 가공의 등장인물인 최일영 계열이나 이순신 계열의 『임진록』 이본의 결말 부분에 등장하며 전체 구성에서 중요한 의미를 갖는다.[38] 이 이야기들은 기본적으로 민간의 전승을 수록한 것으로 취혜 문고에서 보이는 도술 및 설화적 요소와 마찬가지로 시간이 갈수록 더 많은 설화가 계속 만들어졌음을 보여준다. 『임진록』에 나오는 사명당의 신이한 면모를 일본 사행을 중심으로 요약하면 다음과 같다.[39]

> 사명당이 배에 오르자 사해 용왕이 배를 저어 순식간에 왜국에 도착하였고 왜왕에게 조선의 생불이 왔다고 알렸다. 왜국에서는 조선에 어찌 생불이 있겠느냐며 능력을 시험해보려 하였다. 사명당은 시험에 응해 길옆에 세워둔 1만 8천 칸에 적힌 글을 모두 외웠고 달구어진 무쇠 방에서 견디면서 진언을 외우는 등 자신이 생불임을 보여주었다. 이번에는 달군 무쇠 말을 타게 했으나 사명당은 사해 용왕을 불러 많은 비를 내리게 하니 왜국이 온통 물바다가 되었다. 왜왕과 여러 신하들이 비를 그치게 해달라고 애걸하자 사명당은 조선과 왜 사이에 부자 관계를 맺는다는 항복문서와 사람 가죽인 인피를 조공한다는 약속을 받아내고 왜왕을 질책한 후 비를 그치게 하였다. 사명당이 귀국했으나 동래부사가 또 나오지 않자 사명당이 자신은 비록 승려이지만 왕명을 받고 죽음을 무릅쓰고 적지에 다녀왔는데 대놓고 무시한다고 하며 동래부사를 참하였다. 선조가 왜왕의 항복 소식을 듣고 칭찬하였고 서산대사에게는 병조판서와 호위대장, 사명당은 어영대장과 도원수를 제수하였다.

『임진록』은 사명당이 귀국하여 국왕에게 승전의 첩서를 올리려고 서울에 오자 조정 백관들과 백성들이 격앙가를 부르며 열렬히 환영하는 것으로 대단원의 막을 내린다. 사명 유정은 정식 외교사절은 아니었지만 선조의 명으로 적진을 탐문하는 탐적사(探賊使)로 파견되었고 에도막부를 연 도쿠가와 이에야스를 1605년 3월 4일에 교토(京都) 후시미(伏見)성에서 만나 일본의 정세를 살폈다. 또한 교토의 오산(五山) 승려들과 시를 주고받는 등 활발한 인적 교류를 하였고 귀국할 때는 포로 1,000여 명을 데리고 왔다고 한다.[40] 이후 1607년 1월에는 정식으로 국서가 교환되고 조선과 일본 간의 국교가 재개되었다. 임진왜란 때의 혁혁한 공적에 이어 유학자를 대신해 승려로서 외교 활동까지 펼친 사명대사는 민중 사이에서 슈퍼스타로 떠올랐고 그의 신이한 영웅담이 야담이나 소설 등의 매체를 통해 널리 확산되고 전승된 것이다.

이긍익(李肯翊)의 『연려실기술(燃藜室記述)』이나 유재건(劉在建)의 『이향견문록(里鄉見聞錄)』 등 19세기의 기록물에도 사명 유정 관련 일화가 소개되어 있다. 이러한 흐름은 근대기까지 이어졌는데 1920년대에는 딱지본 옛 소설 『사명당전』이 4종이나 발간되었다. 이는 1910년대 후반부터 조선의 역사 위인전기가 다수 간행되던 시대적 흐름을 이은 것이다. 식민지 시대에 더욱 높아진 영웅 출현에 대한 독자들의 기대와 열망에 부응하기 위해 사명대사의 신이한 능력을 묘사한 『임진록』 등의 설화와 야담을 변형시킨 허구적이고 통속적인 소설이 다시 인기를 끈 것이다.[41] 한편 20세기 밀양 지역에서는 동학, 한일합방, 해방, 한국전쟁 등 큰 사건이 있을 때마다 그를 기리는 표충비가 땀을 흘린다는 소문이 퍼졌고 사명대사는 초능력자이자 이 지역의 수호신으로 여겨졌다.[42]

사명 유정은 청허 휴정의 적전이자 가장 유명한 의승장, 나아가 외교관이었다. 그렇기에 불교계 내에서 그의 권위와 영향력은 매우 컸다. 비록 사명파가 후대에 세력을 크게 떨치지 못하고 영남과 금강산 지역에서 이어졌지만 그에 대한 현창사업은 계속되었다. 18세기에는 밀양 표충사를 시작으로 1789년 해남 표충사, 1794년 묘향산 수충사가 국가로부터 사액되었고 청허 휴정과 사명 유정에 대한 공식 향사가 이루어졌다. 여기에는 유학자와 고위 관료도 가담하였고 그것은 충의에 대한 높은 평가가 있었기 때문에 가능했다. 사명 유정의 활약상은 민간에도 널리 알려졌는데 그의 신이한 행적을 담은 야담, 소설이 유통되면서 사명대사의 이미지는 영웅적 서사의 확대 재생산으로 나타났다. 17세기 전반의 기록에는 임진왜란 당시 사명대사가 행했던 비범한 행적이 수록되었고, 17세기 후반부터는 일본에 사행을 갔을 때의 기이한 이야기가 추가되었다. 수많은 이본으로 나온 소설 『임진록』에서는 왜왕을 굴복시키고 위정자를 징계하는 민중의 영웅으로 사명대사를 묘사하였다. 이처럼 역사상의 인물인 사명 유정은 충의의 사표에서 출발하여 국난을 구제한 신화적 영웅 사명대사의 이미지를 더하며 대중화되었다.

2. 환성 지안 : 종통의 계승과 선과 교의 회통

환성 지안의 이력과 종통 전승

환성 지안(喚醒志安: 1664-1729)은 조선후기 불교계를 주도한 청허계의 최대 문파 편양파의 적전 계보를 잇는 법맥상의 종사이다. 또한 『선문오종강요(禪門五宗綱要)』, 화엄강학과 대규모 법회에서 알 수 있듯이 선과 교의 병행 및 융합을 실천한 선승이자 학승이기도 하다. 그는 1664년(현종 5) 6월 10일 강원도 춘천의 정(鄭)씨 집안에서 태어났다. 15세에 경기도 양평의 미지산 용문사(龍門寺)로 출가하였고 상봉 정원(霜峰淨源: 1627-1709)에게 구족계를 받았다. 상봉 정원은 편양파 풍담 의심(楓潭義諶: 1592-1665)의 제자로서 사집 과정에 해당하는 『도서(都序)』와 『절요(節要)』의 과문을 봉암사(鳳巖寺)에서 지었고 해인사(海印寺)에서 『열반경(涅槃經)』 등 경전에 토를 달고 『화엄경(華嚴經)』의 과목을 썼을 정도로 교학에 뛰어났다. 수계사였던 상봉 정원의 이러한 면모가 환성 지안에게도 큰 영향을 미쳤을 것이다. 지안은 17세 때 풍담 의심의 또 다른 제자이자 상봉 정원의 동문인 월담 설제(月潭雪霽: 1632-1704)에게 찾아가 의발을 전수하였고 이후 경론 공부에 전념하였다. 설제는 금강산과 묘향산 등 각지의 사찰을 유력하면서 선을 닦고 교를 강설했는데 대교과의 『화엄경』과 『선문염송(禪門拈頌)』에 특히 뛰어났다고 한다. 그는 만년에 전라도 징광사(澄光寺)에 주석하며 호남에서 교화를 펴다가 입적했다.[43] 선과 교의 병행을 추구하고 여러 지역을 편력한 지안의 기풍과 이력은 법을 전수해준 스승 월담 설제의 풍모를 그대로 물려받은 것이었다.

27세 때인 1690년(숙종 16)에는 부휴계의 교학종장 모운 진언(慕雲震言: 1622-1703)[44]의 직지사(直指寺) 법회에 참여하였다. 설법을 마친 모운 진언은 떠나면서 법석을 지안에게 물려주었고 400명에 이르는 학인들에게 스승의 예로 섬기라고 당부하였다. 환성 지안의 행장[45]에는 "화엄종 모운 진언 화상에게 나아가 처음 당에 올랐는데, 그 모습이 위엄 있고 당당했으며 목소리는 맑고 은은했다. 거처는 일정하지 않았지만 가는 곳마다 승려들이 문과 뜰에 가득 찼다. 교의를 논하면 만 이랑의 파란이 이는 듯 아득히 넓었고, 선지를 굴리면 천 길 절벽과 같이 높고 우뚝했다. 지금 조선에서 선을 희롱하고 교에 통달한 이들은 다 선사의 풍격을 본받은 것이다."라고 기록하였다. 한편 환성 지안의 강학이 뜻이 오묘하고 이전에 들을 수 없는 특이한 점이 많아서 의심을 품는 이들도 있었는데, 1681년 전라도 임자도에 표착한 중국 상선에 실린 가흥대장경본 불서의 복각본[46]과 비교해보니 그대로 들어맞아서 모두 놀라고 탄복했다고 한다.

지안은 평생 동안 전국의 18개 이상 산사를 두루 다니며 교화를 폈다. 행장에는 그가 선을 닦고 법의 깃발을 세우고 교를 강의한 곳으로 관동의 풍악산(楓嶽山), 관북의 황룡산(黃龍山), 춘천 청평사(淸平寺), 지평 용문사(龍門寺), 광주 청계사(淸溪寺), 강릉 오대산(五臺山), 안동 태백산(太白山), 보은 속리산(俗離山), 공주 계룡산(鷄龍山), 상주 대승사(大乘寺), 문경 양산사(陽山寺), 예천 대곡사(大谷寺), 청도 운문사(雲門寺), 자인 반룡사(盤龍寺), 순흥 부석사(浮石寺), 성주 쌍계사(雙溪寺), 금산 직지사(直指寺), 산음 지곡사(地谷寺)를 거명하였다. 호남의 크고 작은 명찰에도 그의 교화가 미치지 않은 곳이 없었지만 번거로움을 피해 일일이 기록하지 않는다고 하여, 그가 영남과 호남은 물론 경기도, 강원도, 충청도, 함경도 등 전국을 대상으로 활동한 사실을 볼 수 있다.

환갑이 갓 지난 1724년 무렵 환성 지안은 금산사(金山寺)에서 화엄법회를 열었다. 이때 1,000여 명이 훨씬 넘는 수많은 대중들이 모여 법연을 들었고 이 일은 인구에 회자되었다. 행장에는 갑진년(1724) 봄의 금산사 법회는 영산회상과 비슷하고 기원정사를 방불케 하여 청중이 1,100명이나 참가한 가운데 그의 도를 높이 받들고 덕을 우러렀다고 하였다. 이에 비해 비문에서는 을사년(1725)이라고 하였고 금산사 화엄경 산림법회에 무려 1,400명이나 모여들어 설법을 듣고 모두 기뻐하며 일찍이 없던 깨달음을 얻었다고 적었다.[47] 그런데 이때의 일로 몇 년이 지난 1729년에 지안은 무고를 당했고 호남의 옥에 갇혔다가 얼마 안 있어 무죄임이 밝혀졌다.[48] 그럼에도 관찰사가 불가하다고 주장하여 제주도로 유배를 갔고 도착한 지 7일 만인 7월 7일에 입적하였으니 법랍은 51세, 세수 66세였다.

환성 지안에게는 강학과 교화 이력 외에도 신이한 행적을 담은 일화가 전하고 있다. 그중 행장에 나오는 네 가지를 소개해본다.[49] 첫째, 지공(指空)-나옹(懶翁)-무학(無學)의 3화상으로 잘 알려진 고려 말 공민왕대의 왕사 나옹 혜근(懶翁惠勤: 1320-1376)을 꿈에서 만나 시를 얻었다고 한다. 지안이 재계한 지 100일 만에 꿈에 혜근이 나타나 "수미산을 짊어지고 큰 바다를 건너며 교화의 문을 크게 열고 수풀 속으로 들어가라."는

영산회상탱
영산회상은 「법화경」을 설법할 때의 모임을 가리킨다

시를 지어주었다고 한다. 둘째, 폭우 속에서 두 번이나 죽을 위기를 피한 일이다. 1717년 7월에 지안은 금강산 정양사(正陽寺)에 머물렀는데, 폭우가 내리는 어느 날 갑자기 고향으로 간다고 하며 사찰에서 내려가 마을의 어떤 큰 집에 이르렀다. 그렇지만 그곳에 묵지 않았고 근처의 작은 오막살이집으로 가서 유숙했다. 그날 밤 절과 처음 들렀던 큰 집은 물에 잠겼고 20여 명이 불귀의 객이 되었지만 그는 화를 면했다.

셋째, 춘천 청평사에 '지안이 다시 온다'는 참언이 전해졌다고 한다. 청평사는 고려 말 나옹 혜근과 조선전기 허응 보우(虛應普雨)가 주석했던 곳으로 거의 폐허가 되다시피 했던 것을 지안이 중수하였다. 당시 절 문 밖에 진흙으로 메워진 쌍연(雙淵)이라는 옛 연못을 팠더니 부서진 비석 조각이 나왔다. 여기에는 '유충관부천리래(儒衷冠婦千里來)'라는 참언이 적혀 있었는데, 어떤 이가 이를 "유(儒)는 사(士)이고 충(衷)은 심(心)이며 관부(冠婦)는 삿갓을 쓴 여자이므로 안(安)이요 천리(千里)는 위아래로 합쳐서 중(重)이니 래(來)를 더하면 '지안이 다시 온다[지안중래(志安重來)]'는 뜻이 된다."고 해석하였다. 넷째, 그의 입적을 예언한 비기(祕記)가 제주도에 전해져왔다고 한다. 어느 불상의 등에 '세 분의 성인이 입적하는 곳'이라는 문구가 새겨져 있는데 제주도에서 중국의 정법(正法) 보살에 이어서 100년 후 조선의 허응(보우)대사, 그리고 환성화상이 입적했으니 모두가 들어맞아 매우 기이한 일이라고 행장에서 평하고 있다. 나아가 지안이 입적하던 날에는 산이 울고 바다가 끓어올라 3일 동안 그치지 않았고 운구를 옮기던 날에는 하늘과 땅에 상서로운 현상이 나타나 며칠간 사라지지 않았다고 한다.

지안의 비문을 쓴 이조판서 홍계희(洪啟禧: 1703-1771)[50]의 눈에도 이러한 영험담이 기이한 일로 보였을 것이다. 따라서 1762년에 작성된 비문에는 "한라산 위에 오래된 석불이 있는데 그 뒷면에 세 성인이 입적한 곳이라는 글이 새겨져 있다. 1729년 환성대사가 유배되어 도착한 지 7일

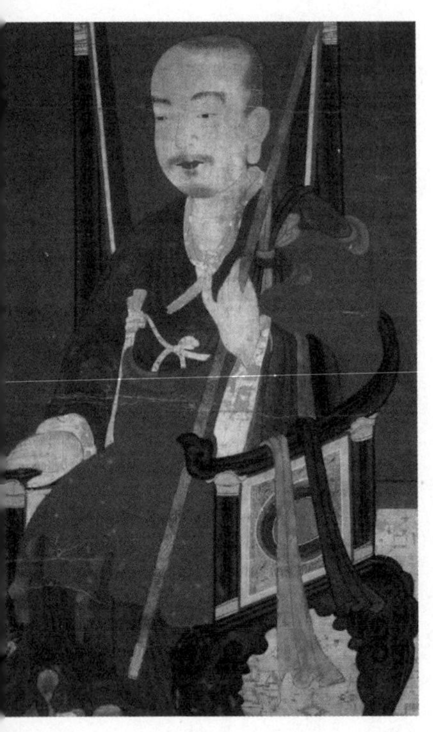
나옹 혜근

만인 7월 7일에 홀연히 입적하였다. 그 때 산이 사흘간 울고 바닷물이 끓어올랐으니 이마가 땅에 닿도록 절하고 찬탄하지 않는 이가 없었다. 모두 세 성인이 증험을 보인 것이라 했는데 대개 중국의 정법보살부터 선사에 이르기까지 이곳에서 열반한 이가 셋이니 신령스럽고 괴이하다."고 소회를 적었다. 또 지안이 이전에 "살아서는 보시를 축내고 죽어서는 대중의 힘을 번거롭게 하니 내 편치 않다. 멀리 외딴곳에서 미안함 없이 죽을 것이다."라고 말한 그대로 되었다고 하였다. 앞서 지안이 대둔산에서 불전에 공양 올릴 때 공중에서 세 번 이름 부르는 소리가 났고 그에 응답하였기에 자를 세 번 대답했다는 삼낙(三諾)으로 짓고 법호를 환성(喚聲)이라 했다는 일화도 전한다.[51] 비문에서는 "동방에 고승이 많지만 신라와 고려 때 의상(義湘)과 도선(道詵), 나옹과 무학 같은 이들이 특히 뛰어났다. 스님은 종지를 해설하여 중생이 미혹함을 깨닫게 한 일밖에 없으니 불가의 고승 석덕에 비해 한 점 부끄러움이 없는 분이다. 잘못도 없이 죄를 뒤집어썼으니 이 어찌 죄이겠는가? 그런데도 우리 스님이 왜 해를 입어야 했단 말인가?"라고 하여 지안의 생애를 높이 평가하고 죄 없는 죽음을 아쉬워했다.

환성 지안은 평생 선과 교의 진작에 힘썼고 수많은 일화를 남겼지만 대규모 법회를 주관한 일로 무고를 당하여 제주도로 유배 가서 입적하였다. 그에게 씌워진 정치적 혐의 때문인지 입적 후 33년이 지난 1762

년이 되어서야 홍계희에게 비문을 받게 되었다. 이때 지안의 비는 제자 함월 해원(涵月海源)이 주관하여 문손 연담 유일(蓮潭有一)에 의해 대둔사에 세워졌다.[52] 지안의 저술로는 문집 3권이 있었다고 하지만 현재는 함경도 석왕사(釋王寺)에서 함월 해원이 간행한 『환성시집(喚醒詩集)』 1권과 『선문오종강요』 1권이 전하고 있다.[53] 지안은 조선후기 불교의 특징이었던 임제법통과 간화선, 선교겸수와 화엄교학을 모두 아우르는 종장이었고 편양파 적전의 법맥을 이으며 문인 3,000명이라 할 정도로 많은 문도들을 양성하였다.

환성 지안의 편양파 계보와 사법상의 종통 계승자로서 그의 위상을 살펴보자. 지안은 청허 휴정의 말년 제자인 편양 언기(鞭羊彦機)로부터 시작하여 풍담 의심-월담 설제로 이어지는 편양파의 주류 법맥을 이었다. 또한 그의 법은 설송 연초(雪松演初), 호암 체정(虎巖體淨), 함월 해원(涵月海源) 등 많은 문도들을 통해 전해졌고 호암 체정 계보에서 설파 상언(雪坡尙彦), 연담 유일(蓮潭有一), 백파 긍선(白坡亘璇), 초의 의순(草衣意恂) 등이 나왔고 함월 해원 쪽에서는 화악 지탁(華嶽知濯), 화담 경화(華潭敬和) 등이 배출되었다. 이들은 18-19세기 불교계를 대표하는 교학의 종장이자 선백들이었다.

다카하시 도루(高橋亨)는 『이조불교(李朝佛教)』에서 환성 지안은 선과 교의 대종장으로 남과 북에 걸쳐 교화를 펼쳤고 문파가 떨쳐 일어났다고 평가하고, 설송 연초, 호암 체정, 함월 해원, 화월 성눌(華月聖訥) 등 19인의 주요 제자를 거명하였다. 또 설파 상언, 연담 유일은 물론 풍악 보인(楓嶽普印), 완월 궤홍(翫月軌泓), 영파 성규(影波聖奎), 야운 시성(野雲時聖), 괄허 취여(括虛取如), 영허 선영(映虛善影), 천봉 태흘(天峯泰屹)에 이르기까지 18-19세기 편양파의 대표적 고승들을 지안의 문인이라 하여 많은 분량을 할애하여 기술하였다.[54] 임제태고법통에 의거해 18세기 중반까지 청허계, 부휴계의 계보를 망라해놓은 사암 채영(獅巖采永)의 『해동불조원류(海東佛

환성 지안

〈표 6〉 편양파 환성 지안 계보의 사승 관계

	적 전	법맥이 이어지는 문도	
1	편양 언기	楓潭義諶 清嚴釋敏 回敬弘辯 涵影契眞 幻寂義天 寂照惠賞 自顯天信	7인
2	풍담 의심	霜峰淨源 月潭雪霽 月渚道安 奇影瑞雲 映虛贊映 松溪圓輝 松源豊悅 秋溪三印 寂照雲密 楓溪明察 雪峰自澄 青松道正 碧波法澄 幻宴莊六	14인
3	월담 설제	喚惺志安 玄隱泂悟 青霞三印 慕月淸一 一菴萬回 月波開慧 寒影萬機 松藕性草	8인
4	환성 지안	醉眞處琳 牧隱修靜 月華雷震 雪松演初 虎巖體淨 錦溪元宇 涵月海源 龍巖信鑑 鷄峰慧淨 淨月會閑 華月性訥 慧巖俊眼 幻住就密 臥雲信慧 淸霞竺坦 抱月楚琝 月巖慧能 龍巖增肅 友松會仁	19인

祖源流)』(1764)[55]에서는 지안의 계보를 〈표 6〉과 같이 기재해놓았다. 당시의 현실을 반영하여 편양파의 비중이 가장 크며 풍담 의심 아래의 상봉 정원, 월담 설제, 월저 도안(月渚道安)에서 비롯된 법맥 계보가 많은 분량을 차지한다. 상봉 정원과 월담 설제는 각각 지안의 수계사, 전법사였고 월저 도안은 화엄강학으로 유명한 편양파의 교학종장이었다.

한편 「해동선파정전도(海東禪派正傳圖)」에는 청허 휴정의 선맥이 편양파, 소요 태능(逍遙太能)의 소요파, 무염 성정(無染性淨)의 무염파의 3파로 나뉘어 전해졌다고 기록하였다. 편양파는 편양 언기-풍담 의심에 이어 월담 설제, 월저 도안을 들었고 설제 계통으로는 환성 지안을 비롯한 8인, 다음 지안의 문도로는 11인의 이름을 기재하였다.[56] 『환성시집』 말미의 「행장」 뒤에는 입실제자를 가리키는 문정(門庭) 목록이 있고 여기에 36인의 문도 이름이 적혀 있다.[57] 다만 『해동불조원류』에 보이는 혜암 준안(慧巖俊眼), 「해동선파정전도」에 나오는 완월 초운(翫月楚雲), 동파 도겸(東坡道謙), 그리고 두 자료에 모두 실린 환주 취밀(幻住就密)은 문정 목록에서 빠져 있다. 다음 〈표 7〉은 『해동불조원류』 등에서 확인되는 지안의 주요 제자들과 그 문도 명단이다.

환성 지안과 연고가 있는 양산 통도사(通度寺)의 영각에는 총 88점의 진영이 모셔져 있다. 여기에는 지안은 물론 직제자인 설송 연초와 호암

〈표 7〉 환성 지안의 주요 제자와 문손

주요 제자	법맥이 이어지는 문손	
설송 연초	友月尙明 退菴自如 圭山明學 華岳淸印 晋溪神瑞 鶴峯碩寬 洛波靈悟 凝嵓希有 東坡坦學 太虛南鵬 碧坡處愚 東岳宇一	12인
호암 체정	燕海廣悅 萬化圓悟 楓嶽普印 靑峰巨岸 靈谷永愚 瑞雲時演 雪坡常彦 龍坡道周 蓮潭有一	9인
함월 해원	鶴坡六彰 永松祖印 翠松明惠 翫月軌泓 赤洲範禪 平原宏慧 寒溪泰岑 蓮谷偉荷	8인
화월 성눌	月城致雄 桂菴道仁 東菴太柔 등 24인 (『해동불조원류』(1764)에는 이들의 후손 기재 안 됨)	

체정, 함월 해원, 화월 성눌 등의 진영도 포함되어 있다. 먼저 지안의 의발을 전하여 청허계의 가풍을 수호했다고 하는 호암 체정(1687-1748)은 통도사와 해인사에 주로 주석하며 화엄강학을 하였고 따르는 승도가 늘 수백 명에 달하였다고 한다. 통도사 백련정사(白蓮精舍)의 「만일승회기(萬日勝會記)」(1875)에는 "환성조사가 주석하고 호암노사가 떨친 후 여러 강백들이 서로 이어서 가르침을 열고 종지를 들었다."고 하여,[58] 지안의 유풍이 체정을 통해 이어졌음을 자부하였다. 체정의 제자 중에서 용파 도주(龍坡道周) 계열이 통도사에서 법맥을 이어갔다.[59] 『환성시집』에는 지안의 스승 월담 설제와 조사 풍담 의심의 임종게와 함께 책의 간행 이전에 입적한 호암 체정의 임종게도 수록되어 있다.

다음 함월 해원(1691-1770)도 청허의 5세 지안의 의발을 이은 적전으로서 대교과의 『화엄경』과 『선문염송』에 정통하여 종문의 오묘한 가르침을 터득했다고 한다. 해원은 스승 지안의 비를 대둔사에 건립하는 일을 추진하였고 자신이 말년에 주석하던 석왕사에서 지안의 행장을 작성하고 『환성시집』과 『선문오종강요』를 간행하였다. 화월 성눌(1689-1762)은 지안의 심인을 전수하였고 1,000여 명의 법중이 모인 금산사 화엄법회 때는 강좌에 올라 법을 논하고 종지를 천명하였다. 당시 지안이 그의 설법을 인정하며 "추위에 부처를 태우고 경전을 읽고 마(魔)를 깨치니 문을

나오면 큰길인데 적각선인(赤脚仙人)이 산을 노래하네."라는 게송을 지어 주었다고 한다.[60]

지안의 수많은 직제자 가운데 특기할 만한 이는 설송 연초(1676-1750)이다. 연초는 청도 운문사(雲門寺)에서 출가하여 사명 유정의 후손인 명암 석제(銘巖釋霽)에게 배운 뒤 지안의 법을 이었다. 연초는 통도사에 오래 주석하였고 입적 후에 탑과 비가 입적지인 통도사와 출가 사찰인 운문사에 세워졌다. 그의 제자 중에서 응암 희유(凝嵓希有) 계통이 통도사에서 지안의 법맥을 이어갔다.[61] 그런데 설송 연초는 사명 유정의 출생지인 밀양에 표충사가 세워지고 1738년(영조 14) 정식 사액 사우로 지정되었을 때 초대 원장으로 임명되었다. 표충사 사액 청원운동을 주도한 것은 태허 남붕(太虛南鵬: ?-1777)이었는데, 그는 표충사의 도총섭이 되었고 유정과 관련된 기문을 모아 『분충서난록(奮忠紓難錄)』(1739)을 간행하였다.[62] 표충사 사액의 성공을 위해 남붕은 자신이 유정의 5세 법손임을 내세웠다. 하지만 그는 실제로는 환성 지안-설송 연초로 이어지는 편양파 법맥을 이은 이였다. 이러한 법맥상의 혼착을 피하기 위해서인지 남붕은 스승 연초가 편양파의 선맥과 사명파의 교법을 모두 이었다는 통합적 종맥 인식을 천명하였다.

남붕의 의뢰로 영의정 이천보(李天輔)가 쓰고 통도사와 운문사에 비가 세워진 연초의 비문(1754)에서 그러한 인식을 확인할 수 있다. 이천보는 자신의 5대조인 이정구(李廷龜)가 청허 휴정의 비명을 남긴 이래, 고조부 이명한(李明漢), 종증조부 이단상(李端相), 종조부 이희조(李喜朝)의 4대에 걸쳐 각각 편양 언기-풍담 의심-월담 설제로 이어지는 편양파 적전의 비문을 썼음을 들어 비문 작성의 청을 수락하였음을 밝혔다. 이어 "청허 휴정의 문도가 두 파로 나뉘어 사명 유정, 송월 응상(松月應祥), 춘파 쌍언(春坡雙彥), 명암 석제 계통의 교파, 그리고 편양 언기, 풍담 의심, 월담 설제에서 환성 지안으로 이어지는 선파로 각각 이어졌다. 설송 연초가 처음에는 [사명파] 명암 석제를 스승으로 삼고 뒤에 [편양파] 환성 지안에게 참학하여 그 법을 모두 전했으니 그에게 이르러 청허 휴정의 계파가 처음으로 합쳐져 하나가 되었다."고 하여 선교 통합을 강조하였다.[63]

휴정의 제자 소요 태능(逍遙太能)의 문집을 후대에 중간할 때 작성된 서문에서도, "청허조사의 문중에서 소요와 편양이 선종이고 송운(사명)은 교종으로 한때 함께 우뚝 솟았다."고 하여,[64] 편양파=선종, 사명파=교종이라는 인식이 당시 어느 정도 통용되었던 것으로 보인다. 또 설송 연초가 실제로 사명파 석제에게 교를 배우고 편양파 지안의 법을 이었으므로 선과 교를 회통하고 청허계가 하나가 되었다는 평가가 근거가 없는 것은 아니었다. 그렇더라도 유정의 사당인 표충사 사액에 관여한 남붕과 스승 연초는 어디까지나 편양파였고, 사명파에게 배우거나 연계 지점이 있다고 해도 사명파가 아닌 편양파가 향사를 주관한 것은 문제가 있어 보인다. 하지만 당시는 편양파가 최대 문파로 성장하여 전국을 무대로 활동하던 시기였다. 그에 비해 사명파는 금강산 지역과 영남 일부에서 명맥을 이어갔지만 세력이 편양파에는 크게 미치지 못하였다.[65] 따라서 편양파 주류 계보인 지안의 문도이면서 밀양과 가까운 통도사에 있던 연초와 그 제자 남붕 쪽이 국가를 상대로 한 청원운동을 맡고 현창 사업을 주도하게 된 것으로 보인다.

그런데 설송 연초의 선교통합을 매개로 한 편양파와 사명파의 결합은 표충사 청원운동의 명분이 되었을 뿐 아니라 통도사의 계보 및 역사인식에도 영향을 미쳤다. 남붕의 청에 의해 연초의 비문이 작성된 후 150여 년이 지난 1912년의 〈30본말사법 등규〉에는 각 본말사의 주지가 될 수 있는 자격이 명시되었다. 통도사의 등규에는 '청허 휴정의 사법자 송운(교종), 편양(선종)의 법계(法系)와 교통(教統)을 함께 이은 설송 연초의 법손'이라고 정해놓았다. 청허계 편양파, 나아가 조선후기 불교의 종통 전승에서 환성 지안이 차지하는 위상은 〈30본말사법 등규〉에서 더욱 확연히 알 수 있다. 여기에는 20세기 초 30본사의 계파 및 문파의식, 전통 계승 인식이 잘 드러나 있는데, 휴정의 법손(청허계)을 표방한 곳이 모두 23사이고 그 가운데 9개 본사가 환성 지안의 직계만이 주지가 될 수 있다고 명시하였다. 이는 30본사 중에서 3분의 2 이상이 청허계(대부분 편양파), 그리고 전체의 3분의 1 정도가 지안의 법맥 계승을 주지 자격의 전제조건으로 세운 것이다.[66] 이처럼 편양파 환성 지안의 계보는 조선후기 불교의 주류이자 정통이었고 그렇기에 선과 교가 결합된 종통의 전승 의식이 나올 수 있었다.

『선문오종강요』, 그리고 선과 교의 공존

환성 지안은 강학을 연마하였고 대규모 화엄법회를 주관했을 정도의 이름난 교학 종장이었다. 하지만 저술을 남겨야 할 시점에 유배 가서 생을 마감하여서인지 그의 사상 내용을 구체적으로 알 수 있는 주석서나 기문은 전하지 않는다. 144수의 시를 모아놓은 『환성시집』과 『선문오종강요』만 현존하고 있어 액면 그대로 투철한 선승의 모습만 알 수 있을 뿐이다. 이러한 자료적 제한성 때문에 그동안 시문학이나 『선문오종강요』를 제외하면 지안의 사상에 대한 본격적 연구는 거의 없었다.[67] 그러나 지안은 선과 교를 겸비한 종장이었고 화엄강석으로 유명했던 만큼 그가 선과 교의 공존을 추구했음은 분명하다. 이에 먼저 『선문오종강요』에 응축된 선의 세계를 소개하고, 조선후기 불교사상사의 흐름 속에서 선과 교의 갈등과 융합이 어떻게 전개되었는지를 살펴보도록 한다.

『선문오종강요』는 선종 5가의 핵심 요체를 다룬 조선시대의 대표적 개요서로 알려져 있다. 선문의 5종은 6조 혜능(惠能)의 남종선(南宗禪) 계통에서 나온 임제종(臨濟宗), 운문종(雲門宗), 조동종(曹洞宗), 위앙종(潙仰宗), 법안종(法眼宗)을 가리킨다. 임제종은 기용(機用), 운문종은 절단(截斷), 조동종은 향상(向上), 위앙종은 체용(體用), 법안종은 유심(唯心)을 핵심어로 드러냈다. 『선문오종강요』에서는 혜능 이후 '기용'을 밝힌 임제종이 가장 뛰어나다고 하여 임제종 우위의 선종 판별을 시도하였다. 본서는 송대 회암 지소(晦巖智昭)의 『인천안목(人天眼目)』, 고려후기 진정 천책(眞靜天頙)의 찬으로 전하는 『선문강요집(禪門綱要集)』 등의 내용을 취사 선택하여 요약하고 청허 휴정의 『선가귀감(禪家龜鑑)』 등을 참고하여 만들어졌다. 또 운문삼구(雲門三句)와 조동오위(曹洞五位)에 대한 설명이나 임제 의현(臨濟義玄)의 삼구(三句), 삼현(三玄), 삼요(三要)에 대한 구체적 해석 등도 이 책의 특징이다.[68]

본서에서 많이 참조한 『선문강요집』은 「삼성장(三聖章)」, 「이현화(二賢話)」, 「일우설(一愚說)」, 「산운편(山雲篇)」, 「운문삼구(雲門三句)」의 5장으로 구성되어 있다. 앞의 세 장은 대체로 임제종의 강요를 밝힌 것이고 뒤의 두 장은 운문종과 관련이 있다. 「삼성장」은 제1구(삼요)를 얻으면 불조사(佛祖師)의 스승이 되고, 제2구(삼현)를 얻으면 인천(人天)의 스승이 되며, 제3구(삼구)를 얻으면 스스로도 구제할 수 없다는 내용이다. 「이현화」는 임제삼구에 부처와 조사가 되는 활구(活句)와 스스로 구할 수 없는 사구(死句)가 모두 있으며 여기에 임제종과 조동종의 차이가 있다는 것이다. 「일우설」은 임제삼구에 대한 자세한 해설이며 「산운편」은 운문삼구를 소개한 것, 「운문삼구」는 이를 더욱 상세히 설명한 것이다. 『선문강요집』에서는 임제의 삼현과 삼요, 운문의 삼구와 일구, 천태의 삼지(三止)와 삼관(三觀) 등은 다 동일한 경지이지만 다만 언어에 집착하여 교의 자취에 빠지는 것은 경계해야 한다고 주장하였다.[69]

지안의 제자 함월 해원은 『선문오종강요』의 「서문」(1749)에서 이 책의 편찬 동기와 목적에 대해 다음과 같이 서술하였다. "가지와 물결에 모두 근본과 근원이 있는 것처럼 선종의 5파도 그러하다. 세존께서 다자탑(多子塔) 앞에서 가섭(迦葉)에게 자리 반을 나눠준 것이 제1처 전심(傳心)이고 살인검(殺人劍)이다. 영산회상(靈山會上)에서 꽃을 들어 보이신 것이 제2처 전심이며 활인도(活人刀)이다. 사라쌍수(娑羅雙樹) 사이에서 곽 밖으로 두 발을 보이신 것이 제3처 전심으로 살활(殺活)이 동시이다. 이 소식은 가섭 이래 오직 한 사람에게만 전수되어 조계(혜능)에 이르렀고, 문하에서 남악 회양(南岳懷讓)과 청원 행사(靑原行思)가 나와 각각 활과 살을 종지로 하였다. 청원 문하에서 조동종, 남악 문하에서 임제종, 운문종, 위앙종, 법안종이 나와 두 종이 다섯 갈래로 나뉘었다. 이 선문의 다섯 종파는 이름과 특색이 매우 많고 여러 전적에 산재해 있어서 배우는 이들이 그 오묘함을 규명하지 못하는 것이 병이었다. 이에 환성화상이 전적 가운데 요긴한 뜻만을 채집해 '오종강요'라 하셨다." 그러고는 해원 자신이 선현의 저술에 의거해 오류를 바로잡고 누락 부분을 보완해 간행한다고 밝혔다.[70]

『선문오종강요』에 서술된 선종 5가의 요체는 다음과 같다.[71] 임제종에 대해서는 "맨손에 한 자루 칼로 부처를 죽이고 조사를 죽인다. 고금의 일을 삼현과 삼요로 판가름하고 용인지 뱀인지 빈주(賓主: 손님과 주인)로 시험한다. 임제종을 알고 싶은가? 푸른 하늘에 천둥과 번개가 진동하고 평지에서 파도가 일어난다."는 구절을 『선가귀감』의 「임제가풍」에서 인용하였다. 임제의 삼구[72]에 이어 삼현에 대한 임제 의현(臨濟義玄)의 법문을 제시하였고 삼요는 대혜 종고(大慧宗杲)의 글로 설명하였다.[73] 사료간(四料揀), 사빈주(四賓主), 사조용(四照用) 등에 대해서도 고덕의 문답을 인용해 해석하였다.[74]

다음 운문종은 운문 문언(雲門文偃)의 운문삼구 법문과 제자 덕산 연밀(德山緣密)의 '함개건곤(函蓋乾坤), 절단중류(截斷衆流), 수파축랑(隨波逐浪)'의 3구를 소개하고 청산수(靑山叟)의 해석을 단 후 일자관(一字關)을 소개하였다. 조동종은 편정오위(偏正五位) 개념을 중점적으로 다루고 동산 양개(洞山良价)의 공훈오위(功勳五位) 법문을 소개한 후 해설을 붙였다.[75] 이어 군신오위(君臣五位)와 조산 본적(曺山本寂)의 삼타(三墮), 동산 양개의 삼강요(三綱要) 등도 언급하였다. 위앙종은 상생(想生), 상생(相生), 유주생(流注生)의 삼종생(三種生)을 주로 설했다. 법안종은 육상의(六相義)와 함께 법안 문익(法眼文益)의 법을 이은 천태 덕소(天台德韶)의 사료간(四料揀)을 기술하였다.[76] 끝으로 책의 총결 부분으로 조선시대 법통이 연원을 둔 임제종 양기파(楊岐派) 원오 극근(圜悟克勤)이 설한 5가의 종요를 인용하였다.

『선문오종강요』는 19세기 선 논쟁의 포문을 연 백파 긍선(1767-1852)에게도 영향을 미쳤다. 긍선은 이 책을 주석한 『선문오종강요사기(禪門五宗綱要私記)』를 썼는데, 그는 대기(大機)와 대용(大用)을 선종 5가의 교의에 적용시켰고, 조사선(祖師禪), 여래선(如來禪), 의리선(義理禪)으로 나누어 5가의 우열을 구분하였다. 또한 임제삼구를 기준으로 임제종을 최고의 가르침으로 비정하고 나머지 4가 교의를 비판하면서 낮은 단계에 배당하였다.[77] 이처럼 긍선은 지안의 후손으로서 『선문오종강요』에 입각하여 임제삼구를 강조하고 임제종 우월주의를 강력히 내세웠다. 이능화(李能和)는 『조선불교통사(朝鮮佛教通史)』에서, "환성의 『오종강요』는 『인천안목』과 『선가귀감』 등의 책을 인용해 정리한 것이지만, 선종 5가의 기용, 절단, 향상, 체용, 유심을 밝히는 문구를 더하였다. 위로는 서산(휴정)의 5가의 가풍을 서술하고 아래로는 백파(긍선)의 임제삼구의 도해에 이르렀다. 행하고 머물고 앉거나 누울 때 늘 사물에 접하며, 말하거나 침묵하고 움직이거나 조용히 있을 때 언제나 불법(佛法) 아닌 것이 없고 선(禪) 아닌 것도 없다. 다만 외부 현상에 얽매이며 돌이켜 비추지 못하기 때문에 날마다 사용하면서도 스스로 알지 못한다. 만약 『선문오종강요』 끝에 있는 분양(汾陽) 18문이라도 자세히 완미한다면 깨달을 수 있을 것이다."라고[78] 큰 의미를 부여하였다.

나아가 긍선은 『선문수경(禪文手鏡)』에서 환성 지안의 "임제삼구는 임제종의 가풍일 뿐 아니라 위로는 여러 부처에서 아래로는 중생까지 모든 이들의 본분사(本分事)이니 이를 벗어나서 설법하면 모두 잘못이다."라는 말을 인용하여, 불조사와 선현의 언구가 여기서 벗어나 있지 않고 선과 교의 취지가 다 임제삼구에 포괄되어 있다고 역설하였다. 따라서 "『인천안목』, 『선문오종강요』, 『선문강요집』을 먼저 읽고 임제삼구의 뜻을 궁구하고 나면 의심이 사라질 것"이며 "그런 뒤에 이를 『선문염송』, 『전등록』, 사집과 불서에 적용해 대조해보면 환히 드러날 것"이라고 권하고 있다.[79] 긍선은 다시 선을 조사선, 여래선, 의리선의 셋으로 구분하고 조사선과 여래선은 격외(格外)의 선, 의리선은 교학과 문자의 습기를 벗어나지 못한 한 차원 낮은 단계로 비정하였다.[80] 이는 결국 선과 교에 차별을 둔 것으로 여래선을 조사선과 함께 격외선으로 올림으로써 교로부터 여래선의 자격을 박탈하고 의리선의 낮은 단계로 끌어내린 것이다.

백파 긍선의 이러한 3종 선 구분에 대해 같은 지안의 후예이자 호암체정-연담 유일 계통의 법을 이은 초의 의순은 『선문사변만어(禪門四辨漫語)』를 찬술하여 조목조목 비판하였다. 그는 근기의 우열에 의해 선을 차등화하고 구분 짓는 것 자체가 잘못이지만, 방편상 나누자면 사람을 기준으로 조사선과 여래선, 법을 기준으로 격외선과 의리선으로 보는 것이 통설이라고 반박하였다. 이는 조사선=격외선, 여래선=의리선의 구도는 가능하지만 조사선과 여래선은 격외이고, 의리선만 별도로 낮게 보는 것은 문제라는 것이다.[81] 대신 의순은 선교일치를 전제로 "선은 부처의 마음이고 교는 부처의 말씀인데 언설만으로는 선의 언구도 모두 교의 자취에 들어가며 마음에 직접 투철하여 얻으면 교학이나 일상의 언어도 모두 진리에 이르는 길"임을 내세웠다.[82] 의순은 긍선의 논리대로라면 부처와 조사도 기용을 드러내어 설하지 않으면 결국 임제에 미치지 못하는지 반문하고, 선종 5가의 분류에서도 위앙종과 조동종은 연원이 같고 우열이 없으며, 법안종에도 조사선이 있는데 이를 여래선에 배정한 것 등은 잘못이라고 지적하였다.[83]

백파 긍선과 초의 의순은 둘 다 지안의 법맥을 잇는 후손으로서 긍선은 "6조 혜능 이후 선종 종파 중에서 '기용(機用)'을 밝힌 임제종이 가장 수승하다."[84]고 본 지안의 임제종 정통론을 충실히 계승했다. 이에 비해 의순의 선과 교에 대한 관점은 자료 부족으로 알기 어려운 지안의 화엄강학과 교학 이해를 유추해볼 수 있는 매개 고리가 될 수 있다. 의순의 입장은 선교겸수 전통과 교학의 중시라는 시대적 경향에 부합하는 것이었다. 시야를 넓혀서 보면 두 사람이 벌인 선 논쟁은 임제법통과 간화선, 선교겸수와 화엄교학이라는 조선후기 불교의 이중구조에서 파생된 것이었고 선 우위론과 선교 병행론의 경합이었다. 당시 불교의 정체성과 시대적 지향점을 둘러싼 이 논쟁의 이면에는 환성 지안의 임제종 우위론과 선교 조화 및 병행론이 개재되어 있다. 지안은 선승이면서 동시에 교학자였고 선과 교의 모순 없는 양립은 그에게 현실의 당면한 문제였을 것이다.

지안의 선에 대한 저술인『선문오종강요』를 검토하고 19세기 선 논쟁에 나타난 선종우위론과 선교일치론의 대비를 통해 선과 교의 조화와 공존을 추구한 그의 면모를 되살려보았다. 지안은 강학과 대규모 화엄법회로 유명했고 그로 인해 제주도로 유배 가서 입적하였다. 그는 최대문파 편양파의 적전 계보를 이었고 제자 설송 연초, 호암 체정, 함월 해원 등을 통해 정통 법맥이 이어졌다. 더욱이 연초를 매개로 지안의 편양파 선맥과 사명파의 교법을 함께 계승하는 통합적 법맥인식이 표방되었다. 이처럼 환성 지안은 조선시대 임제법통의 전승자이자 선과 교의 조화와 융합을 실천한 종통의 계승자였다.

제 2 장

계파를 대표하는 화엄학의 맞수

조선 불교를 빛낸 사상과 실천의 계보

1. 연담 유일 : 편양파 교학의 완결과 시대 공감

연담 유일의 저술과 편양파 법맥

18세기에 해남 대둔사(大芚寺)를 중심으로 한 호남지역에서 활동했던 연담 유일(蓮潭有一: 1720-1799)은 당대를 대표하는 교학의 종장이었다. 그는 경전 및 논서에 대한 주석서인 사기(私記)를 다수 남겼고 이후 강원 교육에 큰 영향을 미쳤다. 청허 휴정(淸虛休靜)의 말년 제자 편양 언기(鞭羊彥機)를 조사로 하는 편양파의 주류 법맥을 이은 유일은 12대 종사와 강사를 배출한 대둔사의 12번째 종사로서, 표충사(表忠祠)가 세워진 절의 사격을 높이는 데 크게 이바지하였다.[1] 또한 그는 유학에도 일가견이 있었고 춘추대의(春秋大義)를 존중하는 등 유교사회의 시대성에 부합하는 모습을 보여주었다. 따라서 18세기 불교계의 대미를 장식한 연담 유일의 삶과 사상을 통해 조선후기 교학 전통의 정체성과 유불공존의 다채로운 양상을 엿볼 수 있다.

연담 유일의 자는 법명 '유일(有一)'과 연계된 '무이(無二)'이다. 1720년(숙종 46) 전라도 화순에서 개성 천씨 만동(萬童)의 아들로 태어났고 5세의 어린 나이 때부터 『맹자(孟子)』, 『중용(中庸)』, 『대학(大學)』, 『통감(通鑑)』 등 유교 경서와 사서를 배웠다. 7세와 13세에 부모를 각각 여의고 18세에 전라도 무안 법천사(法泉寺)의 성철(性哲)에게 출가하였고, 다음 해에 안빈노사(安貧老師)에게 구족계를 받았다. 20대에는 당대의 10대 법사로 명성을 떨친 영허 성준(靈虛性俊), 벽하 대우(碧霞大愚), 용암 채청(龍巖彩晴), 영곡 영우(靈谷永愚), 호암 체정(虎巖體淨), 설파 상언(雪坡尙彥), 풍암 세찰(楓巖世察), 상월 새봉(霜月璽篈), 용담 조관(龍潭慥冠), 영해 약탄(影海若坦)에게 강원 교육과정에 들어 있는 경론과 불서를 순차적으로 배웠다. 이 중 전법 스승인 호암 체정(1687-1748)에게는 『선문염송(禪門拈頌)』을 익혔고 설파 상언(1701-1791)으로부터 화엄을 공부하였다. 30대로 접어든 1750년에는 장흥 보림사(寶林寺)에서 개강하였고 이후 30년 동안 강학에 매진하였다.

유일은 1768년 해남 미황사(美黃寺)에 주석하였고 1777년(정조 1)에는 청허 휴정과 사명 유정(四溟惟政), 뇌묵 처영(雷默處英)과 같은 임진왜란 때 활약한 의승장을 공식적으로 향사하는 대둔사 표충사의 원장이 되었다. 60세가 된 1779년에는 창평 서봉사(瑞鳳寺)의 주지를 맡았고 무고로 투옥되었다가 곧 무죄로 풀려났다. 처음 개강한 곳이었던 보림사의 삼성암(三聖庵)에서 1799년 2월 향년 80세, 법랍 62세로 입적하였다.[2]

연담 유일은 당대를 대표하는 교학 종장으로서 문집인 『임하록(林下錄)』과 『제경회요(諸經會要)』, 『석전유해(釋典類解)』 등 많은 저술을 남겼다. 그의 저작의 특징은 조선후기 승가 교육과정인 이력과정의 경론에 대해 교감과 주석을 붙인 사기(私記)가 다수를 이룬다는 점이다. 이력과정은 늦어도 17세기 전반에는 확립되었는데 사집과, 사교과, 대교과의 순서이다. 먼저 사집과는 고봉 원묘(高峰原妙)의 『선요(禪要)』, 대혜 종고(大慧宗杲)의 『서장(書狀)』, 규봉 종밀(圭峯宗密)의 『도서(都序)』와 보조 지눌(普照知訥)의 『절요(節要)』이다. 다음 사교과는 처음에는 『원각경(圓覺經)』, 『금강경(金剛經)』, 『능엄경(楞嚴經)』, 『법화경(法華經)』이었다가 18세기 이전에 『법화경』 대신 『대승기신론(大乘起信論)』이 들어갔다. 마지막 대교과는 교학의 최고봉인 『화엄경(華嚴經)』과 선의 역사와 기풍을 망라한 『경덕전등록(景德傳燈錄)』, 『선문염송(禪門拈頌)』이었다.[3] 유일은 사집과의 서책에 대해 『도서과목병입사기(都序科目幷入私記)』, 『법집별행록절요과목병입사기(法集別行錄節要科目幷入私記)』, 『서장사기(書狀私記)』 등을 썼고 사교과는 『원각사기(圓覺私記)』를 비롯해 3종을 남겼는데, 가장 심혈을 기울인 것은 흔히 '유망기(遺忘記)'로 불리는 화엄 관련 사기였다.

그가 지은 저술의 목록은 이충익(李忠翊)이 찬한 「대둔사비문」에서 확인되는데 문집을 포함해 모두 8부 22권의 저술을 남겼다고 한다. 그러나 유일 자신이 1797년에 지은 「자보행업(自譜行業)」에는 사집과에 대한 수기(手記: 사기) 각 1권씩 4권, 사교과에 해당하는 『기신사족(起信蛇足)』 1권, 『금강하목(金剛鰕目)』 1권, 『원각사기』 2권, 그리고 대교과의 화엄에 대한 사기인 『현담사기(玄談私記)』 2권, 『대교유망기(大敎遺忘記)』 5권, 대교과 『선문염송』에 대한 『염송착병(拈頌着柄)』 2권을 적고 있다. 여기에 『제경회요』 1권, 『임하록』 시 3권·문 2권을 합쳐 총 13부 23권을 저술했음을 밝히고 있다.[4] 현재 전해지는 『석전유해』를 합치면 14부 24권이 되며 현존 『임하록』이 시 2권·문 2권의 4권본임을 감안하면 모두 14부 23권의 저술을 남긴 것이다.

이 중 대표적인 저술 몇 가지를 간략히 소개하면 다음과 같다.[5] 먼저 『임하록』[6]은 4권 2책으로 춘추관 기사관 안책(安策)의 서문(1796), 정법정(丁法正)의 「임하록서(林下錄序)」(1798), 이충익의 서문(1797), 동림사(東林社)에서 쓴 유일의 「자서(自序)」(1764)가 들어 있고 정조대의 재상 채제공(蔡濟恭)이 지은 「연담대사영찬(蓮潭大師影讚)」(1793)과 이현도(李顯道)의 찬(讚) 및 「병서(幷序)」(1793), 회운 덕활(會雲德濶)의 「연담대화상시집발(蓮潭大和尙詩集跋)」(1799)이 포함되어 있다. 권1과 권2는 시 305수로 되어 있고 권2 끝에 영월 계신(靈月誡身)의 발문(1799)과 간기가 붙어 있다. 권3은 소(疏) 9편, 기(記) 6편, 서(序) 8편, 상량문(上樑文) 4편, 제(題) 4편, 문(文) 16편과 찬(贊) 3편으로 되어 있고, 권4는 찬 13편, 법어(法語) 6편, 시중(示衆) 8편, 서

(書) 11편으로 구성되었으며 「자보행업」이 부록되었다. 내용상 주목되는 글은 「중간화엄경서(重刊華嚴經序)」, 「사산비명서(四山碑銘序)」, 「심성론서(心性論序)」, 「제자술서요이기후(題自述序要二記後)」, 「근제어제석왕사비문후(謹題御製釋王寺碑文後)」, 「상한능주필수장서(上韓綾州必壽長書)」 등이 있다.

사기 가운데 『도서과목병입사기』는 사집과에 속한 『도서』에 과문을 붙이고 주석한 책으로 1796년에 1권 1책으로 펴냈다. 중국 당나라 때의 화엄학자 종밀의 대표 저작 중 하나인 『도서』는 선종을 단계별로 5개로 나누고 다시 3문으로 유형화하여 교종의 3문과 대비시켰다. 즉 선종은 〈외도선(外道禪)〉, 〈범부선(凡夫禪)〉, 〈소승선(小乘禪)〉, 〈대승선(大乘禪)〉, 〈최상승선(最上乘禪)〉의 5종선으로 차등화하였다. 또 이를 내용상 〈식망수심종(息忘修心宗)〉, 〈민절무기종(泯絶無寄宗)〉, 〈즉현심성종(卽顯心性宗)〉의 3문으로 배정하였으며, 교종은 〈밀의의성설상교(密意依性說相敎)〉, 〈밀의파상현성교(密意破相顯性敎)〉, 〈현시진심즉성교(顯示眞心卽性敎)〉로 분류하였다. 이는 선교일치의 관점에서 선과 교를 비교하고 각각의 요체를 설명한 것이다. 유일의 『도서과목병입사기』는 제자인 완호 윤우가 필사하였고 퇴암 성봉(退庵性蓬) 등이 간행을 도왔는데, 대둔사를 비롯하여 보림사, 도갑사(道岬寺), 내장사(內藏寺), 선운사(禪雲寺) 등 호남 주요 사찰의 강원에서 널리 유통되었다.

유일의 주저인 『현담사기』와 『화엄유망기』는 중국 화엄종 4조 청량 징관(淸凉澄觀)의 『화엄경』 이해가 집약되어 있는 『화엄경수소연의초(華嚴經隨疏演義抄)』의 현담(玄談) 부분과 『화엄경』 각 품에 대한 해설을 주석한 것이다. 『연의초』의 총설격인 현담은 징관 화엄교학의 정수를 담은 것이며, 사기에서 보이는 유일의 화엄 이해는 조선후기 교학의 높은 수준을 잘 보여준다.[7] 이후 강원의 화엄교학 연구와 교육에서 유일의 화엄사기는 지침서와 같은 역할을 하였다. 한편 유일은 역사 서술과 전통의 집성 작업이 활발하게 벌어지고 있던 시대 분위기를 반영하여, 일종의 백과전서라고 할 수 있는 유서(類書)도 펴냈다. 불교 개념을 정리한 『석전유해』가 그것으로,[8] 이 책의 말미에는 불교에 대한 깊은 이해를 가졌던 삼연(三淵) 김창흡(金昌翕: 1653-1722)의 시문집에서 불교 용어를 발췌하여 해설한 「삼연선생시집중용불어해(三淵先生詩集中用佛語解)」가 수록되었고 조선중기의 유명한 문장가였던 상촌(象村) 신흠(申欽: 1566-1628)의 「불가경의설(佛家經義說)」도 실려 있다.

연담 유일은 조선후기의 강학 전통을 온전히 계승하여 심화시켰고 자신의 교학 이해를 담은 각종 사기류를 저술하여 이후 강원 교육에 지대한 영향을 미쳤다. 그는 이력과정의 사집과를 이수한 후 대둔사에서 벽하 대우에게 『능엄경』을, 용암 채청에게는 『대승기신론』과 『금강경』을, 장성 취서사(鷲棲寺)에서 영곡 영우로부터 『원각경』을 수학하여 사교과 과정을 마쳤다. 이어 22세 때 해인사(海印寺)에서 전법 스승 호암 체정에게 3년간 선리를 익힌 후 28세까지 유명한 화엄종사 설파 상언에게 대교과의 『화엄경』을 배웠다.[9]

이러한 경론 수학의 기초 위에서 그는 평생 교학연구와 강학에 전념하였고 사집과와 사교과, 대교과의 경전과 논서에 대해 주석한 다수의 사기를 남겼다. 유일은 징관의 『화엄경소초(華嚴經疏鈔)』 및 그 총론 격인 현담에 대해 『현담사기』, 『대교유망기』를 썼고 이는 당시는 물론 후대까지 강원 교육의 참고서로 애용되었다.[10] 또한 여러 대승경전의 요점을 간추린 『제경회요』도 현재 전하고 있다. 유일 스스로도 "항상 문구 사이에서 고민하다가 대교(화엄)와 여러 경전 중에 난해한 곳이 있으면 더욱 생각하고 세밀히 탐구하여 직접 해석하고 기록한 것을 문도들에게 보였다. 내 문하에서 배우지 않았음에도 이를 베껴서 표준으로 삼는 이들도 있었다. 내 들은 바로는 북방의 여러 승려들도 이에 의거하여 가르친다고 한다."는 글을 통해 자신의 사기에 대한 자부심을 내비쳤다.[11]

연담 유일은 조선후기 불교를 주도한 청허계 편양파의 법맥을 이었으

〈그림 1〉 청허계 편양파의 주요 계보

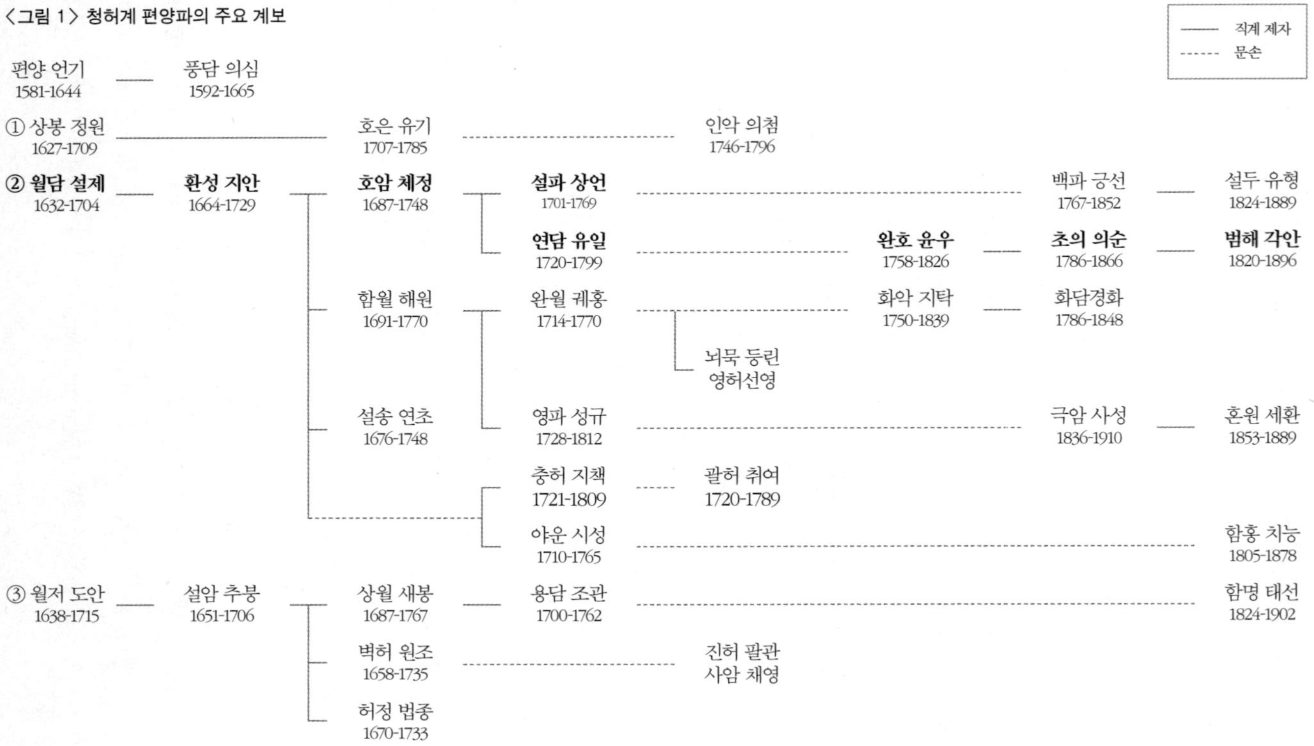

며 그중에서도 세력이 컸던 환성 지안(喚惺志安: 1664-1729)의 문손에 해당한다. 휴정에서 유일까지 이어지는 법맥은 청허 휴정-편양 언기-풍담 의심(楓潭義諶)-월담 설제(月潭雪霽)-환성 지안-호암 체정-연담 유일로서 편양파의 주류 계보였다(〈그림 1〉).[12] 1764년에 간행된 『해동불조원류(海東佛祖源流)』에는 호암 체정의 제자 명단이 나오는데 그 가운데 문도의 이름이 기재된 이들은 연해 광열(燕海廣悅), 만화 원오(萬化圓悟), 풍악 보인(楓嶽普印), 청봉 거안(青峰巨岸), 영곡 영우(靈谷永愚), 서운 시연(瑞雲時演), 설파 상언(雪坡常彦), 용파 도주(龍坡道周)와 연담 유일의 9명이다. 유일의 제자는 낭연 성혜(朗然性慧)와 환여(幻如)의 이름만 올라 있는데 이는 1760년대 초반까지의 상황만 반영된 결과이다.[13]

연담 유일 이후 그 법맥을 이은 문손들은 그의 학풍을 계승하면서 자파의 위상과 대둔사의 사격을 높여나갔다. 다산(茶山) 정약용(丁若鏞)의 지도를 받아 『대둔사지(大芚寺志)』의 편찬을 주도했던 완호 윤우(玩虎倫佑, 또는 玩湖尹祐)와 호의 시오(縞衣始悟), 초의 의순(草依意恂)이 그 대표자들이다. 완호 윤우(1758-1826)는 해남 출신으로 대둔사에서 출가하여 유일에게 교학을 수학하였고 1798년에 대둔사의 강경 법회를 주관한 후 선교양종의 화엄강주로 칭해졌다. 윤우의 제자이자 『대둔사지』 편찬에 함께 참여했던 호의 시오(1778-1868)는 화순의 사대부 가문 출신으로 인근 만연사(萬淵寺)에서 출가한 후 유일에게 이력과정의 사집과(四集科), 윤우에게 사교과(四教科)의 경론을 학습하였다. 『동사열전(東師列傳)』을 펴낸 대둔사 출신 범해 각안(梵海覺岸: 1820-1896)도 윤우의 제자였다. 초의 의순(1786-1866)은 무안 태생으로 추사(秋史) 김정희(金正喜)와 평생 교류하였고 백파 긍선(白坡亘璇: 1767-1852)과 선 논쟁을 펼친 일로도 유명하다. 그는 시와 글씨, 그림 등의 문예와 다도(茶道)에도 뛰어났고 대둔사의 13대 종사로 추앙되었다.[14]

한편 편양파와 함께 대둔사의 전통을 일군 소요파의 적자 아암 혜장(兒庵惠藏: 1772-1811)도 유일을 스승으로 모셨고 『대둔사지』 작업에 공동으로 참여하였다.[15] 연파(蓮坡)라는 호를 쓰기도 한 혜장은 해남 출신으로 대둔사에서 출가하여 유일에게 교학을 전수하였다. 다만 법맥은 선을 전수한 정암(晶巖)을 통해 소요파 화악 문신(華嶽文信)의 법을 이었다. 혜장은 교학에 매우 뛰어났고 다른 강사들의 설명에는 대개 이견을 제시했지만 유일의 해석만큼은 수긍하며 따랐다고 한다. 한편 강진으로 유배 온 정약용에게 『주역(周易)』을 배우는 등 스승과 제자의 연을 맺기도 했다. 정약용은 유일과 혜장이 각각 대둔사의 12대 종사와 12대 강사의 제일 끝에 이름을 올렸지만 실제로는 가장 빼어난 정화라고 높이 평하였다.[16]

강학 전통의 집성과 유불 공존의 사상적 지향

연담 유일은 사형이자 교학의 스승인 설파 상언과 마찬가지로 화엄에 특히 정통하였다. 18세기 조선에서 화엄학이 크게 성행한 것은 17세기 전반에 정립된 이력과정의 최고 단계 대교과에 『화엄경』이 들어간 것도 중요한 이유겠지만, 17세기 말의 우연한 사건이 촉발의 계기가 되었다. 1681년 전라도 임자도에 불서를 실은 중국 상선이 풍랑을 만나 표착하였고, 부휴계의 적전 백암 성총(栢庵性聰: 1631-1700)이 흩어진 책들을 수집하여 1695년까지 낙안 징광사(澄光寺)와 하동 쌍계사(雙溪寺) 등에서 197권 5천여 판을 간행하였다.[17] 이때 『화엄경소초』, 화엄 현담에 대한 원대의 주석서 『회현기(會玄記)』, 그 밖에 『대명법수(大明法數)』, 『정토보서(淨土寶書)』, 『금강기(金剛記)』, 『기신론기(起信論記)』 등 많은 불서들이 판각되어 대량 유통되었다. 그런데 이들 불서는 1589년부터 시작해 1677년에 일단락된 중국의 경산장(徑山藏: 가흥장(嘉興藏)) 인출본이었는데, 황벽판(黃檗版: 철안판(鐵眼版)) 일체경 조성을 위해 일본에서 구입한 가흥장 및 가흥속장 계열의 대장경이 풍랑을 만나 조선으로 흘러들어온 것이었다.[18]

이때 성총이 간행한 『화엄경소초』는 명대까지의 주석 및 교정의 성과를 반영한 평림(平林) 섭기윤(葉棋胤)의 최신 교감본이었고,[19] 원의 보서(普瑞)가 찬술한 『회현기』도 함께 유통되면서 화엄교학에 대한 심도 있는 이해가 가능하게 되었다. 특히 『화엄경소』에 대한 징관 자신의 재주석서 『연의초』는 당시 조선에서 쉽게 구해볼 수 없는 상황이었다. 이와 관련하여 성총은 “징관의 『소초』는 화엄의 철리를 밝힌 것인데 『연의초』가 일실되어 안타까움이 컸다.”고 밝힌 바 있다. 그의 제자 석실 명안(石室明眼)도 “고려시대에 대각국사(大覺國師) 의천(義天)이 신라와 고려에서 유행하던 『소초』를 송의 진수 정원(晋水淨源)에게 보내기도 했지만 조선에서는 당시 『연의초』를 구하기 어려웠다.”고 술회하였다.[20] 이러한 상황에서 『소초』, 특히 『연의초』가 유통되고 또 현담에 대한 상세한 주석서인 『회현기』를 활용하게 됨에 따라 화엄에 대한 깊은 이해와 연구가 본격화될 수 있었다.[21]

의천

연담 유일도 “우리 동방에 청량(清涼: 징관)의 『소초』가 이미 유전되었지만 언제부터인가 『연의초』는 인멸되어 전하지 않았고 송의 정원이 편찬한 『화엄소』만 있어서 근래의 화엄강사가 이를 지남으로 삼았다. (…) 조계의 백암(성총)이 섭 거사의 『화엄경(소초)』 합본 80권을 얻어 징광사에서 판각하고 두루 유포시킨 이후에 동방의 학자들이 『연의초』의 무애

법문(無碍法門)과 명상식수(名相識數)를 알게 되었다."[22]고 평하였다. 한편 1770년에 성총이 간행한 『화엄경소초』가 보관되고 있던 징광사에 불이 나서 판목이 소실되자 설파 상언이 1775년에 이를 중간하여 영각사(靈覺寺)에 경판각을 세워서 보관하였다.[23] 유일은 백암 성총의 『화엄경소초』 판각과 설파 상언의 재간행 공적에 대해 다음과 같이 소회를 밝히며 높이 평가하였다.[24]

> 징관의 『화엄경소』와 『연의초』를 평림 섭이 합본하였고, 이것이 조선에 전해져 백암 성총이 1689년 징광사에서 간행하였다. 이를 설파 상언이 1774년에서 1775년에 걸쳐 중간하여 영각사에 보관하였는데 이전 본의 내용 중에 잘못된 곳이 있으면 해인사 소장본 『화엄경』에 의거해 수정하였다. 징관과 종밀은 경전의 잘못된 부분에 주를 달고 개정하지 않았으므로, 설파가 『소초』의 경전 인용 부분을 참고하여 교정하였다. 설파는 15회나 화엄 강경을 하였고 사방의 납자들이 그의 설을 따랐다.

백암 성총의 『소초』 간행 후 설파 상언이 교정을 거쳐 중간한 사실을 소개하고, 자신이 배운 상언의 화엄 이해가 당시 교계에 큰 영향을 미치고 있었음을 강조하는 내용이다. 유일이 활동했던 18세기에는 강학이 성황을 이루고 대규모의 화엄대회가 종종 열렸다. 유일의 조사이자 『선문오종강요(禪門五宗綱要)』를 저술한 환성 지안은 『칠처구회품목지도(七處九會品目之圖)』를 짓고 당대 화엄종사로 이름을 떨친 모운 진언(暮雲震言)의 직지사(直指寺) 화엄강석을 물려받았고 1725년에 금산사(金山寺)에서 1,400여 명이 운집한 화엄법회를 주관하였다. 또 상월 새봉(1687-1767)도 1754년 선암사(仙巖寺)에서 1,200여 명을 대상으로 한 화엄강회를 성대히 열었다.[25] 부휴계의 경우도 백암 성총의 적전 제자 무용 수연(無用秀演:

1651-1719)이 『화엄』과 『염송』 대회를 개최하였고 그 문도 영해 약탄(影海若坦: 1668-1754)도 송광사(松廣寺)에서 화엄대회를 열었는데, 유일이 그에 대한 기록을 남겼다.[26] 부휴계의 대표적 학맥 계보를 이은 모운 진언의 손제자 회암 정혜(晦庵定慧: 1685-1741)도 『화엄경소초』에 과석을 붙인 『화엄경소은과(華嚴經疏隱科)』를 저술하였다.

연담 유일이 화엄교학을 사사받은 설파 상언(1701-1769)은 평생 화엄을 연찬하고 강학을 통해 후학들을 지도하였다. 앞서 언급했듯이 상언은 징관의 『화엄경소초』를 해인사 대장경본과 대조하여 글자의 오류를 일일이 정정하여 간행할 정도로 화엄에 대한 조예가 깊었다. 그는 『구현기(鉤玄記)』 1권과 과문(科文)인 『화엄은과(華嚴隱科)』를 저술하였고 『화엄경』 「십지품(十地品)」에 대한 별도의 사기도 남겼다. 여기에 붙은 발문에는 "『화엄경』은 근기에 맞춘[수기(隨機)] 설이 아니며 본성에 부합하는[칭성(稱性)] 극진한 설로서 많은 경전들 중에서도 가장 수승한 근본이다. 「십지품」은 더욱 깊이가 있는데 이에 대해 사기를 쓴 설파는 당대의 화엄종주이자 대장경의 가르침[교해(敎海)]을 이끄는 이이다."라고 높이 평가한 내용이 나온다.[27] 유일도 중국 화엄을 대성한 당의 법장(法藏)과 징관에 비견하여 상언을 화엄종주라고 칭하였고,[28] "동국의 화엄이 있는 듯 없는 듯 이어져오다가 대사가 나와서 무너진 벼리를 정돈하여 (화엄의) 십현(十玄) 법문을 다시 넓혔다. 그 누구라도 징관이 다시 왔다고 하지 않겠는가?"라고 하여 화엄교학 중흥의 공적을 되새겼고, 그의 『화엄은과』에 대해 "조선 화엄 과문의 금과옥조"라고 칭송하였다.[29] 또한 설파 상언을 비롯한 당대 화엄강학의 교학 전통에 대해 다음과 같이 평하면서 기존 주석서를 교정하여 내놓은 자신의 사기에 대해 자부심을 드러냈다.[30]

> 이전의 우리 동방 교가는 『연의초』를 보지 못하여 성상(性相)의 법문에 막혔는데 지금은 크게 달라졌다. 이전의 강사들은 상세히 연

구하지 못했지만 설파대사가 회암화상에게 수학한 후 큰 명성을 떨쳤고 강좌에 올라 『화엄경』을 널리 펴서 15번이나 강의하였다. 지금의 강사들은 모두 그를 으뜸으로 삼고 나 또한 그에게 전적으로 의지하였다. 사기는 중국에서 이미 만들어졌는데 현담에 대한 보서의 『회현기』가 함께 전래되었다. 지금 나에 이르러 감히 사기를 내어 과문을 붙여 해석하고 고증하여 보충 설명과 첨삭을 더하였다. 설파와 다른 점이 많은 것은 참월한 짓이지만 징관도 법장에 의지하면서도 개역한 것이 많았고 선학의 미발처(未發處)를 드러내는 것은 후학이 마땅히 해야 할 일이다. 『화엄경』은 깊고 미세하며 『화엄소초』는 넓고 방대하여 강의할 때마다 이해처가 다른데 나이 60이 넘어 사기를 냈으니 젊을 때 쓰는 것보다는 나을 것이다. 지금 이 사기를 올바른 지침으로 삼기 바란다.

한편 유일과 함께 동시대의 화엄교학을 이끈 영남의 인악 의첨(仁岳義沾: 1746-1796)도 설파 상언에게 수학하였고 상언의 『화엄은과』에 의거해 『화엄소초』에 대한 사기를 썼다.[31] 유일과 의첨의 사기는 교학 이해의 심화와 강학 발전에 크게 기여하였고 19세기 호남과 영남의 강원에서는 유일과 의첨의 사기가 각각 유통되며 전승되었다.[32] 연담 유일의 호남 강맥은 대둔사는 물론 장성 백양사(白羊寺)에서도 이어졌는데, 유일의 제자 양악 계선(羊嶽啓璇: ?-1837) 계통이 18세기 후반 이후 백양사 강학 전통의 주축을 이루었다.[33]

조선후기에는 화엄 외에도 이력과정 전체 교과에 대한 강원 교육이 체계적으로 이루어졌고 강학에서 활용하기 위한 사기가 많이 만들어졌다. 그중 사집과의 『도서(都序)』는 현존 최고본인 1493년 완주 화암사(花巖寺) 판본 이후에 판각이 확인되는 것만 30회에 달할 정도로,[34] 강원에서 매우 중시되며 널리 읽혔다. 당의 화엄학승 종밀이 자신의 저술인

『선원제전집(禪源諸詮集)』 100권의 핵심을 요약하여 간추린 『도서』는 선교일치와 돈오점수(頓悟漸修)의 주장을 담고 있다. 조선후기에 나온 『도서』에 대한 사기는 상봉 정원(霜峰淨源)의 『분과(分科)』, 설암 추붕(雪巖秋鵬)의 『과평(科評)』, 회암 정혜의 『착병(着柄)』, 그리고 유일의 『과목병입사기(科目幷入私記)』가 대표적이다. 『도서』와 함께 사집과에 포함된 『절요』는 종밀의 『법집별행록(法集別行錄)』을 보조 지눌이 요약하고 주석을 붙인 책이다.[35] 종밀은 선교일치의 기반이 되는 오해(悟解)와 공적영지(空寂靈知), 돈오점수를 중시했는데, 『절요』는 종밀 사상을 근간으로 지눌의 정혜쌍수(定慧雙修) 수행법이 녹아들어갔고 종밀과는 달리 간화경절문(看話徑截門)이 추가되었다. 『절요』에 대한 조선후기의 사기는 상봉 정원의 『분과』, 회암 정혜의 『화족(畵足)』, 유일의 『과목병입사기』가 있다.

연담 유일은 『도서』와 『절요』에 대한 사기를 쓰면서 그와 관련된 기존의 주석서에 대해서 다음과 같이 평가하고 문제점을 지적하였다. "『도서』와 『절요』의 사기가 없었다가 근래 상봉 정원이 과문을 썼지만 너무 간략하고, 설암 추붕과 회암 정혜가 지은 사기가 참고할 만하다. 그중 정혜의 것이 가장 충실하여 규범이 되고 있다. 다만 『도서』와 『절요』에서 돈오점수 사상이 가장 근간이 됨에도 그는 이지(理智: 근본지(根本智))로 판석하여 본의를 잃고 있다. 여기서는 사지(事智)의 현전(現前: 후득지(後得智))으로 분별하여 밝히고자 한다. 과문은 『도서』의 경우 이전의 해석과 약간의 차이만 있을 뿐이지만 『절요』는 전과는 많이 다르다."[36] 이처럼 유일은 회암 정혜의 주석이 기존 주석서 중에서 가장 낫다고 평하면서도, 그가 『도서』와 『절요』의 핵심인 돈오점수의 특성을 제대로 밝히지 못했다고 보았다. 그러면서 스승인 호암 체정의 설에 따라 완전한 근본지인 이지가 아닌 현상작용에서 일어나는 후득지인 사지의 현전으로 파악해야 한다고 자신의 견해를 밝혔다. 이는 돈오점수의 '점수(漸修)'에 더 무게를 둔 해석이며, 교학과 염불 등 수행의 다양한 방편을 '사지의 현전'이라

는 측면에서 포괄한 것으로 이해된다.[37]

한편 연담 유일은 승려이지만 대의명분(大義名分)을 중시하는 등 유불공조의 시대성을 충실히 따랐다. 이는 조선후기 불교의 일반적 경향이기도 했는데, 17세기 전반에 확립된 임제태고법통(臨濟太古法統)에서도 유교의 도통론(道統論)과 마찬가지로 중화 정통주의의 색채가 배어 있다. 유일은 18세기에 활동했지만 임진왜란 때 조선을 위기에서 구해준 명의 은혜를 잊지 말자는 '재조지은(再造之恩)'을 여전히 강조했다. 또 오랑캐인 여진족이 세운 청(淸)이 중원을 차지하고 건륭제(乾隆帝: 재위 1736-1796)의 치세가 한창인 현실을 빗댄 '건륭일월합제천(乾隆日月合諸天)'이라는 시구에 답한 시에서 명(明)이야말로 중화(中華)의 정통이라는 의미에서 '대명일월(大明日月)'을 썼다.[38] 이는 그가 성리학의 화이론(華夷論)적 사고에 기반한 존주론(尊周論)과 춘추대의(春秋大義)에 충실한, 불교계의 시대 공감을 대변하는 인물이었음을 잘 보여준다.

절의를 중시하는 유학자적 풍모는 그가 쓴 시문에서 다수 확인된다. 그중 "지난 갑신년(1704) 3월 19일 명의 숭정(崇禎) 황제 기일에 맞추어 충청도 화양동(華陽洞)에 신종(神宗), 무종(武宗)의 황묘를 세우고 여러 선비들이 『춘추(春秋)』를 강론하였다. 작년(1764)이 세 번째 갑신년이라 추모의 애통함이 평소보다 더했다. (…) 내 비록 방외의 부류이지만 매우 분통함을 느껴서 화답의 시를 올린다."고 하면서 중원의 사직(社稷)이 주인을 잃었지만 동국에는 대의명분의 춘추사관이 이어지고 있다는 시도 썼다.[39] 또 다른 시에서는 중화의 도가 이제 조선에 와 있음을 자부하였다.[40] 여말선초에 대두한 배불론에서 유학자들은 불교가 중화의 도가 아닌 오랑캐의 가르침이라고 하여 비난하였는데, 조선후기에는 불교계가 충의의 공적을 세우고 이러한 정통론적 인식을 표명함으로써 시대적 요청에 부응하며 유불공존의 길을 걸어간 것이다.

도의를 선양하는 그의 이러한 풍모에 대해 홍문관(弘文館) 수찬(修撰),

춘추관(春秋館) 기사관(記事官) 등을 역임한 안책(安策)은 유일의 문집 서문에서 "『임하록』을 보고 충의의 남자를 얻었다."고 하면서 "불교의 가르침은 군주와 부모를 저버리고 인의(仁義)를 도외시함을 도로 삼으며 관심견성(觀心見性)하고 극락을 추구함을 묘법으로 삼을 뿐이다. 요즘 세상에 『춘추』 한 부를 다시 읽지 않는 터에 어찌 총림의 한 절어(絶語)가 나를 일으켜 세운단 말인가? 아! 이런 사람이 어찌 도의의 문에 서지 않고 공적(空寂)의 세계에 초탈해 있단 말인가?"라고 안타까워했다.[41]

그렇지만 유일이 유교적 가치와 세계관에 경도되어 승려로서의 본분을 잊은 것은 아니었다. 오히려 당시 유학자들의 학문하는 자세에 대해 엄격한 잣대를 가지고 비판하였다. 그는 "유자들이 구차한 과거업(科擧業)에 매몰되어 공자(孔子)와 맹자(孟子)의 진수를 버리고 말단의 문장에만 치우쳐서 실천궁행하는 공부가 부족하다."고 진단하고 명리에 치우친 세태와 잘못된 공부 방식에 문제가 있다고 보았다.[42] 나아가 송대에 성리학이 나올 수 있었던 배경에는 불교의 사상적 토대가 있었기 때문이고 주희(朱熹)는 물론 이름난 많은 학자들이 불교에 큰 관심을 가졌는데 왜 조선의 유학자들은 그렇지 못한지 다음과 같이 의문을 제기하였다.[43]

> 당·송대는 물론 원·명대에도 부처의 무리라고 칭하는 사람들이 많았고 집집마다 불교 서적을 가지고 있었다. 주돈이(周敦頤), 소옹(邵雍), 사마광(司馬光), 정호(程顥), 정이(程頤), 장재(張載)와 같은 송대의 명유들도 유학을 주장하면서도 불교와 유교가 크게는 같음을 알아서 불교의 설을 탐구하지 않음이 없었다. 주돈이나 정이도 승려와 교류하며 지극한 이치의 의론을 밝혔고 자성(自性)의 뜻에 통하였다. 주희도 대혜 종고(大慧宗杲)를 생각하며 심법(心法)의 요체를 깨달았음을 전기에서 확인할 수 있다. 주희의 시를 보면 그가 불교에서 얻은 것이 적지 않음을 알 수 있다. 어찌 조선의 유자들처럼 불

교를 하나같이 허무하다고 하며 "그 귀의처가 도대체 어디인가"라고 하였겠는가?

이는 송대에 체계화된 성리학의 이기(理氣)와 심성(心性) 개념이 불교에서 영향을 받았음에도, 조선의 유학자들은 그러한 역사적 인식이나 이해 없이 불교에 대해 단지 허무공적한 가르침이라고 비판만 일삼아온 것을 반박한 내용이다. 나아가 유일은 같은 글에서 유학자들이 대개 불교의 인과설(因果說)에 대해 비난하지만 유학 경전에도 그와 같은 개념이 있으며, 성리학에서 본성적 리(理) 외에 현상의 기(氣)의 청탁을 논할 때 인과설이 아니면 어떻게 설명할 수 있겠는지를 반문한다. 즉 성리학에서 설하는 것처럼 천명(天命: 천리)에 의해 자연스럽게 사람의 지혜로움과 우둔함, 선과 악이 차별적으로 주어진다면 이는 천명이 균등하지 못하다는 말이므로, 그보다는 오랜 전습(前習: 전생의 훈습)의 인연에서 그 원인을 찾는 것이 더 설득력이 있다는 주장이다.[44]

여기에 그치지 않고 유일은 유학자들이 불교에 대해 잘못 알고 있는 몇 가지 오해에 대해 해명을 시도하였다. 그중 하나를 예로 들면, 사후에 영혼이 없어지는지 아니면 존속하는지에 대한 질문에 대해 심(心)에서 식(識)으로 전환한다는 논지로 답변하였다. 그는 사람은 모두 일심(一心)을 갖고 있는데 이 마음이 인연에 따라 식으로 전변되어 윤회를 하는 것이라고 설명하였다. 즉 마음에 담긴 본성인 진지(眞知)의 성(性)과 마음의 작용인 식심(識心)은 하나도 아니고 둘도 아닌 '불일불이(不一不二)'의 관계이므로 육신은 사후에 없어져도 진성과 함께 마음의 작용이 식으로 전환됨으로써 결국 없어지지 않는다는 '신멸심상(身滅心常)'의 주장을 펼친다. 또한 불교에서 말하는 인과응보를 믿지 못하겠다고 말하지만 유학에서도 '천명지자연(天命之自然)'을 해석할 때 "사람이 행위를 하면 하늘이 응한다."고 하여, 불교의 인연이나 훈습과 내용상 다르지 않음을 강조하였다. 한편 그 존재 여부가 문제가 된 서방의 극락정토(極樂淨土)에 대해서도 그것이 눈에 보이지 않는다고 하여 부정할 수는 없으며, 정토로의 왕생은 염불만으로 되는 것은 아니며 선한 행위를 한 자가 갈 수 있다고 하여 도덕을 중요한 기준으로 제시하였다.[45]

유일이 활동했던 18세기는 유학에서 '인물성동이론(人物性同異論)'과 '성범심동이론(聖凡心同異論)' 등을 둘러싼 이기심성 논변인 호락(湖洛)논쟁이 활발히 펼쳐지고 있었다. 주목되는 것은 유일도 부휴계의 적전 묵암 최눌(默菴最訥: 1717-1790)과 불교의 심성에 대한 논쟁을 벌인 점이다. 이들이 논의한 내용은 1775년에 『심성론(心性論)』 3권으로 나왔지만 10년 후 최눌의 문도들에 의해 불타 없어졌고,[46] 현재는 유일이 쓴 책의 서문 「심성론서(心性論序)」만 남아 있다. 매우 짧은 글이지만 여기서 양자간의 논점을 파악할 수 있는데, 최눌은 "부처와 중생의 마음은 각각 원만하지만 원래부터 하나가 아니다."는 입장을 취하였고, 이에 대해 유일은 "부처와 중생의 마음은 각각 원만하며 본래부터 하나다."라는 주장을 개진하였다.[47]

이를 당시 이력과정에 들어 있던 『대승기신론』과 화엄의 개념으로 이해하면, 최눌은 일심의 수연(隨緣)의 측면과 '일즉다(一卽多)', 유일은 일심의 불변(不變)의 원리와 '다즉일(多卽一)'에 가까운 입장이라고 할 수 있다. 또 이기(理氣)의 관점에서 보면, 최눌은 현상세계(기)에서 구체화된 상대적 개별 리를 중시하는 다원적 해석[기질지성(氣質之性)]을 추구하였고, 유일은 본성에 내재된 일원적 리를 강조하는 절대주의적 입장[본연지성(本然之性)]이었다고 대비시킬 수 있다. 즉 유일의 심성인식은 각각의 마음속에 내재된 본성론적 성(性)을 중시하는 것이었다. 그런데 그의 시문에 나오는 '계돈여아본동근(鷄豚與我本同根)', '범성도유일촌심(凡聖都由一寸心)', '성범인축개동(聖凡人畜皆同)'과 같은 표현에서 성인(부처)과 범인(중생)의 차원을 넘어 닭이나 돼지 같은 동물까지도 일심의 근원을 같이하는 중생의 포괄적 범주에 들어가 있음을 볼 수 있다.[48] 이는 당시 호락논쟁에서 인성(人

性)과 물성(物性)이 같은지 다른지, 성인의 마음과 범인의 마음이 동일한지 차이가 있는지를 둘러싸고 낙론(洛論)과 호론(湖論) 사이에 첨예한 논란을 펼친 것과 비견될 만한 불교 측의 심성론이었다.[49]

유일은 조사선(祖師禪)과 여래선(如來禪), 격외선(格外禪)과 의리선(義理禪)의 성격과 위상을 놓고 백파 긍선과 초의 의순 사이에 펼쳐진 19세기 선 논쟁에도 사상적 영향을 미쳤다. 먼저 긍선은 『선문수경(禪文手鏡)』에서 조사선, 여래선을 함께 격외선에 배정하고 교학을 포함하는 의리선을 한 차원 낮은 등급의 것으로 판정하였다. 이에 대해 의순은 『선문사변만어(禪門四辨漫語)』를 지어 조사선(=격외선), 여래선(=의리선)의 전통적 해석에 의거해 양자는 방편상으로 구분될 뿐 차등적으로 이해해서는 안 된다고 반박하였다.[50] 앞서 유일은 화엄의 리(理)와 사(事)를 기준으로 여래선(리)은 이사무애(理事無碍), 조사선(심)은 사사무애(事事無碍)라고 보면서도,[51] 심(心)과 리의 측면에서 『능엄경(楞嚴經)』, 『법화경(法華經)』과 같은 경전(교)도 여래선이며 격외의 조사선(선)과 의리의 여래선(교)은 근원에 있는 법체가 동일하다고 판정하였다.[52] 이러한 그의 입장이 문손인 의순에 의해 계승되어 긍선과의 선 논쟁에서 대척점에 서게 된 것이다.

조선후기 최대 문파였던 편양파의 주류 계보를 이은 연담 유일은 대둔사의 12대 종사로서 이력과정의 강학 전통을 이으면서 화엄을 중심으로 한 교학을 집대성한 인물이었다. 유일은 이전부터 축적되어온 교학적 성과를 발전적으로 계승하여 다수의 사기를 저술하였고 그의 사기는 이후 강원의 지침서로 활용되면서 지대한 영향을 미치게 되었다. 즉 그의 사상은 문손 초의 의순이 백파 긍선의 3종 선 주장을 비판하면서 시작된 19세기 선 논쟁의 이론적 기틀을 제시하였을 뿐 아니라 불교 교학의 심화연구에 밑바탕이 되었다. 또한 『대둔사지(大芚寺志)』, 『동사열전(東師列傳)』 등 역사학의 영역에서도 그의 후손들의 주도에 의해 가시적 성과물이 나왔다. 나아가 유일은 유불공존의 시대의식과 일치하는 사상적 지향을 가졌고, 이는 화이론적 사고에 입각한 춘추대의와 존주론의 선양으로 나타났다. 그러면서도 그는 당시 유학자들의 불교 비판론에 반박하면서 그들의 학문하는 자세를 준엄하게 꾸짖었다. 또한 윤회, 인과응보 등 불교의 핵심 가치에 대한 오해를 불식시키고자 노력했다. 이처럼 연담 유일은 조선후기의 교학 전통을 계승, 발전시키면서 시대의식을 선도한 18세기 불교계의 대표적 학승이었다.

2. 묵암 최눌 : 부휴계의 화엄학과 불교사 인식

묵암 최눌의 활동과 관료층과의 친분

묵암 최눌(默庵最訥: 1717-1790)은 송광사(松廣寺)를 본사로 한 부휴계의 적전이자 18세기 화엄교학의 종장 가운데 하나였다. 부휴 선수(浮休善修: 1543-1615)를 조사로 하는 부휴계는 벽암 각성(碧巖覺性), 백암 성총(栢庵性聰) 등을 배출하며, 청허 휴정의 청허계와 함께 조선후기 불교계의 양대 계파를 이루었다. 부휴계는 지리산과 조계산 등 호남을 중심으로 하면서 삼남 지역에 영향력을 행사하였고 송광사를 근거지로 한 계파의 정체성을 드러내기 위해 고려후기 보조 지눌(普照知訥)의 유풍을 계승, 선양하였다.[53] 최눌이 활동했던 18세기 불교계는 승려 교육과정인 이력과정의 영향으로 화엄교학을 비롯한 강학이 성행하였고, 여러 경론에 대한 주석서인 사기(私記)가 나왔다. 이때는 설파 상언, 연담 유일, 인악 의첨 등 화엄을 필두로 한 교학에 뛰어난 학승들이 대거 등장한 시기였다. 최눌도 『화엄품목(華嚴品目)』, 『제경회요(諸經會要)』 등의 저술을 남기며 그 대열에 합류하였다.

묵암 최눌의 속성은 박씨, 본관은 밀양으로 1717년(숙종 43) 4월 18일 전라도 고흥의 장사촌(長沙村)에서 태어났다. 4세 때 낙안 응계촌(鷹鷄村)

묵암 최눌

으로 이주해 살았는데 어릴 때부터 글공부를 좋아했다고 한다. 1730년 14세에 낙안 징광사(澄光寺)에서 출가하였고 18세에 만리(萬里)에게 구족계를 받고 다음 해부터 송광사(松廣寺)의 부휴계 적전 풍암 세찰(楓巖世察: 1688-1765)에게 4-5년간 수학하여 그 법을 이었다. 그는 부휴계의 회암 정혜(晦庵定慧)와 청허계 편양파의 호암 체정(虎岩體淨), 상월 새봉(霜月璽篈) 등 당대의 대표적 교학승들에게 가르침을 받았다. 27세에는 풍암 세찰의 대광사(大光寺) 영천난야(靈泉蘭若)에서 입실하였고 이후 강석에서 명성을 크게 떨쳤다. 최눌은 선과 교의 두 문에 두루 통하였지만 특히 화엄교학에 정통한 것으로 평가되었다.[54]

최눌은 1790년(정조 14) 73세로 조계산 송광사 보조암(普照庵)에서 입적하였으며 보조암에 진영이 걸리고 부도전에 탑이 세워졌다. 저술로는 징관(澄觀)의 『화엄소초(華嚴疏鈔)』에 대한 과문(科文)인 『화엄과도(華嚴科圖)』(『화엄품목(華嚴品目)』으로 유통), 이력과정 사교과에 포함된 경전을 비롯해 여러 경전의 요체를 문답으로 정리한 『제경문답(諸經問答)』과 그림으로 나타낸 『반착회요(盤錯會要)』(합편 『제경회요(諸經會要)』로 유통), 『내외잡저(內外雜著)』 10권에서 유실된 6권을 빼고 나머지 4권에서 발췌한 『묵암집(默庵集)』 3권 등이 있다.[55] 한편 1766년 대둔사(大芚寺)의 12대 종사 연담 유일과 논쟁을 펼친 후 쓴 『심성론(心性論)』 3권은 1785년 문도인 화일(華日)과 경현(敬賢)이 지리산 천은사(泉隱寺) 상선암(上禪庵)에서 불태워서 현존하지 않고 유일이 쓴 「심성론서(心性論序)」만 남아 있다.[56] 제자 가운데 법맥상의 적전은 환해 법린(幻海法璘)이며 선은 와월 교평(臥月教萍), 교는 봉봉(鳳峯)과 성봉(聖峯) 등이 전수하였다고 한다.

묵암 최눌은 평생 교학의 연찬에 매진하였지만 당시 불교계가 처한 어려운 상황을 타개하고 권익을 보장받기 위한 현실적 활동에도 직접 나섰다. 그는 당시 사찰들에 큰 경제적 부담으로 작용하였던 지물(紙物) 공납의 폐단을 시정해 달라는 상소문을 올렸는데, 낙안 징광사의 승도 명의로 영조에게 올린 상소문의 요지는 다음과 같다.

> 승려는 출세간을 노니는 무리인데 편호(編戶: 승역(僧役) 차출을 위한 호적 편입)를 하여 세간의 역을 맡게 하니 이는 본분을 잃은 것으로 삼국시대 이래로 없던 일입니다. 종이를 바치는 역의 부담이 해마다 늘어나서 생산된 종이의 질이 떨어질 뿐 아니라 값을 쳐주지 않거나 주었다가 뺏는 경우도 있어서 큰 부담이 됩니다. 이 때문에 한 사찰이 부담을 못 이겨서 절이 비게 되면 이웃 사찰로 역의 부담이 전가되어 더 큰 피해를 주게 됩니다. 승역의 무거움은 일반 백성들의 역에 비해 훨씬 크며 관청의 감독 또한 더욱 엄중합니다. 성상께서 균역법(均役法)을 시행한 뒤에 백성들이 그 덕의 교화를 입어서 새로 태어난 것 같은 즐거움을 누리고 있는데, 승려들만이 전하의 백성이 아닌 것입니까? 남방의 비보(裨補) 사찰은 황폐해지고 승려들은 환속해버려서 새로 승려가 되는 사람이 없게 되었으니 천년의 고찰을 누가 유지하겠습니까? (…) 유교와 불교가 서로 상부상조하는 것은 해와 달, 음과 양의 운행과 같으며 중국의 당과 송도 문물이 발전하였지만 선법(禪法)이 성하였고 신라와 고려도 유구한 역사를 통해 불도가 성하였습니다. 조선에서도 율곡(이이)과 퇴계(이황)에 견줄만한 이로 서산(휴정)과 사명(유정)이 있어 유교와 불교

가 안팎을 비추었는데, 지금 공자와 맹자의 심법을 누가 전하며 불조(佛祖)의 혜명을 누가 전하겠습니까? 유불의 도는 함께 흥하고 쇠하는 것인데 지금 쇠하지 않을까 두렵습니다. 전하는 유교와 불교의 아버지이므로 치우치지 말고 공평하게 들으시고 사실을 살피셔야 합니다.[57]

최눌이 이 상소문을 올린 18세기 후반에는 사찰과 승려에게 부과된 공납(貢納)과 승역(僧役)의 부담이 일반 양역(良役)보다 훨씬 커져서 역(逆)환속이 일어나고 일부 사찰이 비는 상황이 벌어졌다. 그 때문에 1756년(영조 32) 남·북한산성의 승군 윤번제를 폐지하고 대신 방번전제(防番錢制)를 실시하여, 교대로 입역하는 대신 매년 승려 1인당 일정한 방번전을 납부하여 상주하는 승군을 재정적으로 지원하는 방식으로 바뀌었다.[58] 또한 '승려도 백성'이라는 기조하에 산성을 제외한 국가부역에 승려를 과도하게 동원하지 못하게 하였다. 이에 산릉역(山陵役)은 1757년을 끝으로 종식되었고 지방의 기타 공역도 필요한 양식을 관에서 지급하도록 하였다. 나아가 정조대에는 역승의 급격한 감소를 막기 위해 1785년(정조 9) 남·북한산성의 방번전을 반감하였고 그 결과 승군이 부담하는 번전은 실제 총액의 40% 정도로 줄어들었다.[59]

이러한 일련의 조치는 1751년(영조 27) 군포(軍布)를 2필에서 1필로 줄여서 내게 하는 균역법이 반포된 이후 양인의 국역 부담 경감과 현물화, 금납화의 정책방향이 오히려 불교계에 큰 부담을 주게 된 상황에서 그 폐해를 최소화하려는 조치였다.[60] 균역법은 총액제로서 지방관청에서 거두어야 할 수량을 할당하는 방식이었기에 지역별로 사찰에는 더 큰 부담이 주어지기도 했고, 이에 중앙정부에서 국가 차원의 역사인 남·북한산성 승역과 산릉역을 줄이거나 없앤 것이다. 이러한 상황에서 최눌은 사찰의 재정적 압박이 가중되고 승려의 환속이 늘어나는 등의 현실적 어려움을 타개하기 위해 적극적으로 의견을 개진했던 것이다.

한편 최눌의 대외 활동 가운데 특히 주목되는 것은 일본 승려와 교류하여 시문을 주고받은 일이다. 그는 일본과의 교류 기착지인 동래(東萊)의 부사에게, 일본 승려들이 불교의 교리를 잘 알고 능력도 뛰어나지만 조선 속승(俗僧)의 퇴폐한 풍습만을 보고 업신여긴다고 들었는데, 일본 승려를 직접 만나거나 문답하여 그 학문적 경지를 가늠해보는 기회를 갖고 싶다는 편지를 보냈다. 최눌은 자신이 그들의 수준을 파악한 후 조선의 불도를 무시하는 일을 막고 공경하는 마음을 갖게 할 수 있다면 조선을 빛내는 데 큰 도움이 될 것이라고 강조하였다.[61] 이 편지를 보낸 결과인지 『묵암집』에는 왜승에게 보낸 시가 실려 있는데, 마음을 논하는 데 외형상의 구분보다는 서로 담론하고 배우는 것이 중요하며 자신이 일본 불교의 상황을 잘 알게 되었다는 내용을 밝히고 있다.[62]

묵암 최눌은 송광사 부휴계의 적전으로서 당대 불교계를 대표하는 위상을 가진 이였고, 교계의 문제뿐 아니라 유불교류에도 적극적이었다. 그의 문집인 『묵암집』에는 이름난 유학자 관료와 주고받은 시와 편지글이 다수 확인된다. 최눌의 교유 관계에서 가장 눈에 띄는 것은 영조대에 이조·호조·예조판서를 지내고 14년간 3정승을 역임한 김상복(金相福: 1714-1782)과의 관계이다. 김상복이 좌의정이 되었을 때 최눌은 축하 편지를 썼고 김상복은 최눌이 비석의 전액(篆額)을 써준 일에 대해 감사의 선물을 보낸다는 답신을 보내왔다.[63] 또한 최눌이 부휴계의 조사 백암 성총을 현창하기 위해 비를 건립할 때 비문 작성을 부탁했던 이도 김상복이었다.

최눌은 김상복의 아우인 공조정랑 김상숙(金相肅: 1717-1792)과도 절친한 관계였다. 배와거사(坯窩居士)로 불린 김상숙은 「수타사서곡당선사탑비문(壽陀寺瑞谷堂禪師塔碑文)」과 「신흥사비문(新興寺碑文)」 등을 쓰는 등 불교계와 인연이 깊었다. 최눌이 그에게 보낸 편지에서는, 보조국사 이후 명승을 배출한 송광사는 유불교류의 장이었고 부휴계 적전 무용 수연(無用秀演: 1651-1719)과 삼연(三淵) 김창흡(金昌翕: 1653-1722)이 서로 도를 담론했던 곳임을 강조하였다. 또 김상숙이 이력과정의 사집과·사교과 교재 등이 포함된 불교 경론 목록을 보내와 서책을 구한 일을 언급하면서 다음과 같은 필독 순서를 제시하기도 했다. 최눌은 먼저 대혜 종고(大慧宗杲)의 『서장(書狀)』을 읽어 선법이 유학자와 관련 없는 일이 아님을 안 이후, 『분등록(分燈錄: 전등록(傳燈錄))』을 읽어 유자도 부처의 혜명을 이을 수 있음을 믿어야 한다고 당부하였다. 다음으로 『성도기(成道記)』를 읽어서 부처의 일대 교화의 시종을 두루 살핀 후, 끝으로 『(유석(儒釋))질의론(質疑論)』을 읽어 의혹을 상세히 변별하고 해소하면 유림(儒林)들이 다 와서 흔들어대도 흔들리지 않을 것이라고 하였다.[64]

또한 전라도관찰사 정원시(鄭元始: 1735-1782)에게 보낸 편지에서는, 송광사와 전주 감영에서 서로 만났던 인연, 정원시가 지눌의 '무내아전신(無乃我前身)' 구절을 외워서 자신도 외우고 있음을 말하는 등 서로의 친분을 드러냈다. 정원시는 1777년(정조 1) 전라도관찰사로 부임하여 환곡(還穀)과 둔전(屯田)의 폐단을 바로잡고 위봉산성(威鳳山城), 금성산성(金城山城), 입암산성(笠巖山城)의 조운을 수성장(守城將)이 관할하도록 한 바 있다. 이들 산성에는 승군(僧軍)이 두어졌고 승장(僧將)이 산성을 관리하였는데, 당시 관찰사는 승역과 관련하여 해당 지역 사찰 및 승려들과 업무상 밀접한 관련이 있었다. 앞서 1652년에 전라도관찰사가 발급한 관부 문서는 불교의 승속을 권면하고 경계하기 위한 것으로, 권면 대상은 고승 3유형, 좋은 승려 11유형으로 세분하였고 경계 대상은 보통 승려와 속류의 4유형으로 나누어 각각에 맞는 상벌의 기준을 제시하였다.[65] 최눌이 폐지 상소를 올린 일도 사찰과 지역 행정관서의 밀접한 관계, 그리고 정승이었던 김상복의 도움이 없이는 어려웠을 것이다.

한편 최눌은 전라도 광주 지역 수천현(水川縣)의 수령 김광수(金光遂:

1696-?)와 도(道)에 대해 논하였는데, 김광수는 뒤에 연암(燕巖) 박지원(朴趾源)이 '감상지학(鑑賞之學)'의 개창자로 평했던 인물로 서화와 골동품의 감식, 소장자로서 유명했다. 최눌은 그에게 선과 교의 마음을 각각 설명하고 사람의 신분과 직분은 마음에서 말미암고 승속과 남녀 또한 마음으로 인해 각자의 성명(性命)을 바르게 하는 것이라고 보냈다. 또한 김광수가 도는 하나이고 범인과 성인의 구분 또한 없다고 말하였고, 또 불전을 인용해 번뇌가 도에 방해됨을 실증했다고 하여 높이 평가하였다. 반면 최눌 자신은 군주와 부모의 은택을 입어 다행히 경전을 공부하는 명경승(明經僧)이 되었고 날마다 화엄(華嚴)을 논하고 염송(拈頌)을 강론하고 있지만 아직 마음을 깨치지 못했다고 하며 겸양을 드러냈다. 그러면서도 '훈습(薰習)의 의리(義理) 소굴'을 벗어나 오직 '현전(現前)의 일념(一念)'만으로 백성을 비추면 유불도 삼교 성인의 진면목이 드러날 것임을 강조하였다.[66]

최눌이 유불일치의 근거로 내세운 것은 역시 마음이었다. 그는 "성현의 마음을 궁구하는 것은 선을 닦는 것과 다를 것이 없고 『대학(大學)』의 삼강(三綱)은 비지원(悲智願)의 삼심(三心)에 부합된다."고 하였고, 또 "육경(六經: 시(詩), 서(書), 예(禮), 악(樂), 역(易), 춘추(春秋))의 미묘한 뜻에 정통하다면 어찌 칠조(七祖)의 선리(禪理)에 어긋날 것이 있겠는가?"라고 하여 유교와 선이 마음에서 다르지 않고 진정한 유학자와 승려는 같은 경지라고 보았다.[67] 그가 유교와 불교의 합치점을 마음에서 찾고 선불교 전통을 강조한 것은 조선후기 유교사회의 시대적 배경 속에서 흥미로운 주장이 아닐 수 없다.

화엄교학의 이해와 부휴계 중심의 불교사 인식

묵암 최눌은 징관(澄觀)의 『화엄경소초(華嚴經疏鈔)』에 입각한 『화엄경』 과문(科文)인 『화엄과도(華嚴科圖)』, 여러 경전의 핵심을 문답 형태로 요약한 『제경문답(諸經問答)』, 이를 도표로 정리한 『반착회요(盤錯會要)』 등을 남겼다. 이 책들은 『화엄품목(華嚴品目)』, 그리고 『제경문답』과 『반착회요』를 합편한 『제경회요(諸經會要)』로 각각 간행, 유통되었다. 그런데 현재 『한국불교전서(韓國佛教全書)』 제10권에 수록된 『제경회요』는 앞부분에 『화엄품목』을 넣은 것으로, 제목은 '제경회요'이지만 실제 내용은 『화엄품목』, 『제경문답』, 『반착회요』가 모두 들어가 있다. 이 『한국불교전서』에 수록된 『제경회요』 저본은 태안사(泰安寺) 유판본(留板本)으로 최눌의 제자 와월 교평이 간행한 것이다. 이 태안사 목판본은 실제로 『화엄품목』과 『제경회요』가 합철된 상태로 되어 있다.[68]

다시 말해 『한국불교전서』 10권의 『제경회요』는 원래 별도의 책이었던 『화엄품목』과 『제경회요』를 합친 것으로 저본인 태안사본에서 이미 합철되어 유통되었다. 그런데 문제는 『한국불교전서』에 수록할 때 원본을 인쇄본으로 옮기면서 편집 과정에서 글의 순서가 바뀌고 내용이 뒤섞인 부분이 적지 않다. 그 이유는 원본 자체에 많은 도표와 선이 얽혀 있고 복잡한 구조의 그림이 적지 않아, 목판본의 도형을 내용에 맞춰 순서대로 정확히 옮겨 수록하기가 쉽지 않은 데 있다. 또 편집자가 판형과 지면의 제약 때문인지 순서를 바꿔놓은 듯한 곳도 있다. 그래서인지 『한국불교전서』에 수록된 『제경회요』의 맨 앞에 나오는 편집자가 만든 목차와 실제 편집된 순서가 일치하지 않는다. 목차와 편집된 내용의 차이는 〈표 8〉과 같다.

우선 눈에 띄는 것은 제일 앞의 7항목은 같지만, 이후는 목차 구성(16항목)과 실제 편집 내용(17항목)이 다르다. 다른 항목들을 비교해보면 목차에는 앞부분에 기재된 「여래삼처전심」과 「불조종파도」가 실제 편집에서는 제일 뒤에 가 있고, 또 목차의 제일 뒤의 「대총상법문도」부터 역순으로 하여, 편집에서는 대체로 앞에서부터 순서대로 배치되어 있다. 그런데 저본인 태안사본과 비교해보면 『한국불교전서』의 편집 순서가 크게 다르지 않으며, 『한국불교전서』에서 편집상 부득이하게 순서가 바뀐 경우에는 주기를 달아놓았다.[69] 따라서 목차와 편집 순서의 차이는 목차

〈표 8〉『한국불교전서』의『제경회요』목차와 편집 순서 비교

목차 (23항목)	편집 순서 (24항목)	비고
華嚴十例科欲顯難思圖	華嚴十例科欲顯難思圖	
四法界十門圖	四法界十門圖	목차와
兩因兩果攝法圖	兩因兩果攝法圖	편집 순서
性相唯識圖	性相唯識圖	동일
二處十海	二處十海	
相入相即二門句數圖	相入相即二門句數圖	(7항목)
見聞覺知爲六根摠圖	見聞覺知爲六根摠圖	
如來三處傳心	大摠相法門圖	
佛祖宗派圖	三阿僧祇圖	
	三千佛三祇劫 (목차에 없음)	
六十四卦之圖	愚法小乘圖	
三變三疊說	十本經論二章體說	
蘊處界三科圖	空有迭彰句對不同圖	목차와
小乘二十部攝六合一	二十五輪圖	편집 순서 차이
遺佛客塵通別義圖	遺佛客塵通別義圖	〈목차〉
般若經四句偈配六重圖	般若經四句偈配六重圖	(16항목)
唯識習氣圖	唯識習氣圖	
業報四句映望圖	業報四句映望圖	〈편집〉
		(17항목)
空有迭彰句對不同圖	蘊處界三科圖	
二十五輪圖	小乘二十部攝六合一	
十本經論二章體說	六十四卦之圖	
愚法小乘圖	三變三疊說	
三阿僧祇圖	如來三處傳心	
大摠相法門圖	佛祖宗派圖	

작성의 오류에서 기인하는 것으로 볼 수 있다.[70]

또 하나의 문제는 원래 별개의 책이었던『화엄품목』과『제경회요』(『제경문답』과『반착회요』합편)가 합철되어 유통되었지만,『한국불교전서』에는『제경회요』라는 단일 서명을 쓰면서 성격과 내용이 다른 두 책을 합쳐놓았다는 정보는 제공하고 있지 않다. 그런데 7번째 항목인「견문각지위육근총도」의 말미에는 "현담(懸談)의 과도(科圖)가 처음에는 의문(義

門)을 드러내 서술하고 경문(經文)을 바르게 해석하는 것의 둘로 나뉘었는데 뜻이 잘 통하지 않아 천자권(天字卷) 처음 부분의 『연의초(演義鈔)』에서는 바로 4과로 나누었으니, 이는 설노(雪老: 설파 상언)가 2과를 삭제한 뜻과 유사하다."고 기재하였고 이어 '화엄품목회요(華嚴品目會要) 종(終)'이라고 되어 있다.[71] 또 끝에서 두 번째에 있는 「여래삼처전심」 앞에는 '해동사문(海東沙門) 묵암최눌(默庵冣吶) 회요이술(會要以述) 수선제자(受禪弟子) 와월교평(臥月教萍) 중증이간(重增以刊) 호좌(湖左) 곡성(谷城) 태안사(泰安寺) 유판(留板)'이라는 간기가 있는데, 이에 대한 『한국불교전서』의 편집자 주가 없다.[72] 여기서 앞부분은 『화엄품목』, 뒷부분은 원래의 『제경회요』가 끝나는 지점으로 볼 수 있다. 단 그 뒤의 「여래삼처전심」과 「불조종파도」는 이전의 교학 관련 내용과는 이질적인 성격을 가지므로, 별개의 글이 『제경회요』 뒤에 합쳐져서 편집되었다고 추정된다.

한국불교전서본 『제경회요』에 의거해 최눌의 화엄교학 이해의 내용과 경향을 살펴본다. 원래 『화엄품목』에 해당하는 첫 항목 「화엄십례과욕현난사도」에서는 『화엄경』을 10개의 과목으로 나누었고 이를 통해 해석이 어려운 부분을 밝힌다고 하였다. 여기서 제시된 10과는 징관의 『화엄경소초』에 입각한 것으로 그 내용은 〈표 9〉와 같다.[73] 〈1〉 본부삼분과(本部三分科)는 서분(序分), 정종분(正宗分), 유통분(流通分)으로서 각각 「세주묘엄품」, 「여래현상품」을 비롯한 37품, 「입법계품」이 그에 해당한다. 〈2〉 문답상속과(問答相續科)에서는 『화엄경』 7처(處) 9회(會)의 초회, 2회, 8회, 9회를 다루고 있다.

10과 중 끝의 〈10〉 주반무진과(主伴無盡科)에서는 하나하나의 회(會)와 품(品)과 법(法)이 모두 허공법계(虛空法界)에 통하고 일체의 세계와 티끌에도 마찬가지이며 또 여러 곳의 무수히 많은 보살이 와서 법을 증득하니, 부처와 보살이 서로 끝없이 펼쳐진 법계에 두루 편재하다고 결론을 맺었다.[74] 이어 징관의 『화엄경소』의 뜻이 만법(萬法)을 통괄하고 일심(一心)을

〈표 9〉『화엄경』의 10분과

연번	10과	내용	해당 품/회
1	本部三分科	序分	世主妙嚴品
		正宗分	現相品 이하 37품
		流通分	法界品 善財 南遊 이하
2	問答相續科	擧果勸樂生信分	(초회) 大衆起 40問
		修因契果生解分	제2회 초
		托法進修成行分	제8회 초
		依人證入成德分	제9회 초
3	以文從義科	所信因果	初會先顯遮那果德 後遮那一品 明彼本因
		差別因果	第二會名號 至隨好二十六品 卞因後三品明果 亦名生解因果
		平等因果	普賢行品卞因 出現品明果
		出世因果	第八會初 明五位因 後明八相果
		證入因果	第九會初 明佛果大用 後顯菩薩起用修因
4	前後福疊科		
5	前後鈎鎖科		
6	隨品長分科		
7	隨其本會科		
8	本末大位科		
9	本末徧收科		
10	主伴無盡科		

밝히는 것이라고 해석하였다. 다음은 화엄교학의 핵심 개념 중 하나인 4법계(法界)와 10문(門)에 대해 설명한 내용이다. 먼저 〈1〉 사법계관(事法界觀), 〈2〉 진공절상관(眞空絕相觀), 〈3〉 이사무애관(理事無礙觀), 〈4〉 사사무애관(事事無㝵觀)의 4법계관에 대해 〈표 10〉과 같이 정리하였다.[75] 여기서 〈1〉의 사법계는 체(體)에 근거한 현상세계, 〈2〉 진공절상(이(理)법계)은 참된 이치로 통섭해 가는 진리의 세계, 〈3〉 이사무애는 진리와 현상이 서로 장애가 되지 않는 단계, 〈4〉 사사무애는 이와 사, 진리와 현상적 존재의 모든 세계가 서로 연결되어 끝없이 펼쳐진다는 것이며, 그러한 이치를 증득

〈표 10〉 4법계의 특징과 10문

법계관	특징	해당 내용
사법계관	所依體事	(此有十對體事 若杜順觀門 則由二義故 不立此門) ① 敎義 ② 理事 ③ 境智 ④ 行位 ⑤ 因果 ⑥ 依正 ⑦ 體用 ⑧ 人法 ⑨ 逆順 ⑩ 應感
진공절상관	攝歸眞理	(此有四觀十門 兼配圓覺科段) ① 會色歸空觀 ② 明空即色觀 ③ 空色無碍觀 ④ 泯絕無寄觀
이사무애관	彰其無碍	(望後門爲異門因 兼配都序違順二宗) ① 理徧於事門 ② 事徧於理門
사사무애관	周徧含容	(先正辨玄門 是當門果 此有三家不同)

하는 관문(觀門)에 대해서도 기술하였다.

먼저 〈1〉 사법계관은 체(體)와 사(事)에 관한 10개의 대구(對句)로 나눴는데, 중국 화엄의 초조 두순(杜順)의 찬으로 전해온 『법계관문(法界觀門)』에서는 별도로 이 4법계 관문을 세우지 않았다고 부연하였다. 실제로 『법계관문』에는 진공관(眞空觀), 이사무애관(理事無碍觀), 주편함용관(周遍含容觀)의 세 부분만으로 되어 있다. 진공관은 진공절상관과 동일하게 회색귀공관(會色歸空觀) 등 4관으로 되어 있으며, 이사무애관은 이편어사문(理遍於事門)의 10문 등, 주편함용관은 이여사문(理如事門)의 10문 등으로 이루어져 있다.[76] 이에 대해 최눌은 "화엄에는 4법계가 있는데 어떤 이유로 뒤의 3문만을 설하고 체(體)에 의거한 사(事: 사법계)는 말하지 않았는가?"라고 의문을 나타낸 후, "리(理)는 실로 원융하고 사(事) 법계도 지극히 현묘하다. 다만 상식선에서는 깊은 뜻을 드러내지 않으므로 대체로 생략하고 언급하지 않은 것이다. 그리고 처음 것은 하나의 법(현상 존재)이고 뒤의 세 개는 뜻인데, 뜻은 법에 의해 세워지고 법은 분명 뜻을 떠날 수가 없기에 굳이 말하지 않은 것이다."라고 설명하였다. 이어 『회현기(會玄記)』 28권 처음의 3장을 참고해보라고 하였다.[77]

〈4〉 사사무애관은 '주편함용(周徧含容)'을 특징으로 하는데 10현문(玄

〈표 11〉 지엄, 법장, 징관의 10현문 비교

연번	지엄 10현문	법장 10현문	징관 10현문
1	同時具足相應門	同時具足相應門	諸法相即自在門
2	因陀羅網境界門	▲廣狹自在無导門	▲廣狹自有無导門
3	秘密隱顯俱成門	一多相容不同門	微細相容安立門
4	微細相容安立門	諸法相即自在門	同時具足相應門
5	十世隔法異成門	秘密隱顯(→隱密顯了)俱成門	一多相容不同門
6	●諸藏純雜具德門	微細相容安立門	秘密隱顯俱成門
7	一多相容不同門	因陀羅網境(→法)界門	因陀羅網境界門
8	諸法相即自在門	託事顯法生解門	十世隔法異成門
9	▲唯心回轉善成門	十世隔法異成門	託事顯法生解門
10	託事顯法生解門	●主伴圓明具德門	●諸藏純雜具德門

門)의 요체를 바르게 변별한다고 하였고, 선학들의 주장이 서로 같지 않음을 지적하였다. 그리고는 중국 화엄의 2조 지엄(智儼)과 징관의 10현문에 대해 언급하였다. 공통점과 차이점을 알아보기 위해 지엄과 징관 사이에 법장의 10현문을 넣어 비교해본 것이 〈표 11〉이다.

최눌은 "지엄이 단지 유심(唯心)의 문(〈9〉 유심회전선성문)으로 현문의 근거를 삼았기 때문에 법장이 광협(廣狹)의 문(〈2〉 광협자재무애문)으로 대체하였고, 또 법장은 주반(主伴)의 문(〈10〉 주반원명구덕문)이 앞의 뜻을 대체로 포괄하므로 지엄의 순잡(純雜)의 문(〈수6〉 제장순잡구덕문)을 따르며 순서만 조금 다르게 했을 뿐"이라는 징관 서문의 글을 인용하였다. 또 법장이 『법계관문』의 글이 은미하고 뜻이 깊어 후학들이 이해하기 어렵다고 여겨 지엄의 10현문을 조금 고쳐 다시 세웠다는 설명을 덧붙였다.

이어서 이들 관문에 10의(義)를 배속시켰는데, ① 이여사문(理如事門) ② 사여리문(事如理門) ③ 사함리애문(事含理导門) ④ 통국무애문(通局無导門) ⑤ 광협무애문(廣狹無导門) ⑥ 편용무애문(徧容無导門) ⑦ 섭입무애문(攝入無

導門) ⑧ 교섭무애문(交涉無㝵門) ⑨ 상재무애문(相在無㝵門) ⑩ 보융무애문(普融無㝵門)이 그것이다. 다만 앞의 법장의 10문 가운데 〈10〉 주반문, 〈9〉 십세문, 〈8〉 탁사문의 3문에는 이 10의를 배속시키지 않는다고 하면서, 자세한 내용은 『회현기』 29권 16장을 참고하라고 적고 있다. 그리고 혜원(慧苑)의 『간정기(刊定記)』는 덕상(德相)과 업용(業用)으로 나누어 각각에 10현(十玄)을 설정하였으며 이는 주자(宙字) 25장에 있다고 소개하였다. 하지만 최눌은 혜원의 설은 이미 징관에 의해 비판되고 논파되었으므로 그것을 법장, 징관과 같은 비중으로 다룰 수 없다고 분명히 하였다.

다음으로는 한국불교전서본 『제경회요』에 나오는 교학 관련 내용 중 특징적인 몇 가지를 소개해본다. 먼저 「견문각지위육근총도(見聞覺知爲六根摠圖)」에서는 6근(根)에 '견문각지(見聞覺知)'를 연결해 안(眼)은 견(見), 이(耳)는 문(聞), 비설신(鼻舌身)은 각(覺), 의(意)는 지(知)에 배당하였다. 그중 견(안), 문(이), 지(의)는 '이롭고 쓰임이 많아 열려 있음'에 비해 각(비·설·신)은 '둔탁해 쓰임이 적어 합쳐짐'이라고 설명하였다.[78] 이어 '전팔식성사지삼신인과(轉八識成四智三身因果)', 즉 8식(識)을 전변시켜 4지(智)와 3신(身)을 이루는 인과관계를 풀이하면서, 전(轉)은 제1-5식으로 비항비심(非恒非審), 제6식은 심이비항(審而非恒), 제7식은 역심역항(亦審亦恒), 제8식은 항이비심(恒而非審)으로 보았다. 그리고 1-5식의 성소작지(成所作智)는 화신(化身), 6식 묘관찰지(妙觀察智)는 화신이자 타보신(他報身), 7식 평등성지(平等成智)는 자보신(自報身), 8식 대원경지(大圓鏡智)는 법신(法身)으로 이해하였다.[79]

또한 「성상유식도(性相唯識圖)」에서는 식(識)을 진(眞)과 망(妄)으로 나누고, 다시 진은 불변(不變)의 진여(眞如)와 수연(隨緣)의 생멸(生滅), 망은 체공(體空)의 진여와 성사(成事)의 생멸로 설명하고 이를 법성종(法性宗)과 법상종(法相宗)에 대비시켰다.[80] 이와 관련하여 「대총상법문도(大摠相法門圖)」에서는 5교의 강령이 모두 이 도표 안에 있다고 자신했는데 그 내용은 〈표 12〉와 같다.[81] 이는 『제경회요』의 핵심적 내용으로 『대승기신론

(大乘起信論)』의 일심 이해에 기초하고 있다.

한편 『제경회요』의 말미에는 선과 관련된 「여래삼처전심(如來三處傳心)」과 「불조종파도(佛祖宗派圖)」가 수록되어 있다. 이는 앞의 경전 및 교학 관련 내용과는 다소 이질적인 성격을 가지며, 최눌의 제자들이 추가로 덧붙였을 가능성도 있다.[82] 먼저 「여래삼처전심」은 〈1〉 다자탑전분반좌(多子塔前分半座), 〈2〉 영산회상거염화(靈山會上擧拈花), 〈3〉 니련하반곽시쌍부(泥蓮河畔槨示雙趺)에 대해 기술한 것으로, 〈1〉은 '전법공지체(傳法空之體) 살인도(殺人刀) 대기(大機)', 〈2〉는 '전허다반용(傳許多般用) 활인검(活人劍) 대용(大用)', 〈3〉은 '체용쌍전(體用雙傳) 살활제시(殺活齊施)'라고 보았다. 즉 〈1〉 분반좌는 체, 살인도, 대기, 〈2〉 염화미소는 용, 활인검, 대용, 〈3〉 곽시쌍부는 체용, 살활제시로 특징을 뽑은 것이다.[83] 삼처전심은 한국 선가의 고유한 전통설인데, 「여래삼처전심」의 이러한 이해는 고려후기인 13세기의 선승 구곡 각운(龜谷覺雲)의 『선문염송설화(禪門拈頌說話)』에서 분반좌를 '전살(專殺)', 염화미소를 '전활(專活)', 곽시쌍부를 '살활제시(殺活齊示)'로 본 것과 동일한 해석이다.[84]

또 「여래삼처전심」에서는 달마(達摩)의 삼처전심을 소개하면서 달마

〈표 12〉 진망(眞妄) 비교표

<table>
<tr><td rowspan="4">衆生心</td><td rowspan="2">○ 眞</td><td>不變</td><td>眞如門</td></tr>
<tr><td>隨緣</td><td>生滅門</td></tr>
<tr><td rowspan="2">● 妄</td><td>體空</td><td>眞如門</td></tr>
<tr><td>成事</td><td>生滅門</td></tr>
<tr><td rowspan="3">眞如門</td><td rowspan="3">會生滅歸眞如</td><td>體大: 法身-眞身</td><td rowspan="6">法身, 報身, 化身과 眞身, 應身 등은 法藏의 뜻을 따른다고 명시</td></tr>
<tr><td>相大: 報身-應身</td></tr>
<tr><td>用大: 報身, 化身-應身</td></tr>
<tr><td rowspan="3">生滅門</td><td rowspan="3">依眞如起生滅</td><td>○ 覺: 始覺, 本覺</td></tr>
<tr><td>○ 阿梨耶識</td></tr>
<tr><td>● 不覺: 根本, 枝末</td></tr>
</table>

와 2조 혜가(慧可)의 문답을 3처로 나누어 대용(大用), 대기(大機), 기용제시(機用齊示)에 배대하였다. 또 이를 6조 혜능(慧能) 이전에는 합전(合傳), 이후는 분전(分傳)하여 청원 행사(青原行思)가 순금(純金)으로 대기, 남악 회양(南嶽懷讓)은 잡화(雜貨)로 대용에 해당한다고 하면서도 기용과 체용, 살활은 늘 겸비함을 강조하였다.[85] 그런데 이후 백파 긍선은 제1처 분반좌가 진공(眞空), 즉 불변의 진여의 측면만을 전하므로 활(活)이 없는 살인도라고 하면서 방계인 청원 행사가 이에 해당한다고 보았다.[86] 청원 행사는 선종의 6조 혜능의 제자로서 그의 법을 이은 석두 희천(石頭希遷)으로부터 조동종(曹洞宗), 운문종(雲門宗), 법안종(法眼宗)이 갈라져 나왔다.[87] 긍선은 제2처 염화미소는 묘유(妙有)로서 살활을 겸하고 기용(機用)을 구족한 활인검으로 보았고, 여기에 해당하는 남악 회양이 그로 인해 혜능의 적전이 되었다고 강조하였다. 남악 회양의 대표적 제자는 홍주종(洪州宗)을 일으킨 마조 도일(馬祖道一)이었고 이 계통에서 위앙종(潙仰宗)과 조선 불교의 법통이 뿌리를 둔 임제종(臨濟宗)이 나왔다. 하지만 초의 의순은 살활과 기용, 체용 등은 불가분의 관계라서 전살이나 전활이라고 해도 반드시 활과 살을 겸하는데, 긍선이 여래선(如來禪)을 살만 있고 활은 없다고 규정한 것은 잘못이라고 비판하였다.[88]

다음 「불조종파도」에는 먼저 과거불과 석가모니불, 1조 가섭(迦葉)부터 28조 달마, 33조 혜능 등 선의 계보를 기록하고 중국 선종의 여러 분파들을 적시하였다. 중국 선종 4조인 도신(道信) 밑에서 방계로 우두종(牛頭宗) 등의 공종(空宗)이 나오고, 5조 홍인(洪忍) 밑에서 신수(神秀)의 북종(北宗) 등 상종(相宗)이 분기되었으며, 6조 혜능에서 신회(神懷)의 하택종(荷澤宗), 종밀(宗密) 등의 성종(性宗)과 남종(南宗)의 선종 5가가 배출되었음을 도표로 정리하였다.[89] 또 선종 5가의 특징으로 임제종은 직첩통쾌(直捷痛快), 조동종은 면밀안상(綿密安詳), 위앙종은 원기암합(圓機暗合), 운문종은 고금광험(高古廣驗), 법안종은 일체현성(一切現成)을 들었다. 나아가 조선 불교의 법통이 연결된 임제종, 특히 양기파(楊岐派)의 주요 계보를 망라하였고 몽산 덕이(蒙山德異) 등 고려 말 이후 선풍에 영향을 미친 중국 임제종 선승의 이름도 거명하였다. 이어서 조선의 법통을 다루었는데, 원대의 임제종 승려 석옥 청공(石室淸珙)의 법맥을 고려 말 태고 보우(太古普愚)가 이었고 그 법맥이 환암 혼수(幻庵混修)-구곡 각운(龜谷覺雲)-등계 정심(登階淨心)-벽송 지엄(碧松智嚴)-부용 영관(芙蓉靈觀)을 거쳐 부휴 선수와 청허 휴정으로 이어졌다고 하여 임제태고법통설을 그대로 따랐다. 또 원의 임제종 승려 평산 처림(平山處林)과 그로부터 법맥을 전수한 나옹 혜근(懶翁惠勤)의 이름을 방계로 기록하여 태고법통설에 밀려난 나옹법통설의 자취가 남아 있다.[90] 나옹 혜근(1320-1376)은 송광사에 주석한 적이 있고 그의 가송집인 『보제존자삼종가(普濟尊者三種歌)』가 1435년에 간행되었을 정도로 부휴계의 본사 송광사의 전통과 관련이 있는 고승이었다.

「불조종파도」에 보이는 가장 큰 특징은 부용 영관 이후 조선후기의 법맥을 부휴계의 적전 계보인 부휴 선수-벽암 각성(碧庵覺性)-취미 수초(翠微守初)-백암 성총(栢庵性聰)-무용 수연(無用秀演)-영해 약탄(影海若坦)-풍암 세찰(楓岩世察)-묵암 최눌(默庵最訥)을 중심으로 정리했다는 점이다. 또 부휴계의 교학계보로 유명한 모운 진언(暮雲震言)-보광 원민(普光圓敏)-회암 정혜(晦庵定慧) 계통을 벽암 각성 밑에 별도로 수록하였고, 최눌의 동문 중에서 응암 낭윤(應庵朗閏)을 최눌 옆에 기재하였다.[91] 한편 청허계의 경우 최대 문파인 편양파 계보를 말미에 짧게 소개하였는데, 휴정에 이어 편양 언기(鞭羊彦機)-풍담 의심(楓潭義諶), 그리고 그 문도인 월저 도안(月渚道安)과 월담 설제(月潭雪霽), 이들의 법맥을 각각 이은 설암 추붕(雪岩秋朋)-상월 새봉(霜月璽封)과 환성 지안(喚惺智眼)-호암 체정(虎岩體淨)의 이름을 들고 있다.[92] 이들 또한 편양파를 대표하는 교학 종장들로서 특히 상월 새봉과 호암 체정은 최눌이 직접 찾아가 배운 이들이었다.

이처럼 묵암 최눌의 조선 선종사 인식은 기본적으로 법통에서는 임제태

상월 새봉

고법통, 계파로는 부휴계 정통성에 입각한 것이었다. 임제태고법통은 17세기 전반에 정립된 이래 18세기 불교계에서도 여전히 공식 법통으로 받아들여지고 있었다. 편양파 사암 채영(獅巖采永)의 『해동불조원류(海東佛祖源流)』(1764)도 임제태고법통을 골자로 하여 조선후기 청허계와 부휴계의 법맥을 상세히 기록한 전등계보서였다. 다만 『해동불조원류』의 판목을 부휴계 승려 벽담 행인(碧潭幸仁)이 불태워서 다시 간행하였는데 이는 부휴계의 계파적 정체성에 의해 서술에 대한 불만이 강하게 드러난 것이었다.[93]

이와 함께 「불조종파도」에는 화엄교학과 강학의 성행이라는 시대상황이 투영되어 있다. 모운 진언, 회암 정혜 등은 부휴계의 강학 전통을 대표하는 이들이었고 그 계보를 이은 추파 홍유(秋波泓宥), 경암 응윤(鏡巖應允) 등도 교학에 뛰어났다. 모운 진언(1622-1703)은 『화엄경칠처구회품목지도(華嚴經七處九會品目之圖)』를 찬술했고, 대구 팔공산에서 화엄법회를 열어 "그의 법화가 영남과 호남에 퍼지고 교화가 삼남에 넘쳤다."는 평을 들었다.[94] 진언의 손제자 회암 정혜(1685-1741)는 『화엄경소은과(華嚴經疏隱科)』, 『제경론소구절(諸經論疏句節)』을 지었고 '화엄종 회암장로'로 칭해지며 중국 화엄종 5조 종밀의 후신으로 받들어졌다.[95] 이러한 부휴계의 교학 전통에 대해 다카하시 도루(高橋亨)는 『이조불교(李朝佛敎)』에서 "부휴계 벽암파가 교학을 전수하였고 벽암 각성의 제자 모운 진언 이후 화엄종사가 배출되면서 그 법계를 통해 화엄의 법유

(法乳)가 전해졌다."고 평가하였다.[96]

그런데 조선후기 화엄강학의 성행과 주석서의 찬술은 부휴계 백암 성총이 17세기 말에 들어온 중국 가흥대장경판 징관(澄觀) 『화엄경소초(華嚴經疏鈔)』와 원대의 현담 주석서 『회현기(會玄記)』를 간행한 것이 중요한 계기가 되었다.[97] 최눌은 보조 지눌의 유풍을 선양하고 불서를 간행해 강학의 성행을 이끈 성총에 대해, "옛날의 진풍(眞風)을 행하고 몸을 사바세계에 나타내어 화장(華藏)의 불사(佛事)를 넓혔으며 지난 성인을 계승하였다. 화엄의 도는 단단하여 무너지지 않고 백암의 공 또한 커서 오래도록 견고하게 남았다."라고 칭송하였다.[98] 또 그는 1765년 성총의 비를 징광사에 세웠고 다음 해에 송광사에 건립하였는데, 재상 김상복이 쓴 「백암대선사비문」에는 '해동중흥불일(海東中興佛日) 홍양화엄(弘揚華嚴)'이라고 하여 성총이 불일 보조국사를 잇고 『화엄소초』를 유통시켜 교학의 진흥을 이루었음을 칭송하였다. 최눌이 쓴 음기에는, "태고와 부휴로 이어진 임제의 법맥을 백암이 계승하였고 그 법은 다시 풍암(최눌의 스승)으로 이어졌다."고 기록하였다.[99]

묵암 최눌 또한 부휴계의 화엄교학 전통을 이어 대화엄종주로 현창되었고,[100] 그의 적전 환해 법린도 선교양종을 융합한 화엄대종사로 추숭되었다.[101] 또한 그의 문손 침명 한성(枕溟翰惺)도 교학에 정통하여 이들 계보는 '묵암과 침명의 교장부리(敎場部理)'라고 하여 최눌의 동문인 '벽담(碧潭)과 우담(優曇)의 선구투현(禪句透玄)'과 대비되는 교학 계통으로 인식되었다.[102] 한편 후대에 세워진 최눌의 비에는 "임제종의 전법이 풍암 세찰에서 묵암 최눌로 전해졌고 선과 교의 양문에 제자들이 모였다."고 하여 임제태고법통(선)과 화엄교학(교)을 겸하여 부휴계의 정통을 이은 최눌의 위상을 강조하였다.[103]

제 3 장

유불 교류의 장에서 선 논쟁이 펼쳐지다

조선 불교를 빛낸 사상과 실천의 계보

1. 백파 긍선과 추사 김정희의 선을 둘러싼 논박

선 논쟁의 연구사와 선과 교의 위상

지금까지 이루어진 19세기 선 논쟁에 대한 연구사를 개관하여 쟁점의 주된 내용과 그에 대한 학계의 평가를 살펴본다. 선 논쟁에 대한 학술적 검토는 이른 시기인 1910년대부터 시작되었다. 대표적으로 이능화(李能和)는 『조선불교통사(朝鮮佛教通史)』(1918)에서 선 논쟁 관련 자료들을 구체적으로 소개하면서,[1] "유가(儒家)에 호락이기(湖洛理氣) 논쟁이 있다면 선문(禪門)에는 임제삼구(臨濟三句) 논변이 있다. 이전의 설을 인용하여 수천의 언구로 입증한 것은 매우 장한 일이다. 하지만 유가는 장구(章句)와 주석의 훈고(訓詁)를 벗어나지 않고 선문도 문자 의리의 지해(知解)를 면하기 어렵다. 조선의 유가와 선문은 단지 옛사람의 서술을 인습할 뿐 자기가 창작하는 것을 극히 꺼리니 모두 주자학(朱子學)의 폐해에서 비롯된 것이다. 선 논쟁에서 선종에 대한 우열 구분은 문자선(文字禪)이고 구두선(口頭禪)일 뿐이다."고 하여 유교와 불교의 구태의연한 한계를 함께 지적하며 비판하였다.[2]

이후 다카하시 도루(高橋亨), 누카리야 가이텐(忽滑谷快天) 등 한국불교를 연구한 일본인 학자들은 한국사상의 특성과 관련하여 선 논쟁에 매우

백파 긍선

부정적인 평가를 내렸다. 다카하시는 『이조불교(李朝佛敎)』(1929)에서 지면을 할애하여 삼종선 논쟁의 구체적 내용과 문제점을 다루었다.[3] 그는 "선을 교 이상의 고매한 것으로 삼으려 고심한 것은 당(唐)의 선가(禪家)에서 비롯되었다. 한국은 사상의 고착성이 현저한 국민성으로 인해 신라, 고려, 조선을 통틀어 감히 이를 의심하거나 비판하는 자가 없이 오늘에 이르렀다. 한국에서 의리선이라는 개념이 나온 것은 보조 지눌(普照知訥)이 종밀(宗密)의 선종 구분에서 영향을 받아 시작된 것이다. 하지만 보조는 조사선(祖師禪), 여래선(如來禪) 외에 별도로 의리선(義理禪)을 세우지 않았는데 백파 긍선(白坡亘璇)은 『선문강요(禪門綱要)』와 환성 지안(喚醒志安)의 『선문오종강요(禪門五宗綱要)』 등을 보고 삼종선을 주장하였다."고 하여,[4] 3종 선의 연원을 설명하였다.

특히 그는 3종 선 논의는 사상의 일관성이 없으며 혼돈스럽고 불철저하여 조선의 한 유파(流派)의 오류에 빠진 근거 없는 것이라고 폄하하였다. 그 이유로는 첫째, 조선 학인의 공통된 특성인 형식논리에 얽매여 형이상학적 문제부터 순수문학에 이르기까지 일관되는 편벽성에서 기인한다고 보았다. 둘째, 교종의 견지에서 선종을 바라보는 것은 유학사에서 주자(朱子)의 이기이원설(理氣二元說)을 숭봉하여 모든 문제에 적용, 해설한 것과 마찬가지로 견강부회에 빠진 것이며, 이는 선을 논리적 방식이나 철학적으로 보는 비선종적인 훈습이며 선의 활발한 기백을 상실한

것이라고 비판하였다.[5]

또한 "조선 불교는 임제(臨濟)의 법맥을 계승한 태고(太古)와 대혜(大慧)를 사숙한 보조로 인해 오로지 임제종만을 높이고 다른 선종 유파를 폄훼하는 잘못된 습성이 있다."고 지적하면서, "백파의 3종 선론이 지리멸렬하게 된 것은 수행 순서에 의해 명칭을 붙인 전통설, 그리고 교외선종(教外禪宗) 및 교내경종(教內經宗)으로 선의 종류를 나눈 종밀의 주장을 답습한 조선 교종 승려의 설을 단순히 형식상 종합하였기 때문"이라고 보았다.[6] 하지만 다카하시가 선 논쟁을 중세 이후 조선 불교계의 최대 논쟁이라고 하면서 3종 선을 순수 선, 선교겸수, 교학의 입장에 대비시켜 해석한 것은 탁견이라고 할 수 있다. 한편 일본 조동종(曹洞宗) 승려 출신인 누카리야는 『조선선교사(朝鮮禪教史)』(1930)에서 임제종을 가장 우월하게 보고 조동종을 그 밑의 단계에 배정한 선종 분류방식에 대해 격렬한 어조로 비판하였다.[7]

이후 조선시대 불교의 다른 연구 주제와 마찬가지로 선 논쟁에 대한 검토도 해방 이후 한동안 진전되지 못하였다. 1959년에 가서야 추사(秋史) 김정희(金正喜)의 불교관에 대한 김약슬(金約瑟)의 논문이 나오게 되었다.[8] 이는 승려와의 교유 및 선론을 검토하여 김정희와 불교의 관계를 조명한 글이다. 하지만 그 외에는 선 논쟁을 다룬 논문이 확인되지 않는다. 그러다가 1960년대 말부터 1970년대에 걸쳐 선 논쟁이 본격적으로 조명되기 시작하였다. 이 시기는 특히 역사학 분야에서 사상 면의 내재적 발전론의 시각에서 근대를 지향하는 전통학술로서 실학과 고증학이 각광을 받기 시작할 때였다. 김정희는 대표적인 고증학자였고 실학자로서도 주목을 받았는데 그가 직접 불교계의 선 논쟁에 참여한 사실은 학계의 관심을 끌만하였다. 이 무렵 19세기 선 논쟁에 대한 논문을 낸 대표적 연구자로는 한기두와 고형곤을 들 수 있다.[9] 당시 역사학은 물론 불교학에서도 조선시대 불교 연구는 거의 불모지에 가깝게 방치된 상태

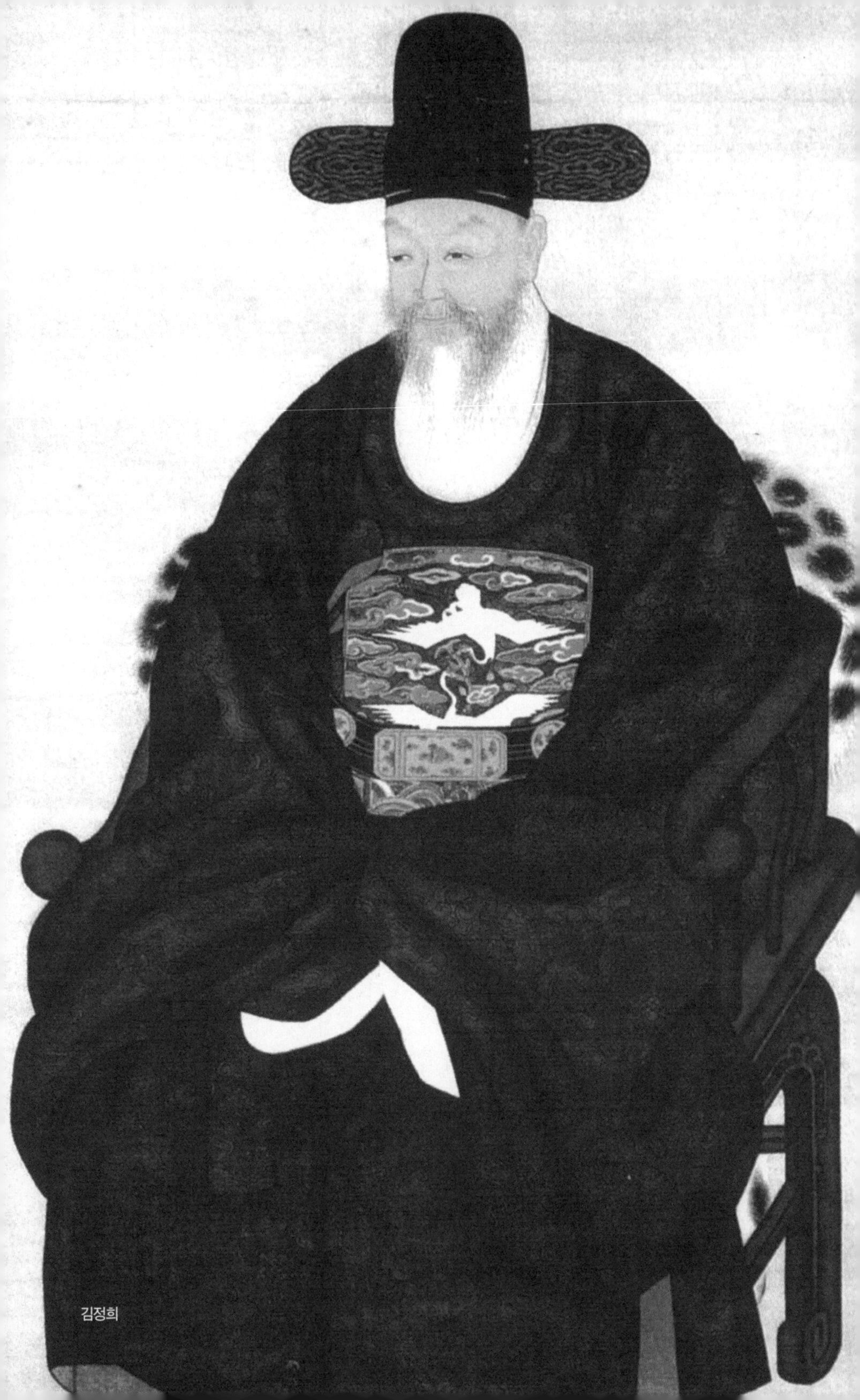

김정희

였다. 그렇기에 조선시대 불교에도 사상사의 영역에서 다룰만한 논쟁이 있었고 또 실학의 거두가 그에 참여하여 일정한 역할을 했음을 학계에 알리는 것만으로도 나름의 의미가 있었다.

첫 출발은 한기두의 「백파의 선문수경」(1969)이라는 논문이었다. 이는 조사선, 여래선, 의리선 3종의 선 구분을 제기하여 선 논쟁의 단초를 연 백파 긍선의 『선문수경(禪文手鏡)』 내용을 분석한 글로서 이후 이 분야의 연구를 촉발시켰다. 그는 이 논문에서 긍선의 선론이 임제(臨濟)의 삼구(三句), 그리고 다자탑전분반좌(多子塔前分半座)·영산회상거염화(靈山會上擧拈花)·니련하반곽시쌍부(泥連河畔槨示雙趺)의 삼처전심(三處傳心), 살인도(殺人刀)와 활인검(活人劍) 등에 3종의 선을 배대했지만, 전통적 논의를 그대로 따른 나머지 본의 아니게 틀린 점이 생겼고, 또 옛날의 문헌을 아전인수로 인용한 결과 초의 의순(草衣意恂)과 차이점이 발생했다고 평가하였다.[10]

이어 한기두는 「백파와 초의시대 선의 논쟁점」(1975)에서 긍선의 『선문수경』과 의순의 『선문사변만어(禪門四辨漫語)』를 함께 분석하여 양자의 문제점을 지적하고 또 이들을 계승하여 벌어진 선 논쟁과 김정희의 비판론을 아울러 소개하였다. 그는 3종선 분류는 긍선이 조사선 본연의 사상을 임제삼구에 입각하여 해석한 것이지만, 그럼에도 임제삼구를 모든 것에 적용시킨 것은 문제라고 지적하였다. 또 긍선의 주장은 전통설을 그대로 수용한 것이라는 입장을 견지하면서, 그와 비교하여 의순의 주장이 좀 더 합리적이고 논리적 모순이 없는 실학적 내용을 담고 있다고 평가하였다. 결론에서는 긍선의 3종 선 논의가 조사선이 여래선보다 우월하다는 관념에서 시작하여 점차 조사가 여래보다 우월하다는 조사 우위사상으로 발전하였다고 단언하였다. 그러면서 그는 고려 말 이후 선종의 대세가 된 임제종 우위사상은 공자(孔子)보다 주자(朱子)를 앞세우는 주자우위사상과 같은 것이라고 보았다. 나아가 3종 선 주장은 비교와 논리를 통해 선의 세계를 교의 말단 주석으로 전락시킨 것이며, 전통적인 설을 그대로 따름에 따라 실학의 영향으로 조사선[격외선(格外禪)], 여래선[의리선(義理禪)]의 2종 선을 주창한 초의 의순이나 추사 김정희의 문제 제기는 결국 수용되지 못했다고 비판하였다.[11]

같은 해에 고형곤은 김정희가 백파 긍선의 설에 대해 망증(妄證)이라고 비판하고 15개 조로 반박한 편지글을 분석한 「추사의 「백파망증십오조」에 대하여」를 발표하였다. 이는 『선문수경』에 나오는 긍선의 선론(禪論)을 정리하고 김정희가 긍선에게 보낸 편지 내용을 요약, 해설한 것이다.[12] 고형곤은 긍선의 선 이해에 대해 임제 제2구의 삼현(三玄)을 여래선이라 하고 이에 법안종(法眼宗), 위앙종(潙仰宗), 조동종(曹洞宗)을 소속시킨 것은 잘못이며 또 임제삼구로 삼처전심 등을 해석한 것이 당시 큰 물의를 일으켰다고 하였다. 또 긍선이 삼처전심의 분반좌(分半座)를 '단살무활(單殺無活)', 염화미소(拈花微笑)를 '살활겸구(殺活兼具)'라 한 것도 문제이지만, 의순이 '살은 활을 겸하지 않는데 활은 살을 겸하는가'라고 물은 것도 쓸데없는 비판이라고 보았다. 무엇보다 긍선의 주장은 조사선과 여래선을 격외선이라 통칭하고 의리선을 별도로 나누어 전통적 규정이나 이해와 달랐기에 당시 비판을 받았다고 하여, 한기두의 '전통설 묵수'와는 반대로 해석하였다. 끝으로 선문 5종을 조사선과 여래선으로 나누어 배정한 것은 모든 것을 하나의 체계 안에 배치시키려는 긍선의 분류벽에서 비롯된 잘못된 시도라고 보았다.

고형곤은 다시 「추사의 선관」(1978)에서 김정희가 긍선에게 보낸 서간 3통과 망증 15조, 또 의순과 교신한 편지 38통을 분석하여 김정희의 선에 대한 인식을 재검토하였다.[13] 그는 김정희가 불어(佛語), 불의(佛意)가 다 화두(話頭)라면 왜 삼처전심에는 한 구의 화두도 나오지 않는지 의문을 가졌다고 하면서, 하지만 긍선이 기용(機用)과 살활(殺活) 등에 이론적으로 천착했다는 비난은 지나치며 기용과 살활은 범부를 치료하는 대증 방편임을 강조하였다. 또 김정희가 백파 긍선의 비문에서 '서로의 논란은 세상 사람들이 헐뜯는 것과는 다른 두 사람만이 아는 대목'이라고 썼음을 언급하였다.[14] 그는 김정희가 편지에서의 신랄한 비판에 비해 비문에서 평가를 달리한 것은 인식의 변화라기보다 비문의 특성상 추앙의 측면이 강조된 것이라고 보았다. 또 김정희의 망증 15조 비판론에도 실수가 많아 오점을 남겼지만 그럼에도 그가 '직절입묘(直截入妙)'의 선객(禪客)의 면모를 가졌음은 분명하다고 결론 내렸다.

이후 1980년대부터 1990년대에 걸쳐 주로 불교학과 역사학 분야에서 김정희의 불교인식과 선 논쟁의 의미를 고찰한 논문들이 다수 나왔다.[15] 1960년대 말 이후 선 논쟁 연구를 개척해온 한기두도 1991년에 「백파와 추사와의 선문 대화」를 발표하였다. 이는 김정희가 쓴 망증 15조 편지에 더하여 기존에 알려져 있지 않던 백파 긍선이 김정희에게 보낸 편지 「상김참판서십삼조(上金參判書十三條)」를 새로 발굴하여 소개한 논문이다.[16] 한기두는 이 편지글에서 긍선이 선의 전통적 신앙관에 입각하여 김정희의 비판을 사견(邪見)으로 치부했다고 하면서 역시 그는 조선후기 사기(私記)에 의거해 간화선(看話禪)의 선지(禪旨)를 요약한 전통 고수의 입장에 섰음을 거듭 강조하였다. 결국 긍선은 당시의 교학적 풍토를 완전히 벗어나지 못했고 김정희는 선을 실학적 안목에서만 바라보았기에 둘 다 한계가 있다고 평가하였다. 한기두는 「조선후기 선논쟁과 그 사상사적 의의」(1992)에서 자신의 기존 연구를 종합하여 선 논쟁의 의미를 다시 한번 되새겼다.[17]

한편 2000년대에 들어 조선시대 불교에 대한 다각화된 접근이 시도되었다. 선 논쟁 또한 그 사상적 특징과 불교사적 의미를 새롭게 해석한 연구가 나오고 있다. 먼저 김용태는 조선후기 불교가 간화선 우위의 선교겸수를 지향하였고 18세기에는 이력과정과 강학을 매개로 교학 연구가 활성화되었으며 특히 화엄교학이 매우 중시되었음을 밝혔다. 또한 선과 교의 병행 전통은 19세기에도 이어져서 선 논쟁은 선교겸수 및 교학 중시 풍토에서 일어난 것이라고 보았다.[18] 그는 선 논쟁의 본질은 임제법통과 간화선으로 상징되는 백파 긍선의 선종 우위론, 그리고 그에 대비되는 초의 의순의 선교겸수 및 교학 중시 경향, 양자의 입장 차이에서 비롯되었다고 해석한다. 다시 말해 조사선과 여래선, 격외선과 의리선의 구분과 위상 문제는 선을 교학적으로 이해한다거나 선종의 차등적 분류 차원을 넘어 선과 교의 두 전통을 어떻게 위치 짓고 계승할 것인지의 문제로 본 것이다. 이러한 관점에서 백파 긍선은 철저한 선 우위론에 서서 자신의 주장을 편 것이고, 초의 의순은 조선후기의 전통에 토대를 두고 선교일치의 방향성을 중시한 것으로 볼 수 있다.

이어 이종수는 선 논쟁의 사상적 배경으로 경절문(徑截門), 원돈문(圓頓門), 염불문(念佛門)의 삼문수학(三門修學)에 주목하였다. 그는 조선후기의 여러 사례를 분석하여 경절문은 격외선=조사선, 원돈문과 염불문은 의리선으로 이해되었는데, 긍선은 조사선과 여래선을 격외선에 배당하고 의리선을 그보다 낮게 위치시켜 경절문이 원돈문이나 염불문보다 우월함을 강조했다고 보았다. 이에 비해 의순은 여래선을 의리선이라고 보아 조사=격외, 여래=의리의 동등함을 주장했다고 설명하였다. 이는 긍선이 의리선을 여래선보다 낮게 배정하여 선이 교보다 우위에 있음을 분명히 했고, 의순은 선교일치의 입장에서 원돈문과 경절문을 같은 위상으로 파악했다는 것이다.[19] 조선후기 불교의 사상 및 수행상의 특징인 삼문수학을 선 논쟁과 결부시켜 이해했다는 점에서 연구에 중요한 시사점을 주었다.

이상의 연구사 정리와 선과 교에 대한 논의를 통해 선 논쟁이 갖는 불교사적 의미를 반추해보면 다음과 같다. 조선후기에는 조사선=격외선, 여래선=의리선의 조합이 일반적이었고 대개 전자는 선, 후자는 교학으로 이해되었다. 조사선의 우위를 강조하거나 여래선과의 근원적 일치를 주장하는 등 입장 차이가 있음에도 선과 교의 이중구조를 병렬적으로 파악했다는 점에서는 공통점을 가진다. 이는 17세기의 간화선 우위의 선교겸수 지향, 18세기 교학의 중시와 화엄교학의 성행이라는 시기별 특성과 전통사상의 축적에서 배태된 것이었다.

백파 긍선은 교학이 지나치게 강조되는 현실에 불만을 품고 선 우위의 입장에서 여래선을 조사선과 함께 격외선에 넣고 의리선을 그 하위 단계로 설정해 교로부터 여래선의 자격을 박탈하였다. 반면 초의 의순은 조사선과 여래선의 근원적 일치와 선과 교의 동등함을 전제로 격외=조사선, 의리=여래선의 전통설을 적극 지지했던 것이다. 결론적으로 선 논쟁은 조선후기 불교의 교학 중시 흐름 속에서 태동된 것이었고 표면적으로는 선을 분류하는 형식을 취하였지만 그 본질은 선과 교를 함께 아우르는 선교 판석의 의미를 가진다. 즉 19세기의 선 논쟁은 선 우위론과 선교 병행의 상반된 입장이 부딪혀 일어난 것이었고, 조선후기 불교의 사상 전통이 선과 교를 모두 포괄하고 있음을 입증해주는 논쟁이라고 할 수 있다.

백파와 추사의 편지 교류와 논쟁점

고증학자이자 금석학자, 유명한 서화가이기도 한 추사 김정희(1786-1856)가 백파 긍선(1767-1852)에게 보낸 편지를 검토하여 그의 선론과 비판의 요지를 살펴본다. 이어 1990년대에 들어 학계에 소개된 긍선의 반박 서신을 분석하여 반론의 내용과 선관을 정리해본다. 김정희와 긍선이 서신을 주고받게 된 계기와 선후 관계는 명확하지 않다. 다만 김정희가 초의 의순에게 보낸 편지에서 "백파가 수천 자의 편지를 보내왔는데 이전의 설을 거듭 반복하였으니 함께 이를 증명하지 못하여 한이다."라는 내용이나,[20] "이번 편지도 전후의 맥락이 없어서 체득한 내용을 찾아볼 수가 없다."라는 말에서,[21] 긍선과 김정희가 여러 번 편지 왕래를 한 사실을 알 수 있다.

다음의 〈A〉 「망증십오조(妄證十五條)」는 김정희가 1840년(헌종 6) 제주도에 유배 가서 8년간 머무는 동안 백파 긍선에게 보낸 편지이다.[22] 긍선의 선론에 대해 조목조목 비판한 내용이어서 긍선의 주저 『선문수경』 내용에 대한 구체적인 언급 및 지적과 함께 김정희의 선에 대한 인식을 있는 그대로 담고 있어 주목된다. 여기서는 「망증십오조」에 처음 주목하여 연구 성과를 낸 고형곤의 논문에 의거하여 그 분석 내용을 소개하고 보완 설명을 붙여서 이해도를 높이고자 한다.

> A-① '적연부동(寂然不動)'을 진공(眞空)으로 '감이수통(感而遂通)'을 묘유(妙有)로 여기는 것은 한·송(漢宋) 이래의 역학(易學)에서 일찍이 없던 일이다. 이는 종밀(宗密) 같은 이가 「원각경서(圓覺經序)」에서 '원형이정(元亨利貞)'을 '상락아정(常樂我淨)'에 대비시킨 것과 같으니 모두 잘못된 이해이다.
>
> A-② 심지어 정자(程子), 주자(朱子), 퇴계(退溪), 율곡(栗谷)의 설을 원용하여 비유하니 무엄하고 꺼림이 없다.

고형곤은 이에 대해 유가와 불가의 언구 표현에 비슷한 것이 있더라도 양자를 동일시하는 것은 위험한 일이라고 하면서, 18세기 청나라 승려 조원 초명(祖源超溟)이 쓴 『만법귀심록(萬法歸心錄)』의 「유석논리(儒釋論理)」에서 "불교의 '적멸현전(寂滅現前) 육근호용(六根互用)'은 유교의 '적연부동(寂然不動) 감이수통(感而遂通)'과 같으니 미발(未發) 이전으로 말하면 유교와 불교가 둘이 아니다."라고 서술한 것을 실례로 들었다. 그는 만일 만법(萬法)이 모두 일심(一心)의 대용(大用)인 지(知)에서 나타난다는 만법귀심(萬法歸心)의 견지가 유불의 동일한 관점이라면 무방하지만, 역(易)의 이치는 불교의 보광명지(普光明智)나 법계(法界)와는 다르며 형이상학적 실체의 세계라고 하여 김정희의 견해에 동조하였다.[23] 참고로 종밀의 단계에서 제기된 영지(靈知)나 진지(眞知)의 '지(知)'는 마음의 본체적 특성을 갖는 것이었고, 이 점에서 선종에서 말하는 마음의 작용이나 대용(大用)과는 다르다고 할 수 있다. 또 조선 초의 함허 기화(涵虛己和)는 불교의 '묘정명심(妙精明心)'이 곧 명덕(明德)이고 '적조(寂照)'는 '적연부동 감이수통'과 같은 개념이라고 하는 등[24] 유교와 역(易)의 개념을 불교 용어와 대비시켜 양자의 공통점을 부각시킨 바 있다.

A-③ 문수(文殊)의 채약어(採藥語)를 인용하여 살인도(殺人刀)와 활인검(活人劍)을 말하고 있지만, 역대 염송(拈頌)의 조사들조차 첫째 구인 "약이 되지 않는 풀을 캐어오라(不是藥者採將來)"와 "사람을 죽이는 독초라도 사람을 살리는 영약이 될 수 있다(殺人之毒卉回作活人之靈草)"는 말이 함축하는 제1의제(진제)의 뜻을 모르고서 두서없이 단지 살과 활의 두 글자에만 매달려 살활이 모두 갖추어져 있음을 알지 못한다.

A-④ 살활(殺活)이 자신의 일심에 본디 갖추어져 있다면 이는 자살(自殺)이나 자활(自活)을 뜻하는가? 본래부터 일물(一物)도 없는데 어디에 살활이 있겠는가? 이는 살인, 활인처럼 상대에 대해 말할 때 쓰는 것이니, 희로애락(喜怒哀樂)이 마음속에 원래부터 있는 것이 아니라 상대에 따라 감응하는 것과 같은 이치이다.

고형곤은 역대 조사의 언설 중 운문(雲門)의 '약병상치(藥病相治)'(『벽암록(碧巖錄)』 87칙)가 문수의 채약과 관련이 있다고 언급하고, 김정희가 살활을 '일체일용(一體一用)'이 아닌 용(用)으로만 보고 채약의 어구를 체(體)로 이해함은 잘못이라고 비판하였다. 또 살인도나 활인검의 용례는 이전부터 나오며 긍선이 삼처전심을 설명할 때 쓴 '유살무활(唯殺無活)' 등의 표현이 단살(單殺)이나 단활(單活)은 아니며 그 또한 일심(一心)에 살활이 본래부터 구족함을 인정했다고 보았다. 그러면서 김정희와 절친했던 의순도 살활과 기용(機用) 등은 명칭만 다를 뿐 체용(體用)과 동일하며 살과 활은 '서로 떨어지지 않는다(相卽不離)'고 보았기에, 살활이 단지 용일 뿐이라는 김정희의 주장은 착오라고 하였다. 또한 희로애락과 같은 감정에 빗대어 선문 교화의 본분사인 살활을 경험적, 심리학적 측면에서 이해한 것도 잘못이라고 지적하였다.[25]

A-⑤ 양(梁)의 소명태자(昭明太子)가 『금강경(金剛經)』을 32개 단락으로 나누었다는 설은 후대의 위탁으로서 이는 양각(良覺)과 우안(遇安)에 의해 일일이 감정되었고 중국에서는 그에 대한 이설이 없다. 『금강경』은 일이관지하여 분과할 수 없는 경전이다. 앞서 백파가 소명태자나 함허 득통(涵虛得通)의 설은 가감할 수 없다고 하고는 이제 덕산 선감(德山宣鑑)이 『금강경소(金剛經疏)』를 태운 일을 들어 교적사구(敎跡死句)는 태워버리는 것이 마땅하다고 하니 이는 모순이다. 또 6조(六祖)의 구결(口訣)을 망증하여 혜능(慧能)을 유식한 이로 보았는데 그가 유식한들 무식한들 무슨 상관이겠는가?

A-⑥ 원효(元曉)와 보조(普照)가 『대혜서(大慧書)』로 벗을 삼았다고 했는데 이들은 신라시대의 인물로서 원효와 대혜 사이에는 수백 년의 시차가 있다.[26]

이 부분은 경론과 불교사에 대한 고증 문제로서 고형곤은 불교 경전을 읽는 목적은 부처의 뜻을 얻는 데 있지 김정희처럼 서지학적 고증에 치우칠 필요는 없다고 보았다. 그러면서도 신라시대의 원효가 송대의 대혜 종고(大慧宗杲)로부터 영향을 받았다고 긍선이 말했다면 이는 잘못이지만, 고증학과 금석문의 대가인 김정희도 신라의 보조 체징(普照體澄)만 알고 고려의 보조 지눌(普照知訥)을 몰랐거나 아니면 정말 지눌을 신라시대의 인물로 생각했는지 의문이며 만일 그렇다면 큰 실수이고 김정희의 판정패라고 보았다.[27]

A-⑦ 세존(世尊)의 염화(拈花)에 대해 아난(阿難)과 대중은 교로 이해했고 가섭(迦葉)만이 선으로 깨달았다고 하면서 "부처께서 일음(一音)으로 설법하셨는데 중생들이 각자의 근기에 따라 제 나름대로 이해하였다."는『화엄경』의 글을 원용하고 있다. 이는 일음으로 연설한 것을 말하는 것으로 어찌 염화가 음성이겠는가? 또 "선의 깨달음이나 교의 이해는 모두 염화에서 기인한 것으로 선은 부처의 마음이요 교는 부처의 언설이니 마음과 말씀이 어찌 다르겠는가?"라고 한 것은 염화의 깨우침에 아난도 함께 거론하려는 의도이다.

A-⑧ 불심(佛心)과 불설(佛說)의 선교합일을 주장하면서도 그 다음에 조어(祖語)와 불어(佛語)는 같지 않다고 하니 이는 선과 교를 나누어 본 것이다.

이 부분에 대해 고형곤은『화엄경』의 일음은 음성이나 언설이 아니라 '일미무분별(一味無分別)'의 법성(法性)을 의미하고 지음(智音)을 말하는 것이며, 이 또한 염화와 마찬가지로 '법성일미(法性一味)'의 소식인데, 김정희는 이를 음성으로 보아서 현상에 집착하는 잘못을 범했다고 보았다. 또한 선과 교의 전수방식은 격외선, 의리선처럼 다를 수 있는데, 김정희는 총별(總別)·동이(同異)·성괴(成壞)의 육상의(六相義)를 고려하지 않아서 법성일미에서는 같지만 해오(解悟)·증오(證俉)에서는 다름을 인정하지 않았다고 비판하였다.[28]

A-⑨ 달마(達磨)가 2조 혜가(慧可)에게 『능가경(楞迦經)』을 준 일은 상식인데도 지금 『금강경(金剛經)』을 함께 부촉했다고 하니 그 출처는 어디인가? 또 두 경전이 종취가 같아서 둘 다 줄 필요가 없어서 『금강경』만 주었다고 한 것은 누구의 설인가?

A-⑩ 경전 번역에 오역이 발생함은 당연한 일이다. 『반야심경(般若心經)』도 다섯 번이나 개역을 거쳤고 제명과 설법의 주체 또한 같지 않다. 또 범본(梵本)은 겨우 반구에 불과한데 한역에서는 이를 110구로 부연해놓았으니 이를 부처의 말씀으로 볼 수 있겠는가? 또 한·위(漢魏) 이후에 생긴 오언칠언구(五言七言句)로 표기한 것도 번역상의 오류가 아니겠는가? 선문에서는 원본과의 대조도 없이 모두 부처의 말씀이라 하고 한 글자도 바꿔서는 안 된다고 하는데, 오역은 마땅히 개역해야 한다. 이것이 달마가 (번역의 오류를) 일거에 쓸어버리고 직지인심(直指人心)을 세운 까닭이다. 오늘날 5천축(五天竺)과 교통하고 그 사정을 잘 알게 되었는데, 그곳에 『능엄경(楞嚴經)』이 원래 없다가 중국에서 도입해간 사실에서 역경의 문자를 그대로 믿을 수 없음을 알 수 있다.

이는 당시 불교계에 전해지는 통설에 대해 고증과 번역상의 오류를 지적한 부분이다. 고형곤은 『능가경』과 『금강경』의 종취가 같다는 주장에는 이견이 있다고 하면서, 『능가경』은 보살을 위해 식체(識體)의 본성이 완전하며 업식 그 자체가 본성의 불지혜(佛智慧)의 경계임을 보인 것이고 『금강경』은 '이사구실(理事俱實)'의 집착을 타파하기 위해 공교(空教)로써 업식(業識)이 다한 열반의 경지를 보인 것이라고 차이점을 설명하였다. 또 『능가경』의 종취가 선종의 5조 홍인(弘忍)까지 이어졌지만 내용이 어려워서 간결하고 평이한 『금강경』으로 대체되었다고 보았다. 이어서 이는 달마의 본래 뜻과도 다르지 않지만 이후 사실을 검증하지 않은 채 『금강경』만 성행하고 『능가경』은 거의 읽지 않게 되었다는 김정희의 말을 인용하였다.[29] 한편 번역 문제에서는 대조와 검증 없이 역경 내용을 맹목적으로 따른 것이 사실이라고 하여 김정희의 고증학적 시각을 높이 평가하였다.[30]

> A-⑪ 부처 이전에 스스로 깨달아 얻은 이는 높고 수승한 견해를 가진 것이지만 부처 이후 스승 없이 스스로 깨달은 이는 천연외도(天然外道)라고 주장하니 영가 진각(永嘉眞覺)이 6조 혜능을 찾아가서 무엇을 얻고 또 깨쳤단 말인가? 그 말대로라면 영가도 천연외도가 되거나 6조의 방계가 되며 스승이 없는 원효 또한 마찬가지일 것이다. 백파는 어떤 스승으로부터 단련을 받았기에 백련진금(百鍊眞金)이 되었다고 스스로 자부하는가? 스승이라고 해야 설암(雪巖), 금령(錦嶺) 등 한낱 허두광객(虛頭狂客)에 불과하지 않은가?

스승의 인가가 필요함은 선문의 기본 요건으로, 앞서 백파 긍선이 깨우침의 증득에는 선지식의 인가가 필수적이라는 견해를 밝힌 것으로 보인다. 여기서 영가 진각이 6조 혜능에게 어떠한 영향도 받지 않았다는 김정희의 주장에 대해, 고형곤은 그가 혜능과의 문답을 통해 깨달음을 증득하는 심경의 변화를 얻었고 또 그렇지 않다고 해도 그가 혜능을 초개와 같이 보지는 않았을 것이라고 반박하였다.[31] 그런데 여기서는 긍선의 스승으로 설암, 금령을 거론하였는데 이후 김정희가 쓴 긍선의 비문을 보면 편양파 설파 상언(雪坡尚彥)에게 교학을 배웠고 그 문손인 설봉 거일(雪峰巨日)의 법을 이었다고 하였다.

A-⑫ 간화(看話)와 설화(說話)를 구구하게 서술하면서 어떠한 취사간택도 없이 마음 내키는 대로 떠들고 있다. 특히 "고양이가 쥐를 잡듯이 마음과 눈이 함께 모이고(如猫捕鼠 心眼相屬) 닭이 계란을 품듯이 따뜻한 기운이 서로 전해진다(如鷄抱卵 煖氣相續)."는 구절에 이르면 어떤 마음의 체득도 없이 구두선(口頭禪)으로 아무렇게나 말하고 있음을 알 수 있다. 이 구절은 간화에서뿐 아니라 일상생활에서도 '일심불란(一心不亂)'의 경지를 가리킬 때 흔히 쓰는 말이다.

A-⑬ 화두는 의미 내용을 따라서 이해되는 것이 아니며 '바로 끊는' 설법으로서 의로(義路) 이로(理路)로 따질 수 없는 것이다. 불설에는 화두가 없으며 다만 화(話)라고 하면 무방하다. 백파가 간화와 설화의 2문을 나누고도 '타우화(打牛話)' 등을 화두라 하니 이는 취사선택을 모르고 하는 한낱 구두선일 뿐이다. 염화 등의 삼처전심에 어찌 화가 있을 수 있겠는가? 예악형정(禮樂刑政)도 교가 아님이 없고 부처의 가르침도 마찬가지이니 화두처럼 사람을 참혹하게 물어뜯는 것은 일찍이 없었다. 화두는 이사(李斯)가 시서(詩書)를 불사르고 진법(秦法)을 써서 후대에 선왕의 경계(經界)나 전형(典刑)을 찾아볼 수 없게 만든 것과 같은 술책이다. 예로부터 선문에 식견을 가진 이가 없어서 한 사람도 이를 바로잡지 못했다. 더욱이 여불위(呂不韋)의 술수까지 써서 음모를 꾸미는 데는 대혜만한 이가 없는데 스님처럼 견

식이 적은 이는 오로지 대혜에게 농락되어 칠통에 빠져 있을 뿐이다.

이는 화두에 대해 지적한 것으로, 일상사의 행동지침이 되는 구절까지도 오로지 간화문의 전매특허인 것처럼 말하는 선문의 풍토를 비판한 내용이다. 여기서 예로 든 구절은 대혜 종고가 점수(漸修)의 뜻을 말한 것으로 고형곤은 이를 경절문인 간화에 연결시킨 것은 맞지 않다고 보았다. 또한 고형곤은 김정희가 초의 의순에게 보낸 편지를 인용하여 그가 간화선의 주창자인 대혜 종고를 좋아하지 않았고 화두로 일이관지할 수 없다고 했음을 언급하였다. 이어 긍선이 "불설은 화두 아닌 것이 없다."고 했는데 이는 모순임을 지적하였다. 김정희도 다른 편지에서 화두는 송대 이후에 나온 것인데 긍선이 이를 불설이라고 하였음을 비판하고 경전의 문자는 모두 의리 아닌 것이 없다고 하였다.[32] 한편 고형곤은 삼처전심이 밀의(密意)의 전수라고 한다면 비록 문구 형식으로 표현된 것은 아니지만 몰이해(沒理解)로 칠통을 타파하고 구경에 도달하는 훌륭한 방편으로 화두가 될 수 있다고 보았다. 그러면서 삼처전심 중 과연 의리로 설파할 대목이 있는지를 김정희에게 되묻고 있다.[33]

A-⑭ 『전등록(傳燈錄)』은 선종의 여러 종문에서 한때의 문호시비로 삼은 것에 불과한데 동국에서는 이를 알지 못하고 그것을 모방하여 『선문염송(禪門拈頌)』을 만들었고 화엄원교(華嚴圓敎) 이상으로 여기면서 금과옥조처럼 모신다. 『전등록』은 『사요취선(史要聚選)』처럼 황잡한 것으로 이후 조금 개선된 『오등회원(五燈會元)』이 집성되었고 결국 『대운오종록(大雲五宗錄)』에 와서야 일일이 교정되어 정론이 만들어졌다. 동국의 선문에서는 이를 꿈에도 알지 못하니 진실로 애석하다.

이는 선종의 대표적 전등사서인 『전등록』에 대한 김정희의 평가인데, 그는 『전등록』이 체계도 없고 사실관계가 명확하지 않다고 보았다. 고형곤은 『전등록』에 대한 논란 중 한 사례로 운문종, 법안종으로 법맥을 전수한 천황 도오(天皇道悟)가 실제 마조 도일(馬祖道一)의 법을 이었는지 석두 희천(石頭希遷)의 법맥을 계승하였는지 논쟁이 있었음을 들었다. 김정희는 다른 편지에서도 『전등록』과 『선문염송』에 대해 비판하고 화두 일변도의 폐해를 경계하였다. 그는 이전 조사들과 달리 근래 선승들의 근기는 원기가 탈진한 중환자와 같으므로 일률적으로 방할(棒喝), 간화(看話) 등의 대승기탕(大承氣湯)을 쓰면 죽음을 면치 못할 것이며, 시기에 맞는 구인비방(救人秘方)을 복용해야 한다고 권유하였다.[34] 김정희는 긍선의 근기와 지혜에 맞는 것으로 『안반수의경(安般守意經)』을 추천하면서 희유의 선서(禪書)라고 높이 평가하였는데, 고형곤은 염송, 화두 등을 버리고 출입수식법(出入數息法)으로 마음을 진정시키는 『안반수의경』의 관법(觀法)을 권유한 것은 공자에게 『동몽선습(童蒙先習)』을 읽으라는 것과 같다고 부정적으로 평가하였다.[35]

> A-⑮ 『반야경(般若經)』이 공종(空宗)임은 불변의 통설인데 백파는 이를 성종(性宗), 의리선, 격외선이라 해도 상관없다고 하니 그렇다면 아함(阿含)과 방등(方等)에서 원교(圓敎) 및 대교(大敎)에 이르기까지 모든 경전이 공종, 성종, 선종을 함께 갖추지 않음이 없으며 대승(大乘)과 소승(小乘), 원교와 대교 등으로 분류할 필요조차 없을 것이다.

이에 대해 고형곤은 『반야경』은 18종 공법(空法)을 설한 경전으로 공종이라 할 수 있지만, 또 진유(眞有)를 말하므로 공종이 아니라는 견해도 성립 가능하다고 보았다. 『열반경』도 '적멸위락(寂滅爲樂)'으로 불성(佛性)을 강조한다는 점에서 성종이지만, '제행무상(諸行無常) 생멸멸이(生滅滅已)'의 공을 설하므로 공종을 배제하기도 어렵다는 것이다. 이처럼 성종을 떠나서는 공종이 없고 공종이 바로 성종이며 따라서 반야는 공종도 되고 성종도 된다고 해석하였다.[36] 지금까지 살펴본 김정희의 편지 내용을 보면, 그는 선 수행에만 치우치거나 선을 우위에 두는 것을 경계하였고 교학 쪽에 더 비중을 두었다고 할 수 있다.

다음은 백파 긍선이 김정희에게 보낸 두 편의 편지 〈B〉와 〈C〉 내용을 검토해본다. 여기서 긍선은 앞의 「망증십오조」에 대한 반론을 제기하며 김정희의 선론에 대해 선승으로서 나름의 비판을 가하였다.[37] 먼저 〈B〉의 편지 첫머리에서 긍선은 '내 노래를 뺏어 부르면서 도리어 나를 비방하는 격'이라고 하면서, "유불도 3교의 전적에 통달했다고 하지만 안하무인으로 불조(佛祖)의 격언(格言)을 비방하고 심지어 부처가 설한 내용이 아니라고 한다."고 불편한 심정을 드러냈다. 덧붙여 고명한 견식이 무엄함에 이를까 두려우므로 평상심으로 다시 궁구해달라고 청하였다. 〈B〉에서 제시된 백파 긍선의 반론 내용을 조목별로 정리하면 다음과 같다.

> B-① 일심(一心)의 법체에는 불변(不變)과 수연(隨緣)이 본래부터 갖추어져 있으니 이것이 바로 진공(眞空)과 묘유(妙有)이다.

이는 '적연부동 감이수통'과 진공·묘유의 대비에 대해 앞서 김정희가 비판한 내용(A-①)을 『대승기신론(大乘起信論)』의 일심 구조를 들어 해명한 것이다. 조선후기에는 일심을 중생심(衆生心), 원각(圓覺), 법계(法界), 진여(眞如) 등과 등치시키고 이를 유교의 태극(太極), 도교의 천하모(天下母)와 같다고 하여 3교 일치를 주장하는 것이 일반적이었다.

> B-② 삼처전심과 선종 5파의 종지는 예로부터 전해져오는 것인데, 스스로 마음으로 얻은 것이 아니라는 이유로 구두선이라 폄하해서는 안 된다. 공자는 요순(堯舜)과 문왕(文王)·무왕(武王)를 규범으로 삼아 조술하였고 정자(程子)·주자(朱子)와 퇴계·율곡도 공자와 맹자를 따른 것처럼 성현은 모두 옛사람의 말을 모아 일관되게 계승하였다. 삼처전심은 조사들이 전한 바이고 선종 5파에 의해 계승되어 후학들이 깨달을 수 있었으니 이것이 바로 이심전심(以心傳心)이다. 따라서 부처 이후 스승 없이 스스로 깨달았다고 하는 자는 천연외도인 것이다.

이는 정자, 주자, 퇴계, 율곡의 설을 원용하여 비유한 것을 앞에서 김정희가 비판하였기에(A-②) 이를 다시 반박한 것이다. 또 긍선은 부처 이후에 스스로 깨달았다고 하는 자는 천연외도라는 기존의 입장(A-⑪)을 재차 강조하였다.

> B-③ "화엄(華嚴)·법화(法華)는 교적사구(敎迹死句)이므로 선문상승(禪門上乘)이 될 수 없지만, 오히려 소초(疏抄)와 사기(私記)는 묘유(妙有)의 활구(活句)가 된다."는 말을 대체 누가 했다는 것인가? 여래(如來)가 설한 법은 정해진 것이 없고 제법은 하나하나가 천진면목(天眞面目)이어서 염정(染淨)과 정사(正邪) 등으로 구분되지 않는다. 자성(自性)을 지키지 않고 인연에 따라 일체의 사법(事法)을 이루므로, 그릇된 사람이 보면 잘못된 법이

고 바른 사람이 보면 정법이 된다. 그릇된 사람이 보는 바는 삼장(三藏)과 오교(五敎), 격외(格外)의 선지(禪旨)까지도 모두 그릇된 법이 되고, 바른 사람의 소견에는 출세간의 법뿐 아니라 세간의 치세(治世)·정교(政敎)와 저잣거리의 한담도 바른 법이 아닌 것이 없다. 이미 만법이 선지 아닌 것이 없는데 어찌 여래가 설한 화엄과 법화를 선지가 아니라고 하는가? 팔만대장경은 제불(諸佛)의 천진자연(天眞自然)의 본분가풍(本分家風)이며, 중생은 근기에 따라 각각 인천교(人天敎), 소승교, 대승교, 원돈교, 격외선으로 이해하니, 교의 근기를 가진 이가 보는 것을 교라 하고 선의 근기를 가진 이가 보는 것을 선이라 한다. 따라서 선과 교, 정(正)과 사(邪)가 모두 사람에 따라 나뉘는 것이며 법에 차이가 있는 것이 아니다.

이 내용은 조어(祖語)와 불어(佛語), 선과 교를 나누어 보았다는 비판(A-⑧)에 대한 반박으로, 긍선은 "부처는 일음(一音)으로 법을 설하고 중생은 근기에 따라 이해한다."는 『화엄경』의 구절을 들어 이를 대기(大機)와 대용(大用)에 빗대어 설명하였다.

B-④ 염화 소식은 가섭만 알고 아난과 대중은 알지 못했는데 누가 그와 같이 주장하는가? 이는 경전을 보는 안목이 분명하지 않음을 보여준다. 본래 선도 교도 없었고 단지 중생의 근기에 따라 각각의 이해가 다른 것이니, 선은 부처의 마음이요 교는 부처의 말씀이어서 양자는 결국 같은 것이다.

이는 아난을 염화의 깨우침에 함께 넣으려 했다는 김정희의 비판에 대한 해명이다. 즉 염화를 아난과 대중은 교로 이해했고 가섭은 선으로 깨달았다는 내용(A-⑦)에 대한 설명으로서, 앞의 B-③에 이어 선과 교가 같지만 근기에 따라 서로 다르게 이해한다는 점을 강조한 내용이다. 무엇보다 『화엄경』의 일음과 염화가 같지 않다는 김정희의 주장에 대해 경전에 대한 이해가 부족하다고 비판하고 있다.

B-⑤ 경전 번역에 오류가 많아서 달마가 문자를 없애고 이심전심했다는 것은 사실이 아니다. 중국은 문자 의리만을 숭상하여 자기 스스로 깨달음을 얻지 못하는 풍토였기에 불립문자, 직지인심을 세운 것이며, 경전의 오류 때문에 그런 것이 아니다. 또 조사들이 경전을 한역한 내용은 조금씩 차이가 있지만 모두 바른 이치에서 어긋나지 않는다. 따라서 법장(法藏), 징관(澄觀) 등은 한 글자도 가감하지 않고 역경된 글에 의거해 조술(祖述)하였다.

B-⑥ 『능가경』의 내용이 난해하여 5조 홍인(弘忍)이 『금강경』으로 대체했다는 것은 스스로 어두워서 속이는 일이다. 달마는 두 경전을 함께 부촉하면서 금강과 능가는 나의 심요(心要)라고 하였는데 어찌 『능가경』만 주었다고 말하는가? 5조에 이르러 『금강경』만 준 것은 두 경전의 종취가 똑같아서 함께 줄 필요가 없었기 때문이다. 또 『금강경』은 대승의 입문으로서 세상에서 모두 숭신하기 때문에 그런 것이다.

경전의 오역 때문에 달마가 문자에 의거하지 않고 직지인심(直指人心)을 세웠다는 김정희의 주장(A-⑩)에 대해 반박한 내용이다. 경전 번역에 큰 오류는 없으며 달마의 선종은 문자에 집착하는 오류를 바로잡기 위해 불립문자를 주창했다고 설명하고 있다. 또 달마가 2조에게 『능가경』만

주었다는 것이 통설이며 『금강경』을 함께 부촉했다는 주장은 잘못이라는 김정희의 비판을 반박한 것이다. 이어 종취가 같아서 5조가 『금강경』만 부촉했다는 것은 오류라는 지적(A-⑨)에 대해서도 반론을 폈다.

B-⑦ 무착(無着), 세친(世親), 6조 혜능, 소명(昭明)태자 등의 설은 망령된 사람이 가탁한 것으로 삭제해야 한다는 주장은 크나큰 잘못이다. 조사들이 설한 내용 중에 무엇이 부처의 본의에 어긋난다는 것인가? 하나하나 들어서 분명하게 지적하지 않으면 그 또한 거짓된 것으로 배척될 뿐이다.
소명의 『금강경』 32분과는 조금의 오류도 없으며, 한편 6조의 구결은 원래 문자를 몰랐기 때문에 가탁되었음이 분명하다는 것 또한 범인의 마음으로 성인의 경지를 망령되이 헤아린 것에 불과하다. 조사들이 설한 바는 말에 따라 조금씩 차이는 있지만 밝힌 종지는 한결같다. 함허는 활안(活眼)을 가진 이로 실로 부처와 조사의 후손인데 그의 설을 삭제할만하다고 하니 이 또한 삿된 견해일 뿐이다.

B-⑧ 반야(般若)는 다만 공종(空宗)이라 하면서도 그 주장한 내용을 보면 정확한 것이 없다. 공종 혹은 성종(性宗), 또는 선종이라 하여 설명이 어지러울 뿐이다. 천친(天親)은 공반야(共般若)를 밝혀 공종임을 분명히 하였고 무착(無著)은 불공반야(不共般若)를 드러내어 성종을 밝혔으며 종밀, 소명 등은 돈오점수(頓悟漸修)를 밝혔으니 의리선이 된다. 6조 혜능과 함허 기화 등은 본분자성(本分自性)을 밝혔으니 격외선이 된다. 이처럼 여래가 설한 법은 정해진 것이 없다.

여기서는 소명태자의 『금강경』 32분과설이 후대의 위탁이며 『금강경』은 나눌 수 없다는 김정희의 주장(A-⑤)에 대해 비판하였다. 이어 소명과 함허 기화의 설은 가감할 수 없음을 거듭 강조하였다. 또 『반야경』은 공종이므로 성종, 의리선, 격외선에 배당하는 것은 잘못이라는 김정희의 비판(A-⑮)에 대해 근거를 들어 재반론을 펼치고 있다.

> B-⑨ 옛 조사들이 모두 화두로 가르친 것이 아니며 화두는 대혜 등의 말세의 사법(邪法)이라 한 것은 (추사의) 가장 큰 사병(死病)이다. 화(話)에는 설화(說話)와 간화(看話)가 있는데, 불어(佛語)와 선화(禪話), 정교(政敎)의 법과 농상(農商)의 일 등 일체의 제법은 모두 의리로 분석하여 설하므로 설화문이라고 한다. 간화문은 자심 중에 지혜를 일으켜 면밀히 반조하고 의단(疑端)을 일으키되 어둡지 않은 것으로 일상행위와 언어에서도 의심을 일으키고 화두를 참구해야 한다. 설화문으로 불법을 밝게 깨닫는 것은 해(解)이고 간화문으로 참구하여 본분에 이르는 것은 행(行)이다. 이 2문은 해·행과 자리(自利)·이타(利他)를 구족하며 부처와 조사의 선과 교 모두가 화두 아닌 것이 없다. 부처의 경전과 선종 조사들이 남긴 일체가 화두인데 어찌 대혜 이후에 화두가 시행되었다고 하는가? 또 대혜 문하에서 화두를 가지고 깨달은 이들이 가장 많으며 우리 동토의 보조(普照)와 진각(眞覺) 등도 대혜의 영향을 받아 널리 교화하여 만세의 모범이 되었다. (추사는) 잘못된 사견으로 성인의 경지를 마음대로 헤아리는구나.

이 부분은 간화, 설화의 설명에 대한 김정희의 비판(A-⑫)에 반박하면서 자신의 의견을 상세히 밝힌 내용이다. 즉 부처의 말씀은 화두가 아니라고 하면서 대혜 종고가 주창한 간화선의 부정적 영향을 통렬히 비판한 김정희의 선 인식(A-⑬)에 대해 하나하나 비판하고 있다. 이어 산승이 스스로 교만에 빠져 있다는 지적에 대해 도리어 내 노래를 빼앗아 부르는 격이라고 하면서 이야말로 자신의 교만에 빠진 사람의 입에서 나오는 말이라고 일축하였다. 긍선은 불조(佛祖)의 공안(公案)을 날마다 쉬지 않고 수행하였고 비록 깨치지는 못했지만 여래의 법과 조사의 선을 기쁘게 향수해온 것이 어느덧 56년이 되었다고 토로하였다. 또 그는 앞서 온 몇 차례의 편지글을 보니 언구들이 모두 정리량(正理量)에 부합하지 않고 성언량(聖言量)인 경전과도 합치되지 않는데, 지금 또 두 차례의 서신을 보내 비판을 하므로 이처럼 반론을 쓰게 되었다고 밝혔다. 그런데 여기서 긍선이 수행한 지 56년이 되었다고 했으므로 그가 18세 되던 1784년에 출가한 사실을 감안하면 이 편지를 쓴 것은 1840년 무렵으로 추정된다. 김정희는 1840년에 제주도로 유배를 가서 앞서 소개한 「망증십오조」를 써서 보냈으므로 이때 두 사람의 서신 왕래가 이어졌음을 볼 수 있다.

백파 긍선은 김정희의 비판에 대한 두 번째 답신(<C>)[38]을 보냈다. 서신의 도입부에서는 "오늘의 일은 마땅히 직절(直截)로 설해야 하며 왜곡이나 와전은 불필요하다."는 김정희의 언급을 인용하면서 불조가 전한 (진)공·(묘)유의 법으로 단상(斷常)의 사견을 타파하여 부처의 은혜를 갚겠다는 뜻을 밝혔다. 이어 불교에서 말하는 삼량(三量)의 첫째는 현량(現量)으로 증(證), 둘째는 비량(比量)으로 해(解), 셋째는 성언량(聖言量)으로 부처가 설한 경전임을 들면서 진공·묘유, 그리고 묘유 중의 살활 및 기용은 불조 언교의 대강령이라고 규정하였다. 그런데 김정희는 이를 배척하고 부처의 설에 어긋나므로 현량과 비량의 사이비에 머물며 단상의 사견에 빠진 외도라고 공박하였다. 다음은 긍선의 두 번째 편지 가운데 주요 내용을 정리한 것이다.

C-① 진공·묘유는 불설이며 역(易)은 유서이다. 3교의 성인은 유교는 '적

연부동 감이수통'이라 하고, 도교는 형이상의 무위(無爲)와 형이하의 무불위(無不爲)를 설하였으며, 불교는 같은 맥락에서 상적(常寂)과 상조(常照)라고 했다. 이는 모두 진공과 묘유를 가리키는 말로 유교는 태극, 도교는 천하모라 하였고 불교는 여러 명칭을 썼는데 법체(法體)는 모두 일관한다. 부처의 진공묘유나 상락아정을 닭과 개 짖는 것처럼 여기니 무엄하고 기탄없음이 매우 심하다.

C-② 문수(文殊)의 '불시약자(不是藥者)'의 뜻은 삼제(三諦) 밖의 향상진공(向上眞空)을 가리키는 것으로 진속(眞俗)과 삼제로 구분할 수 없으니 이를 삼제의 제1의제로 보는 것은 잘못이다. '시약자(是藥者)'는 묘유이며 살활의 면목을 가지므로 살인도 되고 활인도 되는 근기에 따른 처방법이다. 진공과 묘유의 선지에 완전히 어두우면서 스스로 선의 안목을 가졌다고 하는 것은 큰 잘못이다.

C-③ 진공이 본래 묘유를 구족하였으므로 묘유 중에 살활이 없다 한 것은 바로 진공이 본래 갖춘 면목을 말한 것이니 이는 불변의 대강령이다. 진공에 살이 없는 것은 원래 이것이 진공이기 때문이며, 살활이 있다는 것은 본래부터 묘유를 갖추기 때문이다. 또 묘유에 살활이 있다는 것도 원래 이것이 묘유이기 때문이며, 살활이 없다는 것은 진공을 갖추기 때문이다. (추사가) 안목이 없이 단지 문맥을 따라 뜻을 정하니 어찌 원융무애(圓融無碍)와 불사의(不思議)의 경계를 알겠는가? 고명한 견식에도 불구하고 단상의 두 견해에 빠져 있구나.

C-①은 유교와 불교의 개념을 자의적으로 대비시켜 같다고 함은 잘못이라는 김정희의 비판(A-①/②)에 대한 구체적 반박이다. C-②는 문수

보살의 채약어에 대해 살인과 활인으로 잘못 구분해 이해했다는 비판(A-③/④)에 대한 반론에 해당한다. C-③은 진공과 묘유, 살과 활의 의미에 대해 구체적으로 설명한 것으로, 김정희의 비판(A-①)에 대해 '적연부동 감이수통'을 각각 진공, 묘유로 대비시킨 이유를 밝히고 있다.

C-④ 염화는 현중현(玄中玄)으로 언설상이 없는 것을 가리키므로 상근기의 격외선이다. 경전 문구는 구중현(句中玄)으로 언설상을 가리키므로 중하근기의 의리선이다. 그러나 법에서는 동일하며 단지 근기에 따라 나뉘는 것뿐이다.

선의 염화는 격외선이고 교학 경전은 의리선이지만 그것은 수용 주체의 근기에 따른 구분일 뿐, 양자의 법은 동일하다는 내용이다. 아난과 가섭이 각각 교와 선으로 깨달았다고 하면서 염화의 경우 선과 교가 모두 같다는 것은 모순이라는 지적(A-⑦)에 대해 해명한 내용이다.

C-⑤ 선과 교가 둘이라 한 것은 선과 교의 사체(事體)가 다르기 때문이다. 부처의 가르침은 만대에 의거해야 할 삼승(三乘)의 법이며 선문은 일시의 구제와 해탈에 뜻을 둔 최상승법이기 때문이다. 교는 근기에 따라 의리를 설한 사구(死句)이며 선은 의리를 초탈한 활구(活句)이므로 양자가 다름을 알아야 한다. 그런데 지금 선과 교가 하나라는 말은 어(語)와 묵(默)이 비록 다르지만 깨닫는 법이 같기 때문이다. 즉 선교가 다르다는 것은 근기에 따라 각각 이해하기 때문이며, 선교가 같다는 것은 부처의 원융한 뜻에 직접 의거하기 때문이다. 이를 말이 서로 다르고 모순이 된다고 하면 안 된다.

이 또한 선과 교가 법의 근원에서 같음을 전제로 합일을 주장하면서도 부처의 설법과 조사의 어록이 같지 않다는 것은 어불성설이라는 비판(A-⑧)에 대해 답한 내용이다. 긍선은 선종 우위론에 입각한 3종 선 분류를 구상하였는데 김정희에게 보낸 편지에서도 비록 법에서는 같다고 했지만 격외선을 상근기, 의리선을 중하근기에 배당하여 차등적으로 보았다.

C-⑥ 경전 번역에 오류가 많은 것은 인도 각 지역의 언음(言音)이 서로 다르기 때문이며, 범본(梵本)에 동·이점이 있어서 역경 내용도 달라지는 것은 당연한 이치이다. 하지만 경전의 종지는 모두 일관되며 역문은 비록 다르지만 각기 바른 뜻을 취하였기에 부처의 뜻과 같다. 『반야심경』의 다섯 종류 역본도 마찬가지여서 원본은 반개 구절인데 번역본은 110구라는 비판은 적절하지 않다. 두세 글자가 증감하였다 해도 그 의취는 범본과 동일하니 쓸데없이 문장만 늘인 것이 아니며 역자가 추가한 것도 아니다. 또 "부처가 중국의 문장으로 지었겠는가?"라는 지적은 더욱 웃음거리밖에 안 된다. 징관은 화엄소(華嚴疏)에서 경전의 문구를 감히 고치지 않았고 중국의 선종 조사들이나 동방의 원효, 의상, 보조, 구곡(龜谷), 나옹(懶翁), 벽송(碧松) 등 후손들 또한 번역된 경전을 믿고 봉행하였으며 선과 교가 오랜 기간 유통되어왔다. 그렇기에 팔만대장경을 조금도 믿지 못하고 한 사람도 이를 신행함이 없었다면 불교의 성교(聖敎)는 자취도 남지 않았을 것이다.

경전 번역의 오류 가능성을 제기한 김정희의 지적(A-⑩)에 대해 판본의 상이함으로 인한 차이는 있을 수 있지만 번역된 경전의 종지는 모두 부처의 뜻에 일치함을 강조한 내용이다.

C-⑦ 화와 화두가 같지 않다는 것은 허공을 갈라 두 쪽으로 만드는 것과 같다. 1,700공안이 모두 화두인데 그중 '삼처화(三處話)'와 '타우화(打牛話)' 등은 화라 하고, '백수(栢樹)' 등은 화두라 한다는 것인가? 의리로 알 수 있는 것이 부처의 화이고 몰의리의 알 수 없는 것이 조사문의 화두라 한 것을 보면 그 입각처가 없음을 알 수 있다. 부처의 화에 의(義)가 있어서 알 수 있다면 삼처는 도대체 무슨 뜻이며, 49년을 설법하였음에도 한 자도 설하지 않았다는 것은 또 무슨 말인가? 화엄의 육상원융(六相圓融), 십현문(十玄門) 등이 어찌 부처의 설이 아닌 몰의리의 알 수 없는 화두이겠는가? 또 조사의 말이 모두 몰의리의 알 수 없는 것이겠는가? 화두라 해서 전부 몰의리는 아니며 하나하나에 의로(義路)와 이로(理路)가 있어서 통할 수 있다. 8만 대장경과 1,700조어(祖語)를 간화문으로 설하면 모두 몰의리의 불사의원융진법계(不思議圓融眞法界)이며 설화문으로 설하면 불어와 조어 모두 의리가 있어서 깨달을 수 있다.

설화문과 간화문의 차이가 쟁점인데 김정희는 화와 화두를 구분하여 설명하였고(A-⑬), 긍선은 부처의 설과 화두에 차이가 없다고 보았다. 또 부처의 말씀과 조사의 어록을 설화문과 간화문으로 볼 수 있다고 하여, 조어와 불어를 다르게 보았다는 추사의 비판(A-⑧)을 반박하였다.

C-⑧ 『전등록』을 일시의 문호라거나 소아(小兒)의 과장(科場)을 위한 책이라 하였다. 하지만 부처 이래 33조와 선문 5종이 차례로 전수하고 계승한 격외의 선이 도처에 산재되어 있어 후손들이 불조 전래의 가풍을 얻기 쉽지 않고 또 자신이 깨달은 바가 맞는지 알기 어렵다. 도원(道原)이 책을 편

집해『전등록』이라 한 것은 바로 유가에서 족보를 처음 수찬한 것과 같은 것이다.『광등록(廣燈錄)』,『속등록(續燈錄)』등은 도원 이후 조사의 어록을 추가로 넣어 전등을 이어간 것이니 족보를 중수하면서 후대의 자손을 넣어 조상이 같음을 밝힌 것과 같다.『전등록』은 사람을 위주로 하기에 그 깊은 뜻을 후학들이 알지 못할까 염려하여, 고려의 진각(眞覺)조사가 법의 차제를 따라 뜻을 위주로 유형별로 모아『염송』을 펴냈다. 이는 후학들이 뜻을 쉽게 분석하여 알 수 있도록 한 것이다. 법체의 정사(正邪)와 동이를 살피지 않고 단지 방책의 대소와 차이를 가지고 책하는가?

『전등록』이 한때의 문호시비에 불과하며 이후 보완된 전등 서적이 더 완성된 것임에도 동국에서는『전등록』과『선문염송』만을 금과옥조로 삼는다는 비판(A-⑭)에 대해, 처음 만들어진『전등록』의 전등서로서의 가치를 족보에 비유하여 강조한 내용이다.

C-⑨ 교는 설하기만 하고 선은 단지 침묵한다고 보는 것은 (추사의) 큰 병통이니 이는 상견(常見)이고 단견(斷見)이다. 보내온 많은 편지의 내용이 모두 불조의 성언량(聖言量)에 어긋나며 선과 교가 같지 않음에 집착한 죽은 견해이다. 말과 침묵은 둘이 아니며 선과 교는 원융한다. 선 밖에 교가 없으므로 침묵하지 않고 설하는 것이니 이는 대기원응(大機圓應)이며 교 밖에 선이 없으므로 설하지 않고 침묵하는 것이니 이는 대용직절(大用直截)이다. 이처럼 선교가 둘이 아니므로 기용제시(機用齊施)이며 설묵(說默)이 둘이 아닌 것이 바로 조사선의 종지이다.

앞의 내용을 총괄하여 선과 교가 다르지 않고 말과 침묵이 둘이 아닌 것이 조사선임을 강조하였다. 편지의 말미에서 긍선은 김정희가 불교에 대한 잘못된 견해로 오해를 일으켰고 이 편지를 보고 노하겠지만 의심하고 궁구한 후 분명히 깨닫고 웃으면서 이 노인네(긍선)가 가련하다 할 것이라고 부연하였다. 그러면서 자신이 아니면 누가 이렇게 말하겠으며 또 그가 아니면 자신도 말할 상대가 없으니 서로 물외의 진실한 벗이라고 하였다. 또 대화 내용이 표면적으로는 줄곧 비난하는 것 같지만 실상은 서로 돕는 것이니, 대장부가 보리심을 내는 것이 마땅히 이와 같아야 하며 깨달음을 얻기를 서원한다는 말로 마치고 있다. 이처럼 긍선과 김정희는 승려와 유학자로서 현저한 견해 차이를 보이면서도 선에 대한 깊은 이해와 통찰을 가지면서 서로 우의를 교감하였다. 비록 격렬한 논쟁과 비판이 이어졌지만 이들이 펼친 선 논쟁은 19세기 유불 교류의 꽃을 활짝 피웠다.

2. 초의 의순의 학예일치적 삶과 선교관

초의 의순의 일생과 유학자와의 교유

19세기 호남불교를 대표하는 승려인 초의 의순(草衣意恂: 1786-1866)은 선사상과 다도, 학예일치적 삶과 유학자와의 교류로 널리 알려져 있다. 그가 주석한 해남 대둔사(大芚寺: 대흥사)는 조선 불교의 중흥조 청허 휴정(淸虛休靜)의 의발이 전하는 곳으로 청허계 편양(鞭羊)문파와 소요(逍遙)문파의 본거지였다. 대둔사에는 임진왜란 때 의승군을 이끈 휴정 등의 공적과 충의를 기리기 위해 1789년(정조 13) 왕명으로 표충사(表忠祠)가 사액되었다. 여기에는 휴정과 제자 사명 유정(四溟惟政), 호남의 의승장 뇌묵 처

김정희가 초의 의순에게 보낸 서신들

영(雷默處英)이 국가의 지원으로 향사되었다. 초의 의순의 법맥은 청허계의 주류이자 최대 문파였던 편양파에 속하였다. 구체적으로는 선과 교의 종장 환성 지안에서 대둔사의 교학 종장 연담 유일로 계승된 전법 및 강학 계보를 이었다. 대둔사 제13대 종사로 추존된 의순은 선과 교에 모두 정통하여, 당대에 새로운 선풍(禪風)을 일으킨 백파 긍선과 선 논쟁을 펼쳤다. 또 청(淸)의 영향을 받은 당시 학계와 문화계의 학예일치적 풍토 속에서 글과 그림, 다도 등 다방면에 걸쳐 뛰어난 재능을 보였다. 특히 오랜 유배 생활을 했던 다산 정약용, 추사 김정희와 같은 명유들과 교유하면서 19세기 불교사와 학술문화사에 큰 족적을 남겼다.

이처럼 초의 의순은 조선후기 불교사상과 문화예술, 학술교류의 측면에서 중요한 위상을 차지하는 인물이다. 하지만 그간 이루어진 연구는 『동다송(東茶頌)』, 『다신전(茶神傳)』을 대상으로 한 차와 다도 관련 주제에 편중되었고 '초의선사'는 한국 차와 다도의 중흥조로 널리 알려졌다. 그 밖에 그의 시문과 예술에도 많은 관심이 두어졌지만, 사상과 교유는 19세기 선 논쟁에 대한 연구나[39] 김정희, 정약용의 불교관 및 승려와 교류를 다룬 논문[40]에서 일부 다루어진 정도이다. 따라서 그의 다채로운 생애와 선과 교를 망라한 사상의 깊이를 고려할 때 충분한 연구가 이루어졌다고 할 수 없다. 그렇기에 조선후기의 시대성과 불교사의 흐름 속에서 그의 삶과 사상을 조명하고 역사적 위상을 자리매김하는 일은 여전히 남겨진 숙제이다.

의순은 1786년(정조 10) 4월 5일 전라도 무안 삼향면(三鄕面)의 장(張)씨 집안에서 태어났다. 16세에 나주 운흥사(雲興寺)의 벽봉 민성(碧峰敏性)에게 출가하였고, 영암 월출산(月出山)을 지나다가 산세가 기이하고 수려함에 이끌려 정상에 올랐는데 보름달이 바다 위로 떠오르는 것을 보고 깨달음을 얻었다 한다. 19세에 대둔사에서 연담 유일의 법손 완호 윤우(玩虎倫佑: 1758-1826)에게 구족계를 받았고 화엄 등의 교학을 수학한 후 화순

쌍봉사(雙峰寺)에서 참선에 전념하였다. 24세에 강진에 유배와 있던 정약용을 만나 유학 서책을 받았고 그로부터 시(詩)와 역(易) 등을 배웠다. 30세에는 금강산에 다녀오다가 한강 유역에서 김정희 형제, 정약용의 아들 정학연(丁學淵)과 정학유(丁學遊) 형제, 신위(申緯), 홍현주(洪顯周) 등 당대의 명유들과 시문을 주고받았으며 이후 평생 이들과 교류하였다.[41]

32세 때인 1817년(순조 17) 경주 기림사(祇林寺)에서 만든 대둔사의 천불을 조성할 때 「중조성천불기(重造成千佛記)」를 썼다.[42] 당시 경주에서 대둔사로 천불을 운송하던 과정에서 768위의 불상을 실은 큰 배가 일본에 표류했다가 1818년 7월 14일에 돌아와 대둔사 천불전에 봉안된 일은 유명하다.[43] 38세 때는 스승 완호 윤우, 소요파의 종장 아암 혜장(兒庵惠藏)의 주관하에 『대둔사지(大芚寺志)』를 펴낼 때 편집 작업을 맡았다. 『대둔사지』는 정약용의 지도와 영향을 받아서 엄밀한 고증학적 방식을 적용하여 만든 책이다. 39세에는 대둔사에 일지암(一枝庵)을 짓고 이후 40여 년간 그곳에 주석하면서 저술과 교육에 전념하였다. 초의 의순은 선은 물론 화엄과 같은 교학에 정통하였을 뿐 아니라 율사(律師)로도 이름이 높았다. 서울 인근 봉은사(奉恩寺)에서 『화엄경』을 간행할 때 증사(證師)로 참여하였고 달마산(達摩山)의 무량지회(無量之會) 때는 선석(禪席)에 주석하였다. 의순과 절친했던 김정희도 만년에 봉은사에 머문 적이 있었고 유명한 '판전(板殿)' 현판 글씨를 쓰기도 했다. 의순은 1840년(헌종 6) '대각등계보제존자(大覺登階普濟尊者)'의 호를 국왕으로부터 하사받았고, 다음 해에는 두륜산 보련각(寶蓮閣)에서 대둔사 12대 종사와 강사, 역대 조사의 진영을 모시고 제사를 지냈다. 1866년(고종 3)에 81세, 법랍 65세로 서방을 향해 가부좌한 채 입적하였고 대둔사에 탑이 세워지고 신헌(申櫶)과 이희풍(李喜豊)이 비문을 썼다.[44]

의순의 법맥은 청허 휴정의 말년 제자 편양 언기에서 연담 유일로 이어진 편양파 주류의 계보를 전해 받았으며,[45] 전법 제자로는 선기(善機),

범운(梵雲) 등이 있다. 또 문손이자 『동사열전(東師列傳)』의 저자 범해 각안(梵海覺岸: 1820-1896)에게 불교사 인식과 사상 등에서 영향을 미쳤다. 의순의 저술을 주제별로 유형화하면 선사상, 시문, 차로 대별할 수 있다. 먼저 사상서로는 『선문사변만어(禪門四辨漫語)』 1책이 대표적인데, 이는 백파 긍선이 『선문수경(禪文手鏡)』에서 선을 차등적으로 분류한 데 대해 조목조목 반박한 내용이다. 그 밖에 승려 교육과정의 대교과에 속한 『선문염송(禪門拈頌)』을 요약, 주석한 『초의선과(草衣禪課)』도 지었다. 다음 시문집으로 『초의시고(草衣詩稿)』 2권(필사본 4권)과 『일지암문집(一枝庵文集)』 2권이 있는데, 각각 시 400여 수와 52편의 기문 및 탑비명을 수록하였다. 마지막으로 차에 관한 저술로는 『다신전(茶神傳)』과 『동다송(東茶頌)』이 현존한다. 전자는 다도의 기본 입문서로 애용되고 있고 후자는 홍현주의 부탁으로 지은 책으로 '한국의 다경(茶經)'으로 일컬어진다. 그 밖에도 진묵(震默: 1562-1633)의 행적을 기록한 『진묵조사유적고(震默祖師遺蹟攷)』가 전하는데, 진묵조사는 조선중기 전라도에서 활동한 승려로 '석가의 화신'으로 칭해졌다.[46]

초의 의순은 이처럼 다양한 주제에 걸쳐 많은 저술을 남겼을 뿐 아니라, 김정희와 같은 당대 최고의 지식인들과 교류하면서 학예일치적 풍모의 삶을 살았다. 그는 시문뿐 아니라 서예에도 일가를 이루었는데 예서(隸書)를 특히 잘 썼다고 하며 불화에도 능통하여 당나라 오도자(吳道子)의 경지에 이르렀다고 칭송받았다.[47] 그 밖에 범자(梵字)도 익혔고 범패와 원예에 이르기까지 다방면에서 걸출한 능력을 보여주었다. 대둔사의 대광명전(大光明殿) 건립 때는 단청을 직접 칠했다고 하며, 그 밖에도 조사 영정이나 보살상을 그리거나 증사(證師)가 되어 제작에 참여하기도 하였다. 남종화(南宗畵)의 태두 소치(小癡) 허유(許維; 1809-1892)도 그에게 시·서·화와 다도를 3년간 배운 뒤에 김정희의 제자가 되었다. 한편 의순은 중국 불서 한 상자를 얻어 그 안에 있던 화엄 예참법을 강설에서 늘

인용하였고 『법화경』을 필사하여 평생 염송하였다고 한다.[48]

초의 의순은 김정희(1786-1856), 정약용(1762-1836)과 같은 명사들과 매우 가깝게 교류하였는데, 이들의 교유와 활동에서 유불이 조화된 19세기 조선 학술·문화계의 일면을 엿볼 수 있다. 의순의 시문집에서 확인되는 시 400여 수 가운데는 김정희, 정약용을 비롯한 이름난 유학자와 주고받은 시가 100여 수가 된다. 그의 유학자와의 교유관계에서 가장 큰 비중을 차지한 이는 추사 김정희였다. 동년배인 이들은 시(詩)·예(藝)·차(茶)의 지음(知音)이었고 평생의 지우였다. 김정희가 의순에게 보낸 38통의 편지에는 주로 차에 대한 언설과 불교에 관한 고증적 담론이 많다. 그 안에는 안경을 보내준 일, 차를 빨리 보내지 않으면 마조(馬祖)의 꾸짖음과 덕산(德山)의 몽둥이찜질을 당할 것이라는 장난기 어린 글도 볼 수 있다.[49] 의순은 「완당김공제문(阮堂金公祭文)」에서 42년간 금란지교(金蘭之交)를 맺은 것을 회고하면서 김정희의 유배지였던 제주에서 반년을 함께 지내는 등 마음을 터놓고 도를 담론한 사실을 떠올리고 그의 학문과 서예, 금석문의 성과를 높이 평가하였다.[50] 김정희는 의순에게 당대를 풍미하던 최신의 학문 조류와 성과를 전해주었고, '일로향실(一爐香室)', '무량수각(無量壽閣)' 등 현판 글씨를 써서 보내주기도 하였다.

19세기 학술계와 문화계의 대표적 명사였던 김정희는 불교에도 뛰어난 식견을 가지고 있었다. 그가 친불교적 성향을 갖게 된 데에는 무엇보다 개인적 환경이 크게 작용한 것으로 보인다. 그의 향리인 충청도 예산에는 증조부가 집안 원찰로 세운 화암사(華巖寺)가 있었고 부친은 경상감사로 있을 때 해인사(海印寺) 중창을 후원하며 김정희에게 대적광전(大寂光殿)의 상량문을 쓰게 했을 정도로 불교에 우호적인 가풍을 지녔다. 또 김정희가 청에서 스승으로 모신 경학자이자 금석학자 옹방강(翁方綱: 1733-1818)도 불교에 심취했으며, 중국에서 돌아올 때 경전과 불상을 가지고 왔고 함께 가져온 염주를 평생 애용하였다. 김정희는 불교 교리 백과전

衣大禪師讚

초의 의순

서라 할 수 있는 『법원주림(法苑珠林)』을 읽었고 『사십이장경(四十二章經)』과 『안반수의경(安般守意經)』을 불교 이해의 핵심 전적으로 추천하였으며 사경(寫經)의 공덕을 쌓기도 했다.[51] 그는 불교에 대한 깊이 있는 이해를 토대로 고증학적 관점에서 당시 불교계의 각성을 촉구하였다. 김정희는 백파 긍선에게 보낸 편지에서 선종 분류의 문제점을 지적하고 고증의 필요성을 역설하는 한편 교학 연구를 강조하였다.[52] 그의 이러한 학문적 엄밀성은 의순에게서도 나타나는데, 긍선과의 선논쟁에서 철저한 고증과 논리적 전개를 중시하는 모습을 볼 수 있다.

한편 다산 정약용은 24세 연상으로, 의순은 나이 24세 때에 다산초당(茶山草堂)에 와 있던 정약용과 처음 만났다. 정약용은 친척인 천주교 신자 윤지충(尹持忠)의 진산(珍山) 사건에 연루되어 1801년 강진으로 유배되었고 인근 지역 승려들과 접촉하면서 유서(儒書) 등을 지도하였다. 그는 "시는 뜻을 말하는 것이니 천인(天人)과 성명(性命)의 이치를 알고 인심(人心)과 도심(道心)의 분별을 살펴서 찌꺼기를 걸러 맑고 참된 뜻을 발현해야 한다."고 하면서 의순에게도 학문적 훈도를 하였다. 또 "역(易)의 한 글자 한 구절도 괘상(卦象)에 말미암지 않은 것이 없다. 만약 선가(禪家)의 참선(參禪) 화두(話頭)에서 한 사물에 전적으로 집중하는 것과 같이 한다면 스스로 통하기 어렵다."고 하여 역에 대한 이해의 지평을 넓혀주었다.[53] 의순 또한 "비록 궁벽한 바다 모퉁이지만 맹자(孟子)의 모친 곁에 있는 것과 같다."고 비유하며 그를 스승으로 섬겼다.[54] 또 정약용의 장남인 정학연도 젊어서부터 의순과 절친하여 함께 두릉시사(杜陵詩社)를 조직하여 결사를 맺은 사이였다.[55]

정약용은 오랜 유배 생활을 거치며 호남불교에 적지 않은 영향을 미쳤다. 그는 불교사서인 『대동선교고(大東禪敎考)』를 직접 편술하였고 『대둔사지』와 『만덕사지』 등의 사지(寺誌)에 고증학적 방법론을 접목시켜 편찬을 지도하였다.[56] 이들 사지는 대둔사 연담 유일의 후손 완호 윤우,

호의 시오(縞衣始悟), 초의 의순 등 편양파 계통, 그리고 유일에게 배우고 인정받은 소요파 아암 혜장(兒庵惠藏)과 수룡 색성(袖龍賾性), 기어 자홍(騎魚慈弘) 등이 함께 참여하여 만들었다. 정약용은 대둔사 12대 종사 연담 유일과 12대 강사 아암 혜장에 대해 높이 평가하였고 혜장에게는 직접 『주역(周易)』을 가르쳤다.[57] 이처럼 그의 영향으로 고증학적 방법론을 적용한 사지가 만들어졌고 불교사에 대한 관심이 높아지면서 이 지역에서 『동사열전(東師列傳)』, 『산사약초(山史略抄)』 등의 승전과 사서가 연이어 나왔다. 『동사열전』은 의순에게 가르침을 받은 대둔사 출신 범해 각안(梵海覺岸)이 편술하였고, 『산사약초』는 백파 긍선의 문손으로 선 논쟁에도 참여한 설두 봉기(雪竇奉琪)가 지었다.

초의 의순은 김정희, 정약용 외에도 명문가 출신의 이름난 학자 관료인 자하(紫霞) 신위(申緯), 위당(威堂) 신헌(申櫶), 해거(海居) 홍현주(洪顯周), 연천(淵泉) 홍석주(洪奭周) 등과도 친밀한 관계를 유지하였다.[58] 신위(1769-1845)는 김정희와 마찬가지로 청의 옹방강과 교류하였고 시서화에 모두 능하였으며, 의순의 시문집 서문과 스승 완호 윤우의 비문을 썼다.[59] 신헌(1810-1884)도 대둔사 불사에 참여하고 '표충사보장록(表忠祠寶藏錄)' 글씨를 쓰는 등 깊은 인연을 맺은 이로 의순의 비문을 지었다. 신헌은 "선과 교의 강론이 나뉘고 돈교(頓敎)와 점교(漸敎)의 구분이 혼돈되어 근기에 부합하는 자가 적다."고 하며 종풍을 떨치지 못하고 총림에 이름 있는 이가 나오지 않는 현실에서 의순이 남방에서 떨쳐 일어났음을 높이 평하였다. 또 의순이 선 논쟁과 관련한 긍선의 오류를 논증해 보내와서 의순의 잘못된 점도 지적하자 '잘못된 곳이 바로 깨달은 곳'이라는 답을 들었다고 기록하고 있다.[60]

정조의 부마이기도 한 홍현주(1793-1865)는 10년 전 꿈에 바닷가에서 부처를 만나 '운외운 몽중몽 점점산 일점청(雲外雲 夢中夢 點點山 一點靑)'이라는 게송을 얻었다고 하며 자신이 전생에 불제자였는지 모르겠다고 토로

하고, 필묵으로 불사(佛事)를 한다고 밝힐 정도로 불교에 심취하였다.[61] 그는 의순에게 『동다송』의 저술을 부탁한 이였고 의순도 그의 시집에 발문을 써서 인품과 시문을 칭송한 바 있다. 그의 형이며 좌의정을 지낸 홍석주(1774-1842)도 『초의시고』 서문에서 의순의 시에 대해 높이 평가하였다.[62] 이처럼 초의 의순은 당대의 명유들과 절친한 관계를 이어갔고 시와 서, 다도와 예술 등 다방면에 걸쳐 활동하면서 학예일치적 삶을 살았다.

선 논쟁의 전개와 초의의 선교병행론

19세기에 약 100년간에 걸쳐 일어난 선 논쟁은 선종 전통의 정체성에 대한 백파 긍선과 초의 의순의 입장 차이에서 시작되었다. 긍선(1767-1852)은 전라도 선운사(禪雲寺)에서 출가하였고 지리산 영원암(靈源庵)에서 당대 최고의 화엄 학장이었던 설파 상언(雪坡尙彦: 1707-1791)에게 구족계를 받았다. 이후 상언이 주석했던 구암사(龜岩寺)에서 그의 문손이자 퇴암 태관(退庵泰瓘)의 제자인 설봉 거일(雪峰巨日)로부터 법맥을 전수받았다. 긍선은 26세 때 백양사(白羊寺) 운문암(雲門庵)에서 개당하였다.[63] 그는 30년간 교학을 연찬했지만 1812년 45세 때에 법의 진제(眞諦)가 문자 밖에 있음을 깨닫고는 강안(講案)을 거두고 선에 전념하였다고 한다. 이후 백양사에서 선지(禪旨)를 닦고 구암사에서 선강(禪講) 법회를 여는 등 선을 중흥시킨 호남의 선백(禪伯)으로 명성을 떨쳤다.[64] 그는 청도(淸道) 운문사(雲門寺)에서 지은 『선문수경(禪文手鏡)』에서 조사선 중심의 선종 우위의 입장을 견지하였고 선종 5가 중에서는 임제종이 가장 뛰어나다고 보았다. 저술은 『선문수경』 외에 『법보단경요해(法寶壇經要解)』, 『고봉선요사기(高峰禪要私記)』, 『선문염송사기(禪門拈頌私記)』, 『선문오종강요사기(禪門五宗綱要私記)』, 『수선결사문(修禪結社文)』 등 선종 관련 주석서와 글이 주종을 이룬다.[65] 긍선이 화엄사(華嚴寺)의 한 암자에서 입적하자 그와 편지를 주고받으며 선 논쟁에 가담한 추사 김정희가 비문을 썼는데 제명이 '화엄종주(華嚴宗主) 대율사(大律師) 대기대용(大機大用)'이었다. 긍선의 교학자, 율사, 선승으로서의 풍모를 담은 이 비는 출가 사찰인 선운사에 세워졌다.[66]

선 논쟁의 서막을 연 것은 긍선이었는데, 그는 주저 『선문수경』에서 선을 조사선(祖師禪), 여래선(如來禪), 의리선(義理禪)의 3종으로 분류하였다. 그중 앞의 조사선과 여래선을 격외선(格外禪)에 배정하고, 뒤의 의리선을 교학과 문자의 습기를 벗어나지 못했다 하여 격외선보다 낮은 단계로 위치시켰다.[67] 또 선종 5가를 임제종(臨濟宗)-운문종(雲門宗)-조동종(曹洞宗)-위앙종(潙仰宗)-법안종(法眼宗)의 순서로 차등화시켰다.[68] 이에 대해 의순은 『선문사변만어』에서 긍선의 오류를 일일이 지적하며 비판하였다. 그는 근기의 우열에 따라 선을 차등적으로 구분함은 잘못이며 다만 방편상으로 사람을 기준으로 조사선과 여래선으로 나누고 법을 기준으로 격외선(=조사선)과 의리선(=여래선)으로 구분함이 전통적 통설임을 강조하였다.[69] 이어 우담 홍기(優潭洪基: 1822-1881)도 『선문증정록(禪門證正錄)』에서 의순의 설을 지지하면서 조사선=격외선, 여래선=의리선의 구도를 분명히 하였다.[70]

초의 의순이 어떤 이유와 논거를 들어 백파 긍선의 3종 선 주장을 비판했는지 구체적으로 검토해보자. 의순의 『선문사변만어』에서 긍선의 설을 반박한 주요 논점은, 근기의 우열에 따라 선을 조사선-여래선-의리선의 수직적 3단계로 차등화하는 것이 문제라는 것이다. 긍선이 조사선을 여래선보다 상위에 둔 것에 대해, 의순은 조사선은 언교(言教)에 말미암지 않고 부처로부터 이심전심으로 이어지는 격외별전의 격외선이고 여래선은 부처가 교화한 법문으로서 언교의리(言教義理)로 깨달아 들어가고 말로 이치를 증득하는 의리선일 뿐, 양자 사이에는 본질적 차이가 없다고 보았다. 즉 전통적으로 사람을 기준으로 조사선과 여래선으로 나누고, 법을 기준으로 조사선을 격외선, 여래선을 의리선에 배당하지만, 이는 단지 방편상의 구별일 뿐 우열이나 차등을 전제로 한 것이 아님을 강조하였다.[71]

의순은 임제삼구(臨濟三句)의 분류 기준에 대해서도 긍선과는 다르게 해석하였다. 그는 임제삼구의 제1구가 불조(佛祖)의 스승인 이유는 권실조용(權實照用)의 현요(玄要)가 갖추어져 있고 의론언설(議論言說)이 없이 진종(眞宗)이 홀로 드러난 활구(活句)이기 때문이며, 제2구는 점차 분석과 언설이 일어나고 진종이 숨어버린 '불살불활(不殺不活)'의 구이므로 언교(言敎)라는 방편을 활용하여 인천(人天)의 스승이 된다고 보았다. 제3구는 삼요(三要)의 기용(機用)과 삼현(三玄)의 권실(權實)을 열어 해석한 것으로, 이는 다른 언구에 막혀 있기에 스스로 구제하지 못한다고 설명한다. 즉 임제삼구의 제1구가 조사선에 해당하고 이것이 격외선인데, 긍선이 제2구에 해당하는 여래선을 제1구의 격외선에 갖다 붙이고 제3구 의리선을 별도로 세운 것은, 조사선=격외선, 여래선=의리선의 전통적 조합을 무시한 잘못된 이해라고 비판한 것이다.[72]

나아가 그는 살활(殺活)의 구분을 비롯하여 긍선의 삼종선 분류 기준 자체에 문제가 있다고 지적한다. 일찍이 구곡 각운(龜谷覺雲)의 『염송설화(拈頌說話)』 등에서 분반좌(分半座)를 '전살(專殺)', 염화미소(拈花微笑)를 '전활(專活)', 곽시쌍부(槨示雙趺)를 '살활제시(殺活齊示)'라 한 것은 살활과 기용(機用), 체용(體用) 등이 서로 의지하는 불가분의 관계이므로 전살이나 전활이라고 해도 반드시 활과 살을 겸하게 되는데, 긍선은 여래선에 '살(殺)만 있고 활(活)은 없다'는 등 잘못된 이해를 했다고 비판한다. 조사선의 경우도 기용을 떠나 별도로 절단(截斷), 직절(直截)이 있을 수 없는데, 긍선은 기용을 임제종, 직절을 운문종의 특징이라고 하는 등 언구에 집착하였다고 평하였다.[73] 의순은 만약 긍선이 주장하는 논리대로라면 부처와 조사조차도 기용을 드러내어 설하지 않으면 끝내 임제에 미치지 못하는지 반문하였다. 또한 선종 5가의 수직적 분류에 대해서도 위앙종과 조동종은 연원이 같고 서로 우열이 없으며 법안종에도 조사선의 기풍이 있는데, 이를 여래선이라고 하여 낮추어 보는 것은 잘못이라고 지적하였다.[74]

그는 『선문사변만어』의 「격외의리변(格外義理辨)」에서 3종 선 각각의 역사적 유래에 대해 다음과 같이 밝혔다. 먼저 여래선과 조사선 개념은 위앙종의 앙산 혜적(仰山慧寂)에서 비롯된 것인데, 그 이전부터 격외나 의리라는 말은 있었지만 뒤에 '선(禪)'자를 붙여 서로의 우열 관계를 따지지는 않았다고 말한다. 혜적 이후에도 언교를 따르지 않고 이심전심으로 전하는 것을 조사선, 말로 설명하여 이치를 증득하는 것을 여래선으로 방편상 구분하였을 뿐이며, 다시 조사선은 '교격(教格)'의 밖에 있다고 해서 격외선, 여래선은 언교와 의리로 말미암기에 의리선이라 불렀다는 것이다. 그러므로 사람을 기준으로 여래선과 조사선으로 나누고, 법을 기준으로 의리선과 격외선으로 구분하는 것이 역대의 통설이라는 점을 내세웠다.[75] 한편 「이선래의(二禪來義)」에서는 부처가 언어를 통해 뜻을 밝힌 의리명자(義理名字)가 여래선이고, 언교가 아닌 비밀리에 심인을 전수한 것이 조사선이라고 규정하고, 여래선=의리선, 조사선=격외선의 구도를 명확히 했다.[76]

그런데 백파 긍선과 초의 의순은 모두 편양파의 주류 계보를 이었고 이들의 공통 조사인 환성 지안은 『선문오종강요(禪門五宗綱要)』에서 선종 5가의 요체를 적시하며 6조 혜능(慧能) 이후 선종 종파 중에서 기용(機用)을 밝힌 임제종이 가장 뛰어나다고 보았다.[77] 이 임제종 우위의 선종관을 긍선이 계승하여 새로 3종 선을 주창한 반면, 의순의 사상은 선교겸수의 전통과 교학의 중시라는 시대 경향에 부합하는 것이었다. 이처럼 이들의 선에 관한 입장차는 임제법통과 간화선, 선교겸수와 화엄교학이라는 조선후기 불교의 이중구조에서 비롯된 것이었다. 즉 선 우위론과 선교병행론이 부딪힌 선과 교의 판석과 해석의 문제이기도 했다.

한편 의순 등의 비판이 있음에도 긍선의 선사상은 문손 설두 봉기(雪竇奉琪: 1824-1889)에 의해 선양되었다. 봉기는 자(字)인 유형(有炯)으로 더 잘 알려져 있는데, 그는 백양산 정관 쾌일(正觀快逸)에게 출가한 후 백암 도원(白巖道圓)을 통해 긍선의 법맥을 이어받았다. 봉기는 구암사 강회에서 긍선으로부터 직접 대교(大教) 과정을 배웠고 경기도 양주 천마산(天磨山) 봉인사(奉印寺)에서 선강대회(禪講大會)를 열기도 했다. 이처럼 선과 교에 모두 뛰어났던 그는 불교사서인 『산사약초(山史略抄)』도 편술하였다. 또한 긍선의 유고를 수습하고 비와 전각을 세우는 데 앞장서는 등 현창 사업도 적극적으로 벌였는데,[78] 그의 법맥은 근대기의 학장 한영 정호(漢永鼎鎬: 1870-1948)까지 이어졌다.

봉기는 『선원소류(禪源溯流)』에서 "선론에는 교외별전(教外別傳)의 선지(禪旨) 외에 선의 종류별로 요약 가능한 선전(禪詮)이 있다."고 하여 조사인 백파 긍선의 선종 분류체계를 지지하였다.[79]

그는 긍선의 『선문수경』 내용을 비판한 의순의 『선문사변만어』와 우담 홍기의 『선문증정록』에 대해 반박하였는데, 먼저 『선문사변만어』에 대해서는 "뜻은 비록 막혀 있지만 글의 내용이 뛰어나 사람들이 애독한다."고 하는 등 일정한 평가를 내렸다. 반면 홍기에 대해서는 "선사(先師)의 법을 배워 선을 얻었음에도 작은 허물을 척파하는 역손(逆孫)"이라고 비판하고, 『선문증정록』에 대해서도 "내용이 빠진 것이 많고 글도 뒤엉켜서 뜻을 취할 것이 없다."고 혹평하였다.[80] 봉기는 『선원소류』에서 화엄과 선을 대비시킨 흥미로운 주장을 했다. 즉 화엄(華嚴)의 법계관(法界觀)을 3종 선에 배당시켜 사사무애(事事無碍)와 이사무애(理事無碍)를 각각 조사선과 여래선에 비정한 것이다. 이 또한 긍선이 주창한 조사선-여래선-의리선 3종 선의 순차적 구조를 전제로 하였다.

끝으로 선 논쟁의 대미를 장식한 축원 진하(竺源震河: 1861-1926)는 『선문재정록(禪門再正錄)』에서 기존의 논란에 나타난 문제점을 지적하면서도 다른 각도의 새로운 해석을 내놓았다.[81] 즉 백파 긍선이 의리선을 교승(教乘)으로 본 것은 이사융즉(理事融卽)의 원돈교(圓頓教)를 선에 배당한 것으로 이는 잘못이며, 조사선, 여래선, 의리선은 모두 교(教)가 아닌 '교외(教外)' 임을 강조하였다. 다만 그는 의리선은 격(格)이고 조사선과 여래선은 '격외(格外)'라는 점에서 차이가 있다고 보았다.[82]

지금까지 살펴본 선 논쟁의 흐름과 특징을 정리해보면 다음과 같다. 조선후기에는 조사선=격외선, 여래선=의리선의 조합이 일반적으로 통용되었고, 전자는 선, 후자는 교학이 포함된 것으로 이해되었다. 조사선의 우위를 내세우거나 조사선과 여래선의 근원적 일치를 주장하는 등 해석의 차이는 있었지만 선과 교를 병렬적으로 파악했다는 점에서는 공통점이 있었다. 이는 17세기 이후 간화선 우위의 선교겸수 지향과 강학의 성행, 화엄교학의 중시라고 하는 시대적 배경에서 배태된 것이었다. 백파 긍선의 경우 처음에 교학에서 출발하였지만 결국 선으로 완전히 전향한 후 화엄교학 위주의 교계 분위기를 일신하기 위해 선 우위론, 임제정통론의 입장을 적극적으로 주창한 것이었다. 결국 여래선을 조사선과 함께 격외선에 넣고 의리선을 그 하위 단계로 설정하여 교로부터 여래선의 자격을 박탈하고자 하였다. 이에 대해 초의 의순은 조사선과 여래선의 동등함과 선과 교의 근원적 일치를 전제로 격외선=조사선, 의리선=여래선의 전통설을 옹호하고 나선 것이다.[83]

의순은 선에 대한 혹자의 질문에 "근기가 뛰어나지 않은 경우에는 선에 전념하는 것과 교에 전념하는 것에 차이가 없다. 내 어찌 힘들여 그것을 하겠는가?"라고 답하였다.[84] 또 저술에서도 "선은 부처의 마음이고 교는 부처의 말씀인데 입으로 언설만 하면 교뿐 아니라 선의 언구도 모두 교의 자취에 들어가며, 마음에 직접 투철하여 얻으면 선뿐 아니라 교학이나 일상 언어도 모두 깨달음에 이르는 길이다."라고 선언하였다.[85] 이는 마음으로 깨닫는 것이 관건이며 선과 교의 차이는 큰 문제가 되지 않음을 말한 것이다. 참고로 의순과 마찬가지로 대둔사의 강학 전통을 공유한 아암 혜장은 "지금처럼 이파(異派)가 종풍을 어지럽히는데 소림(少林: 달마)의 면벽(面壁) 수행이 비록 뛰어나지만 종밀(宗密)의 전주(箋註: 교학)를 어찌 빠뜨릴 수 있겠는가? 진여불이문(眞如不二門)은 허공을 향하거나 달을 치지 않는다."고 말한 바 있다.[86] 이처럼 선과 교의 겸수와 병행은 조선후기 불교의 중요한 사상적 전통으로 자리를 잡았고 그것이 선 논쟁에도 투영되어 나타난 것이다.

제 4 부

유교사회의 종교적 지형과 시대성

제 1 장

호국의 기치와 불교의 사회적 역할

유교사회의 종교적 지형과 시대성

1. 임진왜란 의승군 활동과 호국불교론

충의의 발현과 의승군의 딜레마

16세기 말과 17세기 전반 조선사회를 뒤흔든 두 차례의 전란인 임진왜란과 병자호란은 엄청난 후폭풍을 불러일으켰다. 조선은 개국 후 200년간의 평화기가 깨지면서 정치·사회·경제적 대격동을 겪고 심각한 정신적·물적 피해를 입었다. 또한 조선을 둘러싼 동아시아 국제질서도 일대 패러다임 전환을 맞이하였다. 중국에서는 중화체제가 균열되면서 명·청 교체가 일어났고, 일본에서는 에도막부가 시작되었다.

7년에 걸친 임진왜란과 정유재란을 결과적인 승리로 이끈 데에는 명군의 참전이 큰 몫을 담당했다. 하지만 극도로 불리했던 초기 전세를 역전시켜 전쟁을 장기전으로 이끈 데는 이순신(李舜臣)의 수군과 의병 활동이 주효했다. 그런데 임진왜란 전쟁사에서 의승군 활동은 그 비중에 비해 많이 주목되지 않았다. 의승군은 주요 전투에 참여하였을 뿐만 아니라, 산성 축조, 군량 보급 등을 담당하였고 『조선왕조실록(朝鮮王朝實錄)』과 같은 국가 주요 기록물 및 문화유산 수호에 앞장서는 등 후방에서도 적지 않은 역할을 담당했다. 국가의 절체절명의 위기 앞에서 출세간의 승려들이 전쟁에 참여하여 유생이나 관료들도 세우지 못한 충의의 공을

세운 것은 당시는 물론 후대까지도 높이 평가되었다. 국가에 대한 충의 의무를 저버렸다는 윤리적 비판에서 벗어나 사회적 인식을 제고시키고 불교 존립의 중요한 계기를 만들 수 있었다.[1]

임진왜란 당시 의승군의 활동 양상에 대해 간단히 살펴보자. 1592년(선조 25) 4월 13일 명나라의 요동을 치기 위해 길을 빌린다는 '가도입명(假道入明)'을 내세워 일본군이 부산진에 내리면서 7년간 이어진 임진왜란이 발발하였다. 전시 기간 동안 총 20만의 대군이 조선 침략에 동원되었는데, 일본군은 서울을 향해 충청도·전라도·강원도의 세 방향으로 나누어 빠르게 진격하였다. 조총을 앞세운 일본군의 기세에 눌려 조선의 관민은 제대로 된 항전을 거의 하지 못했고, 신립(申砬)이 이끄는 관군 또한 충주 탄금대에서 배수의 진을 치고 막다가 패하였다. 일본군은 상륙한

평양성 탈환도

지 불과 20여 일 만인 5월 3일에 한양에 들어왔고, 선조는 그보다 앞서 4월 30일에 서울을 떠나 평양을 거쳐서 중국과의 접경지인 의주까지 피난을 갔다.

그해 7월에 선조는 묘향산에 있던 서산(西山)대사 청허 휴정(淸虛休靜)을 불러 국가의 위기를 구하는 데 앞장서 줄 것을 부탁하였다. 70대 초반이었던 휴정은 앞서 명종대에 재개된 승과(僧科) 출신으로 선교양종(禪敎兩宗)의 판사(判事)를 역임하였고 교단 내에서 최고의 위상을 가지고 있었다. 1589년 정여립(鄭汝立)의 역모 사건 때는 무고로 추국을 받았는데 그의 글을 선조가 읽고 감동하여 방면하고 어필묵죽(御筆墨竹)과 시를 내린 인연이 있었다.[2] 휴정은 선조에게 "나라 안의 승려 가운데 늙고 병들어 나설 수 없는 자들은 신이 이미 명하여 각자 머문 곳에서 수행하며 신령의 도움을 기원하게 하였습니다. 나머지는 신이 모두 소집해오게 하여 종군(從軍)하도록 할 것입니다. 신 등은 비록 역을 지고 조세를 내는 인정(人丁)의 부류는 아니나 이 나라에서 태어나 성상의 은혜와 훈육을 받고 있는데 어찌 죽음을 아끼겠습니까? 목숨을 바쳐 충심을 다하겠습니다."라고 답하였다.[3]

선조에 의해 팔도도총섭(八道都摠攝)에 제수된 휴정은 평안도 순안 법흥사(法興寺)에서 전국 사찰에 격문을 띄워 각지에서 5,000명의 의승군이 궐기하였다.[4] 황해도의 의엄(義嚴), 강원도의 사명 유정(四溟惟政), 전라도의 뇌묵 처영(雷默處英)을 비롯해 각지의 승장들이 승군을 일으켰다.[5] 또한 충청도에서는 기허 영규(騎虛靈圭)가 800여 의승군을 불러 모았는데, 그는 "우리들이 떨쳐 일어남은 조정의 명령이 있어서가 아니다. 만일 죽음을 두려워하는 마음이 있는 자는 우리 군에 들어오지 말라."고 하였다.[6] 영규의 의승군은 의병장 조헌(趙憲)을 따르는 700 의병과 함께 청주성을 함락시켰지만, 8월에 금산에서 적과 싸우다가 모두 전사하였다. 이 사건은 의승군의 충정과 기백을 조야에 널리 알리는 계기가 되었다.

1592년 12월에는 명군의 본진 5만 명이 참전하였고 다음 해 1월 조명 연합군이 평양성을 탈환하였다. 2월에는 전라도관찰사 권율(權慄)이 이끄는 조선군이 한강의 행주산성(幸州山城) 전투에서 일본군에 승리를 거두었고 4월에는 한양을 수복하였다. 의승군은 이 두 전투에 직접 참전해 공을 세웠으며, 선조가 한양으로 환도할 때는 어가를 호종하기도 했다.[7] 그 밖에도 경기도와 삼남 지방의 산성을 수축하고 전쟁에 필요한 군량미 조달과 각종 부역을 의승군이 담당했다. 조선전기 4대 사고(史庫) 중 유일하게 병화를 면한 전주사고의 『조선왕조실록』과 같은 국가 공식 기록물, 태조의 어진(御眞) 등도 강화도나 의주 등을 거쳐 묘향산 보현사(普賢寺)로 옮겨졌고 이를 승군이 안전하게 지켰다.[8]

각지에서 일어난 의승군 활동의 구체적 사례를 몇 가지 소개한다. 먼저 전라도 구례 화엄사(華嚴寺)에서는 주지 설홍(雪弘)이 승군 300여 명을 이끌고 호남으로 향하는 일본군에 맞서 싸우다 전사했다. 일본군은 1593년 화엄사의 전각 500여 칸과 장륙전(丈六殿)의 화엄석경(華嚴石經)을 불태웠다.[9] 한편 경상도에서는 진주성 전투에 참여했던 경상우도총섭 신열(信悅)이 이끄는 승군이 보리농사를 지어 군량에 대비하는 한편 무기를 생산하고 화포를 교습하였다. 신열의 의승군은 거제 전투에 곽재우(郭再祐)의 의병과 함께 참전하였다.[10] 한편 승군은 이순신의 수군에도 가담하여 활동했는데, 전라좌수영에는 1592년 9월 400명의 의승군이 5개 부대로 편제되었고, 순천의 삼혜(三惠), 본영의 의능(義能)이 승장 및 군사(軍師)를 맡아 공적을 세웠다. 삼혜는 1594년 여수 흥국사(興國寺)에 300명의 의승 수군을 주둔하게 하고 지휘하였다.[11] 뒤에 남한산성 팔도도총섭이 된 벽암 각성(碧巖覺性)도 1593년 사명 유정의 천거로 명의 군대와 함께 해전에 참여하였으며 1595년 해인사(海印寺)에서 만난 명의 장수 이종성(李宗誠)이 그를 높이 평가했다고 한다.[12]

전쟁 중 휴정을 대신해 실질적으로 의승군을 이끈 인물은 제자 사명 유정이었다. 유정은 강원도 건봉사(乾鳳寺)에 있을 때 800명의 의승군을 모아 거병한 후 전투에 참전하였고 도총섭으로 제수되어 전체 의승군을 통솔하면서 산성 조영 등 후방 지원사업을 주도하였다. 또 명군과 일본군 사이의 강화 교섭 도중에 울산에 있던 일본군 장수 가토 기요마사(加藤淸正)를 찾아가 적진을 탐색하고 대비책을 상주하였다.[13] 휴정의 명으로 통도사(通度寺)의 진신사리를 보호한 것도 그가 주관한 일이었다. 사명 유정은 전후에는 왕명으로 일본으로 건너가서 국교 재개 문제와 포로 쇄환 등 외교 사안의 처리를 맡았을 정도로 조정의 높은 신망을 얻었다.[14]

풍전등화의 위기 상황에서 나라를 구하기 위해 일어난 의승군의 활약상과 충의의 공적은 불교에 대한 사회적 인식을 바꾸는 데 기여하였다. 하지만 불교계 또한 사망과 부상, 사찰 및 재산의 손실 등 감당하기 어려운 인적·물적 손상을 입었다. 자체적으로 조달한 승군의 유지 비용도 매우 커서 둔전(屯田) 외에 사사노비(寺社奴婢)의 신공(身貢)과 사위전(寺位田) 소출로 감당한 경우도 있었다.[15] 또 충청도의 사찰 40여 곳의 사위전은 쓸모없는 공한지가 되었고 혼란의 와중에 간사한 이들이 토지를 점유하여 수확한 곡식을 가져가기도 했다. 이에 몇 년간 해당 전지를 훈련도감(訓練都監)에 귀속시켜 군의 식량으로 삼게 하는 조치도 내려졌다.[16]

이와 함께 승군 활동으로 수행 기풍이 퇴조하고 많은 승려가 환속하는 등의 부작용을 낳았다. 불교계 내에서도 당시의 승군 활동에 대한 비판적 시각이 있었는데, 휴정의 제자인 청매 인오(青梅印悟)는 "전쟁의 참상이 날로 심해지고 감당해야 할 부역이 해마다 더욱 압박하니 남북으로 갈리고 산중에 희비가 끊어져 병통을 이루 다 말할 수 없다."고 한탄하였다.[17] 휴정의 또 다른 제자 정관 일선(靜觀一禪)도 세상의 혼란이 극에 달해 백성이 안도하지 못하고 승려도 편히 쉬지 못한다고 세태를 우려하였다. 그는 "더욱 슬픈 일은 승려가 속인의 옷을 입고 달려나가 군사가 되어 동서로 쫓아다니면서 혹은 적의 손에 죽고 혹은 속가로 도망치니 속세의 습관이 다시 싹트기 시작했습니다. 출가의 본뜻을 완전히 잊어버리고 계행을 영구히 폐하여 허명을 바라고 불처럼 치달리며 돌아오지 않으니 선풍이 장차 멈추게 될 것임을 알 수 있습니다."라고 하고는 "즉시 군복을 벗고 다시 승복을 걸치시고 깊은 산에 들어와 종적을 감추십시오."라고 당부하기도 했다.[18] 이는 기우만은 아니었고 당시 공을 세워 직책을 얻은 승려 중 전란이 끝나고 환속한 경우가 적지 않았다.[19]

불교에서 계율은 승가의 생활 규범이며 교단 성립과 유지의 기본 전제이다. 대승불교에서는 이타행(利他行)을 완성하기 위한 대승보살계가 만들어졌고, 중국에서는 출가자와 재가자를 포괄하는 『범망경(梵網經)』이 찬술되기도 했다. 한국에도 소승계율과 대승보살계가 모두 전해졌고 계를 받고 지키는 수계(受戒)와 지계(持戒)는 승려가 되고 승려로서 활동하기 위한 필수 전제였다. 물론 신라 원광(圓光)의 세속오계(世俗五戒)에서 보듯이 전쟁과 국가 위기 앞에서 현실적 요청에 부응해 계율을 재해석하고 시대 상황에 맞추어 적용한 예가 없지는 않았다. 그럼에도 조선시대 의승군은 동아시아에서도 보기 드문 독특한 양상이었다. 호법보다 호국을 우선시하여 '불살생계'나 '무기 소지 금지'의 계율을 어기고,[20] 나라를 위한 살생을 인정하고 전쟁에서 싸우는 일도 마다하지 않은 것이다.

국가의 위기 상황에서 계를 어기고 전쟁에 참여한 의승군 활동이 조선만의 특수성인지, 동아시아적 보편성을 담보할 수 있는지를 생각해보자. 중국에서는 이와 유사한 승군의 존재가 확인되지 않으며, 일본에서도 가마쿠라시대 이후 승려들이 집단적으로 무장한 사례는 있지만 개별 사찰을 지키거나 소속 종파의 존립을 위한 것이었다. 즉 조선의 의승군처럼 국가를 구하기 위해 전체 교단 차원에서 들고일어나 살생을 해야 하는 전투에 직접 뛰어든 것은 아니었다. 그렇기에 계율을 어기는 범계 및 파계의 수준과 여파, 그것이 갖는 불교사적 의미를 동일한 선상에서 비교할 수 없다.

다만 동아시아 차원에서 조선 의승군의 성격을 이해하기 위해 같은 시기 일본의 사례를 조금 더 살펴본다. 16세기 말에서 17세기 초에 일본에서는 일본이 신국(神國)이자 불국(佛國)이라는 인식이 부상하였다. 이때의 신불(神佛)사상은 가마쿠라시대에 성립한 신을 위주로 하는 '신본불적(神本佛迹)' 사고에 기초한 것으로서, 그 이전의 '불본신적(佛本神迹)'의 본지수적설(本地垂迹說)을 역전시킨 형태이다. 이를 중화(中華)사상을 변형시킨 일본형 변종 화이(華夷)사상으로 보기도 한다.[21] 그런데 이 신불사상은 신도와 불교를 결합시킨 것이지만 다른 관점에서는 호국과 호법을 일치시킨 전통적 사고의 연장선에서 나온 것이라 할 수 있다. 또한 에도시대 초기의 조동종(曹洞宗) 승려 스즈키 쇼산(鈴木正三)은 막부를 세운 도쿠가와(德川) 가문의 무사 출신으로, '사농공상(士農工商)이 각각 직분을 다하는 것이 바로 불법'이라는 직분불행(職分佛行)을 주장하였다. 이는 유교의 정명(正名)과 불교의 수행을 연계한 개념이었다. 이와 함께 그는 '세법즉불법(世法卽佛法)'을 내세워 막부가 불법을 일으키고 불법을 정치에 활용해 민중 교화와 단가(檀家) 감시에 이용할 것을 제안하였다.[22] 이는 '호국=호법'의 전통적 틀 속에서 세속 권력이 불교보다 상위에 있는 현실을 반영한 논리였다. 호국을 앞세운 조선의 의승군 활동도 결국 불교 교단이 국가권력의 영향력 아래 놓여 있던 공통된 상황에서 나온 것이었다.

조선에서 승단의 계율과 세속의 윤리가 충돌하는 가운데 충의를 선택한 것은 그만큼 당시 상황이 절박했던 탓도 있겠지만 국초부터 유교화를 추진해온 조선적 토양에서 파생된 결과이기도 하다. 조선의 유학자들은 부모를 버리고 출가한 승려가 군주를 위한 의무까지 다하지 않는다고 하여 효와 충을 저버린 부류라고 비판해왔다. 또 불교는 중화에서 나온 도가 아닌 인도에서 전래된 오랑캐 종교라고 하여 폄하하였다. 의승군 활동은 불교에 대한 이러한 윤리적·관념적 비판을 일거에 잠재우고 불식시킬 수 있는 절호의 기회였다. 풍전등화의 국가적 위기 앞에서 승려들이 자발적으로 들고 일어났고 몇몇 사대부 유생이 주도한 의병 활동에 비해 전혀 손색이 없는 뛰어난 활약상을 보여줌으로써 불교에 대한 사회적 인식은 완전히 바뀌었다. 장유(張維)가 쓴 휴정 비문에도 "만년에 (계율에) 얽매이지 않고 자유자재하였으니 겉모습만 보는 무리들은 혹 계율에 어긋난다고 의심했지만 식견을 가진 이들은 병통으로 여기지 않았다."[23]고 하여, 충의의 시대성을 실현한 불교계 주류의 손을 들어주었다. 불교계 또한 근왕(勤王)을 위해 나선 충의의 공적을 내세워 '세상을 구하기 위해 총림을 움직였음'을 과시하였고,[24] 불교가 '제세안민(濟世安民)'과 '복민우세(福民佑世)'에 도움이 됨을 자부하였다. 하지만 호국을 호법보다 우위에 두고, 또 계율을 저버리면서까지 호국을 지키려 한 것을 조선의 특수성이라고 하여 긍정적으로만 평가할 수 있을까? 또한 그 결과 불교의 존립이 가능해진 것을 결과적으로 호국을 통한 호교의 성취로 볼 수 있을 것인가?

호국불교 개념의 역사와 성찰

국가와 불교의 관계를 함축적으로 표현하는 '호국불교' 개념이 학술적으로 등장한 것은 식민지시기였다. 일본에서는 앞서 메이지유신 직후 신불분리(神佛分離)와 폐불훼석(廢佛毁釋)이 단행되었고 불교계는 큰 위기에 봉착한 후 천황제 이데올로기 확립과 군국주의 확산에 동참하였다. 1868년 일본의 여러 불교 종파들이 회합하여 결성한 제종동덕회맹(諸宗同德會盟)에서는 불교 수호를 위해 8개 방안을 결의하였다. 그중 첫 번째가 '왕법(王法)과 불법(佛法)은 서로 분리할 수 없음'이었다.[25] 이는 왕권과 불교의 긴밀한 관계를 강조한 것이었지만 실상은 국가권력에 불교가 종속되며 왕법 수호를 위해 불교계가 충성을 다하겠다는 의지의 표명에 다름 아니었다. 근대기에 들어 일본 불교계는 호법과 호국, 방사(防邪: 반(反)기독교)의 전략적 목표를 분명히 하였고, 호국불교의 기치를 내걸고 일로 매진하였다.

한국 불교계는 19세기 말 이후 일본불교의 영향을 크게 받았다. 이 시기에는 민족의식의 각성이나 국가 존망의 위기감보다는 문명개화의 시대를 맞아 불교가 근대종교로서 어떻게 생존할 것인지가 초미의 관심사였다. 1910년에 식민지가 되고 1911년 사찰령이 반포되자 불교계 주류는 환영 의사를 표명하고 대개 순응할 수밖에 없었다. 이는 당시 호국보다 호교, 민족보다 불교가 우선의 가치였음을 보여준다.[26] 그러다 1919년 3.1운동 이후 청년 승려를 비롯한 불교계의 혁신세력은 민족의식과 사회의식에 눈을 뜨게 되었다. 이들은 정교분리를 내세우며 교단의 자율권 확보와 통일기관 설립, 사찰령 철폐 등을 강력히 주장하였다. 하지만 세속 권력의 견제와 회유를 받았고 식민지 현실 아래서 체제 불교의 벽을 넘어서기는 어려웠다.

1930년대 후반부터는 중일전쟁이 시작되면서 전시(戰時)체제가 본격화되었다. 이 시기에는 내선일체(內鮮一體)와 황민화(皇民化)가 전략적으로 추진되었고 전시 국민 총동원령이 내려졌다. 당시 일본에서는 전시(戰時)교학과 황도(皇道)불교가 내세워지면서 천황의 국체(國體)와 불교를 결합시킨 이론이 주창되었다.[27] 일본주의 철학자로 불리는 기히라 다다요시(紀平正美)는 교육칙어를 입안한 이노우에 테츠지로(井上哲次郎)의 헤겔 철학과 변증법을 불교, 구체적으로는 화엄과 관련시켜 이해하였다. 그는 화엄교학과 쇼토쿠(聖德)태자의 17조 헌법을 연결시키는 논리로 『국체의 본의(國體の本義)』(1937)라는 책의 '화(和)' 부분을 서술하였다. 기히라는 일본의 국체가 법계연기(法界緣起: 일즉일체(一卽一切)의 민주주의)와 일원적 여래장연기(如來藏緣起)의 중간적 성격을 가진다고 보고 천황을 절대적 부동(不動)의 존재로 상정하였다.[28] 불교와 천황제 국가의 연결은 전시교학의 중요한 과제 가운데 하나였는데, 국가적 위기 상황에서 불교가 호국을 위해 힘쓴 역사적 전통이 새삼 주목되고 강조되었다. 이와 관련하여 일본에서는 불교가 가장(家長)과 가족(家族), 천황(天皇)과 국가(國家)의 일원적 가족국가를 지탱하는 종교적 역할을 해왔다고 보는 설도 있다.[29]

전시체제의 상황하에서 호국이나 호국불교는 시대의 화두로 떠올랐고, 이때의 호국은 일본과 그 국체인 천황을 수호함을 의미했다. 일본불교의 진호(鎭護)국가 담론은 1930년대 중반부터 일본 학자에 의해 한국에 소개되었고, 신라 불교의 호국사상 등 한국불교사 속에서 호국 전통을 찾으려는 시도가 이어졌다.[30] 또한 일본의 국가불교, 황도불교 노선을 그대로 답습하여 한국의 신문과 잡지에서도 진호불교, 전시불교와 같은 용어가 등장하였다. 학승이자 불교학자인 권상로(權相老)가 펴낸 『임전(臨戰)의 조선불교(朝鮮佛教)』(1943)에서는 계율의 조문에 저촉되더라도 목적과 동기가 올바르고 청정하면 계율을 지키는 것이며, 아무리 힘써서 불살생 등을 행해도 목적과 동기가 바르고 깨끗하지 않으면 안 된다고 주장하였다. 그러면서 국방(國防)이야말로 계율을 지키는 것이며 전쟁의 승리가 성불이라고 단언하였다. 한국불교의 호국의 역사를 강조하고 계율의 현실적 적용을 내세워 불교도의 전쟁 참여를 독려한 것이다.[31]

1945년 해방 이후에도 국가주의적 경향을 띤 호국불교의 잔재가 남았고 무비판적으로 계승되기도 했다.[32] 식민지 유산과 친일불교의 족쇄에 대한 과감한 청산이나 비판적 성찰 없이 식민지기의 관행이 그대로 이어진 것이다. 정치적 유신시대였던 1970년대에는 반공 민족주의와 경제 근대화론이 결합된 강한 국가주의의 분위기 속에서 호국불교 전통이 더욱 각광을 받았다. 1975년에는 조계종(曹溪宗)에 호국승군단(護國僧軍團)이 창설되어, 평상시에는 국민의 정신전력 강화에 이바지하고 유사시에는 사찰과 향토 수호를 담당하며 경우에 따라서 총도 들 수 있다고 헌장에 명기하였다.[33] 국가와 민족을 위해 기여해온 호국불교의 전통을 되살려 현실 정치의 장에 구현하려 한 것이다.

이 시기의 한국불교사 개설에서도 역사 속의 호국 전통을 한국불교의 특성으로 언급한 책들을 쉽게 찾아볼 수 있다. 우정상·김영태 공저 『한국불교사』(1969)에서는 불교가 호국신앙과 현세이익사상을 형성하고 서민의 생활불교를 완성해 민족문화를 창조했다고 평가하였다. 조선시대에 대해서는 불교 억압과 수난의 시대로서 종파도 종지도 없이 선의 법맥만 겨우 전하며 명맥을 유지했다고 하면서도 임진왜란 당시의 의승군 활동은 매우 강조하였다.[34] 한편 안계현의 유작 『한국불교사연구』(1982)의 총론에서는 고려 말 이후 유불교체가 일어나 불교가 배척당했지만 불교야말로 한국 정신문화의 주류였다고 하며, 주체적 수용과 신앙의 접목, 통일적 이념을 한국불교의 특색으로 꼽았다. 또 국가불교, 호국신앙

호국승군단

과 호국불교, 주술불교와 장례불교, 토착신앙과의 현저한 습합을 한국불교의 특징으로 보았다.[35]

김영태의 『한국불교사개설』(1986)에서는 조선시대를 산중 승단의 산승(山僧)시대 불교로 규정하고, 16세기 중반 이전을 선교양종 존립기, 17세기 전반까지를 산승 가풍 확립기, 17세기 후반 이후를 삼문수업(三門修業) 존속기로 구분하였다. 여기서도 휴정의 구국 홍법과 혜명 계승을 주요 주제로 다루었다.[36] 비슷한 시기에 나온 가마다 시게오(鎌田茂雄)의 『조선불교사(朝鮮佛教史)』(1987)는 식민지기 일본인 학자들의 부정적 입장과는 분명한 선을 그으면서 한국불교의 독자성을 인정하였다. 그는 서설에서 "한국불교는 일본불교와 완전히 다른 불교를 만들었고 중국불교와도 차이가 나는 독자적 불교를 한국인의 주체성에 의해 창조하였다."고 평가하였다. 가마다는 교리적으로는 종합불교, 신앙적으로는 무속신앙과의 결합 등 복합성을 한국불교의 특징으로 들었고 무엇보다 호국불교의 특성을 강조하였다.[37]

2000년대에 들어서 그동안 통상적으로 쓰인 호국불교 개념과 호국불교론에 대한 비판적 입장의 시론이 나왔다. 그리고 최근에는 호국불교에 대한 연구사 정리도 이루어졌다.[38] 그런데 호국불교를 어떻게 평가할 것인지에 앞서 한국불교사에서 나타난 역사적 사실들을 검증하고, 그것을 과연 한국적인 특성으로 이해할 수 있을지 비교사적 검토가 필요하다. 그렇기에 동아시아 각국에서 국가와 불교의 관계가 어떠했는지를 검토한 최근의 연구들을 살펴본다. 먼저 한국불교와 국가를 다룬 논문에서는 한국사에서 국가불교의 기본 틀이 신라 상고기에 이미 형성되었고, 살생을 수반하는 전쟁에 의해 영토국가를 수호하는 것과 불법을 수호하는 것이 다르지 않다는 인식이 퍼져 있었다고 한다. 이후 고려시대는 '국가의 제도화된 장치에 의해 운영, 통제되는 불교'였으므로 국가불교의 틀에서 이해할 수 있으며, 조선시대는 국가의 정책적 탄압과 활용이 강화된 시기로서 의승군은 불법보다 국가와 왕권을 우선시한 결과였다고 평가한다. 또한 근현대기 불교계의 권력지향적 경향도 전근대의 역사에서 배태되어 나온 것이라고 주장했다.[39]

중국에서의 불교와 국가 관계를 살펴보면, 불교 전래 후 남북조 때는 과도기였지만 수·당대에 이르러 교단이 국가에 의해 통제되었고 송·원대에는 그 통제장치가 더욱 정교해지는 한편 불교의 대중화도 이루어졌다고 한다. 이어 명·청대에는 국가의 교단 통제가 제한적 억제의 방향으로 추진되었지만 명대에는 일관성이 없었고 청대에 가서야 그 효력을 발휘했다고 보았다. 또한 불교 전성기인 수·당대에도 점령지에서는 억제정책이 행해졌고 폐불도 일어나는 등 중국에서 국가와 불교의 관계는 기본적으로 억제와 보호의 병행이었다고 주장한다. 결론적으로 보호는 억제를 동반하며 중국사에서 국가 중심의 정교결합 관계는 끝까지 지속되었다고 평가하였다.[40]

전통시대 동아시아의 일원이었던 일본에서도 왕법과 불법은 기본적으로 상호의존적이고 보완적 관계였다. 고대와 중세에는 여러 호국경전이 중시되고 불교의 진호국가적 성격이 강조되었다. 에도시대의 경우는 단가(檀家)제도와 장식(葬式)불교에 의해 전체 인민이 불교도가 되고 본말사(本末寺) 제도의 시행 등 막부에 의한 보호와 통제가 병행된 국가불교의 시대였다고 본다.[41] 기독교 방어를 명분으로 시행된 단가제도는 지역사찰에 재가신도인 단가를 등록, 관리하게 하여 교단을 행정체제 안에 끌어들인 것으로서 교단이 국가권력에 종속된 양태였다. 일본불교사 연구를 이끈 쓰지 젠노스케(辻善之助)는 에도시대의 특징을 불교의 쇠퇴와 승려의 타락이라고 하여 세속화, 통속화의 타락불교로 정의했다.[42] 근대기에는 국가주의적 특성, 권력에 종속, 호국불교의 측면이 더욱 강하게 나타났다. 다만 일본불교사에서 국가권력과 거리를 두고 충돌을 일으킨 대표적 사례로서 불법을 국가보다 우위에 두다가 소수파로 전락한 일련

종(日蓮宗) 불수불시파(不受不施派)를 들 수 있다.[43]

이처럼 동아시아에서는 지역과 시대에 따라 조금씩 차이가 있지만 기본적으로는 국가와 불교가 매우 밀접한 관계를 유지하였다. 이는 서구 유럽세계와는 다른 역사의 노정을 걸어왔음을 의미하며, 동아시아는 전근대 유럽사에 보이는 정치와 종교 간의 치열한 대립관계를 경험해본 적이 거의 없다. 서양의 근대는 정교분리를 내세운 종교개혁에서 그 연원을 찾을 수 있으며 이후 국가와 교회는 분리되었다. 하지만 동아시아에서는 불교의 경우만 보아도 왕법과 불법의 상호 보완과 공존이 끊임없이 추구되었다. 이러한 역사적 배경의 차이는 동아시아에서 정교분리와 종교의 자유라는 근대적 원칙이 철저하게 관철되기 힘든 상황으로 나타났다.

그런데 동아시아에서 나타난 국가와 불교 사이의 밀접한 관계와 호국불교의 가시화는 어떤 경전적 근거를 가진 것일까? 즉 불교 경전에서는 국가와의 관계나 호국을 어떻게 설명하고 있을까? 주요 호국경전에서 호국불교의 교리적 근거를 검토한 연구에 따르면, 이들 경전에서 타국에 대한 배타적 의식을 갖고 자국이나 국왕권을 수호한다는 개념은 찾아볼 수 없다고 한다. 오직 왕권의 타락을 막고 민생의 안정과 평화를 추구하는 것이 경전에 나오는 호국의 의미라는 것이다. 다만 『인왕호국반야경(仁王護國般若經)』은 정법(正法) 정치와 반야바라밀을 강조하는 승의제(勝義諦) 차원의 호국을 지향한 반면, 『금광명최승왕경(金光明最勝王經)』은 타력에 의한 구제라는 세속적 방편의 호국을 강조하였다. 결국 이들 경전에서 말하는 호국의 본질은 반야를 실천하는 것이었다고 해석한다.[44] 깨달음을 추구하는 호교의 실현을 위한 방편으로 호국을 이해한 것으로 볼 수 있다.

한국으로 돌아와서 역사상에 나타난 호국 사례와 호국불교 인식을 검토해보면, 호국과 호법은 불가분의 관계였다. 호법조차 쉽지 않았던 조선시대에 충의를 내세운 의승군이 일어난 것도 결과적으로는 호국을 통해 호교를 얻은 것이라고 할 수 있다. 한국불교의 호국 사례는 불교 본연의 가치와 괴리를 가질 수 있지만, 왕권이 불법보다 우위에 있던 동아시아적 맥락에서 호교를 위한 호국의 전통이 형성되어왔다. 다만 전근대기에 호국의 국은 근대적 의미의 국가나 민족, 더욱이 국민은 아니며 국왕, 또는 그에 준하는 국체에 해당하므로 지금은 호국 개념에 대한 원점에서의 재검토가 필요하다.[45]

한국불교는 고대부터 국왕의 안녕과 국가의 평안을 기원해왔으며 승려가 전쟁에 직접 참여하여 나라를 위기에서 구한 적도 있었다. 하지만 호국불교 개념이 근대의 국가주의적 관점에서 주목되어 민족주의에 의해 고양된 사실을 떠올리면, 그 안에 체제지향적 논리가 태생적으로 내포되어 있다는 점을 간과하면 안 된다. 종교와 국가의 관계, 승려의 전쟁 참여 등의 문제는 역사와 시대에 대한 깊은 이해가 전제되어야 하겠지만, 불교의 관점에서 그것이 갖는 의미는 어떤 것이며 공과는 과연 무엇인지 하나하나 따져볼 필요가 있다.

동아시아 중화질서에 균열을 일으키며 패러다임의 변동을 가져온 임진왜란은 한국사뿐 아니라 불교사에서도 매우 중요한 사건이었다. 나라를 구하기 위해 계율을 어기면서까지 전란에 뛰어든 의승군의 충의의 공적은 높은 평가를 통해 불교에 대한 사회적 인식을 제고시켰다. 또 남한산성 의승군으로 상징되는 승군의 운용과 승역의 관행화는 조선후기에 불교가 존립할 수 있는 제도적 기반이 되었다. 승군과 승역 활동의 반대급부로 승려 자격과 활동은 국가로부터 인정되었다. 이는 국가의 입장에서 불교가 이제 활용의 대상이었지 더는 억압과 배제, 타파의 대상이 아니었음을 의미한다.

하지만 의승군의 전쟁 참여는 살상을 금지한 계율을 어긴 명백한 범계 행위였을 뿐 아니라 수행 풍토가 약화되고 전란 후 환속하는 이가 속출하는 부작용을 낳았다. 또한 국역 체계 안에서 승역이 운용되고 승려가 국가에 노동력을 제공하게 된 것은 불교의 출세간적 지향을 전면적으로 침해하는 것이었다. 무엇보다 동아시아 세계에서 국가에 의해 보장되어왔던 '면세·면역 계층으로서의 승려상'이 완전히 무너져버렸다. 그나마 승역이 시작된 17세기에는 양역에 비해 그 부담이 적어 승려 자격을 획득하는 것으로 그만이었지만, 18세기 이후는 승역 부담이 양역에 비해 더욱 커졌고 그 결과 역환속이 발생하고 사찰에 경제적 과부하가 발생하는 일들이 생겼다.

한국불교사에서 호국과 호교는 수레의 두 바퀴처럼 함께 역사의 가도를 달려왔다. 이는 기본적으로 호국=호법의 구도를 의미한다. 이에 비해 조선시대 의승군은 호국에 초점이 맞추어진 호국불교의 상징적 사건이었다. 이는 전란이라는 특수한 상황에서 의도치 않게 발생한 사건일 수도 있지만 유교사회인 조선에서 불교계가 충의의 공적을 세워 존립의 정당성을 찾는 결과로 이어졌다. 하지만 의승군 전통이 승역의 관행화로 귀결됨에 따라 호교는 허울뿐이었고 과도한 경제적 부담과 사회적 위상의 하락은 물론, 국가권력으로의 종속이라는 부정적 유산을 남기기도 했다.

2. 불교, 국가 시스템 안에서 기능하다

의승군 전통의 계승과 남한산성 승군

임진왜란 당시 국가의 위기를 맞아 전국적 범위에서 일어나 큰 공업을 세운 의승군의 활동은 조선후기 불교의 향방을 결정짓는 전환기적 사건이었다. 정치와 사회에 무익할 뿐만 아니라 유교적 관점에서 윤리를 저버렸다고 지탄받아온 승려들이 의승군을 일으키고 충의의 공적을 세운 일은 당시는 물론 후대까지 높은 평가를 받았다. 이는 불교에 대한 기존의 부정적 인식을 상당 부분 해소하는 데 기여하였고, 조선후기 불교 존립의 중요한 배경이 되었다. 7년간 이어진 참혹한 전쟁은 불교의 종교적 효용성을 새롭게 주목하는 계기이기도 했다.[46] 전란 중에 서울 안팎의 시체를 묻는 데 승군이 동원되었고,[47] 야장(野葬)과 초제(醮祭)를 지낸 후 원혼 구제를 위해 재회를 개설한 사실 등이 당시 기록에 자주 등장한다. 특히 연고가 없는 무주고혼(無主孤魂)의 명복을 빌고 왕생을 기원하는 천도재(薦度齋)와 수륙재(水陸齋)가 승려들에 의해 설해졌다.[48] 이러한 분위기 속에서 불교 신앙과 재회는 사회적 호응을 얻어 점차 확산되어갔다. 1606년(선조 39)의 실록기사를 보면, 거사들이 도로를 수리한 후 서울의 북쪽 창의문(彰義門) 밖에서 승과 속이 함께 참여하는 대규모 수륙대회가 열렸다. 이는 여러 궁가(宮家)에서 후원한 것으로 철시(撤市)가 이루어지고 사녀(士女)들이 큰길에 가득 찼다고 한다.[49] 당시 남자는 거사(居士), 여자는 사당(社堂)이라 칭하며 승복을 입는 풍조가 생겨났고 백성과 사대부가 승려를 접대하고 부처를 공양하며 사신(捨身)과 재회를 베풀어 사회문제가 되었을 정도였다.[50]

그런데 임진왜란에서 그 효용성을 인정받은 의승군 활동은 병자호란 때도 재개되었다. 앞서 1627년에 발발한 정묘호란 당시 사명 유정의 문손 허백 명조(虛白明照)가 팔도의승도대장(八道義僧都大將)으로서 4,000여 의승군을 이끌고 평안도 안주 방어전에 참여하였고, 이후 병자호란 때는 군량 보급을 담당하였다.[51] 병자호란은 여진족이 세운 후금(後金)이 만주, 몽골, 중국을 아우르는 황제국 대청(大淸)의 건립을 선포하면서 조선에 군신(君臣)의 사대(事大)관계를 요구하며 1636년 12월에 일으켰다. 조선은 종묘·사직의 위패와 신주, 인조의 빈궁과 원손 등을 강화도로 먼저 피난시켰지만, 청군의 선발대가 예상외로 빠르게 내려와 강화도로 들어가는 길목을 막음에 따라 인조와 소현(昭顯)세자, 문무백관은 서울 남쪽의 남한산성으로 들어갔다.[52] 이들과 조선군이 추위와 배고픔에 시달리며 농성전을 펼치는 와중에 청과의 협상을 위해 남한산성 내에 있던 승려 두청(斗淸)이 인조의 명으로 적진을 오갔다. 또 항복한 후에는 묘향산 승려 독보(獨步)가 비밀리에 바닷길로 명에 가서 도독부(都督府)에 조선의 상황을 설명하고 청을 협공하자는 자문을 받아왔다고 한다.[53]

앞서 남한산성을 축성할 때 팔도도총섭(八道都摠攝)으로 임명되어 승군 동원과 통솔을 담당했던 벽암 각성(碧巖覺性: 1575-1660)은 병자호란 발발 당시 화엄사(華嚴寺)에 있었는데, "우리 승려들도 국왕의 신민(臣民)이며 더욱이 널리 구제함을 종지로 삼고 있다. 나랏일이 위급하니 차마 좌시할 수 없다."고 하여 승군 3,000을 모아 항마군(降魔軍)을 조직하고 출정하였다. 이때 "항마군이 호남의 관군과 앞을 다투어 충의를 세우기 위해 원조하러 온다."는 말을 듣고 인조가 기뻐했다고 한다. 하지만 북상 도중에 조선이 청에게 항복했다는 소식을 듣고 되돌아와야 했다.[54] 병자호란 이후 조선은 청을 상국으로 모셨지만 안으로는 명에 대한 의리(義理)와 존주(尊周)의 대의명분을 강조하였다. 불교계 일부에서도 존명(尊明)과 춘추대의(春秋大義)를 강조하며 성리학적 명분론에 동참하는 모습을 보였다.

병자호란 때 인조가 피난해 들어간 남한산성은 임진왜란 때에도 전략적 요충지로 주목되었다. 일본군으로부터 서울을 수복하고 몇 달 뒤인 1593년 10월에 삼도도체찰사(三道都體察使) 유성룡(柳成龍)이 남한산이 서울의 문호를 튼튼히 하는 방어상의 요지라고 보고하였다.[55] 또 1596년 12월에는 한강 남쪽 남한산성이 긴요한 보장처이므로 여기에 머물도록 명한 도총섭 사명 유정을 영남에 내려보내지 말고 이 성을 수축하게 하자는 비변사의 상주가 있었다.[56] 유성룡도 남한산성을 지키고 방비할 적임자로 유정을 거듭 천거하였다.[57] 임진왜란 때 조선의 낮은 성곽들이 일본군의 공성 전술에 취약점을 드러냈고, 그에 대한 대비책으로 전쟁이 끝난 후에는 명과 일본의 축성기술을 도입하여 성곽 방어시설을 강화하는 방안이 추진되었다. 특히 서울 방어를 위한 경기지역 산성의 수축은 중요한 과제로 시급하게 논의되었다.[58]

1623년에는 광해군이 명에 대한 의리를 저버리고 패륜을 저질렀음을 명분으로 들어 인조반정(仁祖反正)이 일어났다. 다음 해 2월에는 평안도의 병권을 쥐고 있던 이괄(李适)이 논공행상에 불만을 품고 난을 일으켜 서울이 일시 접수되고 인조는 공주까지 피난 갔다. 이를 계기로 당시 만주 일대를 석권한 후금에 대한 대처문제와 함께 수도의 방어 전략이 중차대한 현안으로 떠올랐다.[59] 이에 강화도와 함께 남한산성이 다시금 주목을 받아 수축 공사를 하게 된 것이다.[60] 남한산성 축성 공사는 1624년 4월에 시작되어 2년 반 정도 지난 1626년 11월에 완공되었는데,[61] 수축된 남한산성은 둘레가 6,297보, 옹성(甕城)이 3개, 대문(大門) 4개, 암문(暗門)이 16개였다. 남한산성의 방어를 위해 수호관청인 총융청(摠戎廳)이 설치되었고 수어사(守禦使)가 이를 관장하였다. 그런데 남한산성의 축성 공역에는 많은 승군(僧軍)이 동원되었으며, 주로 삼남지역의 승려가 주축이 되었다.

남한산성 내에는 9개의 사찰이 조성되어 병장기와 화약이 보관되고 의승군이 상시 주둔하며 방비를 맡게 되었다.[62] 9개 사찰 중 망월사(望月寺), 옥정사(玉井寺)는 원래 있던 절을 중창하였고 새로 지어진 것은 개원사(開元寺), 한흥사(漢興寺), 국청사(國淸寺), 장경사(長慶寺), 천주사(天柱寺), 남단사(南壇寺), 동림사(東林寺)의 7개 사였다. 산성의 북쪽 방향에 4개, 남쪽에 5개의 사찰이 두어졌는데, 북쪽은 장경사, 망월사, 동림사, 옥정사, 남쪽에는 개원사, 한흥사, 남단사, 천주사, 국청사가 자리 잡았다. 그리고 후에 영원사(靈源寺)가 세워지면서 남한산성 내의 사찰은 모두 10개가 되었다. 이 가운데 가장 오래된 사찰은 망월사로서 조선 태조가 도성을 건설할 때 서울 장의사(壯義寺)의 불상과 금자(金字) 『화엄경(華嚴經)』 1부 등이 이곳에 옮겨졌다고 전한다. 한흥사와 국청사는 산성을 수축할 때 벽암 각성이 가장 먼저 세운 사찰로서, 두 절의 이름이 '한흥(漢興)', '국청(國

淸)'인 이유를 당시에는 알지 못하다가 1636년 병자년에 후금이 국호를 청(淸)으로 개정하고 칸[汗]과 한[漢]의 발음이 같다는 사실에서 비로소 그 연유를 깨달았다는 일화가 전한다.[63]

남한산성의 사찰에는 승군 138명이 상주하였고 이후 경상도, 전라도, 충청도의 삼남지방과 경기도, 강원도, 황해도에서 승군 356명이 선발되어 매년 6차례 2개월씩 교대로 입번(入番)하게 하였다. 또 이들을 관리하기 위해 도총섭(都總攝) 1명, 승중군(僧中軍) 1명이 임명되었고 교련관(教鍊官) 1명, 초관(哨官) 3명, 기패관(旗牌官) 1명도 배속되었다. 이후 1756년(영조 32)에는 교대 입번제를 폐지하고 대신에 각지 사찰에서 고용전(雇用錢)을 거두어 산성의 상주 승군에게 지급하는 방식의 방번전제(防番錢制)로 바뀌었다. 당시 의승의 번전은 약 7,040량이었고 이를 관할하는 병방소(兵房所)와 곡식창고인 승창(僧倉)도 두어졌다.[64]

남한산성의 승군을 통솔하는 팔도도총섭직을 처음 제의받은 이는 사명 유정의 제자인 송월 응상(松月應祥: 1572-1645)이었다. 유정은 임진왜란 때 의승군을 이끌었고 전후 일본과의 외교를 주관하는 등 불교계는 물론 조야의 인정과 높은 평가를 받았다. 따라서 그의 제자인 응상에게 팔도도총섭을 맡기려 했지만 금강산에 주석하고 있던 응상은 이를 받아들이지 않았다.[65] 이는 당시 평안도를 비롯한 북쪽 지역 승려들이 외침에 대비하기 위해 남한산성 승군에 차출되지 않았던 것과도 관련이 있을 것이다.[66] 결국 남한산성 초대 팔도도총섭으로 임명된 이는 호남지역을 주요 근거지로 했던 부휴계의 벽암 각성이었다. 각성은 임진왜란 때도 수군의 전투에 참여하여 명의 장수에게 칭송을 받았고, 봉은사(奉恩寺)의 주지와 판선교도총섭(判禪教都摠攝), 무주 적상산성(赤裳山城)의 사고(史庫) 수호를 책임지는 규정도총섭(糾正都摠攝)을 맡기도 했다.[67] 또 화엄사(華嚴寺), 쌍계사(雙溪寺), 법주사(法住寺) 등 호남과 호서의 거찰 중창을 주관하였는데 이는 불교계를 대표하는 팔도도총섭의 높은 위상과 권위가 아니면 어려운 일이었다. 각성은 남한산성 축성의 공을 인정받아 인조로부터 '보은천교원조국일도대선사(報恩闡教圓照國一都大禪師)'의 시호를 하사받았고,[68] 뒤에 효종은 각성이 머물던 화엄사를 '선종대가람(禪宗大伽藍)'으로 칭하고 그의 안부를 물었다.[69] 그의 문도인 회은 응준(悔隱應俊)도 대를 이어 1647년에 남한산성 팔도도총섭으로 제수되었다.[70]

남한산성과 관련된 일화 하나를 소개한다. 팔도도총섭이 주석한 개원사는 남한산성 승군의 본사격 사찰이었고 쌀 몇 섬을 넣을 수 있는 무게 200여 근의 큰 놋쇠 솥 4개가 있었을 정도로 규모가 컸다. 개원사에는 뒤에 많은 불서(佛書)가 전래되어 보관되었는데 그 유래에 대해 다음과 같은 일화가 전한다. 병자호란이 끝난 1637년(인조 15) 가을 대장경 책함을 실은 주인 없는 배가 서호(西湖)에 표착하였는데 함에는 '중원 개원사 개간(中原開元寺開刊)'이라는 일곱 글자가 새겨져 있었고, 이를 괴이하게 여긴 인조가 이름이 같은 남한산성 개원사에 보관하게 했다는 것이다. 이후 1666년(현종 7) 절에 화재가 나서 화약고에 불이 붙었지만 갑자기 바람이 불어 불이 꺼졌고, 숙종대에도 화재가 나자 큰 비가 내려 불을 끄는 등 기이한 일이 많았다고 전한다.[71] 그런데 1681년 전라도 임자도에 표착한 중국 상선에 실린 가흥대장경(嘉興大藏經) 일부가 서울로 옮겨졌다가 남한산성 개원사에 소장된 사실로 미루어,[72] 앞의 개원사 대장경 책함 관련 기록은 오류이며 뒤의 일이 와전된 것으로 보인다.

이후 18세기에는 남한산성에 이어 승군이 재차 동원되어 북한산성과 성내의 사찰이 조성되었다. 1711년(숙종 37) 9월에 축성된 북한산성의 둘레는 7,620보였고 대문 4개, 암문 10개, 장대(將臺) 3개가 설치되었다. 또 팔도도총섭이 임명되었는데, 남한산성 초대 팔도도총섭 벽암 각성과 관련이 있는 화엄사 출신 승려 계파 성능(桂坡聖能)이 초대 팔도도총섭이 되어 승군을 이끌고 공역을 주관하였다. 축성된 북한산성에는 승영(僧營)이 설치되고 팔도도총섭을 겸하는 승대장(僧大將) 1인, 중군(中軍) 좌우별장

(左右別將)과 천총(千摠), 좌우병방(左右兵房) 등이 있었다.[73] 또한 산성 안에는 원래 있던 수사찰 중흥사(重興寺)와 태고사(太古寺) 외에 새로 건립한 노적사(露積寺), 서암사(西巖寺), 경흥사(慶興寺), 국녕사(國寧寺), 원각사(圓覺寺), 부왕사(扶旺寺), 보광사(普光寺), 보국사(保國寺), 용암사(龍巖寺)를 합쳐 총 11개의 사찰이 두어졌다. 각 사찰에는 수승(首僧)과 승장(僧將) 1인씩이 있었고 승군 350명이 6차례에 걸쳐 윤번 교대하였다.[74] 이처럼 남한산성의 조영과 방비에 승군이 활용되고 팔도도총섭이 임명되면서 승군제도의 관행적 운영이 본격화되었고, 이는 북한산성에도 마찬가지로 적용되었으며 1894년 갑오개혁 때까지 이어졌다.

승역의 관행화와 불교의 존립

임진왜란의 의승군 활동은 조선후기 불교 존립의 중요한 전기가 되었고, 승려 노동력의 공적 활용이라는 불교시책의 변화를 낳았다. 파괴된 도로와 다리를 보수하고 산성을 축조하는 등 전후 재건사업에 승려들이 참여하였고, 광해군대에 집중된 궁궐 조영에도 승도가 대거 동원되면서 큰 역할을 하였다.[75] 무엇보다 전란의 여파로 양역(良役)이 급감하면서 17세기 이후 요역(徭役)으로 노동력을 차출하는 대신 점차 물납세로 전환되었고, 피역(避役) 문제를 해결하고 부족한 노동력을 메우기 위해 노동자원으로 승역(僧役)의 활용에 주목하게 되었다. 피폐해진 민생과 붕괴된 경제기반 위에서 시급히 전후 복구사업을 이뤄내려면 많은 노동력이 필요했지만 현실은 그 반대였다. 7년에 걸친 전란으로 인해 피폐해진 민생을 살리고 경제를 재건하기 위해서는 사찰의 경제적 자원과 승려 노동력의 활용이 절실히 요구되었고, 이에 국역체계 안에서 승역을 제도적으로 운용하는 방안이 선택된 것이다.[76]

승려 노동력의 효율성과 조직적 동원의 용이함은 널리 인정되었는데,

1669년(현종 10)에 경기도 광주부윤(廣州府尹) 심지명(沈之溟)의 다음 평가에서도 알 수 있다. "지난 병자년(병자호란)에 승군의 힘이 큰 도움이 되었습니다. 승려들이 원하는 것은 벼슬자리를 얻으려는 것뿐이니, 그들 중에 문자를 아는 이들을 뽑아 승장으로 임명해서 큰 사찰에 들어가 주석하게 하면 반드시 유익한 점이 있을 것입니다. 신이 지난해 (남한산성) 북문과 서문을 건립할 때 일반 민정(民丁)이 3일 일한 것이 승군이 하루 일한 것에도 미치지 못했는데, 승려들은 부역할 때 죽을힘을 다하기 때문입니다."라고 하였다.[77]

승려 노동력 활용의 대가로는 승역을 진 승려에게 호패(號牌)나 도첩(度牒)을 발급해주어 승려 자격과 활동을 국가에서 보장해주는 방안이 마련되었다. 남한산성 의승군의 경우는 먼저 도첩을 발급해 정식 승려로 인정한 후 역이 끝나면 호패를 발부해서 역을 마쳤다는 사실을 입증해주었다.[78] 이처럼 승역의 부과와 그 대가로 주어지는 승려 자격 인정은 궁궐, 산성, 능묘, 제방 등을 조성할 때도 관례적으로 적용되었고 승역은 국역체계 속에서 제도적으로 운용되었다. 17세기 전반에 승역이 관례화됨에 따라 승군을 통솔하고 관리하는 총섭(摠攝) 제도도 정착하여 예조(禮曹)에서 정식으로 임명하였다.[79] 남한산성 팔도도총섭을 필두로 하여 『조선왕조실록』과 왕실 족보 『선원록』 등을 보관하는 4대 사고(史庫)에도 총섭이 두어졌다. 4대 사고는 강화도 정족산, 강원도 오대산과 태백산, 무주 적상산에 있었고, 각각의 수호사찰은 전등사(傳燈寺), 월정사(月精寺), 각화사(覺華寺), 안국사(安國寺)였다.[80] 그 밖에도 각지의 사찰에서 총섭직을 운용하였는데 왕명으로 사액된 해남 등의 표충사(表忠祠)는 물론 태조의 제전(祭奠)이 있는 함경도 석왕사(釋王寺), 예종의 원당인 금강산 유점사(楡岾寺), 왕실의 주요 원당인 속리산 법주사(法住寺), 고려대장경이 있는 합천 해인사(海印寺) 등 많은 곳에서 총섭 같은 승직명을 확인할 수 있다.[81]

도총섭이나 총섭이라는 승직(僧職)은 원(元)의 영향으로 고려 말에 일시적으로 쓰이다가 임진왜란 때 다시 등장하였다. 전쟁 당시 의승군을 조직하고 통솔하는 승장에게 공식 직책이 수여되었는데 처음에는 최고 위직을 조선전기 선교양종(禪敎兩宗)의 예에 따라 선교양종 판사(判事)로 하려고 하였다. 하지만 승려의 위상이 높아지고 선교양종이 다시 세워져 불교의 입지가 강화될지 모른다는 우려감이 표출되고 고위 승려의 권한 남용이 비판되기에 이르렀다.[82] 그 결과 선교양종 판사 대신 팔도도총섭 직책을 부여하고 각 도에는 선과 교 2명의 총섭이 두어졌는데, 당시는 전시였기 때문에 이들은 비변사(備邊司)에서 임명하고 인사관리를 담당하였다.[83]

총섭과 도총섭은 승병의 공을 평가하여 보고하였고 의승군 활동의 대가로 발급된 선과첩(禪科帖: 일종의 도첩)을 나눠주는 권한도 가졌다.[84] 승군에 대한 선과첩 지급은 선조가 강력히 주장했던 것으로 일부 반발이 있었음에도 시세의 급박함으로 인해 시행하지 않을 수 없었다. 특히 진주성(晉州城)이 일본군에 함락된 직후인 1593년 7월에는 선과 발급의 시행령을 재차 삼남에 내려 전공을 올린 승군에게 신속하게 지급하게 하였다.[85] 또 도총섭을 지낸 사명 유정처럼 큰 공을 세운 승장에게는 비록 실직(實職)은 아니지만 그에 맞는 품계가 제수되었다.[86]

이어 조선후기 불교시책의 주요 흐름과 승군 및 승역 활용의 양상을 간단히 정리해본다. 승군은 임진왜란에 이어 산성 축조에 동원되었고 궁궐이나 산릉 조영에도 차출되었다. 광해군 즉위 초에는 승군을 국가 방위에 참여시켜야 한다는 의견이 제기되었지만,[87] 궁궐 조성과 대규모 국가 공역에 주로 동원되었다.[88] 인경궁(仁慶宮) 공사에는 처음 승군 600명이 배정되었지만 추가로 각 도의 승군 1,500명이 가담하였다.[89] 승군의 궁궐 영건 참여는 이후 현종대까지 총 6차례나 이어졌고, 인조대에 1,420인이 원소(園所)에 부역한 것을 비롯하여 18세기 중반까지 산릉역에 모두 20차례 넘게 승도가 동원되었다.[90] 승역은 모든 승려가 다 부담하는 것은 아니었고 잡역과 마찬가지로 사찰별로 할당된 수를 채우면 되었다. 그 대신 국가에서는 별도의 통제책 없이 승려의 활동과 사찰의 존재를 용인하였다. 조정의 입장에서는 승려를 환속시키거나 사원을 철폐하는 것보다 이들로부터 승역과 잡역을 얻어내는 것이 훨씬 유리했다.

승역의 원활한 활용을 위해 승려를 호적대장(戶籍臺帳)에 등재하여 관리할 필요성이 생겨났고, 17세기 후반부터는 본향(本鄕)의 호적에 승려호(僧侶戶)를 기재하여 승려를 직역의 하나로 관리하였다.[91] 승려를 호적에 넣자는 논의가 나오던 무렵인 1652년에 전라도에서 발급된 관부(官府) 문서에서는 국가에서 승려들을 계층적으로 파악하고 있었음을 볼 수 있다. 즉 승려들을 고승(高僧), 선승(善僧), 범승(凡僧)으로 나누고 이들을 권면(勸勉)과 경계(警戒)의 대상으로 세분화하여 차별적으로 관리하고자 하였다. 이 중 고승은 수행에 매진하는 이들이었고 국가에서는 선승 중에서 능력에 따라 총섭과 같은 직책을 주어 사찰이나 승역 관련 일을 책임지게 하였다.[92]

한편 승역을 통해 국역체계에 이바지하게 된 불교계는 억불의 움직임에 대해서는 단호하고 자신감 있게 반대 의사를 표명할 수 있었다. 남한산성 팔도도총섭을 지낸 부휴계 백곡 처능(白谷處能)은 자수원(慈壽院), 인수원(仁壽院) 등 도성 내 비구니 사찰 철폐 등 억불책을 비판하며 장문의 상소문인 「간폐석교소(諫廢釋敎䟽)」를 현종에게 올렸다. 그에 의하면 "편오(編伍)의 군사 편제에 손실이 있어서 불교를 폐하려 하십니까? 지금 불도는 약해졌지만 승역은 매우 많고 승려들이 똑같이 호적에 편성되어 일반 양민과 다름이 없습니다. 황해도와 평안도에는 군적(軍籍)에 들어간 자들이 많고 경상, 전라, 충청의 삼남에는 관의 징집(남한산성 승군 등)에 따라야 하는 자들이 많습니다. 중국에 바치고 관에 진상하는 종이와 잡물도 모두 승려에게서 나오며 관아의 온갖 잡역도 독촉이 심합니다. 심지어 남한산성 등 천 리 길을 마다하지 않고 양식을 지어 나르고 매년 성을 지키는 일이 변방 수비대나 전쟁터로 나가는 군인과 같이 힘듭니다. 급한 변란이 생기면 일시에 모여 전장에 나아가 전열을 가다듬어 싸우니 은혜를 저버리는 이는 적고 의를 지키는 이들은 많습니다."[93]라고 하여 불교계의 고충을 토로하면서 국가에 대한 기여도를 강조하였다.

일시적이 아닌 제도적인 승군 활용과 도총섭 임명은 17세기 전반 남한산성에서 시작되었고 18세기 초에 만들어진 북한산성 승영의 승대장도 남한산성의 예에 따라 팔도도총섭 직책을 겸임하였다.[94] 두 산성을 합치면 모두 700명이 넘는 승군이 동시에 입역하였고, 1년에 6차례 평안도와 함경도를 제외한 6도의 승려들이 번갈아 상번, 입역하는 의승방번제(義僧防番制)가 시행되었다.[95] 당시 평안도 등 국경을 접하고 있는 북부지역 승려들은 군역(軍役)에 종사하였고 삼남지방 사찰과 승려들은 주로 공진(貢進)을 담당하는 것이 일반적이었다.[96] 그런데 이들 산성의 윤번 입역제가 각지 사찰에 과도한 부담을 주게 되었다. 이에 북한산성 도총섭을 역임한 호암 약휴(護岩若休)의 승려 신역(身役) 혁파 건의를 받아들여, 1756년(영조 32) 남·북한산성의 승군 윤번제를 폐지하였다. 대신 각지 사찰에서 고용전(雇用錢)을 거두어 산성의 상주 승군에게 지급하는 방번전제(防番錢制)를 실시하였다. 이는 승려들이 교대로 입역하는 대신 삼남지역의 경우 매년 승려 1인당 대략 20량씩 해당 사찰에서 분담하여 상주하는 승군을 재정적으로 지원하는 방식이었다.[97]

이처럼 영조대에는 '승려도 백성'이라는 기치 아래 산성을 제외한 국가부역에 승려를 과도하게 동원하지 못하게 하였다. 산릉역의 경우 1757년을 끝으로 종식되었고 지방의 기타 공역도 필요한 양식을 관에서 지급하게 하였다. 또 정조대에는 기타 잡역과 공물 부담으로 인해 액수를 충당하는 데 어려움이 크다는 건의를 받아들여 1785년(정조 9) 남·북한산성 방번전을 반으로 줄였다. 이로 인해 승군이 부담하는 번전은 총액의 40% 정도로 줄었다.[98] 이러한 일련의 조치는 17세기에 각종 공물(貢物)을 미곡으로 대납하게 하는 대동법(大同法)의 시행, 그리고 1750년 군포(軍布)를 2필에서 1필로 줄여 내게 하는 균역법(均役法)의 시행에서 나타난 양인의 국역 부담 경감, 현물화와 금납화의 정책기조가 불교정책에 반영된 것이었다.[99]

그런데 양인에 대한 국역 부과의 감소 추세는 승역이 양역에 비해 상대적으로 과중해짐을 의미했다. 이전에는 양역을 피해 승려가 되는 경우가 많았지만 18세기 후반에는 승역을 버리고 환속하는 '역피역'의 사례가 늘어났다. 또 승역이나 공물, 잡역 등이 과도하게 부과된 큰 사찰에서는 절을 비우고 작은 사암으로 승려들이 옮겨가는 일도 생겨났다. 따라서 이를 막기 위해 남·북한산성의 방번전제 시행과 후속되는 방번전 반감 조치가 이루어졌고, 원당 등 유명 사찰에 대한 잡역 혁파 공문이 빈번히 내려졌다.

정조대 불교시책에서 주목할 만한 것은 1790년 부친 사도세자에 대한 추숭의 염으로 용주사(龍珠寺)를 창건하면서 주지 보경 사일(寶鏡獅馹)을 팔도도승통(八道都僧統)으로 임명하고 남·북한산성 팔도도총섭을 겸임하게 한 일이다. 또 새로운 교단 자치기구인 5규정소(糾正所) 체제가 성립되어 전국의 승려를 규정하고 교단을 관할하는 권한이 부여되었다.[100] 5규정소는 팔도도승통의 관할 사찰인 용주사, 조선전기 선교양종 본사인 봉은사(奉恩寺)와 봉선사(奉先寺), 남한산성 개원사와 북한산성 중흥사였다. 이들 사찰에는 관할하는 도가 지정되었는데, 경기도는 5규정소 공동 관할 구역이었고 봉은사는 강원도, 봉선사는 함경도, 개원사는 충청도와 경상도, 중흥사는 황해도와 평안도, 용주사는 전라도 사찰들을 담당하였다. 수락산 흥국사(興國寺)와 서울 인근 봉원사(奉元寺)는 공원소(公員所)로서 직무 승려들이 체재하며 5규정소 업무를 보좌하였다.[101]

하지만 정조 사후 5규정소는 유명무실하게 되었고 이후 지역별·사찰별로 자의적 형태로 운영되는 등 성격이 변질되었다. 도총섭과 도승통 등의 공식 직책도 권위를 상실하여 규모가 큰 사찰의 경우 주지의 상급 직책으로 승통을 두거나 그 위에 총섭을 두는 등 임의로 남발되었다.[102] 이는 승군 통솔이나 교단 통합 및 자율적 관리라는 공적 기능과 대표성을 상실했음을 의미한다. 1859년(철종 10) 전라도에서는 승통제(僧統制)의 말폐를 논의하고 규정도승통(糾正都僧統)의 철폐를 결의하여 관찰사에 보고하는 사태까지 벌어졌다.[103] 이런 와중에 1879년(고종 16) 11월 북한산성 승창(僧倉)에 있던 군기(軍器)와 잡물(雜物), 전곡(錢穀), 둔토(屯土) 등이 무위소(武衛所)로 이속되었고, 1894년 갑오경장의 개혁조치가 단행되면서 남·북한산성 승군과 팔도도총섭 등 기존의 시책과 제도는 역사 속으로 사라졌다.[104]

국가의 위기 상황에서 승려가 계율을 저버리면서까지 전란에 참여한 의승군의 활약과 충의의 공적은 불교에 대한 사회적 인식을 전환시키기에 충분했다. 의승군 전통을 이은 승군의 운용과 승역의 관행화는 조선후기 불교의 존립을 가능케 하는 제도적 기반이 되었다. 승려의 존재는 국가로부터 인정되었고 국가 입장에서 활용해야 할 상대였지 배제와 억압의 대상이 아니었다. 하지만 이러한 양상은 오랜 역사 속에서 국가에 의해 보장되어왔던 특권적 승려상이 무너지고 형해화된 것이기도 했다. 그럼에도 조선후기 불교와 국가의 상호보완적인 공생관계에 대해서는 다양한 해석이 가능하다. 동아시아에서 종교는 기본적으로 정치권력에 종속되어왔고 독립적이고 자율적인 성역을 확보하기란 쉽지 않았다. 그렇기 때문에 조선시대 불교와 국가의 관계는 유교를 국교로 삼은 조선만의 특수성일 수도 있지만 동아시아 '근세의 지형' 속에서 보편적 담론으로 제기할 만한 문제이다.

제 2 장

세속 의례의 수용과 신앙의 외연 확대

유교사회의 종교적 지형과 시대성

1. 불교의례의 유교적 변용과 적용

종법 질서 강화와 불교 상례집에 미친 여파

숭유억불로 상징되는 조선시대에 불교가 존립할 수 있었던 가장 큰 이유는 무엇일까? 그것은 아마도 정토왕생과 내세의 추복을 기원하는 종교적 기능 때문이 아니었을까? 조선시대에 들어 불교식 상장례(喪葬禮)는 유교식으로 점차 대체되어갔지만, 불교식 관습을 준용해온 왕실 제례(祭禮)에 대한 논란이 이어졌을 정도로 불교전통의 권위가 한순간에 무너져 내린 것은 아니었다. 국가의례 등 공적 영역에서는 철저히 유교식 의례가 준용되었지만, 사십구재(四十九齋)를 비롯해 사후의 명복을 바라는 사적 영역의 불교 내세관과 염원은 계속되었다. 그럼에도 17세기 이후 조선후기에는 부계(父系) 종법(宗法)을 위주로 한 친족 관계와 관념이 정착되었고 그에 따른 예제가 사회 전반에 퍼져나가면서 유교식 상장례가 기층까지 확산되었다.

임진왜란과 병자호란의 양란을 겪은 17세기 전반에는 정치나 사상뿐 아니라 사회적으로도 성리학적 질서가 공고화되었다. 이 시기에는 불교 측에서도 시대 흐름에 부응하는 중대한 변동이 발생하였는데, 17세기 중반에 편찬, 간행된 불교 상례집에 당시의 변화된 시대상이 함축적으로 담겨져 있다. 임진왜란 때의 의승군 활동과 이후 국가부역 체계 내에서의 승역 활용으로 교단이 조직화되고 동일한 법맥 계승을 매개로 한 계파와 문파가 형성되면서, 문파나 사찰별로 인적 자원과 경제적 토대를 안정적으로 승계하기 위한 제도적 장치가 필요해졌다. 그것이 일반 사회의 친족 관계와 예제 변화를 그대로 반영한 불교 상례집의 간행으로 나타난 것이다.

조선시대에는 유교가 정치이념뿐 아니라 사유와 가치, 의례와 일상 등 사상과 윤리, 사회와 문화의 제반 영역에서 큰 영향력을 행사하였다. 500년 유교화의 긴 노정을 거쳐 유교가 한국의 주류 전통으로서 확고한 지분을 갖게 된 것이다. 개국과 함께 유교국가를 지향한 조선은 법제와 사전(祀典) 체제를 비롯한 문물제도를 유교식으로 정비하고 지역 공간의 유교적 재편을 시도하였다. 15세기에 국가 및 왕실의 예인 오례(五禮)가 『주자가례(朱子家禮)』와 같은 유교적 예서를 기본 준거로 하여 『국조오례의(國朝五禮儀)』로 집성되는 등,[1] 공적 영역에서는 유교적 패러다임으로의 전환이 거스를 수 없는 대세가 되었다.

그렇지만 왕실에서 일반민까지 전 계층에서 불교를 축으로 하는 '전통의 유제'가 일거에 혁파된 것은 아니었다. 15세기까지 국가에서 주관하여 여는 국행수륙재(國行水陸齋)가 치러졌고,[2] 왕실 원당(願堂)에 대한 보호와 특혜 조치는 조선 말까지 이어졌다.[3] 왕실의 경우 역대 조종(祖宗)의 법도라고 하여 제사상에 고기를 올리지 않는 불교식 제의를 행해왔는데 이는 유학자 관료들의 거센 비판을 받았다. 또 15세기 후반의 성종대에도 사대부 가문이 사십구재 등 불교식 상장례를 계속 행하여 문제가 되었다.[4] 일부 사족은 영당(影堂)이 부속된 사찰이나 분암(墳庵)에 해당하는 사찰과 암자를 제사를 받드는 봉제사(奉祭祀)의 보완시설로 활용하여 불교식 상·제례를 설행하였다.[5]

한편 『주자가례』에 입각한 삼년상(喪)의 준수, 가묘(家廟)와 신주(神主)

의 설치 등 유교적 예제의 준행은 사족에게는 점차 거부할 수 없는 의무가 되었다. 또한 『삼강행실도(三綱行實圖)』의 간행과 보급 등 국가적 차원에서 유교화 시책이 적극 추진되었다. 그 결과 16세기 후반부터 17세기에 걸쳐, 친족 관념과 상·제례, 개인의 윤리와 공동체 질서 등 여러 영역에서 명실상부한 유교사회로의 재편이 일어났다. 이제 유교적 관념과 준거틀은 모든 계층을 망라하여 개인의 삶에서 작동하였고, 이는 성리학적 가치와 유교의례가 조선 사회에 뿌리를 내리게 되었음을 의미한다.

이러한 시대변화의 추이는 16세기 후반부터 『주자가례』에 입각한 상·제례서가 가례서의 형태로 다수 편찬되기 시작한 사실에서도 감지된다.[6] 또한 상·제례에 적용되는 친족 관계의 규범과 기준에서도 중요한 변화의 조짐이 나타났다. 정치적으로도 훈구(勳舊)와 사림(士林)의 대립이 종식되고 선조대에는 사림이 중앙정계를 완전히 장악하였다.[7] 지방사회에서도 각 군현의 향교(鄕校)에서 유교 교육과 유생 양성이 체계적으로 이루어졌고, 15-16세기를 거치며 사족의 향촌 지배조직인 유향소(留鄕所), 자치규약인 향약(鄕約)이 만들어졌다. 또 사족은 지역의 공론 형성을 위해 향회(鄕會)를 구성하여 향촌공동체를 자율적으로 운영하게 되었다.[8] 이는 성리학이 태동된 송대(宋代)의 지역사회를 주도했던 향신(鄕紳)층과 마찬가지로 유교적 공동체를 지향하는 재지사족 중심의 향촌질서가 구축되었음을 의미한다. 17세기 이후에는 관아가 있는 읍치에서 떨어져 있는 사족 근거지에 서원(書院)과 사우(祠宇)가 다수 건립되어 사림의 정치·사회·학문적 거점이 되었다.

17세기 사회변화의 대표적 양상은 종법(宗法) 질서의 강화였다. 종법은 주대(周代)에 성립한 종족 관계 및 조직법으로 부계 혈통주의와 적장자 상속, 가장권과 족외혼 등을 주요 특징으로 한다.[9] 이러한 정통주의에 기초한 가부장적 종법 인식이 조선 사회에 확산되면서, 문중(門中)이 확고한 위상을 가지게 되었고 부계 동족촌(同族村)과 선산(先山)이 생겨났다. 이와 함께 종법의 친족원리인 오복제(五服制)에 의거한 오복친(五服親) 관계가 엄격히 적용된 상·제례가 일반화되었다. 17세기에 『주자가례』에 의한 예학(禮學)이 본격적으로 성행하게 된 것은 오랜 유교화의 결실이었고, 양란의 혼란상과 정치사회적 위기 속에서 오히려 명분 및 질서를 강화해야 할 필요성이 증가된 것과도 관련이 있다. 17세기 중반 두 차례에 걸쳐 일어난 왕실 예송(禮訟)도 국왕이 적장자인지 아닌지에 따라 복상(服喪) 기간과 예법을 달리해야 한다는, 정통론적 사고에서 나온 것이었다. 당시 서인(西人) 세력은 왕자(王者)의 예와 일반 사서(士庶)의 예가 동일해야 한다고 보았고, 남인(南人)은 왕실의 예는 특별한 것이므로 일반의 기준과 달라야 한다고 주장하였다.[10]

17세기 종법 질서의 강화는 어떤 사회적 변화를 초래하였을까? 먼저 가족 및 친족 공동체에 부여된 권리와 의무의 상징인 상속과 제사 문제를 살펴보자. 현재 우리가 아는 '전통'과는 달리 고려나 조선전기까지는 아들과 딸 사이에 차등을 두지 않는 자녀 균분(均分) 상속이 일반적이었다. 남녀 균분의 상속 관행은 법적으로도 인정받았는데, 15세기에 나온 공식 법전인 『경국대전(經國大典)』에는 "부모가 남긴 토지와 노비는 제사를 모시는 이에게 5분의 1을 더해주고, 나머지는 여러 자녀들에게 평등하게 나눠준다."고 되어 있다.[11] 재정 부담을 고려하여 제사를 받드는 이에게 그에 맞는 보상을 하면서도 아들과 딸 구분 없이 상속하는 것이 기본 원칙이었던 것이다. 심지어 상속을 둘러싸고 갈등이나 분란의 소지가 있을 때는 제비뽑기를 하여 재산을 나눈 사례도 있다.[12]

이처럼 상속이라는 권리의 장에서 남녀 균분 원칙이 지켜졌다면, 반대급부인 의무, 즉 제사와 봉양에서도 남녀 사이에 차등이 있으면 안 될 것이다. 실제로 장남이 제사를 지내는 장자 봉사(奉祀)가 기본이었지만, 아들과 딸이 돌아가며 부모 제사를 모시는 자녀 윤회봉사, 아들이 없으면 딸과 외손이 맡는 외손 봉사가 가능했다. 봉양을 수반할 수밖에 없는 거주의 원칙에서도 16세기까지는 결혼한 딸이 자신의 부모를 모시고 사는 것이 관행이었다. 이를 사위가 여자 집(처가)에 들어가 산다(장가가다)는 '서류부가혼(壻留婦家婚)'이나 장인이 사위를 데리고 산다는 '솔서혼(率婿婚)'이라고 불렀다.[13] 율곡(栗谷) 이이(李珥: 1536-1584)가 태어나 어린 시절을 보낸 강릉 오죽헌(烏竹軒)이 어머니 신사임당(申師任堂)의 집이었다는 사실은 그의 부친 이원수(李元秀)가 결혼 직후 처갓집에 살았다는 말이며 이는 당시에 전혀 이상한 일이 아니었다.

그러나 17세기 이후에는 남녀 차등, 장남 우대의 관습이 고착화되었다. 이제 아들(장남)이 재산을 거의 독차지하는 새로운 현상이 벌어지게 된 것이다. 물론 이 경우도 주요 상속자(장남)가 부모를 봉양하고 제사를 모시는 의무를 전담해야 했다.[14] 만일 아들이 없으면 가까운 부계 친족 가운데 아들 많은 집에서 양자(養子)를 들여 제사를 잇게 했다. 이는 같은 부계 혈족의 남자가 제사를 지내야 흩어진 망자의 혼백(魂魄)이 감응하여 제사를 흠향한다는 '동기감응론(同氣感應論)'에 입각한 발상이었다.[15] 상속, 제사와 함께 거주의 관행에서도 변화가 발생하였다. 이제 여자가 남자 집(시댁)에 들어가 사는(시집가다) 것이 점차 일반화되었고, 이를 반영해 남자가 여자를 집으로 데리고 오는 친영(親迎) 의식이 널리 행해졌다.[16] 이처럼 부계 중심, 장남 위주의 종법 질서가 사회 전반으로 확대되면서 친족 관계의 기본 원칙, 그리고 권리와 의무의 주체가 이전 시기와는 판이하게 바뀌었다.

당시의 혈연관념을 반영한 친족 관계망인 족보(族譜)에서도 시대적 변화상이 뚜렷이 나타났다. 현재 확인되는 조선전기의 족보는 남녀 구분 없이 출생 순서로 이름을 적고 친손과 외손의 차등이 없는, 부계와 모계의 계보가 망라된 내외 종합보의 형태였다. 하지만 16세기 후반을 기점으로 17세기 이후에는 동족의 개념이 종법에 의한 부계 중심으로 전환되면서 부계 동성보(同姓譜)가 대세가 되었다. 족보 기재의 대상이 부계의 경우 8촌으로 범위가 확대되었고 딸은 사위와 외손만 적고 그로부터 나온 후손은 사위 가문의 족보에 기재되었다. 또 출생 순서와 상관없이 아들을 먼저 적은 후 딸을 수록하는 방식으로 바뀌었다.[17]

부계와 모계를 형평성 있게 반영한 고려와는 달리 조선에서는 부계 중심의 오복제가 그대로 관철되었다. 예를 들어 『경국대전』에는 부계 증조부의 복상 기간은 당연히 규정되어 있음에 반해 그와 동일한 촌수에 해당하는 모계 외조부의 부친이나 조모의 부친은 전혀 고려의 대상이 아니었다. 다만 친족의 명칭은 고려의 유제가 조선전기까지 그대로 이어졌는데, 이는 부계와 모계의 구분 없이 같은 혈연거리[촌수(寸數)]의 모든 혈족을 단일한 호칭으로 부르는, 친족 관계와 혈연인식에서 중국과는 달랐던 '한국적 상황'과 무관하지 않다. 그러나 이 또한 17세기 이후에는 부계와 다른 계통을 구분할 필요성이 생기면서 새로운 조어(造語)가 생겨났다. 예를 들어 아버지의 형제나 어머니의 남자 형제를 모두 3촌 숙부(叔父)로 부르던 것이, 모계는 바깥 외(外)를 붙여 외숙부(外叔父), 외삼촌(外三寸)이라 칭하게 되었다. 3촌 숙모(叔母)도 원래는 '나'와 3촌 관계에 있는 여성 혈족을 가리키는 명칭이었고, 현재 우리가 아는 숙모는 3촌 숙부의 처라는 뜻의 숙처(叔妻)로 불렸다. 그러던 것이 부계 혈연이 중요해지면서 숙처는 숙모가 되었고 이전의 숙모는 혈연계통을 구분하여 이모(姨母), 고모(姑母)가 되었다. 4촌 형제도 비부계의 혈연계통이 분화하여 외삼촌 자녀는 외종(外從) 4촌, 이모와 고모의 자녀는 이종(姨從) 4촌, 고종(姑從) 4촌으로 나뉘어졌다.[18]

이처럼 16세기 후반부터 변동의 서막이 올랐고 17세기에는 종법 질서와 부계 중심 친족 관계로 급속한 전환이 이루어졌다. 이는 본격적인 유교사회의 도래를 알리는 신호탄이었다. 임진왜란 이후 사회적 대혼란은 역설적으로 정통주의적 명분의식과 종법 질서의 강화를 가속화시켰고, 이제 부계 종법의 시대가 활짝 열렸다. 그리고 이러한 사회변화의 시대적 양상은 전혀 무관할 것만 같았던 불교계에도 큰 파장을 불러일으키게 되었다.

17세기 중반에는 부휴계 벽암 각성(碧巖覺性)의 『석문상의초(釋門喪儀抄)』, 각성의 문도 나암 진일(懶庵眞一)의 『석문가례초(釋門家禮抄)』, 그리고 청허계 사명파 허백 명조(虛白明照)가 펴낸 『승가예의문(僧家禮儀文)』이 나왔다. 이러한 불교 상례집이 같은 시기에 집중적으로 등장하게 된 것은 어떤 이유에서였을까? 해답을 찾기 위해 불교 상례집의 간행 주체와 편찬 과정, 수록된 내용에 대해 먼저 살펴보자.

『석문상의초』는 부휴 선수(浮休善修)의 적전 벽암 각성(1575-1660)이 편자이지만 간행은 그의 사후에 문도인 백곡 처능(白谷處能: 1617-1680)이 주관하여 전라도 징광사(澄光寺)에서 개판되었다.[19] 1657년 칠불암(七佛菴)에서 쓴 처능의 발문에 의하면, "벽암 대화상이 널리 옛 책들을 엄선해 구하여 초록하고 편차한 『석문상의(釋門喪儀)』를 필사하였고, 계정(溪正)대사에게 청하여 책을 간행하게 되었다."고 간행 과정을 설명하고 있다.[20] 상권에서는 승가의 오복제, 장지까지의 행렬 절차와 기물 배치, 제전(祭奠) 절차 등을 소개하였고, 하권에서는 사리입탑법(舍利立塔法), 조문의 형식과 대상, 제례별 제문 양식 등을 기재하였다.

『석문가례초』는 각성의 제자 나암 진일[21]이 서문을 썼고 1660년에 간행되었다.[22] 진일의 서문은 『석문상의초』에 있는 각성의 서문과 연도(1636)는 물론 글자 몇 개를 빼고는 내용도 동일하다. 아마도 책을 간행할 때 서문을 수록하는 과정에서 어떤 착오가 있었던 듯하다. 권말에는 매곡 경일(梅谷敬一)의 발문이 있다. 상권에는 승속 오복, 제사 기물과 절차 등을 밝혔고 승인 망자를 대종사(大宗師)·염불인(念佛人)·좌선인(坐禪人)·판사인(判事人)·학도인(學道人)·평상인(平常人)으로 나누어 각각의 위패 쓰는 법과 다비의식 절차를 서술하였다. 하권에서는 불교 상례의 의의를 밝히고 장례법과 조문법, 다비와 사리의 입탑, 각종 제문 등을 자세히 다루었다.

부록으로는 「백장화상청규법(百丈和尙淸規法)」이 수록되었다.

『승가예의문』은 허백 명조(1593-1661)가 펴냈고, 1670년 통도사(通度寺), 1694년 옥천사(玉泉寺)에서 간행되었다.[23] 사명파를 대표하는 위상을 지니면서 승장으로도 활동한 명조는 당시까지 준칙 없이 제각각이었던 불교 다비법을 통일하기 위해 책을 펴내게 되었다고 밝혔다. 명정서식(銘旌書式)과 상례전제(喪禮奠祭)로부터 발인에서 쇄골까지의 절차, 금지 행위 등을 규정하였고 부록에는 작법(作法) 절차를 수록하였다.

양란의 혼란기를 겪고, 무엇보다 『주자가례』에 의거한 유교식 예제가 사회 전반으로 확산되고 있던 시기에 이처럼 불교 상례집이 집중적으로 나오게 된 원인은 과연 무엇일까? 벽암 각성이 1636년 화엄사(華嚴寺) 방장실(方丈室)에서 쓴 『석문상의초』 서문에는 책을 간행하게 된 배경과 이유에 대해 다음과 같이 설명하고 있다.

> 길례(吉禮)는 가볍지만 흉례(凶禮)는 매우 중요하다. 비록 우리 종은 적멸(寂滅)을 낙으로 삼지만 생사는 늘 비니(毘尼: 계율)에 따라 그 원칙에 부합하게 한다. 동국에서 석씨의 상의(喪儀)는 근거할 바가 없어 흉례가 다 다르다. (…) 나는 매번 이를 마음에 두었는데 근래 자각(慈覺)대사의 『선원청규(禪院淸規)』, 응지(應之)대사의 『오삼집(五杉集)』, 도성(道誠)의 『석씨요람(釋氏要覽)』을 얻어서 읽었다. 그중 가장 귀감을 삼을만한 것은 상례로서 매우 상세하였다. 다만 중국에서 우러르는 법이 동방의 예와 맞지 않아서 그 요점만 뽑아내어 상·하 편으로 나눈다.[24]

불교 상례를 변화된 현실에 맞게 새로 규정하여 적용할 필요가 있지만, 『선원청규』 등의 중국식 의례가 조선의 실정과 맞지 않으므로 적합한 내용을 발췌하여 책을 낸다는 취지이다. 매곡 경일이 1659년에 쓴

『석문가례초』 발문에는 바로 이 '동방의 예'와 관련하여, "주문공(朱文公: 주자)이 펴낸 속례(『주자가례』)를 얻어서 그에 의거해 불교 의례집에 빠져 있는 부분의 요점을 취하였다. 벽암 화상이 이미 『오삼집』, 『선원청규』 등을 채록해 『석문가례(釋門家禮)』를 펴내어 후학들에게 상차진퇴곡절(喪次進退曲節)을 자세히 알게 하였다."고 밝혔다.[25] 이는 당시 시행되던 불교 상례가 조선의 현실에 부합하지 않는다는 각성의 문제의식을 이으면서, 조선 사회에서 예학의 준거틀 역할을 한 『주자가례』를 참고해 그 내용을 보완했다는 것이다.

그렇다면 그 전까지 조선의 불교 상례는 대체 어디에 근거하였을까? 각성이 근래 얻어 보았다고 하는 송대에 나온 『선원청규』, 그리고 원대의 『칙수백장청규(勅修百丈淸規)』는 고려와 조선의 불교계, 특히 선종에서 기본 준거가 된 의식 규범서였다. 선원에서의 생활과 수행법, 제도 등을 규정한 최초의 선가 청규는 당의 백장 회해(百丈懷海: 749-814)가 만든 『백장청규(百丈淸規)』였다. 이후 송대인 1103년에 자각대사 장로 종색(長蘆宗賾)이 편찬한 『선원청규』는 『백장청규』가 전해지지 않던 상황에서 당시 행해지던 세칙들을 토대로 총림 운영에 필요한 규칙을 분류해 놓은 책이다. 이는 이후에 나온 청규의 기본이 되었고 중국은 물론 한국과 일본 선종에도 큰 영향을 미쳤다. 한편 원의 순제의 칙명으로 1336-1343년 사이에 백장 덕휘(百丈德輝)에 의해 완성된 『칙수백장청규』는 『선원청규』를 비롯한 기존 청규들을 종합한 책으로 가장 많이 간행되고 유통되었다. 『칙수백장청규』는 제일 앞의 축리장(祝釐章)과 보은장(報恩章)에서 황제와 국가의 안녕을 빌고 국은(國恩)을 강조하였으며, 주지가 사찰 내의 승직을 임명할 때 대중의 동의가 필요하다고 한 『선원청규』의 규정을 없애는 등 총림의 공동체적 성격이 크게 약화된 것으로 평가된다.[26]

고려에서도 『선원청규』는 보조 지눌이 1205년에 저술한 『계초심학인문(誡初心學人文)』에 인용되는 등 선종의 기본 규범서로 중시되었다. 그러다가 14세기 후반 태고 보우가 원에서 임제종 법맥을 잇고 인가를 받아 돌아올 때 『칙수백장청규』를 가지고 와서 유포시킨 이래 의례 및 일상생활의 새로운 준거가 되었다. 원 간섭기 고려 불교계는 고려 국왕에 앞서 원 황제와 황실의 안녕과 번영을 기원하였는데 이 또한 『칙수백장청규』에 의거한 것이었다.[27]

한편 조선 개국 초 조계종 흥천사(興天寺) 감주(監主) 상총(尙聰)이 태조에게 올린 건의문에는, 당시 불교계의 편향성에 대한 우려와 함께 지눌의 수선사(修禪社) 전통을 회복해야 한다는 제언이 담겼다. 상총은 명리(名利)를 다투는 폐단이 남아 승려들이 선 수행과 교학 연구를 하지 않는다고 지적하면서 선과 교를 겸수해야 하며 특히 선종은 지눌의 유제를 따라야 한다고 주장했다. 그는 중국풍의 불교를 높이 받드는 모화승(慕華僧)들이 의례작법에서 전통을 계승하지 않는다고 비판하고 지눌의 수선사 작법을 회복해야 한다고 역설했다.[28] 상총이 주목한 중국식 규범과 조선 풍토의 차이는 200년이 훌쩍 지난 17세기 전반의 상황이 되면 그 괴리가 더욱 커졌을 것이다.

그렇다면 17세기에 나온 불교 상례집에서 각성이 말한 '동방의 예'와 매곡 경일이 속례에서 취해 보완했다고 하는 내용의 핵심은 무엇일까? 그것은 바로 부계 종법적 친족 관계의 기본 룰인 오복제(五服制)의 수용이었다. 오복제는 친족의 상을 당했을 때 친소 관계에 따라 상복을 입는 기간을 다르게 규정한 것이며, 오복친(五服親)은 오복제에 의해 상복의 형태와 상례의 지속 기간을 규정한 친족조직이다. 상복의 종류는 참최(斬衰: 3년), 자최(齊衰: 1년), 대공(大功: 9개월), 소공(小功: 5개월), 시마(緦麻: 3개월)로 구분되며, 이러한 다섯 복제가 적용되는 범위가 유복친(有服親)이다.[29]

이전 고려나 조선전기에는 부계와 모계 계통을 동일하게 취급하는 '양측적 친속 관계'였던 것이 17세기에는 '동고조(同高祖) 8촌'으로 상징되는 부계 혈연 중심의 친족 관계로 전환되었다. 이러한 상황에서 부계 종

법에 입각한 친족제도와 관념을 반영한 가례서가 많이 나왔고 예학에 관한 논의가 활발히 일어났다. 당시 예제와 예학의 가장 중요한 전거가 되었던 것이 『주자가례』였고, 불교 상례집에도 그러한 시대변화의 양상이 투영되어 나타난 것이다.[30] 이와 관련하여 17세기 중반에 편찬된 3종의 불교 상례집의 항목 구성을 비교해보면, <표 13>과 같다.

부휴계에서 나온 『석문상의초』와 『석문가례초』에는 각각 「승오복도(僧五服圖)」와 「승속오복도(僧俗五服圖)」가 첫머리에 들어 있고, 더욱이 『석문가례초』에는 세속 친족의 오복제 적용 기준표인 「본종오복지도(本宗五服之圖)」, 친족간의 거리를 계량화한 한국만의 독특한 촌수 전통을 오복제에 반영한 「본종오복촌수도(本宗五服寸數圖)」가 수록되었다. 사명파의 『승가예의문』에도 오복 중 시마(緦麻)를 제외한 4복으로 상복의 기준을 정한 「승상복도(僧喪服圖)」가 실렸다. 이들 불교 상례집의 오복도, 상복도 등의 내용에서 특이한 점은 세속 족친과 문파 내의 사제를 모두 대상으로 했다는 점이다. 망자에 대한 천도와 제사의 의무, 상속의 권리 등 제반 사항을 고려해볼 때, 승단의 사제와 속가 친족의 관계망을 함께 넣은 점은 매우 의미심장하다.

『석문상의초』의 「승오복도」, 『석문가례초』의 「승속오복도」, 『승가예의문』의 「승상복도」에서 승속에 각기 적용되고 있는 오복제 규정과 촌수를 정리해보면 <표 14>와 같다.[31] 속가의 경우는 당시 사회에서 통용되던 친족 관계 및 촌수를 그대로 받아들였고, 승가는 가장 가까운 1촌 부모에 해당하는 스승을 양육사(득도사), 수계사, 수업사로 나누어 최장 기간인 3년상의 대상으로 정하였다. 그리고 갈마사(羯磨師)와 교수사(教授師)도 2촌 조부모와 같은 주년(1년)에 배정하였다. 다만 부휴계에서 나온 『석문상의초』와 『석문가례초』에서는 양육사, 수계사, 전법사가 모두 3년상의 최고 위상을 동등하게 가졌고 앞 책의 경우 수학사(授學師)까지도 그에 포함되었음에 비해, 사명파에서 만든 『승가예의문』에는 (수)

〈표 13〉 불교 상례집 항목 비교

연번	석문상의초	석문가례초	승가예의문
1	〈상편〉 *僧五服圖	〈상편〉 *僧俗五服圖	名旌書規
2	龕柩孝堂圖	奠物節次	喪禮奠物節次
3	哭	*本宗五服之圖	身體發引時行立規
4	祭奠	*本宗五服寸數圖	次咽導引聲唱十二佛號
5	行吊	龕柩孝堂圖	茶毘法師振鈴請返魂着語
6	受吊	名旌書規	茶偈
7	奔喪	茶毘作法節次	五方佛請書規
8	葬法	身體發引時行立規	無常戒偈 (造長幡寫之)
9	闍維	五方幡書規	消身處置水哭(口+尤)法
10	〈하편〉 舍利	無常戒偈(造長幡書此偈)	碎骨法
11	立塔	返魂着語某靈	*僧喪服圖
12	銘	擧火篇 下火篇(下火時)	送葬時禁斷規
13	稱孤	茶毗法師唱奉送篇	〈부록〉 茶毗作法文
14	疏子	碎骨法	
15	吊書法	擧物誡	
16	唱衣	送葬時禁斷規	
17	忌日	祭奠釋名	
18-33	祭文式樣	〈하편〉 杖 / 哭 / 行吊 / 受吊 / 奔喪 / 葬法 / 闍維 / 舍利 / 立塔 / 銘 / 稱孤 / 忌日 / 疏子 /吊書法 / 慰書法 / 祭文式樣	
34		〈부록〉 百丈和尙清規法	

* 는 오복제 관련 항목

계사만을 3년상의 대상으로 규정하고 수업사는 주년으로 줄였으며 양육사는 계사에 포함시켜서 그런지 별도로 기재하지 않았다. 18세기 전반 사명파의 계보도에서 유정의 스승을 전법사 청허 휴정이 아닌 득도사인

〈표 14〉 승속 오복제 규정과 촌수

	석문상의초		석문가례초		승가예의문	
	승 (촌수)	속 (촌수)	승 (촌수)	속 (촌수)	승 (촌수)	속 (촌수)
삼년 (25개월)	養育師(1) 得戒和尙(1) 受業師(1) *授學師(1)	부모(1)	養育師(1) 受戒師(1) 受業師(1)	부모(1)	戒師(1)	부모(1)
주년 (12개월)	親上弟子(1) *羯磨師 *教授師	조부모(2)	親弟子(1)	조부모(2)	親弟子(1) *受業師(1) *羯磨師 *教授師	조부모(2)
대공 (9개월)	祖師(2) 親上法孫(2) *僧兄弟(2) 僧伯叔(3) 證戒師 魚山師	백·숙부(3) 형제 (2)	祖師(2) 親法孫(2) 僧伯叔(3) 證戒師 魚山師	백·숙부(3) 형제자매 (2)	*僧兄弟(2) 親法孫(2) 僧伯叔(3) *僧姪(3)	백·숙부(3) 형제(2) 자매(2) *질(3)
소공 (5개월)	*僧姪(3) *義伯叔	*질(3)	*僧兄弟(2)		*義伯叔	
시마 (3개월)			*僧姪(3) *羯磨師 *教授師 *授學師 *受業弟子	*질(3)		
隨喪	*受業弟子 *義兄弟				*受學師 *受弟子 *同法門 *義兄弟	

승려 사제의 촌수는 속가 친족의 촌수 관계로 비정, * 는 서로 상이한 내용

직지사(直指寺)의 신묵(信默)으로 기재한 것을 보면,[32] 사명파가 조선전기 이래의 전통적 득도사(수계사) 위주의 사승관계를 여전히 중시했고 조선 후기에 새로 형성된 전법사 중심의 법맥인식은 다른 문파에 비해 약했던 것으로 보인다.

17세기 이후 불교계의 동향은 법을 전수해준 전법사가 득도사(수계사) 이상의 반열에 올랐을 뿐만 아니라 점차 최고 권위를 갖게 되었다. 가장

규모가 컸던 청허계의 주류문파 편양파에서는 17세기 전반 임제태고법통(臨濟太古法統)을 주창한 이래 18세기 『해동불조원류(海東佛祖源流)』, 19세기의 『동사열전(東師列傳)』에서 볼 수 있듯이 법통에서 연원한 전법사의 법맥 계보를 사승관계의 일차적 기준으로 하였다. 한편 해남 대둔사(大芚寺: 대흥사)의 12대 종사(宗師)와 12대 강사(講師)의 사례처럼 강학이 매우 활성화된 18세기 이후에는 전법의 기준이 선의 법맥 전수와 함께 (화엄) 강학의 전수가 고려되기도 했다.[33] 이처럼 17세기에 법맥을 매개로 한 문파와 법통이 형성되고 불교 상례집에는 부계(=법맥 계보) 중심의 오복제가 수용됨으로써 이후 전법 위주의 사제관계와 법맥 계승이 관례로 굳어졌다.

계·문파의 조직 원리와 권리 및 의무

임진왜란의 화마는 불교계에도 막대한 인적·경제적 손실을 가져왔다. 전란 후 사원 중창을 위해서는 경제적 지원과 함께 단위 사찰과 교단 전체의 결속력이 필요했다. 앞서 의승군 활동은 불교에 대한 사회적 인식의 전환과 함께 교단의 전국적 조직화를 초래하였으며, 이는 불교 재건의 기본 동력이 되었다. 그 결과 17세기에는 불교 계파(系派)와 문파(門派)가 형성되었는데, 부계 혈연의 동성 문중이 강화되고 있던 당시의 사회 변화와 전혀 무관한 일이 아니었다. 계파 및 문파의 구성은 적전을 위주로 한 사제간의 법맥 전수를 매개로 한 것인데, 이것과 부계 적장자로 이어지는 종법적 친족질서나 문중 조직은 원리상 다르지 않다.

17세기 전반에 형성된 불교 계파는 청허 휴정(1520-1604)의 청허계, 그의 동문 부휴 선수(1543-1615)의 부휴계였다. 이 두 계파는 양대 산맥을 이루며 이후 불교계를 주도하였는데, 휴정의 높은 위상을 반영해 청허계가 전국적 영향력을 갖는 최대 계파로 부상하였고 편양파(鞭羊派), 사명파(四溟派), 소요파(逍遙派), 정관파(靜觀派)의 4대 문파로 나누어졌다. 부휴계는 송광사(廣寺)를 본사로 삼아 호남 일대를 주요 거점지역으로 하였고 청허계에 비해서는 단일한 법맥 계보로 이어졌다.[34] 공통의 정체성을 공유하며 사승 법맥으로 조직된 계파와 문파는 배타적 결속력을 키우면서 근거 사찰과 지역을 확보하였다.[35] 또한 문파와 그 세력범위 안의 사찰을 통해 법맥 전수와 경제적 상속이 가능해졌다. 이는 문파 내의 사제관계가 일반 사회의 부모 자식과 마찬가지로 봉양과 제사라는 의무, 전법(종법)과 상속이라는 권리의 주체였음을 의미한다.

허균

계·문파의 형성은 같은 법맥의 계승을 매개로 하였기에, 부계 친족과 문중에서 시조나 중시조가 큰 의미를 지니듯이, 조선 불교의 법맥이 누구로부터 시작되었고 또 어떤 정체성을 가지는지가 매우 중요한 문제로 떠올랐다. 그러한 시대적 배경에서 나온 것이 바로 법통이었다. 청허 휴정은 자신의 조사인 벽송 지엄(碧松智嚴: 1464-1534)이 "연희(衍熙)교사로부터 원돈(圓頓) 교의를, 정심(正心) 선사로부터 서래(西來)의 밀지를 배우고 깨쳤다."고 밝혔지만,[36] 그 이전의 법맥 사승에 대해서는 전혀 언급하지 않았다. 대신 지엄이 간화선(看話禪)을 주창한 송의 대혜 종고(大慧宗杲)와 원대(元代)의 간화선승 고봉 원묘(高峰原妙)를 멀리 이었다고 하였다.

하지만 휴정 사후 17세기 초에 조선 선가(禪家)의 법통설이 새로 제기되었다. 처음 나온 것은 휴정의 수제자 사명 유정이 입적한 직후 그와 교분이 있던 허균(許筠)이 1612년에 제기한 고려나옹(高麗懶翁)법통이었다. 이는 유정의 문도들이 주도한 것으로, 법안종(法眼宗), 임제종(臨濟宗), 조동종(曹洞宗) 등 고려의 다양한 선종 전통과 함께 보조 지눌이 강조되었고, 고려 말 나옹 혜근(懶翁惠勤)이 원의 평산 처림(平山處林)에게 전수해온 임제종 법맥을 법통으로 세운 것이었다.[37] 하지만 1625년부터 1640년까지 약 15년간 휴정의 말년 제자 편양 언기가 주관하여 임제태고법통이 주창되었다. 이는 고려의 선종 전통을 배제하고 고려 말 태고 보우가 원의 석옥 청공(石屋淸珙)에게 인가받아온 임제종 법맥을 법통으로 삼은 것이었다. 이 법통의 계보는 태고 보우 이후 환암 혼수(幻庵混修)-구곡 각운(龜谷覺雲)-벽계 정심(碧溪淨心)-벽송 지엄(碧松智嚴)-부용 영관(芙蓉靈觀)-청허 휴정과 부휴 선수로 이어진다.[38] 이 임제태고법통은 공식 법통으로 인정되었고 이를 통해 조선 불교 선종의 정체성과 정통성을 대내외에 표방하게 되었다.[39]

문파의 형성과 법통 성립은 사제간의 법맥 전수, 즉 '전법(傳法)'을 필수 요소로 한다. 그런데 전법의 주체인 전법사(傳法師)가 원래부터 확고한 위상을 가졌던 것은 아니다. 이는 이전에는 부계와 모계가 동등한 양측적 친속 관계가 주류였다가 조선후기가 되어 부계 중심의 친족질서가 공고화된 것과 같은 양상이다. 정식 승려가 되는 과정은 출가하여 양육사(養育師)로부터 득도(得度)하고 사미(沙彌) 단계를 지나 증명사(證戒師)의 증명하에 수계사(受戒師)로부터 구족계(具足戒)를 받아야 했다. 휴정 이전에 법제적인 도승(度僧)제도가 있던 시기에는 승려가 출가하여 득도하면 승적을 소관 본사에 편입하고 득도사(得度師: 수계사)의 제자로 인정하는 것이 일반적이었다.[40]

조선전기 승정체제는 『경국대전』의 선교양종(禪敎兩宗) 체제를 근간으로 한다. 그러나 중종대인 16세기 초에 양종이 혁파되고 제도적인 도승이 시행되지 않으면서 승려 자격을 공식적으로 인정하는 도첩(度牒) 수

여의 법제적 규정이 효력을 잃었다. 이러한 변화가 장기적으로는 사승관계의 기준과 인식에 변동을 초래한 것이다. 16세기 후반에 활동한 휴정을 예로 들면, 양육사(득도사)는 숭인(崇仁), 수계사는 경성 일선(慶聖一禪), 전법사는 부용 영관(芙蓉靈觀)이었다. 이 중 전법사 영관의 위상이 가장 높게 평가되고 지엄-영관-휴정으로 이어지는 적전 계보가 법통에서 정통성을 인정받았다. 법사(전법사)가 은사(득도사, 수계사)보다 높은 위상과 권위를 갖는 시대로 바뀐 것이다.

그런데 휴정 당시에는 전법사 부용 영관뿐 아니라 수계사 경성 일선도 동등한 위상의 스승으로 받들어졌고, 휴정이 말년에 주석한 묘향산 보현사(普賢寺)는 일선의 근거지를 물려받은 것이다.[41] 일선의 고향인 울산 운흥사(雲興寺)에서 후대인 1690년에 개간한 『이로행적(二老行蹟)』은 휴정이 찬한 『삼로행적(三老行蹟)』에서 오히려 영관을 빼고 지엄-일선-휴정의 계보를 정통으로 삼은 것이었다.[42] 또한 초기에 나온 태안사(泰安寺) 간행 2권본 『청허당집(淸虛堂集)』에는 영관의 행적이 들어 있지 않았는데, 뒤에 만들어진 묘향산 4권본 『청허당집』에 가서야 수록되었다.[43] 이러한 정황을 고려해볼 때 휴정 당시까지는 전법사 영관이 수계사 일선에 비해 압도적 위상을 차지하지는 못했다는 추정이 가능하다. 하지만 휴정 사후 법통설이 정립되고 전법사의 법맥 전수가 사승관계의 가장 중요한 기준으로 권위를 획득되면서, '전법사 영관이 부(父), 수계사 일선이 숙부(叔父)'라는 사법 위주의 서열이 힘을 얻었다.[44] 다만 일선을 강조한 울산 운흥사의 『이로행적』처럼 이전 시대의 유제가 남아 있는 경우도 있었다. 18세기 전반 경상도 지역의 사명파 계보도에서 유정의 스승을 전법사 휴정이 아닌 출가사찰 직지사의 득도사 '중덕대선사(中德大禪師) 신묵(信黙)'으로 기재한 것이 그러한 사례이다.[45]

17세기 이후에는 법맥의 전수가 사승관계의 가장 중요한 잣대가 된 '전법의 시대'가 되었다. 18세기 후반 편양파 사암 채영(獅巖采永)이 펴낸 『해동불조원류(海東佛祖源流)』(1764)는 임제태고법통에 연원을 두고 전법사를 기준으로 당시까지 이어진 계파와 문파 계보를 망라해놓은 전등사서이다.[46] 19세기에는 전법의 상속을 기준으로 한 「승족보(僧族譜)」도 등장하였는데, 『동사열전(東師列傳)』의 편자 범해 각안(梵海覺岸: 1820-1896)이 쓴 「승족보서(僧族譜序)」에서는 족보의 편찬 배경과 의미를 다음과 같이 밝히고 있다.

> 성(姓)은 생(生)이니 조부(祖父)에서 생겨난 것이요 족(族)은 속(屬)이니 자손이 서로 모두 연결되어 이에 속하게 된다. 시조로부터 아래로 백세에 미쳐서 방계 지파로 나뉘며 각기 수많은 파를 이루니, 백두산(白頭山)에서 여러 강이 갈라져 나오는 것과 같다. 산수(山水)를 갖추어 지지(地誌)에 수록해 전하듯이 성족(姓族)도 족보에 상세히 기재하여 전한다. (…) 유나(維那) 적공(寂公)이 "문중의 운이 불행하여 막중한 세계(世係)가 요승(妖僧)의 손에 없어진 지 지금까지 수십 년이 되어 살펴볼 수가 없었다. 다행히 지난번에 천 리 밖에서 이를 보았는데 빼앗아올 수 없어서 종이에 옮겨 적고 돌아와서 다시 새 족보를 만들었다."고 하였다.[47]

17세기 전반 문파의 형성과 법통 성립은 사제간의 법맥을 매개로 한 것이었고, 이는 유교사회로의 전환과정에서 나타난 문중, 도통, 부계 친족질서 강화와 맥락을 같이한다. 또 일반 사회에서 부계 가문 중심의 족보가 성행했던 것과 마찬가지로 불가에서도 법맥 위주의 승족보가 나왔다. 그런데 사회 구조 및 질서의 변화가 아무리 불교계에 큰 영향을 미쳤다고 해도, 불교 상례집에 오복제는 왜 들어간 것일까? 오복제는 부계 중심 종법 질서의 상징이었고, 권리와 의무를 둘러싼 친족 내의 친소 관계를 규정한 것이었다. 불교계에서 상례집에 오복제를 채택한 이유, 그리고 그 활용방식을 푸는 단초는 경제적 문제에서 찾을 수 있다. 앞서 7년에 걸친 임진왜란으로 삼남지역을 비롯한 전국의 사찰이 막대한 타격을 입었다. 사찰 소유 전지가 황폐화되거나 재산 소유권의 혼란이 가중되기도 하였으며, 사원 노비가 노비문서를 없애고 도망하는 일까지 벌어졌다.[48] 당시 사원 운영과 중창을 위한 재정은 소유 토지의 증식과 후원에 의해 주로 조달되었다. 그런데 주목할 점은 이 시기에 승려 개인이 소유하는 사유지가 확대되었다는 사실이다.[49]

17세기 전반 승려 개인의 사유지가 늘면서, 그에 따라 보유 토지의 상속에 대한 법적 규정이 만들어졌다. 1657년(효종 8) 잡령(雜令)에는 "전답을 소유한 승려가 사망하면 그것을 족속에게 귀납시키고 잡물은 제자에게 전한다."고 하여 토지의 상속을 세속의 친족에 한정하였다.[50] 하지만 당시 법맥을 매개로 한 문파가 형성되고 각 문파별로 사찰을 점유, 운영하던 상황에서 잡물 외에 승려의 사유지를 속가의 친족에게 양도한다는 것은 현실에 맞지 않는 규정이었다. 이에 1674년(현종 15)에는 "승려의 전답은 4촌 이내 친족과 승려 제자에게 반반씩 나누어준다. 제자나 4촌 이내 친족이 없으면 속공하는데, 그 전답은 다시 본사에 지급하여 승역(僧役)을 돕게 한다."고 개정하였다.[51] 즉 승려의 사유지 절반을 제자에게 상속하거나 상황에 따라 그 전부를 해당 사찰에 귀속시키는 것이 제도적으로 허용된 것이다.

이러한 경제 기반 및 정책의 변화에 대응하여 사유지를 비롯한 재산 상속의 대상을 정해놓은 것이 바로 불교 상례집에 나오는 오복제에 의한 속가와 승단의 관계망이었다. 이때 확립된 승단 내 사제간의 토지 및 재산 상속은 이후 관행으로 굳어졌다. 또 문도에게 상속되거나 사찰에 귀속된 전지는 결국 사원 재정으로 환원되어 사원경제의 든든한 토대가 되었다. 조선후기 사찰의 소유 토지는 용도에 따라 몇 가지로 나뉘지만,[52] 대개 스승이나 조사, 또는 조상의 기제와 제사를 주관하는 명목으로 법맥 계보를 통해 이어받거나 신도로부터 기부받은 전답이었다. 어떤 사찰에 만일 여러 문파와 계통이 혼재되어 있는 경우, 어느 한 계열의 법맥이 단절되면 그 소속 토지는 사찰에 귀속되어 공유지가 되었다. 이처럼 문파의 성립과 계승, 토지의 상속과 재산권 분배라는 상황 변동이 발생하면서, 사제관계를 구체적으로 획정할 필요가 생겼고 오복제를 수용한 불교 의례집의 성립이 바로 그 결과물이었다.

승려 사유지의 증가와 상속의 관례화는 조선후기 사원경제의 기반 확대에 크게 기여하였다. 이를 토대로 이윤을 창출하고 재원을 확대하는 갖가지 방안을 모색할 수 있었다. 그중 대표적인 것이 각종 불사와 의례, 사원 운영경비 마련 등의 보사(補寺) 활동을 위한 사찰계(寺刹契)의 결성이었다.[53] 승려 사유지의 성립과 전지의 상속은 사찰계와 보사청(補寺廳) 활동으로 토지와 이윤을 증식해가면서 사원 재정 확보의 밑거름이 된 것이다. 또한 왕실 및 유력자의 후원이나 기부 같은 전통적 재원 마련 방안도 사원경제 운용에 큰 보탬이 된 것이 사실이다. 왕실의 원당으로 지정된 사찰은 많은 토지를 소유하였고 면세와 잡역 면제 등의 혜택을 받았다. 이와 함께 수공업 생산은 물론 토지의 개간이나 매입, 상속과 이윤 증식을 통해 사찰의 재정확대를 도모하였다. 이처럼 임진왜란 직후 사원경제의 피폐함, 국역체계 내의 승역의 확대, 각종 재정부담 증가 등의 상황에서도 많은 사찰의 중창과 보수, 운영이 가능했던 것은 문파 결성을 통한 조직화와 다양한 재정 자구책 마련이 전제되었기 때문이다.

조선후기 「토지매매문기」를 보면 승려가 사유지 매매를 통해 상속에 관여한 사례가 다수 확인된다.[54] 즉 승려 자신이 소유지의 매도자나 토지 매수자로서 매매를 하거나 승려 사이에 거래가 이루어진 예를 볼 수 있다. 사승(師僧)이 취득하여 소유하던 답을 다른 승려에게 판 사례를 보면 매도자는 상속자인 상좌승 2명, 매매의 증인(證人)은 승(僧) 3촌(三寸)과 장사숙(丈私叔)이었다. 또 전답을 판 승려의 첫째·둘째 상좌가 각각 증인과 필집(筆執)을 맡은 토지문기도 있고, 소유권 분쟁이 발생할 경우를 대

비해 '승족(僧族) 중에서 혹 의론이 있으면 해당 관청에 고해 옳고 그름을 가리라.'는 내용이 붙기도 했다. 세속의 친족과 토지를 사고파는 사례도 있는데, 승려가 친형에게 매도(속가에서 상속받은 토지로 추정)한 경우 다른 형제와 친척이 증인과 필집을 맡았다. 또한 부친 사후 형제들이 답을 공동 매각할 때 승려가 포함된 경우도 볼 수 있다.[55]

문파와 법통의 성립에서 알 수 있듯 이제 전법의 시대가 펼쳐졌다. 그런데 사원경제의 변화상과 법규의 내용 등을 고려해볼 때, 불교 상례집을 펴낸 주체가 계파와 문파를 대표하는 이들이었던 점은 매우 의미심장하다. 『석문상의초』, 『승가예의문』을 편집한 벽암 각성과 허백 명조는 각각 부휴계와 청허계 사명파를 이끈 고위 승려였다. 이들은 전란 때 승군을 이끈 승장이었고 팔도도총섭과 같은 고위 승직을 역임하는 등 위상이 매우 높았다. 전란 후 문파 정비와 교단 질서의 강화를 위해 의례를 새로 정비할 필요가 있었고, 이처럼 시대의 변화상을 담아낸 불교 상례집이 나온 것이다.

17세기 초부터 사명파와 편양파에서 법맥을 매개로 한 법통을 제기하였고, 이어서 오복제를 통해 문파 조직과 승속의 관계망을 규정한 불교 상례집이 부휴계와 사명파에서 편찬되었다. 당시 토지 상속 등의 경제적 권리, 그 반대급부인 제향 등의 의무는 세속사회와 마찬가지로 등가적으로 적용되었다. 조선후기에 사찰이 보유한 토지 가운데 사제 상속 및 제사와 관련된 것으로는 법답(法畓), 제위답(祭位畓), 영답(影畓) 등이 있었다.[56] 이 중 법답은 법사(法師: 사법사)가 남겨준 토지로서 같은 문파 사제간의 상속을 통해 내려온 승려 사유지에 해당한다. 제위답은 승속(僧俗)을 막론하고 사중에 기부하여 기제(忌祭)를 지내기 위한 것이었다. 영답은 조사의 영당에서 기제를 지내는 데 비용을 대는 전답이었다. 이는 토지 상속의 경제적 권리에는 제향과 같은 의무가 수반되고 있음을 잘 보여준다.

권리와 의무의 길항관계에 관한 사례를 하나 들자면, 1764년에 조성된 대둔사(大芚寺) 괘불도의 화기(畵記)에는 시주질이 기재되어 있다. 여기에는 승려인 낭옥 체잠(朗玉體岑)이 은사(恩師)와 조사(祖師)는 물론 부모, 조부모, 증조부모, 동생 부부의 영가(靈駕)를 위해 시주하여 괘불을 조성했음을 밝히고 있다.[57] 속가의 3대조와 동생, 문파의 스승과 조사 2대조를 함께 추모하는 불사를 일으킨 것은 조선후기 승단에서 승속을 아울러 상속 권리에 따른 제향의 의무가 지켜졌음을 보여준다. 또 상속에 관한 법령이나 오복제의 적용대상이 승속(교단과 친족) 모두에 걸쳐 있었는데 실제 현실에서도 지켜지고 있었음을 볼 수 있다.

사찰 주지의 선정 또한 사자상승과 법류상속을 관례로 했는데 전법과 문파가 가장 중요한 기준이 되었다. 그런데 한 사찰에 여러 문파와 계통이 뒤섞여 있는 경우도 있었고 그러다 어느 한 법맥 계통이 단절되면 그에 소속된 전지는 사찰에 귀속되었다.[58] 18세기 이후에는 유력 수행과 학습을 할 때를 제외하면 승려들의 근거지가 특정 지역 및 사찰에 거의 고착되었고 옮길 때도 같은 문파나 계보에 속한 사찰인 경우가 많았다. 승려들이 출생 및 근거 지역에서 멀지 않은 사찰에서 출가하여 그 일대를 중심으로 활동하는 사례들은 비일비재하다.[59] 이렇게 된 데는 문파의 사제관계나 세속의 사가에서 토지를 물려받고 상속하는 관행이 중요한 원인이 되었을 것이다.

1916년 총독부 정무총감이 내린 행정지침에는 "은사와 도제는 민법상 친족 관계가 아니지만 스승의 사후 제자에게 유산을 상속하는 관습이 있으면 그에 따르라."고 하여,[60] 사제간의 경제적 상속이 전통으로 확립되었음을 볼 수 있다. 이렇게 법제자로서 스승의 유산을 받은 문도는 제향을 받들어야 했는데, 권리의 주체와 의무의 대상 또한 근대기의 법령에 반영되었다. 총독부가 제정하여 시행한 「사찰령」(1911)에서는 조선 승려 법류(法類)의 친소 관계에 대해 직계의 스승과 제자는 1촌, 법형제

사이는 2촌으로, 각각 일반 친족의 부모와 자식, 형제 관계와 동일한 촌수가 적용되었다. 이는 17세기 중반의 불교 상례집에서 오복제에 의해 규정된 관계망과 동일한 것이었다.[61]

법맥을 매개로 한 문파와 법통의 성립, 세속의 오복제를 반영한 불교 상례집의 간행은 종법에 의한 부계 친족질서 재편이라는 시대적 변화상과 궤를 같이하는 것이었다. 17세기에는 양란을 거치며 혼란이 가중되었고 사회 질서의 유지 차원에서 유교적 가례서 등의 간행이 성행하였다. 이러한 시대적 배경 속에서 불교 상례집에 『주자가례』에 의거한 오복제가 수용되기에 이르렀다. 유교사회의 본격적 전개가 사제관계를 중심으로 한 문파의 조직구성 원리, 경제적 권리와 추숭의 의무를 규정하는 데 여파를 미친 것이다. 한편 불교는 상장례의 영역에서 오랜 기득권을 유교에 내주어야 했지만, 현세의 행복을 빌고 내세의 명복을 기원하는 불교의 역할과 사회적 지분은 여전히 유효하였다.

2. 민간신앙의 포섭과 불교화

산신신앙, 사찰 안으로 들어오다

한국의 산사(山寺) 가운데 역사가 오래되고 규모가 큰 사찰이라면 대웅전 뒤편으로 산신각(山神閣)과 칠성각(七星閣), 독성각(獨聖閣), 또는 셋을 합친 삼성각(三聖閣)이 자리 잡고 있는 모습을 볼 수 있다. 그리고 그 안에는 산신(山神)과 호랑이, 칠성여래(七星如來), 나반존자(那畔尊者)의 모습을 그린 탱화가 대개 걸려 있다.[62] 사찰에서 행하는 의식작법을 모은 의식문이나 의례집에도 산신청, 칠성청, 독성청과 같은 청문(請文)이 들어 있어, 한국불교의 전통 안에서 이들 신앙이 예로부터 지분을 가져왔음을 확인할 수 있다.

산신도

그런데 민간신앙인 산신과 도교신앙에서 유래한 칠성은 언제부터 사찰에서 신앙의 대상으로 받들어졌을까? 그리고 언뜻 보면 이해하기 쉽지 않은 이러한 조합이 불교에 어떻게 수용되고 습합될 수 있었을까? 여기서는 한국불교만의 독특한 현상인 독성신앙[63]을 제외하고, 넓은 의미에서 민간신앙에 속하는 산신과 칠성신앙이 불교와 만나 어떻게 결합되고 특히 조선후기에는 어떻게 전개되었는지를 문헌 기록을 통해 검토해본다.[64] 고대로부터 한반도에서 신앙의 대상이 되어온 산악(山嶽)과 성신(星辰)이 사찰 공간 속으로 들어와 불교 안에 습합되는 '불교화' 과정에 주목하여 그 역사적 의미를 되새겨보려는 것이다.

영험하게 우뚝 솟은 산과 밤하늘에 빛나는 별은 고대부터 신앙과 제의의 대상이었다. 고려시대에도 982년(성종 1) 최승로(崔承老: 927-989)가 올린 시무(時務) 28조의 제21조에 "우리 왕조는 종묘(宗廟)·사직(社稷)의 제사는 오히려 법도대로 하지 않는 것이 많으면서, 산악에 지내는 제사와 성수(星宿)에 올리는 초제(醮祭)는 도에 지나치게 번거롭습니다."[65]라고 하여, 산과 별에 대한 제의가 고유의 관습으로 이어져왔음을 볼 수 있다. 한국의 명찰에 있는 산신각과 칠성각의 존재도 이러한 장기지속의 신앙 전통이 불교 속으로 들어와 조합된 결과인 것이다.

먼저 산악숭배의 전통이 불교와 조우하면서 생겨난 변화상을 시대순으로 검토해본다. 산악신앙은 아주 먼 고대로부터 있어왔고 신라에서도 국가적으로 중요한 명산을 택하여 3산, 5악, 24산에서 각각 대사(大祀), 중사(中祀), 소사(小祀)의 제사를 행하였다.[66] 그런데 불교 수용 후에는 기존의 무교 전통과 경쟁하고 갈등하면서 토착화되는 과정을 거쳐야 했다. 고유의 자연신격을 대체하거나 받아들여 그것을 불교 내의 신앙 대상으로 탈바꿈시키는 등 무교 전통을 수용하고 결합하는 다양한 양상이 펼쳐졌다.[67] 이처럼 불교가 신라 사회에서 점차 영향력을 갖게 되면서 산신이 가람을 보호하는 신중(神衆)의 하나가 되기도 했다. 한편 통일신라 말 도

선(道詵: 827-898)의 경우 산천을 숭배하는 토착적 영지(靈地)신앙과 산천을 중시하는 밀교 택지법(擇地法)의 영향을 받아 고유 신앙과 불교에 토대를 둔 독특한 풍수도참설(風水圖讖說)을 펼쳤다.[68]

고려시대에도 산악은 매우 중시되었고 불교와의 결합 양상은 더욱 두드러졌다. 태조가 남긴 〈훈요(訓要)〉 10조의 제1조에는 "우리나라의 대업은 여러 부처님의 호위에 힘입었다."고 하였고, 제5조에는 "짐은 삼한(三韓) 산천의 드러나지 않은 도움에 힘입어 대업을 성취하였다."고 하였다.[69] 이는 부처와 산천 신령의 은덕에 의해 고려 왕조를 창업할 수 있었다는 자의식의 표명이었다. 제6조에도 부처를 섬기는 연등회(燃燈會)와 함께 하늘의 신령, 5악과 명산, 대천의 용신(龍神)을 받드는 팔관회(八關會) 규정이 나온다. 제2조의 경우에도 "사원은 모두 도선이 산수의 형세를 살펴 정한 것이다."라고 하여, 사찰의 입지를 풍수지리의 관점에서 바라보고 있다.

묘청(妙淸, ?-1135)이 인종을 설득해 1129년 서경(西京: 평양) 임원역(林原驛)에 대화궁(大華宮)을 건립할 때 세운 팔성당(八聖堂)에는, ① 호국 백두악 태백선인(護國白頭嶽太白仙人)[문수보살(文殊菩薩)], ② 용위악 육통존자(龍圍嶽六通尊者)[석가불(釋迦佛)], ③ 월성악 천선(月城嶽天仙)[대변천신(大辨天神)], ④ 구려 평양선인(駒麗平壤仙人)[연등불(燃燈佛)] 등의 회상(繪像)이 두어졌다.[70] 산악(또는 지역)과 관련된 고유의 신격을 불보살과 등치시키는 '산(山)=불(佛)'의 결합 양상을 볼 수 있다. 한편 고려시대 명산에는 제사를 지내는 신사(神祠)가 있어 이곳에서 재앙을 없애고 복을 얻기를 기원하였는데, 불교와 풍수도참의 요소가 복합되었다고 평가된다.[71]

조선시대에도 명산의 산신과 지역신에 대한 고려 이래의 신앙전통이 이어졌고 국가 수호, 천재지변의 극복 등을 위해 산천에서 제사가 행해졌다. 개국 초인 1393년에는 명산대천(名山大川), 성황(城隍) 등의 신을 봉작하였는데, 개성의 송악(松岳)성황은 진국공(鎭國公), 태조 이성계(李成桂)

와 관련이 있는 화령(和寧: 함경도 영흥)과 완산(完山: 전라도 전주)의 성황은 계국백(啓國伯), 지리산·무등산·계룡산·감악산·삼각산·백악 등 여러 산과 지역의 성황은 호국백(護國伯)이라 하고, 나머지는 호국신(護國神)이라 칭하였다.[72] 이후 국가의 사전(祀典) 체제가 점차 갖추어지면서 전국의 산천제가 정비되고 유교식 예제로 편제되어갔다.[73]

1414년(태종 14)에는 당과 송의 제도를 따라 악(嶽)과 해(海)는 중사(中祀)로 삼고, 여러 산천은 소사(小祀)로 삼았다. 서울의 삼각산, 개성 송악산, 전라도 지리산, 영길도(함경도) 비백산 등이 중사로 지정되었고 해당 관찰사가 제사를 주관하였다.[74] 또한 명의 홍무예제(洪武禮制)에 의해 산천에 호국백 등의 봉작을 내리는 것을 폐지했는데, 이는 산천신이 이제 지기(地祇: 地神)로만 인식되었음을 뜻한다.[75] 태종대에 지정된 풍운뇌우(風雲雷雨), 국내산천지신(國內山川之神), 국내성황지신(國內城隍之神) 등은 여말선초 시기에 새로 등장한 것으로, 고려시대의 신이 구체적이고 가시적인 영험을 지닌 인격신적 존재였음에 비해 이제는 국가나 민인에게 공덕을 베푸는 추상화된 존재였고 따라서 그 보답 차원으로 치제가 거행된 것이다.[76] 1437년(세종 19)에도 악과 해, 산천 등의 단묘(壇廟)와 신패(神牌) 제도를 정비하여 신상(神像)을 대신해 신패가 설치되었고,[77] 산천에 대한 제도는 세종대의 『오례의(五禮儀)』를 거쳐 성종대의 『국조오례의(國朝五禮儀)』로 가면 더욱 정비되었다.

한편 국가 사전체제와 별도로 각 지역의 명산에서는 산신을 모시는 토착신앙이 이어지고 있었다. 지리산의 경우 국제(國祭)를 봉행하는 남악사(南嶽祠) 외에도 성모사(聖母祠), 고모당(姑母堂), 노구당(老嫗堂) 등 산신을 모시는 신사와 신당이 다수 존재하였다. 『경상도지리지(慶尙道地理志)』(1425)에는 지리산신을 '대대천왕(大大天王) 천정신보살(天淨神菩薩)'이라 하고 있어 불교적으로 윤색된 모습을 볼 수 있다. 또 1472년(성종 3) 지리산에 오른 김종직(金宗直: 1431-1492)은 "두 승려가 성모사(聖母祠) 안쪽 벽에 그림을 그리고 있었다. 성모는 석상으로 채색이 되어 있었다."라고 하였고, 앞서 1463년(세조 9) 지리산에 갔던 이육(李陸, 1438-1498)도 "산속의 여러 절에서 신당을 세우고 제사했는데 산에 오르는 사람들이 엄격히 경계하여 음식으로 육류를 싸서 가지고 갈 수 없었다."고 술회하였다.[78] 이처럼 지리산에서 산신신앙과 불교가 결합되는 모습이 15세기의 여러 기록에서 확인되는데, 이는 지리산만의 현상은 아니었다.

기존 연구에서는 현존하는 산신각, 산신도를 근거로 하여 사찰 안에 산신각이 세워지는 현상을 19세기 이후의 일로 보고 있다.[79] 산신각 건립이 성행하는 것이 19세기 이후였음은 분명하다. 하지만 일부 기록에서 18세기 이전에도 사찰 내에 산신각(산령각)이 존재했던 사실을 볼 수 있다.[80] 산신각은 오랜 기간에 걸쳐 산신신앙과 불교가 습합되면서 그것이 불교의례나 신앙에까지 투영된 뒤의 유형의 결과물이므로, 산신각의 성립 시기보다 산신신앙이 불교화되는 과정 자체에 주목해보고자 한다.

이름난 명산은 국가적 차원의 제례 대상이었지만, 민간의 무속에서도 산신은 지역수호신으로서 서낭신(성황신)과 함께 마을신인 동신(洞神)의 주신으로 모셔졌다.[81] 그렇지만 본격적인 유교사회로 접어든 조선후기에 국가의 공적 영역뿐 아니라 수령이나 사족이 주도하던 향촌사회에서도 무속이 설 자리는 이전보다 줄어들 수밖에 없었다.[82] 이에 비해 불교는 지역사회에서 여전히 지지기반과 영향력을 가졌고 사찰과 암자라는 활동 거점도 있었다. 그렇기에 조선후기에 민간신앙과 불교의 습합이 가속화되는 것은 어쩌면 예견된 일이었을지 모른다. 우선 승려 문집 등에 나오는 산신신앙과 산신각 관련 기록을 검토해보자. 18세기에 경상도 방면 지리산 유역에서 활동한 부휴계 추파 홍유(秋波泓宥: 1718-1774)의 『추파집(秋波集)』에는 「제산신문(祭山神文)」이 수록되어 있다. 다음 인용문은 경상도 산청의 심적암(深寂庵)에 제단을 만들고 산신의 감응을 통해 복을 얻고 화를 없애기를 바란다는 제문의 일부 내용이다.[83]

저 높은 산과 언덕은 신령하고 편안하여 멀리 바라보면 원형 그대로 환히 보입니다. 밝고도 신성하니 누가 조금이라도 속이겠습니까? 감응하면 마침내 통하여 근심이 기쁨이 되니 이에 깨끗한 땅에 나아가 참된 단을 가지런히 정돈하였습니다. 진실로 너그러움을 드리우시기를 바라며 복이 이어지고 재앙이 없어지게 하시고 하늘과 땅처럼 영원히 변치 않는 복의 기틀을 이끌어주소서.

이보다 앞서 17세기 후반과 18세기 초에 활동한 풍계 명찰(楓溪明察, 1640-1708)도 4악(四嶽)의 신령을 위한 제사 기문을 지었다. 그 요지는 수명의 길고 짧음과 운수의 길하고 흉함을 예측하기 어렵지만 신통력으로 재앙을 없애주고 성신(聖神)의 은택을 내려주기를 바란다는 것이었다.[84] 여기서 재액을 물리치고 복을 빌기 위해 산신의 제단을 세우고 제사를 행하는 관행이 불교계에 있었음을 볼 수 있다. 그런데 영남의 교학승인 인악 의첨(仁岳義沾: 1746-1796)이 쓴 기문에서 18세기 후반에 사암(寺庵)의 경내에 산령각(산신각)이 세워진 사실이 확인된다. 다만 이는 승려가 아닌 강인수(姜麟秀)라는 단월이 산령에게 제사를 드리기 위해 (경상도 달성 용연사(龍淵寺) 인근) 은적암(隱寂庵)에 산령각(山靈閣)을 건립한 공덕을 칭송한 것이다.[85]

19세기에 들면 산신각의 건립 사례가 건축이나 불화와 같은 유형 유산뿐 아니라 문헌 자료에도 빈번히 등장한다. 1805년 해인사에는 국사대신(局司大神), 즉 도량을 수호하는 산신인 대성산왕대신(大聖山王大神)과 신중인 토지가람신(土地伽藍神)을 위한 국사단(局司壇)이 해탈문 밖에 세워졌다.[86] 산신의 제단을 설치하던 불교계의 관행이 이제 산신각 건립으로 본격화되기 시작한 것이다. 산신을 사찰 내 산신각에 모시는 새로운 현상이 하나의 풍조로 자리 잡은 것은, 응운 인전(應雲仁全, 1794-?)의 다음 「산신각권선문(山神閣勸善文)」에서도 확인할 수 있다.[87]

산신은 보살이 큰 권도로 불사(佛事)를 도와 교화하다가 중생을 위해 자비를 일으켜서 자취가 신위(神位)에 이르게 된 것입니다. 그렇기에 중생들이 복을 구하면 주고 재물을 구하면 주고 자식을 구하면 주고 빈곤은 부귀로 구제합니다. 그러하니 전각을 세워서 편안히 받든다면 또한 좋지 않겠습니까? 산신각을 새로 건립하는 일로 단문(檀門)에 널리 고하노니 선한 인연을 함께 맺기를 천 번 만 번 빌고 받들어 기원합니다.

여기서는 산신각을 새로 건립한 취지를 자세히 밝혔는데, 보살이 교화와 자비를 행하다가 신령의 지위에 오른 것이 산신이며, 재물과 부, 복과 자식 등 바라는 모든 것을 들어주는 전지전능한 신격이므로, 독립 전각을 세워 받들 필요가 있음을 강조하였다. 19세기에 경상도 의성 고운사(孤雲寺)를 주요 근거지로 삼았던 함홍 치능(涵弘致能: 1805-1878)도 안동 현사사(玄沙寺)의 「산령각기(山靈閣記)」에서 "단월인 안동의 김(金)군이 본사 비구 사신(四信)과 함께 40꾸러미의 구리를 보시하여 산령각 한 칸을 짓고 단청까지 하였다. 그들의 뜻이 '의도치 않게 한 것'이라고 하니 그와 마찬가지로 '만일 산령의 감응이 있다면 응하려 하지 않고도 응할 것"이라고 하여 두 사람의 정성에 답하였다.[88]고 적었다. 승속이 함께 산령각 불사를 하는 모습이 더는 이색적인 일이 아니었고 오히려 장려 대상이 되고 있음을 볼 수 있다. 『동사열전(東師列傳)』의 편자 범해 각안(梵海覺岸: 1820-1896)도 전라도 해남 은적암(隱跡庵)의 산신각 창건 기문을 썼는데 그 내용은 다음과 같다.[89]

임신년(1872) 봄에 해남의 선비[수사(秀士)] 김태희(金台禧)가 가산을 내어 읍의 주산인 금강산(金剛山)의 은적암(隱跡庵)에 산신각을 세웠다. 이는 부모를 위해 생전의 복을 빌고 사후 영혼을 천도하기 위함이

요, 자손에게 면면히 이어지기를 바라서이다. 매년 외신(外神)인 산신에게 제사 올리기를 (불교의) 내신(內神)과 다르지 않게 하면 이것이 바로 마음을 한 곳에 집중하여 부모를 받드는 공경함일 것이다.

이와 같이 19세기 후반에는 지방 향족이 부모와 자손을 위해 산신각을 세우는 일도 있었다. 산신 제사의 공덕으로 부모를 위한 현세 기복과 내세 명복을 내세웠고, 산신(외신)을 불보살(내신)처럼 받들어 정성을 다하면 부모에 대한 공경, 즉 효를 다하는 것임을 강조하였다. 범해 각안은 완도 관음암(觀音庵)의 산신각 기문도 남겼다. 여기서는 1877년 봄에 전라도 영암의 신사(信士) 김달룡(金達龍)이 보시하여 관음암이 위치한 산신암(山神巖) 앞에 산신각을 짓고 부모를 천도하여 명복을 빌고 자손의 복을 기원한 사실이 담겨 있다.[90] 이처럼 적어도 18세기 이후에는 사찰에서 산신에 대한 제사가 행해졌고, 18세기 후반부터는 산신각과 같은 독립된 전각이 사암의 경내에 세워지기 시작해 19세기에 본격화하였음을 볼 수 있다.

그런데 산신 제사나 산신각의 성립은 산신신앙이 불교 안에 수용되고 관련 청문(請文)이 만들어졌기에 가능한 일이었다. 산신에 대한 청문은 수륙재(水陸齋)를 비롯한 불교의식집에서 먼저 확인할 수 있는데, 그 시초는 조선전기까지 거슬러 올라간다. 남송의 지반(志磐)이 1270년 전후에 찬하고 1573년 충청도 속리산 공림사(空林寺)에서 개간(초간은 15세기 후반으로 추정)된 『법계성범수륙승회수재의궤(法界聖凡水陸勝會修齋儀軌)』에서 '오악제군(五岳帝君), 팔대산왕(八大山王) 등을 일심(一心)으로 봉청(奉請)함'이라는 내용이 나온다.[91]

그런데 비슷한 시기인 1568년에 간행된 『자기산보문(仔夔刪補文)』 권10의 「제산단청좌의문(諸山壇請坐儀文)」에는 좀 더 구체적인 의식 절차가 수록되고 더욱이 조선의 산명이 등장하고 있어 주목된다. 금강산, 오대산, 지리산, 묘향산에 이어 경기도, 강원도, 함길도, 평안도, 황해도, 충청도, 전라도, 경상도의 여러 큰 명산의 일체 존숙(尊宿)을 받들어 청한다는 내용이다.[92] 이 책은 1150년 금의 자기(仔夔)가 편찬한 『천지명양수륙의문(天地冥陽水陸儀文)』을 조선의 실정에 맞게 가다듬고 보완하여 펴낸 것이다. 그런데 산명뿐 아니라 권10 「종실위(宗室位) 보소청진언(普召請眞言)」에서 조선 태조부터 예종까지 역대 국왕을 소청하고 있어, 빠르면 15세기 후반 성종대에 편찬되었을 가능성이 있다.

조선후기에는 17세기 중반에 『석문상의초(釋門喪儀抄)』, 『석문가례초(釋門家禮抄)』, 『승가예의문(僧家禮儀文)』 등 불교 상례(喪禮)에 관한 의례집이 주로 만들어졌고,[93] 산신 청문이 수록된 의식집은 산신에 대한 제사 기록이 보이는 18세기 초에 다시 확인된다. 1721년 서울 삼각산 중흥사(重興寺)에서 간행한 지환(智還)의 『천지명양수륙재의 범음산보집(天地冥陽水陸齋儀梵音删補集)』은 수륙재 의식문으로, 하권에 「가람단작법(伽藍壇作法)」, 「당산천왕단작법(當山天王壇作法)」, 「당산용왕단작법(當山龍王壇作法)」, 「성황단작법(城隍壇作法)」 등이 있다.[94]

여기서 「가람단작법」은 가람신과 토지신을 청하여 공양하는 의식이고, 「당산천왕단작법」은 산을 지키는 천산왕(天山王)을 위한 것이다. 이는 범천(梵天), 제석(帝釋), 사천왕(四天王)을 위한 「범왕단작법(梵王壇作法)」, 「제석단작법(帝釋壇作法)」, 「사천왕단작법(四天王壇作法)」과 마찬가지로 산신이 사찰을 수호하는 신중의 하나로 자리 잡았음을 보여준다.[95] 북한산성 팔도도총섭을 역임한 부휴계 계파 성능(桂坡聖能)이 1724년에 편찬한 『자기문절차조례(仔夔文節次條例)』[96]의 「옹호신중단(擁護神衆壇)」에도 〈토지가람단(土地伽藍壇)〉, 〈제대산신단(諸大山神壇)〉, 〈당산제산신단(當山諸山神壇)〉, 〈당산용왕제신단(當山龍王諸神壇)〉 등이 나오며, 각 단의 권공(勸供)은 향례(香禮), 거불(擧佛), 진령게(振鈴偈), 보소청진언(普召請眞言), 안위공양(安位供養)의 순서이다.

19세기에는 선 논쟁을 일으킨 백파 긍선이 기존의 의식집을 정리하여 『작법귀감(作法龜鑑)』(1827)을 펴냈다. 서문에서는 당시 불교의례와 재공(齋供)의식이 체계가 없고 혼란스러워 기존 의식문을 참조하여 규범이 될 만한 책을 간행하게 되었다고 밝혔다. 책의 상권에 「산신청(山神請)」이 수록되어 있으며, 청문의 순서는 유치(由致), 향화청(香華請), 헌좌(獻座) 다게(茶偈), 운심게주(運心偈呪), 불설산왕경(佛說山王經: 16산왕대신(山王大神)), 축원(祝願)으로 체계를 정비하였다. 16산왕의 명호가 나오는 산신신앙의 소의경전격인 『불설산왕경』이 기재되고 있어 주목된다.[97] 다음은 산신을 청하면서 그 연유를 아뢰는 '유치'의 내용이다.[98]

> 산왕대성(山王大聖)께서는 가장 신통하시고 영험하시며 위엄 있고 용맹하십니다. 요귀를 꺾고 마군을 항복시키며 재앙을 소멸하고 복을 내려주십니다. 중생들이 구하는 것이 있으면 이루어지게 하고 원하는 것이 있으면 무엇이든 따라주지 않음이 없습니다. 그런 까닭에 경건하게 깨끗한 음식을 차려 놓고 여러 큰 산왕과 딸린 권속들에게 공양을 드리오니, 신령한 감응을 돌이켜서 보잘 것 없는 정성으로 굽어 비춰주시기를 바라나이다. 우러러 일심을 내어 먼저 3청을 펼치나이다.
> 안으로는 보살의 자비를 간직하시고 밖으로는 산신의 위엄과 용맹을 나타내시며 신통력이 자재하시고 (…) [후토(后土)의 성모(聖母)와 오악(五岳)의 제군(帝君)과 직전(直典)의 높고 우뚝한 여덟 분 큰 산왕과 오온(五蘊)을 금기하는 안제부인(安濟夫人), 익성(益聖) 보덕진군(保德眞君), 이 산의 권역에 머무르시는 성인과 모든 큰 산의 왕과 딸린 권속들께 귀명하오니] [99] 삼보(三寶)의 힘을 받들어 이 도량에 강림하시어 공양을 받으소서.

이처럼 산신(산왕대성)은 재앙을 물리치고 복을 내려주는 신통하고 영험한 존재이자 자비행을 통해 원하는 모든 것을 들어주는 보살로서 굳건한 위상을 가지고 있었다. 또 사후에 업의 과보를 판정하는 명부(冥府)의 시왕(十王)은 사람들이 그 감응을 직접 체감하지 못하지만 관음(觀音)과 나한(羅漢), 산신은 눈앞에서 효과를 바로 볼 수 있기에 많은 이들이 받든다는 19세기의 기록에서,[100] 산신이 현세 기복의 상징인 관음, 나한과 동등한 반열에 올라섰음을 볼 수 있다. 19세기에 산신각 건립이 본격적으로 유행하기까지는 이와같이 의식집의 청문과 관념상의 변화가 수반되었기 때문이다.

칠성신앙의 전개와 도불 습합

그렇다면 별과 관련된 성수신앙은 불교와 만나서 어떻게 전개되었을까? 먼저 중국에서는 2세기 중반 무렵 인도의 구요(九曜)신앙이 불교 전래와 함께 들어왔고 전통적인 도교의 북극성(北極星)신앙과 결합하게 된다. 그 결과 8세기 후반에서 9세기 초에 새로운 형태의 불교 성수신앙인 치성광여래(熾盛光如來)신앙이 탄생하였다.[101] 북극성을 가리키는 치성광여래에 대한 신앙은 다라니(陀羅尼)를 염송하여 재앙의 소멸과 복을 기원하는 것으로서, 당시 유행하던 밀교의 색채가 강하게 드러나 있다. 한국에는 10세기 초반 이전에 치성광여래와 구요신앙이 존재하였음이 확인된다.[102] 치성광여래신앙은 『치성광다라니경(熾盛光陀羅尼經)』을 소의경전으로 하며 재액을 없애는 소재도량(消災道場) 법회로 행해졌다. 기록에 보이는 고려시대 개설 도량은 80여 종, 총 1,038회에 달하며, 그중 소재도량은 157회로서 연등회 다음으로 큰 비중을 차지한다.[103] 소재도량 의례는 중국에서 11세기 초에 성립된 『치성광도량염송의(熾盛光道場念誦儀)』에 주로 의거하였는데 이 책은 고려에서는 1046년에 초간되었다. 고려시대 치성광여래신앙은 북극성과 북두칠성이 결합되고 불교와 도교가 혼재된 형태로 전개되었다. 무엇보다 14세기의 불화와 탑상에는 중국과는

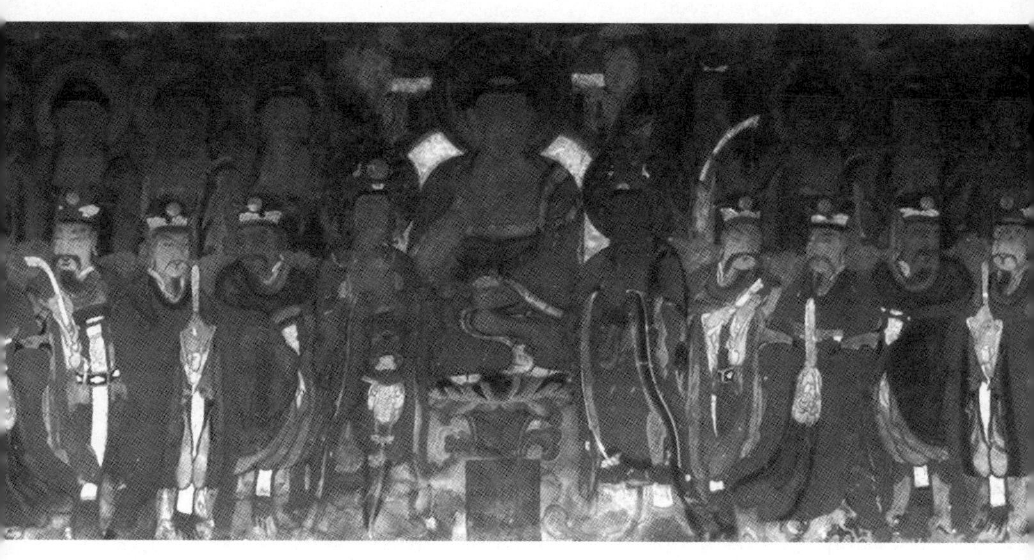

칠성도

달리 칠성과 함께 삼태육성(三台六星), 남두육성(南斗六星)과 같은 고구려 때부터 이어져온 한반도 고유의 영성(靈星)신앙 전통이 반영되고 있어 주목된다.[104]

한편 조선전기에는 불교 성수신앙의 주축이 치성광여래에서 북두칠성으로 넘어가는 변화가 생겨났다. 북두칠성신앙은 오래된 고유의 성수신앙이기도 했고 고려시대 치성광여래 도상에도 중국과는 달리 칠성이 포함되었다. 조선에 들어와서는 불화에서 구요의 비중이 줄었고 대신 북두칠성이 강조되며 치성광여래와 칠성신앙의 결합 양상이 현저해졌다. 또한 이에 머물지 않고 천재지변을 다스리고 재앙을 없애는 치성광여래에서 병의 치료와 수명 연장을 비는 북두칠성으로 신앙의 중심이 점차 옮겨갔다. 북두칠성에게 병의 구제와 자손 번창을 기원하는 「북두칠성청의문(北斗七星請儀文)」(1534)이 나왔고, 치성광여래 도상에서 칠성여래(七星如來)가 등장하여 상단에 자리를 잡았다. 치병과 장수를 염원하는 북두칠성신앙은 공통된 목적을 가진 약사여래(藥師如來: 약사칠불)신앙과도 연계되기 시작하여, 약사삼존의 도상처럼 치성광여래의 좌우에도 일광(日光)보살과 월광(月光)보살이 협시로 그려지게 되었다고 한다.[105]

칠성신앙은 불교뿐 아니라 도교의 성수신앙이기도 했는데 조선시대에도 그 맥이 이어졌다. 먼저 칠성신앙이 사찰이나 승려와 관련된 사례를 살펴보자. 여말선초에는 재앙을 없애기 위한 목적의 소재전(消災殿)이나 영성(靈星)에 초제를 지내는 성단(星壇)이 사찰 안에 두어지기도 했다.[106] 그리고 16세기 중반 선교양종(禪教兩宗) 재건 때 선종 판사(判事)를 지낸 허응 보우(虛應普雨: 1515?-1565)가 도교식 초제를 행하는 소문(疏文)을 직접 쓰기도 했다. 그의 「행천초소(行天醮疏)」에는 "구광전(九光殿)에 삼위(三位)의 정단(淨壇)을 설치하여 구천(九天)과 삼광(三光: 일·월·성)의 힘으로 모든 재앙이 눈 녹듯 없어지고 온갖 복이 구름 일 듯 생겨서 무궁한 수명과 경사를 얻고 나라가 태평하고 백성이 편안해지기를 기원합니다." 라고 적혀 있다. 덧붙여 천존(天尊)의 성상(聖像)에 예배하고 『옥추경(玉樞經)』을 독송하며 여러 성신(星辰)의 보호를 받는다는 내용도 들어 있다. 또한 「축성천초소(祝聖天醮疏)」에서는 구소(九霄: 九天)와 도교의 이상향인 옥청(玉淸), 상청(上淸), 태청(太淸)의 삼청(三淸) 용어가 나오며, 도교의 최고 신격인 원시천존(元始天尊)에게 국왕을 굽어살펴서 온갖 재앙이 복으로 바뀌고 장수하게 해달라고 하였다. 나아가 남방 왜적의 침입 등 전쟁이 일어나지 않게 해달라는 호국적 기원까지 하고 있다.[107]

그런데 성수신앙은 조선 초 문물제도 정비 과정에서 논란에 직면하였다. 제후국은 천지와 성신의 제사를 지낼 수 없다는 명분으로 성수신앙은 음사(淫祀)로 내몰렸고 폐지 주장도 일었다. 하지만 풍년을 기원하는 영성(靈星)과 장수를 비는 수성(壽星: 남극(南極) 노인성(老人星))은 산천과 마찬가지로 소사(小祀)에 편제되었다.[108] 성수에 지내는 도교식 초제는 소사의 예에 따라 소격전(昭格殿: 세조대 이후 소격서(昭格署))에서 설행되었다. 여기에는 일·월과 화·수·목·금·토 5성에 계도(計都)와 나후(羅睺)를 더한 9요성을 모시는 구요당(九曜堂), 북극성인 태일(太一)과 칠성 등의 성신을 모신 태일전(太一殿)이 있었고, 성상(星像)과 성수의 이름을 새긴 위판이 두어졌다.[109] 그런데 도교식 초제를 행할 때 설치한 3단에 상단은 노자(老子), 중단은 성신(星辰), 하단에 염라(閻羅)를 모신 점이 흥미롭다.[110] 소격서는 조광조(趙光祖: 1482-1519) 등 기묘사림(己卯士林)이 공론을 이끌던 1518년(중종 13)에 폐지되었지만,[111] 기묘사화(己卯士禍) 이후 1525년에 재개되었다. 이후 소격서는 임진왜란 때 없어지고 나서 다시 복구되지 않았다. 이는 조선후기에 도교의 성수신앙이 국가 차원의 공적 영역에서 더 이상 설 자리가 없게 되고 민간신앙화했음을 의미한다. 도교와 불교가 습합된 형태의 칠성신앙이 사찰에서 존립 근거를 찾게 된 것도 소격서의 부재와 무관하지 않다.[112]

칠성신앙은 원래 도교에서 연유한 신앙이었지만, 불교에서도 치성광여래신앙과 결합된 북두칠성신앙이 조선전기까지 행해지고 있었다. 후기에도 치성광여래와 부처의 지위에 오른 칠성여래가 신앙의 주요 대상이었지만, 도교의 칠성신앙이 불교 의식문과 불화의 도상 안으로 들어와 습합이 이루어졌다. 조선후기에는 소격서와 같이 도교의식을 행하는 국가 차원의 공식 기관이 존재하지 않았다. 그 결과 민간신앙화한 도교의 칠성신앙을 불교 측에서 수용한, 도불 습합의 상징인 칠성각이 사찰 내에 세워지게 된 것이다.

조선후기에 불교식 칠성신앙이 어떻게 전개되었는지를 문헌 기록을 통해 시기별로 살펴보자. 청허 휴정의 제자로서 임진왜란 때 승장으로 참여했고 지리산, 구월산, 묘향산, 금강산의 4대 산을 유력하였던 기암 법견(奇巖法堅: 1552-1634)이 16세기 말에서 17세기 초 무렵에 성수(星宿)의 천초(天醮) 제사를 지내며 올린 소문 내용을 먼저 소개한다.[113]

공경히 상제(上帝)를 섬기며 청신(淸信)의 계를 받은 제자는 아뢰니다. (…) 이 일을 위해서 모산(某山) 모사(某寺)에 나아가 각종 공양물의 의례를 구비하여 삼청(三淸) 상계(上界)의 치성광여래와 일광변조보살, 월광변조보살 및 북두칠성여래, 그리고 하늘 가득 줄지어 빛나는 성군(星君)들에게 봉헌하니 (…) 수명 연장의 신령한 글을 읽으며 끝없는 공덕을 기원하는 바입니다. 황천(皇天)의 신묘한 감응은 측량할 길 없어서 재앙을 없애주는 것도 어렵지 않고 옥첩(玉牒: 제문)의 공덕은 헤아릴 길 없어서 복덕을 내려주는 것이 쉬운 일이기 때문에 (…) 사람의 수명이 더욱 늘어나는 것은 실로 신의 조화[神化]가 다시 만들어주는 재조(再造)의 은혜 덕분입니다. (…) 하물며 운수가 기박한 이때를 당해 어찌 귀의하여 외경하지 않을 수 있겠습니까? 이에 명산에 삼위(三位)의 성단(星壇)을 쌓고 품선(品繕)을 구천(九天)의 금전(金殿)에 바치니 (…) 온갖 재해가 눈처럼 흩어지며 천년이 더해져 장수하게 하고 만복이 구름처럼 일어나며, 자손이 뜰에 가득하고 가문에 기쁨이 불어나게 해주소서.

이전 시기부터 불교 성수신앙의 주요 대상이었던 치성광여래와 일광보살, 월광보살, 그리고 점차 존재감이 커진 북두칠성여래에게 재앙을 없애고 복을 내려달라고 기원하며, 운수가 없는 어려운 시기에 수명 연장과 자손 번성을 빌고 있다. 주목할 점은 여기에 상제와 삼청, 구천의 금전 같은 도교 용어가 등장하는 것이다. 불교와 도교 칠성신앙의 접목이나 습합 양상은 이후에도 여러 기록에서 확인할 수 있다. 100여 년 후인 18세기 초에 허정 법종(虛靜法宗: 1670-1733)이 쓴 다음의 「진경후발(眞經後跋)」(1711)은 사찰에서 도교의 『태상현령북두본명연생묘경(太上玄靈北斗本命延生妙經)』을 간행할 때의 발문이다.[114]

북두진군(北斗眞君)은 동방 칠불(七佛)이 형상을 나타낸 것이니 밖으로는 신명(神明)을 드러내고 안으로는 부처님의 자비를 몰래 갖추어 삼계에 위엄을 떨치며 온갖 생령을 통솔한다. 인간의 선악과 음부(陰府)의 시비를 도맡아 판결하여 선한 자에게는 상을 내리고 악한 자에게는 벌을 내린다. 미혹한 범부와 속인들은 그분이 하는 일이란 걸 깨닫지 못한다. 태상노군(太上老君)이 경전의 비결을 설하여 법요를 널리 펴니 집안에 공덕이 있게 하고 재액을 없애는 내용이 많다. 경교(經敎)가 쇠잔하여 하늘의 꾸짖음을 얻어 일찍 죽는 이들이 많은데 모두 구제할 방도가 없으니 한스럽도다. 지금 혜원(慧遠)스님이 다행히 이 책을 설암(雪巖)스님의 방에서 얻어 판각하고 종이를 모아서 천권을 인출하였다.

도교에서 북두칠성을 신격화한 북두진군(北斗眞君)은 인간의 선악과 사후의 시시비비를 판정하고 상과 벌을 내리는 존재인데, 흥미로운 점은 사찰에서 간행하였기 때문인지 북두진군을 칠성여래의 현신으로 보았다는 사실이다. 그런데 이 경전이 간행된 1711년(숙종 37) 무렵은 1695년부터 5년간 지속된 대기근 등 가뭄과 이상 기후, 전염병이 잇따르면서 심각한 위기를 겪은 지 얼마 안 된 시점이었다.[115] 일찍 죽는 이들이 많지만 구제할 길이 없다는 한탄이 나온 것도 그러한 시대상을 반영하고 있다. 이처럼 어려운 상황 타개를 위해 종교적 염원을 끌어모아야 할 때, 사찰에서 도교 경전을 간행한 것은 그만큼 성수와 관련된 도교신앙의 저변이 넓었기 때문일 것이다. 무경 자수(無竟子秀: 1664-1737)의 「기도칠성사(祈禱七星詞)」에서도 "치성광여래와 7대 성군 등이 신기(神氣)와 성덕(聖德)으로 하늘을 관장하고 세상을 교화하니 생전에는 형벌의 고통이 없고 사후에는 죄악에 빠질 걱정이 없다."고 하여 불교와 도교의 신격을 동시에 거론하였다.[116]

조선후기에 도불이 융합된 칠성신앙의 사례는 적지 않게 확인되며, 그 귀결점은 칠성을 모시는 건물이 사찰 안에 세워진 것이었다. 칠성전에 대한 최초의 기록은 산신각보다는 이른 시기인 17세기 중반에 나온다. 풍계 명찰이 쓴 환적 의천(幻寂義天: 1603-1690)의 「환적당대사행장(幻寂堂大師行狀)」에는 "갑오년(1654) 봄에 대사는 황주(黃州)의 심원산(深源山) 굴에서 1년을 보내고 을미년(1655) 봄에 그 산의 칠성전(七星殿)으로 거처를 옮겨서 또 1년을 지냈다."고 하여,[117] 17세기 중반 황해도 심원사(深源寺) 근처에 칠성전이 존재했음을 알 수 있다. 비슷한 시기에 활동한 백곡 처능(白谷處能: 1617-1680)도 충청도 공주 계룡산 신정사(神定寺)에서 쓴 시에서 칠성암(七星庵)을 언급하고 있다.[118]

18세기의 칠성전 관련 기록은 호은 유기(好隱有璣: 1707-1785)의 「칠성전상량문(七星殿上梁文)」이 대표적이다. 유기는 달성 비슬산 일원에서 주로 활동한 승려로서 1766년 무렵 청도 용천사(湧泉寺)에 주석하다가 1767년에 해인사(海印寺)로 옮겨갔다.[119] 「칠성전상량문」은 대구 남산에서 1767년 4월에 쓴 것으로, 칠성전이 세워진 곳이 용천사일 가능성이 크다. 칠성전 건립은 주지 성호(性好)가 발원하고 순장(巡將) 김(金)공이 계획을 세워 앞장섰으며 선사(善士)들이 기쁘게 따르면서 이루어졌다고 한다. 다음 내용처럼 도교의 북두진군을 신앙의 주존으로 내세우면서 칠성전이 정토업을 닦는 이들이 복을 비는 곳이라고 하여, 칠성으로 이어진 도불 습합의 모습을 엿볼 수 있다.[120]

> 먼 하늘에 늘어선 별자리 중에 칠군(七君)이 가장 높다. 사람들은 모두 (북두)진군(眞君)을 우러러보는데 그 비호 없이는 안온함을 얻기 어렵다. 진군은 밤마다 모습을 드러내고 궤도를 따라 돌며 밝게 빛난다. 서원이 있으면 반드시 따르니 이루어지지 않는 일이 없다. 신이한 공력은 매우 크고 성스러운 덕은 매우 넓도다. 지금 칠성전은

일곱 진군의 혼령이 내려오는 제단이요 정토업을 닦는 이들[정사(淨士)]이 복을 비는 장소이다.

19세기 이후에는 산신각과 마찬가지로 전국 각지의 사찰에 칠성전(각·암)이 세워졌다. 응운 인전이 쓴 「칠성각권선문(七星閣勸善文)」에는 "칠성이 중생을 구제하는 큰 자비는 바로 일곱 여래의 원력이 깊고 넓은 까닭입니다. (…) 중생을 위해 자비심을 일으키니 또한 위대하지 않습니까? 이제 칠성각을 새로 건립하는 일로 단문(壇門)에게 고하노니 여러 군자들은 칠성여래께 큰 인연을 맺기를 축수합니다."라고 하여, 칠성여래를 모신 칠성각 조성을 위해 기부를 권장하였다.[121] 또한 「칠성전불량계서문(七星殿佛糧禊序文)」에서도 "사람의 길흉화복은 모두 칠성이 관장합니다. 칠성의 끝없는 자비는 6도 윤회에 드리워지고 인간 세상을 두루 단속하오니, 복을 구하고 재앙을 면하려는 사람이 칠성에 기도하지 않으면 어디에서 구하겠습니까? 우리 신심 있는 계원들은 『칠성경(七星經)』[122]을 구해 읽고 이를 소홀히 하지 마시오."라고 하여,[123] 칠성전 건립과 운영을 위해 불량계 계원을 독려하고 있다. 인전은 「불량권선문(佛糧勸善文)」에서는 국왕을 북극성에 견주며 그 인(仁)과 성(聖)을 일월(日月)에 비유하기도 하였다.[124]

대구 팔공산 파계사(把溪寺) 금당암(金塘庵)에 칠성전이 지어질 때 극암 사성(克庵師誠: 1836-1910)이 쓴 상량문에는 "하늘에 걸려 있다가 전각으로 내려오니 일곱의 별자리가 사람들에게 복을 내려주네. 밝으신 치성대여래를 봉안하고 일광, 월광이 보필하며 별들이 채색한 감실에 찬란하도다."라고 되어 있다.[125] 이보다 앞서 월하 계오(月荷戒悟: 1773-1849)가 경기도 광주 동쪽 50리에 칠성암 6-7칸을 중창할 때 쓴 상량문에도, "만 가지 복을 성취하고 천 가지 마(魔)를 물리치는 분이 치성광여래입니다. (…) 주재자인 칠성께 예배하니 하늘이 보호하고 (…) 어진 나라의 만백성을 편안하게 돌보소서."라고 하여 여전히 높은 위상을 가진 치성광여래와 함께 칠성에게 기원하고 있다. 그런데 이 상량문에 들어간 동서남북·상하의 육위송(六偉頌)에는 '동쪽 유리(琉璃)세계 약사여래'가 나온다.[126] 불교의 칠성신앙은 조선전기부터 병 치료, 수명 연장이라는 공덕의 효험을 약사여래와 공유해왔는데, 그러한 결합 양상이 이 시기에도 지속되고 있음을 볼 수 있다.

산신신앙과 마찬가지로 칠성신앙도 독립 전각이 세워지기 전에 청문 의식 등이 정비되는 과정을 거쳤다. 불교의식집에 칠성신앙과 관련된 청문이 보이는 것은 16세기 후반으로 올라간다. 1574년 안변 석왕사(釋王寺)에서 개판한 『권공제반문(勸供諸般文)』에는 「칠성청문(七星請文)」이 수록되어 있다. 여기에는 "치성광여래의 헤아릴 수 없는 지혜는 일체 중생의 마음을 모두 알아서 갖가지 방편의 힘으로 중생의 끝없는 고통을 다 없애주십니다. 그렇기에 지금 조선국의 단신(檀信)인 모처(某處)의 모인(某人)은 자신을 위하여 온갖 재앙을 소멸하고 만복을 성취하며 수명을 늘려 장수하고 자손이 번성하게 해달라고 빕니다."라고 하면서, 칠성여래를 으뜸으로 하는 28수의 성군 등에게 기원하고 있다.[127] 「칠성청문」은 이후 여러 제반문 등에 수록되어 전하는데 기본 구조 및 내용은 『권공제반문』과 크게 다르지 않다.[128] 그런데 19세기 백파 긍선의 『작법귀감』에 있는 「칠성청(七星請)」은 유치(由致), 헌좌(獻座) 다게(茶偈), 정근(精勤), 탄백(歎白), 축원(祝願), 봉송게(奉送偈) 진언(眞言)의 순서로서 '유치'의 다음 내용을 살펴보자.[129]

> 치성광여래와 북두칠성[130]의 지혜는 이루 다 헤아릴 길이 없습니다. 일체 중생들의 마음을 다 아시고 갖가지 방편의 힘으로 중생의 끝없는 고통을 다 없애주신다 하오니 (…) 재앙을 소멸하고 복을 내리시며 큰 방편으로 자취에 응하소서. 하늘에 벌여 있는 별들로 칠성여래를 으뜸으로 한 28수 여러 성군들과 거느린 모든 권속들이시여.

16세기 후반에 나온 『권공제반문』의 「칠성청문」과 비교해보았을 때, 뒷부분의 칠성여래는 그대로이지만 제일 앞부분에 치성광여래와 동급으로 북두칠성을 격상시킨 점에서 차이가 있다. 불교의 성수신앙이 고려시대 치성광여래에서 조선전기 칠성여래로 점차 주축이 옮겨졌다면, 이제는 북두칠성(=칠성여래)과 치성광여래가 완전히 같은 위상을 갖게 된 것이다. 이는 칠성을 모시는 칠성각의 조성이 활발히 이루어지게 되는 상황과도 관련이 있을 것이다.

그런데 칠성신앙의 도불 습합과정이나 결과가 불교 측의 일방적 완승으로 끝난 것은 아니었다. 1864년 세도가였던 김좌근(金左根: 1797-1869)의 시주에 의해 서울 삼각산 도선암(道詵庵)에서 도교의 칠성 경전인 『태상현령북두본명연생진경』이 간행되었다. 이 경전은 17세기 후반부터 판각이 계속되었고 선행과 천신감응을 설하는 도교 권선서(勸善書)와 합본한 것도 나왔는데, 권선서에서 복록과 장수를 주재하는 신이 북두칠성이었다.[131] 칠성 도상에서도 18세기 말 이후 불교의 칠성여래에서 현세구복의 신중적 의미를 갖는 도교의 칠원성군으로 무게중심이 옮겨갔다고 한다.[132]

이렇게 도교 칠성신앙의 흐름이 계속 이어지던 상황에서 도불 습합이 아닌 불교의 원래 전통으로 돌아가야 한다는 자성의 목소리도 나왔다. 1869년 금강산 유점사(楡岾寺)에서 나은 보욱(懶隱保郁) 등이 칠불약사경이라 불리는 『약사유리광칠불본원공덕경(藥師琉璃光七佛本願功德經)』을 간행할 때 그 서문에서 "북극 자미원(紫微垣)의 칠요(七曜)를 신앙하는 도가의 칠성신앙이나 태상노군은 잘못된 가르침이다."라고 단언하였다. 보욱이 쓴 발문에서는 "『칠성연명경(七星延命經)』은 부처님이 설한 것이 아니다. 지금의 불자들은 사설(邪說)을 믿고 복을 구하니 이는 잘못이다. 칠성신앙의 뿌리는 성수신앙이 아닌 약사신앙에 있다."라고 하여, 회복해야 할 칠성신앙 전통의 근원을 도불이 혼재된 성수신앙이 아니라 불교

고유의 약사신앙에서 찾았다.[133] 1883년 해인사에서 펴낸 『청문(請文)』의 발문에서 『불가일용집(佛家日用集)』의 편자인 추담 정행(秋談井行)은 "불교의 칠성신앙은 약사여래와 동일한 불성을 가진 칠성여래에서 시작되었다"고 하여,[134] 보욱과 유사한 인식을 하고 있다.

한편 근대기에 불교의식집의 핵심 내용을 모아 새롭게 펴낸 『석문의범(釋門儀範)』(1935)에는 「칠성단예경문(七星壇禮敬文)」이 들어 있다. 여기에는 '자미대제통성군(紫微大帝統星君) 십이궁중태을신(十二宮中太乙神)'이 나오는데,[135] 이는 도교 북극성의 신격인 자미대제와 태을신(태일신)을 불교의 치성광여래와 동격으로 간주하는 기존 청문의 내용을 그대로 반영한 것이다. 이처럼 칠성신앙에 관한 한 도교와 불교의 습합과 공존 양상이 근대기까지 이어졌다. 결론적으로 조선후기 칠성신앙은 불교와 도교 각각의 흐름도 있었지만 기본적으로는 도불이 결합하는 방식으로 전개되었다. 민간의 산신신앙이 불교 안으로 들어온 것처럼, 민간신앙화한 도교의 칠성신앙도 습합을 통해 사찰 내에서 독자적 공간을 확보함으로써 오랜 불교화의 대장정을 마칠 수 있었다.

산신신앙과 칠성신앙 같은 이질적 신앙이 불교와 만나 어떻게 변화되고 결합되었는지, 그 '불교화' 과정을 살펴보았다. 오랜 역사와 전통을 가진 산악과 성수신앙은, 조선후기가 되면 산신과 칠성이 불교와 습합하면서 사찰 내에 산신각, 칠성각 같은 독립된 공간의 조성으로 나타났다. 산신각과 칠성각 건립은 18세기 이전에도 사례가 확인되지만 19세기에 본격화되었다. 그리고 앞서 의례집의 청문 내용과 관념상의 변화가 먼저 진행되었다. 불교 신앙의 필수적 요소는 승려, 신도, 그리고 종교적 행위가 이루어지는 공간일 것이다. 조선후기에 산신과 칠성신앙이 불교와 결합하면서 사찰 공간 안에 산신각과 칠성각이 들어선 것은,[136] 이들 신앙이 습합의 과정을 거쳐 불교화가 완성되었음을 의미한다.

조선후기의 산신신앙은 화를 없애고 복을 빌며 부모의 명복을 기원하는 것이었고 빠른 효과가 기대되었다. 칠성신앙은 불교와 도교 각각의 흐름이 이어지다가 결국 도불이 융합하는 방식으로 귀결되었다. 이러한 현상은 유교사회로 접어든 시대상을 고려할 때 필연적인 결과였으며, 어느 한쪽의 일방적 우세라기보다는 공조와 융합의 노정이었다. 주류 질서에서 밀려 타자화된 민간신앙은 종교적 행위 공간을 확보하고 있던 불교에 의탁할 수밖에 없었고, 불교 측에서도 새로운 신앙 수요를 창출하고 저변을 넓힐 수 있는 유력한 방안을 찾아낸 것이었다. 고대로부터 이어진 산악과 성수신앙은 불교와 도교를 만나 변용과 습합의 길을 걸었고, 그 종착지는 불교화를 통한 공존 및 사찰 공간 내 안착이었다.

제 3 장

염불정토의 확산과 내세의 이정표

유교사회의 종교적 지형과 시대성

1. 조선후기 염불문과 정토왕생 기원

삼문 체계의 성립과 염불문

조선시대에 불교는 유교와 함께 가장 영향력이 큰 종교로서 왕실부터 일반인까지 다양한 계층을 아우르며 주요 신앙으로 기능하였다. 조선시대 불교 신앙은 현실에서의 기복(祈福)과 내세의 추복(追福), 그리고 정토(淨土)로의 왕생(往生)을 염원하는 것이었다. 또 도교나 민간신앙과의 습합이 이루어지면서 불교는 좀 더 넓은 대중적 기반을 확보할 수 있었다. 이 중 동아시아에서 불교가 오랜 세월 종교로서 유지되고 확산될 수 있었던 가장 중요한 요인이 바로 정토신앙이었다. 조선시대에도 염불을 통해 아미타불(阿彌陀佛)이 주재하는 서방 극락정토(極樂淨土)로의 왕생을 희구하는 염불 정토신앙이 매우 성행하였다.

17세기 전반에는 경절문(徑截門), 원돈문(圓頓門), 염불문(念佛門)의 삼문(三門)체계가 정비되면서 수행의 영역 안에 선, 교와 함께 염불이 포함되었다. 조선후기의 염불문은 이론적으로는 유심정토(唯心淨土), 자성미타(自性彌陀)의 염불선(念佛禪)적 수행방식을 의미하는 것이지만, 대중적 수요가 컸던 서방정토로의 왕생신앙 또한 중시되어 수행과 신앙이 혼재되는 양상을 보인다. 17세기 전반에는 수행체계인 삼문수업의 정립과 함께 승려 교육과정인 이력과정(履歷課程)도 정비되었다. 16세기에 이미 그 원형이 형성되기 시작한 이력과정은 사집(四集), 사교(四教), 대교(大教) 과정으로 구성된다. 이력과정의 내용은 보조 지눌(普照知訥) 이후의 전통적 선교겸수의 방향과 간화선(看話禪)의 선양을 요체로 한다. 즉 선교겸수, 화엄, 간화선을 단계별로 중시한 지눌의 사상적 유풍이 이 시기까지 영향을 미친 것이다. 또한 간화선 우위의 선교겸수라고 하는 청허 휴정(淸虛休靜)의 수행 및 사상 경향과도 부합한다. 이는 임제(臨濟) 선종의 정통주의적 법통을 표방하면서도 선과 교의 전통을 동시에 계승해야 했던 시대 상황이 투영된 것이다.

승려 교육과정과 함께 정비된 삼문수업은 수행체계 안에 선, 교와 염불을 넣은 것이다. 삼문 체계의 원형을 제시한 이는 청허 휴정이었다. 그가 쓴 『심법요초(心法要抄)』에는 선의 '참선문(參禪門)'과 아울러 '염불문'에 대해 설명한 부분이 나온다. 휴정은 교학에 해당하는 원돈문의 사구(死句)가 아닌 간화선을 뜻하는 경절문의 활구(活句) 참구를 강조하면서, 유심정토와 서방의 정토를 동시에 언급하며 염불을 권장하였다.[1] 그는 간화선을 우위에 둔 선교겸수를 주장하였는데 여기에 수행과 신앙을 포괄한 염불문을 더한 것이다.

선, 교, 염불의 삼문 체계가 확립된 것은 휴정의 제자 편양 언기(鞭羊彦機: 1581-1644)에 의해서였다. 그는 경절문에 대해 '근기가 높은 상근기(上根機)를 위해 바로 마음을 가리키는 격외선풍(格外禪風)의 선문(禪門)'이라고 정의하여 간화선을 최고의 수행법으로 인정하였다. 이어 원돈문에 대해 '근기가 낮은 하근기(下根機)를 위해 의리(義理)를 세우고 언어로 이해하게 하는 교문(教門)'이라고 하였다. 그러면서 '본래의 마음을 비추기 위해' 입문으로서 교학이 필요함을 강조하였다. 그는 염불문에 대해 '서방의 정토를 염상하는 염불법으로서 스스로의 마음이 곧 부처이며 자성(自性)이 바로 미타(彌陀)'라고 설명하였다.[2] 서방정토를 염원하는 염불신앙과 수행으로서의 염불선을 함께 추구한 것이다. 나아가 그 사람의 근기가 다르고 그에 따라 방편도 다르지만 불법(佛法)은 하나이며, 선, 교, 염불 모두 일심(一心)을 근원으로 하기에 같다고 보았다.[3]

조선후기의 이 삼문체제는 보조 지눌이 주창한 '성적등지문(惺寂等持門), 원돈신해문(圓頓信解門), 간화경절문(看話徑截門)'의 삼문과 이름이나 구조상 유사한 측면이 있지만 내용에서는 큰 차이가 있다. 지눌의 삼문은 정혜쌍수(定慧雙修)와 돈오점수(頓悟漸修), 즉 선교 융합을 기조로 하여 마지막 단계에 가장 뛰어난 간화선 수행방식을 배치한 것이다.[4] 이에 비해 조선후기 삼문은 간화선을 뜻하는 경절문은 동일하지만 원돈문은 교학 자체를 의미하는 것이었고, 무엇보다 지눌의 삼문에는 없는 염불문이 들어간 것이 특징이다. 조선후기에는 지눌의 삼문을 정혜쌍수를 의미하는 경절문과 원돈문, 중생구제의 방편인 정토문(淨土門)으로 이해하고, 지눌이 선, 교, 염불의 삼문을 모두 겸행했다는 평가도 나왔는데,[5] 이는 지눌의 삼문을 조선후기의 삼문과 혼동하여 생긴 오해의 결과이다.

17세기 전반에 선, 교, 염불을 포괄하는 삼문 체계가 성립된 시대적 배경은 다음과 같다. 이 시기에는 앞서 고려시대부터 이어져오던 선과 교의 전통은 물론 염불, 진언(眞言) 다라니(多羅尼)의 송주(誦呪), 수륙재(水陸齋)와 같은 다양한 수행 및 신앙, 의례가 공존하고 있었다.[6] 휴정의 조사인 벽송 지엄(碧松智儼: 1464-1534) 또한 "조사선(祖師禪)을 참구하고 부처님의 가르침이 담긴 여러 경전들을 보다가 여가에는 정토왕생을 희구한다."고 하여,[7] 종합적 수행체계로서 삼문의 출현을 예고하였다. 공식적 종파가 존재하지 않았고 선종을 중심으로 다양한 불교전통을 포섭하고 계승해야 했던 상황에서 이러한 종합적·포괄적인 성격의 삼문 체계가 등장한 것이다. 특히 삼문에 염불문이 들어간 것은 시대적 요청을 반영한 것으로, 염불선 형태의 수행뿐 아니라 서방정토의 존재를 상정한 염불신앙까지 포함하고 있다.

이 삼문 체계의 특징은 선, 교, 염불을 각각 전문적으로 닦으면서도[전수(專修)] 여러 수행방안을 용인하는 포괄적·융합적인 수행방식이라고 할 수 있다. 이는 한 사람이 세 가지 수행방식을 모두 반드시 해야 한다는 의미에서의 전수(全修)는 아니었으며, 능력과 방편에 따라 차이가 있다는 전제하에 수행과 깨달음의 기회를 넓힌 것이다. 휴정의 제자 영월 청학(詠月淸學: 1570-1654)의 경우는 문자[교]보다 참구(參句)[선]를 중시하는 세태를 비판하면서 교학을 입문으로 한 점차적·단계적 수행의 필요성을 강조하였다.[8] 이는 다양한 수행방식을 용인한 삼문 체계를 전제로 선 일변도로 치우치는 것을 경계한 것이다.

삼문 체계의 완비 이후 승려를 부르는 명칭도 전공 영역에 따라 분화되었다. 선승과 염불승은 보통 수좌(首座), 간경(看經)하는 교학승은 강사(講師)로 지칭되었으며 이들은 모두 이판(理判) 승려로 인정받아 사찰의 운영과 행정을 담당하는 사판(事判) 승려와는 구분되었다.[9] 이처럼 조선후기에 선, 교, 염불이 모두 수행체계 안에 포섭되면서 한국불교의 다양한 전통이 근대기까지 이어질 수 있었다.

조선후기 삼문 체계의 염불문은 자력에 의한 염불선 수행, 그리고 타력에 의한 염불정토신앙의 두 가지 유형으로 나눌 수 있다. 염불을 선 수행의 일환으로 받아들인 염불선은 정토를 마음에 투영시켜 수행에 의한 마음의 깨달음을 목표로 한다. 염불정토신앙은 아미타불의 원력(願力)에 의해 서방 극락정토로의 왕생을 기원하는 것으로 좀 더 대중 친화적인 성격을 갖는다. 삼문 체계의 염불문을 처음 제시한 청허 휴정은 "참선과 염불이 마음을 닦고 깨달음을 얻을 수 있다는 점에서 본질적으로 같다."고 하여,[10] 수행으로서 염불선을 강조하였다. 그러면서 "염불은 아미타불을 마음으로 염상하는 것[관념(觀念)]과 그 이름을 부르는 것[칭명(稱名)]이 서로 상응해야 하며 이것이 윤회를 벗어나는 지름길이다."라고 하였다.[11] 그는 마음을 스스로 닦는 염불선은 상근기를 위한 수행방안임에 비해, 아미타불을 떠올리고 부르는[염호(念號)] 염불정토는 하근기를 위한 신앙적 방편이라고 하여 두 가지를 구분하면서도 모두 인정하였다.

앞서 고려후기 보조 지눌의 경우에는 염불을 수행의 방식으로 보지 않았고 근기가 낮은 이들을 위한 교화의 방편으로, 즉 신앙의 측면에서만 받아들였다. 하지만 고려 말에 원나라에 유학한 선승들은 중국에서 유행하던 염불선적 경향에서 영향을 받아 선 수행의 하나로 염불을 강조하게 되었다.[12] 이후 염불선 수행과 염불정토신앙이 모두 이어져왔는데, 이 시기에 와서 비록 염불선 수행이 좀 더 강조되기는 했지만 염불정토 신앙 또한 염불문에 포섭되어 들어간 것이다. 이러한 포용적 성격 때문인지 삼문 체계의 성립 이후 염불문은 승속(僧俗)을 불문하고 큰 호응을 받으며 점차 확산되었다. 휴정의 동문인 부휴 선수(浮休善修) 또한 선정(禪淨)일치의 입장에서 선과 함께 염불을 중시한 것으로 평가된다.[13] 조선후기에는 선과 교를 기본 수행방안으로 하면서도 염불에 전념한 승려들의 사례를 쉽게 찾아볼 수 있다. 염불문의 확산과 염불수행의 일상화를 보여주는 대표적 사례를 시기별로 소개하면 다음과 같다.

먼저 17세기 후반과 18세기 초에 활동했던 석실 명안(石室明安: 1646-1710)의 경우 처음에 선을 배운 후 부휴계 백암 성총(栢庵性聰)에게 교학을 수학하고 화엄의 원융(圓融)의 취지를 전수받았다. 이어 만년에는 '염불왕생문(念佛往生門)'에 귀의하여 1709년 지리산 칠불암(七佛庵)에서 70여 명이 참여한 염불결사(念佛結社)인 서방도량(西方道場)을 결성하였고 『현행법회예참의식(現行法會禮懺儀式)』을 간행하였다. 명안은 언제 어느 때나 '나무아미타불(南無阿彌陀佛)'을 염해 정토왕생을 기원한다는 내용의 「염불가(念佛歌)」를 지었고, 입적하기 직전에 서쪽을 향해 세 번 절하였다고 한다.[14]

18세기 전반에 활동한 기성 쾌선(箕城快善: 1693-1764)은 선과 화엄을 두루 수학한 후 말년에 염불 정토문의 입장에서 선과 교를 포섭하려 하였

부휴 선수

다. 그는 선문과 교문은 근기에 차등을 두지만 염불문은 수행의 단계를 제한하지 않으면서 선과 교, 보통 사람과 성인(聖人), 선과 악을 모두 포괄하므로 삼문 중 가장 뛰어나다고 보았다.[15] 쾌선이 쓴 『염불환향곡(念佛還鄉曲)』은 고향을 찾아가던 도중에 선과 화엄을 접하였지만 결국 아미타불의 명호를 부르면서 고향에 돌아간다는 내용이다.[16] 여기서 그가 선과 교보다 염불을 더욱 중시했음을 볼 수 있다. 당시는 선이나 교를 더 중시하거나 삼문을 원칙적으로 동일시하는 것이 일반적 경향이었다. 하지만 "격외선(格外禪)을 참구하고 하룻밤 꿈에 서천(西天)에 이른다."고 한 월파 태율(月波兌律: 1695-?),[17] 또는 강사로 활동하다가 만년에 교학 강의를 그만두고 좌선 삼매와 염불에 매진한 풍악 보인(楓嶽普印: 1701-1769)의 사례처럼,[18] 선과 교, 염불 중 자신의 취향에 맞는 것을 선택하거나 시기별로 지향점을 달리하는 경우도 적지 않았다.

18세기에 교, 선, 염불의 순으로 순차적 수행을 실천한 인물로는 용담 조관(龍潭慥冠: 1700-1762)을 들 수 있다. 그는 승려 교육과정의 대교과에 속한 『선문염송(禪門拈頌)』과 화엄의 원돈법(圓頓法)에 밝아 선과 교에 모두 정통하였다. 그런데 50세 이후에는 교학 공부를 그만두고 참선 수행에 진력하였고, 더욱이 말년에는 유심(唯心), 자성(自性)을 강조하면서 오직 염불 수행에 전념하였다. 조관은 "9품(九品) 연화대(蓮花臺)에 올라 미타 옛 주인을 우러러본다."고 하면서 자신의 사후에 아미타불에게 불공(佛供)을 올릴 것을 부탁하였다.[19] 조관에게 수학한 추파 홍유(秋波泓宥: 1718-1774)도 만년에 선과 교의 병폐를 지적하면서 염불왕생문을 교화 방편의 요체로 삼았다. 홍유는 임종을 앞두고 "한마음으로 아미타불을 떠올려 바로 서방극락으로 왕생하리."라고 읊었다.[20]

이처럼 삼문 체계의 성립 이후 염불문은 수행방식으로 확고히 정착되었으며 좀 더 체계적인 이론적 정비가 이루어졌다. 18세기 후반에 진허 팔관(振虛捌關)이 쓴 『삼문직지(三門直指)』(1769년)에서는, "경절문, 원돈문, 염불문의 삼문을 통해 심성을 바로 깨닫고[직견(直見)], 법계(法界)에 증득해 들어가며[증입(證入)], 정토에 왕생한다. 삼문이 비록 각각 다르지만 그 요체는 같다."라고 하여 수행체계로서 삼문의 근원적 동일성을 강조하였다. 팔관은 또한 경절문은 정면, 원돈문은 동쪽, 염불문은 서쪽에 비유하여 누구나 지나갈 문을 선택해 깨달음의 길로 갈 수 있다고 하였다.[21] 이는 사람의 능력이 각기 다르지만 삼문 중 자신에게 맞는 수행법을 택해 정진하면 결국 깨달음을 얻을 수 있다는 것으로, 삼문을 통해 깨달음의 문호가 크게 넓혀졌음을 볼 수 있다.

18세기 후반 교학의 종장인 연담 유일(蓮潭有一: 1720-1799)은 염불문을 자심정토(自心淨土), 자성미타(自性彌陀)의 선정자력문(禪定自力門)이라 하여, 염불선의 수행적 관점에서 바라보았다. 그러면서도 그는 중생을 구제하기 위한 신앙적 측면의 염불회로 연지만일회(蓮池萬日會)를 개설하기도 하였다.[22] 이후 유일의 문손 범해 각안(梵海覺岸: 1820-1896)은 대흥사(大興寺)의 무량회(無量會)에서 "아미타불을 협시하는 대세지보살(大勢至菩薩)은 염불로 사람을 접하고 관음보살(觀音菩薩)은 참선으로 대중을 가르치니 염불과 참선은 두 개의 다른 이치가 아니다."라고 하여 참선과 염불의 일치, 수행과 신앙의 결합을 통한 확장된 염불정토의 길을 추구하였다.[23]

삼문 체계의 하나로 들어간 염불문은 화엄의 원돈문, 간화선의 경절문과 같은 위상으로 평가되었다. 경암 응윤(鏡巖應允: 1743-1804)은 명의 지욱(智旭: 1599-1655)이 『아미타경(阿彌陀經)』을 원돈교(圓頓敎)에 배정하였음을 언급하면서, 정토 경전인 『아미타경』이 『화엄경』과 마찬가지로 원돈교에 들어간다고 하였다. 또 염불문과 원돈문이 근원적으로 서로 같으며 일체 방편이 다 염불의 방편이라고 보았다.[24] 이처럼 삼문에서 염불문이 어떤 위상을 갖는지에 대한 논의는 계속되었는데, 19세기 선 논쟁에서도 삼문에 대한 평가 및 위상 부여와 관련된 문제의식이 담겨져 있다.

19세기 선 논쟁의 실마리를 제공한 백파 긍선(白坡亘璇: 1767-1852)은 염불문을 자력 수행에 한정하고 타력적 성격의 염불신앙은 배제해야 한다고 주장하였다. 그는 염불도 마음을 닦는 수행법이지만 서방(극락정토) 왕생은 진실한 법이 아니며 상근기의 염불 수행만 선종의 서래밀지(西來密旨)와 부합한다고 보았다.[25] 나아가 선을 조사선(祖師禪)-여래선(如來禪)-의리선(義理禪)의 3종으로 차등화하여 간화선을 우위에 두고 교학, 염불을 그보다 낮은 단계로 보았다. 이에 대해 초의 의순(草衣意恂: 1786-1866)은 조사선=격외선(格外禪)<선>, 여래선=의리선<교>로 방편상 구분할 수는 있지만 선과 교 사이에는 우열이 없다고 반박하였다.[26] 이를 삼문으로 설명하면 조사선은 간화선 경절문이고 원돈문과 염불문은 의리선에 포함된다. 결국 삼문을 둘러싼 선 우위론과 선, 교, 염불 일치론의 상반된 입장을 선 논쟁에서도 확인할 수 있다.[27]

염불신앙 대중의 환호를 받다

염불문의 중시와 확산에 따라 조선후기에는 정토서적이 다수 간행되었고 승속을 불문하고 염불신앙이 크게 유행하였다. 먼저 정토서적의 대규모 간행은 17세기 말 예기치 않은 중국 불서의 유입이 중요한 계기가 되었다. 부휴계의 적전인 백암 성총은 1681년 전라도 임자도에 표류해 온 중국 가흥(嘉興)대장경판[28] 불서를 수집하여 총 12종 197권의 책을 간행하였다. 그중 제일 먼저 판각한 것이 『정토보서(淨土寶書)』 1권으로 가홍장 속장에 수록된 여러 정토서적을 발췌, 요약하여 전라도 징광사(澄光寺)에서 1686년에 펴냈다. 성총은 이와 함께 「정토찬(淨土讚)」을 지어 염불정토의 중요성을 거듭 강조하였다.[29]

『정토보서』가 간행되고 20년이 채 안 된 1704년에 명연(明衍)이 쓴 『염불보권문(念佛普勸文)』이 예천 용문사(龍門寺)에서 나왔다. '미타참약초(彌陀懺略抄)'라고도 불리는 이 책에는 정토에 왕생한 이들의 전기나 불교가사 「회심곡(回心曲)」 등을 한글로 번역해 실었고 염불의 작법(作法) 절차를 구체적으로 설명해놓았다. 그 요체는 염불을 통한 극락정토 왕생을 기원하는 것으로 여러 부처 가운데 아미타불에게 염불하는 것이 가장 낫고 극락이야말로 가장 뛰어난 부처의 세계임을 강조하였다.[30] 이 책은 1776년 해인사(海印寺) 중간본을 비롯해 80여 년에 걸쳐 7번 이상 복각되었을 정도로 염불신앙은 당시 큰 인기를 끌었다. 한편 해봉 유기(海峰有璣: 1707-1785)는 명연의 『염불보권문』에 없던 내용을 추가 보완하여 『신편보권문(新編普勸文)』을 편찬하였다.[31]

이처럼 염불문의 성립은 이후 수행뿐 아니라 신앙 면에서 새로운 수요를 창출하였다. 이는 염불 관련 의례서의 간행으로 나타났는데, 『예념미타도량참법(禮念彌陀道場懺法)』, 『예념왕생문(禮念往生文)』처럼 염불의식을 모은 의례작법 서적이 빈번히 간행되었다. 목판으로 한 번에 1,000부를 찍을 정도로 그 수요는 매우 많았다.[32] 또한 염불의 의례화가 진전되면서 극락정토로의 왕생을 기원하거나 죽은 이의 영혼 천도를 위해 법식(法食)을 베푸는 시식의례(施食儀禮) 등이 발달하였고 의례서에도 반영되어 있다.[33]

한편 염불 관련 서적 및 의례서 유통뿐 아니라 정토왕생을 권면하는 내용의 문학작품 찬술도 활발히 이루어졌다. 특히 유행했던 것은 정토가사의 창작이었는데, 서방 극락정토로의 왕생을 염원하는 왕생 가사,

참선 수행을 통해 마음을 닦고 자성을 깨칠 것을 권면하는 참선 가사가 주종을 이루었다. 19세기에 나온 대표적 정토 가사인 『권왕가(勸往歌)』는 염불 수행을 할 때 경계해야 할 10가지 악업(惡業)을 소개하고, 정토왕생의 요체를 제시하여 만일염불회 등에서 인기를 끌었다.[34] 이와 함께 염불과 정토를 주제로 한 소설도 유통되었는데, 환생과 염불을 통한 극락왕생을 다룬 「왕랑반혼전(王郎返魂傳)」이 유명하다. 이 글은 1637년 화엄사(華嚴寺)에서 간행한 『권념요록(勸念要錄)』 안에 한문본과 한글본이 수록된 이래, 1753년 동화사(桐華寺), 1776년 해인사(海印寺), 1787년 선운사(禪雲寺) 등에서 간행된 염불정토 관련 서책에 부록으로 들어가는 등 흥행에 크게 성공하였다.

염불문의 정착과 염불신앙의 유행에 따라 17-19세기에는 염불과 관련된 결사(結社)조직도 생겨나 종교적 목적과 재정 적립의 달성을 동시에 추구하였다. 승속이 함께 참여하는 신앙공동체 형태의 염불계(念佛契), 염불회(念佛會) 등이 각지에 결성되었으며 대중의 참여도가 높아 지역사회에서 큰 호응을 얻었다.[35] 보통 염불계를 주관하는 염불당(念佛堂)의 화주(化主)가 사찰 재정 운영에서도 중요한 역할을 담당하였다. 예를 들어 경상도 오어사(吾魚寺)에서는 승속 150명이 염불계를 조직하여 토지를 구입하였고 여기서 나온 소출로 절에 염불당을 조성하였다.[36] 19세기에는 강원도 건봉사(乾鳳寺), 신계사(神溪寺)의 만일염불회(萬日念佛會)를 비롯해 전라도 미황사(美黃寺), 부산 범어사(梵魚寺) 등 전국적으로 만일염불회가 성행하였다.[37]

염불문을 기치로 내걸고 염불 수행이 중시되고 염불신앙이 확산되면서 정토에 대한 인식도 다양한 형태로 나타났다. 유심정토에 기반한 염불선 수행에서는 굳이 상정할 필요가 없는 서방 극락정토의 존재가 방편상이나마 인정되기도 하였다.[38] 청허 휴정도 『선가귀감(禪家龜鑑)』에서 "이치상은 본래의 마음을 바로 가리키는 것 외에 다른 방법이 없다. 하지만 방편문에서는 극락세계가 실제 있고 아미타불의 48원(願)이 있다. 염불하는 이는 그 원력에 의해 극락에 왕생하고 바로 윤회를 벗어난다."고 하였다. 휴정은 또 "자력 수행은 나무를 심어 배를 만드는 것이고 타력 신앙은 아미타불의 원력에 힘입어 배를 빌려 타고 바다를 바로 건너는 것이다."라고 비유하여 타력에 의한 염불신앙이 빠른 길임을 인정하였다.[39] 즉 상근기를 위한 염불선 수행만 권장한 것이 아니라 일반 대중을 위해 타력에 의한 염불왕생의 길을 열어주었고, 방편상 서방 극락정토의 실재를 긍정하였다.

한편 수행과 신앙이 결합된 염불문의 이중구조가 성립되고 확산되면서 마음의 정토와 함께 서방 극락정토의 존재 여부가 논란이 되었다. 18세기 후반에 활동한 인악 의첨(仁嶽義沾: 1746-1796)은 천당(天堂)을 보지 못했다고 해서 없다고 할 수는 없다고 하였다.[40] 또 같은 시기에 연담 유일도 "극락이 보이지 않는다고 해서 없다고 할 근거는 없다."고 단언하였다. 유일은 여기서 그치지 않고 "반드시 불교를 믿고 염불하지 않더라도 세간의 착한 이들은 왕생할 수 있다. 천당이 있다면 그곳은 군자(君子)가 오르는 곳이므로 잘못을 깨닫고 진성(眞性)을 드러내야 한다."고 하여 시대적 요구에 부합하는 왕생의 기준을 제시하였다.[41]

유일의 주장에서 주목되는 것은 첫째 염불을 통해 왕생하는 극락을 없다고 할 근거가 없다는 것이다. 이는 극락정토로의 왕생을 기원하는 이들의 절실한 염원을 고려하여 염불신앙의 대중적 확장성을 인정한 것이다. 둘째 불교나 염불과 상관없이 착한 이들이 왕생할 수 있다는 것이다. 윤리 도덕과 현실적 실천을 왕생의 기준으로 세워 유교사회에서 내세의 문호를 넓힌 것이다. 셋째 참회와 본성의 발현을 통해 천당에 가는 것이 가능하다고 보았다. 이는 마음을 닦는 수행과 염불왕생 신앙을 접목시켜 바라본 것이다. 칭명(稱名)염불을 통해 악인까지도 구제 가능하다는 '악인왕생설(惡人往生說)'이 7세기 이후 동아시아에 정착된 사실을 떠올리면,[42] 이 시기에 왕생의 기준이 선행(善行)과 본성이라는 유교적 가치에 맞추어 변용되어 적용된 사실이 주목된다.

유심정토, 자성미타와 유사한 관점에서 마음의 본원을 상정하고 주체와 대상을 확장한 논리도 나왔다. 선암사(仙巖寺)의 해붕 전령(海鵬展翎: ?-1826)은 불교는 '마음을 밝혀 본성을 깨치는 것[명심견성(明心見性)]'이며 태극(太極)을 구비한 개개인의 본원은 '자성천진불(自性天眞佛)'이라고 하여 마음이 곧 부처라는 '즉심즉불(卽心卽佛)'의 논리를 내세웠다. 나아가 그는 남자와 여자, 소나 말 같은 동물도 모두 부처라고 하여 모든 유정물(有情物)이 불성(佛性)을 가짐을 강조하였다.[43] 이처럼 조선후기에는 마음을 깨치려는 실천수행과 정토로 왕생하려는 신앙적 바람 두 가지를 모두 받아들여 염불정토로의 길을 확장하였다. 그 결과 마음의 본성과 중생의 범주에 대한 심화된 논의까지 나오게 된 것이다.

조선후기에는 공인된 종파는 없었지만 17세기 전반 임제종 법통을 내세워 선종으로서의 정체성을 표명하면서 교학과 염불 등 다양한 전통을 함께 계승, 발전시켜 갔다. 간화선 우위의 선교겸수나 화엄과 선의 결합을 특징으로 하는 승려 교육과정의 정비, 선, 교, 염불의 수행체계를 포괄한 삼문수업의 정립은 조선후기 불교의 종합적 성격을 잘 보여준다. 삼문 수행체계에 포함된 염불문은 유심정토, 자성미타로 상징되는 염불선의 수행방식, 그리고 서방 극락정토를 상정한 염불신앙을 모두 용인한 것이었다. 이는 선 수행자로서의 승려만이 아니라 불교 존립의 기반이 되는 일반 대중을 함께 고려한 방안이었고 그 대상과 수요는 점차 확대되었다. 조선후기 승려들은 선, 교, 염불 가운데 최소한 하나의 전문 분야를 가졌는데, 대개 교학은 수행의 입문으로 삼았고 만년에는 염불에 전념하는 것이 통상적이었다.

염불문 성립 이후 염불신앙은 더욱 확산되고 정토로의 문호 또한 넓어졌다. 많은 정토서적이 간행되었고 의례와 문학, 종교의 영역에서 다양한 수요가 창출되었다. 그에 따라 신앙공동체이면서 사찰 중창과 운영 재원 마련을 목적으로 하는 사찰계(寺刹契)에서 염불계의 비중이 제일 커졌으며, 19세기에는 만일염불회가 전국적으로 조직되어 성행하였다. 또한 극락정토의 실재 여부나 왕생의 기준을 다룬 논의도 나왔는데, 염불 외에 선행과 도덕을 통해 왕생이 가능하다고 주장되었다. 이처럼 조선후기에는 아미타불이 주재하는 극락정토로의 왕생을 꿈꾸는 신앙적 바람, 그리고 마음을 깨치는 선 수행으로서 염불선의 추구가 함께 이루어졌다. 이는 염불정토의 외연 확대를 가져왔고 이제 염불을 통한 깨달음과 정토로 가는 길은 누구에게나 열려 있었다.

2. 불교, 내세로 가는 이정표를 지키다

불교, 사후의 세계로 안내하다

조선후기는 유교식 상례(喪禮)와 제례(祭禮)가 사회적으로 권위를 인정받던 시기였다. 17세기 이후 부계(父系) 중심의 종법제(宗法制) 질서가 강화되고 문중과 같은 부계 친족 관계가 매우 중시되었다. 효(孝)의 실천과 조상에 대한 추숭 관념은 유교의 예법과 의례를 통해 현실에서 구현되었다. 그렇지만 내세(來世)에 대한 불안감을 해소하고 종교적 염원을 행하는 것은 유교만으로는 쉽지 않은 일이었다. 유교는 기본적으로 사후 영혼의 존재를 인정하지 않으며 기(氣)와 혼백(魂魄)이 흩어져 사라진다고 설명하기 때문이다. 이에 비해 불교는 업(業)과 인과응보(因果應報)의 윤회(輪廻), 그리고 정토(淨土)라고 하는, 내세로 가는 문호를 활짝 열어둬 왔다. 이 점이 조선시대에 불교전통이 생명력을 유지하면서, 왕실에서 서민에 걸쳐 영향력을 미칠 수 있었던 이유 가운데 하나였다. 사후의 심판을 주관하는 시왕(十王)과 지장(地藏)보살에 대한 신앙, 망자의 명복(冥福)을 비는 사십구재(四十九齋)와 같은 불교 재회는 부모에 대한 효의 관념과 결합하면서 유력한 구원의 방안으로 각광받았다. 특히 윤회의 쳇바퀴에서 벗어나 서방의 극락정토로 왕생하는 염불신앙은 내세로 가는 길을 안내하는 불교의 대표적 이정표였다.

18세기 후반 이후 조선에서는 천주교(天主教)가 자생적으로 기반을 넓히고 있었다. 여기에는 천당(天堂), 지옥(地獄) 같은 사후세계의 이미지를 불교가 이미 그려놓았고 그것이 조선인들의 뇌리에 각인되어 있던 것도 조금은 작용하였을 것이다. 다만 천주교의 천당은 윤회에서 자유롭지 못한 불교의 천당이나 천상과는 달랐고, 윤회를 떠난 안락(安樂)이라는 점에서는 정토와 유사한 것이었다. 이제 정토로 향하는 노정에서 천주교의 천당으로 가는 새로운 갈림길이 생겨났고 선택은 각자의 몫이었다.

조선시대는 유교가 정치와 사상뿐 아니라 의례와 일상의 영역에서 큰 영향력을 미친 시기였다. 고려 말부터 제기된 배불론은 사원이 가진 막대한 재부와 사회경제적 폐해에 대한 현실적 비판에서 시작되었다. 이후 내세관, 윤리, 심성 등 여러 문제에서 유교와 불교의 근본적 차이를 지적하고 불교를 이단으로 몰아붙인 벽이론(闢異論)이 전개되었다.[44] 조선은 개국 후 법제와 사전(祀典) 등의 문물전장 제도를 정비하면서 유교국가의 면모를 갖추어갔다. 그러나 전 계층에서 오랜 기간 신앙되어 오던 불교전통이 하루아침에 사라질 리는 만무했다.

그럼에도 조선의 유교화는 국초부터 정책적으로 추진되어, 『주자가례(朱子家禮)』에 의한 부모 삼년상(喪)의 시행, 가묘(家廟)와 신주(神主) 설치 등이 사족에게는 의무사항으로 강제되었다. 또 『삼강행실도(三綱行實圖)』 등의 간행과 보급을 통해 유교윤리를 사회 전반에 퍼트리려는 노력이 이어졌다. 그 결과가 가시적으로 나타난 것이 개국 후 150년이 지난 16세기 후반부터이다. 친족 관념과 질서가 부계 중심으로 점차 바뀌면서 『주자가례』에 입각한 상·제례서가 가례서(家禮書)라는 이름으로 편찬되기 시작한 것도 이러한 변화상을 잘 보여준다.[45]

조선후기로 접어든 17세기에는 예학(禮學)이 매우 중시되었고 부계 중심의 종법 질서가 강화되었다. 양란과 국제질서의 격변은 조선 사회 내부적으로 정통(正統)을 중시하는 부계 종법제의 강화를 가속화시켰다. 이를 반영하여 가까운 부계 친족 공동체인 문중(門中)의 중요도와 위상이 높아졌고 부계 친족이 모여 사는 동족촌(同族村), 동족이 죽어서 함께 묻히는 선산(先山)이 생겨났다. 이와 함께 종법제의 친족원리인 오복제(五服制)에 의거한 부계 중심의 오복친(五服親) 관계가 엄격히 적용된 상·제례가 일반화되었다. 오복제는 친족의 상을 당했을 때 친소 관계에 따라 상복(喪服)을 입는 기간을 3개월에서 3년까지 다르게 규정한 것이며, 오복친은 오복제에 의해 상복의 형태와 상례의 지속기간을 규정한 친족조직이다.

종법제의 강화는 조선 사회에 이전과 다른 새로운 변화를 초래하였다. 그중 대표적인 것이 가족 및 친족에게 부여된 권리와 의무의 상징인 상속과 제사의 룰과 주체가 달라진 점이다. 앞서 살펴본 것처럼 조선전기까지는 아들과 딸 사이에 차별 없이 똑같이 나눠주는 '자녀 균분(均分)' 상속이 일반적이었다. 또 제사와 부모를 모시는 봉양과 같은 의무에서도 남녀간에 원칙적인 차등이 없었다. 그러나 종법제가 강화된 17세기 이후에는 권리와 의무에서 남녀의 차등, 장남 우대의 원칙이 사회적으로 확산되었다. 아들, 특히 장남이 재산의 대부분을 상속받고 대신 부모를 전적으로 봉양하며 제사를 주관하는 것이 일반화되었다. 제사는 조상신(神)과 후손이 교감하는, 효가 실현되는 장이었고 여기에 부계 혈연이 매개가 되었다. 이와 함께 거주의 관행에서도 변화가 생겼는데 이제 여자가 결혼하여 남자 집에 들어가 사는 것이 당연한 시대로 바뀌었다.

부계 종법제의 강화와 같은 시대적 변화의 양상은 일반 사회뿐 아니라 불교계에도 영향을 미쳤다. 임진왜란 때의 의승군 활동으로 인해 불교 교단은 전국적으로 조직화되었고 같은 법맥을 잇는 계파와 문파가 형성되었다. 또 조선 불교 전체가 공유하는 임제(臨濟) 계통의 법통이 정립되었다. 이는 적전(嫡傳)을 위주로 한 사제간의 법맥 전수를 매개로 한 것으로, 부계 적장자로 이어지는 종법제적 친족 질서나 문중 조직과 원리상 다르지 않았다.[46] 또한 17세기 중반에는 『석문상의초(釋門喪儀抄)』, 『석문가례초(釋門家禮抄)』, 『승가예의문(僧家禮儀文)』 등의 불교 상례집(喪禮集)이 간행되었다. 여기에는 당시 예제와 예학에서 가장 중요한 전거가 되었던 『주자가례』에 의거하여 부계 종법제 친족관계를 반영한 상례 원칙인 오복제가 수용되었다. 이들 불교 상례집에는 오복제에 의해 속가의 친족과 함께 문파 내 사제의 멀고 가까운 관계가 구체적으로 정해졌는데, 이는 사제 사이의 토지 및 재산 상속의 권리, 스승과 조사에 대한 제사와 추숭의 의무를 누가 행하는지를 명확히 규정하기 위한 것이었다.[47]

이처럼 종법제 질서와 그에 따른 유교식 상·제례가 사회에 확산되면서 그 여파가 불교계에도 미쳤다. 그럼에도 내세의 영역에서는 불교가 여전히 독자적인 지분과 기득권을 가지고 있었다. 불교는 현세의 안녕과 복을 가져다줄 뿐 아니라, 죽음에 대한 불안감을 해소하고 내세로 향하는 길을 열어주는 역할을 하였다. 지옥(地獄), 아귀(餓鬼), 축생(畜生), 수라(修羅), 인간(人間), 천상(天上)의 6도(道) 윤회와 지옥, 천당의 사후세계, 아미타 염불에 의해 왕생하는 극락정토는 일찍부터 불교도의 가치관과 심성 속에 깊이 스며들어 있었다.[48]

조선시대에 성행한 내세 관련 불교 신앙은 염불신앙 외에 시왕(十王) 신앙, 지장(地藏)신앙이 대표적이었다. 먼저 시왕은 명부(冥府)에서 생전의 행위의 죄업을 판결하여 심판하는 존재로서, 시왕 중 5번째의 염라대왕(閻羅大王)은 민간에 그 이름이 널리 알려진 매우 친숙한 신격이었다.

염라왕

시왕 관념은 중국 당나라 때 성립되었는데 9세기에 만들어진 『불설예수시왕생칠경(佛說預修十王生七經)』에서 시왕 관념이 구체화되었다. 이는 중국의 전통적 관료제도가 명부에 적용된 것이며 도교의 태산부군(泰山府君)이 제7 태산왕(泰山王)으로 들어가는 등 중국화된 지옥 관념의 성립을 잘 보여준다.[49] 사람이 죽으면 그날부터 49일이 되는 날까지 7일마다 7번, 이들 시왕에 의해 생전의 선행과 악행의 여부, 죄업의 가볍고 무거움을 심판받는다. 한국도 고려시대인 10세기 말에 시왕을 본존으로 모시는 사찰이 세워졌을 정도로 시왕신앙이 일찍부터 도입되었다. 가서는 안 될 지옥행에 대한 두려움을 없애는 방안으로 시왕신앙은 큰 매력을 지니고 있었고 조선시대에 들어서는 대중에게 더욱 확산되었다. 특히 사후 7일마다 한 번씩 모두 7번, 부모 등 망자의 복을 비는 사십구재가 널리 행해졌는데 이는 시왕신앙과 밀접한 관련이 있다.

지장신앙은 6도 윤회의 대상지가 결정될 때 좀 더 나은 곳으로 가는데 도움을 주고, 특히 지옥에서 고통받는 중생을 구제하는 지장보살을 믿는 것이다. 지하의 감옥인 지옥의 본질은 자업자득(自業自得)과 인과응보(因果應報)의 원리에 따른 죄의 심판의 결과이지만, 죄의 과보가 다하면 다시 벗어날 수 있었다. 따라서 지장보살에게 참회하고 빌면 좀 더 빠르게 과정을 건너뛰고 통과하는 특급 통행권을 얻을 수 있었다. 망자를 위한 불교 재회는 추선(追善)과 천도(薦度)를 위한 것이었다. 추선은 '나'의 행위의 공덕을 망자(특히 부모)가 받는 것으로 망자의 명복을 비는 행위였고, 천도는 영령을 더 나은 다음 세상으로 인도하는 것이었다. 지장신앙과 시왕신앙은 천도에 큰 비중이 있었지만 추선의 기능까지 포함하였다.

조선시대 불교는 그동안 여성과 서민을 대상으로 하는 기복(祈福)신앙으로서만 이해되었다. 하지만 불교는 신앙뿐 아니라 사상, 수행, 문화 등 다양한 영역에 걸쳐 전개되었고, 종교의 영역에서도 왕실은 물론 일부 사대부 가문에서 불교전통의 유제가 이어져왔다. 조선 초의 유명한

지장시왕

배불론자인 정도전(鄭道傳)은 『불씨잡변(佛氏雜辨)』에서 윤회, 지옥과 같은 불교식 사후 관념에 대해 근거 없이 백성을 속이는 설이라고 폄하하였다.[50] 하지만 당시에도 내세의 안락으로 이끌어주는 역할을 주로 한 것이 불교였기 때문에 불교 신앙을 근절시키는 것은 불가능했다. 오히려 일부 유학자들은 지옥이 거짓이지만 그것이 일반 대중에게 선행을 권장하는 기능을 해왔음을 인정할 수밖에 없었다.[51]

물론 국가가 주도하는 공적 영역에서 불교 신앙과 재회는 철저히 배제되었고 그 자리를 유교의례가 대체하게 되었다. 그렇지만 사적 영역에서 불교전통의 저변과 힘은 여전히 막대하였고, 왕실의 경우 원당(願堂)에 대한 특혜 지원 등 조선 말까지 불교 신앙을 지켜갔다.[52] "조선시대 500년은 배불의 시대이지만 국왕은 일관적으로 배불을 했다고 할 수 없으며 태종, 연산군 등을 제외하면 오히려 숭불자로 볼 수 있다."는 지적은[53] 국가의 공적 영역과 왕실의 사적 영역을 모두 아울러야 했던 국왕의 특수한 성격을 잘 보여주는 평가이다. 조선시대 국왕은 숭유억불의 기조를 저버릴 수 없었지만 국왕의 권위를 높이고 왕실과 국가의 안정과 번영을 기원하는 불교에 대해 반드시 적대적이지만은 않았다. 오히려 대비, 왕비의 입김이 컸던 왕실과 유학자 신료 사이에서 중재자 역할을 하는 경우가 많았다.

이처럼 조선시대에 불교가 강한 생명력을 유지할 수 있었던 가장 큰 이유는 무엇일까? 그것은 바로 내세로 가는 길목의 이정표를 지켜왔기 때문일 것이다. 유교는 기본적으로 가족과 공동체 윤리, 사회 질서 및 예제와 같은 현세의 삶을 위한 것이었고, 내세의 문제를 유교를 통해 해결하기는 어려웠다. 그에 비해 불교는 처음에 무아(無我)에서 시작되었지만 업과 윤회의 주체를 설명하기 위한 다양한 논의들이 이어졌고, 중국에 들어와서는 윤회를 하는 영혼의 존재를 인정하는 '신불멸론(神不滅論)'이 제기되는 등[54] 내세에 대한 비전을 적극적으로 제시하였다.

조선후기에 불교는 종법제와 유교식 상·제례의 확산과 함께 일상 의례에서 오래된 기득권을 잠식당했다. 하지만 내세에 대한 갈망과 염원이 없어질 리는 없었고 불교의 내세관 또한 그대로 유지되었다. 18세기의 묵암 최눌(默庵最訥: 1717-1790)은 병환(病患)이 악신(惡神) 때문에 생긴다고 보면서 부처와 조사의 혼(魂), 산과 강의 혼을 말하는 등 귀신과 영혼의 존재를 상정하였다.[55] 또 앞서 살펴보았지만 연담 유일은 "극락이 없다는 것을 증명하지 못하면서 보이지 않는다는 이유로 그것을 부정하는 것은 잘못"이라고 주장하였다. 나아가 그는 "충성과 효도, 인의(仁義)와 자선(慈善)의 마음이 지극하면 왕생할 수 있는 것이지 염불한 사람만 극락에 가는 것은 아니다. 또 천당이 있다면 선행을 하는 군자(君子)가 갈 것이고 지옥이 있다면 불충(不忠)과 불효(不孝) 등 악행을 하는 소인(小人)이 갈 것이다. 따라서 자신의 잘못을 참회하고 진실한 본성[眞性]을 드러내야 한다."고 역설하였다.[56]

이러한 내세 인식은 당시 조선 사회에서 어느 정도 통용되고 있었다. 유학자인 이규경(李圭景: 1788-1856)이 편찬한 유서(類書)류에도 "천당과 지옥이 과연 있다고 하면 군자는 반드시 천당으로 갈 것이고 소인은 반드시 지옥으로 떨어지게 된다. 지옥설이 있기 때문에 사람들이 허물을 고치고 선행을 할 수 있다."고 하였다.[57] 한편 조선후기에는 지장전(地藏殿)이나 시왕전(十王殿), 또는 죽어서 심판을 받는 명부를 의미하는 명부전(冥府殿)이 대부분의 사찰에 세워졌고 지장보살과 시왕의 상과 불화가 다수 조성되었다. 사찰 내의 이런 공간은 사후의 복락과 좋은 곳으로 가기를 원하는, 내세를 위한 발원의 장이었다. 이와 함께 시왕신앙과 지장신앙의 경전적 근거를 제시한 『시왕경(十王經)』(『불설예수시왕생칠경(佛說預修十王生七經)』과 『지장보살발심인연시왕경(地藏菩薩發心因緣十王經)』의 통칭), 『지장보살본원경(地藏菩薩本願經)』 등이 수차례 간행되었고 한글 언해본도 나왔다. 이는 불교 내세신앙에 대한 광범위한 대중적 수요가 있었음을 말해준다.

조선후기에 만들어진 불교가사 57편 가운데 불교의 지옥을 직접 다룬 글은 「회심곡(回心曲)」, 「권왕가(勸往歌)」를 포함해 16편으로 대개 한글로 쓰였다. 또 19세기에 나온 『저승전』 등 한글 소설 5편에서도 사후 세계를 다루고 있는데 모두 지옥행의 이유를 설명하면서 지옥행을 피하기 위해서는 유교의 오륜(五倫)과 같은 일상생활의 윤리규범을 지켜야 한다고 강조하였다.[58] 한편 밀교(密敎) 전통과 관련이 있는 진언(眞言), 다라니(多羅尼)도 의례와 신앙의 영역에서 중시되었다. 『비밀교집(秘密敎集)』 등의식작법(儀式作法)에는 범자(梵字)로 된 진언을 한자와 한글로 음역해 놓아서 일반인도 따라 외기 쉽게 하였다. 조선후기에 다수 판각되어 나온 진언집과 다라니집은 독송을 위한 주술(呪術)의례를 담고 있는데, 대부분 시주자가 부모의 사후 명복을 빌기 위해 기부하여 간행한 책들이다.[59]

조선후기에 불교 내세관은 유교에서 충과 함께 가장 중요한 윤리적 가치였던 효의 실천과 연계되었다. 이것이 유교사회에서 불교 신앙과 의례가 계속 행해질 수 있었던 중요한 이유 가운데 하나였다. 사십구재 등의 불교 재회는 기본적으로 부모의 명복을 빌기 위한 것이었다. 효의 실천이 현세뿐 아니라 내세에까지 이어진다는 것을 보여줌으로써 불교 신앙은 독자적 정당성을 확보할 수 있었다. 더욱이 승려는 부모를 버리고 출가했다는 유교 측의 윤리적 비판에서 자유롭지 않은 존재였는데, 이제 그 멍에를 벗을 수 있게 되었다. 실제로 조선후기에는 승려가 부모의 신주(神主)를 모시고 제사를 지내는 경우가 종종 확인된다.[60] 19세기의 백파 긍선은 어릴 때 불전(佛典)을 읽고, 참다운 효를 행하는 방법은 일족을 왕생케 하는 것이라 여기고 출가를 결심했다고 한다. 그는 자신의 조상들의 효행을 기리기 위해 당대의 명유들에게 부탁하여 『송계효행록(松溪孝行錄)』을 펴내기도 했다.[61]

조선후기 국왕 가운데 정조는 할아버지 영조에 의해 죽임을 당한 부친 사도세자를 위해 1790년 원찰인 용주사(龍珠寺)를 창건하였다. 용주사 공사에는 각 궁방(宮房)과 재정 담당 관청인 호조, 여러 지방관과 전국의 사찰로부터 모은 막대한 기부금이 사용되었다. 정치적인 문제로 죽음을 맞은 부친에 대한 효를 불교에 기대어 실천해야 했던 정조는 부모의 은혜에 보답하고 복을 빌기 위해 절을 건립했다는 내용의 「용주사봉불기복게(龍珠寺奉佛祈福偈)」를 지었다. 그리고 효의 실천을 강조하는 『부모은중경』을 용주사에서 간행하여 널리 배포하였다.[62] 이처럼 불교를 통한 효의 발현은 국왕부터 유학자, 승려를 가리지 않고 나타났고 그 도달점은 현세를 넘어 내세로 향해 있었다.

정토로 가는 길과 천주교의 도전

조선후기 정토신앙의 중심은 서방 극락정토로의 왕생을 기원하는 아미타 염불신앙이었다. 극락정토는 현세와 내세의 윤회를 통해 머무는 사바세계(娑婆世界)와는 다른 별도의 공간에 존재하는 세계이다. 또한 이곳은 6도 윤회의 사슬에서 벗어난 청정한 부처의 나라[불국토(佛國土)]이다.[63] 모든 중생의 구제를 바라는 아미타불의 원력에 의해, 자신의 잘못을 참회하고 '나무아미타불'을 염호하며 왕생을 기원하면 누구나 극락정토로 갈 수 있었다. 염불신앙은 쉽게 사후세계의 안락을 얻을 수 있는 길이었기에 동아시아에서 폭발적인 호응을 얻었고 조선시대에도 내세로 떠나는 여정의 종착지로서 정토가 가장 큰 사랑을 받았다.

17세기에는 삼문(三門) 수행체계가 정립되었는데 3문은 경절문(徑截門: 선), 원돈문(圓頓門: 교), 염불문(念佛門: 염불)이었다. 선·교와 함께 수행체계 안에 포섭된 염불문은 '자신의 마음이 정토이고 본성이 아미타불'이라는 '자심정토(自心淨土), 자성미타(自性彌陀)'의 자력적 염불선(念佛禪) 수행에 초점이 맞추어져 있었다. 하지만 아미타불의 타력에 의해 극락정토로 쉽게 왕생할 수 있는 염불신앙의 대중적 기반과 그 수요는 무시할 수 없었고, 따라서 염불문은 수행과 신앙을 모두 포괄하게 되었다.[64]

삼문체계의 염불문을 처음 제시한 청허 휴정은 "참선과 염불은 마음을 닦고 깨달음을 얻을 수 있다는 점에서 본질적으로 같다."고 하여, 염불선의 수행적 측면을 강조하였다.[65] 그러면서도 "원컨대 임종할 때 죄업을 멸하여 서방에 가서 아미타불을 뵙고 수기(授記)를 받아 미래가 다하도록 중생을 제도하기를 발원합니다."라고 하여,[66] 아미타불의 원력에 의한 중생의 제도를 받아들였다. 또 죄업을 없애는 염불의 공덕을 언급하고, "부처님이 상근기의 사람을 위해서는 '마음이 곧 부처이고 정토이며 자성이 미타이다'라고 했으니 이른바 '서방(西方)이 여기에서 멀지 않다'는 것이 그것이다. 또한 하근기의 사람을 위해서는 10만 8천 리를 설했는데 이른바 '서방이 여기에서 멀다'는 것이다. 그렇기에 서방의 멀고 가까움은 사람에게 달린 것이지 법에 따른 것이 아니다."[67]라고 하여, 염불이 가진 수행과 신앙의 양면을 모두 인정하였고 대신 능력에 따른 차이를 구분하였다.

휴정은 주저 『선가귀감(禪家龜鑑)』에서도 "이치상은 본래의 마음을 바로 가리키는 것 외에 다른 방법이 없다. 하지만 방편에서는 극락세계가 실제로 있고 아미타불의 48원이 있다. 염불하는 이는 아미타불의 원력에 의해 극락에 왕생하고 바로 윤회를 벗어난다."고 하였다. 또한 "자력수행은 나무를 심어 배를 만드는 것이고 타력신앙은 아미타불의 원력에 힘입어 배를 빌려 타고 바다를 바로 건너는 것이다."라고 비유하여 타력에 의한 염불신앙이 쉽고 빠른 길임을 인정하였다.[68] 즉 수행자 중심의 염불선에 국한하지 않고 일반 대중을 위한 염불신앙의 길을 열어둔 것이다.

18세기의 기성 쾌선은 선문과 교문에서는 근기에 차등을 두지만 염불문은 선과 교, 범인과 성인, 선과 악을 모두 포괄하고 수행의 단계를 제한하지 않으므로 삼문 중에서 가장 뛰어나다고 높이 평가하였다. 그가 쓴 『염불환향곡(念佛還鄕曲)』은 고향을 찾아가면서 선과 화엄을 접했지만 결국에는 아미타불의 명호를 부르며 고향으로 돌아간다는 내용으로 구성되었다.[69]

한편 18세기 후반의 교학의 대가 연담 유일은 염불문을 선정자력문(禪定自力門)이라 하여 염불선의 수행적 관점으로 보면서도 중생 구제를 위해 신앙결사인 염불회 결성에 참여하였다. 유일은 "평생 악을 행하다가도 죽기 전에 십념(十念)을 행하면 정토에 왕생할 수 있다. 하물며 20년, 30년을 오직 염불에 매진한 사람은 이를 성취하기가 더욱 쉽다."[70]

고 하여 염불을 통한 정토왕생의 편이성을 인정하였다.

조선후기에는 정토 관련 서적의 간행도 크게 늘었다. 우선 백암 성총은 1686년 여러 정토 서적들을 요약 정리해 『정토보서(淨土寶書)』를 펴냈다. 1704년에는 명연(明衍)이 『염불보권문(念佛普勸文)』을 편찬하였는데 그 수요가 많아서 이후 7번이나 간행되었다. 이 책에는 정토에 왕생한 이들의 전기(傳記), 「회심곡(回心曲)」 등의 한글 번역, 염불의 작법(作法) 절차 등이 실려 있는데, 여러 부처 가운데 아미타불에게 염불하는 것이 가장 낫고 정토 가운데는 극락이 가장 좋다고 기술하였다.[71] 또한 『예념미타도량참법(禮念彌陀道場懺法)』, 『예념왕생문(禮念往生文)』 등 영혼의 천도와 왕생을 위해 염불 의식을 모아놓은 의례작법 서적이 빈번히 간행되었고 목판으로 한 번에 1,000부를 찍기도 했다.[72]

정토왕생을 권면하는 내용의 문학작품 찬술도 활발히 이루어졌다. 불교가사는 극락왕생을 염원하는 '왕생 가사'와 참선 수행으로 마음을 닦고 자성을 깨칠 것을 권면하는 '참선 가사'로 나뉜다. 또한 염불과 정토를 주제로 하는 「왕랑반혼전(王郎返魂傳)」 같은 소설도 인기를 끌었고, 염불 수행을 할 때 경계해야 할 10가지 악업을 소개하고 정토왕생의 요체를 제시한 『권왕가(勸往歌)』도 널리 회자되었다.[73] 이뿐 아니라 염불 관련 신앙공동체인 염불계(念佛契), 염불회(念佛會) 등이 결성되어 염불당(念佛堂)을 짓고 신앙 및 수행을 하였으며, 27년 이상 매일같이 염불을 행하는 만일염불회(萬日念佛會)도 19세기 이후 활성화되었다.

그런데 조선인의 내세를 담당해온 불교는 18세기 후반 이후 새로운 종교적 도전에 직면하게 된다. 바로 서학(西學)이라는 이름으로 서양 과학과 함께 들어온 천주교(天主教)의 유입과 전파였다. 천주교는 일찍이 17세기 이전에 조선에 소개되었지만 교세가 미미하였고 일반민에까지 천주교가 퍼지게 된 것은 18세기 후반부터였다. 1787년 이전에 한문뿐 아니라 한글로 번역된 천주교 교리서가 나왔고 서울 인근에 여러 계층이 모인 신앙공동체가 생겨났다. 엄격한 신분제 사회에서 천주교의 평등사상이 크게 주목되면서 1784년부터 신도 수가 급증하여 1801년에는 1만 명이 되었으며 천주교 서적 120여 종이 전래되어 있었다. 특히 4대 복음서의 발췌본인 『성경직해(聖經直解)』가 한글로 번역되어 신약성서에 대한 대중의 접근이 가능해졌다. 1790년대에 정약종(丁若鍾: 1760-1801)이 한글로 저술한 『주교요지(主教要旨)』는 조선인의 천주교에 대한 이해 수준을 잘 보여준다.[74]

그런데 천주교가 조선인들에게 가깝게 다가갈 수 있었던 데에는 1,500년 이상의 긴 세월 동안 토착화, 기층화의 길을 걸어온 불교의 존재도 큰 역할을 했다. 조선의 지식층인 유학자들이 처음 생소한 천주교 교리를 접했을 때는 이미 알고 있던 불교의 용어와 관념을 통해 이해하였고 비판론도 양자에 똑같이 적용되었다.[75] 17세기 초에 마테오 리치(Ricci,M., 利瑪竇)의 『천주실의(天主實義)』(1603년)를 읽은 이수광(李睟光: 1563-1628)은 천주교가 천당과 지옥, 화복(禍福)의 설로 대중을 믿게 하는 근거 없고 수준 낮은 교의에 불과하다고 혹평하였다.[76] 『천주실의』는 천주교 교리를 설명하고 천주교와 유교·불교·도교의 관계를 비교한 것으로, 조선 유학자의 눈에는 천주교가 불교와 다를 바 없는 이단(異端) 사설(邪說)에 불과했던 것이다.

천주교가 세력을 넓혀가던 18세기 후반 정조대에 재상을 지낸 채제공(蔡濟恭: 1720-1799)도 『천주실의』를 읽고 천주교는 천당과 지옥설로 세상을 어지럽게 하고 백성을 속이는 교설이라고 비판하였다. 또한 그는 정조와의 대화에서, "천주교는 하느님과 교황을 높여서 아비와 임금을 무시하고, 말로는 불교를 배척한다고 하지만 실제로는 불교의 말을 훔쳐다 자신들의 교리로 삼으니 이는 불교의 별파입니다."라고 했다.[77] 이처럼 조선후기에는 천당과 지옥, 인과응보와 같은 불교의 내세관을 가지고 천주교를 이해하고, 양자를 유사한 것으로 바라보는 경향이 강했다.

물론 천주(天主)나 윤회(輪廻)처럼 내세를 결정짓는 원리나 영혼의 성격 등 둘 사이에는 현저한 차이점이 많이 있지만, 유학자의 관점에서는 내세에 관한 한 양자 사이에 본질적 공통점이 있다고 본 것이다.

사후의 안락을 추구하는 누군가에게는 아마 천주교의 천당과 불교의 정토가 실제로 매우 유사한 것으로 비쳤을지도 모른다. 어느 길을 택하든 내세에 가서 쉴 곳이 있으면 그만이었고 선택은 어느 쪽이 더 믿을 만한지에 달려 있었다. 하지만 19세기까지는 이러한 선택의 갈림길에서 대개 전통의 안에 있던 불교를 택하는 것이 손쉬운 방법이었다. "천주를 믿으면 천당 가고 믿지 않으면 죄가 많아 지옥에 간다."는 식의 인식은 "지옥이 있다고 해도 이는 악인이 가는 것이지 무엇을 믿는지와는 상관없다."는 반박에 직면하였다.[78] 이처럼 천주교 신자가 아닌 일반 조선인의 입장에서는 천주에 대한 신앙이 내세로 가는 유일한 자격조건이라는 점을 받아들이기 쉽지 않았다.

무엇보다 당시 천주교는 조상에 대한 제사를 금지하였기에, 일가 친족과 조선 사회 내에서 금기시되는 분위기가 강했다. 1791년(정조 15)에는 사대부인 윤지충(尹持忠)이 모친의 사후에 위패(位牌)를 폐하는 사건이 일어나 이 문제가 정치적으로도 비화되었다.[79] 조상 제사를 모시지 않는 천주교에 대한 비판 여론은 이후 크게 확산되었고, 천주교 서책을 불태우거나 천주교도에게 회유와 형벌을 동시에 가하는 조치가 취해졌다.[80] 정(正)과 사(邪)를 엄격히 구분하는 성리학의 풍토 위에서 조상에 대한 보본(報本)과 제사의례 같은 유교 전통의 핵심을 인정하지 않는 천주교는 사학(邪學)으로 내몰렸다. 자식 된 도리를 저버리고 군주보다 천주를 높이는 천주교에 대한 부정적 인식이 조선 사회에 널리 퍼짐에 따라 이미 천주교도가 되었던 양반 사족의 상당수가 다시 이탈하는 결과를 가져왔다.

정조 사후 1801년에는 대대적인 천주교 박해가 시작되었고 조선에

와 있던 청의 주문모(周文謨: 1752-1801) 신부를 비롯해 수많은 천주교도가 숙청되거나 처형되었다. 이때 황사영(黃嗣永: 1775-1801)이 중국에 있는 프랑스 선교사에게 정부의 박해 사실을 알리고 그에 대한 조치를 요구하는 글을 보내다가 발각되었다. 이 사건은 조선 정부가 천주교에 대해 국체(國體)를 위협하는 사교(邪教)로 낙인찍고 극심한 탄압을 지속하게 만드는 계기가 되었다. 이후 1880년대에 가서야 조선이 미국, 프랑스 등 서구열강과 조약을 맺고 근대의 세계체제에 편입되면서 천주교 선교가 자유로워졌고, 또 미국을 통해 개신교가 유입되면서 교세 확대를 위한 경쟁과 각축이 이어졌다.

19세기는 정치사회적 혼란과 이어진 외세의 진출로 조선은 내우외환의 총체적 위기를 맞이했다. 이러한 시기에 조선인들은 종교를 통해 삶의 위안을 찾으려 했고 안정된 내세를 향한 갈망은 더욱 커졌다. 18세기부터 성행한 북학(北學), 그리고 서학(西學)에 이어 19세기 후반에는 조선의 자생적 종교이자 농민혁명으로 발전한 동학(東學)이 등장하였는데, 이 또한 현실의 절박함과 그에 따른 종교적 욕구가 분출한 결과였다. 19세기 말부터 근대화의 물결이 조선 사회를 휩쓸면서 불교에게 주어졌던 내세로 가는 독점권은 그 유효기간이 다하였다. 이제 서구문명을 등에 업은 천주교의 천당, 개신교의 천국(天國)의 도도한 위세에 맞서 불교는 치열한 생존 경쟁을 벌여야만 했다.

본격적인 유교사회로 접어든 조선후기에 종법제가 강화되고 부계 친족 질서가 확립되면서 유교식 상·제례가 일반에까지 보급되었다. 하지만 지장과 시왕 신앙, 사십구재와 같은 불교의 내세 신앙과 재회는 지속되었고 염불을 통해 정토로 왕생하는 길 또한 여전히 대중에게 큰 파급력을 갖고 있었다. 이처럼 조선후기에도 사후의 문제에서만큼은 불교가 오랜 기득권을 잃지 않았다. 더욱이 선행을 강조하고 핵심적 윤리 덕목인 효를 내세로까지 이어서 실천하는 방식을 통해 불교는 유교사회에서

수월관음도
1748년 서청이 그린 작품이다(국립중앙박물관 소장)

나름의 지분을 확보할 수 있었다.

한편 18세기 후반 이후 천주교가 조선에서 자생적으로 확산되는 데는 불교의 내세관이 깊이 자리 잡고 있었던 것이 하나의 요인이 되었다. 19세기 말 '근대화'의 물결이 노도와 같이 밀려들기 전까지는 '전통의 안'에 있던 불교가 천주교와의 경쟁에서 우위를 점하였다. 이처럼 조선이라는 유교국가에서 불교는 내세 문제의 해결을 통해 존재의 당위성을 확보하였고, 서구의 천주교와 개신교가 근대문명의 첨병으로 세력을 넓히기 전까지 조선인들의 종교적 심성을 해소하는 독점적 창구 역할을 담당하였다.

에필로그

한국은 동아시아의 다중 공간 속에서 주변부와 중심부의 속성을 동시에 지녀왔다. 다시 말해 중국문화의 충실한 수용자이면서 다른 한편 변용의 주체이자 전파자로서 이중의 역할을 수행하였다. 한국사의 전개는 보편과 특수가 엇갈리며 충돌과 융합, 생성을 거듭하는 과정이었다. 한국의 토착성은 동아시아 세계를 가로지르는 복합적 문화코드와 결합하고 변화하면서 한 차원 도약한 확장적 고유성을 만들어냈다. 1,700년 전에 들어온 불교도 토착신앙이나 고대적 사유와 만나 갈등과 접목, 상충과 공존을 거치며 한국적 전통을 일구어냈다.

한국불교는 동아시아 세계의 보편성을 공유하면서도 중국이나 일본과 다른 고유한 특성을 형성하였다. 이는 불교가 한국적 토양에 깊이 뿌리를 내리고 줄기와 가지를 뻗쳐 무성한 잎과 열매를 맺었음을 의미한다. 한국사에서 불교는 사상과 종교, 문화와 예술, 문학 등 여러 영역에서 문명사적 전환을 선도하였다. 지금도 한국인의 심성 깊숙이 유교적 가치와 함께 불교적 관념이 면면히 흐르고 있다. 그렇기에 불교에 대한 이해는 한국사의 흐름과 특성을 파악하는 데 필수적이며, 조선시대도 예외는 아니다. 본서에서는 조선시대 불교사상사의 중층적 단면을 파헤쳐 유교사회에서 불교의 역할과 위상에 대해 반추해보려 했다.

1부 '조선시대 불교 연구 100년의 재조명'에서는 식민지기 한국불교 전통의 조형과 굴절, 해방 이후 연구의 재개와 새로운 모색으로 장을 나누어 지난 100년의 연구사를 정리해보았다. 20세기에 들어 근대불교학의 연구방법론이 도입되면서 한국불교의 역사와 전통의 상이 조형되었다. 근대불교학은 자료의 집성과 유통, 문헌 및 역사학에 기반을 둔 실증적 방법론의 적용을 골자로 하며, 객관과 가치중립의 학문적 태도가 요구되었다. 하지만 식민지기 일본인 학자들은 한국불교 연구의 기반을 닦고 이해 수준을 높인 반면, 오리엔탈리즘이 투영된 폄하의 도식과 부정적 타자화라는 어두운 그림자를 남겼다. 특히 조선시대 불교에는 '억압과 쇠퇴'의 굴레가 덧씌워졌다. 해방 후 수십 년이 지나면서 연구 저변이 점차 확대되고, 한국의 역사전통을 바라보는 주체적 시각이 힘을 얻음에 따라 다양한 주제에 걸쳐 많은 성과가 나왔다. 특히 2000년대 이후에는 조선시대 불교를 새로운 관점에서 바라보려는 시도가 이어졌고, 연구 논저의 양과 질 모두 도약의 단계에 접어들었다.

2부 '불교사상의 계승과 선과 교의 융합'에서는 패러다임 전환과 숭유억불의 도식, 배불론과 호불론, 사상과 신앙의 연속과 변화, 억불의 실상을 통해 조선전기 유불교체와 전통의 유산에 대해 살펴보았다. 또한 청허 휴정의 기풍과 주저인 『선가귀감』, 근현대까지 영향을 미친 임제법통을 중심으로 조선후기 불교전통의 주축이 된 선과 법통 문제를 고찰하였다. 그리고 승려 교육과정인 이력과정의 선교겸수적 특징과 불서 유통, 화엄과 『대승기신론』을 대상으로 교와 강학의 특징을 파악해보았다.

3부 '조선 불교를 빛낸 사상과 실천의 계보'에서는 조선후기 불교를 상징하는 고승, 교학과 선의 종장들을 추려서 이들의 활동과 사상에 대해 집중 조명하였다. 임진왜란 의승군을 이끈 구국의 영웅 사명 유정, 선과 교를 회통한 종통의 계승자 환성 지안, 편양파 교학의 완결자이자 시대성을 공감한 연담 유일, 부휴계의 적전이자 화엄학의 집성자 묵암 최눌, 선 논쟁의 포문을 연 백파 긍선과 추사 김정희의 선을 둘러싼 논변, 긍선을 비판한 초의 의순의 선교병행론과 학예일치적 삶을 펼쳐보았다.

4부 '유교사회의 종교적 지형과 시대성'에서는 호국의 기치를 든 의승군 활동의 딜레마와 호국불교 개념의 성찰, 국가 시스템 안에서 기능한 불교의 사회적 역할 등을 살펴보았다. 이어 오복제와 같은 세속 의례의 수용과 문파 및 계보에서의 권리와 의무 문제를 17세기 불교 상례집을 통해 고찰하였다. 또한 산신과 칠성신앙을 대상으로 조선후기 민간신앙의 포섭과 불교화 문제를 다루었다. 다음으로 염불문의 성립과 염불정토의 대중적 확산 양상을 소개하고, 천주교의 도전을 이겨내고 내세로 가는 이정표를 끝까지 지킨 불교의 종교적 역할을 가늠해보았다.

조선 불교사상사의 전체상을 그리기에는 아직 충분한 연구가 이루어졌다고 할 수 없다. 주석서와 각종 저술에 나타난 불교사상의 내용 및 특징, 시대적 지향, 유불의 상호인식과 지성사적 교류 등 해결되어야 할 과제가 여전히 많다. 또 불교가 유교는 물론 민간신앙, 천주교 등에 어떻게 대응하면서 어느 정도의 종교적 비중을 가졌는지도 명확하지 않다. 나아가 일상과 문화의 영역에서 불교가 조선 사람들에게 어떤 영향을 미쳤는지도 풀어야 할 숙제이다.

그렇기에 본서의 부제인 '유교의 시대를 가로지른 불교적 사유의 지형'은 완결형이 아닌 현재 진행형이자 미래형일 수밖에 없다. 한국불교의 역사적 특성을 파악하고 정체성을 도출하기 위해서는 전통과 근대의 가교인 조선 불교에 대해 제대로 알아야만 한다. 또한 한국적 전통이 형성된 조선시대를 더 깊이 통찰하기 위해서는 유교라는 잣대만으로는 한계가 있으며, 불교를 비롯한 여러 프리즘을 통해 그 스펙트럼을 넓혀야 한다.

끝으로 덧붙이자면, 조선시대 불교는 동아시아 차원에서 조명되어야 한다. 한국과 중국, 일본은 오랜 역사 속에서 각자의 문화를 발전시켜왔지만, 1,500년 이상 동질적인 불교문화권을 공유해왔고 이는 지금도 이어지고 있다. 유교, 도교, 기독교 등 경쟁상대는 늘 있었지만, 불교를 매개로 한 인적·물적 교류와 사상과 문화의 유통 및 확산, 정체성 향유는 동아시아 세계의 지역성을 형성하는 데 밑거름이 되었다.

조선시대 불교 또한 중국의 명과 청, 일본의 무로마치 및 에도시대와의 비교를 통해 공통점과 차이점을 분명히 드러내야 한다. 동아시아 근세불교는 주류사상이나 다른 종교와의 각축, 주석과 실증 위주의 문헌서

지학적 풍토, 전통과 근대의 연결고리, 서구 문명과의 조우와 갈등이라는 유사성을 갖는다. 또한 한·중·일 어디서나 근세불교 연구는 고대나 중세에 비해 출발선상에 서 있는 것과 다름없다. 그 이유는 현존 자료와 유무형의 유산이 가장 많음에도 이전 시대에 비해 불교가 쇠락하고 위상이 떨어진 시기로 인식되어왔기 때문이다. 이 점에서 조선시대 불교 연구는 동아시아의 근세를 다른 차원에서 독해하고 도전적 담론을 제기할 수 있는 분야이다. 결국 조선시대에 불교는 과연 무엇이었고, 동아시아 근세에 불교가 어떤 역할을 하였는가 하는 질문으로부터 그 해답을 찾아야 할 것이다.

주

참고문헌

찾아보기

주

조선 불교사상사

제1부 조선시대 불교 연구 100년의 재조명

| 제1장 | 식민지기: 한국불교 전통의 조형과 굴절

1 Edward W. Said, 박홍규 옮김, 『오리엔탈리즘』(서울: 교보문고, 2009), 13-18쪽에 의하면, 오리엔탈리즘은 보통 동양주의, 동양학, 동양 연구 등으로 번역되며 제국주의와 함께 현실화된 서양의 동양에 대한 관념, 담론, 가치 등을 의미하는 개념이다. 또한 동양을 지배하고 재구성하며 억압하기 위한 서양의 방식으로도 규정된다. 이는 유럽인의 역사적 경험 속에서 특별한 지위에 있던 동양이라는 타자에 대한 인식이었고 유럽 중심주의와 동양에 대한 편견, 타자에 대한 굴절된 이미지가 내재되어 있다. 한편 일본을 포함한 아시아적 관점에서 오리엔탈리즘에 대한 비판적 연구로는 姜尙中, 이경덕·임성모 옮김, 『오리엔탈리즘을 넘어서』(서울: 이산, 1997)가 있다.

2 下田正弘, 「仏教聖典コーパスの出現と仏教世界の出現-媒體の展開から見た仏教史」, 『東亞細亞 人文學의 硏究 現況과 發展 趨勢』(서울:

서울대학교 인문대학, 2008. 3. 29. 제1회 PESETO 인문학 국제학술회의 자료집)에서는 근대 불교연구의 방향으로 "書物 안에 불교가 존재한다."는 이해방식을 거론하였다.

3 이민용, 「서구 불교학의 창안과 오리엔탈리즘」, 『종교문화비평』 8(2005), 15-16쪽. 이 논문에서는 서양에서 불교를 주목한 이유 중 하나로 인도-유럽의 시원(original)으로서 인도-아리안의 원형을 추구하고 불교를 고전적(Classical)인 것으로 간주하는 시대적 분위기를 들고 있다.

4 서구 근대불교학과 오리엔탈리즘의 관계에 대해서는 Lopez, Donald S., *Curators of the Buddha: The Study of Buddhism Under Colonialism*(Chicago: University of Chicago Press, 1995); J.W.De Jong, 강종원 옮김, 『현대불교학 연구사』(서울: 동국대 출판부, 2004); Roger Pol Droit, 신용호·송태효 옮김, 『철학자들과 붓다—근대 유럽은 불교를 어떻게 오해하였는가』(서울: 심산, 2006) 참조.

5 子安宣邦, 이승연 옮김, 『동아 대동아 동아시아—근대 일본의 오리엔탈리즘』(서울: 역사비평사, 2005), 51-74쪽. 일본은 서구의 시각을 차용하여 스스로 문명국이 되고자 하였고 근대 일본사상계의 주류는 '정체된 동양'을 주창한 헤겔과 '아시아적 생산방식'을 제기한 칼 마르크스의 충실한 계승자들이었다.

6 Roger Pol Droit, 앞의 책, 17-60쪽. 이민용, 앞의 글, 28-34쪽; 37-39쪽에 의하면 서구에서 불교는 기독교와 대비되는 무의 종교로 받아들여졌고 열반은 절멸 및 허무와 같은 개념으로 해석되고 비판되었다. 또한 붓다를 기독교의 신이나 구세주와 같은 종교적 관점에서가 아니라 역사적 인물로서의 실존성과 객체화된 대상으로 보는 경향이 지배적이었다고 한다.

7 시모다 마사히로, 「탈현대 불교학의 새방향」, 『불교평론』 22(서울: 불교평론사, 2005).

8 막스 베버, 홍윤기 옮김, 『힌두교와 불교』(서울: 한국신학연구소, 1986) 참조.

9 姜尙中, 앞의 책, 87쪽.

10 姜尙中, 앞의 책, 115-133쪽. Paul A. Cohen, 이남희 옮김, 『학문의 제국주의—오리엔탈리즘과 중국사』(서울: 산해, 2003)에서는 미국의 중국 연구에 반영된 서구적 가치와 담론을 분석하고 중국의 시각에 입각한, 즉 '중국 자신에 입각한(China-centered)' 연구방법론과 패러다임을 주창하였는데 이는 최근의 지역연구 경향을 잘 보여준다.

11 江上波夫 編, 『東洋學の系譜』(東京: 大修館書店, 1992), 序文; 1-11쪽.

12 子安宣邦, 앞의 책은 근대 일본에서 제기된 문명과 세계사, 東亞와 東洋 개념 등을 오리엔탈리즘의 시각에서 다룬 것이다. 고야스는 전근대의 무의식적 결과로 발생한 근대적 사유의 발견을 통해 '근대초극론'을 극복하고자 했던 마루야마 마사오 등의 근대주의를 비판하고 서구 근대에 대한 성찰과 일본의 자기반성을 촉구하고 있다.

13 高崎直道, 「佛教學の百年」, 『東方學』 100(東京: 東方學會, 2000)에서는 근대불교학이 표방해온 객관주의와 몰가치 판단, 전통불교에 대한 지나친 비판을 지양하고 불교에 대한 주체적 입장을 가질 필요가 있음을 제기하였다.

14 柏原祐泉, 원영상 등 옮김, 『일본불교사 근대』(서울: 동국대 출판부, 2008), 100-106쪽. 난조 분유에 대해서는 조승미, 「메이지 시대 서구 불교문헌학의 수용과 난죠 분유(南條文雄)」, 『불교연구』 29(2008) 참조.

15 스에키 후미히코, 「일본의 근대화는 왜 불교를 필요로 했는가」, 『불교평론』 22(2005) 참조.

16 末木文美士, 『日本佛教思想史論考』(東京: 大藏出版, 1993), 11쪽; 柏原祐泉, 앞의 책, 119-120쪽.

17 末木文美士, 『日本佛教史—思想史としてのアプローチ』(東京: 新潮社, 1992), 170-177쪽. 스에키는 근세불교가 일본인의 종교감각에 합치되는 방향으로 사회에 정착한 것이므로 이를 타락으로 보는 것은 의문의 여지가 있으며 재검토가 필요하다고 보았다. 즉 근세사회에서 종교의 세속화가 요구되었고 불교는 시대상황에 그대로 적응하였다는 시대적 변용논리에 입각하고 있다.

18 日本佛教研究會, 『日本佛教の研究法—歷史と展望』(京都: 法藏館, 2000), 47-61쪽. 寺檀제도 또는 檀家제도는 에도시대 초기에 기독교도의 개종을 목적으로 시행되었는데 모든 사람은 정해진 檀那寺와 계약을 맺고 절의 단가가 되어야 했다. 즉 태어날 때부터 죽어서 葬祭를 치르기까지의 모든 의식을 단나사에서 대행해주었다. 일본 근세불교사는 圭室文雄, 『日本佛教史 近世』(東京: 吉川弘文館, 1987) 참고.

19 허남린, 「일본에 있어서 불교와 불교학의 근대화—반기독교주의, 가족국가, 그리고 불교의 문화정치학」, 『종교문화비평』 8(2005), 48-50쪽.

20 김진무, 「양문회(楊文會)의 불학사상(佛學思想)과 금릉각경처(金陵刻經處)」, 『佛教學報』 46(2008).

21 김진무, 「지나내학원과 근대 중국불교학의 부흥」, 『동아시아 불교, 근대와의 만남』

(서울: 동국대 출판부, 2008), 219-244쪽.

22 김영진,「민국시기 불교사 연구에서 보이는 청대 고증학 전통과 서구사상의 영향」,『불교학연구』17(2007).

23 Erik Zürcher, *The Buddhist Conquest of China: The Spread and Adaptation of in Early Medieval china*. 2 vols(Leiden: E. J. Brill, 1959)는 중국불교에 대한 기념비적 저작으로 湯用彤의『漢魏兩晉南北朝佛教史』등 앞서 나온 성과를 토대로 하였다. 국내에는 Erik Zürcher, 최연식 옮김,『불교의 중국정복』(서울: 씨·아이·알, 2010)으로 번역, 소개되었다.

24 김영진,「근대 중국의 불교학 형성과 역사주의 시각」,『종교문화비평』8(2005), 80-84쪽. 불교를 통한 서양이해는 이노우에 테츠지로(井上哲次郎: 1855-1944), 이노우에 엔료(井上円了: 1858-1919) 등 일본 메이지시기의 사상가들에게서도 나타난다.

25 김제란,「양계초 불교사상에 나타난 서학 수용의 한 단면—유식불교를 통한 칸트의 재해석」,『동아시아 불교의 근대적 변용』(서울: 동국대 출판부, 2010). 유식불교와 서양철학의 대비가 근대 일본과 중국에서 행해진 이유는 유식의 논리와 인식론이 서양철학과 가장 근접한 사유체계이기 때문일 것이다.

26 김제란,「중국근대 신불교 운동과『대승기신론』논쟁」,『근대 동아시아의 불교학』(서울: 동국대 출판부, 2008) 참조. 김제란,「중국의 근대화와 불교—유식불교와《대승기신론》, 그리고 현대 신유학」,『불교평론』22(2005)에서는 알라야식 안에 진식(眞識)과 망식(妄識)이 공존한다는『기신론』의 진여연기설(眞如緣起說)과 초월적인 진여를 상정하고 알라야식은 망식으로 보는 유식의 알라야식연기설 간의 철학적 대립으로 보았다.

27 朝鮮總督府 編,『朝鮮寺刹史料』(京城: 朝鮮總督府, 1911); 今西龍,「朝鮮佛教關係書籍解題」,『佛教史學』1, 1·2·3(1911).

28 見山望洋,「韓僧中の紅一點的松雲大師」,『朝鮮』1, 5(1908); 常盤大定,「朝鮮の義僧西山大師」,『大崎學報』2(1912).

29 古谷清,「朝鮮李朝佛教史概說」,『佛教史學』1, 3·4·5·6·8·11·12(1911-1912).

30 青柳南冥,『朝鮮宗教史』(京城: 朝鮮研究會, 1911); 吉川文太郎,『朝鮮の宗教』(京城: 半島之宗教社, 1921).

31 權相老,「佛教統一論 第1篇 大綱論 略釋」,『朝鮮佛教月報』5(1912).『佛教統一論』은

『朝鮮佛教月報』 3-18호에 총16회에 걸쳐 연재되었다.

32 權相老, 『朝鮮佛教略史』(京城: 新文館, 1917).

33 李能和, 「朝鮮佛教通史에 就하여」, 『朝鮮佛教總報』 6(1917).

34 李能和, 『朝鮮佛教通史』(京城: 新文館, 1918).

35 김용태, 「錦溟 寶鼎의 浮休系 정통론과 曹溪宗 제창」, 『韓國文化』 37(2006).

36 金海隱, 『朝鮮佛教史大綱: 朝鮮佛教宗波變遷史論』(順天: 松廣寺, 1920). 부록에는 부처의 전기와 13개 불교 종파의 개요, 고려대장경의 사적이 수록되어 있다.

37 朝鮮佛書刊行會 編, 『朝鮮佛教總書』(京城: 朝鮮佛書刊行會, 1925); 權相老, 『韓國寺刹全書』(서울: 東國大學校出版部, 1979 復刊).

38 高橋亨, 『李朝佛教』(大阪: 寶文館, 1929).

39 忽滑谷快天, 『朝鮮禪教史』(東京: 春秋社, 1930).

40 江田俊雄, 「朝鮮語譯佛傳に就いて」, 『青丘學叢』 15(1934); 「李朝刊經都監と其の刊行佛典」, 『朝鮮之圖書館』 5, 5(1936). 江田 俊雄의 논문들은 『朝鮮佛教史の研究』(東京: 日本國書刊行會, 1977 復刊)에 수록되어 있다.

41 小倉進平, 「朝鮮の眞言」, 『金澤還曆記念東洋語學乃研究』(東京: 三省堂, 1932).

42 金映遂, 「朝鮮佛教의 宗名과 傳燈及宗旨에 對하야」, 『佛教時報』 29(1937); 「五教兩宗에 對하야」, 『震檀學報』 8(1940) 등에서 오교양종에 대한 입론을 구체화시켰다.

43 金映遂, 『朝鮮佛教史藁』(京城: 中央佛教專門學校, 1939).

44 權相老, 『朝鮮佛教史概說』(京城: 佛教時報社, 1939; 『退耕堂全書』 8(1988), 1146-1172쪽).

45 黑田亮, 『朝鮮舊書考』(東京: 岩波書店, 1940).

46 韓龍雲, 『朝鮮佛教維新論』(京城: 佛教書館, 1913). 한용운은 중국 梁啓超(1873-1929)의 『飮氷室文集』을 통해 서양철학 등 최신 정보를 접하였다.

47 韓龍雲, 『佛教大典』(부산: 梵魚寺, 1914 / 국립중앙도서관, 위창古1740-3).

48 權相老, 「朝鮮佛教改革論—朝鮮佛教進化資料」, 『朝鮮佛教月報』 3-18(1912-1913).

49 권상로, 앞의 책(1917), 250-251쪽.

50 柳葉, 「佛教와 社會思潮」 1-4, 『佛教』 79-83(1931).

51 崔南善, 「朝鮮佛教의 大觀으로부터 朝鮮佛教通史에 及함」, 『朝鮮佛教叢報』 11(京城: 三十本山聯合事務所, 1918).

52 李光洙, 「佛教와 朝鮮文學」, 『佛教』 7(1925).

53 崔南善, 「朝鮮佛教—東方文化史上에 있는 그 地位」, 『佛教』 74(1930). 최남선의 한국불교 인식에 대해서는 김광식, 「최남선의 '조선불교' 정체성 인식」, 『佛教研究』 37(2012) 참조.

54 최병헌, 「한국불교사의 체계적 인식과 이해방법론」, 『한국불교사 연구 입문』 상(서울: 지식산업사, 2013).

55 金敬注, 「現下世界의 佛教大勢와 佛陀一生의 年代考察」, 『佛教』 77(1930); 金包光(金映遂), 「朝鮮佛教의 特色」, 『佛教』 100(1932).

56 姜裕文, 「最近百年間 朝鮮佛教概觀」, 『佛教』 100(1932).

57 夢庭生(李龍祚), 「危機에 直面한 朝鮮佛教의 原因考察」, 『佛教』 100-101 · 102(1932).

58 李能和, 「李朝佛教史」, 『佛教』 1-28(1924-1926).

59 이능화, 앞의 책, 하편 876-897쪽.

60 高橋亨, 앞의 책, 816-817쪽.

61 高橋亨, 앞의 책, 「序說」.

62 高橋亨, 「朝鮮宗教史に現れる信仰の特色」(京城: 朝鮮總督府學務局, 1921).

63 高橋亨, 「朝鮮佛教の歷史的依他性」, 『朝鮮』 250(1936).

64 高橋亨, 앞의 책, 「序說」.

65 李能和, 「朝鮮僧侶와 社會的 地位」, 『朝鮮佛教總報』 20(1920).

66 高橋亨, 앞의 책, 548-549쪽. 여기서 8賤은 奴婢, 伶人, 妓(기생), 喪轝軍, 鞋匠, 白丁, 巫覡에 승려를 추가한 것인데 그에 대한 전거 사료를 제시하지 않았다.

67 손성필, 「조선시대 승려 賤人身分說의 재검토—高橋亨의 주장에 대한 비판을 중심으로」, 『普照思想』 40(2013)에서는 다카하시의 8천설이 근거 없는 주장임을 밝혔다.

68 李能和, 앞의 책, 하편 1-2쪽.

69 이능화의 생애와 학문연구에 대해서는 양은용, 「이능화의 한국불교연구」, 『이능화 연구—한국종교사학을 중심으로』(서울: 집문당, 1994); 이재헌, 『이능화와 근대 불교학』(서울: 지식산업사, 2007) 참조.

70 李能和, 「朝鮮佛教通史에 就하여」, 『朝鮮佛教總報』 6(1917).

71 이능화, 앞의 책, 하편 4-7쪽. 「이백품제」의 <3>「入東方二百句品題」의 내용이다.

72 이능화, 앞의 책, 하편 500-514; 566-573쪽.

73 이능화, 앞의 책, 하편 500-501; 946쪽.

74 이능화, 앞의 책, 하편 935-964쪽.

75 조남호, 『조선의 유학』(서울: 소나무, 1999)에서는 「주리파·주기파의 발달」, 「조선유학 대관」, 「조선의 양명학파」 등 다카하시의 유학 관련 글을 한글로 번역해놓았다. 유학 논문을 모은 일본어 현대어역은 川原秀城·金光来 編訳, 『高橋亨朝鮮儒学論集』(東京: 知泉書館, 2011)이 나와 있다. 다카하시는 四端七情을 기준으로 退溪와 栗谷학파를 나누고 主理와 主氣의 틀로 조선유학사를 이해하여 학계에 큰 영향을 미쳤다.

76 김용태, 「조선시대 불교 연구의 성과와 과제」, 『한국불교학』 68(2013); 「식민지기 한국인·일본인 학자의 한국불교사 인식—공통의 지향과 상이한 시각」, 『한국사상사학』 56(2017) 등 참조. 그나마 조남호, 「다카하시 토오루(高橋亨)의 조선불교연구」, 『韓國思想과 文化』 20(2003) 정도가 본격적 연구 성과라고 할 수 있지만 불교사 전공자가 아닌 관계로 피상적 이해에 머물고 말았다.

77 이윤석, 「다카하시 토오루의 한국 불교 연구에 대하여—『이조불교』를 중심으로」(연세대 국학연구원 제468회 국학연구발표회, 2018. 10. 16.). 이윤석 교수에 의하면 사상사 강의안 66권은 일본 埼玉大의 권순철 교수, 문학(상대·근대) 강의안 44권은 본인이 소장 중이며, 다카하시의 제자이자 天理大에 재직했던 大谷 교수 측으로부터 구했다고 밝혔다. 이는 각 권당 80-100쪽 분량인 다카하시의 친필 강의안으로 하단에는 본문, 상단에는 주석 및 설명이 적혀 있다. 이윤석, 「다카하시 토오루의 경성제국대학 강의노트 내용과 의의」, 『동방학지』 177(2016), 67-123쪽에서는 문학 강의안의 내용을 자세히 검토하고 경성제대 제자들의 졸업논문도 소개하였다. 사상사 강의노트는 權純哲, 「[資料翻刻] 高橋亨京城帝國大學講義 朝鮮思想史概說(上)·(下)」, 『埼玉大學紀要(教養學部)』 52-2·53-2(2017·2018)에 전재되었다.

78 부친 다카하시 모이치로의 원래 이름은 나가사와 스이손(長澤翠村)으로 나가오카의 藩士 가문 출신이었다. 그의 4대조 시게아키(茂昭)는 오규 소라이(荻生徂徠)의 학문을 배우고 藩校인 崇德館의 교수를 지냈다. 스이손은 1870년 다카하시 가문을 이은 아카야마(赤山)의 양자가 되었고 양부가 1855년에 세운 赤山義塾에서 한학을 배우고 교편을 잡았다. 1880년 二松學舍에서 다시 한학을 수학하고 이후 60여 년간 나가오카, 니가타 등의 학교에서 가르쳤다. 1919년부터는 나가오카 孔子祭典會(斯文會

나가오카 지부) 사업을 이끌었으며 『静雲精舎存稿』, 『静雲精舎文詩』 등의 저작을 남겼다(桜井奈穂子, 「長岡の碩學(14) 高橋翠村」, 『Nagaoka Archives』 14, 長岡市立中央圖書館 文書資料室, 2016.3.).

79 나카 미치요는 1883년 일본 참모본부에서 탁본을 떠온 광개토왕릉비의 신묘년조를 신공황후 삼한정벌설의 입증자료로 활용했다. 그는 신공황후 때 왜가 가라 등 7국을 평정했다는 『日本書紀』 기사의 연대를 249년이 아닌 369년으로 추정하여 당시 유행하던 征韓論을 학문적으로 뒷받침하였다.

80 權純哲, 「高橋亨の朝鮮思想史研究」, 『埼玉大学紀要』 33-1(日本 埼玉大学 教養學部, 1997).

81 이후 다카하시의 이력은 「高橋亨先生年譜略」, 『朝鮮學報』 15(1959) 참조.

82 권순철, 앞의 글. 한국인으로는 鄭萬朝, 魚允迪, 權純九 등이 경성제대에서 강사를 하였고, 다카하시가 재직한 1939년까지 법문학부 문학과의 한국인 졸업생으로는 趙潤濟, 李熙昇, 李崇寧, 李孝石, 金台俊 등이 있었고 사학과에서는 申奭鎬, 劉洪烈 등이 배출되었다.

83 이윤석, 앞의 논문(2016).

84 「彙報」, 『新佛教』 25(1940).

85 조남호, 앞의 논문(2003), 395쪽. 1943년 『惠化專門學校一覽』(동국대 중앙도서관 소장)에는 權相老가 복직되어 현직 교수 명단에 나오며 그 밖에 金東華 등 한국인 교수의 이름도 創氏改名되어 적혀 있다. 한편 중앙불전에서 강의를 맡았던 趙明基는 중앙불전, 일본 東洋大, 경성제대를 모두 졸업하였고 경성제대 助手와 해방 후 동국대 불교대학장, 총장까지 지냈다.

86 조선학회 결성은 다카하시와 함께 경성제대 교수였던 스에마츠 야스카즈(末松保和), 그리고 미시나 쇼에(三品彰英), 와타나베 마나부(渡部學), 아베 요시오(阿部吉雄) 등이 주도하였다. 당시 조선학회 회장은 덴리대 학장(총장)이 하기로 정해져서 다카하시는 부회장직을 맡았다.

87 高橋亨, 「虛應堂集及普雨大師」, 『朝鮮學報』 14(1959). 『허응당집』은 상부 상·하 2권이 시집, 하부는 『懶庵雜著』로 불리는 법어, 문집으로 되어 있다. 제자 太均이 편찬했고 원판 글씨는 檜巖寺 주지 大禪師 天齡, 교정은 直指寺 주지 中德 (四溟)惟政이 맡았으며 상부 말미에 유정의 「발문」(1573)이 있다.

88 다카하시는 이때 「妙香山普賢寺前後刱事蹟編錄」을 열람했는데 임진왜란이 일어난 1592년(선조 25)까지 高麗史記(고려실록) 20여 함이 전해졌다는 기록이 적혀 있다고 한다.

89 高橋亨, 『李朝佛敎』(大阪: 寶文館, 1929), 11쪽. 이는 「序說」에 나오는 내용이다.

90 高橋亨, 「朝鮮の佛敎に對する新硏究」, 『朝鮮及滿洲』 60(1912); 「海印寺大藏經板に就いて」, 『哲學雜誌』 29卷 327號(1914); 「朝鮮佛敎宗派遞減史論」, 『東亞之光』 9卷 10-11號(1914); 「朝鮮寺刹の硏究」, 『東亞硏究』 6卷 1-3號(1916); 「朝鮮宗敎史に現はれたる信仰の特色」, 朝鮮總督府學務局(1920); 「李朝に於ける僧職の變遷」, 『朝鮮』 81(1921); 「僧兵と李朝佛敎の盛衰」, 『佛敎』 4-11號(1924-1925); 「朝鮮佛敎に就いて」, 『朝鮮佛敎』 66-67號(1929). 다카하시의 저작과 이력은 대만에서 나온 黃俊傑 主編, 『高橋亨與韓國儒學硏究』(東亞儒學硏究叢書 21)(臺北: 臺大出版中心, 2015), 부록의 「高橋亨著作目錄」, 「高橋亨年譜」 참조.

91 高橋亨, 앞의 글(1912) 「朝鮮の佛敎に對する新硏究」.

92 高橋亨, 앞의 글(1916) 「朝鮮寺刹の硏究」.

93 高橋亨, 앞의 글(1924) 「僧兵と李朝佛敎の盛衰」.

94 高橋亨, 앞의 책, 「朝鮮思想史大系 序言」.

95 江田俊雄, 「李朝佛敎を讀む」, 『宗敎硏究』 新7-1(1930).

96 高橋亨, 앞의 책, 「序」. 서문은 1929년 2월 京城 白岳山房에서 쓴 것이다. 자신의 불교 연구에 많은 자료를 제공하고 조언을 해준 華嚴寺 주지 陳震應, 龜巖寺 주지 朴漢永 등 노사와 학장들에게 감사인사를 덧붙이고 있다.

97 高橋亨, 앞의 책, 「序說」.

98 高橋亨, 앞의 책, 「조선사상사대계 서언」.

99 손성필, 「16·17세기 불교정책과 불교계의 동향」(서울: 동국대 사학과 박사학위논문, 2013), 4-5쪽.

100 이후 다카하시는 「朝鮮信仰文化の二重性と之を統合するもの」, 『天理大學學報』 2卷-1, 2号(1950)에서 명 태조가 府州縣에 각각 사찰 1사를 허용하고 신건을 금지한 것이 조선에 영향을 미쳤다고 추정했는데, 태종대에 전국에서 242개의 공식 사찰을 지정한 것도 지방공간의 재편과 승정체제의 단일화라는 점에서 명의 시책과 유사하며 『經國大典』에서 사찰의 신창을 금한 것도 같은 맥락에서 이해해볼 수 있다.

101 高橋亨, 앞의 책, 548-549쪽.

1 우정상·김영태 공저, 『韓國佛敎史』(서울: 進修堂, 1969).

2 안계현, 『韓國佛教史研究』(서울: 同和出版社, 1982).

3 鎌田茂雄, 『朝鮮佛教史』(東京: 東京大學出版會, 1987).

4 김영태, 『한국불교사』(서울: 경서원, 1997). 이는 『한국불교사개설』(1986)을 보완한 개정판이다.

5 崔南善, 「朝鮮佛教—東方文化史上에 있는 그 地位」, 『佛教』 74(1930).

6 金敬注, 「現下世界의 佛教大勢와 佛陀一生의 年代考察」, 『佛教』 77(1930). 당시 한국불교를 대표하는 인물로 원효가 가장 주목되었음은 여러 잡지, 논문 등에서 확인할 수 있다.

7 金包光(金映遂), 「朝鮮佛教의 特色」, 『佛教』 100(1932).

8 심재룡, 「한국불교의 오늘과 내일: 한국불교학의 연구현황을 중심으로」, 『철학사상』 11(2000); 「한국불교는 회통불교인가」, 『불교평론』 3(2000)에서 문제제기를 한 바 있고, 조은수, 「'통불교'담론을 중심으로 본 한국불교사 인식」, 『불교평론』 21(2004): Pankaj N. Mohan, "Beyond the 'nation-Protecting' Paradigm: Recent Trends in the Historical Studies of Korean Buddhism", *The Review of Korean Studies* 9-1(2009) 등에서도 비판적 입장을 취하였다.

9 安東相老(權相老), 『臨戰의 朝鮮佛教』(京城: 卍商會, 1943)에서는 전쟁과 불교의 상관관계를 언급하면서 호국불교 전통을 강조하였다.

10 호국불교론 비판론은 김종명, 「'호국불교' 개념의 재검토」, 『불교연구』 17(2000): 김종만, 「호국불교의 반성적 고찰—한국불교 전통에 대한 비판적 검토」, 『불교평론』 3(2000) 등에 의해 제기되었다. 한국불교사의 호국문제는 김용태, 「한국불교사의 호국 사례와 호국불교 인식」, 『大覺思想』 17(2012) 참조.

11 조계종교육원 편, 『曹溪宗—고중세편·근현대편』(서울: 조계종출판사, 2004·2001); 국사편찬위원회 편, 『신앙과 사상으로 본 불교 전통의 흐름』(서울: 두산동아, 2007).

12 정병삼, 『한국 불교사』(서울: 푸른역사, 2020).

13 우정상, 「李朝佛教의 護國思想에 對하여—特히 義僧軍을 中心으로」; 김약슬, 「秋史의 禪學辨」; 이을호, 「儒佛相交의 面에서 본 丁茶山」, 백성욱박사송수기념사업위원

회 편, 『白性郁博士頌壽記念 佛教學論文集』(서울: 동국대, 1959).

14 이광린, 「李朝後半期의 寺刹製紙業」, 『歷史學報』 17·18(1962); 우정상, 「南北漢山城 義僧防番錢에 對하여」, 『佛教學報』 1(1963); 이종영, 「僧人號牌考」, 『東方學志』 17(1963).

15 한기두, 「白坡의 禪門手鏡」, 『圓光大論文集』 4(1969); 「白坡와 草衣時代 禪의 論爭點」, 숭산박길진박사화갑기념사업회 편, 『崇山朴吉眞博士華甲記念 韓國佛教思想史』(이리: 원불교사상연구원, 1975).

16 고형곤, 「秋史의 白坡妄證 15條에 對하여」, 『學術院論文集』 14(1975); 이종익, 「證答白坡書를 통해 본 金秋史의 禪教觀」, 『佛教學報』 12(1975).

17 김동화, 「護國大聖 四溟大師 研究: 序論, 思想」; 김영태, 「護國大聖 四溟大師 研究: 生涯, 說話」, 『佛教學報』 8(1971); 김영태, 『西山大師의 生涯와 思想』(서울: 박영사, 1975).

18 김인덕, 「浮休善修의 禪思想」·「浮休의 門流」; 김항배, 「西山門徒의 思想—鞭羊禪師와 逍遙禪師를 중심으로」; 이성타, 「栢庵의 사상」; 이지관, 「蓮潭 및 仁嶽의 私記와 그의 教學觀」, 숭산박길진박사화갑기념사업회 편, 앞의 책.

19 안계현, 「朝鮮前期의 僧軍」, 『東方學志』 13(1972); 김용조, 「白谷處能의 諫廢釋教疏에 關한 研究」, 『韓國佛教學』 4(1979); 홍윤식, 「李朝佛教의 信仰儀禮」, 숭산박길진박사화갑기념사업회 편, 앞의 책.

20 박용숙, 「朝鮮朝 後期의 僧役에 關한 考察」, 『釜山大論文集』 31(1981); 윤용출, 「朝鮮後期의 赴役僧軍」, 『釜山大學校 人文論叢』 26(1984).

21 여은경, 「朝鮮後期 山城의 僧軍總攝」, 『大邱史學』 32(1987); 「朝鮮後期 大寺刹의 總攝」, 『嶠南史學』 3(1987).

22 김갑주, 『朝鮮時代 寺院經濟研究』(서울: 同和出版社, 1983); 여은경, 「朝鮮後期의 寺院侵奪과 僧契」, 『慶北史學』 9(1986). 이 분야 연구는 앞서 이재창, 「朝鮮時代 僧侶甲契의 研究」, 『佛教學報』 13(1976)에서 다루어진 바 있다.

23 김갑주, 위의 책. 이러한 성과는 김갑주, 「朝鮮時代 寺院田의 性格」, 가산이지관스님화갑기념논총간행위원회 편, 『伽山李智冠華甲記念論叢 韓國佛教思想史』 上(서울: 가산불교문화진흥원, 1992)으로 이어졌다.

24 고익진, 「碧松智嚴의 新資料와 法統問題」; 김영태, 「朝鮮 禪家의 法統考—西山家統

의 究明」,『佛教學報』 22(1985); 최병헌,「朝鮮時代 佛教法統說의 問題」,『韓國史論』 19(1988); 김상현,「서산문도의 태고법통설」; 김영태,「태고법통 확정의 사적 고찰」, 대륜불교문화연구원 엮음,『太古普愚國師』(서울: 불교춘추사, 1998). 법통에 관한 선구적 연구로는 이영무,「韓國佛教史에 있어서의 太古普愚國師의 地位—韓國佛教의 宗祖論을 中心으로」,『韓國佛教學』 3(1977)을 들 수 있다.

25 김용태,「朝鮮中期 佛教界의 변화와 西山系의 대두」,『韓國史論』 44(2000).

26 김용조,「己和와 그의 顯正論」,『慶尙大學校論文集』 21(1982);「雪岑 金時習의 韓國佛教思想史的 位置」,『慶尙大論文集(인문사회계편)』 24-1(1985);「虛應堂 普雨의 佛教復興運動」,『慶尙大論文集(인문사회계편)』 25-2(1986).

27 한기두,「朝鮮後期 禪論爭과 그 思想的 의의」, 가산이지관스님화갑기념논총간행위원회 편, 앞의 책; 宗梵,「朝鮮中·後期의 禪風에 관한 研究」, 진산한기두박사화갑기념논문집간행위원회 편,『震山韓基斗博士華甲記念 韓國宗教思想史의 再照明』(이리: 원광대 출판부, 1993); 鄭性本,「朝鮮後期의 禪論爭」; 李法山,「朝鮮後期 佛教의 教學的 傾向」, 불교신문사,『韓國佛教史의 再照明』(서울: 불교시대사, 1994).

28 고익진, 앞의 논문(1985); 종범,「講院教育에 끼친 普照思想」,『普照思想』 3(1989)

29 김용조,「朝鮮後期 儒者의 佛教觀 ;磻溪·星湖·茶山의 경우」,『慶尙大學校論文集』 22-2(1983); 정병삼,「秋史의 佛教學」,『澗松文華』 24(1983); 최병헌,「茶山 丁若鏞의 韓國佛教史 研究」,『丁茶山研究의 現況』(서울: 民音社, 1985); 김용조,「成宗朝 儒學者의 佛教觀」,『慶尙史學』 12(1996).

30 김용조,「조선전기 유불회통론」,『慶尙大學校論文集』 27-1(1988).

31 이봉춘,「朝鮮初期 排佛史 연구: 王朝實錄을 中心으로」, 박사학위논문(서울: 동국대, 1991); 한우근,『儒教政治와 佛教: 麗末鮮初 對佛教施策』(서울: 일조각, 1993).

32 박해당,「己和의 佛教思想 研究」, 박사학위논문(서울: 서울대, 1996); 송수환,「朝鮮前期의 寺院田—특히 王室關聯 寺院을 중심으로」,『韓國史研究』 79(1992).

33 종범,「臨濟禪風과 西山禪風」,『中央僧伽大學論文集』 2(1993); 종진,「淸虛 休靜의 禪思想」,『白蓮佛教論集』 3(1993).

34 김준혁,「朝鮮後期 正祖의 佛教認識과 政策」,『中央史論』 12·13(1999); 조성산,「19세기 전반 노론계 佛教認識의 정치적 성격」,『韓國思想史學』 13(1999).

35 종범,「朝鮮後期의 念佛觀」,『中央僧伽大學論文集』 4(1995); 한보광,「朝鮮時代의 萬

日念佛結社」,『佛教學報』32(1995); 이병희,「朝鮮時期 寺剎의 數的 推移」,『歷史教育』61(1997).

36 최병헌,「조선후기 浮休善修系와 松廣寺—普照法統說과 太古法統說 葛藤의 한 사례」,『同大史學』1(1995); 김남윤,「朝鮮後期의 佛教史書《山史略抄》」,『同大史學』1(1995); 최연식,「朝鮮後期『釋氏源流』의 수용과 佛教界에 미친 영향」,『普照思想』11(1998).

37 이진오,『韓國 佛教文學의 研究』(서울: 民族社, 1997).

38『韓國撰述佛書展觀目錄』(서울: 동국대 불교문화연구소, 1966);『韓國大藏會 佛書展觀目錄』1-9 (서울: 동국대 불교문화연구소·중앙도서관 공편, 1985);『韓國佛教撰述文獻總錄』(서울: 동국대 출판부, 1976);『韓國佛教全書』14册(서울: 동국대 출판부, 1979-2004).

39 高橋亨,「虛應堂及普雨大師」,『朝鮮學報』14(1959).

40 江田俊雄,「佛書刊行より見た李朝代佛教」,『印度學佛教學研究』7(1956).

41 田川孝三,「李朝における僧徒の貢納請負—世宗末·文宗朝を中心として」,『東洋學報』43-2(1960); 吹田和光,「李朝時代に於ける僧軍について」,『佛教史學研究』17-1(1974); 有井智德,「李朝初期における收租地として寺社田」,『朝鮮學報』81(1976).

42 梅田信隆 監修,『朝鮮佛教史: 資料編 1·2(河村道品和尚遺稿)』(大阪: 楞伽林, 1995). 河村道器(1899-1988)는 曹洞宗 승려로서 한국에 포교사로 들어왔고 京城佛教專修學校의 강사를 지냈으며 해방 후에도 한국불교 연구에 매진하였다.

43 박해당,「『현정론』과 『유석질의론』의 삼교론」,『불교학연구』10(2005).

44 고영섭,『한국불학사—조선 대한시대 편』(서울: 연기사, 2005).

45 황인규,『고려후기 조선초 불교사 연구』(서울: 혜안, 2003);『고려말 조선전기 불교계와 고승 연구』(서울: 혜안, 2005).

46 최종진,「朝鮮中期의 禪思想史 研究: 西山과 그 門徒를 중심으로」, 박사학위논문(익산: 원광대, 2004).

47 박재현,「한국불교의 看話禪 전통과 정통성 형성에 관한 연구」, 박사학위논문(서울: 서울대, 2005).

48 정병삼,「19세기의 불교사상과 문화」,『추사와 그의 시대』(서울: 돌베개, 2002).

49 김용태,「朝鮮後期 佛教의 臨濟法統과 教學傳統」, 박사학위논문(서울: 서울대, 2008); 이

종수, 「조선후기 불교의 수행체계 연구」, 박사학위논문(서울: 동국대, 2010).

50 이종수, 「조선후기 불교계의 心性 논쟁—雲峰의 『心性論』을 중심으로—」, 『普照思想』 29(2008); 김용태, 「조선후기 불교의 心性 인식과 그 사상사적 의미」, 『韓國思想史學』 32(2009); 「조선시대 불교의 유불공존 모색과 시대성의 추구」, 『朝鮮時代史學報』 49(2009).

51 박병선, 「朝鮮後期 願堂硏究」, 박사학위논문(경산: 영남대, 2001).

52 최재복, 「朝鮮初期 王室佛敎 硏究」, 박사학위논문(성남: 한국학중앙연구원, 2010); 탁효정, 「조선시대 王室願堂 연구」, 박사학위논문(성남: 한국학중앙연구원, 2012).

53 이기운, 「조선시대 왕실의 比丘尼院 설치와 信行」, 『歷史學報』 178(2003).

54 황인규, 『조선시대 불교계 고승과 비구니』(서울: 혜안, 2011).

55 남동신, 「朝鮮後期 불교계 동향과 『像法滅義經』의 성립」, 『韓國史硏究』 113(2001).

56 오경후, 「朝鮮後期 僧傳과 寺誌의 編纂 硏究」, 박사학위논문(서울: 동국대, 2002).

57 남희숙, 「朝鮮後期 佛書刊行 硏究-眞言集과 佛敎儀式集을 中心으로」, 박사학위논문(서울: 서울대, 2004).

58 이종수, 「숙종 7년 중국선박의 표착과 백암성총의 불서간행」, 『불교학연구』 21(2008); 김용태, 「동아시아의 澄觀 화엄 계승과 그 역사적 전개—송대와 조선후기 화엄교학을 중심으로」, 『불교학보』 61(2012).

59 손성필, 「16·17세기 불교정책과 불교계의 동향」, 박사학위논문(서울: 동국대, 2013).

60 유호선, 『조선후기 경화사족의 불교인식과 불교문학』(서울: 태학사, 2006).

61 김종진, 『불교가사의 계보학, 그 문화사적 탐색』(서울: 소명출판, 2009).

62 김기종, 『불교와 한글: 글로컬리티의 문화사』(서울: 동국대 출판부, 2015); 『한국고전문학과 불교』(서울: 동국대 출판부, 2019).

63 하종목, 「조선초기의 사원 경제—국가 및 왕실 관련 사원을 중심으로」, 『大邱史學』 60(2000); 유기정, 「朝鮮前期 僧政의 整備와 運營」, 『靑藍史學』 5(2002); 윤기엽, 「朝鮮初 寺院의 實態와 그 機能—寺院施策에 의한 公認寺院을 중심으로」, 『佛敎學報』 46(2007); 이병희, 「朝鮮前期 寺刹의 亡廢와 遺物의 消失」, 『佛敎學報』 59(2011); 「朝鮮初期 佛敎界의 寶 運營과 그 意味」, 『東國史學』 61(2016).

64 押川信久, 「朝鮮王朝建國當初における僧徒の動員と統制」, 『朝鮮學報』 185(2002); 「朝鮮燕山君·中宗代における僧徒政策の推移—度牒發給の再開と廢止を中心として—」, 『朝鮮史研究會論文集』 47(2009).

65 김용태, 「조선전기 억불정책의 전개와 사원경제의 변화상」, 『朝鮮時代史學報』 58(2011).

66 양혜원, 「고려후기~조선전기 免役僧의 증가와 度牒制 시행의 성격」, 『韓國思想史學』 44(2013).

67 손성필, 「사찰의 혁거, 철훼, 망폐—조선 태종·세종대 승정체제 개혁에 대한 오해」, 『震旦學報』 132(2019); 「조선 태종 세종대 '혁거' 사찰의 존립과 망폐—1406년과 1424년 僧政體制 개혁의 이해 방향과 관련하여」, 『韓國史硏究』 186(2019).

68 양혜원, 「『경제육전』 도승·도첩 규정으로 본 조선초 도승제의 의미」, 『韓國思想史學』 57(2017); 「도승제 강화의 역사적 의의」 『고려에서 조선으로—여말선초, 단절인가 계승인가』, 역사비평사(2019).

69 양혜원, 「15세기 승과(僧科) 연구」 『韓國思想史學』 62(2019).

70 한상길, 「朝鮮後期 寺刹契 硏究」, 박사학위논문(서울: 동국대, 2000); 『조선후기 불교와 寺刹契』(서울: 경인문화사, 2006).

71 장경준, 「조선후기 호적대장의 승려 등재 배경과 그 양상」, 『大東文化硏究』 54(2006).

72 김용태, 「임진왜란 의승군 활동과 그 불교사적 의미」, 『普照思想』 37(2012); 양은용, 「조선시대의 국난과 義僧軍의 활동」; 이종수, 「조선후기의 僧軍 제도와 그 활용」, 『한국 호국불교의 재조명』(서울: 대한불교조계종 불교사회연구소, 2012); 고영섭, 「조선후기 僧軍제도의 불교사적 의의」; 윤용출, 「조선후기 산릉역의 僧軍 부역노동」, 『한국 호국불교의 재조명 2』(서울: 대한불교조계종 불교사회연구소, 2013) 등이 있다.

73 오경후, 「朝鮮後期 僧役의 類型과 弊端」, 『國史館論叢』 107(2005).

74 김용태, 「조선중기 의승군 전통에 대한 재고: 호국불교의 조선적 발현」, 『東國史學』 61(2016); 「조선후기 남한산성의 조영과 승군의 활용」, 『韓國思想과 文化』 78(2015).

75 이종수, 「1652년 官府文書를 통해 본 孝宗代 佛敎政策 硏究」, 『韓國佛敎學』 67(2013).

76 김용태, 『조선후기 불교사 연구: 임제법통과 교학전통』(성남: 신구문화사, 2010).

77 오경후, 『조선후기 불교동향사 연구』(서울: 문현출판, 2015); 『조선후기 불교사학사』(서울: 문현출판, 2018).

제2부
불교사상의 계승과 선과 교의 융합

| 제1장 | 불교와 유교의 교체와 전통의 유산

1 도현철, 「원간섭기 『사서집주』 이해와 성리학 수용」, 『역사와 현실』 49(2003).

2 「開教總監」, 『대한매일신보』(1906. 10. 16).

3 古谷淸, 「李朝佛教史梗概」, 『佛教史學』 1-3(1911).

4 高橋亨, 『李朝佛教』(大阪: 寶文館, 1929), 序說.

5 高橋亨, 「朝鮮宗教史に現れる信仰の特色」(京城: 朝鮮總督府學務局, 1921).

6 高橋亨, 「朝鮮佛教の歷史的依他性」, 『朝鮮』 250(1936).

7 高橋亨, 앞의 책, 서설.

8 김용태, 『조선 후기 불교사 연구—임제법통과 교학전통』(성남: 신구문화사, 2010) 등 최근의 연구에서는 조선후기에 불교가 안정적으로 존립하였고 전기에 비해서도 여러 측면에서 활성화된다고 보는 등 다카하시와는 다른 결론을 내리고 있다.

9 忽滑谷快天, 『朝鮮禪教史』(東京: 春秋社, 1930).

10 江田俊雄, 『朝鮮佛教史の硏究』(東京: 日本國書刊行會, 1977), 18-24쪽.

11 金映遂, 『朝鮮佛教史藁』(京城: 中央佛教專門學校, 1939).

12 權相老, 『朝鮮佛教史概說』(京城: 佛教時報社, 1939).

13 우정상·김영태 공저, 『韓國佛教史』(서울: 進修堂, 1969), 서설.

14 안계현, 『韓國佛教史研究』(서울: 同和出版社), 1982.

15 김영태, 『한국불교사』(서울: 경서원, 1986), 238-249쪽.

16 한우근, 『儒教政治와 佛教—麗末鮮初 對佛教施策』(서울: 일조각, 1993), 84-87쪽.

17 황인규, 『고려 후기·조선 초 불교사 연구』(서울: 혜안, 2003), 609-619쪽.

18 이봉춘, 『조선시대 불교사 연구』(서울: 민족사, 2015), 377-592쪽.

19 김용태, 「조선시대 불교의 유불공존 모색과 시대성의 추구」, 『조선시대사학보』 49(2009).

20 이색의 불교관은 최병헌, 「牧隱 李穡의 佛教觀」, 목은연구회 편, 『牧隱 李穡의 生涯와 思想』(서울: 일조각, 1996) 참조.

21 『高麗史』 권115, 열전 28 李穡傳.

22 『고려사』 권117, 열전 30 李詹傳; 鄭夢周傳.

23 『고려사』 권46, 공양왕 3년 6월 병진.

24 『佛氏雜辨』 「佛氏乞食之辨」(『삼봉집』 권9, 『한국문집총간』 5, 454쪽); 高橋亨, 앞의 책, 38-42쪽.

25 『太祖實錄』 권2, 태조 1년 12월 6일.

26 도현철, 「원명교체기 고려 사대부의 소중화의식」, 『역사와 현실』 37(2000).

27 『益齋集』 권5, 「金書密教大藏書」; 『稼亭集』 권6, 「金剛山長安寺中興碑」; 권3, 「新作心遠樓記」.

28 『불씨잡변』 「佛氏輪廻之辨」; 「佛氏禍福之辨」; 「佛法入中國」(『삼봉집』 권9, 『한국문집총간』 5, 447·453·457쪽).

29 『불씨잡변』 「佛氏作用是性之辨」; 「佛氏眞假之辨」(『삼봉집』 권9, 『한국문집총간』 5, 450·452쪽).

30 『불씨잡변』 「闢異端之辨」; 「佛氏雜辨序」; 「佛氏雜辨識」(『삼봉집』 권9, 『한국문집총간』 5, 459·462·460쪽). 『불씨잡변』의 발문에 의하면 이 책은 정도전 사후 족손 韓奕에게 전해지다가 숭불 군주인 세조 2년(1456)에 양양군수 尹起畎이 간행하였다.

31 『太宗實錄』 권11, 태종 6년 2월 26일.

32 기화의 『현정론』은 1526년, 『유석질의론』은 1537년에 간행되었고 그 밖에 南山慧日峯의 『顯正論』이 1538년에 개간되었다. 기화의 『현정론』은 1526년 전라도 광양 招川寺 초간본(동국대 소장) 이후 1537년 전라도 緣起寺 중간본, 1544년 황해도 石頭寺 간본 등과 필사본이 남아 있어 16세기 전반 폐불의 위기의식 속에서 그 수요가 컸음을 볼 수 있다.

33 『顯正論』(『한국불교전서』 7, 217-219쪽; 221·222쪽).

34 『현정론』(『한국불교전서』 7, 223-225쪽).

35 『儒釋質疑論』 권상(『한국불교전서』 7, 252·255쪽).

36 『유석질의론』 권하(『한국불교전서』 7, 270쪽).

37 權相老, 『朝鮮佛教略史』(京城: 新文館, 1917), 167-168쪽.

38 『四佳集』 「贈守伊上人序」.

39 『栗谷全書』 권1, 「楓岳贈小菴老僧幷序」; 『聖學輯要』 권2, 「佛者夷狄之一法」.

40 古谷清, 「李朝佛教史梗概」, 『佛教史學』 1-8(1912).

41 崔南善, 「朝鮮佛教의 大觀으로부터 朝鮮佛教通史에 及함」, 『朝鮮佛教叢報』 11(京城: 三十本山聯合事務所, 1918).

42 『世宗實錄』 권14, 3년 12월 25일.

43 이익주, 「高麗·元 關係의 構造에 대한 硏究—소위 '世祖舊制'의 분석을 중심으로」, 『韓國史論』 36(1996).

44 박영제, 「원 간섭기 초기 불교계의 변화」, 편집부 편, 『14세기 고려의 정치와 사회』(서울: 민음사, 1994).

45 안지원, 『고려의 불교의례와 문화』(서울: 서울대 출판문화원, 2005), 328-329쪽. 담선법회는 충렬왕대에 중단되었다.

46 강호선, 「고려말 禪僧의 入元遊歷과 元 淸規의 수용」, 『韓國思想史學』 40(2012).

47 여말 3사와 그 문도들의 선풍에 대해서는 황인규, 『고려 말·조선 전기 불교계와 고승 연구』(서울: 혜안, 2005), 235-252쪽 참조.

48 최병헌, 「太古普愚의 불교사적 위치」, 『韓國文化』 7(1986).

49 강호선, 「고려 말 나옹혜근 연구」, 박사학위논문(서울: 서울대, 2011).

50 황인규, 앞의 책(2005), 391-422쪽.

51 『태조실록』 권14, 7년 5월 13일.

52 최연식, 「고려 말 간화선 전통의 확립 과정에 대한 검토」, 『간화선 수행과 한국禪』(서울: 동국대 출판부, 2012), 207-236쪽.

53 황인규, 앞의 책(2003), 257-259쪽.

54 국사편찬위원회 편, 『신앙과 사상으로 본 불교 전통의 흐름』(서울: 두산동아, 2007), 178-179쪽.

55 『태조실록』 권6, 3년 9월 8일.

56 황인규, 앞의 책(2003), 319-327쪽; 황인규, 앞의 책(2005), 423-448쪽.

57 강호선, 「14세기 전반기 麗元 불교 교류와 임제종」, 석사학위논문(서울: 서울대, 2000).

58 이병욱, 『고려시대의 불교사상』(서울: 혜안, 2002), 93-116쪽. 여말선초 4대 종파의 동향과 고승들의 활동은 황인규, 앞의 책(2005), 251-351쪽 참조.

59 국사편찬위원회 편, 앞의 책, 198-204; 216-218쪽.

60 『태조실록』 권14, 7년 7월 14일.

61 『세종실록』 권109, 27년 7월 14일.

62 강호선, 「조선 태조 4년 國行水陸齋 설행과 그 의미」, 『한국문화』 62(2013).

63 『용재총화』 권8.

64 『세종실록』 권95, 24년 3월 24일.

65 『세종실록』 권111, 28년 3월 26일.

66 『세종실록』 권111, 28년 3월 29일.

67 박정미, 「조선시대 佛敎式 喪·祭禮의 설행 양상—왕실의 국행불교상례와 사족의 봉제사사암을 중심으로」, 박사학위논문(서울: 숙명여대, 2015).

68 『용재총화』 권1.

69 高橋亨, 「朝鮮信仰文化の二重性と之を統合するもの」, 『天理大學學報』 2-1·2(1950).

70 『태종실록』 권3, 2년 4월 22일.

71 『태종실록』 권11, 6년 3월 27일.

72 손성필, 「조선 태종 세종대 '革去' 사찰의 존립과 망폐—1406년과 1424년 승정체제 개혁의 이해 방향과 관련하여」 『한국사연구』 186(2019). 한기문, 「고려시대 裨補寺社의 성립과 운용」, 『韓國中世史研究』 21(2006)에서는 고려시대의 裨補寺社와 寺院田이 조선에서 1/10 정도로 축소되었다고 보았다.

73 김용태, 『조선후기 불교사 연구: 임제법통과 교학전통』(성남: 신구문화사, 2010), 37-38쪽.

74 손성필, 앞의 논문. 이들이 해당 지정 사찰뿐 아니라 군현 단위의 전체 사찰을 총괄하는 승직일 가능성을 고려할 필요가 있다.

75 『태종실록』 권14, 7년 12월 2일. 이 중 조계종은 양주 通度寺, 의흥 麟角寺, 낙안 澄光寺, 영암 道岬寺, 탐진 萬德寺 등 24개, 화엄종은 원주 法泉寺, 강화 栴香寺, 양주 成佛寺 등 11개 사가 기존 사사를 대체하였다.

76 최재복, 「朝鮮前期 王室佛教 研究」, 박사학위논문(성남: 한국학중앙연구원, 2011). 기존에는 중신종, 총남종 등이 중도종과 신인종, 총신종과 남산종을 통합한 것으로 이해했는데, 중소 종파의 명칭을 편의상 합쳐서 기록한 것일 가능성도 배제할 수 없으므로 심화 검토가 필요하다.

77 『세종실록』 권23, 6년 3월 13일.

78 金海榮, 「朝鮮初期 祀典에 관한 研究」, 박사학위논문(성남: 한국정신문화연구원, 1993).

79 『태종실록』 권7, 4년 6월 9일; 권11, 6년 6월 5일; 권25, 13년 6월 8일. 최종석, 「朝鮮時期 城隍祠 立地를 둘러싼 樣相과 그 背景」, 『韓國史硏究』 143(2008).

80 『세종실록』 권24, 6년 4월 5일.

81 최재복, 앞의 논문, 57쪽, 〈표 1〉 참조.

82 최재복, 앞의 논문, 60-61쪽의 〈표 2〉 참조.

83 『세종실록』 권26, 6년 10월 25일; 권28, 7년 5월 12일.

84 하종목, 「조선초기 사원경제—국가 및 왕실 관련 사원을 중심으로」, 『大丘史學』 60(2000)에서는 왕실의 불사가 설행된 사찰이나 대장경 및 실록이 보관된 곳 등 국가 및 왕실과 밀접한 관련을 가진 사원을 30개로 추산하였다.

85 송수환, 「朝鮮前期의 寺院田—특히 王室關聯 寺院을 중심으로」, 『韓國史硏究』 79(1992)에서는 원당, 능침사, 수륙사 등 왕실 관련 사찰을 22개로 보았고 여기에는 다수의 수조지가 지급되고 일부에는 사유지, 노비 등이 사급되었다고 한다.

86 『成宗實錄』 권9, 2년 1월 27일; 권96, 9년 9월 29일.

87 金甲周, 「朝鮮時代 寺院田의 性格」, 간행위원회 편, 『伽山李智冠華甲紀念論叢 韓國佛敎文化思想史』 上(서울: 가산불교문화진흥원, 1992).

88 『明宗實錄』 권13, 7년 1월 27일; 권17, 9년 8월 27일. 왕실 재정운영은 內需司에서 담당하였다.

89 한우근, 앞의 책에서는 僧尼 沙汰, 度僧法 정지, 禁僧法 시행과 같이 승려에 대한 인적 철폐에 주안점이 두어졌다고 설명한다. 성종대의 불교정책은 이봉춘, 「朝鮮 成宗朝의 儒敎政治와 排佛政策」, 『佛敎學報』 28(1991) 참조.

90 『성종실록』 권114, 11년 2월 11일.

91 『中宗實錄』 권1, 1년 10월 25일; 권1, 1년 11월 10일. 연산군대의 불교정책은 이봉춘, 「燕山朝의 排佛策과 그 推移의 性格」, 『佛敎學報』 29(1992) 참조.

92 김용태, 앞의 책, 39-41쪽.

93 『태종실록』 권15, 8년 5월 10일. 이에 대해서는 이승준, 「朝鮮初期 度牒制의 運營과 그 推移」, 『湖西史學』 29(2000); 押川信久, 「朝鮮王朝建國當初における僧徒の動員と統制」, 『朝鮮學報』 185(2002), 56-62쪽 참조.

94 『金剛經』, 「般若心經」, 「薩怛陁」이다. 「살달타」는 楞嚴呪로 추정된다.

95 기존 연구에서 도승을 위해 내는 正布 수를 20필로 보는 경우도 많았는데, 양혜원,

「『經國大典』 板本 硏究」, 『奎章閣』 53(2018)에서 『경국대전』의 판본 재검토를 통해 포 30필이었음을 입증하였다.

96 押川信久, 앞의 논문(2009), 89-92쪽에서는 연산군 3년에 매년 10명 정도지만 도첩이 다시 발급되었고 10년의 갑자사화 전해까지 지속되었음을 확인하였다.

| 제2장 | 선과 법통: 청허 휴정의 기풍과 임제법통의 선양

1 權相老, 『朝鮮佛敎略史』(京城: 新文館, 1917); 李能和, 『朝鮮佛敎通史』(京城: 新文館, 1918), 하편의 〈太古懶翁臨濟嫡孫〉, 〈兩宗禪敎宗趣和會〉.

2 金映遂, 『朝鮮佛敎史藁』(京城: 中央佛敎專門學校, 1939).

3 權相老, 『朝鮮佛敎史槪說』(京城: 佛敎時報社, 1939).

4 金煐泰, 『西山大師의 生涯와 思想』(서울: 博英社, 1975); 申法印, 『西山大師의 禪家龜鑑 硏究』(서울: 新紀元社, 1983)를 비롯해, 禹貞相, 「西山大師의 禪敎觀에 대하여」, 『佛敎史學論叢: 趙明基博士華甲紀念』(서울: 동국대 도서관, 1965); 鄭學權, 「韓國李朝佛教の淸虛禪師の禪敎觀」, 『印度學佛教學硏究』 22-2(1974); 宋天恩, 「休靜의 思想」, 『韓國佛敎思想史: 崇山朴吉眞博士華甲紀念』(이리: 圓佛敎思想硏究院, 1975); 禹貞相, 「禪家龜鑑의 刊行流布考」, 『佛敎學報』 14(1977); 申法印, 「休靜의 捨敎入禪觀—禪家龜鑑을 中心으로」, 『韓國佛敎學』 7(1982); 金煐泰, 「休靜의 禪思想과 그 法脈」, 『韓國禪思想硏究』(서울: 동국대 출판부, 1984); 金煐泰, 「朝鮮 禪家의 法統考-西山家統의 究明」, 『佛敎學報』 22(1985); 宗梵, 「臨濟禪風과 西山禪風」, 『中央僧伽大 論文集』 2(1993); 宗眞, 「淸虛 休靜의 禪思想」, 『白蓮佛敎論集』 3(1993) 등 많은 논문들이 있다. 최근에도 김용태, 「청허 휴정과 조선후기 선과 화엄」, 『불교학보』 73(2015); 김호귀, 「청허휴정의 선교관 및 수증관」, 『범한철학』 79-4(2015); 고영섭, 「淸虛休靜의 禪敎 이해」, 『불교학보』 79(2017) 등이 나왔다.

5 金恒培, 「西山門徒의 思想—鞭羊禪師와 逍遙禪師를 중심으로」, 원불교사상연구원 편, 『崇山朴吉眞博士華甲紀念 韓國佛敎思想史』(이리: 원광대 출판국, 1975); 李永子, 「朝鮮中·後期의 禪風—西山五門을 中心으로」, 『韓國禪思想硏究』(서울: 동국대 출판부, 1984); 宗梵, 「朝鮮中·後期의 禪風에 관한 硏究」, 『震山韓基斗博士華甲紀念 韓國宗敎思想의 再照明』(이리: 원광대 출판국, 1993); 李法山, 「朝鮮後期 佛敎의 敎學的 傾向」, 『韓國佛敎史의

再照明』(서울: 佛教時代社, 1994); 崔鍾進, 「朝鮮中期의 禪思想史 硏究: 西山과 그 門徒를 중심으로」, 박사학위논문(익산: 원광대, 2004); 박재현, 「한국불교의 看話禪 전통과 정통성 형성에 관한 연구」, 박사학위논문(서울: 서울대, 2005) 등이 있다.

6 高翊晋, 「碧松智嚴의 新資料와 法統問題」, 『佛教學報』 22(1985).

7 常盤大定, 「朝鮮の義僧西山大師」, 『大崎學報』 2(1912).

8 高橋亨, 『李朝佛教』(大阪: 寶文館, 1929); 忽滑谷快天, 『朝鮮禪教史』(東京: 春秋社, 1930).

9 忽滑谷快天, 『禪家龜鑑講話』(東京: 光融館, 1911).

10 『淸虛堂集』 補遺, 「淸虛堂行狀」(『韓國佛教全書』 7, 735쪽).

11 『三老行蹟』 「碧松堂大師行蹟」(『한국불교전서』 7, 752-754쪽).

12 위의 「벽송당대사행적」(『한국불교전서』 7, 752-754쪽). '觸在他方'은 찾아야 할 本分事는 따로 있다는 뜻이다.

13 高橋亨, 앞의 책, 349쪽에서 「贈曦峻禪德」 재인용.

14 『삼로행적』 「芙蓉堂先師行蹟」(『한국불교전서』 7, 754-755쪽).

15 『삼로행적』 「敬聖堂禪師行蹟」(『한국불교전서』 7, 756-757쪽).

16 『청허당집』 권7, 「上完山盧府尹書」(『한국불교전서』 7, 719-721쪽); 권상로, 앞의 책(1917), 195쪽.

17 『청허당집』 권7에는 李滉과 曺植 등 유학자와 교류한 시와 서간문 등이 수록되어 있다.

18 이때 禪宗判事는 虛應 普雨, 教宗判事는 守眞이었는데 수진의 활동내용은 알려진 바가 없다. 또 선승인 휴정이 선종과 교종의 판사를 겸임한 것에서도 당시 교종이 약화된 상황을 유추해볼 수 있다.

19 『禪家龜鑑』 「跋」(『한국불교전서』 7, 646쪽).

20 『心法要抄』(『한국불교전서』 7, 648-649쪽).

21 「禪教訣」(『한국불교전서』 7, 657-658쪽).

22 『심법요초』 「三乘學人病」(『한국불교전서』 7, 649쪽).

23 인경, 『화엄교학과 간화선의 만남—보조의 『원돈성불론』과 『간화결의론』 연구』(서울: 명상상담연구원, 2006); 최연식, 「知訥 禪思想의 思想史的 검토」, 『東方學志』 144(서울: 延世大 國學硏究院, 2008). 吉津宜英, 『華嚴禪の思想史的硏究』(東京: 大東出版社, 1985)에서는 宗密의 禪教一致를 華嚴禪, 지눌의 禪教兼修는 祖師禪에 가깝다고 하여 각각 교와 선에 비중을 두고 통합을 모색하였다고 평가한다.

24 崔柄憲, 「太古普愚의 佛教史的 位置」, 『韓國文化』 7(1986).

25 『禪家龜鑑』(『한국불교전서』 7, 636쪽).

26 손성필, 「16·17세기 불교정책과 불교계의 동향」, 박사학위 논문 (서울: 동국대, 2013).

27 『霽月堂大師集』 권하, 「霽月堂大師行蹟」(『한국불교전서』 8, 126-127쪽). 이는 당시 정립된 履歷課程의 四集 구성과 정확히 일치한다.

28 「선교결」(『한국불교전서』 7, 657-658쪽).

29 『詠月堂大師集』 「抄出法數遮眼而坐有客非之故因爲此偈」(『한국불교전서』 8, 233-234쪽).

30 『鞭羊堂集』 권2, 「禪教源流尋釖說」(『한국불교전서』 8, 256-257쪽).

31 우정상, 「西山大師의 禪教觀에 대하여」, 『佛教史學論叢: 趙明基博士華甲紀念』(서울: 동국대 도서관, 1965).

32 『大覺登階集』 권2, 「禪教說贈勒上士序」(『한국불교전서』 8, 325쪽).

33 『禪源諸詮集都序』 권상1(『大正藏』 48, 400b).

34 『선원제전집도서』 권상1(『大正藏』 48, 401c).

35 『선가귀감』(『한국불교전서』 7, 634-647쪽; 『卍續藏』 63, 737-746쪽).

36 김영태, 「休靜의 禪思想과 그 法脈」, 『韓國禪思想硏究』(서울: 동국대 출판부, 1984); 종진, 「淸虛 休靜의 禪思想」, 『白蓮佛教論集』 3(1993)에서 『선가귀감』의 인용 전거를 밝혀놓았다.

37 금화도인은 四溟 惟政이 쓴 『선가귀감』 발문에 의하면 휴정의 제자로서 한문본 교정에도 참여하였고, 1572년 新興寺版 『釋迦如來行蹟頌』에 법명이 의천으로 나오고 있다.

38 송일기, 「『禪家龜鑑』 諺解本과 漢文本」, 『書誌學硏究』 5·6(1990)에 의하면, 『선가귀감』 한문본은 1579년 新興寺本, 1590년 楡岾寺本, 1604년 圓寂寺本, 1607년·1618년 松廣寺本, 1612년 普賢寺本, 1633년 龍腹寺本, 1649년 通度寺本, 1701년 鳳巖寺本, 1731년 보현사본 등이 전하고, 언해본은 1569년 보현사 개판 이후 1610년 송광사에서 간행되었다.

39 忽滑谷快天, 『禪家龜鑑講話』(東京: 光融館, 1911).

40 우정상, 「禪家龜鑑의 刊行流布考」, 『朝鮮前期佛教思想硏究』(서울: 동국대 출판부, 1985(1966년 유고집)), 250-252쪽. 이 글은 「禪家龜鑑의 刊行流布考」, 『불교학보』 14(1977)에도 실렸다.

41 김용태, 「우정상 한국불교사 연구의 주춧돌을 놓다」, 『불교평론』 63(2015).

42 오가와 히로카즈, 「일본에서의 『禪家龜鑑』 간행과 그 영향」, 『한국사상사학』 53(2016).

43 오가와 히로카즈, 위의 논문.

44 『禪門寶藏錄』(『한국불교전서』 6, 470쪽).

45 「선교석」(『한국불교전서』 7, 654쪽).

46 忽滑谷快天, 앞의 책, 503-509쪽; 538-544쪽.

47 김성욱, 「삼처전심(三處傳心)에 대한 논의 연구: 기원과 의미를 중심으로」, 『불교학연구』 46(2016), 189-215쪽.

48 『선가귀감』(『한국불교전서』 7, 636쪽). 이는 知訥이 『節要』에서 徑截門을 설명할 때 "知見의 병을 없애는 것에 출신활로가 있음을 알라."고 한 것(『한국불교전서』 4, 741쪽)과 상통한다.

49 우정상, 앞의 논문(1965).

50 신법인, 「休靜의 捨教入禪觀—禪家龜鑑을 중심으로」, 『한국불교학』 7(1982); 김영태, 『한국불교사』(서울: 경서원, 1986), 279-281쪽; 대한불교조계종 교육원 편, 『조계종사—고중세편』 (서울: 조계종출판사, 2004), 331-333쪽.

51 『海鵬集』(『한국불교전서』 12, 241쪽); 『東師列傳』(『한국불교전서』 10, 1040쪽); 『修禪結社文科釋』(『한국불교전서』 10, 546쪽); 『山史畧抄』(『한국불교전서』 10, 680쪽).

52 도봉서원은 1573년(선조 6)에 건립되었는데 창설 경위를 적은 「도봉서원기道峯書院記」는 조광조를 추앙한 李珥가 지었다. 도봉서원은 이후 조선후기의 최대 정파인 老論의 영수 宋時烈이 配享되어 함께 모셔졌을 정도로 높은 위상을 가졌는데, 1871년 서원 철폐령으로 철거되었다.

53 새로 발견된 비의 원문과 번역문은 최연식, 「고려초 道峯山 寧國寺 慧炬의 행적과 사상 경향」, 『한국중세사연구』 54(2018), 180-183쪽의 판독문과 해석문 참조.

54 최연식, 「均如 華嚴思想研究: 教判論을 중심으로」, 박사학위논문(서울: 서울대, 1998), 54쪽의 각주 72에서는 「葛陽寺惠居國師碑」가 고려 초가 아닌 후대에 만들어진 것으로 내용에 문제가 많음을 지적하였다.

55 『景德傳燈錄』 권25, 行思禪師 제9세(『大正藏』 52, 414b-c)에도 고려 도봉산 혜거국사가 법안 문익의 문하에서 배운 후 귀국하였다고 기록하고 있다.

56 최연식, 앞의 논문(2018), 177-209쪽.

57 『世宗實錄』 권121, 30년 7월 21일; 『세종실록』 권124, 31년 4월 21일; 『世祖實錄』 권9, 3년 9월 23일.

58 이경미, 「터와 건축부재로 이어진 영국사와 도봉서원의 배치」, 『도봉서원 발굴조사 성과와 의의』(서울: 불교문화재연구소 주관 학술대회 자료집, 2019.2.27.), 44-48쪽.

59 『新增東國輿地勝覽』 권11, 京畿 楊州牧.

60 『淸虛堂集』 「淸虛堂集序」(『한국불교전서』 7, 659-660쪽).

61 『四溟堂大師集』 권7, 「四溟松雲大師石藏碑銘」(『한국불교전서』 8, 75-77쪽).

62 최병헌, 「東洋佛敎史上의 韓國佛敎」, 『韓國史市民講座』 4(서울: 일조각, 1989), 31-35쪽.

63 손성필, 「16·17세기 불교정책과 불교계의 동향」, 박사학위논문(서울: 동국대, 2013)에서는 16세기 후반에서 17세기 전반에 문집·족보 등 서적 간행 및 墓碑의 증가가 '文士的 兩班'인 士族이 사회 지도층으로 부상하면서 나온 현상으로, 불교계도 문파의 결속을 토대로 문사적 승려를 지향함으로써 사회적 위상을 높이려 했다고 보았다.

64 최병헌, 「太古普愚의 佛敎史的 位置」, 『韓國文化』 7(1986), 97-132쪽.

65 『청허당집』 「청허당집서」(『한국불교전서』 7, 658-659쪽). 이 밖에 李廷龜의 「西山碑文」, 張維의 「淸虛碑文」 등에서도 태고 보우를 통해 전수된 임제법통을 전면에 내세웠다.

66 한명기, 「明淸交替 시기 朝中關係의 추이」, 『東洋史學研究』 140(2017), 43-85쪽.

67 Kim Yongtae, "Changes in Seventeenth-Century Korean Buddhism and the Establishment of the Buddhist Tradition in the Late Chosŏn Dynasty", *ACTA KOREANA* 16-2(2013).

68 지두환, 「朝鮮前期 文廟從祀 論議」, 『朝鮮時代思想史의 再照明』(서울: 역사문화, 1998), 115-193쪽. 유교의 도통론은 명분에 입각한 절의를 중시한 것으로 도통은 고려 말의 鄭夢周에서 시작하여 16세기 전반의 趙光祖로 이어진다. 문묘에 종사된 5현은 절의와 함께 학문에도 뛰어난 金宏弼, 鄭汝昌, 趙光祖, 李彦迪, 李滉이었다.

69 『三老行蹟』 「碧松堂大師行蹟」(『한국불교전서』 7, 753쪽).

70 법통설의 내용에 대한 구체적 분석은 김용태, 앞의 책(2010), 171-186쪽 참조.

71 『奇巖集』 권3, 「金剛山白華寺立碑跋記」(『한국불교전서』 8, 178쪽).

72 서울대 奎章閣 소장 『心法要抄』 끝에 기록된 글(『한국불교전서』 7, 654쪽); 『四溟堂

大師集』「四溟堂松雲大師行蹟」(『한국불교전서』 8, 73-75쪽) 참조.

73 1764년에 편찬된 『海東佛祖源流』(『한국불교전서』 10, 129-134쪽)에는 태고 보우의 임제법통을 기준으로 18세기 중반까지의 법맥 계보가 수록되어 있다. 다만 이 책에서도 '散聖' 항목을 별도로 두어 보조 지눌을 기재하였고 나옹 혜근과 그 문도들의 명단을 적어놓아, 허균 법통설의 자취가 남아 있음을 볼 수 있다.

74 이태진, 「16세기 士林의 歷史的 性格」, 『大東文化研究』 13(1979), 108쪽.

75 李能和, 『朝鮮佛教通史』(京城: 新文館, 1918), 하편 500-501; 946쪽.

76 權相老, 『朝鮮佛教略史』(京城: 新文館, 1917), 266-267쪽. 고려 말의 선승들은 대개 조계종 소속이었고 고려에서 임제종은 종파로서 존재하지 않았다.

77 金映遂, 『朝鮮佛教史藁』(京城: 中央佛教專門學校, 1939), 106-122쪽. 1910-20년대 태고 보우에 대한 인식은 김광식, 「근대불교와 중흥사: 태고의 근대적 계승의식」, 『새불교운동의 전개』(서울: 도피안사, 2002) 참조.

78 김용태, 「錦溟寶鼎의 浮休系 정통론과 曹溪宗 제창」, 『韓國文化』 37(2006). 부휴계도 법통에 있어서는 청허계와 마찬가지로 임제태고법통을 수용하였다.

79 『曹溪高僧傳』「曹溪高僧傳序」(『한국불교전서』 12, 381쪽).

80 『念佛要門科解』(『한국불교전서』 12, 426-427쪽).

81 『茶松文稿』 권1, 「宗師契案序」(『한국불교전서』 12, 690-691쪽).

82 김용태, 앞의 논문(2006) 참조.

83 金映遂, 「朝鮮佛教宗名에 對하여」(《每日新報》 1922. 4. 1.).

84 退耕(權相老), 「曹溪宗—朝鮮에서 自立한 宗派의 其四」, 『佛教』 58(1929).

85 方漢岩, 「海東初祖에 對하야」, 『佛教』 70(1930). 방한암은 지눌의 『修心訣』을 읽고 깨달음을 얻었다고 한다. 방한암의 종조론에 대해서는 김광식, 「한암의 종조관과 도의국사」, 『한국 현대선의 지성사 탐구』(서울: 도피안사, 2010) 참조.

86 김광식, 「조선불교조계종의 성립과 역사적 의의」, 『새불교운동의 전개』(서울: 도피안사, 2002), 86-88쪽; 김광식, 「일제하 佛教界의 總本山 建立運動과 曹溪宗」, 앞의 책, 431쪽.

87 「華嚴講主錦溟堂大宗師碑」(智冠 편, 『韓國高僧碑文總集: 朝鮮朝·近現代』(서울: 伽山佛教文化研究院, 2000), 872-875쪽).

88 權相老, 「古祖派의 新發見」, 『佛教』 新31(1941); 「曹溪宗旨」, 『佛教』 新49(1943)에서

도 道義 종조론을 내세웠다. 송광사 출신 林錫珍은 梵日 종조설을 내세워 지눌이 속한 사굴산문의 정통성을 강조하였다(「普照國師硏究」, 『佛敎』 101-103(1932-1933)).

89 李載丙(이재열), 『朝鮮佛敎史之硏究(第一)』(서울: 東溪文化硏揚社, 1946). 서문에서는 원래 『曹溪宗源流及傳燈史之根本的硏究』, 『曹溪宗傳燈譜竝開宗敎旨』의 두 책이었는데 1942년 출판허가가 취소당하자 해방 후 두 책을 합쳐서 개편하였고 3회 중앙교무회의에 의견을 개진하기 위해 출간함을 밝히고 있다.

90 李鍾益, 『大韓佛敎曹溪宗中興論—民族精神文化復興論』(서울: 寶蓮閣, 1976), 134쪽에서는 1962년 曹溪宗憲은 張龍瑞가 기초한 원안에 의거한 것으로 도의 종조, 태고 종흥조 설은 허구임을 비판하였다. 이 밖에도 『曹溪宗史』, 『普照國師의 硏究』에서도 비슷한 주장을 하였다.

91 「宗名統一과 敎政統一」, 『佛敎時報』 29(1937. 12. 1); 「總本山의 實現과 宗名統一」, 『佛敎時報』 59(1940. 6. 12.).

92 김영태, 「近代佛敎의 宗統 宗脉」, 『近代韓國佛敎史論』(서울: 民族社, 1988), 207-208쪽. 여기에는 총26장 106조의 「朝鮮佛敎敎憲」 가운데 명칭, 교지, 전등 부분이 소개되어 있다.

93 김상영, 「'정화운동' 시대의 宗祖 갈등문제와 그 역사적 의의」, 『불교정화운동의 재조명』(서울: 조계종출판사, 2008), 168-171쪽.

94 曼庵大宗師文集刊行會, 『曼庵文集』(장성: 白羊寺 古佛叢林, 1997), 「太古門孫保宗會趣旨」; 「宗團回復 遲速에 대하여」, 256·243쪽.

95 『만암문집』, 211·343쪽.

96 『만암문집』 「대한불교 문제에 대한 제언」(1956. 2. 15.), 234-237쪽.

97 『만암문집』 「총무원 法座에 보낸 편지」, 209쪽.

98 『만암문집』 「白羊叢林清規」, 187-188쪽.

99 김상영, 앞의 논문(2008), 178-184쪽 참조. 김광식, 「한암의 종조관과 도의국사」, 『한국 현대선의 지성사 탐구』(안성: 도피안사, 2010), 558쪽에서는 1954년에 도의가 종조로 세워졌음을 밝혔고 「도의국사의 종조론 시말」, 『도의국사 연구』(서울: 인북스, 2010)에서 구체적 입증을 하였다.

100 敎育院佛學硏究所, 『曹溪宗史 近現代篇』(서울: 曹溪宗敎育院, 2001), 223-224쪽의 大韓佛敎曹溪宗 〈宗憲〉 중 第1章 宗名 및 宗旨.

101 李鍾益, 『大韓佛教曹溪宗中興論—民族精神文化復興論』(서울: 寶蓮閣, 1976), 11쪽에서는 이 曹溪宗憲에 대해 도의 종조, 태고 중흥조는 허구라고 비난하였다.

| 제3장 | 교와 강학: 이력과정 불서와 화엄의 전성시대

1 Kim Yongtae, "Changes in Seventeenth-Century Korean Buddhism and the Establishment of the Buddhist Tradition in the Late Chosŏn Dynasty", *ACTA KOREANA* 16-2(2013), 537-563.

2 『詠月堂大師文集』「四集四教傳燈拈頌華嚴」(『한국불교전서』 8, 234-235쪽).

3 『禪源諸詮集都序』 권상1(『大正藏』 48, 401c).

4 인경, 『화엄교학과 간화선의 만남—보조의 『원돈성불론』과 『간화결의론』 연구』(서울: 명상상담연구원, 2006), 15-25쪽.

5 木村清孝, 『中國華嚴思想史』(京都: 平樂寺書店, 1992), 277-281쪽. 曹洞宗 계통의 『從容錄』 100則 중 經說을 주제로 한 5칙에는 『금강경』, 『능엄경』, 『원각경』이 들어 있고 『화엄경』도 다루고 있어 이 경전들이 선종에서도 중시되었음을 볼 수 있다.

6 남희숙, 「조선후기 佛書간행 연구—眞言集과 佛教儀式集을 중심으로」, 박사학위논문(서울: 서울대, 2004).

7 김용태, 「조선후기 불교문헌의 가치와 선과 교의 이중주—『선가귀감』과 『기신론소필삭기회편』을 중심으로」, 『韓國思想史學』 58(2018), 160-167쪽.

8 『전등록』의 편찬자 道源은 法眼宗 승려였다. 이 책에는 신라와 고려의 선승 30여 명의 이름도 기재되어 있다.

9 『鞭羊堂集』 권2, 「禪教源流尋劒說」(『한국불교전서』 8, 256-257쪽); 「金剛山鞭羊堂大師碑銘」(『한국고승비문총집』, 196-197쪽).

10 『편양당집』 권2, 「經板後跋」(『한국불교전서』 8, 255쪽).

11 손성필·전효진, 「16·17세기 '사집(四集)' 불서의 판본 계통과 불교계 재편」, 『한국사상사학』 58(2018), 229-282쪽.

12 『영월당대사문집』 「詠月大師原始要終行狀」(『한국불교전서』 8, 235-236쪽).

13 『영월당대사문집』 「曹溪山妙寂庵重創記」; 「抄出法數遮眼而坐有客非之故因爲此偈」

(『한국불교전서』 8, 227-228쪽; 233-234쪽).

14 김용태, 「청허 휴정과 조선후기 선과 화엄」, 『佛教學報』 73(2015), 63-90쪽.

15 『禪家龜鑑』(『한국불교전서』 7, 636쪽).

16 『선가귀감』 「跋」(『한국불교전서』 7, 646쪽); 『心法要抄』(『한국불교전서』 7, 648-649쪽).

17 『三老行蹟』 「碧松堂大師行蹟」(『한국불교전서』 7, 752-754쪽).

18 高橋亨, 『李朝佛教』(大阪:寶文館, 1929), 349쪽에서 「贈曦峻禪德」 재인용.

19 강호선, 「조선전기 蒙山和尙 『六道普說』 간행의 배경과 의미」, 『東國史學』 56(2014), 93-129쪽.

20 『霽月堂大師集』 권하, 「霽月堂大師行蹟」(『한국불교전서』 8, 126-127쪽).

21 「普賢寺楓潭大師碑銘」(『한국고승비문총집』, 218-219쪽).

22 『淸虛堂集』 권7, 「上完山盧府尹書」(『한국불교전서』 7, 719-721쪽).

23 金映遂, 『朝鮮佛教史藁』(京城: 中央佛教專門學校, 1939), 142쪽.

24 『十地經論』은 인도의 唯識 논사 世親이 짓고 菩提流支와 勒那摩提가 한역한 책으로 보살의 10단계 수행 계위를 설한 것이다.

25 양혜원, 「15세기 僧科 연구」, 『韓國思想史學』 62(2019), 59-88쪽.

26 손성필, 「조선 중종대 불교정책의 전개와 성격」, 『韓國思想史學』 44(2013), 39-81쪽.

27 한영우, 「16세기 士林의 역사서술과 역사인식」, 『東洋學』 10(1980), 171-172쪽에서는 『擊蒙要訣』과 『聖學輯要』의 窮理章을 전거로 들었다. 김항수, 「16세기 士林의 性理學 이해—서적의 간행·편찬을 중심으로」, 『韓國史論』 7(1981), 174-177쪽에 의하면 『소학』에 이어 『근사록』, 『주자대전』이 성리학 이해의 주요 토대가 되었다.

28 『栗谷先生全書』 권27, 『擊蒙要訣』 「讀書章」 제4.

29 앞의 「사집사교전등염송화엄」(『한국불교전서』 8, 234-235쪽).

30 이병도, 『두계이병도전집 9 조선시대의 유학과 문화』(파주: 한국학술정보, 2012), 168-177쪽의 제1편 1. 율곡의 생애와 사상, 2. 이율곡 '入山'의 동기에 대하여 참조.

31 『月波集』 「月波平生行跡」(『한국불교전서』 9, 675-676쪽).

32 『林下錄』 「自譜行業」(『한국불교전서』 10, 283-286쪽).

33 손성필, 「16·17세기 불교정책과 불교계의 동향」, 박사학위논문(서울: 동국대, 2013), 117-121쪽. <표 2> 조선시대 불교전적의 세기별 간행 추이 참조. 한편 18세기에는 169종, 19세기는 55종으로 다시 줄어드는 경향을 보인다.

34 손성필, 위의 논문(2013), 123-129쪽. 16세기 불서의 간행 경향은 140-162쪽 참조.

35 黑田亮, 『朝鮮舊書考』(東京: 岩波書店, 1940), 43-67쪽의 〈刊記附刻朝鮮佛典目錄〉을 중심으로 작성하였으며 일부를 추가, 보완하였다. 손성필, 위의 논문의 〈표 8〉과 〈표 17〉에서는 최근까지의 연구 결과를 반영하여 16세기와 17세기의 간행 불서에 대한 서책별 간행 횟수를 집계해놓았다.

36 앞의 「사집사교전등염송화엄」(『한국불교전서』 8, 234-235쪽). 『영월당대사집』은 1656년 金華山 澄光寺의 留刊本이 전해지는데 청학이 1654년에 입적하였으므로 이 글은 17세기 전반에 작성된 것으로 보인다.

37 손성필, 앞의 논문(2013), 159쪽.

38 『東師列傳』 권5, 「優曇講伯傳」(『한국불교전서』 10, 1058쪽). 사미과에는 『誡初心學人門』, 『般若心經』, 『禮懺』, 『自警文』, 『緇門警訓』 등이 포함된다.

39 『月峯集』 「示龜巖堂印大師禪教摠訣」(『한국불교전서』 9, 25-27쪽).

40 『月波集』 「月波平生行跡」(『한국불교전서』 9, 675-676쪽).

41 『林下錄』 附錄 「自譜行業」(『한국불교전서』 10, 283-286쪽).

42 남희숙, 「조선후기 佛書간행 연구—眞言集과 佛教儀式集을 중심으로」, 박사학위논문(서울: 서울대, 2004). 이 책은 奎章閣 서적 정리사업의 일환으로 전국의 官衙, 書院, 寺刹, 私家에서 간행 판본을 조사한 목록집이다.

43 최연식, 「朝鮮後期 『釋氏源流』의 수용과 佛教界에 미친 영향」, 『普照思想』 11(1998) 참조.

44 乙亥字 금속활자본 『釋迦如來成道記註』가 단양 救仁寺와 부산 仙光寺에 소장되어 있어 이 책이 조선전기에 간행된 사실을 알 수 있다. 『석가여래행적송』도 앞서 1571년(두류산 金華道人 義天), 1572년(지리산 신흥사, 義天 교정)에 간행되었다.

45 이종수, 「숙종 7년 중국선박의 표착과 백암성총의 불서간행」, 『불교학연구』 21(2008) 참조.

46 이종수, 「용흥사의 역사와 소장 불교전적의 학술적 가치」, 『불교기록문화유산의 보존과 활용—용흥사 소장 자료의 조사·연구 사례를 중심으로』(서울: 동국대 불교학술원, 불교기록문화유산아카이브구축사업 학술대회 자료집, 2012), 29-31쪽에 의하면 담양 龍興寺에 85권에 달하는 가흥장 판본이 소장되어 있는데 이는 해남 大芚寺 전래본이다. 한편 안동 鳳停寺에도 다수의 가흥장 번각이 있는데 이는 부휴계 桂坡 性能의 주관하에 이루어진 것으로 보인다.

47 『栢庵集』 권하, 「與九峰普賢寺僧」(『한국불교전서』 8, 474쪽).

48 『眞心直說』 「刊修心訣眞心直說跋」(『한국불교전서』 4, 723쪽).

49 이종수, 앞의 논문(2008), 276-277쪽의 <표 1> 참조.

50 이종수, 「조선후기 가흥대장경의 복각」, 『書誌學硏究』 56(2013), 340-342쪽.

51 김용태, 『조선후기 불교사 연구: 임제법통과 교학전통』(성남: 신구문화사, 2010), 250-251쪽의 <표 6> 재인용.

52 『禪文手鏡』 「義理禪格外禪辨」(『한국불교전서』 10, 519쪽).

53 『禪門四辨漫語』 「二禪來義」; 「格外義理辨」(『한국불교전서』 10, 826-828쪽).

54 『禪門證正錄』; 『禪源溯流』; 『禪門再正錄』(『한국불교전서』 10 수록).

55 필사본 『書狀私記』(서울: 국립중앙도서관, 위창古1799-3).

56 삼현회는 水落山 興國寺의 應喆, 三角山 彌陀庵의 廓溟 永有, 안성 靑龍寺 內院庵의 大淵 雲鶴, 순천 仙岩寺의 小察 등이 기재되어 있고 원각회에는 삼각산 華溪寺의 在洪, 八公山 桐華寺의 太性, 반야회에는 동래 梵魚寺의 体訓, 능엄회에는 天摩山의 善文, 팔공산 銀海寺의 性律 등이다.

57 본서에는 대혜 종고의 약력이 기술되었고 『서장』의 해당 장수와 내용을 들면서 『선문염송』을 비롯한 인용 서적의 권수, 장수를 적시하여 설명하였으며 말미에는 「書狀語錄會開章」이 부기되었다. 또한 본서의 특징은 한자로 구결을 달고 한글로 뜻이나 음을 설명하며 토를 달고 있어 주목된다.

58 『술몽쇄언』은 국립중앙도서관(古3649-67, 古朝17-79)과 서울대 규장각(古1709-3, 奎12362) 등에 소장되어 있으며 『한국불교전서』 10에 수록되어 있다. 저자의 제자 劉雲이 1884년에 쓴 발문에서는 眞妄을 분별하고 因果를 드러내며 名相을 씻고 生死를 구제하여 바로 頓悟를 이루고 無夢의 단계에 나아가게 하는 것이 본서의 서술목적임을 밝혔다.

59 김용태, 「동아시아 근대 불교연구의 특성과 오리엔탈리즘의 투영」, 『歷史學報』 210(2011).

60 李廷燮, 「國立中央圖書館 所藏 中國古書의 整理現況」, 『民族文化論叢』 16(1996).

61 규장각 소장 『명승집설』(서울: 서울대 규장각, 奎 11675)은 梵魚寺 七星稧의 成潤與가 간행하였다. 『상법멸의경』의 성립과 내용에 대해서는 남동신, 「朝鮮後期 불교계 동향과 《像法滅義經》의 성립」, 『韓國史硏究』 113(2001) 참조.

62 『법해보벌』은 국립중앙도서관 소장본(한古朝21-13)과 동국대 소장본(고서 219.7 영16ㅂ) 등이 있다. 靈觀 편으로 되어 있는 동국대 소장 이본 『법해보벌』(고서 219.7 법92)은 臨濟三句圖說, 臨濟三句頌, 維摩經方便品疏中抄出, 義理格外辨, 法華經二十八品, 眞心直說, 修禪結社文, 三門直指, 國魂請으로 구성되어 서명은 같지만 내용은 판이하다.

63 『진심직설』이 지눌의 진찬이 아님은 최연식, 「『眞心直說』의 著者에 대한 새로운 이해」, 『震檀學報』 94(2002)에서 일차적으로 밝혀졌고 손성필, 「『진심직설(眞心直說)』의 판본 계통과 보조지눌(普照知訥) 찬술설의 출현 배경」, 『韓國思想史學』 38(2011)에 의해 구체적인 문헌학적 검토가 이루어졌다. 『진심직설』은 18세기 후반에 가흥장 판본을 모사한 필사본 형태로 使行을 통해 조선에 들어왔고 李忠翊(1744-1816)이 소장하던 것을 1799년 송광사에서 지눌의 저술로서 『修心訣』과 합부하여 간행하였다.

64 국립중앙도서관 소장 『박산무이대사어록』(서울: 국립중앙도서관, 위창古1798-14). 담양 용흥사에는 1681년에 들어온 가흥장(속장 202) 『박산무이대사어록집요』 판본이 전한다.

65 상권은 1907년 雲門寺, 하권은 1908년 梵魚寺에서 간행되었다. 국립중앙도서관 소장 『선문촬요』(서울: 국립중앙도서관, 위창古179-1) 참조.

66 『心法要抄』 「佛說三句」(『한국불교전서』 7, 652쪽).

67 『四溟堂大師集』 권6, 「華嚴經跋」(『한국불교전서』 8, 62쪽). 詠月 淸學의 『詠月堂大師集』에도 「重刊華嚴經讚疏」(『한국불교전서』 8, 229-230쪽)가 있다.

68 『鞭羊堂集』 권2, 「蓬萊山雲水庵鍾峰影堂記」(『한국불교전서』 8, 253-254쪽).

69 「普賢寺楓潭大師碑銘」(『한국고승비문총집』, 218-219쪽).

70 「普賢寺月渚堂碑銘」(『한국고승비문총집』, 314-315쪽). 澄觀의 『華嚴疏鈔』가 栢庵性聰에 의해 간행, 유통된 이후의 일로 보인다.

71 「法住寺孤閑大師碑銘」(『한국고승비문총집』, 132쪽).

72 高橋亨, 『李朝佛教』(大阪: 寶文館, 1929), 690-692쪽에서 水觀居士 李忠翊의 「維摩經序」와 東平尉 申翊聖의 『閑居漫錄』 내용 재인용.

73 「松廣寺栢庵大禪師碑銘」(『한국고승비문총집』, 298-302쪽)의 「陰記」; 『天鏡集』 권중, 「重刻金剛經疏記序」(『한국불교전서』 9, 619-620쪽). 17세기 말에 편양파 주류가 북방에서 澄光寺 등 남방으로 내려와 교화를 펼치기 시작하는데 성총에 의한 책의

간행, 유통과도 관련이 있을 가능성이 크다.

74 『栢庵集』 권하, 「與九峰普賢寺僧」(『한국불교전서』 8, 474쪽).

75 中華電子佛典協會(CBETA)의 「歷代漢文大藏經概述」(李圓淨, 民國 37년, 『南行』 第六期, 上海 南行學社) 참조.

76 奉先寺 楞嚴學林, 『華嚴經清凉疏鈔十地品三家本私記-遺忘記』(서울: 曹溪宗教育院, 2002), 3-5쪽의 「大敎私記序」에서 「華嚴經疏鈔釐合凡例」 재인용.

77 『華嚴疏鈔玄談』 권1, 刊記; 葉棋胤, 「疏鈔後序」. 日字에서 官字까지 본문은 총 70책이며 「別行疏普賢行願品」(人字)과 「凡例」(皇字), 「經疏鈔音釋」을 더해 80책이 되었다. 조선후기 화엄 私記도 이에 준하여 字號로 卷數를 표시하였는데 玄談은 天에서 黃까지 4字 8권이었다.

78 『卍續藏經』 8-11책에도 昭慶寺板 계열의 『華嚴疏鈔』가 수록되었다.

79 이종수, 앞의 논문(2008).

80 「松廣寺栢庵堂性聰大禪師碑銘」(『한국고승비문총집』, 299쪽).

81 「新刻華嚴疏鈔後跋」(奉恩寺板 『華嚴經』 卷80(78册 官字號)).

82 『栢庵集』 권하, 「與九峰普賢寺僧」(『한국불교전서』 8, 474쪽).

83 佛典國譯硏究院, 『譯註 華嚴經懸談』 1(김포: 中央僧伽大出版部, 1998), 241쪽의 「華嚴經疏鈔第七合錄後跋」. 洪字號는 梵魚寺에서 따로 판각하여 원래 판본이 있던 澄光寺로 옮겨졌다.

84 앞의 「대교사기서」.

85 앞의 『역주 화엄경현담』 1, 235쪽에서 15세기 전반 姜碩德의 「華嚴經跋文」 재인용, 하지만 金時習의 『華嚴釋題』에 澄觀의 『華嚴經疏』와 『貞元華嚴經疏』가 인용되어 있고 1564년 歸進寺에서 판각한 『華嚴疏鈔』 일부가 전해지고 있으며 海印寺에도 북송대 晋水 淨源이 교정, 합본한 『錄疏注經』 판목이 있는 점(『東方學志』 11, 「海印寺刊樓板目錄」의 no.59 『華嚴經疏』) 등에서 疏鈔가 널리 유통되지는 않았지만 전해지고 있었음은 분명하다.

86 「海東新刻清凉華嚴疏鈔後序」(앞의 『역주 화엄경현담』 1, 240쪽에서 재인용); 「新刻華嚴疏鈔後跋」; 앞의 「대교사기서」. 성총은 澄觀의 疏鈔가 華嚴의 哲理를 밝힌 것인데 특히 『演義鈔』가 일실되어 안타까움이 컸다고 하였고 제자인 명안도 고려의 義天이 신라, 고려에서 유행하던 소초를 晋水 淨源에게 보낸 일도 있지만 성총 당시에는

『연의초』를 구할 수 없었다고 토로하였다.

87 『華嚴玄談會玄記』(서울: 국립중앙도서관, 한古朝21-461)는 1695년 쌍계사에서 간행된 목판본이다. 『회현기』는 징관의 『演義抄』 90권 중 앞 9권의 전체 개요를 밝힌 玄談에 대한 주석서로서 저자인 普瑞는 중국 雲南 출신으로 호는 妙觀이며 13세기에 활동한 선승이자 화엄학자였다.

88 「松廣寺栢庵堂性聰大禪師碑銘」의 「陰記」(『한국고승비문총집』, 299쪽).

89 『黙庵集』 권후, 「勸善疏三栢庵碑石勸疏」(『한국불교전서』 10, 18-19쪽).

90 高橋亨, 앞의 책, 758-760쪽.

91 忽滑谷快天, 『朝鮮禪教史』(東京: 春秋社, 1930), 416-417쪽.

92 『天鏡集』 「次呈晦庵和尙」; 「刊都序法集科解序」(『한국불교전서』 9, 611쪽; 620-621쪽).

93 『無用堂遺稿』 「無用堂大禪師行狀」(『한국불교전서』 9, 365-366쪽).

94 高橋亨, 앞의 책, 710-713쪽; 『百愚隨筆』 「四教行位圖」(『한국불교전서』 9, 162-174쪽). 여기서 四教는 천태교학의 '化法' 4교(藏教, 通教, 別教, 圓教)에 의거한 것이다.

95 『茶松文稿』 권2, 「黙庵禪師立石祭文」(『한국불교전서』 12, 757쪽).

96 『다송문고』 권1, 「宗師契案序」(『한국불교전서』 12, 690-691쪽).

97 「松廣寺幻海堂法璘大禪師碑銘」(『한국고승비문총집』, 642-644쪽); 『다송문고』 권2, 「幻海和尙立石祭文」(『한국불교전서』 12, 747쪽).

98 『다송문고』 권1, 「浩鵬堂學契序」(『한국불교전서』 12, 690쪽).

99 「普賢寺月渚堂碑銘」(『한국고승비문총집』, 314-315쪽).

100 『月渚堂大師集』 권하, 「印華嚴經法華經跋」(『한국불교전서』 9, 119-120쪽).

101 위의 「인화엄경법화경발」.

102 앞의 「보현사월저당비명」.

103 「鳳巖寺霜峯淨源大師碑銘」(『한국고승비문총집』, 282-283쪽).

104 忽滑谷快天, 앞의 책, 442쪽에서 「孔雀山水墮寺事蹟」 재인용.

105 虎巖體淨 문하에서는 雪坡尙彦과 蓮潭有一이 배출되어 편양파 화엄교학의 본류가 되었고 涵月海源은 스승 喚性志安의 행장을 쓰고 책을 간행하는 등 계승의식을 표출하였다.

106 忽滑谷快天, 앞의 책, 456-457쪽에 의하면 霜月璽篈의 華嚴講會에 참가한 會衆의 명

단을 기록한 『海珠錄』 1권이 仙岩寺에 소장되어 있다고 한다. 『海珠錄』은 『朝鮮佛教叢報』 15(1919)에 수록되어 있는데, 「序文」은 편양파 蓮潭有一과 부휴계 黙庵最訥이 썼으며 새봉의 제자 龍潭慥冠을 비롯한 1,200여 명의 명단이 기재되어 있다.

107 奉先寺 楞嚴學林, 『華嚴清凉疏鈔十地品三家本私記—雜華記·雜貨腐』(서울: 曹溪宗教育院, 2002), 445쪽의 「雜貨腐十地經私記後跋」. 이 글은 설파 상언에게 수학한 승려가 쓴 것으로 보인다.

108 강현찬, 「조선 후기 『화엄경소초』의 판각과 「영징이본대교(靈澄二本對校)」본의 의의」, 『한국사상사학』 53(2016).

109 「禪雲寺雪坡大師碑銘」(『한국고승비문총집』, 518-519쪽); 李能和, 『朝鮮佛教通史』(京城: 新文館, 1918), 상편 604-605쪽의 「靈龜山雪竇大師行狀」.

110 『林下錄』 권4, 「雪坡和尙傳」(『한국불교전서』 10, 271쪽).

111 『임하록』 권3, 「萬淵寺兩國師影子重修記」(『한국불교전서』 10, 259쪽)는 知訥과 제자 慧諶에 관한 글이며 권3, 「重刊華嚴經序」; 「題自述序要二記後」에도 澄觀, 宗密과 함께 지눌이 언급되고 있다.

112 東國大 소장 필사본 『華嚴遺忘記』(동국대 D213.415 화63.5)는 「玄談」은 물론 「十地品」까지 포함되어 있으며 서두에 필사자 枕月의 이름이 나온다. 각 권 말미에는 1835년이나 1836년, '曹溪普照蘭若 枕溟師主會中'이 기재되어 있고 또 '求禮泰安寺 枕溟師主'라고 적혀 있다(奉先寺 楞嚴學林, 『華嚴清凉疏鈔懸談記—遺忘記(天字卷-荒字卷)』(서울: 동국역경원, 2004)의 「刊行序」). 枕溟翰醒은 부휴계 黙庵最訥의 문손으로서 유일의 私記가 계파를 막론하고 湖南 일대에서 강학 교재로 이용되었음을 알 수 있다. 한편 담양 龍華寺에 『遺忘記』, 『蓮老記』, 『懸談記』가 소장되어 왔는데 모두 유일 계통의 華嚴 私記이지만 내용은 각각 다르다. 또 奉先寺 月雲 소장본 『鉢柄』도 표지는 '遺忘記'이지만 계통이 다른 것으로 보인다. 私記類는 필사본이며 여러 곳에 전해지고 있어 구체적 내용과 계통을 파악하기 쉽지 않은데, 그 影印과 판독이야말로 조선후기 교학에 대한 이해를 심화시키는 필수 전제이다.

113 상언의 華嚴 私記는 雜貨腐, 유일 계통의 사기는 遺忘記, 의첨에서 비롯된 것은 雜貨記로 칭해진다. 상언의 『華嚴隱科』가 섭기윤본 『疏鈔』를 기준으로 한 것이어서 이후의 사기는 모두 千字文 字號 순으로 편철되어 있다(앞의 『십지품삼가본사기—유망기』(2002)의 「일러두기」).

114 金映遂, 『朝鮮佛教史藁』(京城: 中央佛教專門學校, 1939), 164쪽에서는 두 사람의 私記가 湖南과 嶺南의 講學에서 각각 전승되었는데 『華嚴經』은 蓮潭記가 상세하고 四教科는 仁嶽記가 좋다는 평가를 인용하였다. 또 이들은 禪의 『拈頌』에 대해 주석하지 않았기에 白坡亘璇이 『拈頌記』를 지었다고 한다. 權相老, 『朝鮮佛教略史』(京城: 新文館, 1917), 228쪽에서는 이들에 대해 '法幢이 對峙하고 講鐘이 相和하니 教門이 蔚興하다.'는 평가를 하고 있다. 연담과 인악의 화엄 사기에 대해 검토하고 주요 부분의 역주를 단 이선화, 「조선후기 華嚴 私記의 연구와 「往復序」 회편 역주」, 박사학위논문(서울: 동국대, 2017)이 나와 주목된다.

115 앞의 「대교사기서」.

116 『希菴先生集』 「海南大芚寺事蹟碑」(『韓國文集叢刊』 182, 437쪽).

117 韓國學文獻硏究所, 『大芚寺志』(서울: 亞細亞文化社, 1983), 23-24쪽.

118 大芚寺는 각 건물(寮)마다 方丈室을 별도로 두어 講師를 머물게 하였고 항상 '持經修課'하는 教學僧이 머물렀다. 또 이름난 宗匠이 있으면 초빙하여 學人들을 가르치게 하였다(『대둔사지』 55-56쪽의 「講會錄序」).

119 『演義鈔』 권16(『大正藏』, 123b).

120 이수미, 「기신론소」, 『테마 한국불교』 4(서울: 동국대 출판부, 2016), 36-40쪽에서 저자와 성립에 대한 기존 연구사를 정리해놓았다.

121 김천학, 「종밀에 미친 원효의 사상적 영향: 『대승기신론소』를 중심으로」, 『불교학보』 70(2015).

122 이수미, 앞의 글, 40-42쪽.

123 『新編諸宗教藏總錄』 권3, 『대승기신론』 기재 부분(『한국불교전서』 4, 692쪽).

124 고려 각판인 해인사 사간본 『筆削記』(보물 제734-18호) 3판도 전하고 있다.

125 장서각본에는 1457년 판각 때의 세조 어제 발문과 1528년의 개판기록이 있다. 규장각에도 이와 동일한 1528년 개판본이 있으며 국립중앙도서관에는 17세기 판본 3종이 소장되어 있다.

126 이종수, 앞의 논문(2008).

127 「栢庵大禪師碑銘」(『한국고승비문총집』, 298-302쪽); 『栢庵集』 권하, 「與九峰普賢寺僧」(『한국불교전서』 8, 474쪽); 『天鏡集』 권중, 「重刻金剛經疏記序」(『한국불교전서』 9, 619-620쪽).

128 『한국불교전서』 9, 654-796쪽에 동국대 소장본을 저본으로 하여 수록되었다. 말미에 「六離合釋法式通關」이 부록되었다.

129 『大乘起信論疏筆削記會編』「刻起信論疏記會編敘」(『한국불교전서』 8, 654쪽).

130 김영수, 앞의 책(1939), 162쪽에서는 『법화경』의 文義가 평이해서 『기신론』으로 대체되었다는 평가를 소개하고 있다.

131 『好隱集』 권1, 「重刻起信論疏記序」(『한국불교전서』 9, 707쪽).

132 『枕肱集』「太平曲」(『한국불교전서』 8, 370쪽).

133 『月波集』「月波平生行跡」(『한국불교전서』 9, 675-676쪽).

134 『林下錄』「自譜行業」(『한국불교전서』 10, 283-286쪽).

135 남희숙, 「朝鮮後期 佛書刊行 硏究—眞言集과 佛敎儀式集을 中心으로」, 박사학위논문(서울: 서울대, 2004).

136 『心性論』「自序」(『한국불교전서』 9, 1-2쪽).

137 『無竟室中語錄』 권2, 「示學人橫竪法」(『한국불교전서』 9, 439-440쪽).

138 이종수, 「조선후기 불교 講學私記의 종류와 定本化의 필요성」, 『남도문화연구』 33(2017).

139 『諸經會要』(『한국불교전서』 10, 26-57쪽).

140 김혜원, 「『起信論疏筆削記』의 전승과 전래」, 『불교연구』 48(2018), 189-195쪽.

141 張文良, 「凤潭的《大乘起信论》观—以凤潭的《大乘起信论义记幻虎录》为中心」(中國 北京大, 第3會 世界華嚴學大會: 一宇而多途: 國際華嚴學最前沿, 2017.11.10-13).

142 김천학, 「종밀의 『대승기신론소』와 원효」, 『불교학보』 69(2014).

제3부
조선 불교를 빛낸 사상과 실천의 계보

| 제1장 | 불교의 선양과 종통의 확립

1 見山望洋, 「韓僧中の紅一點的松雲大師」, 『朝鮮』 1-5(1908). 이 글에서는 『사명당집』과 비문 등을 참조해 사명대사의 행적과 일본 체류 시기 五山 승려와의 교류 등을 간략히

서술하였다.

2 古谷春峰, 「僧松雲傳」, 『宗教界』 6-8(1910). 여기서는 사명대사가 가토 기요마사에게 조선의 보배는 당신의 머리라고 했다는 일화가 양측의 공식 기록에는 없고 柳夢寅의 『於于野談』이나 李睟光의 『芝峯類說』 등 조선의 야사류에 처음 보인다고 하였다.

3 李能和, 『朝鮮佛教通史』(京城: 新文館, 1918), 하편 814-819쪽의 〈奉使東隣政公奮忠〉.

4 우정상, 「李朝佛教의 護國思想에 對하여—特히 義僧軍을 中心으로」, 『白性郁博士頌壽記念佛教學論文集』(서울: 동국대, 1959); 김동화, 「護國大聖 四溟大師 研究: 序論, 思想」; 김영태, 「護國大聖 四溟大師 研究: 生涯, 說話」, 『佛教學報』 8(1971); 김승동, 「惟政의 護國思想」, 『人文論叢』 21(부산: 부산대, 1982); 한국불교학회, 『四溟松雲大師 惟政의 照明』(서울: 春季學術會議論文集 2, 1996); 사명당기념사업회, 『사명당 유정—그 인간과 사상과 활동』(서울: 지식산업사, 2000); 김용태, 「조선 중기 의승군 전통에 대한 재고: 호국불교의 조선적 발현」, 『동국사학』 61(2016) 등이 있다.

5 『懶庵雜著』 말미의 "直指寺住持 中德 惟政 校"(『韓國佛教全書』 7, 594쪽).

6 「禪教訣」(『한국불교전서』 7, 657-658쪽). 『清虛堂集』 권7, 「奇默年侍」(『韓國佛教全書』 7, 727쪽)에서도 휴정 스스로 유정이 자신의 법을 계승함을 인정하였고, 당대의 고승들 대부분도 적전 제자로 바라보았다(『奇巖集』 권2, 「松雲大師百齋疏」; 『浮休堂大師集』 권5, 「松雲大師小祥疏」 등).

7 『清虛堂集』 「清虛堂集序」(『한국불교전서』 7, 659-660쪽). 휴정이 입적한 직후 묘향산에 처음 탑이 세워졌고 유정에 의해 금강산에도 탑이 건립되었다.

8 『青梅集』 권하, 「松雲大士祭文」(『한국불교전서』 8, 155-156쪽).

9 「榆岾寺松月堂大師碑銘」; 「貝葉寺松月堂石鐘碑銘」; 「金剛山松月堂應祥大師碑銘」(『韓國高僧碑文總集-朝鮮朝·近現代』(서울: 가산불교문화연구원, 2000), 150-158쪽).

10 『虛白集』 「虛白堂詩集序」(『한국불교전서』 8, 379-380쪽).

11 사명 유정은 건봉사, 춘파 쌍언은 유점사, 허백 명조는 표훈사에 비가 각각 세워졌고 춘파 쌍언의 문도인 허곡 나백의 비도 금강산 사찰에 건립되었다.

12 『四溟堂僧孫世系圖』(서울대 중앙도서관 一石文庫本, 일석 294.30922Y95sp). 이 책의 표지 이면에는 1932년에 밀양 表訓寺(표충사의 오기)에 소장된 본서를 구했다고 적혀 있다.

13 해인사에는 사명 유정의 비가 세워졌고 홍제암에 의발과 영상이 전하지만 용연사에

는 의발, 영상 외에도 염주, 시첩, 문집 등이 있다고 되어 있다. 權瑎, 「龍淵寺釋伽如來浮屠碑」(『朝鮮金石總覽』 下, 京城: 朝鮮總督府, 1919; 서울: 亞細亞文化社, 1976)에 의하면 유정이 1603년 青霞 印英에게 명하여 용연사를 중창했다고 하며 사명의 문도 淸振이 보현사에 이안되었던 통도사의 진신사리 하나를 임시로 옮겨와 봉안하였다고 한다.

14 사명의 스승인 1세는 '淸州出身 中德大禪士 信默'으로 기재되어 있다.

15 『四溟堂支派根源錄』 「序」(『한국불교전서』 10, 135쪽).

16 『奮忠紓難錄』 「備局甘結關」(『한국불교전서』 8, 112쪽). 禪教兩宗正事 雪松 演初 등이 주관하여 예조를 거쳐 시행되었으며 제향에 남·북한산성 도총섭이 함께 참여하였다.

17 장동표, 「조선후기 밀양 표충사(表忠祠)의 연혁과 사우(祠宇) 이건 분쟁」, 『역사와 현실』 35(2000). 이 사건은 향사해온 사실을 자료로 입증한 표충사 측이 승리하였고 해인사 홍제당이 철거되는 것으로 일단락되었다.

18 남동신, 「朝鮮後期 불교계 동향과 『像法滅義經』의 성립」, 『韓國史硏究』 113(2001).

19 김용태, 「조선후기 大芚寺의 表忠祠 건립과 '宗院' 표명」, 『普照思想』 27(2007).

20 「西山大師表忠祠紀績碑」(『大芚寺志』, 서울: 亞細亞文化社, 1980, 246-247쪽). 徐有鄰이 1791년에 쓴 비문이다.

21 「乾鳳寺四溟大師紀蹟碑銘」(『한국고승비문총집』, 100-102쪽).

22 이봉춘, 「惟政의 구국활동과 교단내의 평가」, 『佛教學報』 56(2010).

23 『宣祖實錄』 권87, 선조 30년 4월 13일.

24 『분충서난록』 「분충서난록소서」(『한국불교전서』 8, 78쪽).

25 『분충서난록』 「분충서난록발」(宋寅明)(『한국불교전서』 8, 107쪽).

26 『분충서난록』 「분충서난록발」(尹鳳朝)(『한국불교전서』 8, 107쪽).

27 조영록, 「유불 합작의 밀양 표충사」, 『사명당 유정』(서울: 지식산업사, 2000), 507-525쪽.

28 『분충서난록』 「부록」(『한국불교전서』 8, 105-106쪽).

29 『청허당집』 보유, 「正宗大王御製西山大師畫像堂銘幷序」(『한국불교전서』 7, 735-736쪽).

30 『東國僧尼錄』(국립중앙도서관, 古1702-5). 본서는 일본의 『續藏經』(제2편 乙-22-3, 제150책)에 수록되었고 『한국불교전서』 12, 857-875쪽에도 실려 있다.

31 「四溟松雲大師石藏碑銘幷序」(『한국불교전서』 8, 75-77쪽).

32 『분충서난록』 「李判書睟光所著芝峯類說中記松雲事蹟」(『한국불교전서』 8, 100-101쪽).

33 임철호, 『설화와 민중의 역사인식』(서울: 집문당, 1989), 283쪽.

34 최문정, 『임진록 연구』(서울: 박이정, 2001), 17쪽; 157쪽.

35 김승호, 「사명당 설화의 발생 환경과 수용 양상」, 『불교어문논집』 2(1997), 63쪽.

36 이경순, 「기억으로서의 '임진왜란과 불교'—17-18세기 사명당 유정과 감로탱의 이미지를 중심으로」, 『마음사상』 3(진주: 진주산업대, 2005).

37 김승호, 「사명대사 전승에 나타난 인물기능과 현재성」, 『불교학보』 56(2010).

38 장경남, 『임진왜란의 문학적 형상화』(서울: 아세아문화사, 2000), 330쪽. 역사 계열, 최일영 계열, 이순신 계열, 관운장 계열 등 임진록 이본의 분류 방법은 대개 임철호, 『임진록 이본 연구』 1-4(전주: 전주대 출판부, 1996)를 따르고 있다.

39 임철호, 『임진록 연구』(서울: 정음사, 1986), 174쪽.

40 지미령, 「일본 혼묘지 소장 사명당 유정 관련 유물에 관한 일고찰」, 『문화와 융합』 40-3(2018), 279-285쪽에 의하면 가토 기요마사와 관련이 있는 구마모토의 日蓮宗 사찰 本妙寺에 사명대사의 유물로 액자 1점, 고문서 4점이 소장되어 있다고 한다.

41 이순욱·한태문, 「딱지본 옛소설 『사명당전』의 판본과 유통 맥락」, 『한국문학논총』 65(2013).

42 민덕기, 「사명당에 대한 역사적 전승—그의 도일 관련 설화를 중심으로」, 『전북사학』 29(2006), 37-41쪽.

43 환성 지안의 생애를 알 수 있는 전기 자료로는 『喚醒詩集』 「喚醒和尙行狀」(『한국불교전서』 9, 475-476쪽); 「喚醒大師碑銘」(『한국고승비문총집』, 364-365쪽); 『東師列傳』 권3, 「喚醒宗師傳」(『한국불교전서』 10, 1024쪽)이 있다.

44 모운 진언은 부휴계의 적전인 碧巖覺性의 제자로서 평생 가야산, 황악산, 팔공산 등지에서 교화를 펼쳤다. 만년에는 『화엄경』에 심취하여 화엄종사로 칭해졌고 「華嚴經七處九會品目之圖」를 작성했다.

45 「환성화상행장」(『한국불교전서』 9, 475-476쪽). 행장은 입적 후 21년이 지난 1750년에 제자 涵月海源에 의해 작성되었다.

46 이때 부휴계 栢庵性聰이 주도하여 낙안 징광사, 하동 쌍계사 등에서 197권 5,000여 판의 대규모 불사로 간행하였다. 澄觀의 『華嚴經疏』와 『演義鈔』는 물론 원대의 화엄 현담 주석서 『會玄記』, 宗密 계통의 『大乘起信論筆削記』 등이 포함되어 강학의 활성

화와 교학 이해의 심화에 큰 영향을 미쳤다.

47 「환성대사비명」(『한국고승비문총집』, 364-365쪽).

48 성재헌, 「선문오종강요 해제」, 『선문오종강요 환성시집』(서울: 동국대 출판부, 2017), 117쪽에서는 1728년에 일어난 李麟佐의 난이 실패로 돌아가며 많은 이들이 죽었는데 지안도 그에 연루되어 체포되었다고 보았다.

49 「환성화상행장」(『한국불교전서』 9, 475-476쪽).

50 「환성대사비명」의 찬자 洪啟禧는 "금강산에서 李廷龜의 청허비와 李明漢의 편양비, 李端相의 풍담비를 보았는데 모두 동방의 명승으로 (환성)선사의 조사가 된다. 선사가 입적한 뒤 법손인 軌弘상인이 행장을 들고 와서 비문을 구하였다. 내가 이정구, 이명한의 후손인 李天輔가 찬술해야 한다 했지만 그가 비문을 미처 끝내지 못하고 죽었기에 내가 행장에 의거해 비문을 쓴다."고 밝히고 있다.

51 김용태, 「조선후기 大芚寺의 表忠祠 건립과 宗院 표명」, 『보조사상』 27(2007)에 의하면, 대둔사는 화엄강학을 매개로 13대 종사와 13대 강사의 전통이 만들어졌는데 지안은 제6대 종사였다.

52 『蓮潭大師林下錄』 「自譜行業」(『한국불교전서』 10, 283-286쪽). 이때 비 건립을 추진한 이로 제자 雪松演初, 虎巖體淨, 涵月海源 등의 이름이 새겨졌지만 실제로는 호암의 제자 蓮潭有一이 주관하였다.

53 『禪門五宗綱要』(『한국불교전서』 9, 456-467쪽); 『喚醒詩集』(『한국불교전서』 9, 467-476쪽). 『선문오종강요』는 함경도 안변 釋王寺에서 1749년에 간행되었다. 『환성시집』은 입적 후 22년 뒤인 1751년(영조 27) 5월에 석왕사에서 함월 해원이 주관하여 華月聖訥의 편집을 거쳐 간행되었다. 144편의 시와 함월 해원이 쓴 「행장」으로 구성되었고 말미에 36인의 입실제자 명단이 기록되어 있다.

54 高橋亨, 『李朝佛教』(大阪: 寶文館, 1929), 637-674쪽.

55 『西域中華海東佛祖源流』(『한국불교전서』 10, 97-135쪽).

56 『서역중화해동불조원류』(『한국불교전서』 10, 128쪽). 8인은 '松巖智英, 萬容性天, 碧川察平, 無爲三眼, 青霞三印, 玄隱凋悟, 喚惺志安, 金峯智需'이고, 11인은 '幻住就密, 翫月楚雲, 淸河竺坦, 東坡道謙, 虎岩軆淨, 錦溪元宇, 蓮峯竺演, 鷄峰慧淨, 龍岩信鑑, 牧隱修淨, 醉眞處琳'이다.

57 『환성시집』 「門庭目錄」(『한국불교전서』 9, 476쪽). '醉眞處林 靜菴會淑 寒梅大豁 友

松懷仁 牧隱修淨 幼任趣密 臥雲信慧 霜月秋淨 月華雷震 寒月聰眼 蓮峯竺演 千峯雪愚 龍巖神鑑 荊峯楚珪 華月聖訥 碧川察平 月巖慧能 虎巖體淨 桂巖泐性 抱月楚旻 雪松演初 定波宏慧 陽谷慧眼 文谷聖喆 花峯泰昊 白蓮明竺 寒影性梅 錦溪圓宇 鷄峯慧淨 涵月海源 浮遊楚雲 靑霞竺坦 靜月會閑 龍巖增肅 雪月六還 雙檜性眞'.

58 「通度寺白蓮精舍萬日勝會記」의 '喚惺祖之卓錫 虎巖老之竪拂 其餘講伯相繼而闡揚敎宗'.

59 호암 체정의 법맥으로는 제자 청봉 거안부터 율봉 청고–금허 법첨–용암 혜언을 거쳐 근대 선의 중흥조 경허 성우로 연결되는 계보도 확인된다(효탄, 「경허성우의 법맥과 계승자」, 『경허선사열반 100주년 학술세미나 자료집』(예산: 수덕사, 2014)).

60 「虎巖大師碑銘」; 「涵月堂大師碑銘」; 「華月聖訥禪師碑銘」(『한국고승비문총집』, 448-449쪽; 462-463쪽; 458-459쪽).

61 최두헌, 「통도사 진영 계보」(양산: 통도사 성보박물관, 2018)에서는 통도사에 모셔진 진영 중 환성 지안–설송 연초–응암 희유–경파 경심–동명 만우–학송 이성–쌍호 회권–보우 민희–축룡 태일–성해 남기의 법맥을 소개하였다.

62 『奮忠紓難錄』「備局甘結關」(『한국불교전서』 8, 112쪽). 설송 연초는 禪敎兩宗正事였고 남·북한산성 도총섭 등과 함께 제향에 참여하였다. 사액 사우의 향사는 예조에서 주관, 시행하였다.

63 「雪松堂大師碑銘」(『한국고승비문총집』, 258-259쪽).

64 『逍遙堂集』「重刊逍遙集序」(『한국불교전서』 8, 185쪽).

65 김용태, 『조선후기 불교사 연구』(성남: 신구문화사, 2010), 118-122쪽.

66 李能和, 『朝鮮佛敎通史』(京城: 新文館, 1918), 상편, 628-674쪽; 하편, 1137쪽.

67 통도사와 환성 지안의 관계를 규명한 윤영해, 「환성지안과 통도사 연구—환성지안의 통도사 관련 자료를 중심으로」, 『한국불교학』 87(2018)을 비롯해 최근에 연구가 시작되었다.

68 김호귀, 「『禪門五宗綱要』의 구성과 사상적 특징」, 『한국선학』 15(2006) 참조. 김상두, 「『禪門五宗綱要』에 나타난 선종오가 교의의 특징」, 『한국선학』 30(2011)에서도 유사한 평가를 내렸다.

69 『禪門綱要集』(『한국불교전서』 6, 850-859쪽).

70 운문종과 법안종은 실제로 남악 회양 계통이 아니라 청원 행사 계통에 속한다. 이와 같은 법계에 대한 오류는 『선가귀감』 내용을 그대로 수용하면서 비롯된 것으로 보인다.

71 『선문오종강요』(『한국불교전서』 10, 850-859쪽). 성재헌, 앞의 「선문오종강요 해제」

참조.

72 임제가 眞佛, 眞法, 眞道가 무엇이냐는 질문에 대해 답하면서, "제1구에서 깨달으면 불조사가 되고, 제2구에서 깨달으면 인천사가 되며, 제3구에서 깨달으면 제 몸도 구제할 수 없다."고 하며 각각의 비유를 들었지만 삼구에 대한 명확한 규정은 없다.

73 '삼현'은 體中玄, 句中玄, 玄中玄, '삼요'는 大機圓應, 大用全彰, 機用齊施이다.

74 '사료간'은 奪人不奪境, 奪境不奪人, 人境兩俱奪, 人境俱不奪이고, '사빈주'는 賓中賓, 賓中主, 主中賓, 主中主이며, '사조용'은 先照後用, 先用後照, 照用同時, 照用不同時이다.

75 '편정오위'는 正中偏, 偏中正, 正中來, 兼中至, 兼中到이고 '공훈오위'는 向時, 奉時, 功時, 共功時, 功功時이다.

76 덕소의 '사료간'은 聞聞, 聞不聞, 不聞聞, 不聞不聞이다.

77 김호귀, 「『禪門五宗綱要私記』의 구성과 大機大用의 특징」, 『한국선학』 32(2012).

78 이능화, 앞의 책, 하편 870-876쪽.

79 『禪文手鏡』(『한국불교전서』 10, 514-515쪽)의 「臨濟三句圖說」. "臨濟三句者 一代禪教詮旨 無不該攝 故名日蘊摠三句 (…) 喚惺師翁日 臨濟三句 非特臨濟宗風 上自諸佛下至衆生 皆分上事 若離此說法 皆是妄說 是知 三世諸佛 歷代祖師 乃至天下善知識 所留言句 必不離此三句也."

80 『선문수경』 「義理禪格外禪辨」(『한국불교전서』 10, 519쪽).

81 『禪門四辨漫語』 「二禪來義」; 「格外義理辨」(『한국불교전서』 10, 826-828쪽).

82 『선문사변만어』 「이선래의」(『한국불교전서』 10, 826-827쪽).

83 『선문사변만어』(『한국불교전서』 10, 823-825쪽).

84 『선문오종강요』(『한국불교전서』 9, 459-461쪽).

| 제2장 | 계파를 대표하는 화엄학의 맞수

1 연담 유일에 대한 연구로는 李智冠, 「蓮潭 및 仁岳의 私記와 그의 教學觀」, 원불교사상연구원 편, 『崇山朴吉眞博士華甲紀念 韓國佛教思想史』(이리: 원광대 출판국, 1975); 李英茂, 「蓮潭私記를 통해 본 조선시대의 華嚴學」, 『韓國華嚴思想研究』(서울: 동국대 출판부, 1982); 배규범, 「蓮潭有一의 생애와 『林下錄』」, 『佛教語文論集』 10(2005); 김기녕, 「18세기

蓮潭 有一의 護佛論 考察」, 『佛敎學報』 44(2006); 김진현, 「蓮潭有一의 心性論 硏究」, 『韓國佛敎學』 52(2008); 김진현, 「蓮潭 有一의 一心和會思想 硏究」, 박사학위논문(서울: 동국대, 2010); 최연식, 「蓮潭有一의 佛敎史的 위치와 務安지역 문화원형으로서의 활용방안」, 『호남문화연구』 48(2010); 이진영, 「蓮潭有一의 선사상—연담의 『法集別行錄節要科目幷入私記』를 중심으로」, 『韓國禪學』 30(2011)이 있다.

2 연담 유일의 문집 『蓮潭大師林下錄』에 실린 「自譜行業」(『한국불교전서』 10, 283-286쪽)과 「蓮潭大師碑銘」(『한국고승비문총집』, 572-573쪽)에 의거.

3 휴정의 제자 詠月 淸學의 『詠月堂大師集』(1656)에 수록된 「四集四敎傳燈拈頌華嚴」(『한국불교전서』 8, 234-235쪽)에는 이력과정의 구성 및 내용이 구체적으로 기재되었다.

4 「연담대사비명」(『한국고승비문총집』, 572-573쪽)과 「자보행업」(『한국불교전서』 10, 283-286쪽).

5 이 중 『임하록』 4권, 『도서과목병입사기』 1권, 『법집별행록절요과목병입사기』 1권, 『석전유해』가 『한국불교전서』 10에 수록되어 있다.

6 『한국불교전서』 10에 수록된 『林下錄』은 1799년 전라도 영암 美黃寺 개간본(동국대 소장)을 저본으로 하고 있다.

7 이선화, 「조선후기 華嚴 私記의 연구와 「往復序」 회편 역주」, 박사학위논문(서울: 동국대, 2017)은 징관의 『화엄경소』 서문인 「往復序」를 『연의초』, 현담에 대한 주석서 『會玄記』, 유일 등의 조선후기 사기를 회편하여 역주한 주목할 만한 성과이다.

8 『釋典類解』(『한국불교전서』 10, 287-302쪽).

9 「연담대사비명」(『한국고승비문총집』, 572-573쪽)과 「자보행업」(『한국불교전서』 10, 283-286쪽).

10 동국대 소장 필사본 『華嚴遺忘記』(동국대 중앙도서관, D213.415 화63.5)는 「玄談」은 물론 「十地品」까지 포함되어 있으며 앞에 필사자 枕月의 이름이 나온다. 각권 말미에는 후대에 필사된 1835년이나 1836년, '曹溪普照蘭若 枕溟師主會中'이 기재되어 있고 또 '求禮泰安寺 枕溟師主'라고 적혀 있다(奉先寺 楞嚴學林, 『華嚴淸凉疏鈔懸談記—遺忘記(天字卷-荒字卷)』, 동국역경원, 2004의 「刊行序」). 전라도 담양 龍華寺에는 『遺忘記』, 『蓮老記』, 『懸談記』가 소장되어 있는데 모두 유일 계통의 화엄사기이며, 奉先寺 月雲 소장본 『鉢柄』은 표지는 '遺忘記'이지만 계통이 다르다.

11 「자보행업」(『한국불교전서』 10, 283-286쪽).

12 김용태, 『조선후기 불교사 연구: 임제법통과 교학전통』(성남: 신구문화사, 2010), 130쪽의 <도 6>.

13 『海東佛祖源流』(『한국불교전서』 10, 112쪽).

14 김용태, 「19세기 초의 의순의 사상과 호남의 불교학 전통」, 『한국사연구』 160(2013).

15 『大芚寺志』의 편찬은 鞭羊派와 逍遙派가 함께 주관하였는데, 玩虎尹佑가 鑑定, 兒菴惠藏이 留授, 袖龍賾性과 草衣意洵이 편집, 騎魚慈弘과 縞衣始悟가 교정을 맡았다.

16 「蓮坡大師碑銘」(『한국고승비문총집』, 670-671쪽).

17 「栢庵大禪師碑銘」(『한국고승비문총집』, 298-302쪽); 『栢庵集』 권하, 「與九峰普賢寺僧」(『한국불교전서』 8, 474쪽); 『天鏡集』 권중, 「重刻金剛經疏記序」(『한국불교전서』 9, 619-620쪽).

18 이종수, 「숙종 7년 중국선박의 표착과 백암성총의 불서간행」, 『불교학연구』 21(2008); 김용태, 「조선후기 중국 불서의 유통과 사상적 영향」, 『보조사상』 41(2014).

19 「大教私記序」(奉先寺 楞嚴學林, 『華嚴經清凉疏鈔十地品三家本私記一遺忘記』(서울: 曹溪宗教育院, 2002), 3-5쪽). 「華嚴經疏鈔釐合凡例」(1625)에서는 명 嘉靖 연간(1522-1566)에 『화엄경소』와 『연의초』를 80권 『화엄경』에 합본하고 『華嚴玄談』 9권을 별도로 간행하였으며 昭慶寺 소장 판본을 저본으로 대장경과 비교, 검토 후 판각하였다고 한다. 『華嚴疏鈔玄談』 권1에 있는 葉棋胤의 「疏鈔後序」(1627)에서는 이 중 『현담』 9권을 명의 東禪寺 明得이 교정하여 1558-1563년에 판각하였고 葉棋胤이 이를 8권으로 줄여 경·소·초 합본 『華嚴經會編疏鈔』 80책(「別行疏普賢行願品」(人字)과 「凡例」(皇字), 「經疏鈔音釋」 포함)으로 간행했다고 한다.

20 「海東新刻清凉華嚴疏鈔後序」(佛典國譯研究院, 『譯註 華嚴經懸談』 1(서울: 中央僧伽大出版部, 1998), 240쪽); 「新刻華嚴疏鈔後跋」(奉恩寺板 『華嚴經』 卷80(78册 官字號)).

21 김용태, 「동아시아의 澄觀 화엄 계승과 그 역사적 전개—송대와 조선후기 화엄교학을 중심으로」, 『佛教學報』 61(2012); 이종수, 「조선후기 불교 私記 집성의 현황과 과제」, 『佛教學報』 61(2012).

22 앞의 「대교사기서」.

23 「禪雲寺雪坡大師碑銘」(『한국고승비문총집』, 518-519쪽). 김종진, 「1850년대 불서간행운동과 불교가사—남호영기를 중심으로」, 『한민족문화연구』 14(2004); 강현찬,

「조선후기 화엄경소초의 판각과 화엄학의 성행」, 석사학위논문(서울: 동국대, 2015)에 의하면 이후 영각사본이 목판이 마멸될 정도로 많이 인출됨에 따라 1855년 南湖永奇가 奉恩寺에서 다시 교감하여 복각하였다고 한다.

24 『임하록』 권3, 「重刊華嚴經序」(『한국불교전서』 10, 259쪽).

25 『임하록』 권3, 「仙巖寺霜月和尙大會疏」(『한국불교전서』 10, 253쪽). 忽滑谷快天, 『朝鮮禪教史』(東京: 春秋社, 1930), 456-457쪽에는 상월 새봉의 화엄강회에 참가한 1,200명의 명단을 기록한 『海珠錄』을 소개하였다.

26 『임하록』 권3, 「松廣寺影海和尙大會疏」(『한국불교전서』 10, 253쪽).

27 「雜貨腐十地經私記後跋」(奉先寺 楞嚴學林, 『華嚴淸凉疏鈔十地品三家本私記—雜華記·雜貨腐』(서울: 曹溪宗教育院, 2002), 445쪽). 설파 상언의 「십지품」 이해에 대해서는 김천학, 「설파상언의 징관 『화엄소초』 이해의 일고찰—「십지품소」를 중심으로」, 『호남문화연구』 59(2016) 참조.

28 『임하록』 권2, 「追挽雪坡和尙」(『한국불교전서』 10, 250쪽).

29 『임하록』 권4, 「雪坡和尙贊」(『한국불교전서』 10, 271쪽).

30 앞의 「대교사기서」.

31 상언의 華嚴 私記는 雜貨腐, 유일 계통 사기는 遺忘記, 의첨에서 비롯된 것은 雜貨記로 칭해진다. 상언의 『華嚴隱科』가 평림본 『疏鈔』를 기준으로 한 것이어서 이후의 사기는 모두 千字文 字號 순으로 편철되어 있다(앞의 『십지품삼가본사기—유망기』의 「일러두기」).

32 金映遂, 『朝鮮佛教史藁』(京城: 中央佛教專門學校, 1939), 164쪽에서는 유일과 의첨의 사기가 호남과 영남의 강학에서 각각 전승되었는데 『화엄경』은 연담기가 상세하고 사교과는 인악기가 좋다는 평가를 인용하고 있다.

33 김용태, 「조선후기 불교의 강학 전통과 白羊寺 강원의 역사」, 『불교학연구』 25(2010).

34 전해주, 「都序가 한국불교에 미친 영향」, 『普照思想』 14(2000).

35 『절요』의 현존 최고본은 1486년 松廣寺 간본과 무등산 圭峯庵 개판본이며 이 또한 이후 여러 판본이 간행되어 남아 있다.

36 『都序(節要)科目幷入私記』 「序要私記序」(『한국불교전서』 10, 178쪽).

37 『鏡巖集』 「碧松社答淨土說」(『한국불교전서』 10, 452-454쪽)에서는 '業淨見佛 豈非事智現前而克就圓功'과 '一切方便 皆念佛之方便'이라고 하여 염불 또한 방편으로서

의 '事智의 現前'이라 보았고 화엄과 함께 圓頓敎에 위치시켰다.

38 『임하록』 권1, 「次謝元日送曆扇」(『한국불교전서』 10, 224쪽). 이는 老論의 영수이자 정통론자였던 尤庵 宋時烈이 명의 神宗을 제사지낸 萬東廟가 있는 華陽洞에서 쓴 '大明天地 崇禎日月'을 줄인 것이다.

39 『임하록』 권1, 「上棠營」(『한국불교전서』 10, 230쪽).

40 『임하록』 권2, 「又吟丘字贈大稀上人」(『한국불교전서』 10, 240쪽).

41 『임하록』 「林下錄序」(『한국불교전서』 10, 213-214쪽).

42 『임하록』 권3, 「贈梁秀才寶龜序」(『한국불교전서』 10, 263쪽).

43 『임하록』 권4, 「上韓綾州必壽長書」(『한국불교전서』 10, 280-283쪽).

44 위의 「상한능주필수장서」(『한국불교전서』 10, 280-283쪽).

45 위의 「상한능주필수장서」.

46 李能和, 『朝鮮佛教通史』(京城: 新文館, 1918), 하편 896-897쪽에 의하면 1785년 최눌의 법손인 華日과 敬賢 등이 쟁송을 없앤다는 이유로 구례 泉隱寺에 있던 책을 불태워버렸다고 한다.

47 『임하록』 권3, 「心性論序」(『한국불교전서』 10, 262-263쪽). 각각 '諸佛衆生之心 各各圓滿 未曾一箇者'와 '各各圓滿者 元是一箇者'에 해당한다.

48 『임하록』 권1, 「林蓮老衲 一生何事喫蔬根 奉和」; 권2, 「次默庵」; 권4, 「상한능주필수장서」(『한국불교전서』 10, 233쪽; 241쪽; 281쪽).

49 김용태, 「조선후기 불교의 心性 인식과 그 사상사적 의미」, 『韓國思想史學』 32(2009).

50 김용태, 앞의 논문(2013).

51 『임하록』 권3, 「심성론서」(『한국불교전서』 10, 262-263쪽).

52 『임하록』 권4, 「佛像點眼法語」(『한국불교전서』 10, 274-275쪽)에서는 『楞嚴經』을 萬有=부처, 『法華經』은 萬法一一實相으로 설명하였다. 高橋亨, 『李朝佛教』(大阪: 寶文館, 1929), 659-660쪽에서는 이에 대해 如來禪은 개개 사물이 全眞임을 뜻하는 것, 祖師禪은 화엄의 '一卽多'와 같은 '現象卽實在'를 설한 것으로 이해하였다.

53 김용태, 「浮休系의 계파인식과 普照遺風」, 『普照思想』 25(2006).

54 『默庵集』 「默庵大和尙行狀」(『한국불교전서』 10, 24-25쪽); 「曹溪山松廣寺默庵大師碑銘」(『한국고승비문총집』, 558-562쪽). 행장은 제자 臥月敎萍이 1801년 6월에 썼는

데, 그는 자신이 스승에게 교를 배우고 선을 전수받았음을 밝히고 있다. 비문은 후대인 1895년 右贊成을 지낸 李容元이 행장을 바탕으로 썼다.

55 『묵암집』 「黙庵和尙文集刊刻後跋」(『한국불교전서』 10, 225쪽). 1801년 여름에 제자 와월 교평이 최눌의 문집을 송광사에서 간행하면서 쓴 발문이다.

56 심성 논쟁의 요지에 대해서는 김용태, 「조선후기 불교의 心性 인식과 그 사상사적 의미」, 『韓國思想史學』 32(2009) 참조. 최눌과 유일은 사상적 교류를 오랜 기간 지속하였고, 『묵암집』에는 그가 유일에게 보낸 시와 편지글이 몇 편 수록되어 있다.

57 『묵암집』 권후, 「廢紙上疏」(『한국불교전서』 10, 22-24쪽).

58 金甲周, 「南北漢山城 義僧番錢의 綜合的 考察」, 『佛教學報』 25(1988), 25쪽.

59 오경후, 「조선후기 의승번전의 징수와 승군」, 『한국 호국불교의 재조명』 2(서울: 대한불교조계종 불교사회연구소, 2013), 246-248쪽.

60 김용태, 「조선후기 남한산성의 조영과 승군의 활용」, 『한국사상과 문화』 78(2015).

61 『묵암집』 권중, 「上東萊倅」(『한국불교전서』 10, 11쪽).

62 『묵암집』 권초, 「贈倭僧」(『한국불교전서』 10, 7쪽).

63 『묵암집』 권중, 「上金相國 諱相福」; 「答書附」(『한국불교전서』 10, 10쪽).

64 『묵암집』 권중, 「上金正郎 諱相肅坏瓦居士」(『한국불교전서』 10, 10-11쪽). 조선전기에 나온 『儒釋質疑論』은 『周易』과 陰陽五行을 인용하면서 無極과 太極을 불교 용어와 대비시키기도 했다. 17세기 雲峰大智의 『心性論』에서 해당 내용이 중요하게 인용되었고, 최눌과 유일은 대지의 심성 논의를 계승하여 심성 논쟁을 펼친 바 있다(김용태, 앞의 논문(2009)). 최눌이 『유석질의론』을 중시한 것도 이러한 사상사적 흐름 속에서 이해할 수 있다.

65 이종수, 「1652년 官府文書를 통해 본 효종대 불교정책 연구」, 『한국불교학』 67(2013).

66 『묵암집』 권중, 「答如是居士木川倅金光遂」(『한국불교전서』 10, 11-13쪽).

67 『묵암집』 권중, 「上別紙」(『한국불교전서』 10, 15-16쪽).

68 이는 국립중앙도서관 소장 태안사본 『諸經會要: 華嚴品目』(古1703-19)에서 확인되는데 제목처럼 『華嚴品目』과 『諸經會要』 두 책이 합철되어 있다. 국립중앙도서관 소장 『華嚴經品目』(동곡古1744-10)은 韓國古典開發學會가 1969년 寶蓮閣에서 影印한 책으로 태안사본과 판본은 다르지만 내용상 차이는 거의 없으며 역시 『화엄품목』, 『제경회요』 두 책의 합철본이다.

69 「三變三疊說」은 원래는 「六十四卦之圖」의 앞에 있는 것이지만 편집상 그 뒤에 편입시켰다고 편집자주에서 설명하고 있다. 국중도본 『華嚴經品目』(동곡古1744-10)에서도 「삼변삼첩설」이 「육십사괘지도」의 앞에 있다.

70 국중도본 『화엄경품목』(동곡古1744-10)에는 『한국불교전서』 권10 『제경회요』의 수록 목차에 비해 3개 항목이 더 있다. 즉 「大摠相法門圖」에서 끝나는 『화엄품목』 부분에는 「華嚴十例科欲顯難思圖」 뒤에 「處會品卷」이 있고, 「三阿僧祇圖」부터 시작되는 『제경회요』 부분에는 「業報四句映望圖」 뒤에 「世界起始五輪圖」가 있으며, 「六十四卦之圖」 뒤에 「焚修金搥論」이 항목으로 설정되어 있다. 그런데 『한국불교전서』 권10 『제경회요』에는 이 내용들이 그대로 실려 있지만 목차에는 반영되어 있지 않다.

71 『제경회요』 「見聞覺知爲六根摠圖」(『한국불교전서』 10, 39쪽). "懸談科圖首云文二 初懸叙義門 后正釋經文 而義不便故 如天字卷初 鈔直分四科 則將似於雪老削去其二科之意也 華嚴品目會要終."

72 『제경회요』(『한국불교전서』 10, 55쪽).

73 『화엄품목』(한국불교전서본 『제경회요』의 앞부분) 「默庵子抄集華嚴文富義博勢變多端故古德用十例科欲顯難思圖」(『한국불교전서』 10, 26-28쪽).

74 『화엄품목』 「화엄십례과욕현난사도」(『한국불교전서』 10, 28쪽).

75 『화엄품목』 「華嚴義理分齊四法界各有十門以顯無盡圖」(『한국불교전서』 10, 34-37쪽).

76 『法界觀門』은 실제로는 法藏의 저술로 확인되며 澄觀의 『法界玄鏡』, 宗密의 『注華嚴法界觀門』 등에 다수 인용되었다.

77 『화엄품목』 「四法界十門圖」(『한국불교전서』 10, 34쪽). "問華嚴旣有四法界 何故但說後三門 不言所依體事耶 答理宗圓融 事法界亦極深玄 但常情深義不顯 故畧不言 又初一法 後三義 義依法立 明法不離義 故畧不言 右玄記二十八卷初三丈見."

78 『제경회요』 「見聞覺知爲六根捴圖」(『한국불교전서』 10, 39쪽). '明利及用多故開 明鈍及用少故合'

79 『제경회요』 「견문각지위륙근총도」의 '轉八識成四智三身因果' 부분(『한국불교전서』 10, 39쪽).

80 『제경회요』 「性相唯識圖」(『한국불교전서』 10, 37쪽).

81 『제경회요』 「大摠相法門圖」(『한국불교전서』 10, 40-41쪽).

82 담양 龍華寺本에는 「불조종파도」가 『제경회요』가 아닌 『화엄품목』의 말미에 붙어

있고, 「여래삼처전심」은 수록되지 않았다. 묵암 최눌의 행장을 쓰고 문집을 간행한 와월 교평이나 다른 문손이 스승의 뜻을 받들어 내용을 추가했을 가능성을 배제할 수 없다.

83 『제경회요』 「如來三處傳心」(『한국불교전서』 10, 56쪽).

84 김성욱, 「삼처전심(三處傳心)에 대한 논의 연구: 기원과 의미를 중심으로」, 『불교학연구』 46(2016), 189-215쪽에서는 삼처전심의 기원과 불교사적 의미를 통시적으로 검토하였다.

85 앞의 「여래삼처전심」(『한국불교전서』 10, 56쪽).

86 『禪文手鏡』 「殺活辨」(『한국불교전서』 10, 520쪽). 백파 긍선은 殺은 三玄의 如來禪, 活은 大機大用의 祖師禪에 해당한다고 보았다.

87 伊吹敦, 『새롭게 다시 쓰는 중국 禪의 역사』, 최연식 역(서울: 대숲바람, 2005), 132-133쪽의 「선의 계보 3」 참조.

88 『禪門四辨漫語』(『한국불교전서』 10, 820-822쪽).

89 이는 이력과정 사집과에 들어 있던 宗密의 『禪源諸詮集都序』의 분류에 의거한 것이다.

90 『제경회요』 「불조종파도」(『한국불교전서』 10, 56-57쪽).

91 「불조종파도」에서 부휴계 적전의 마지막에 묵암 최눌을 넣고 동문 應庵朗聞을 방계로 기재한 것도, 최눌 자신보다는 문도들이 「불조종파도」의 내용을 추가하여 완성하였을 가능성을 높여준다.

92 『제경회요』 「佛祖宗派圖」(『한국불교전서』 10, 56-57쪽).

93 『海東佛祖源流』의 서술에 투영된 부휴계의 불교사 인식은 김용태, 『조선후기 불교사 연구: 임제법통과 교학전통』(성남: 신구문화사, 2010), 190-193쪽 참조.

94 忽滑谷快天, 『朝鮮禪敎史』(東京: 春秋社, 1930), 416-417쪽.

95 『天鏡集』 「次呈晦庵和尙」; 「刊都序法集科解序」(『한국불교전서』 9, 611쪽; 620-621쪽).

96 高橋亨, 『李朝佛敎』(大阪: 寶文館, 1929), 758-760쪽.

97 김용태, 「동아시아의 澄觀 화엄 계승과 그 역사적 전개」, 『불교학보』 61(2012).

98 『묵암집』 권후, 「勸善疏三栢庵碑石勸疏」(『한국불교전서』 10, 18-19쪽).

99 「栢庵大禪師碑文」과 최눌의 「陰記」(『한국고승비문총집』, 299쪽). 『묵암집』 권중, 「上嶺南西岳」(『한국불교전서』 10, 14쪽)에서는 "백암 선조는 동방 제일의 弘法의 공이 있는데 한 周甲이 지나도록 旌德의 비갈 하나가 없어서 개탄스러웠는데 재상 김

상복에게 비문을 얻어 매우 감사하다."는 내용을 담고 있다.

100 『茶松文稿』 권2, 「默庵禪師立石祭文」(『한국불교전서』 12, 757쪽).

101 「松廣寺幻海堂法璘大禪師碑銘」(『한국고승비문총집』, 642-644쪽); 『다송문고』 권2, 「幻海和尙立石祭文」(『한국불교전서』 12, 747쪽).

102 『다송문고』 권1, 「浩鵬堂學契序」(『한국불교전서』 12, 690쪽).

103 「松廣寺默庵堂最訥大師碑文」(『한국고승비문총집』, 558-562쪽). 『다송문고』 권1, 「默庵立石募緣文」(『한국불교전서』 12, 687-688쪽)에서 송광사 부휴계 전통을 선양하는 데 주력한 錦溟 寶鼎(1861-1930)이 최눌의 비를 세우는 일을 주도했음을 알 수 있다. 보정은 이 글에서 최눌이 『華嚴科圖之隱現品目』과 『諸經會要』를 쓴 것에 대해 높이 평가하고 있다.

| 제3장 | 유불 교류의 장에서 선 논쟁이 펼쳐지다

1 李能和, 『朝鮮佛教通史』(京城: 新文館, 1918), 하편 876-897쪽.

2 이능화, 위의 책, 하편 895쪽. 한편 權相老도 『韓國禪宗略史』(『退耕堂全書』 8(서울: 전서간행위원회, 1998), 1095-1100쪽)에서 유례없는 '禪門에 대한 논쟁'임을 부각하면서 논쟁 과정과 내용을 기술하였다.

3 高橋亨, 『李朝佛教』(大阪: 寶文館, 1929), 805-849쪽.

4 高橋亨, 위의 책, 820-821쪽.

5 高橋亨, 위의 책, 845-849쪽.

6 高橋亨, 위의 책, 840-841쪽.

7 忽滑谷快天, 『朝鮮禪教史』(東京: 春秋社, 1930), 503-509쪽. 누카리야는 臨濟宗이 나온 南嶽 懷讓을 祖師禪의 종주라 하고 曹洞宗을 낳은 青原 行思를 如來禪의 종주라 하여 양자의 우열을 구분한 것을 비판하였다.

8 金約瑟, 「秋史의 禪學辨」, 『白性郁博士頌壽記念佛教學論文集』(서울: 기념사업위원회, 1959).

9 普照 宗祖論을 주장한 李鍾益도 「證答白坡書를 통해 본 金秋史의 佛教觀」, 『佛教學報』 12(1975)에서 긍선에게 보낸 편지 내용에 담긴 김정희의 불교관을 검토하며 선 논

쟁 연구 대열에 참여하였다.

10 韓基斗, 「白坡의 禪門手鏡」, 『圓光大論文集』 4(1969).

11 한기두, 「白坡와 草衣時代 禪의 論爭點」, 『崇山朴吉眞博士華甲記念 韓國佛教思想史』(이리: 원불교사상연구원, 1975). 한기두는 앞서 「近世韓國佛教의 實學的 傾向」, 『圓光』 78(1973)을 발표하기도 하였다.

12 高亨坤, 「秋史의 「白坡妄證 十五條」에 대하여」, 『學術院論文集—人文·社會科學篇』 14(1975). 당시까지 백파 긍선이 추사 김정희에게 보낸 답신이 학계에 알려지지 않아 김정희의 비판 논의만 규명되었다.

13 고형곤, 「秋史의 禪觀」, 『韓國學』 18(1978).

14 「華嚴宗主白坡大律師大機大用之碑銘」(『한국불교전서』 10, 628-633쪽).

15 李鍾益, 「證答白坡書를 通해 본 金秋史의 佛教觀」, 『佛教學報』 12(1975); 鄭炳三, 「秋史의 佛教學」, 『澗松文華』 24(1983); 韓基斗, 「朝鮮末期의 禪論」, 『韓國禪思想研究』(서울: 동국대 佛教文化研究院, 1984); 李相鉉, 「秋史의 佛教觀」, 『民族文化』 13(1990); 鄭柄朝, 「白坡의 禪論과 草衣의 二種禪」, 『韓國宗教思想史—佛教·道教篇』(서울: 연세대 출판부, 1991); 鄭性本, 「조선후기의 禪論爭」, 『韓國佛教史의 再照明』(서울: 불교시대사, 1994); 김종명, 「이종선과 삼종선 논쟁」, 『논쟁으로 보는 불교철학』(서울: 예문서원, 1998).

16 한기두, 「白坡와 秋史와의 禪門 對話」, 『莊峰金知見博士華甲記念師友錄: 東과 西의 思惟世界』(서울: 민족사, 1991). 大興寺 출신 朴映熙 노장에게 풀어 쓴 편지자료를 얻어서 필사하였는데 한문 원문이 없어서 해독에 어려움이 많았다고 토로하고 있다.

17 한기두, 「朝鮮後期 禪論爭과 그 思想史的 意義」, 『伽山李智冠華甲紀念論叢: 韓國佛教文化思想史』 上(서울: 가산불교문화진흥원, 1992).

18 金龍泰, 「朝鮮後期 佛教의 臨濟法統과 教學傳統」, 박사학위논문(서울: 서울대, 2008); 『조선후기 불교사 연구—임제법통과 교학전통』(성남: 신구문화사, 2010), 273-302쪽 참조.

19 李鍾壽, 「조선후기 불교의 수행체계 연구—三門修學을 중심으로」, 박사학위논문(서울: 동국대, 2010).

20 『阮堂全集』 권5, 書牘 「與草衣書」 22.

21 『완당전집』 권5, 서독 「與白坡書」 2.

22 「妄證十五條」는 錦溟寶鼎이 펴낸 『栢悅錄』(『한국불교전서』 12, 511-515쪽)에 「金秋史先生證白坡書」라는 제목으로 수록되어 있다.

23 고형곤, 「秋史의 白坡妄證十五條에 대하여」, 『선의 세계』(서울: 동국대 출판부, 2005, 개정 번역판), 632-634쪽.

24 『顯正論』(『한국불교전서』 7, 223-225쪽).

25 고형곤, 앞의 책, 634-641쪽.

26 『栢悅錄』 「金秋史先生證白坡書」(『한국불교전서』 12, 512쪽)에는 '元曉以大慧書爲友者見於何書耶'라고 하여 普照는 누락되어 있다. 『백열록』의 편자 금명 보정이 삭제한 것으로 추정된다.

27 고형곤, 앞의 책, 642-647쪽.

28 고형곤, 앞의 책, 647-651쪽.

29 『완당전집』 권5, 서독 「여백파서」.

30 고형곤, 앞의 책, 652-656쪽.

31 고형곤, 앞의 책, 656-661쪽.

32 『완당전집』 권5, 서독 「여백파서」 1.

33 고형곤, 앞의 책, 661-666쪽.

34 『완당전집』 권5, 서독 「여백파서」 3.

35 고형곤, 앞의 책, 667-670쪽.

36 고형곤, 앞의 책, 670-671쪽.

37 이하의 내용은 『少林通方正眼』 「答金參判正喜」(『한국불교전서』 10, 635-641쪽)를 요약, 정리한 것으로 한기두, 앞의 논문(1991)을 참고하였다.

38 『소림통방정안』 「又」(『한국불교전서』 10, 641-646쪽).

39 1960년대 말부터 1970년대에 걸쳐 韓基斗, 高亨坤 등에 의해 선 논쟁에 대한 연구가 본격화되었다. 韓基斗, 「白坡의 禪文手鏡」, 『圓光大論文集』 4(1969); 「白坡와 草衣時代 禪의 論爭點」, 『崇山朴吉眞博士華甲記念韓國佛教思想史』(이리: 원불교사상연구원, 1975); 高亨坤, 「秋史의 「白坡妄證 十五條」에 대하여」, 『學術院論文集—人文·社會科學篇』 14(1975). 근래에 김용태, 『조선후기 불교사 연구—임제법통과 교학전통』(성남: 신구문화사, 2010); 이종수, 「조선후기 삼문수학과 선논쟁의 전개」, 『한국불교학회』 63(2012) 등 조선후기 불교의 사상적 특색과 관련하여 선 논쟁이 다시 주목되

고 있다.

40 金約瑟,「秋史의 禪學辯」,『白性郁博士頌壽記念佛教學論文集』(서울: 東國大 記念事業委員會, 1959); 李鍾益,「證答白坡書를 通해 본 金秋史의 佛敎觀」,『佛敎學報』12(1975); 高亨坤,「秋史의 禪觀」,『韓國學』18(1978); 鄭炳三,「秋史의 佛敎學」,『澗松文華』24(1983); 崔柄憲,「茶山 丁若鏞의 韓國佛敎史 硏究」,『丁茶山 硏究의 現況』(서울: 民音社, 1985); 李相鉉,「秋史의 佛敎觀」,『民族文化』13(1990).

41 『一枝庵文集』「艸衣大師塔銘幷序」(『한국불교전서』 12, 271-272쪽); 『한국고승비문총집』, 692-693쪽; 『艸衣詩稿』 권하,「艸衣大宗師塔碑銘」(『한국불교전서』 10, 869-870쪽); 『한국고승비문총집』, 696-697쪽.

42 『초의시고』 권하,「重造成千佛記」(『한국불교전서』 10, 863쪽).

43 풍계 현정, 『일본표해록』, 김상현 역(서울: 동국대 출판부, 2010)의 해제.

44 앞의「초의대종사탑비명」.

45 그의 법맥은 鞭羊彦機-楓潭義諶-月潭雪霽-喚惺志安-虎巖體淨-蓮潭有一-玩虎倫佑로 이어지는 편양파의 정맥에 속하며 대둔사의 강학 전통을 확립한 연담 유일의 문손이다.

46 『禪門四辨漫語』,『草衣詩稿』,『茶神傳』,『東茶頌』,『震黙祖師遺蹟攷』는 『한국불교전서』 제10책, 『一枝庵文集』은 제12책에 각각 수록되어 있다. 초의의 저술에 대한 번역서로는 이종찬 역, 『초의시고』(서울: 동국역경원, 2010(개정판)); 이종찬 등 역, 『일지암문집 외』(서울: 동국역경원, 2010(개정판)); 고월 용운, 동국역경위원회 역, 『동다송, 다신전 외』(서울: 동국역경원, 2010(개정판)); 김영욱 역, 『선문사변만어』(서울: 동국대 출판부, 2012) 등이 있다.

47 앞의,「초의대종사탑비명」.

48 앞의「초의대사탑명병서」. 초의가 얻은 중국 불서는 1681년 荏子島에 표착한 중국 상선에 실려 있던 嘉興大藏經의 일부이다. 초의가 보았을 대둔사의 가흥대장경은 현재 담양 龍興寺로 옮겨져 약 69종, 71책이 소장되어 있다.

49 『완당전집』 권5, 書牘,「與草衣」.

50 『초의시고』「阮堂金公祭文」(『한국불교전서』 10, 867-868쪽).

51 정병삼, 앞의 논문(1983).

52 『완당전집』 권5, 서독,「與白坡」.

53 『茶山詩文集』 권17, 贈言,「爲草衣僧意洵贈言」.

54 『초의시고』 권상, 「奉呈籜翁先生」(『한국불교전서』 10, 832-833쪽).

55 앞의 「초의대종사탑비명」; 『일지암문집』 권2, 「與酉山書」; 「上丁承旨書」(『한국불교전서』 12, 270-271쪽) 등 편지와 『초의시고』에서 초의와 이들 부자의 밀접한 교유관계를 확인할 수 있다.

56 최병헌, 앞의 논문(1985).

57 丁若鏞, 「蓮坡大師碑銘」(『한국고승비문총집』, 670-671쪽). 그는 이들이 12대 종사와 12대 강사의 말석이 아닌 '華'라고 표현하고 '蓮老(연담)는 大蓮, 坡公(蓮坡, 아암)은 小蓮'이라고 칭했다.

58 정병삼, 「19세기의 불교사상과 문화」, 『추사와 그의 시대』(서울: 돌베개, 2002).

59 『초의시고』 「艸衣詩集序」(『한국불교전서』 10, 831쪽).

60 앞의 「초의대종사탑비명」.

61 『초의시고』 「海居道人俯和」(『한국불교전서』 10, 852쪽).

62 『초의시고』 「초의시집서」(『한국불교전서』 10, 830쪽).

63 『栢悅錄』 「白羊山淨土寺淸流洞記」(『한국불교전서』 10, 526쪽).

64 『少林通方正眼』 「行狀」(『한국불교전서』 10, 651-653쪽).

65 忽滑谷快天, 『朝鮮禪敎史』(東京: 春秋社, 1930), 498-499쪽에 의하면 金剛山 神溪寺에 긍선의 「太古歌釋」 등이 소장되어 있었다고 한다.

66 金正喜, 「華嚴宗主白坡大律師大機大用之碑銘」(『한국불교전서』 10, 628-633쪽). 「行狀」에는 禪師로 되어 있다. 『소림통방정안』 「像讚幷序」(『한국불교전서』 10, 628쪽)에는 雪峰의 達摩像이 긍선과 닮아서 靈龜(龜岩, 華藏)山에 白坡像으로 모셨다고 한다.

67 『禪文手鏡』 「義理禪格外禪辨」(『한국불교전서』 10, 519쪽).

68 『선문수경』 「의리선격외선변」; 「新熏本分辨」; 「圓相說」(『한국불교전서』 10, 519-520쪽).

69 『禪門四辨漫語』 「二禪來義」; 「格外義理辨」(『한국불교전서』 10, 826-828쪽).

70 『禪門證正錄』 「第二 如來禪祖師禪義理禪格外禪說」(『한국불교전서』 10, 1138쪽).

71 『선문사변만어』 「격외의리변」(『한국불교전서』 10, 827-828쪽).

72 『선문사변만어』(『한국불교전서』 10, 821-823쪽).

73 『선문사변만어』(『한국불교전서』 10, 820-822쪽). 『선문사변만어』 「眞空妙有辨」(『한국불교전서』 10, 829-830쪽)에서 초의는 백파가 眞空을 不變眞如로 보고 妙有를 隨緣眞如로 보아 體와 相, 偏과 正을 나눈 것에 대해서도 비판하였다.

74 『선문사변만어』(『한국불교전서』 10, 823-825쪽). 法眼文益의 '若見諸相非相 卽不見如來'를 들어 법안종도 祖師禪이라고 보았다. 참고로 『人天眼目』에서는 선종 5가의 특성과 차이를 설명하면서 임제종과 다른 선종에 차등을 두지 않았고 위앙종, 법안종, 조동종 등을 모두 조사선으로 인정하였다.

75 『선문사변만어』「격외의리변」(『한국불교전서』 10, 827-828쪽).

76 『선문사변만어』「이선래의」; 「격외의리변」(『한국불교전서』 10, 826-828쪽). 義理는 화엄의 圓融無碍의 의리, 격외선의 의리 등 다양한 사례가 있는데 佛祖가 드러낸 것이 의리선의 의리이며 이는 여래선의 의리라고 하였다.

77 『禪門五宗綱要』(『한국불교전서』 9, 459-461쪽).

78 『東師列傳』 권5, 「雪竇講伯傳」(『한국불교전서』 10, 1060쪽).

79 『禪源溯流』(『한국불교전서』 10, 667-668쪽). 禪詮의 연원은 宗密이 『都序』에서 선종을 차등적으로 분류하고 우열을 정한 것에서 비롯되었다.

80 『선원소류』(『한국불교전서』 10, 676-677쪽).

81 『禪門再正錄』(『한국불교전서』 11, 868쪽; 871쪽).

82 『선문재정록』(『한국불교전서』 11, 869-870쪽).

83 김용태, 앞의 책(2010), 273-302쪽.

84 앞의 「초의대종사탑비명」.

85 『선문사변만어』「이선래의」(『한국불교전서』 10, 826-827쪽).

86 『兒菴遺集』 권1, 「叢林行」(『한국불교전서』 10, 692-693쪽).

제 4 부
유교사회의 종교적 지형과 시대성

| 제1장 | 호국의 기치와 불교의 사회적 역할

1 김용태, 「임진왜란 의승군 활동과 그 불교사적 의미」, 『普照思想』 37(2012), 229-256쪽.

2 『清虛堂集』 권3, 「上蓬萊子書」; 補遺, 「清虛堂行狀」(『韓國佛敎全書』 7, 701쪽·735쪽).

3 『大東野乘』 권36, 「再造藩邦志」 20.

4 『鞭羊堂集』 권2, 「西山行蹟草」(『한국불교전서』 8, 254-255쪽). 『宣祖實錄』 권30, 25년 9월 12일에서 尹斗壽가 휴정에게 승군을 모으게 할 것을 재차 청하였음을 볼 수 있다.

5 『宣祖修正實錄』 권26, 25년 7월 1일.

6 『선조실록』 권29, 25년 8월 26일에는 영규의 활약을 높이 평가하는 비변사 보고가 실렸다.

7 「淸虛堂休靜大師碑銘」(『韓國高僧碑文總集: 朝鮮朝·近現代』(서울: 伽山佛教文化研究院, 2000), 60-62쪽).

8 『선조실록』 권53, 27년 7월 20일; 권82, 29년 11월 7일, 권115, 32년 7월 8일; 『선조수정실록』 권26, 25년 7월 1일. 현재에는 전하지 않는 조선전기 『承政院日記』 일부도 정유재란 때 보현사로 옮겨졌다고 한다.

9 김덕수, 『임진왜란과 의승군』(서울: 경서원, 1993), 63쪽.

10 『선조실록』 권48, 27년 2월 20일.

11 김덕수, 앞의 책, 291-330쪽.

12 「法住寺碧巖覺性大師碑銘」; 「華嚴寺碧巖覺性大師碑銘」(『한국고승비문총집』, 174-177쪽; 180-184쪽).

13 『奮忠紓難錄』 「甲午九月馳進京師上疏言討賊保民事疏」(『한국불교전서』 8, 90-93쪽); 『선조실록』 권87, 30년 4월 13일의 「丁酉疏」.

14 『선조실록』 권146, 35년 2월 3일; 권152, 35년 7월 20일; 권172, 37년 3월 14일; 『光海君日記』 권35, 2년 11월 12일.

15 『선조실록』 권53, 27년 7월 8일; 권64, 28년 6월 12일.

16 『선조실록』 권49, 27년 3월 1일.

17 『靑梅集』 「悼世」(『한국불교전서』 8, 150쪽).

18 『靜觀集』 「上都大將年兄」(『한국불교전서』 8, 30-31쪽).

19 『분충서난록』 「乙未罷兵後備邊司啓」(『한국불교전서』 8, 97쪽).

20 이자랑, 「계율」, 『테마 한국불교』 3 (서울: 동국대 출판부, 2015), 197-238쪽.

21 高木昭作, 「神國思想と神佛習合」, 『日本文化研究—神佛習合と神國思想』(東京: 放送大學教育振興會, 2005), 15-37쪽; 高木昭作, 『將軍權力と天皇』(東京: 青木書店, 2003).

22 스에키 후미히코, 백승연 역, 『일본 종교사』(서울: 논형, 2009), 153-156쪽.

23 「大興寺淸虛堂大師碑銘」(『한국고승비문총집』, 61쪽).

24 『靑梅集』 권하, 「爲松雲大師疏」; 「松雲大師祭文」; 「跋」(한국불교전서』 8, 152-156쪽); 『奇巖集』 권3, 「表訓寺海會堂勸善文」; 「長安寺重創勸善文」; 「金剛山長安寺法堂造成勸善文」(『한국불교전서』 8, 176-181쪽).

25 카시와하라 유센, 원영상 등 역, 『일본불교사 근대』(서울: 동국대 출판부, 2008), 39-42쪽.

26 김용태, 「식민지 불교의 혁신론과 문명개화의 여정」, 『東國史學』 48(2010).

27 김영진, 「식민지 조선의 황도불교와 공(空)의 정치학」, 『한국학연구』 22(2010), 55쪽에서는 小倉精神硏究所, 『護國佛教』(1938); 土屋詮敎, 「國體と佛教の勤王護國思想」, 『中央佛教』 25-11(1941)을 예로 들어 일본의 국체와 勤王을 위한 호국사상의 연결에 주목하였다.

28 이시이 코세이, 최연식 역, 「화엄철학은 어떻게 일본의 정치이데올로기가 되었는가」, 『불교평론』 6(2001)에서 紀平正美, 「화엄경과 파우스트」, 『行の哲學』(東京: 岩波書店, 1923); 「日本精神と辨證法」(東京: 文部省 思想問題硏究會, 1932) 재인용.

29 허남린, 「일본에 있어서 불교와 불교학의 근대화—반기독교주의, 가족국가, 그리고 불교의 문화정치학」, 『종교문화비평』 8(2005), 48-50쪽에서는 불교와 천황제를 연결하는 고리로 가족국가에 주목하였다.

30 矢吹慶輝, 「鎭護國家と日本佛教」, 『朝鮮佛教』 108(1935); 江田俊雄, 「朝鮮佛教と護國思想—特に新羅時代のそれに就いて」, 『朝鮮』 239(1935).

31 安東相老(權相老), 『臨戰의 朝鮮佛教』(京城: 卍商會, 1943), 7-20쪽. '成佛은 戰勝이다, 戒는 戰鬪訓이다, 持戒는 國防이다, 佛陀의 經國訓, 殺生의 範圍, 朝鮮僧의 軍機, 臨戰의 役割, 圓光法師의 世俗五戒, 僧侶志願兵'과 같은 목차에서도 책의 편찬 의도가 명확히 드러난다.

32 해방 후 본격적인 불교 관련 첫 학술논문집이라 할 수 있는 『白性郁博士頌壽記念佛教學論文集』(1959)에 실린 禹貞相의 「李朝佛教의 護國思想에 對하여—特히 義僧軍을 中心으로」도 조선시대 승군의 호국사상을 다룬 것이다. 동국대 불교문화연구소의 『佛教學報』 8(1971)과 14(1977)에도 한국의 호국불교 관련 연구가 다수 실렸다.

33 《東亞日報》(1975. 12. 18).

34 禹貞相·金煐泰 공저, 『韓國佛教史』(서울: 進修堂, 1969).

35 安啓賢, 『韓國佛教史硏究』(서울: 同和出版社, 1982).

36 김영태, 『韓國佛教史槪說』(서울: 經書院, 1986; 개정판 『한국불교사』, 1997).

37 鎌田茂雄, 『朝鮮佛教史』(東京: 東京大學出版會, 1987).

38 호국불교에 대한 비판적 시각의 글로는 김종명, 「'호국불교' 개념의 재검토」, 『불교연구』 17(2000); 김종만, 「호국불교의 반성적 고찰—한국불교 전통에 대한 비판적 검토」, 『불교평론』 3(2000); 헨릭 소렌슨, 최원섭 역, 「호국불교, 나라를 지키는가 정권을 지키는가」, 『불교평론』 21(2004)가 있으며, 김상영, 「한국불교의 보편성과 특수성: 그동안의 담론 검토를 중심으로」, 『불교연구』 40(2014)의 호국불교 관련 연구사 정리가 참고가 된다.

39 윤기엽, 「한국 불교와 국가」, 『한국 호국불교의 재조명』 3(서울: 대한불교조계종 불교사회연구소, 2014), 121-170쪽.

40 이병욱, 「중국 불교와 국가—중국불교교단과 국가의 관계에 대한 통시적 이해」, 『한국 호국불교의 재조명』 3(서울: 대한불교조계종 불교사회연구소, 2014), 171-226쪽.

41 圭室文雄, 『日本佛教史 近世』(東京: 吉川弘文館, 1987), 343-346쪽.

42 辻善之助, 『日本佛教史』 1-10(東京: 岩波書店, 1944-1955)의 근세편 마지막 절 제목은 「佛教の衰微と僧侶の墮落」이다.

43 원영상, 「일본 불교와 국가—일련종 불수불시파와 국가권력의 문제를 중심으로」, 『한국 호국불교의 재조명』 3(서울: 대한불교조계종 불교사회연구소, 2014), 227-262쪽.

44 조준호, 「경전 상에 나타난 호국불교의 검토」, 『한국 호국불교의 재조명』(서울: 대한불교조계종 불교사회연구소, 2012), 13-47쪽.

45 김용태, 「한국불교사의 호국 사례와 호국불교 인식」, 『大覺思想』 17(2012), 43-73쪽.

46 南希叔, 「朝鮮後期 佛書刊行 硏究-眞言集과 佛教儀式集을 中心으로」, 박사학위논문(서울: 서울대, 2004)에서는 당시의 국가적 위기 상황이 불교의 종교적 대응과 대중화를 가능케 한 역사적 배경이라고 보았다.

47 『선조실록』 권43, 선조 26년 10월 2일.

48 『浮休堂大師集』 권5, 「薦戰死亡靈疏」(『한국불교전서』 8, 82쪽). 『四溟堂大師集』, 『奇巖集』 등 당시를 배경으로 한 승려 문집에는 '無主孤魂'의 왕생을 기원하는 글들이 다수 확인된다.

49 『선조실록』 권200, 선조 39년 6월 1일, 6월 21일, 史臣에 의하면 이때 수륙회는 여러

宮家에서 시주하여 후원하였다 한다.

50 『선조실록』 권211, 선조 40년 5월 4일.

51 『虛白集』「虛白堂詩集序」(『한국불교전서』 8, 379-380쪽).

52 한명기, 『정묘·병자호란과 동아시아』, 푸른역사, 2009.

53 『인조실록』 권34, 15년 1월 15일; 권42, 19년 8월 25일.

54 『大覺登階集』 권2, 「賜報恩闡教圓照國一都大禪師行狀」(『한국불교전서』 8, 329-331쪽); 「화엄사벽암당각성대사비명」(『한국고승비문총집』, 180-184쪽).

55 『선조실록』 권43, 26년 10월 22일.

56 『선조실록』 권83, 29년 12월 8일.

57 『선조실록』 권84, 30년 1월 29일.

58 허태구, 「丙子胡亂의 정치·군사사적 연구」, 박사학위논문(서울: 서울대, 2009).

59 李泰鎭, 『朝鮮後期의 政治와 軍營制 變遷』(서울: 韓國硏究院, 1985), 117-121쪽.

60 『인조실록』 권5, 2년 3월 16일.

61 『인조실록』 권7, 인조 2년 11월 30일.

62 『인조실록』 권7, 2년 11월 30일. 남한산성에는 總攝 1인, 中軍 1인이 통솔하는 승군 138명이 주둔하였다. 또한 승려 356명이 경기, 강원, 황해와 삼남에서 매년 6번 입역하여 교대하였다(『南漢志』, 67, 87쪽).

63 『南漢志』 권3, 佛宇. 『남한지』는 1846년(헌종 12) 洪敬謨가 편찬한 책으로 邑誌의 성격을 갖는다. 국립중앙도서관본(한古朝62-3) 『重訂南漢志』는 13권 6책의 필사본이며 서울대 규장각본(奎4068)은 13권 3책이다.

64 위의 『남한지』 권4, 營制.

65 「楡岾寺松月堂大師碑」; 「貝葉寺松月堂石鐘碑」; 「金剛山松月堂應祥大師碑」(『한국고승비문총집』, 150-158쪽).

66 『인조실록』 권7, 인조 2년 11월 30일.

67 李能和, 『朝鮮佛教通史』(京城: 新文館, 1918), 상편 628-629쪽. 『인조실록』 권39, 인조 17년 10월 8일; 권40, 인조 18년 5월 21일.

68 李景奭, 「華嚴寺國一都大禪師碑銘」(『한국고승비문총집』, 180-184쪽).

69 『大覺登階集』 권2, 「賜報恩闡教圓照國一都大禪師行狀」(『한국불교전서』 8, 329-331쪽); 鄭斗卿, 「法住寺碧巖堂覺性大師碑銘」(『한국고승비문총집』, 174-177쪽).

70 『대각등계집』 권2, 「正憲大夫八道都摠攝兼僧大將悔隱長老碑銘」.

71 이능화, 앞의 책, 하편 〈南漢山寺守城緇營〉에 『남한지』 내용이 요약, 수록되어 있다.

72 이종수, 「숙종 7년 중국선박의 표착과 백암성총의 불서간행」『불교학연구』 21(2008). 한편 高橋亨, 『李朝佛教』(大阪: 寶文館, 1929), 690-692쪽에서 인용한 水觀居士 李忠翊의 「維摩經序」와 東平尉 申翊聖의 『閑居漫錄』을 보면 당시 숙종이 불교에 해박하였던 承旨 任相元에게 『維摩經』을 해설하게 했지만 고사하였다 한다.

73 『北漢誌』는 1711년(숙종 37) 聖能이 북한산성을 축조한 이후 후임 총섭 瑞胤에게 인계할 때 산성에 관한 14조항을 기록하여 1745년(영조 21)에 간행한 책이다. 국립중앙도서관본(한古朝62-14)과 서울대 규장각본(奎3299) 참조.

74 「三角山太古寺重創上樑記」(1725).

75 장지연, 「光海君代 宮闕營建: 仁慶宮과 慶德宮(慶熙宮)의 창건을 중심으로」, 『韓國學報』 32(서울: 일지사, 1997).

76 李鍾英, 「僧人號牌考」, 『東方學志』 17(1963) 김용태, 「조선후기 남한산성의 조영과 승군의 활용」, 『韓國思想과 文化』 78(2015) 참조.

77 『顯宗實錄』 권17, 현종 10년 6월 20일.

78 『광해군일기』 권35, 광해군 2년 11월 12일에 의하면 당시 號牌廳에서 새로 출가하는 이들을 대상으로 『經國大典』의 도첩 규정대로 시행함을 事目 안에 고쳐 표시하였는데, 이는 도첩 수여의 제도화를 의미한다.

79 『인조실록』 권4, 선조 2년 7월 23일.

80 『광해군일기』 권33, 광해군 2년 9월 23일에서는 오대산 사고에 승군을 두어 수호하게 하고 잡역을 면제할 것을 명하고 있다. 한편 『인조실록』 권13, 인조 4년 4월 21에 의하면 葬禮都監에서 4도의 승군 650명을 15일간 부역시켰다고 한다,

81 『광해군일기』 권63, 광해군 5년 2월 25일.

82 『선조실록』 권39, 선조 26년 6월 29일; 권41, 선조 26년 8월 7일; 권48, 선조 27년 2월 27일; 『광해군일기』 권63, 광해군 5년 2월 25일.

83 『선조실록』 권41, 선조 26년 8월 7일; 권74, 선조 29년 4월 17일; 권75, 선조 29년 5월 2일.

84 『선조실록』 권39, 선조 26년 6월 29일; 7월 20일; 권83, 선조 29년 12월 5일; 12월 8일.

85 『선조실록』 권39, 선조 26년 7월 17일; 9월 9일.

86 『선조실록』 권37, 선조 26년 4월 12일; 권38, 선조 26년 5월 15일; 권39, 선조 26년 6

월 29일.

87 『광해군일기』 권14, 광해군 1년 3월 27일.

88 『광해군일기』 권22, 광해군 1년 11월 26일; 권126, 광해군 10년 4월 24일.

89 『광해군일기』 권161, 광해군 13년 2월 1일.

90 尹用出, 「朝鮮後期의 赴役僧軍」『釜山大學校人文論叢』 26(1984) 참조.

91 『肅宗實錄』 권3, 숙종 원년 5월 9일. 이후 숙종 11년에는 사찰 田地의 규모를 파악하고 승려에 대한 호구조사를 실시해야 한다는 논의가 제기되었다(『承政院日記』, 숙종 11년 1월 9일(기사), 307책/제16책). 장경준, 「조선후기 호적대장의 승려 등재 배경과 그 양상」, 『大東文化硏究』 54(2006) 참조.

92 이종수, 「1652년 官府文書를 통해 본 孝宗代 佛教政策研究」, 『韓國佛教學』 67(2013).

93 『대각등계집』 권2, 「간폐석교소」(『한국불교전서』 8, 337쪽).

94 삼남에서 활동한 浮休系는 벽암 각성, 白谷處能 등이 남한산성 도총섭을 맡으면서 큰 계파로 성장하였고 清虛系 四溟派는 사명 유정과 허백 명조가 도총섭을 역임하였다.

95 呂恩暻, 「朝鮮後期 山城의 僧軍總攝」『大邱史學』 32(1987), 9-13쪽.

96 『대각등계집』 권2, 「諫廢釋教疏」(『한국불교전서』 8, 335-343쪽).

97 앞의 『남한지』 권4, 營制; 金甲周, 「南北漢山城 義僧番錢의 綜合的 考察」, 『佛教學報』 25(1988), 25쪽.

98 오경후, 「조선후기 의승번전의 징수와 승군」, 『한국 호국불교의 재조명 2』(서울: 대한불교조계종 불교사회연구소, 2013, 246-248쪽).

99 여은경, 앞의 논문(1987)에서는 영조대 良役變通論이 정조대 의승방번전의 半減으로 이어졌다고 보았다.

100 高橋亨, 앞의 책, 1000-1002쪽.

101 이능화, 앞의 책, 하편, 825-826쪽; 高橋亨, 앞의 책, 1002-1003쪽.

102 金映遂, 『朝鮮佛教史藁』(京城: 中央佛教專門學校, 1939), 167-169쪽.

103 高橋亨, 앞의 책, 1002쪽.

104 이능화, 앞의 책, 하편, 964-965쪽. 김덕수, 『임진왜란과 의승군』(경서원, 1993), 291-330쪽에 의하면 여수 興國寺에는 임진왜란 이후 300명 규모의 승군조직이 계승되어왔는데 이 또한 全羅左水營이 해체된 갑오경장 때에 없어졌다고 한다.

1 고영진, 『조선중기 예학사상사: 예의 시행, 예설의 변화, 예학의 성립』(서울: 한길사, 1995), 27-45쪽.

2 강호선, 「조선 태조 4년 國行水陸齋 설행과 그 의미」, 『韓國文化』 62(2013), 199-234쪽.

3 탁효정, 「조선시대 王室願堂 연구」, 박사학위논문(성남: 한국학중앙연구원, 2012).

4 박병선, 「조선후기 원당의 정치적 기반: 관인 및 왕실의 불교인식을 중심으로」, 『민족문화논총』 25(2002).

5 박정미, 「조선시대 佛教式 喪·祭禮의 설행양상: 왕실의 국행불교상례와 사족의 봉제사사암을 중심으로」, 박사학위논문(서울: 숙명여대, 2015).

6 고영진, 앞의 책, 142-169쪽.

7 이태진, 『조선유교사회사론』(서울: 지식산업사, 1989) 참조.

8 정진영, 「양반들의 생존 전략에서 얻은 통찰: 조선의 유교적 향촌 공동체」, 『500년 공동체를 움직인 유교의 힘』(파주: 글항아리, 2013), 115-147쪽.

9 清水盛光, 『支那家族の研究』(東京: 岩波書店, 1943), 179쪽.

10 지두환, 「총설: 오례, 국가의 체계를 세우다」, 『조선의 국가의례, 오례』(서울: 국립고궁박물관, 2015), 23-24쪽.

11 『經國大典』 刑典, 私賤.

12 이종서, 「조선전기 균분의식과 '執籌'」, 『古文書研究』 25(2004)에서는 조선전기에 執籌(제비뽑기)를 통해 형제자매들이 부모의 유산을 나누어 상속한 사례를 고찰하였다.

13 최재석, 『한국가족제도사연구』(서울: 일지사 1983); 정긍식, 「16세기 재산상속과 제사승계의 실태」, 『고문서연구』 24(2004) 참조.

14 문숙자, 『조선시대 재산 상속과 가족』(서울: 경인문화사, 2004) 참조.

15 이종서, 『고려·조선의 친족용어와 혈연의식: 친족관계의 정형과 변동』(성남: 신구문화사, 2009), 191-219쪽.

16 김경미, 「주자가례의 수용과 17세기 혼례의 양상: 친영례를 중심으로」, 『조선 중기 예학 사상과 일상 문화: 주자가례를 중심으로』(서울: 이화여대출판부, 2008) 참조.

17 권기석, 『족보와 조선사회: 15-17세기 계보의식의 변화와 사회관계망』(서울: 태학사, 2011), 145-165쪽.

18 이종서, 앞의 책, 133-142쪽.

19 『釋門喪儀抄』는 1657년 白谷處能이 七佛庵에서 書記한 澄光寺 開板本(서울대 소장 百愚集 합철본, 동국대 소장)을 저본으로 『한국불교전서』 8에 수록되었다.

20 『석문상의초』 「跋」(『한국불교전서』 8, 243쪽).

21 『해동불조원류』의 '浮休下第一世碧嵓性法嗣'(『한국불교전서』 10, 123쪽)에 의하면, 진일은 벽암 각성의 문도로 되어 있다. 그러나 1920년 송광사 錦溟 寶鼎에 의해 편찬된 부휴계 위주의 승전인 『曹溪高僧傳』(『한국불교전서』 12, 401쪽)에도 '曹溪宗師懶庵眞一 碧嵓嗣'로만 되어 있고 전기는 수록되어 있지 않아서 자세한 행적은 알 수 없다.

22 『釋門家禮抄』는 1660년 문경 裵珊瑚 奉鴈 간본(연세대 소장)을 저본으로 『한국불교전서』 8에 수록되었다.

23 『僧家禮儀文』은 1670년 양산 通度寺 간본(金敏榮 소장)을 저본, 1694년 담양 玉泉寺 간본(동국대 소장)을 갑본, 경술년 공주 岬寺 개간본(고려대 소장)을 을본으로 『한국불교전서』 8에 수록되었다.

24 『석문상의초』 「釋門喪儀抄序」(『한국불교전서』 8, 237쪽).

25 『석문가례초』 「釋門家禮抄跋」(『한국불교전서』 8, 288쪽).

26 이부키 아츠시, 최연식 옮김, 『새롭게 다시 쓰는 중국 禪의 역사』(서울: 대숲바람, 2005), 240-241; 212-213쪽. 청규는 청정한 선승들을 뜻하는 '淸淨大海衆'의 청과, 수행자가 지켜야 할 규율인 '規矩準繩'의 규를 합친 말로서 선종 총림의 조직과 수행에 필요한 규칙을 담은 것이다.

27 강호선, 「고려말 禪僧의 入元遊歷과 元 淸規의 수용」, 『韓國思想史學』 40(2012) 참조.

28 『太祖實錄』 권14, 7년 5월 13일.

29 이종서, 앞의 책, 43-44쪽.

30 김순미, 「『釋門家禮抄』의 五服圖 연구」, 『영남학』 18(2010), 361-388쪽에서는 『석문가례초』와 『주자가례』의 오복도를 비교하여 상이점을 분석한 결과 『석문가례초』는 국가에서 권장하는 제도보다 관습화된 시속을 따랐다고 보았다.

31 『석문상의초』 상편, 「僧五服圖」(『한국불교전서』 8, 237쪽); 『석문가례초』 상편, 「僧俗五服圖」(『한국불교전서』 8, 277쪽); 『승가예의문』 「僧喪服圖」(『한국불교전서』 8, 401쪽).

32 『四溟堂僧孫世系圖』(서울대 중앙도서관 一石文庫本, 일석 294.30922Y95sp).

33 김용태, 「조선후기 大芚寺의 表忠祠 건립과 '宗院' 표명」, 『普照思想』 27(2007) 참조.

34 1764년에 나온 『西域中華海東佛祖源流』에는 臨濟太古法統의 법맥을 기준으로 18세기 중반까지의 청허계와 부휴계의 계보가 망라되었다.

35 이부키 아츠시, 앞의 책, 240-241쪽에 의하면, 중국도 명 이후 종파성의 강화로 인해 각 사찰이 특정 문파에 의해 계승, 유지되었는데 이를 '一流相承刹 傳法叢林'이라 했다 한다.

36 『三老行蹟』「碧松堂大師行蹟」(『한국불교전서』 7, 752-754쪽).

37 『淸虛堂集』「淸虛堂集序」(『한국불교전서』 7, 659-660쪽); 『四溟堂大師集』 권7, 「有明朝鮮國慈通弘濟尊者四溟松雲大師石藏碑銘幷序」(『한국불교전서』 8, 75-77쪽).

38 임제태고법통은 편양 언기의 주도로 李植, 「淸虛堂集序」; 李廷龜, 「西山碑文」; 張維, 「淸虛碑文」 등을 통해 제기되었다.

39 김용태, 『조선후기 불교사 연구: 임제법통과 교학전통』(성남: 신구문화사, 2010), 176-186쪽.

40 金映遂, 『朝鮮佛教史藁』(京城: 中央佛教專門學校, 1939, 158-160쪽.

41 『說禪儀』 附, 「東國諸山禪燈直點壇」(『한국불교전서』 7, 739-741쪽)에서도 영관과 휴정을 잇는 매개 역할로서 일선의 위상을 높이 평가하였다.

42 『삼로행적』 「敬聖堂行錄後跋」(『한국불교전서』 7, 756쪽)에서는 '碧松과 敬聖은 동방의 神聖이며 淸虛는 近世의 禪匠'이라고 하였다.

43 『淸虛堂集』의 刊本 기록(『한국불교전서』 7, 658쪽).

44 『삼로행적』 「跋文」(『한국불교전서』 7, 757쪽). 이 발문은 1630년 이후 판본에 나온다.

45 앞의 『사명당승손세계도』. 그 서문은 1739년 유정의 8대손인 尼巖 快仁이 썼다.

46 『西域中華海東佛祖源流』(『한국불교전서』 10, 100-134쪽). 高橋亨, 『李朝佛教』 (大阪: 寶文館, 1929), 599쪽에서는 조선후기에 '扶養의 法父'가 그대로 法師인 경우가 많았다고 하여, 양육사가 전법사를 겸한 사례가 적지 않았다고 보고 있다.

47 『梵海禪師文集』 권2, 「僧族譜序」(『한국불교전서』 10, 1089쪽).

48 『宣祖實錄』 권49, 27년 3월 1일; 권64, 28년 6월 12일. 高橋亨, 앞의 책, 557-558쪽에도 관련 내용이 나온다.

49 金甲周, 「朝鮮後期 僧侶의 私有田畓」, 『朝鮮時代 寺院經濟硏究』(서울: 同和出版, 1983), 138-153쪽.

50 『新補受教輯錄』 戶典 雜令 孝宗 8年.

51 『신보수교집록』 호전 잡령 顯宗 15年; 김갑주, 앞의 책(1983), 154-157쪽.

52 李能和, 『朝鮮佛教通史』(京城: 新文館, 1918), 하편 985-986쪽.

53 한상길, 『조선후기 불교와 사찰계』(서울: 경인문화사, 2006) 참조.

54 서울대학교 奎章閣에 소장된 고문서 중 35,000건에 달하는 土地文書에서 조선후기 전답의 매매에 관한 구체적 사례를 확인할 수 있다. 2006년에 완료된 「규장각소장 土地文記의 정리와 目錄集 간행을 위한 기초 연구」(연구책임자 金仁杰)에서 20,000여 건의 토지문서가 일차 정리되었다. <土地賣買文記> 중 17-19세기 경기도, 충청도 일부 지역만을 대상으로 한정해도 승려가 매도자나 매수자인 사례를 많이 찾을 수 있다. 매도는 <토지매매문기> 번호 「84547」, 「84550」, 「84552」, 「138392」, 「156135」, 「219339」, 「219516」, 「219540」, 매수는 「138436」, 「156131」, 「156132」, 「205042」, 「219541」, 승려간의 매매는 「156130」이다.

55 규장각 소장 <토지매매문기> 「156130」, 「84552」, 「219540」, 「219609」, 「219604」. 김용태, 앞의 책, 81-82쪽.

56 이능화, 앞의 책, 하편 985-986쪽.

57 『한국의 사찰문화재: 전국사찰문화재 일제조사 광주광역시·전라남도 3』(서울: 문화재청, 2006), 389쪽의 掛佛圖 畵記.

58 高橋亨, 앞의 책, 916-917쪽. 주지 선정 방법은 招待繼席 등 특수한 경우를 제외하면 사찰의 주도권 문제 때문에 같은 문파의 同門에서 찾았다.

59 咸興 출신 涵月海源과 문도들은 근처 釋王寺에 기반을 두었고 평안도 三和 출신 虛靜法宗은 묘향산에 주석하였으며 海南 大芚寺의 승려 출생지는 대개 전라도 일대였다.

60 「僧侶民籍에 關한 件」(政務總監通牒 184)(이능화, 앞의 책, 하편 1181-1184쪽).

61 「朝鮮僧侶法類의 範圍」(총독부 官報). 이능화, 앞의 책, 하편 1130-1132쪽에 의하면, 法類는 동고조 8촌에 해당하는 위의 4세부터 나뉘는 직계와 방계는 能化법류, 현손에 해당하는 아래 4세까지는 所化법류로 위아래 9등급이 직계 법류였다. 스승이 같은 법형제는 同班 법류, 법형제의 제자는 傍出 법류이며, 반열의 순서는 능화-동반-소화-방출의 순이었다. 기본적으로 세속의 9族 5等親과 동일한 관계 규정이었다.

62 高橋亨, 앞의 책, 1042-1045쪽의 「朝鮮伽藍の莊嚴」에서도 북두칠성을 모시고 수명연장을 기도하는 칠성각, 천태산 나반존자를 모신 독성각, 호랑이를 탄 산신을 모신 산신각이 있는 것을 조선 사찰의 특징으로 들고 있다.

63 獨聖 那畔尊者는 선종 문헌의 '威音那畔人'에서 연유하며 『法華經』에 나오는 최초의 부처 威音王佛 이전의 사람을 가리킨다. 신은미, 「獨聖의 개념정립과 신앙에 관한 연구」, 『미술사학연구』 283-284(2014), 31-53쪽에 의하면, 독성 기록은 17세기부터 등장하는데 彌勒佛을 기다리며 홀로 禪定 수행을 하다가 재앙을 없애고 소원을 들어주는 존재로 부각된다. 羅漢신앙에서 유래한 것으로 보이며 나한도량인 天台山의 나반존자, 또는 부처의 제자 빈두루존자로도 알려져 있다. 독성각은 19세기 후반 이후 주로 만들어졌다.

64 김성은, 「한국의 무속과 민간불교의 혼합현상」, 『종교학연구』 24(2005), 73-91쪽에서는 불교와 무속의 혼합현상의 원인을 저변의 유사성과 무속의 포용성 및 확장성에서 찾았다. 최종석, 「한국불교와 도교신앙의 교섭—산신신앙, 용왕신왕, 칠성신앙을 중심으로」, 『한국불교학』 61(2011), 7-41쪽에서는 도교가 무교 등과 습합을 통해 민간신앙의 기층을 이루었고 산신, 칠성신앙은 도교의 신격이 불교 속에 자리를 잡은 것으로 보았다. 또한 구미래, 「불교 세시의례로 본 신중신앙의 한국적 수용」, 『불교문예연구』 10(2018), 143-172쪽에서는 산신, 칠성 등을 불교와 민속이 결합된 神衆의례의 관점에서 접근하였다.

65 『高麗史節要』 권2, 成宗文懿大王 임오 원년(982).

66 『三國史記』 권32, 雜志 祭祀條.

67 김영진, 「무격」, 『테마한국불교』 3(서울: 동국대 출판부, 2015), 121-158쪽.

68 김형우, 「한국사찰의 山神閣과 山神儀禮」, 『선문화연구』 14(2013), 297-332쪽.

69 『高麗史』 太祖世家 26년 4월.

70 『고려사』 권127, 列傳 40 叛逆, 妙清.

71 박호원, 「고려의 산신신앙」, 『민속학연구』 2(1995), 175-212쪽.

72 『太祖實錄』 권3, 2년 1월 21일.

73 이에 대해서는 이욱, 「조선전기의 산천제」, 『종교학연구』 17(1998), 125-144쪽; 최종성, 『조선조 무속 국행의례 연구』(서울: 일지사, 2002)의 3장 「유교 산천제와 무속 별기은(別祈恩)」 등 참조.

74 『太宗實錄』 권28, 14년 8월 21일.

75 김아네스, 「조선시대 산신 숭배와 지리산의 神祠」, 『역사학연구』 39(2010), 86-119쪽.

76 최종석, 「조선초기 風雲雷雨山川城隍祭의 수용·지속과 그 인식적 기반」, 『한국학연

구』 42(2016), 371-408쪽.

77 『世宗實錄』 권76, 19년 3월 13일.

78 『慶尙道地理志』 晉州道 晉州牧官 守令行祭所 2; 『佔畢齋集』 文集 2, 「遊頭流錄」; 『靑坡集』 2, 「遊智異山錄」(김아네스, 앞의 논문에서 재인용).

79 윤열수, 「조선후기 산신도와 불교 습합 신앙」, 『불교문화연구』 5(2005), 203-221쪽.

80 김형우, 앞의 논문에서도 산신각이 사찰 내에 들어서기 시작한 것은 18세기 이후이며 19세기에 보편화되었다고 보았다.

81 최광식, 「무속신앙이 한국불교에 끼친 영향—산신각과 장생을 중심으로」, 『백산학보』 26(1981), 70쪽.

82 김아네스, 앞의 논문에서는 조선시대에는 관청이나 士族이 주도하는 留鄕所에서 淫祀를 규제했음을 언급하며 18세기 말 지리산의 산신을 모시는 神祠에서 관청에 세금을 낸 사례를 들고 있다.

83 『秋波集』 권3, 「祭山神文」(『한국불교전서』 10, 79-80쪽). 추파 홍유는 淸巖寺 深寂庵에서 입적하였는데 심적암은 현재 경상도 산청의 深寂寺이다(『한국고승비문총집』, 564쪽의 「秋波堂大師碑記」).

84 『楓溪集』 권하, 「祭山神文」(『한국불교전서』 9, 156쪽).

85 『仁嶽集』 권2, 「隱寂庵山靈閣記」(『한국불교전서』 10, 412-413쪽). 隱寂庵은 경상도 달성 龍淵寺의 암자로 확인된다.

86 이지관 편, 『해인사지』(합천: 해인사, 1992), 193쪽.

87 『應雲空如大師遺忘錄』 「山神閣勸善文」(『한국불교전서』 10, 743쪽). 응운 인전은 편양파의 법맥을 이었고 세도가인 金祖淳과 가까워 空如라는 호를 받았다.

88 『涵弘堂集』 권2, 「玄沙寺山靈閣記」(『한국불교전서』 10, 990-991쪽).

89 『梵海禪師文集』 권1, 「隱跡庵山神閣創建記」(『한국불교전서』 10, 1076쪽).

90 『범해선사문집』 권1, 「淸海觀音庵山神閣創建記」(『한국불교전서』 10, 1077쪽).

91 규장각 소장본(奎12223)은 1573년 충청도 속리산 空林寺 개판본으로 이를 저본으로 한 『韓國佛敎儀禮資料總書』 1(서울: 保景文化社, 1993), 597쪽에서 해당 내용을 확인할 수 있다. 동국대 도서관 소장본은 후대 판본이지만 1470년(성종 1) 金守溫의 발문이 붙어 있어, 초간이 15세기 후반에 이루어졌을 가능성이 크다.

92 규장각본(奎1000) 『자기산보문』은 1568년(선조 1) 경상도 鶴山 廣興寺 개판본으로

앞의 『한국불교의례자료총서』 권2, 402-407쪽에 「제산단청좌의문」이 수록되어 있다. 국립중앙도서관에는 1649년 通度寺 간행 10권본이 소장되어 있다.

93 김용태, 「유교사회의 불교의례: 17세기 불교 상례집의 五服制 수용을 중심으로」, 『한국문화』 76(2016), 169-196쪽에서는 이들 상례집이 변화된 시대상황에 따라 속례인 『朱子家禮』에 의거해 부계 중심의 상제인 五服制를 수용하였고, 이는 승려 사유지의 친족 및 사제 상속이 용인됨에 따라 상속의 대상을 규정해야 할 필요성이 생겨난 것과 관련이 있다고 보았다.

94 『天地冥陽水陸齋儀 梵音刪補集』(『한국불교전서』 11, 458-483쪽). 최종석, 「조선전기 淫祀的 城隍祭의 양상과 그 성격—중화 보편 수용의 일양상」, 『역사학보』 204(2009), 189-236쪽에서는 1670년대 廢祠設壇 추진 등 복합적 요인으로 인해 성황제가 17세기 중후반부터 소멸되었을 것으로 추정했는데, 18세기 초 불교의식집에 「城隍壇作法」이 수록된 것은 산신단과 마찬가지로 성황단도 불교 측에서 수용했을 가능성을 보여준다.

95 홍윤식, 『불교와 민속』(서울: 동국대 역경원, 1980), 145-146쪽에 의하면 수륙재를 비롯한 사찰 불교의식의 三壇 구조에서 상단은 불보살단, 중단은 수호 신중단인데 산신은 신중을 모시는 중단에 들어간다고 한다.

96 규장각 소장본(奎5389)에 수록된 洛巖義訥(1666-1737)의 서문에는 "의식문의 대부분이 임진란의 병화에 없어진 지 오래되어 摠攝을 지낸 聖能公이 간행하게 되었다."고 밝히고 있다.

97 『作法龜鑑』 상(『한국불교전서』 10, 559-560쪽)에 의하면 16山王大神의 명호는 '大山小山산왕대신, 大岳小岳산왕대신, 大覺小覺산왕대신, 大丑小丑산왕대신, 尾山在處산왕대신, 二十六丁산왕대신, 外岳明山산왕대신, 四海被髮산왕대신, 明堂土山산왕대신, 金貴大德산왕대신, 青龍白虎산왕대신, 玄武朱雀산왕대신, 東西南北산왕대신, 遠山近山산왕대신, 上方下方산왕대신, 凶山吉山산왕대신'이다.

98 『작법귀감』 상(『한국불교전서』 10, 559쪽). 전라도 장성 白羊山 雲門庵 開刊本을 저본으로 한다.

99 [ ] 안의 내용은 앞에서 소개한 『법계성범수륙승회수재의궤』의 「惟願自悲降臨道場」과 같다.

100 『응운공여대사유망록』 「十王殿佛粮稧序文」(『한국불교전서』 10, 747-738쪽).

101 김일권, 『동양천문사상: 하늘의 역사』(서울: 예문서원, 2007), 52-55쪽; 333쪽. 치성광여래신앙은 중국의 북극성신앙과 함께 인도 구요신앙에 연원을 두고 있어 9曜, 12宮, 28宿도 신앙의 대상이었다.

102 『고려사』에 나오는 王建의 조부 作帝建의 기사와 泰封 勃颯寺의 塡星塑像 기사, 924년 고려 태조가 九曜醮祭를 지내기 위해 九曜堂을 건립한 기록 등에서 그 전래 사실을 확인할 수 있다.

103 김수연, 「고려시대 佛頂道場 연구」, 『이화사학연구』 38(2009), 10-11쪽; 陳旻敬, 「高麗武人執權期 消災道場의 設置와 그 性格」, 『역사와 세계』 22(1998), 70-79쪽.

104 정진희, 「고려 치성광여래 신앙 고찰」, 『정신문화연구』 36-3(132)(2013), 313-342쪽에서는 고구려 고분벽화의 방위표시가 북쪽은 北極三星과 北斗七星, 남쪽은 南斗六星으로 되어 있는데, 14세기 이후 고려 불화와 탑상에는 중국과는 달리 三台六星과 칠성, 남두육성 등이 치성광여래의 권속으로 나타남을 근거로 들었다. 또한 치성광여래 도상도 日光遍照消災菩薩, 日光遍照消災菩薩을 협시로 둔 삼존 형태인데, 3개의 별로 북극성 자리를 표현한 고유의 천문사상이 반영된 것으로 보았다.

105 정진희, 「조선전기 치성광여래 신앙 연구」, 『선문화연구』 19(2015), 235-276쪽. 약사여래와 치성광여래는 동방의 부처로서 시간을 주재한다는 공통점도 가진다.

106 『牧隱詩稿』 권26, 詩, 奉先寺消災殿; 『新增東國輿地勝覽』 권42, 佛宇 黃海道 文化縣 四王寺의 星醮祭壇(정진희, 앞의 논문(2013)에서 재인용).

107 『懶庵雜著』 「行天醮疏」; 「祝聖天醮疏」(『한국불교전서』 7, 582-583쪽).

108 송지원, 「조선시대 별에 대한 제사 영성제와 노인성제 연구」, 『奎章閣』 30(2007), 137-138쪽.

109 『太宗實錄』 권20, 10년 8월 3일; 『中宗實錄』 권34, 13년 9월 8일.

110 『중종실록』 권13, 6년 5월 17일. 『明宗實錄』 권5, 2년 5월 26일의 기사에는 상단에 玉皇上帝, 중단에 老子, 하단에 閻邏를 진설했다고 되어 있다.

111 당시 기묘사림의 주청에 의해 1512년 선교양종이 혁파되고, 1516년 『經國大典』의 度僧條가 사문화되는 등 불교의 승정체제도 공식적으로 폐지된 상태였다.

112 정진희, 앞의 논문(2015)과 「조선후기 칠성신앙의 도불습합 연구」, 『정신문화연구』 42-1(154)(2019), 87-117쪽에서는 소격서 혁파를 도교의 신격이 불교신앙이나 도상 안으로 들어온 중요한 배경으로 보고 있다. 앞서 高橋亨(앞의 책, 1059쪽)도 조선 사

찰의 칠성각에서 칠성여래 외의 신격을 신앙하는 것은 소격서의 제도를 모방한 것이라고 보았다.

113 『奇巖集』 권2, 「星宿天醮疏」(『한국불교전서』 8, 170쪽).

114 『虛靜集』 권하, 「眞經後跋」(『한국불교전서』 10, 517쪽).

115 김성우, 「17세기의 위기와 숙종대 사회상」, 『역사와 현실』 25(1997), 12-47쪽; 김문기, 「17세기 중국과 조선의 재해와 기근」, 『이화사학연구』 43(2011), 71-129쪽 참조.

116 『無竟集』 권3, 「祈禱七星詞」(『한국불교전서』 9, 403쪽).

117 『楓溪集』 권하, 「幻寂堂大師行狀」(『한국불교전서』 9, 158쪽).

118 『大覺登階集』 권1, 五言律詩, 「題神乞寺望南樓」(『한국불교전서』 8, 316쪽). '壁立山蟠北 溪回水走南 簷排三友洞 甍出七星菴 物色辭人境 風光駐客驂 獨登春正好 花發鳥喃喃.'

119 김종진 역, 『호은집』(서울: 동국대 출판부, 2015), 5-24쪽의 해제 참조.

120 『好隱集』 권2, 「七星殿上梁文」(『한국불교전서』 10, 719쪽).

121 『응운공여대사유망록』 「七星閣勸善文」(『한국불교전서』 10, 743쪽).

122 칠성 관련 대표적 불교경전은 『北斗七星延命經』이며 도교는 『太上玄靈北斗本命延生妙經』이 있다.

123 『응운공여대사유망록』 「七星殿佛糧禊序文」(『한국불교전서』 10, 739쪽).

124 『응운공여대사유망록』 「佛粮勸善文」(『한국불교전서』 10, 743쪽.

125 『克庵集』 권3, 「把溪寺金塘庵七星殿上樑文」(『한국불교전서』 11, 583-584쪽).

126 『伽山藁』 권4, 「京畿道廣州東七星庵重刱上梁文」(『한국불교전서』 10, 792-793쪽).

127 『勸供諸般文』(국립중앙도서관 한17754-14)의 「七星請」(『한국불교의례자료총서』 1, 682-684쪽). 1627년 전라도 진안 盤龍寺 개간 『雲水壇歌詞』의 부록에도 「七星請文」이 들어 있는데, 여기에도 金輪寶界 치성광여래불과 함께 琉璃世界 약사유리광여래불이 기원 대상에 들어가 있다.

128 『要集文』 「七星請」(『한국불교의례자료총서』 4, 313쪽)이 대표적이다.

129 『작법귀감』 권하, 「七星請」(『한국불교전서』 10, 595쪽). 긍선이 적은 협주에는 "옛 성인께서 자비를 일으켜 칠성이 되어 인간의 수명과 복록을 주관한다."고 되어 있다.

130 「칠성청문」의 獻座如上 茶偈에는 북두칠성 제1 貪狼星君(子孫萬德), 제2 巨門성군(障難遠離), 제3 祿存성군(業障消除), 제4 文曲성군(所求皆得), 제5 廉貞성군(百障

殄滅), 제6 武曲성군(福德具足), 제7 破軍성군(壽命長遠)이 나온다. 이는 중국 찬술 불전인 『北斗七星延命經』에 의거한 것으로 약사여래는 제7 파군성에 해당한다.

131 박소연, 「19세기 후반 서울지역 신앙결사 활동과 그 의미—불교·도교 결사를 중심으로」, 『한국근현대사연구』 80(2017), 7-40쪽. 19세기 후반 서울지역 중인이나 무인층 거사들이 1872년 妙蓮社 이후 도교와 불교의 신앙결사를 전개했는데, 1876년 三聖帝君을 신앙하는 도교결사 無相壇을 만들어 善書를 간행했다고 한다.

132 정진희, 앞의 논문(2019), 87-117쪽.

133 1869년 유점사본 『약사유리광칠불본원공덕경』은 서울대 규장각에 소장(奎中2225)되어 있다(정진희, 앞의 논문(2019)에서 재인용).

134 1719년 해인사 개판 『諸般文』을 1883년에 『請文』으로 다시 중간한 것이다. 서울대 규장각 소장(奎 1001)으로 여기에 「北斗七星請儀文」이 실려 있다.

135 安震湖, 『釋門儀範』(京城: 卍商會, 1935), 325-326쪽.

136 최종성, 「조선후기 민간의 불교문화: 불승(佛僧), 단신(檀信), 제장(祭場)」, 『종교학연구』 30(2012), 19-53쪽에서는 이 공간을 종교적 의미의 祭場의 관점에서 접근하였다. 한편 이종수, 「조선후기 불교 신행의 전통과 현대적 계승」, 『동아시아불교문화』 31(2017), 253-276쪽에서는 칠성각이나 산신각이 사찰 내에 세워지면서 불교와 무속의 결합이 가속화되었고 이는 이질적이며 전통적인 민간신앙을 불교 안으로 포섭한 것으로 보았다.

| 제3장 | 염불정토의 확산과 내세의 이정표

1 『心法要抄』 「參禪門」; 「念佛門」(『한국불교전서』 7, 649-650쪽). 靑梅印悟의 『靑梅集』 卷下, 「西山大師祭文」(『한국불교전서』 8, 155쪽)에서는 휴정이 禪風을 정리하고 三門을 열었다고 평가하였다.

2 『鞭羊堂集』 권2, 「禪敎源流尋釰說」(『한국불교전서』 8, 256-257쪽).

3 『편양당집』 권3, 「上高城」(『한국불교전서』 8, 262-263쪽).

4 최연식, 「知訥 禪思想의 思想史的 검토」, 『東方學志』 144(2008).

5 『茶松文稿』 권1, 「宗師契案序」(『한국불교전서』 12, 690-691쪽); 권2, 「本寺革罷念佛

堂感想說」(『한국불교전서』 12, 765쪽).

6 『淸虛堂集』 권2, 「寄東湖禪子書」(『한국불교전서』 7, 725쪽).

7 高翊晋, 「祖源通錄撮要의 출현과 그 史料 가치」, 『佛敎學報』 21(1984)에서 인용한 碧松智嚴의 『祖源通錄撮要』 「跋文」 참조.

8 『詠月堂大師集』 「抄出法數遮眼而坐有客非之故因爲此偈」(『한국불교전서』 8, 233-234쪽).

9 金映遂, 『朝鮮佛敎史藁』(京城: 中央佛敎專門學校, 1939, 167-169쪽.

10 『심법요초』 「念佛門」; 「念頌」(『한국불교전서』 7, 650-651쪽).

11 『禪家龜鑑』(『한국불교전서』 7, 640-641쪽).

12 高橋亨, 『李朝佛敎』(大阪: 寶文館, 1929), 87쪽.

13 忽滑谷快天, 『朝鮮禪敎史』(東京: 春秋社, 1930), 409-411쪽.

14 『百愚隨筆』 「石室先師行狀」(『한국불교전서』 9, 166-168쪽).

15 이종수, 「18세기 기성쾌선의 念佛門 연구—염불문의 禪敎 껴안기」, 『普照思想』 30(2008), 143-176쪽.

16 『念佛還鄕曲』(『한국불교전서』 9, 650-659쪽).

17 『月波集』 「閑居卽事」(『한국불교전서』 9, 661쪽).

18 「楡岾寺楓嶽堂大禪師浮屠碑銘」(『한국고승비문총집』, 496-498쪽).

19 『龍潭集』 「龍潭大師行狀」(『한국불교전서』 9, 693-694쪽).

20 『秋波集』 권2, 「靈源萬日會序」(『한국불교전서』 10, 72쪽).

21 『三門直指』(『한국불교전서』 10, 138-139쪽).

22 『林下錄』 권3, 「蓮池萬日會序」(『한국불교전서』 10, 261쪽).

23 『梵海禪師文集』 「無量會重修募緣疏」(『한국불교전서』 10, 1094-1095쪽).

24 『鏡巖集』 권下, 「碧松社答淨土說」(『한국불교전서』 10, 452-454쪽).

25 『修禪結社文』 「料揀念佛結勸修心」 第8(『한국불교전서』 10, 538-540쪽); 「三根念佛辨」(『한국불교전서』 10, 551-552쪽).

26 김용태, 「19세기 초의 의순의 사상과 호남의 불교학 전통」, 『韓國史硏究』 160(2013), 121-129쪽.

27 이종수, 「조선후기 불교의 수행체계 연구—三門修學을 중심으로」, 박사학위논문(서울: 동국대, 2010). 210-217쪽.

28 嘉興藏은 萬曆藏, 徑山藏이라고도 하며 明代 말기인 1589년 개간 후 淸 康熙 연간

인 1712년까지 120년에 걸쳐서 완성되었다. 正藏, 續藏, 又續藏으로 나뉘며 2,195부, 10,332권에 달하여 중국에서 가장 방대한 양의 대장경이다.

29 이종수, 「숙종 7년 중국선박의 표착과 백암성총의 불서간행」, 『불교학연구』 21(2008).

30 『念佛普勸文』(『한국불교전서』 9, 44-78쪽).

31 『新編普勸文』(『한국불교전서』 9, 695-704쪽).

32 『月渚堂大師集』 「禮念文一千卷印出勸文」(『한국불교전서』 9, 116-117쪽).

33 洪潤植, 「念佛儀禮를 通해 본 韓國의 淨土思想」, 『韓國 淨土思想 硏究』(서울: 동국대 출판부, 1985).

34 김종진, 『불교가사의 계보학, 그 문화사적 탐색』(서울: 소명, 2009), 164-212쪽.

35 Sangkil Han, "The Activities and Significance of Temple Fraternities in Late Chosŏn Buddhism", *Journal of Korean Religious* Vol. 3, No. 1(2012), pp.29-63.

36 高橋亨, 앞의 책, 775-776쪽.

37 韓普光, 「朝鮮時代의 萬日念佛結社」, 『佛敎學報』 32(1995).

38 이종수, 앞의 논문(2010), 187-192쪽.

39 『선가귀감』(『한국불교전서』 7, 640쪽).

40 『仁嶽集』 권3, 「答訥村書」(『한국불교전서』 10, 416-417쪽).

41 『임하록』 권4, 「上韓綾州必壽長書」(『한국불교전서』 10, 280-283쪽).

42 末木文美士, 『思想としての佛教入門』(東京: Trans view, 2006), 152-155쪽.

43 『海鵬集』 「自題壯游大方家序」(『한국불교전서』 12, 235-237쪽).

44 김용태, 「조선시대 불교의 유불공존 모색과 시대성의 추구」, 『朝鮮時代史學報』 49(2009), 7-11쪽.

45 고영진, 『조선중기 예학사상사: 예의 시행, 예설의 변화, 예학의 성립』(서울: 한길사, 1995), 142-169쪽.

46 Kim Yongtae, "Changes in Seventeenth-Century Korean Buddhism and the Establishment of the Buddhist Tradition in the Late Choson Dynasty", *ACTA KOREANA* 16-2(2013).

47 김용태, 「유교사회의 불교의례: 17세기 불교 상례집의 五服制 수용을 중심으로」 『한국문화』 76(2016).

48 나희라, 『고대 한국인의 생사관』(서울: 지식산업사, 2008).

49 김정희, 『조선시대 지장시왕도 연구』(서울: 일지사, 1996), 21-32쪽.

50 『佛氏雜辨』「佛氏輪廻之辨」; 「佛氏禍福之辨」(『三峯集』 권9, 『한국문집총간』 5, 447; 453쪽).

51 김기종, 「지옥」, 『테마한국불교』 5(서울: 동국대 출판부, 2017), 251-257쪽.

52 탁효정, 「조선시대 王室願堂 연구」, 박사학위논문(성남: 한국학중앙연구원, 2012).

53 金映遂, 앞의 책 123쪽.

54 末木文美士, 앞의 책, 96-100쪽; 177-178쪽. 중국 고유의 神滅論에 대립되는 神不滅論의 입장은 廬山慧遠의 『沙門王者不敬論』에 잘 나타나 있다.

55 『黙庵集』 卷後, 「毆殺神文」(『한국불교전서』 10, 19-20쪽).

56 『임하록』 권4, 「상한능주필수장서」(『한국불교전서』 10, 280-283쪽). 1735년 조선에서 만들어진 위경 『像法滅義經』에도 불효와 불충을 지옥에 떨어지는 이유로 제시하였다. '군자가 천당에 가고 소인이 지옥에 간다'는 인식은 앞서 宋代의 임제종 선승 大慧宗杲의 『大慧普覺禪師普說』 1, 「李宣教子由請普說」에도 나온다.

57 『五洲衍文長箋散稿』 권20, 「地獄辨證說」.

58 김기종, 「조선후기 가사에 나타난 지옥의 양상과 시대적 의미」, 『한국시가문화연구』 38(2016).

59 남희숙, 「朝鮮後期 佛書刊行 硏究-眞言集과 佛敎儀式集을 中心으로」, 박사학위논문(서울: 서울대, 2004).

60 權相老, 『朝鮮佛敎略史』(京城: 新文館, 1917), 234쪽에서는 19세기 華潭敬和의 예를 들고 있다.

61 『少林通方正眼』, 「行狀」(『한국불교전서』 10, 651-653쪽); 高橋亨, 앞의 책, 805-810쪽.

62 김용태, 『조선후기 불교사 연구: 임제법통과 교학전통』(성남: 신구문화사, 2010), 101-102쪽.

63 末木文美士, 앞의 책, 145-148쪽.

64 Kim Yongtae, "The Establishment of the Approach of Chanting Amitābha's Name and the Proliferation of Pure Land Buddhism in Late Chosŏn", *Journal of Korean Religions* 6-1(2015).

65 『심법요초』 「염불문」; 「염송」(『한국불교전서』 7, 650-651쪽).

66 『청허당집』 권6, 「幀跋」(『한국불교전서』 7, 718쪽).

67 『청허당집』 권6, 「念佛門 贈白處士」(『한국불교전서』 7, 711쪽).

68 『선가귀감』(『한국불교전서』 7, 640쪽).

69 이종수, 「18세기 기성쾌선의 念佛門 연구—염불문의 禪教 겸안기」, 『普照思想』 30(2008), 143-176쪽; 『염불환향곡』(『한국불교전서』 9, 650-659쪽).

70 『임하록』 권3, 「연지만일회서」(『한국불교전서』 10, 261쪽); 권4, 「상한릉주필수장서」(『한국불교전서』 10, 282-283쪽).

71 『念佛普勸文』(『한국불교전서』 9, 44-78쪽).

72 『月渚堂大師集』 「禮念文一千卷印出勸文」(『한국불교전서』 9, 116-117쪽).

73 김종진, 『불교가사의 계보학, 그 문화사적 탐색』(서울: 소명, 2009), 164-212쪽.

74 조광, 「천주교의 전래와 박해」, 『서울 2천년사 18: 조선시대 서울의 종교와 신앙』(서울: 서울시 시사편찬위원회, 2014), 185-243쪽.

75 최동희, 『서학에 대한 한국실학의 반응』(서울: 고려대 민족문화연구원, 1988), 67-75쪽.

76 高橋亨, 앞의 책, 792-794쪽.

77 『正祖實錄』 권26, 12년 8월 3일.

78 李家煥, 「警世歌」(김영수 편, 『천주가사 자료집』 상(서울: 가톨릭대 출판부, 2001), 3421쪽); 『艮齋集』 권1, 「自西徂東辨(辛丑)」.

79 조광, 『조선후기 천주교사 연구』(서울: 고려대 민족문화연구소, 1988).

80 權相老, 앞의 책, 227쪽.

참고문헌 / 조선 불교사상사

1. 원전 자료

1) 총서류

『大正新修大藏經』

『卍續藏經』

『韓國文集叢刊』

『韓國佛敎儀禮資料總書』

『韓國佛敎全書』

2) 개별 자료

『經國大典』

『慶尙道地理志』

『高麗史』

『高麗史節要』

『南漢志』(서울: 서울대 규장각한국학연구원, 奎4068).

『茶山詩文集』

『大東野乘』

『大芚寺志』(서울: 亞細亞文化社, 1983).

『大乘起信論疏筆削記會編』(서울: 서울대 규장각한국학연구원. 古1730-6).

『東國僧尼錄』(서울: 국립중앙도서관, 古1702-5).

『曼庵文集』(장성: 白羊寺 古佛叢林, 1997).

『名僧集說』(서울: 서울대 규장각한국학연구원, 奎11675).

『博山無異大師語錄』(서울: 국립중앙도서관, 위창古1798-14).

『法海寶筏』(서울: 국립중앙도서관. 한古朝21-13; 동국대 중앙도서관, 고서219.7법92).

『北漢誌』(서울: 국립중앙도서관. 한古朝62-14; 서울대 규장각한국학연구원, 奎3299).

『四溟堂僧孫世系圖』(서울대 중앙도서관, 一石294.30922Y95sp).

『三國史記』

『三國遺事』

『書狀私記』(서울: 국립중앙도서관, 위창古1799-3).

『釋門儀範』(京城: 卍商會, 1935).

『禪門撮要』(서울: 국립중앙도서관, 위창古179-1).

『承政院日記』

『新補受教輯錄』

『新增東國輿地勝覽』

『五洲衍文長箋散稿』

『慵齋叢話』

『阮堂全集』

『栗谷先生全書』

『李朝實錄佛教鈔存』(京城: 中央佛教專門學校, 1937).

『諸經會要: 華嚴品目』(서울: 국립중앙도서관, 古1703-19).

『朝鮮金石總覽』(京城: 朝鮮總督府, 1919).

『朝鮮佛教史: 資料編 1·2』(河村道品和尙遺稿)(大阪: 楞伽林, 1995).

『朝鮮佛教總書』(京城: 朝鮮佛書刊行會, 1925).

『朝鮮寺刹史料』(京城: 朝鮮總督府, 1911).

『朝鮮王朝實錄』

『太上玄靈北斗本命延生妙經』

『韓國高僧碑文總集—朝鮮朝·近現代』(智冠 편. 서울: 伽山佛教文化研究院, 2000).

『韓國大藏會佛書展觀目錄』 1-9(서울: 동국대 불교문화연구소·중앙도서관 공편, 1985).

『韓國佛教撰述文獻總錄』(서울: 동국대 출판부, 1976).

『한국의 사찰문화재: 전국사찰문화재 일제조사 광주광역시·전라남도 3』(서울: 문화재청, 2006).

『韓國撰述佛書展觀目錄』(서울: 동국대 불교문화연구소, 1966).

『華嚴經品目』(서울: 국립중앙도서관, 동곡古1744-10).
『華嚴遺忘記』(서울: 동국대 중앙도서관, D213.415 화63.5).
『華嚴淸凉疏鈔十地品三家本私記―遺忘記』(奉先寺 楞嚴學林. 서울: 曹溪宗敎育院, 2002).
『華嚴淸凉疏鈔十地品三家本私記―雜華記·雜貨腐』(奉先寺 楞嚴學林. 서울: 曹溪宗敎育院, 2002).
『華嚴淸凉疏鈔懸談記―遺忘記(天字卷-荒字卷)』(奉先寺 楞嚴學林. 서울: 동국역경원, 2004).
『華嚴玄談會玄記』(서울: 국립중앙도서관. 한古朝21-461).
『惠化專門學校一覽』(京城: 惠化專門學校, 1943).

3) 신문

《大韓每日申報》
《東亞日報》
《每日申報》

2. 단행본

1) 한국어

강상중, 이경덕·임성모 역. 『오리엔탈리즘을 넘어서』. 서울: 이산, 1997.
고야스 노부쿠니(子安宣邦), 이승연 역. 『동아 대동아 동아시아―근대 일본의 오리엔탈리즘』. 서울: 역사비평사, 2005.
고영섭. 『한국불학사―조선·대한시대 편』. 서울: 연기사, 2005.
고영진 『조선중기 예학사상사: 예의 시행, 예설의 변화, 예학의 성립』. 서울: 한길사, 1995.
고형곤. 『선의 세계』(개정 번역판). 서울: 동국대 출판부, 2005.
국사편찬위원회 편. 『신앙과 사상으로 본 불교 전통의 흐름』. 서울: 두산동아, 2007.
권기석. 『족보와 조선사회: 15-17세기 계보의식의 변화와 사회관계망』. 서울: 태학사, 2011.
權相老. 『朝鮮佛教略史』. 京城: 新文館, 1917.
______. 『朝鮮佛教史概說』. 京城: 佛教時報社, 1939.

______. 『韓國寺刹全書』. 서울: 동국대 출판부, 1979(복간).

______. 『韓國禪宗略史』(『退耕堂全書』 8). 서울: 전서 간행위원회, 1998.

기무라 기요타카(木村清孝), 정병삼 역. 『中國華嚴思想史』. 서울: 민족사, 2005.

김갑주. 『朝鮮時代 寺院經濟研究』. 서울: 동화출판사, 1983.

김광식. 『새불교운동의 전개』. 서울: 도피안사, 2002.

김기종. 『불교와 한글: 글로컬리티의 문화사』. 서울: 동국대 출판부, 2015.

______. 『한국고전문학과 불교』. 서울: 동국대 출판부, 2019.

김덕수. 『임진왜란과 의승군』. 서울: 경서원, 1993.

金映遂. 『朝鮮佛教史藁』. 京城: 中央佛教專門學校, 1939.

김영수 편. 『천주가사 자료집』 상. 서울: 가톨릭대 출판부, 2001.

김영태. 『西山大師의 生涯와 思想』. 서울: 박영사, 1975.

______. 『韓國佛教史概說』. 서울: 경서원, 1986.

______. 『한국불교사』. 서울: 경서원, 1997.

김용태. 『조선 후기 불교사 연구—임제법통과 교학전통』. 신구문화사, 2010.

김일권. 『동양 천문사상: 하늘의 역사』. 서울: 예문서원, 2007.

김정희. 『조선시대 지장시왕도 연구』. 서울: 일지사, 1996.

김종진. 『불교가사의 계보학, 그 문화사적 탐색』. 서울: 소명출판, 2009.

김종진 역. 『호은집』. 서울: 동국대 출판부, 2015.

金海隱. 『朝鮮佛教史大綱: 朝鮮佛教宗波變遷史論』. 順天: 松廣寺, 1920(油印本).

나희라. 『고대 한국인의 생사관』. 서울: 지식산업사, 2008.

드 용(J.W.De Jong), 강종원 역. 『현대불교학 연구사』. 서울: 동국대 출판부, 2004.

로제 폴 드르와(Roger Pol Droit), 신용호·송태효 공역. 『철학자들과 붓다—근대 유럽은 불교를 어떻게 오해하였는가』. 서울: 심산, 2006.

막스 베버, 홍윤기 역. 『힌두교와 불교』. 서울: 한국신학연구소, 1986.

문숙자. 『조선시대 재산 상속과 가족』. 서울: 경인문화사, 2004.

불전국역연구원. 『譯註 華嚴經懸談』 1. 김포: 중앙승가대 출판부, 1998.

사명당기념사업회. 『사명당 유정—그 인간과 사상과 활동』. 서울: 지식산업사, 2000.

스에키 후미히코, 백승연 역. 『일본 종교사』. 서울: 논형, 2009.

신법인. 『西山大師의 禪家龜鑑 研究』. 서울: 신기원사, 1983.

안계현. 『韓國佛教史硏究』. 서울: 동화출판사, 1982.

安東相老(權相老). 『臨戰의 朝鮮佛教』. 京城: 卍商會, 1943.

안지원. 『고려의 불교의례와 문화』. 서울: 서울대 출판문화원, 2005.

에드워드 사이드(Edward W. Said), 박홍규 역. 『오리엔탈리즘』. 서울: 교보문고, 2009.

에릭 쥐르허(Erik Zürcher), 최연식 역. 『불교의 중국정복』. 서울: 씨아이알, 2010.

오경후. 『조선후기 불교동향사 연구』. 서울: 문현출판, 2015.

______. 『조선후기 불교사학사』. 서울: 문현출판, 2018.

우정상. 『朝鮮前期佛教思想硏究』. 서울: 동국대 출판부, 1985.

우정상·김영태 공저. 『韓國佛教史』. 서울: 진수당, 1969.

유호선. 『조선후기 경화사족의 불교인식과 불교문학』. 서울: 태학사, 2006.

李能和. 『朝鮮佛教通史』. 京城: 新文館, 1918.

이병도. 『두계 이병도 전집 9: 조선시대의 유학과 문화』. 파주: 한국학술정보, 2012.

이병욱. 『고려시대의 불교사상』. 서울: 혜안, 2002.

이봉춘. 『조선시대 불교사 연구』. 서울: 민족사, 2015.

이부키 아츠시(伊吹敦), 최연식 역. 『새롭게 다시 쓰는 중국 禪의 역사』. 서울: 대숲바람, 2005.

李載丙(이재열). 『朝鮮佛教史之硏究(第一)』. 서울: 東溪文化硏揚社, 1946.

이재헌. 『이능화와 근대 불교학』. 서울: 지식산업사, 2007.

이종서. 『고려·조선의 친족용어와 혈연의식: 친족관계의 정형과 변동』. 성남: 신구문화사, 2009.

이종익. 『大韓佛教曹溪宗中興論—民族精神文化復興論』. 서울: 보련각, 1976.

이지관 편. 『海印寺誌』. 합천: 해인사, 1992.

이진오. 『韓國 佛教文學의 硏究』. 서울: 민족사, 1997.

이태진. 『朝鮮後期의 政治와 軍營制 變遷』. 한국연구원, 1985.

______. 『조선유교사회사론』. 서울: 지식산업사, 1989.

인경. 『화엄교학과 간화선의 만남—보조의 『원돈성불론』과 『간화결의론』 연구』. 서울: 명상상담연구원, 2006.

임철호. 『임진록 연구』. 서울: 정음사, 1986.

______. 『설화와 민중의 역사인식』. 서울: 집문당, 1989.

장경남. 『임진왜란의 문학적 형상화』. 서울: 아세아문화사, 2000.

정병삼.『한국 불교사』. 서울: 푸른역사, 2020.

조계종 교육원 편.『曹溪宗史—근현대편』. 서울: 조계종 교육원, 2001.

______.『曹溪宗史—고중세편』. 서울: 조계종 출판사, 2004.

조광.『조선후기 천주교사 연구』. 서울: 고려대 민족문화연구소, 1988.

조남호,『조선의 유학』. 서울: 소나무, 1999.

최동희.『서학에 대한 한국실학의 반응』. 서울: 고려대 민족문화연구원, 1988.

최문정.『임진록 연구』. 서울: 박이정, 2001.

최병헌 외.『한국불교사 연구 입문』 상·하. 서울: 지식산업사, 2013.

최재석.『한국가족제도사연구』. 서울: 일지사, 1983.

최종성.『조선조 무속 국행의례 연구』. 서울: 일지사, 2002.

카시와하라 유센(柏原祐泉), 원영상 등 공역.『일본불교사 근대』. 서울: 동국대 출판부, 2008.

폴 코헨(Paul A. Cohen), 이남희 역.『학문의 제국주의—오리엔탈리즘과 중국사』. 서울: 산해, 2003.

풍계현정, 김상현 역.『일본표해록』. 서울: 동국대 출판부, 2010.

한명기.『정묘·병자호란과 동아시아』. 서울: 푸른역사, 2009.

한상길.『조선후기 불교와 寺刹契』. 서울: 경인문화사, 2006.

韓龍雲.『朝鮮佛教維新論』. 京城: 佛教書館, 1913.

______.『佛教大典』. 東萊: 梵魚寺, 1914.

한우근.『儒教政治와 佛教: 麗末鮮初 對佛教施策』. 서울: 일조각, 1993.

홍윤식.『불교와 민속』. 서울: 동국대 역경원, 1980.

황인규.『고려후기 조선초 불교사 연구』. 서울: 혜안, 2003.

______.『고려말 조선전기 불교계와 고승 연구』. 서울: 혜안, 2005.

______.『조선시대 불교계 고승과 비구니』. 서울: 혜안, 2011.

2) 일본어

江上波夫 編.『東洋學の系譜』. 東京: 大修館書店, 1992.

江田俊雄.『朝鮮佛教史の研究』. 東京: 日本國書刊行會, 1977(復刊).

鎌田茂雄.『朝鮮佛教史』. 東京: 東京大學出版會, 1987.

高橋亨.『李朝佛教』. 大阪: 寶文館, 1929.

高木昭作.『將軍權力と天皇』. 東京: 青木書店, 2003.

圭室文雄.『日本佛教史 近世』. 東京: 吉川弘文館, 1987.

吉津宜英.『華嚴禪の思想史的研究』. 東京: 大東出版社, 1985.

吉川文太郎.『朝鮮の宗教』. 京城: 半島之宗教社, 1921.

末木文美士.『日本佛教史—思想史としてのアプローチ』. 東京: 新潮社, 1992.

________.『日本佛教思想史論考』. 東京: 大藏出版, 1993.

________.『思想としての佛教入門』. 東京: Trans view, 2006.

木村清孝.『中國華嚴思想史』. 京都: 平樂寺書店, 1992.

辻善之助.『日本佛教史』1-10. 東京: 岩波書店, 1944-1955.

日本佛教研究會.『日本佛教の研究法—歷史と展望』. 京都: 法藏館, 2000.

川原秀城·金光来 編訳.『高橋亨朝鮮儒学論集』. 東京: 知泉書館, 2011.

淸水盛光.『支那家族の研究』. 東京: 岩波書店, 1943.

青柳南冥.『朝鮮宗教史』. 京城: 朝鮮研究會, 1911.

忽滑谷快天.『禪家龜鑑講話』. 東京: 光融館, 1911.

________.『朝鮮禪教史』. 東京: 春秋社, 1930.

黑田亮.『朝鮮舊書考』. 東京: 岩波書店, 1940.

3) 중국어

黃俊傑 主編.『高橋亨與韓國儒學研究』(東亞儒學研究叢書 21). 臺北: 臺大出版中心, 2015.

4) 영어

Baker, Donald L. *Catholics and Anti-Catholicism in Chosŏn Korea*. Honolulu: University of Hawai'i Press, 2017.

Erik Zürcher. *The Buddhist Conquest of China: The Spread and Adaptation of in Early Medieval china*. Leiden: E. J. Brill, 1959.

Lopez, Donald S.. *Curators of the Buddha: The Study of Buddhism Under Colonialism*. Chicago: University of Chicago Press, 1995.

3. 논문

1) 한국어

姜裕文.「最近百年間 朝鮮佛教概觀」.『佛教』100(1932).

강현찬,「조선 후기『화엄경소초』의 판각과「영징이본대교(靈澄二本對校)」본의 의의」.『韓國思想史學』53(2016).

강호선.「14세기 전반기 麗元 불교 교류와 임제종」. 석사학위논문(서울: 서울대, 2000).

______.「고려 말 나옹혜근 연구」. 박사학위논문(서울: 서울대, 2011).

______.「고려 말 禪僧의 入元遊歷과 元 淸規의 수용」.『한국사상사학』40(2012).

______.「조선 태조 4년 國行水陸齋 설행과 그 의미」.『韓國文化』62(2013).

______.「조선전기 蒙山和尙『六道普說』간행의 배경과 의미」.『東國史學』56(2014).

고영섭.「조선후기 僧軍제도의 불교사적 의의」.『한국 호국불교의 재조명 2』. 서울: 대한불교조계종 불교사회연구소, 2013.

______.「淸虛休靜의 禪敎 이해」.『佛教學報』79(2017).

고익진.「祖源通錄撮要의 출현과 그 史料 가치」.『불교학보』21(1984).

______.「碧松智嚴의 新資料와 法統問題」.『불교학보』22(1985).

고형곤.「秋史의 白坡妄證 15條에 對하여」.『學術院論文集: 人文·社會科學篇』14(서울: 대한민국학술원, 1975).

______.「秋史의 禪觀」.『韓國學』18(서울: 영신아카데미 한국학연구소, 1978).

구미래.「불교 세시의례로 본 신중신앙의 한국적 수용」.『불교문예연구』10(2018).

權相老.「佛教統一論」.『朝鮮佛教月報』4-19(1912-1913).

______.「朝鮮佛教革命論—朝鮮佛教進化資料」.『朝鮮佛教月報』3-18(1912-1913).

______.「曹溪宗—朝鮮에서 自立한 宗派의 其四」.『佛教』58(1929).

______.「古祖派의 新發見」.『佛教』新31(1941).

______.「曹溪宗旨」.『佛教』新49(1943).

김갑주.「南北漢山城 義僧番錢의 綜合的 考察」.『불교학보』25(1988).

______.「朝鮮時代 寺院田의 性格」.『伽山李智冠華甲記念論叢 韓國佛教思想史』上. 서울: 가산불교문화연구원, 1992.

______.「조선시대 寺院經濟의 推移」.『韓國佛教史의 再照明』. 서울: 불교시대사, 1994.

김광식.「도의국사의 종조론 시말」.『도의국사 연구』. 인북스, 2010.

______.「한암의 종조관과 도의국사」.『한국 현대선의 지성사 탐구』. 서울: 도피안사, 2010.

______.「최남선의 '조선불교' 정체성 인식」.『佛教研究』 37(2012).

김경미.「주자가례의 수용과 17세기 婚禮의 양상: 親迎禮를 중심으로」.『조선 중기 예학 사상과 일상 문화: 주자가례를 중심으로』. 서울: 이화여대출판부, 2008.

金敬注.「現下世界의 佛教大勢와 佛陀一生의 年代考察」.『佛教』 77(1930).

김기영.「18세기 蓮潭 有一의 護佛論 考察」.『불교학보』 44(2006).

김기종.「조선후기 가사에 나타난 지옥의 양상과 시대적 의미」.『한국시가문화연구』 38(2016).

______.「지옥」.『테마한국불교』 5. 서울: 동국대 출판부, 2017.

김남윤.「朝鮮後期의 佛教史書《山史略抄》」.『同大史學』 1(서울: 동덕여대 사학과, 1995).

김동화.「護國大聖 四溟大師 研究: 序論, 思想」.『불교학보』 8(1971).

김문기.「17세기 중국과 조선의 재해와 기근」.『이화사학연구』 43(2011).

김상두.「『禪門五宗綱要』에 나타난 선종오가 교의의 특징」.『한국선학』 30(2011).

김상영.「'정화운동' 시대의 宗祖 갈등문제와 그 역사적 의의」.『불교정화운동의 재조명』. 서울: 조계종출판사, 2008.

______.「한국불교의 보편성과 특수성: 그동안의 담론 검토를 중심으로」.『불교연구』 40(2014).

김상현.「서산문도의 태고법통설」.『太古普愚國師』. 서울: 불교춘추사, 1998.

김성우.「17세기의 위기와 숙종대 사회상」.『역사와 현실』 25(1997).

김성욱.「삼처전심(三處傳心)에 대한 논의 연구: 기원과 의미를 중심으로」.『불교학연구』 46(2016).

김성은.「한국의 무속과 민간불교의 혼합현상」.『종교학연구』 24(2005).

김수연.「고려시대 佛頂道場 연구」.『이화사학연구』 38(2009).

김순미.「『釋門家禮抄』의 五服圖 연구」.『영남학』 18(2010),

김승동.「惟政의 護國思想」.『人文論叢』 21(부산: 부산대, 1982).

김승호.「사명당 설화의 발생 환경과 수용 양상」.『불교어문논집』 2(1997).

______.「사명대사 전승에 나타난 인물기능과 현재성」.『불교학보』 56(2010).

김아네스.「조선시대 산신 숭배와 지리산의 神祠」.『역사학연구』 39(2010).

김약슬.「秋史의 禪學辨」.『白性郁博士頌壽記念 佛教學論文集』. 서울: 동국대, 1959.

金映遂.「朝鮮佛教의 特色」.『佛教』 100(1932).

______. 「五教兩宗에 對하야」. 『震檀學報』 8(1937).
______. 「朝鮮佛教의 宗名과 傳燈及宗旨에 對하야」. 『佛教時報』 29(1937).
김영진. 「근대 중국의 불교학 형성과 역사주의 시각」. 『종교문화비평』 8(2005).
______. 「민국시기 불교사 연구에서 보이는 청대 고증학 전통과 서구사상의 영향」. 『불교학연구』 17(2007).
______. 「식민지 조선의 황도불교와 공(空)의 정치학」. 『한국학연구』 22(2010).
______. 「무격」. 『테마한국불교』 3. 서울: 동국대 출판부, 2015.
김영태. 「護國大聖 四溟大師 研究: 生涯, 說話」. 『불교학보』 8(1971).
______. 「休靜의 禪思想과 그 法脈」. 『韓國禪思想研究』. 서울: 동국대 출판부, 1984.
______. 「朝鮮 禪家의 法統考—西山家統의 究明」. 『불교학보』 22(1985).
______. 「近代佛教의 宗統 宗脉」. 『近代韓國佛教史論』. 서울: 민족사, 1988.
______. 「태고법통 확정의 사적 고찰」. 『太古普愚國師』. 서울: 불교춘추사, 1998.
김용조. 「白谷處能의 諫廢釋教疏에 關한 研究」. 『韓國佛教學』 4(1979).
______. 「己和와 그의 顯正論」. 『慶尙大學校論文集』 21(1982).
______. 「朝鮮後期 儒者의 佛教觀: 磻溪·星湖·茶山의 경우」. 『경상대학교논문집』 22-2(1983).
______. 「雪岑 金時習의 韓國佛教思想史的 位置」. 『경상대논문집(인문사회계편)』 24-1(1985).
______. 「虛應堂 普雨의 佛教復興運動」. 『경상대논문집(인문사회계편)』 25—2(1986).
______. 「조선전기 유불회통론」. 『경상대학교논문집』 27—1(1988).
______. 「成宗朝 儒學者의 佛教觀」. 『慶尙史學』 12(1996).
김용태. 「朝鮮中期 佛教界의 변화와 西山系의 대두」. 『韓國史論』 44(서울: 서울대 국사학과, 2000).
______. 「錦溟寶鼎의 浮休系 정통론과 曹溪宗 제창」. 『한국문화』 37(2006).
______. 「浮休系의 계파인식과 普照遺風」. 『普照思想』 25(2006).
______. 「조선후기 大芚寺의 表忠祠 건립과 '宗院' 표명」. 『보조사상』 27(2007).
______. 「朝鮮後期 佛教의 臨濟法統과 教學傳統」. 박사학위논문(서울: 서울대, 2008).
______. 「조선시대 불교의 유불공존 모색과 시대성의 추구」. 『朝鮮時代史學報』 49(2009).
______. 「조선후기 불교의 心性 인식과 그 사상사적 의미」. 『한국사상사학』 32(2009).
______. 「근대불교학의 수용과 불교 전통의 재인식」. 『韓國思想과 文化』 54(2010).
______. 「식민지기 불교의 혁신론과 문명개화의 여정」. 『동국사학』 48(2010).

______. 「조선후기·근대의 宗名과 宗祖 인식의 역사적 고찰—曹溪宗과 太古法統의 결연」. 『禪文化研究』 8(2010).

______. 「조선후기 불교의 강학 전통과 白羊寺 강원의 역사」. 『불교학연구』 25(2010).

______. 「동아시아 근대 불교연구의 특성과 오리엔탈리즘의 투영」. 『역사학보』 210(2011).

______. 「조선전기 억불정책의 전개와 사원경제의 변화상」. 『조선시대사학보』 58(2011).

______. 「추사와 백파 논쟁에 대한 청송의 이해」. 『청송의 선과 철학—선사상과 서양철학의 회통』. 서울: 운주사, 2011.

______. 「동아시아의 澄觀 화엄 계승과 그 역사적 전개—송대와 조선후기 화엄교학을 중심으로」. 『불교학보』 61(2012).

______. 「임진왜란 의승군 활동과 그 불교사적 의미」. 『보조사상』 37(2012).

______. 「한국불교사의 호국 사례와 호국불교 인식」. 『大覺思想』 17(2012).

______. 「조선시대 불교 연구의 성과와 과제」. 『한국불교학』 68(2013).

______. 「19세기 초의 의순의 사상과 호남의 불교학 전통」. 『韓國史研究』 160(2013).

______. 「조선후기 중국 불서의 유통과 사상적 영향」. 『보조사상』 41(2014).

______. 「우정상 한국불교사 연구의 주춧돌을 놓다」. 『불교평론』 63(2015).

______. 「조선후기 남한산성의 조영과 승군의 활용」. 『한국사상과 문화』 78(2015).

______. 「청허 휴정과 조선후기 선과 화엄」. 『불교학보』 73(2015).

______. 「유교사회의 불교의례: 17세기 불교 상례집의 五服制 수용을 중심으로」. 『한국문화』 76(2016).

______. 「조선 중기 의승군 전통에 대한 재고: 호국불교의 조선적 발현」. 『동국사학』 61(2016).

______. 「식민지기 한국인·일본인 학자의 한국불교사 인식—공통의 지향과 상이한 시각」. 『한국사상사학』 56(2017).

______. 「조선후기 불교문헌의 가치와 선과 교의 이중주—『선가귀감』과 『기신론소필삭기회편』을 중심으로」. 『한국사상사학』 58(2018).

______. 「다카하시 도오루(高橋亨)의 조선학, 『이조불교(李朝佛教)』와 조선사상의 특성」. 『한국사상사학』 61(2019).

김인덕. 「浮休善修의 禪思想」·「浮休의 門流」. 『崇山朴吉眞華甲紀念 韓國佛教思想史』. 이리: 원광대, 1975.

김제란. 「중국의 근대화와 불교—유식불교와 《대승기신론》, 그리고 현대 신유학」. 『불교평론』 22(2005).

______. 「중국근대 신불교 운동과 『대승기신론』 논쟁」. 『근대 동아시아의 불교학』. 서울: 동국대 출판부, 2008.

______. 「양계초 불교사상에 나타난 서학 수용의 한 단면—유식불교를 통한 칸트의 재해석」. 『동아시아 불교의 근대적 변용』. 서울: 동국대 출판부, 2010.

김종만. 「호국불교의 반성적 고찰—한국불교 전통에 대한 비판적 검토」. 『불교평론』 3(2000).

김종명. 「이종선과 삼종선 논쟁」. 『논쟁으로 보는 불교철학』. 서울: 예문서원, 1988.

______. 「'호국불교' 개념의 재검토」. 『불교연구』 17(2000).

김종진. 「1850년대 불서간행운동과 불교가사—남호영기를 중심으로」, 『한민족문화연구』 14(2004).

김준혁. 「朝鮮後期 正祖의 佛教認識과 政策」. 『中央史論』 12·13(1999).

김진무. 「양문회(楊文會)의 불학사상(佛學思想)과 금릉각경처(金陵刻經處)」. 『불교학보』 46(2008).

______. 「지나내학원과 근대 중국불교학의 부흥」. 『동아시아 불교, 근대와의 만남』. 서울: 동국대 출판부, 2008.

김진현. 「蓮潭有一의 心性論 研究」 『한국불교학』 52(2008).

______. 『蓮潭 有一의 一心和會思想 研究』. 박사학위논문(서울: 동국대, 2010).

김천학. 「종밀의 『대승기신론소』와 원효」. 『불교학보』 69(2014).

______. 「종밀에 미친 원효의 사상적 영향: 『대승기신론소』를 중심으로」. 『불교학보』 70(2015).

______. 「설파상언의 징관 『화엄소초』 이해의 일고찰—「십지품소」를 중심으로」. 『호남문화연구』 59(2016).

김항배. 「西山門徒의 思想—鞭羊禪師와 逍遙禪師를 중심으로」. 『숭산박길진화갑기념 한국불교사상사』. 이리: 원광대, 1975.

김항수. 「16세기 士林의 性理學 이해—서적의 간행·편찬을 중심으로」. 『한국사론』 7(1981).

김해영. 「朝鮮初期 祀典에 관한 研究」. 박사학위논문(성남: 한국정신문화연구원, 1993).

김형우. 「한국사찰의 山神閣과 山神儀禮」. 『선문화연구』 14(2013).

김혜원. 「『起信論疏筆削記』의 전승과 전래」. 『불교연구』 48(2018).

김호귀. 「『禪門五宗綱要』의 구성과 사상적 특징」. 『한국선학』 15(2006).

______. 「『禪門五宗綱要私記』의 구성과 大機大用의 특징」. 『한국선학』 32(2012).

______. 「청허휴정의 선교관 및 수증관」. 『범한철학』 79-4(2015).

남동신. 「朝鮮後期 불교계 동향과 『像法滅義經』의 성립」. 『한국사연구』 113(2001).

남희숙. 「朝鮮後期 佛書刊行 硏究—眞言集과 佛教儀式集을 中心으로」. 박사학위논문(서울: 서울대, 2004).

도현철. 「원명교체기 고려사대부의 소중화의식」. 『역사와 현실』 37(2000).

______. 「원간섭기 『사서집주』 이해와 성리학 수용」. 『역사와 현실』 49(2003).

夢庭生(李龍祚). 「危機에 直面한 朝鮮佛教의 原因考察」. 『佛教』 100·101·102(1932).

민덕기. 「사명당에 대한 역사적 전승—그의 도일 관련 설화를 중심으로」. 『전북사학』 29(2006).

박병선. 「朝鮮後期 願堂硏究」. 박사학위논문(경산: 영남대, 2001).

______. 「朝鮮後期 願堂의 政治的 基盤—官人 및 王室의 佛教認識을 中心으로」. 『民族文化論叢』 25(2002).

박소연. 「19세기 후반 서울지역 신앙결사 활동과 그 의미—불교·도교 결사를 중심으로」. 『한국근현대사연구』 80(2017).

박영제. 「원 간섭기 초기 불교계의 변화」. 『14세기 고려의 정치와 사회』. 서울: 민음사, 1994.

박용숙. 「朝鮮朝 後期의 僧役에 關한 考察」. 『釜山大論文集』 31(1981).

박재현. 「한국불교의 看話禪 전통과 정통성 형성에 관한 연구」. 박사학위논문(서울: 서울대, 2005).

박정미. 「조선시대 佛教式 喪·祭禮의 설행 양상—왕실의 국행불교상례와 사족의 봉제사 사암을 중심으로」. 박사학위논문(서울: 숙명여대, 2015).

박해당. 「己和의 佛教思想 硏究」. 박사학위논문(서울: 서울대, 1996).

______. 「『현정론』과 『유석질의론』의 삼교론」. 『불교학연구』 10(2005).

박호원. 「고려의 산신신앙」. 『민속학연구』 2(1995).

方漢岩. 「海東初祖에 對하야」. 『佛教』 70(1930).

배규범. 「蓮潭有一의 생애와 『林下錄』」. 『佛教語文論集』 10(2005).

서수정. 「19세기 불서간행과 유성종의 덕신당서목 연구」. 박사학위논문(서울: 동국대, 2016).

성재헌. 「선문오종강요 해제」. 『선문오종강요 환성시집』. 서울: 동국대 출판부, 2017.

손성필. 「16世紀 朝鮮의 佛書 刊行」. 석사학위논문(서울: 동국대, 2007).

______. 「『眞心直說』의 판본 계통과 普照知訥 찬술설의 출현배경」. 『한국사상사학』 38(2011).

______. 「16·17세기 불교정책과 불교계의 동향」. 박사학위논문(서울: 동국대, 2013).

______. 「조선시대 승려 賤人身分說의 재검토—高橋亨의 주장에 대한 비판을 중심으로」. 『보조사상』 40(2013).

______. 「조선 중종대 불교정책의 전개와 성격」. 『한국사상사학』 44(2013).

______. 「사찰의 혁거, 철훼, 망폐—조선 태종·세종대 승정체제 개혁에 대한 오해」. 『眞檀學報』 132(2019).

______. 「조선 태종 세종대 '혁거' 사찰의 존립과 망폐—1406년과 1424년 僧政體制 개혁의 이해 방향과 관련하여」. 『한국사연구』 186(2019).

손성필·전효진. 「16·17세기 '사집(四集)' 불서의 판본 계통과 불교계 재편」. 『한국사상사학』 58(2018).

송수환. 「朝鮮前期의 寺院田—특히 王室關聯 寺院을 중심으로」. 『한국사연구』 79(1992).

송일기, 「『禪家龜鑑』 諺解本과 漢文本」. 『書誌學硏究』 5·6(1990).

송지원. 「조선시대 별에 대한 제사 영성제와 노인성제 연구」. 『奎章閣』 30(2007).

송천은. 「休靜의 思想」. 『숭산박길진화갑기념 한국불교사상사』. 이리: 원광대, 1975.

스에키 후미히코. 「일본의 근대화는 왜 불교를 필요로 했는가」. 『불교평론』 22(2005).

시모다 마사히로. 「탈현대 불교학의 새방향」. 『불교평론』 22(2005).

신법인. 「休靜의 捨敎入禪觀—禪家龜鑑을 중심으로」. 『한국불교학』 7(1982).

신은미. 「獨聖의 개념정립과 신앙에 관한 연구」. 『미술사학연구』 283·284(2014).

심재룡. 「한국불교는 회통불교인가」. 『불교평론』 3(2000).

______. 「한국불교의 오늘과 내일: 한국불교학의 연구현황을 중심으로」. 『철학사상』 11(2000).

안계현. 「朝鮮前期의 僧軍」. 『東方學志』 13(1972).

양은용. 「이능화의 한국불교연구」. 『이능화 연구—한국종교사학을 중심으로』. 서울: 집문당, 1994.

______. 「조선시대의 국난과 義僧軍의 활동」. 『한국 호국불교의 재조명』. 서울: 대한불교조계종 불교사회연구소, 2012.
양혜원. 「고려후기~조선전기 免役僧의 증가와 度牒制 시행의 성격」. 『한국사상사학』 44(2013).
______. 『朝鮮初期 法典의 '僧' 연구』. 박사학위논문(서울: 서울대, 2017).
______. 「『경제육전』 도승·도첩 규정으로 본 조선초 도승제의 의미」. 『한국사상사학』 57(2017).
______. 「『經國大典』 板本 硏究」, 『규장각』 53(2018).
______. 「도승제 강화의 역사적 의의」. 『고려에서 조선으로—여말선초, 단절인가 계승인가』. 역사비평사(2019).
______. 「15세기 僧科 연구」. 『한국사상사학』 62(2019).
여은경. 「朝鮮後期의 寺院侵奪과 僧契」. 『慶北史學』 9(1986).
______. 「朝鮮後期 大寺刹의 總攝」. 『嶠南史學』 3(경산: 영남대 국사학회, 1987).
______. 「朝鮮後期 山城의 僧軍總攝」. 『大邱史學』 32(1987).
오가와 히로카즈, 「일본에서의 『禪家龜鑑』 간행과 그 영향」. 『한국사상사학』 53(2016).
오경후. 「朝鮮後期 僧傳과 寺誌의 編纂 硏究」. 박사학위논문(서울: 동국대, 2002).
______. 「朝鮮後期 僧役의 類型과 弊端」. 『國史館論叢』 107(2005).
______. 「조선후기 의승번전의 징수와 승군」. 『한국 호국불교의 재조명』 2. 서울: 대한불교조계종 불교사회연구소, 2013.
우정상. 「李朝佛敎의 護國思想에 對하여—特히 義僧軍을 中心으로」. 『백성욱박사송수기념 불교학논문집』. 서울: 동국대, 1959.
______. 「南北漢山城 義僧防番錢에 對하여」. 『불교학보』 1(1963).
______. 「西山大師의 禪敎觀에 대하여」. 『佛敎史學論叢: 趙明基博士華甲紀念』. 서울: 동국대 도서관, 1965.
______. 「禪家龜鑑의 刊行流布考」. 『불교학보』 14(1977).
원영상. 「일본 불교와 국가—일련종 불수불시파와 국가권력의 문제를 중심으로」. 『한국 호국불교의 재조명』 3. 서울: 대한불교조계종 불교사회연구소, 2014.
유기정. 「朝鮮前期 僧政의 整備와 運營」. 『靑藍史學』 5(2002).
柳葉. 「佛敎와 社會思潮」 1-4. 『佛敎』 79-83(1931).

윤기엽. 「朝鮮初 寺院의 實態와 그 機能—寺院施策에 의한 公認寺院을 중심으로」. 『불교학보』 46(2007).

______. 「한국 불교와 국가」. 『한국 호국불교의 재조명』 3. 서울: 대한불교조계종 불교사회연구소, 2014.

윤열수. 「조선후기 산신도와 불교 습합 신앙」. 『불교문화연구』 5(2005).

윤영해. 「환성지안과 통도사 연구—환성지안의 통도사 관련 자료를 중심으로」. 『한국불교학』 87(2018).

윤용출. 「朝鮮後期의 赴役僧軍」. 『釜山大學校 人文論叢』 26(1984).

______. 「조선후기 산릉역의 僧軍 부역노동」. 『한국 호국불교의 재조명 2』. 서울: 대한불교조계종 불교사회연구소, 2013.

이광린. 「李朝後半期의 寺刹製紙業」. 『歷史學報』 17·18(1962).

李光洙. 「佛敎와 朝鮮文學」. 『佛敎』 7(1925).

이경미. 「터와 건축부재로 이어진 영국사와 도봉서원의 배치」. 『도봉서원 발굴조사 성과와 의의』(불교문화재연구소 주관 학술대회 자료집. 2019.2.27.)

이경순. 「기억으로서의 '임진왜란과 불교': 17-18세기 사명당 유정과 감로탱의 이미지를 중심으로」. 『마음사상』 3(진주: 진주산업대, 2005).

이기운. 「조선시대 왕실의 比丘尼院 설치와 信行」. 『역사학보』 178(2003).

李能和. 「朝鮮佛敎通史에 就하여」. 『朝鮮佛敎總報』 6(1917).

______. 「朝鮮僧侶와 社會的 地位」. 『조선불교총보』 20(1920).

______. 「李朝佛敎史」. 『佛敎』 1-28(1924-1926).

이민용. 「서구 불교학의 창안과 오리엔탈리즘」. 『종교문화비평』 8(2005).

이법산. 「朝鮮後期 佛敎의 敎學的 傾向」. 『한국불교사의 재조명』. 서울: 불교시대사, 1994.

이병욱. 「중국 불교와 국가—중국불교교단과 국가의 관계에 대한 통시적 이해」. 『한국 호국불교의 재조명』 3. 서울: 대한불교조계종 불교사회연구소, 2014.

이병희. 「朝鮮時期 寺刹의 數的 推移」. 『歷史敎育』 61(1997).

______. 「朝鮮前期 寺刹의 亡廢와 遺物의 消失」. 『불교학보』 59(2011),

______. 「朝鮮初期 佛敎界의 寶 運營과 그 意味」. 『동국사학』 61(2016).

이봉춘. 「朝鮮初期 排佛史 연구: 王朝實錄을 中心으로」. 박사학위논문(서울: 동국대,

1991).
______. 「朝鮮 成宗朝의 儒教政治와 排佛政策」. 『불교학보』 28(1991).
______. 「燕山朝의 排佛策과 그 推移의 성격」. 『불교학보』 29(1992).
______. 「惟政의 구국활동과 교단내의 평가」. 『불교학보』 56(2010).
이상현. 「秋史의 佛教觀」. 『民族文化』 13(1990).
이선화. 『조선후기 華嚴 私記의 연구와 「往復序」 회편 역주』. 박사학위논문(서울: 동국대, 2017).
이성타. 「栢庵의 사상」. 『숭산박길진화갑기념 한국불교사상사』. 이리: 원광대, 1975.
이수미. 「기신론소」. 『테마 한국불교』 4. 서울: 동국대 출판부, 2016.
이순욱·한태문. 「딱지본 옛소설 『사명당전』의 판본과 유통 맥락」. 『한국문학논총』 65(2013).
이승준. 「朝鮮初期 度牒制의 運營과 그 推移」. 『湖西史學』 29(2000).
이시이 코세이, 최연식 역. 「화엄철학은 어떻게 일본의 정치이데올로기가 되었는가」. 『불교평론』 6.
이영무. 「韓國佛教史에 있어서의 太古普愚國師의 地位—韓國佛教의 宗祖論을 中心으로」. 『한국불교학』 3(1977).
______. 「蓮潭私記를 통해 본 조선시대의 華嚴學」. 『韓國華嚴思想研究』. 서울: 동국대 출판부, 1982.
이영자. 「朝鮮中·後期의 禪風—西山五門을 中心으로」. 『韓國禪思想研究』. 서울: 동국대 출판부, 1984.
이욱. 「조선전기의 산천제」. 『종교학연구』 17(1998).
이윤석, 「다카하시 토오루의 경성제국대학 강의노트 내용과 의의」. 『동방학지』 177(2016).
______. 「다카하시 토오루의 한국 불교 연구에 대하여—『이조불교』를 중심으로」. 서울: 연세대 국학연구원 제468회 국학연구발표회, 2018. 10. 16.
이을호. 「儒佛相交의 面에서 본 丁茶山」. 『백성욱박사송수기념 불교학논문집』. 서울: 동국대, 1959.
이익주. 「高麗·元 關係의 構造에 대한 研究—소위 '世祖舊制'의 분석을 중심으로」. 『한국사론』 36(1996).

이자랑. 「계율」. 『테마 한국불교』 3. 서울: 동국대 출판부, 2015.
이재창. 「朝鮮時代 僧侶 甲契의 硏究」. 『불교학보』 13(1976).
이정섭. 「國立中央圖書館 所藏 中國古書의 整理現況」. 『민족문화논총』 16(1996).
이종서. 「조선전기 균분의식과 '執籌'」. 『古文書硏究』 25(2004).
이종수. 「숙종 7년 중국선박의 표착과 백암성총의 불서간행」. 『불교학연구』 21(2008).
______. 「조선후기 불교계의 心性 논쟁—雲峰의 『心性論』을 중심으로」. 『보조사상』 29(2008).
______. 「18세기 기성쾌선의 念佛門 연구: 念佛門의 禪敎 껴안기」. 『보조사상』 30(2008).
______. 「조선후기 불교의 수행체계 연구—三門修學을 중심으로」. 박사학위논문(서울: 동국대, 2010).
______. 「조선후기 불교 私記 집성의 현황과 과제」. 『불교학보』 61(2012).
______. 「조선후기 삼문수학과 선논쟁의 전개」. 『한국불교학회』 63(2012).
______. 「조선후기의 僧軍 제도와 그 활용」. 『한국 호국불교의 재조명』. 서울: 대한불교조계종 불교사회연구소, 2012.
______. 「조선후기 가흥대장경의 복각」. 『書誌學硏究』 56(2013).
______. 「1652년 官府文書를 통해 본 효종대 불교정책 연구」. 『한국불교학』 67(2013).
______. 「조선후기 불교 講學私記의 종류와 定本化의 필요성」. 『남도문화연구』 33(2017).
______. 「조선후기 불교 신행의 전통과 현대적 계승」. 『동아시아불교문화』 31(2017).
이종영. 「僧人號牌考」. 『동방학지』 17(1963).
이종익. 「證答白坡書를 통해 본 金秋史의 禪敎觀」. 『불교학보』 12(1975).
이지관. 「蓮潭 및 仁嶽의 私記와 그의 敎學觀」. 『숭산박길진화갑기념 한국불교사상사』. 이리: 원광대, 1975.
이진영. 「蓮潭有一의 선사상—연담의 『法集別行錄節要科目幷入私記』를 중심으로」. 『韓國禪學』 30(2011).
이태진. 「16세기 士林의 歷史的 性格」. 『大東文化硏究』 13(1979).
林錫珍. 「普照國師硏究」. 『佛敎』 101-103(1932-1933).
장경준. 「조선후기 호적대장의 승려 등재 배경과 그 양상」. 『대동문화연구』 54(2006).
장동표. 「조선후기 밀양 표충사(表忠祠)의 연혁과 사우(祠宇) 이건 분쟁」. 『역사와 현실』 35(2000).

장지연. 「光海君代 宮闕營建: 仁慶宮과 慶德宮(慶熙宮)의 창건을 중심으로」. 『韓國學報』 32(서울: 일지사, 1997).
전해주. 「都序가 한국불교에 미친 영향」. 『보조사상』 14(2000).
정긍식. 「16세기 재산상속과 제사승계의 실태」. 『고문서연구』 24(2004).
정병삼. 「秋史의 佛教學」. 『澗松文華』 24(1983).
_____. 「19세기의 불교사상과 문화」. 『추사와 그의 시대』. 서울: 돌배개, 2002.
_____. 「조선시대의 호남불교 연구의 성과와 전망」. 『불교학보』 59(2011).
정병조. 「白坡의 禪論과 草衣의 二種禪」. 『韓國宗教思想史: 佛教·道教篇』. 서울: 연세대 출판부, 1991.
정성본. 「朝鮮後期의 禪論爭」. 『한국불교사의 재조명』. 서울: 불교시대사, 1994.
정진영. 「양반들의 생존 전략에서 얻은 통찰: 조선의 유교적 향촌 공동체」. 『500년 공동체를 움직인 유교의 힘』. 파주: 글항아리, 2013.
정진희. 「고려 치성광여래 신앙 고찰」. 『정신문화연구』 36-3(132)(2013).
_____. 「조선전기 치성광여래 신앙 연구」. 『선문화연구』 19(2015).
_____. 「조선후기 칠성신앙의 도불습합 연구」. 『정신문화연구』 42-1(154)(2019).
조광. 「천주교의 전래와 박해」. 『서울 2천년사 18: 조선시대 서울의 종교와 신앙』. 서울: 서울시 시사편찬위원회, 2014.
조남호. 「다카하시 토오루(高橋亨)의 조선불교연구」. 『한국사상과 문화』 20(2003).
조성산. 「19세기 전반 노론계 佛教認識의 정치적 성격」. 『한국사상사학』 13(1999).
조승미. 「메이지 시대 서구 불교문헌학의 수용과 난죠 분유(南條文雄)」. 『불교연구』 29(2008).
조영록. 「유불 합작의 밀양 표충사」. 『사명당 유정』. 서울: 지식산업사, 2000.
조은수. 「'통불교'담론을 중심으로 본 한국불교사 인식」. 『불교평론』 21(2004).
조준호. 「경전 상에 나타난 호국불교의 검토」. 『한국 호국불교의 재조명』. 서울: 대한불교조계종 불교사회연구소, 2012.
종범. 「講院教育에 끼친 普照思想」. 『보조사상』 3(1989).
____. 「臨濟禪風과 西山禪風」. 『中央僧伽大學論文集』 2(1993).
____. 「朝鮮中·後期의 禪風에 관한 研究」. 『震山韓基斗博士華甲記念 韓國宗教思想史의 再照明』. 이리: 원광대 출판부, 1993.
____. 「朝鮮後期의 念佛觀」. 『중앙승가대학논문집』 4(1995).

종진. 「淸虛 休靜의 禪思想」. 『白蓮佛教論集』 3(1993).
지두환. 「朝鮮前期 文廟從祀 論議」. 『朝鮮時代思想史의 再照明』. 서울: 역사문화, 1998.
______. 「총설: 오례, 국가의 체계를 세우다」. 『조선의 국가의례, 오례』. 서울: 국립고궁박물관, 2015.
지미령. 「일본 혼묘지 소장 사명당 유정 관련 유물에 관한 일고찰」. 『문화와 융합』 40-3(2018).
진민경. 「高麗武人執權期 消災道場의 設置와 그 性格」. 『역사와 세계』 22(1998).
최광식. 「무속신앙이 한국불교에 끼친 영향—산신각과 장생을 중심으로」. 『백산학보』 26(1981).
崔南善. 「朝鮮佛教의 大觀으로부터 朝鮮佛教通史에 及함」. 『朝鮮佛教叢報』 11(1918).
______. 「朝鮮佛教—東方文化史上에 있는 그 地位」. 『佛教』 74(1930).
최두헌. 「통도사 진영 계보」. 양산: 통도사 성보박물관, 2018.
최병헌. 「茶山 丁若鏞의 韓國佛教史 研究」. 『丁茶山研究의 現況』. 서울: 민음사, 1985.
______. 「太古普愚의 불교사적 위치」. 『한국문화』 7(1986).
______. 「朝鮮時代 佛教法統說의 問題」. 『한국사론』 19(1988).
______. 「東洋佛教史上의 韓國佛教」. 『韓國史市民講座』 4(서울: 일조각, 1989).
______. 「조선후기 浮休善修系와 松廣寺—普照法統說과 太古法統說 葛藤의 한 사례」. 『同大史學』 1(1995).
______. 「牧隱 李穡의 佛教觀」. 『牧隱 李穡의 生涯와 思想』. 서울: 일조각, 1996.
최연식. 『均如 華嚴思想研究: 教判論을 중심으로』. 박사학위논문(서울: 서울대, 1998).
______. 「朝鮮後期 『釋氏源流』의 수용과 佛教界에 미친 영향」. 『보조사상』 11(1998).
______. 「『眞心直說』의 著者에 대한 새로운 이해」. 『진단학보』 94(2002).
______. 「知訥 禪思想의 思想史的 검토」. 『동방학지』 144(2008).
______. 「蓮潭有一의 佛教史的 위치와 務安지역 문화원형으로서의 활용방안」. 『호남문화연구』 48(2010).
______. 「고려 말 간화선 전통의 확립 과정에 대한 검토」. 『간화선 수행과 한국禪』. 서울: 동국대 출판부, 2012.
______. 「고려초 道峯山 寧國寺 慧炬의 행적과 사상 경향」. 『韓國中世史研究』 54(2018).
최재복. 「朝鮮初期 王室佛教 研究」. 박사학위논문(성남: 한국학중앙연구원, 2011).

최종석. 「조선시기 城隍祠 입지를 둘러싼 양상과 그 배경—高麗 이래 질서와 '時王之制' 사이의 길항의 관점에서」. 『한국사연구』 143(2008).

_____. 「조선전기 淫祀的 城隍祭의 양상과 그 성격—중화 보편 수용의 일양상」. 『역사학보』 204(2009).

_____. 「조선초기 風雲雷雨山川城隍祭의 수용·지속과 그 인식적 기반」. 『한국학연구』 42(2016).

최종석. 「한국불교와 도교신앙의 교섭—산신신앙. 용왕신왕. 칠성신앙을 중심으로」. 『한국불교학』 61(2011).

최종성. 「조선후기 민간의 불교문화: 불승(佛僧). 단신(檀信). 제장(祭場)」. 『종교학연구』 30(2012).

최종진. 『朝鮮 中期의 禪思想史 硏究: 西山과 그 門徒를 중심으로』. 박사학위논문(익산: 원광대, 2004).

탁효정. 「조선시대 王室願堂 연구」. 박사학위논문(성남: 한국학중앙연구원, 2012).

하종목. 「조선초기 사원경제—국가 및 왕실 관련 사원을 중심으로」. 『大丘史學』 60, 2000.

한기두. 「白坡의 禪門手鏡」. 『圓光大論文集』 4(1969).

_____. 「白坡와 草衣時代 禪의 論爭點」. 『숭산박길진박사화갑기념 한국불교사상사』. 이리: 원광대, 1975.

_____. 「朝鮮末期의 禪論」. 『韓國禪思想硏究』. 서울: 동국대 불교문화연구원, 1984.

_____. 「白坡와 秋史와의 禪門 對話」. 『莊峰金知見博士華甲記念師友錄: 東과 西의 思惟世界』, 서울: 민족사, 1991.

_____. 「朝鮮後期 禪論爭과 그 思想的 의의」. 『가산이지관화갑기념논총 한국불교사상사』 상. 서울: 가산불교문화연구원, 1992.

한기문. 「高麗時代 裨補寺社의 성립과 운용」. 『한국중세사연구』 21(2006).

한명기. 「明淸交替 시기 朝中關係의 추이」. 『東洋史學硏究』 140(2017).

한보광. 「朝鮮時代의 萬日念佛結社」. 『불교학보』 32(1995).

한상길. 「朝鮮後期 寺刹契 硏究」. 박사학위논문(서울: 동국대, 2000).

한영우. 「16세기 士林의 역사서술과 역사인식」. 『東洋學』 10(1980).

허남린. 「일본에 있어서 불교와 불교학의 근대화—반기독교주의, 가족국가, 그리고 불교의 문화정치학」. 『종교문화비평』 8(2005).

허태구. 『丙子胡亂의 정치·군사사적 연구』. 박사학위논문(서울: 서울대, 2009).

헨릭 소렌슨, 최원섭 역. 「호국불교, 나라를 지키는가 정권을 지키는가」. 『불교평론』 21(2004).

홍윤식. 「李朝佛教의 信仰儀禮」. 『숭산박길진박사화갑기념 한국불교사상사』. 이리: 원광대, 1975.

______. 「念佛儀禮를 通해 본 韓國의 淨土思想」. 『韓國 淨土思想 硏究』. 서울: 동국대 출판부, 1985.

효탄. 「경허성우의 법맥과 계승자」. 『경허선사열반 100주년 학술세미나 자료집』. 예산: 수덕사, 2014.

2) 일본어

江田俊雄. 「李朝佛教を読む」. 『宗教硏究』 新7巻 1號(1930).

________. 「朝鮮語譯佛傳に就いて」. 『青丘學叢』 15(1934).

________. 「朝鮮佛教と護國思想―特に新羅時代のそれに就いて」. 『朝鮮』 239(1935).

________. 「李朝刊經都監と其の刊行佛典」. 『朝鮮之圖書館』 5巻 5號(1936).

________. 「佛書刊行より見た李朝代佛教」. 『印度學佛教學硏究』 7(1956).

見山望洋. 「韓僧中の紅一點的松雲大師」. 『朝鮮』 1-5號(1908).

古谷清. 「李朝佛教史梗概」. 『佛教史學』 1巻 3·4·5·6·8·11·12號(1911-1912).

古谷春峰. 「僧松雲傳」. 『宗教界』 6-8(1910).

高橋亨. 「朝鮮の佛教に對する新硏究」. 『朝鮮及滿洲』 60(1912).

______. 「朝鮮佛教宗派遞減史論」. 『東亞之光』 9巻 10-11號(1914).

______. 「海印寺大藏經板に就いて」. 『哲學雜誌』 29巻 327號(1914).

______. 「朝鮮寺刹の硏究」. 『東亞硏究』 6巻 1-3號(1916).

______. 「李朝における僧職の變遷」. 『朝鮮』 81(1921).

______. 「朝鮮宗教史に現れる信仰の特色」. 京城: 朝鮮總督府 學務局, 1921.

______. 「僧兵と李朝佛教の盛衰」. 『佛教』 4-11號(1924-1925).

______. 「朝鮮佛教に就いて」. 『朝鮮佛教』 66-67號(1929).

______. 「朝鮮佛教の歷史的依他性」. 『朝鮮』 250(1936).

______. 「朝鮮信仰文化の二重性と之を統合するもの」. 『天理大學學報』 2巻 1-2號(1950).

______. 「虛應堂及普雨大師」. 『朝鮮學報』 14(1959).
高崎直道. 「佛教學の百年」. 『東方學』 100(東京: 東方學會, 2000).
高木昭作. 「神國思想と神佛習合」. 『日本文化研究—神佛習合と神國思想』. 東京: 放送大學教育振興會, 2005.
權純哲. 「高橋亨の朝鮮思想史研究」. 『埼玉大学紀要(教養學部)』 33-1(1997).
______. 「[資料翻刻] 高橋亨京城帝國大學講義 朝鮮思想史概說(上)·(下)」. 『埼玉大學紀要(教養學部)』 52-2·53-2(2017·2018).
今西龍. 「朝鮮佛教關係書籍解題」. 『佛教史學』 1-1·2·3(1911).
常盤大定. 「朝鮮の義僧西山大師」. 『大崎學報』 2(1912).
小倉進平. 「朝鮮の眞言」. 『金澤還曆記念東洋語學乃研究』. 東京: 三省堂, 1932.
矢吹慶輝. 「鎭護國家と日本佛教」. 『朝鮮佛教』 108(1935).
押川信久. 「朝鮮王朝建國當初における僧徒の動員と統制」. 『朝鮮學報』 185(2002).
________. 「朝鮮燕山君·中宗代における僧徒政策の推移—度牒發給の再開と廢止を中心として」. 『朝鮮史研究會論文集』 47(2009).
桜井奈穗子. 「長岡の碩學(14) 高橋翠村」. 『Nagaoka Archives』 14(長岡: 長岡市立中央圖書館 文書資料室, 2016.3.31.).
有井智德. 「李朝初期における收租地として寺社田」. 『朝鮮學報』 81(1976).
田川孝三. 「李朝における僧徒の貢納請負—世宗末·文宗朝を中心として」. 『東洋學報』 43-2(1960).
鄭學權. 「韓國李朝佛教の淸虛禪師の禪教觀」. 『印度學佛教學研究』 22-2(1974).
吹田和光. 「李朝時代に於ける僧軍について」. 『佛教史學研究』 17-1(1974).
下田正弘. 「仏教聖典コーパスの出現と仏教世界の出現—媒體の展開から見た仏教史」. 『東亞細亞 人文學의 研究 現況과 發展 趨勢』(서울: 서울대 인문대학, 2008.3.29. 제1회 PESETO 인문학 국제학술회의 자료집).

3) 중국어

張文良. 「凤潭的《大乘起信论》观—以凤潭的《大乘起信论义记幻虎录》为中心」(第3會 世界華嚴學大會: 一字而多途: 國際華嚴學最前沿. 北京: 北京大, 2017.11.10-13).

4) 영어

Baker, Donald L. "The Impact of Christianity on Modern Korea: An Overview." *Acta Koreana* 19-1(2016).

Han Sangkil. "The Activities and Significance of Temple Fraternities in Late Chosŏn Buddhism", *Journal of Korean Religious* 3-1(2012).

Kim Yongtae. "Changes in Seventeenth-Century Korean Buddhism and the Establishment of the Buddhist Tradition in the Late Chosŏn Dynasty". *ACTA KOREANA* 16—2(2013).

___________. "The Establishment of the Approach of Chanting Amitābha's Name and the Proliferation of Pure Land Buddhism in Late Chosŏn". *Journal of Korean Religions* 6—1(2015).

___________. "Formation of a Chosŏn Buddhist Tradition: Dharma Lineage and the Monastic Curriculum from a Synchronic and a Diachronic Perspective". *Journal of Korean Religions* 11-2(2020).

___________. "Buddhism, and the Afterlife in the Late Joseon Dynasty: Leading Souls to the Afterlife in a Confucian Society". *Korea Journal* 60-4(2020).

Lee Jong-su. "Monastic Education and Educational Ideology in the Late Chosŏn". *Journal of Korean Religions* 3-1(2012).

Pankaj N. Mohan. "Beyond the 'nation—Protecting' Paradigm: Recent Trends in the Historical Studies of Korean Buddhism". *The Review of Korean Studies* 9-1(2009).

찾아보기

조선 불교사상사

가

나

다

라

사

아

자

차

카

타

파

하

총서 知의회랑 arcade of knowledge 을 기획하며

대학은 지식 생산의 보고입니다. 세상에 바로 쓰이지 않더라도 언젠가는 반드시 인류에 필요할 지식을 생산하고 축적하며 발전시키는 일을 끊임없이 해나갑니다. 오랫동안 대학에서 생산한 지식은 책이란 매체에 담겨 세상의 지성을 이끌어왔습니다. 그 책들은 콘텐츠를 저장하고 유통시키며 활용하게 만드는 매체의 차원을 넘어, 인간의 비판적 사유 능력과 풍부한 감수성을 자극하는 촉매의 역할을 충실히 해왔습니다.

이와 같은 '책을 읽는다'는 것은 단순히 지식과 정보를 습득하는 데 멈추지 않고, 시대와 현실을 응시하고 성찰하면서 다시 그 너머를 사유하고 상상함을 의미합니다. 그러므로 '세상의 밑그림'을 그리는 책무를 지닌 대학에서 책을 펴내는 것은 결코 가벼이 여겨선 안 될 일입니다.

이제 우리는 다양한 방식으로 존재하는 지식과 정보, 그리고 사유와 전망을 담은 책을 엮어 현존하는 삶의 질서와 가치를 새롭게 디자인하고자 합니다. 과거를 풍요롭게 재구성하고 미래를 창의적으로 기획하는 작업이 다채롭게 펼쳐질 것입니다.

대학의 심장부에 해당하는 도서관이 예부터 우주의 축소판이라 여겨져 왔듯이, 그곳에 체계적으로 배치된 다양한 책들이야말로 이른바 학문의 우주를 구성하는 성좌와 다름없습니다. 우리는 그 빛이 의미 없이 사그라들지 않기를, 여전히 어둡고 빈 서가를 차곡차곡 채워가기를 기대합니다.

앎을 쉽게 소비하는 시대를 살고 있지만, 다양한 앎을 되새김함으로써 학문의 회랑에서 거듭나는 지식의 필요성에 우리는 공감합니다. 정보의 홍수와 유행 속에서도 퇴색하지 않을 참된 지식이야말로 인간이 가야 할 길에 불을 밝혀줄 수 있기 때문입니다. 앞으로 대학이란 무엇을 하는 곳이며, 왜 세상에 남아 있어야 하는 곳인지 끊임없이 되물으며, 새로운 지의 총화를 위한 백년 사업을 시작하겠습니다.

총서 '知의회랑' 기획위원

안대회 · 김성돈 · 변혁 · 윤비 · 오제연 · 원병묵

지은이 김용태

서울대학교 국사학과를 졸업하고 동 대학원에서 조선시대 불교사 연구로 석사와 박사학위를 받았다. 일본 도쿄대학 인도철학불교학과에서 수학하며 중국 송대 화엄을 주제로 석사논문을 제출하기도 했다. 한국사상사학회·불교학연구회 연구이사를 역임했고, 현재 동국대학교 불교학술원 HK교수로 재직 중이다.

주요 저서로 『조선후기 불교사 연구: 임제법통과 교학전통』(2010), 『*Glocal History of Korean Buddhism*』(2014), 『토픽한국사 12』(2016), 『韓國佛教史』(2017, 일본 춘추사) 등이 있으며, 『조계고승전』(2020)을 함께 번역했다. 『신앙과 사상으로 본 불교전통의 흐름』(2007), 『테마한국불교(1~10)』(2013~2021), 『*The State, Religion, and Thinkers in Korean Buddhism*』(2014), 『*East Asian Buddhism and Modern Buddhist Studies*』(2017) 등을 비롯해 스무 권이 넘는 불교학 술서를 기획하고 함께 펴냈다.

이 밖에도 「동아시아 근대불교 연구의 특성과 오리엔탈리즘의 투영」, 「역사학에서 본 한국불교사 연구 100년」, 「동아시아의 징관 화엄 계승과 그 역사적 전개」, 「조선 불교, 고려 불교의 단절인가 연속인가?」, "Formation of a Chosŏn Buddhist Tradition: Dharma Lineage and the Monastic Curriculum from a Synchronic and a Diachronic Perspective", "Buddhism and the Afterlife in the Late Joseon Dynasty: Leading Souls to the Afterlife in a Confucian Society" 등 50여 편이 넘는 학술논문을 발표했다.

대원불교문화상 대상·선리연구원 학술상 등을 수상했으며, 조선시대 불교를 동아시아의 시각에서 바라보면서 근대불교에도 관심을 두고 연구를 이어나가고 있다.

知의회랑
arcade of knowledge
016

조선 불교사상사
유교의 시대를 가로지른 불교적 사유의 지형

1판 1쇄 발행 2021년 2월 28일
1판 2쇄 발행 2021년 8월 30일

지 은 이 김용태
펴 낸 이 신동렬
책임편집 현상철
편 집 신철호·구남희
마 케 팅 박정수·김지현

펴 낸 곳 성균관대학교 출판부
등 록 1975년 5월 21일 제1975-9호
주 소 03063 서울특별시 종로구 성균관로 25-2
전 화 02)760-1252~4 팩스 02)762-7452
홈페이지 http://press.skku.edu

ISBN 979-11-5550-460-4 93150

값 35,000원

⊙ 잘못된 책은 구입한 곳에서 교환해 드립니다.
⊙ 이 저서는 2016년 정부(교육부)의 재원으로 한국연구재단의 지원을 받아 수행된 연구임(NRF-2016S1A6A4A01018589).